保定市

清苑年鉴

QINGYUAN YEARBOOK 2023

保定市清苑区地方志编纂委员会　编

方志出版社
Publishing House of Local Records

图书在版编目（CIP）数据

保定市清苑年鉴．2023 / 保定市清苑区地方志编纂委员会编．-- 北京 ：方志出版社，2023.11

ISBN 978-7-5144-6000-1

Ⅰ．①保… Ⅱ．①保… Ⅲ．①区（城市）－保定－2023－年鉴 Ⅳ．①Z522.24

中国国家版本馆 CIP 数据核字（2023）第 252619 号

责任编辑：李晓晓
责任校对：张玉霞
责任印制：梅中英
出 版 者：方志出版社
地　　址：北京市朝阳区潘家园东里 9 号（国家方志馆 4 层）
邮　　编：100021
网　　址：http://www.zgfzcb.cn
发　　行：方志出版社图书营销中心（010-67110500）
印　　刷：保定市文昌印刷有限公司
开　　本：889 毫米 ×1194 毫米 1/16
印　　张：25.5
字　　数：776 千字
版　　次：2023 年 11 月第 1 版
印　　次：2023 年 11 月第 1 次印刷
定　　价：280.00 元

编辑说明

一、《保定市清苑年鉴（2023）》以马克思列宁主义、毛泽东思想、邓小平理论、“三个代表”重要思想、科学发展观、习近平新时代中国特色社会主义思想为指导，坚持辩证唯物主义和历史唯物主义的立场、观点和方法，全面记述保定市清苑区政治、经济、文化和社会发展的最新成就，以丰富的内容、真实可靠的资料构架全书，为领导决策提供依据，为社会各行业提供参考借鉴，为各界人士投资创业提供信息。

二、《保定市清苑年鉴（2023）》是保定市清苑区连续编纂的第八部年鉴。内容编排设类目、分目、条目三个层次。除大事记使用编年体、辅以纪事本末体外，其他皆为条目体。

三、《保定市清苑年鉴（2023）》在保持基本框架相对稳定的前提下，对部分内容进行调整、充实，突出清苑特色、区域特征、年度特点，增加信息量，增进实用性。该年鉴收录的资料和记载的事件未予说明的均指2022年度，记述起讫时间为2022年1月1日至12月31日。

四、《保定市清苑年鉴（2023）》文稿由资料提供单位专人撰写，图片由区委组织部、区教育和体育局、区应急管理局等相关单位提供。数据性内容由统计部门提供，个别数据因统计口径、内涵、角度不同，不尽一致，以统计资料为准。统计资料中的增减数据，除具体说明的以外，均为“同比”增减数，不能涵盖的以部门提供为准。

五、数字用法、标点符号用法分别采用国家标准《出版物上数字用法》（GB/T 15835—2011）、《标点符号用法》（GB/T 15834—2011），计量单位采用国家技术监督局1993年12月发布的《量和单位》系列国家标准。考虑到社会使用习惯，全书中亩不统一换算。

六、《保定市清苑年鉴（2023）》配备目录、索引两种检索系统。书前刊有目录，目录详及条目；书后配有索引，索引款目按主题词汉语拼音字母顺序排列。

时政要闻

1月15日，中国共产党保定市清苑区第三届委员会第三次全体会议召开

1月26日，政协保定市清苑区第三届委员会第二次会议开幕会主会场

1月27日，保定市清苑区第三届人民代表大会第二次会议开幕会主会场

1月29日，区委主要领导闫向阳（左三）走访慰问春节坚守疫情防控一线工作人员

2月17日，清苑区城市环境巾帼义务监督队成立

2月18日，在立中四通轻合金集团股份有限公司举办企业家沙龙（清苑专场）活动

2月26日，保定市清苑区2022年教育和体育工作会议召开

2月28日，保定市清苑区国家安全、网络安全培训暨安排部署会召开

4月19日，保定市清苑区举行现代农业暨中央厨房项目集体签约仪式

（郝丽荣供稿）

7月12日，团区委召开清苑区2022年度大学生“返家乡”社会实践活动定岗培训会

9月6日，区委组织部开展“离乡不断线 共建谱新篇”主题党日活动

9月17日，区政府主要领导李英英（左三）督导调研江水置换和改厕工作

9月21日，区委网信委第四次会议召开

9月28日，保定市2022年重大民生和社会事业类项目集中开工活动暨职教园区（启动区）开工活动

11月11日，中国共产党保定市清苑区第三届委员会第四次全体会议召开

11月20日，保定市清苑区年轻干部学习贯彻党的二十大精神专题培训班开班

经济建设

10月27日，保定市清苑区2022年第四批重点项目集中开工仪式

建设中的中南高科（李雪供稿）

立元铜产业园铜件车间（郝丽荣供稿）

首衡农产品智慧城市民生港项目

泽龙教育城

正迪欢乐世界

中南高科产业园

城市建设

城市“双修”前的朝阳南大街收费站路口（郝丽荣供稿）

城市“双修”后的朝阳南大街收费站路口（郝丽荣供稿）

城市“双修”前的朝阳南大街与发展路交叉口（郝丽荣供稿）

城市“双修”后的朝阳南大街与发展路交叉口（郝丽荣供稿）

城市“双修”前的和平路与振清街交叉口（郝丽荣供稿）

城市“双修”后的和平路与振清街交叉口（郝丽荣供稿）

清苑夜色（杜丽娟供稿）

“双修”后的朝阳南大街

城市“双修”工人施工现场（郝丽荣供稿）

清苑公园雪景（刘翰璋供稿）

口袋公园“清樱园”

口袋公园“消防主题公园”

清苑区通往冉庄地道战景区旅游路

清苑区体育公园全貌

教育专栏

1月7日，李庄中学开展中医药文化进校园活动

1月20日，清苑区代表队参加保定市第三届冰雪运动会

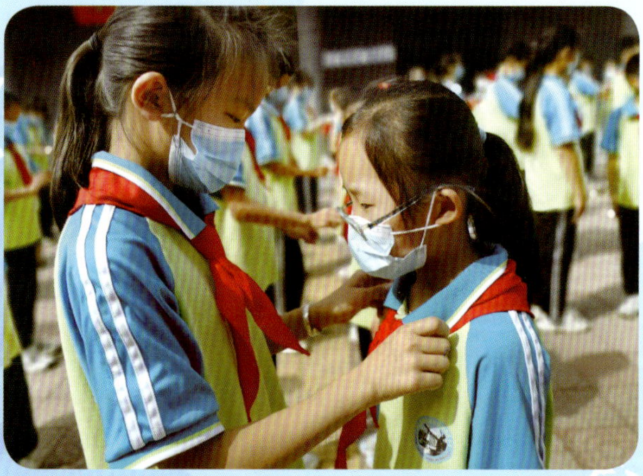

5月25日，冉庄小学举行少先队入队活动

5月27日，清苑区第三幼儿园举办首届儿童友好运动会

6月1日，实验小学举办“舞动童年 ‘桌’而不凡”课桌舞活动

6月7日，清苑中学举行高考出征仪式

6月8日，魏村小学开展“请党放心 强国有我”演讲比赛

6月20日，魏村小学举办追风少年轮滑表演

6月23日，保定市公安局清苑分局开展禁毒宣传进校园活动

6月30日，特殊教育中心举办第一届特奥运动会

8月21日，区教体局组织轮滑运动员在好梦林水进行轮滑项目专业训练

9月7日，冉庄小学小讲解员走进地展馆聆听红色故事

10月1日，清苑区第三幼儿园举行秋季运动会

10月15日，清苑区实验小学举办“喜迎二十大 石榴香满园”首届石榴采摘节

精神文明

1月31日，区妇联组织巾帼志愿者到支援北京冬奥会志愿者家里包饺子

5月27日，清苑区第三幼儿园举办首届儿童友好运动会

3月3日，区残联理事长刘欣永参加北京冬残奥会张家口赛区火炬接力

6月6日，清苑区第四小学中国少年先锋队入队仪式

6月16日，共青团清苑区委携手爱心企业助瓜农渡难关

6月24日，西城社区开展童心永向党　喜迎二十大——“强国复兴有我”主题活动

6月26日，区教体局举行“百人万米”环城跑活动

7月28日，区文联联合区人民武装部开展“笔墨颂党恩　丹青绘忠诚”喜迎党的二十大、庆祝建军95周年书画活动

9月26日，喜迎中共二十大剪纸作品展举办

8月26日，“聚焦新颜值　打造清苑现代化品质生活举办之城”主题摄影大赛首展暨开幕式举办

8月8日，2022府内派传统杨氏太极拳非物质文化遗产成果展暨庆八一以及“8·8”全民健康日活动举办

6月28日，举行清苑区“国际奥林匹克日”健康跑活动

农业农村

6月2日，清苑区第五届西瓜文化节产品展示

6月2日，清苑区第五届西瓜文化节开幕式现场

6月2日，清苑区第五届西瓜文化节开幕式现场吃西瓜比赛

6月18日，何桥镇小麦收割场景（刘核心供稿）

阳城镇西孙庄东街小游园

丰收的麦田

◀ 温仁红薯

南王庄西瓜 ▶

白团乡樱桃熟了 ▶

王盘葡萄

李庄辣椒

旅发大会

第五届保定市文化和旅游产业发展大会好梦林水观摩点组图

第五届保定市文化和旅游产业发展大会冉庄小镇观摩点组图

8月4日，第五届保定市文化和旅游产业发展大会（清苑分会场）志愿者动员会召开

9月7日，第五届保定市文化和旅游产业发展大会上保电巡查

9月8日，第五届保定市文化和旅游产业发展大会观摩团在清苑区冉庄会场观摩

9月8日，第五届保定市文化和旅游产业发展大会清苑区分会场组图（郝丽荣供稿）

第五届保定市文化和旅游产业发展大会（清苑区分会场）非遗表演

9月8日，志愿者服务第五届市保定市文化和旅游产业发展大会（清苑分会场）

保定市清苑区政区图

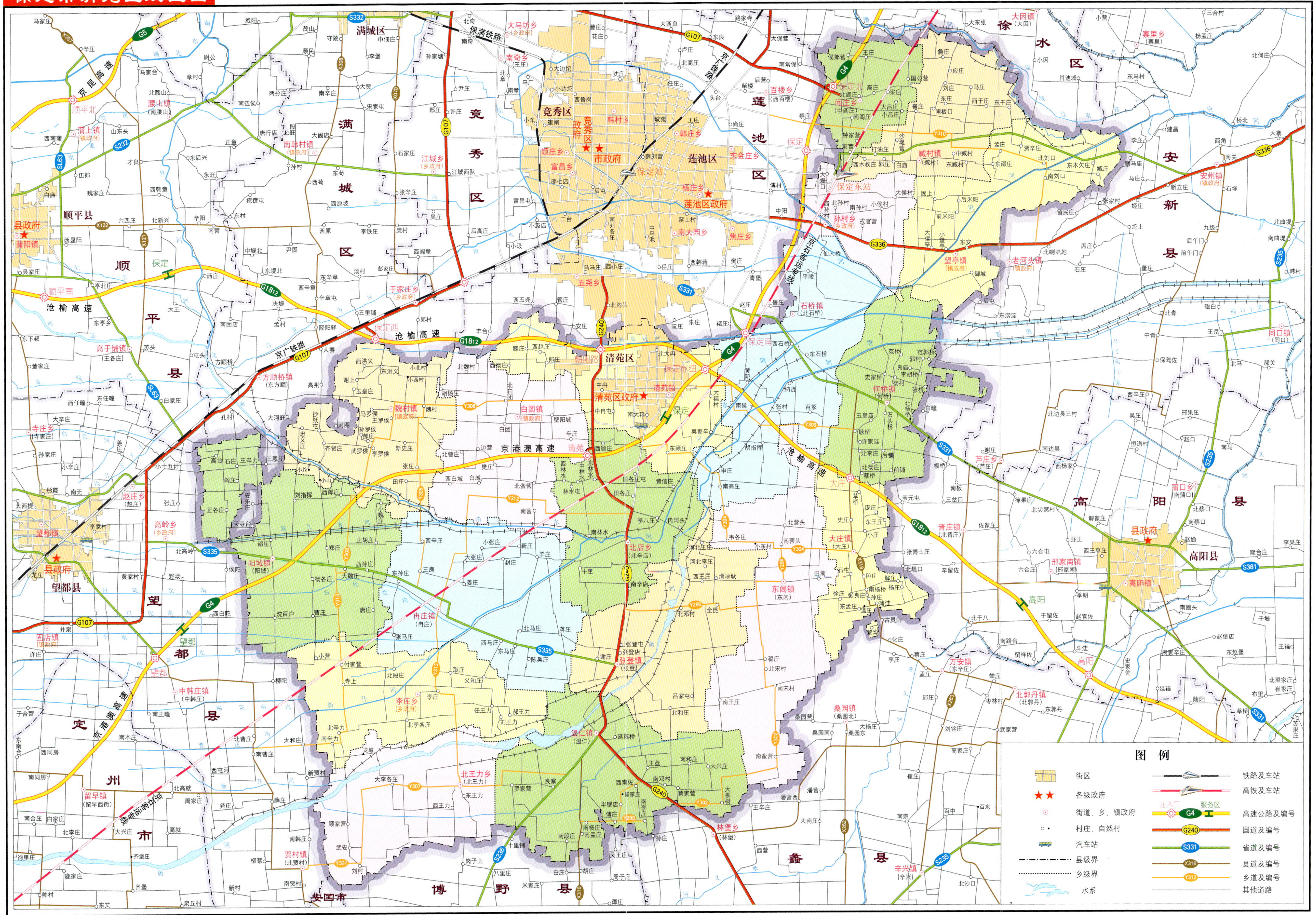

审图号：冀S(2018)51号

保定市清苑区民政局 监制

比例尺：1：170000

保定市清苑区城区图

审图号：冀S（2018）51号

比例尺：1：19000

目　录

特　载

清苑概览

大事记

中共保定市清苑区委员会

保定市清苑区人民代表大会

保定市清苑区人民政府

政协保定市清苑区委员会

清苑区纪律检查委员会
清苑区监察委员会

军　事

经济综合管理

农业农村工作

工业和信息化

商贸服务业

开发区　产业园

基础设施建设

文化　广电　旅游

教育和体育

社会生活

乡镇　办事处

人物　荣誉

附　录

索　引

特载

特　载

统一思想　坚定信心
干字当头　创优争先
奋力推动现代化品质生活之城建设迈出新步伐

——在中国共产党保定市清苑区委三届三次全体会议上的讲话

区委书记　闫向阳

（2022年1月15日）

这次区委全会的主要任务是：深入贯彻落实党的十九届六中全会和中央、省、市系列重要会议精神，安排部署当前和今后一个时期全区各项工作任务，动员全区上下更加紧密地团结在以习近平同志为核心的党中央周围，进一步统一思想、坚定信心，干字当头、创优争先，奋力推动现代化品质生活之城建设绽放新颜值、跑出加速度，以实际行动迎接中共二十大胜利召开。根据区委常委会研究的意见，我讲四个方面：

一、全面深入学习领会中央、省、市系列重要会议精神，切实增强贯彻落实上级决策部署的思想自觉、政治自觉、行动自觉

党的十九届六中全会，总结历史，擘画未来，是具有里程碑意义的重要会议。全会审议通过的《中共中央关于党的百年奋斗重大成就和历史经验的决议》，是一篇闪耀着马克思主义真理光辉的纲领性文献，是中国特色社会主义的政治宣言，是实现中华民族伟大复兴的行动指南。会议明确提出了“两个确立”①，全面总结了党百年

①[“两个确立”] 确立习近平同志党中央的核心、全党的核心地位，确立习近平新时代中国特色社会主义思想的指导地位

奋斗的"四个伟大成就"[①]，高度概括了"五大历史意义"[②]，深度提炼了"十个坚持"[③]宝贵经验，系统回答了过去我们为什么能成功、未来我们怎样才能继续成功的问题，是对中国共产党人谱写的人类社会迄今为止最为耀眼的"成功学"的集中展示，具有重大政治意义、历史意义、现实意义。

省第十次党代会深入贯彻习近平总书记对河北工作一系列重要指示批示精神和党中央决策部署，组织动员全省上下走好新的赶考路、拼搏奋进新征程，鲜明提出加快建设现代化经济强省、美丽河北的指导思想、奋斗目标和重点任务，做出加快建设"六个现代化河北"[④]的战略部署，明确构建"两翼、两区、三群、六带"[⑤]的发展布局，是对河北发展的前瞻性思考、全局性谋划、战略性布局、整体性推进，极具思想引领力、政治动员力、时代感召力。

市委十二届三次全会深入贯彻落实党的十九届六中全会和省第十次党代会精神，高举习近平新时代中国特色社会主义思想伟大旗帜，以"激情奋进'十四五'、再造一个新保定"为主线，明确提出全力打好"十个主动仗"[⑥]，奋力推动现代化品质生活之城建设绽放新颜值、跑出加速度，全力构建京雄保一体化发展新格局。当前我们就是要把学习好、贯彻好中央、省、市系列重要会议精神作为重大政治任务，贯穿全年工作主线，紧密结合我区实际，创造性抓好落实。

强化政治担当，在常学常新中进一步坚定信仰信念。要专心致志学、反反复复学、全面深入学，深刻把握中央、省、市系列重要会议精神，特别是党的十九届六中全会精神实质，从学习百年党史中进一步汲取智慧和力量，在领悟上级决策部署中进一步坚定前进方向。要全面领悟"四个伟大成就""五大历史意义""十个坚持"宝贵经验，特别要深刻认识到，党确立习近平同志党中央的核心、全党的核心地位，确立习近平新时代中国特色社会主义思想的指导地位，是时代呼唤、历史选择、民心所向。全区上下必须毫不动摇地捍卫"两个确立"，不断增强政治判断力、政治领悟力、政治执行力，始终在政治立场、政治方向、政治原则、政治道路上同以习近平同志为核心的党中央保持高度一致，奋力谱写全面建设社会主义现代化国家的清苑新篇章。

强化学以致用，在深化学思践悟中进一步提升能力水平。要把学习领悟好、贯彻落实好上级系列重要会议精神作为政治必修课，充分发挥理

---

①[四个伟大成就] ①党领导人民浴血奋战、百折不挠，创造了新民主主义革命的伟大成就；②党领导人民自力更生、发愤图强，创造了社会主义革命和建设的伟大成就；③党领导人民解放思想、锐意进取，创造了改革开放和社会主义现代化建设的伟大成就；④党领导人民自信自强、守正创新，创造了新时代中国特色社会主义的伟大成就

②[五大历史意义] ①党的百年奋斗从根本上改变了中国人民的前途命运；②开辟了实现中华民族伟大复兴的正确道路；③展示了马克思主义的强大生命力；④深刻影响了世界历史进程；⑤锻造了走在时代前列的中国共产党

③[十个坚持] ①坚持党的领导；②坚持人民至上；③坚持理论创新；④坚持独立自主；⑤坚持中国道路；⑥坚持胸怀天下；⑦坚持开拓创新；⑧坚持敢于斗争；⑨坚持统一战线；⑩坚持自我革命

④[六个现代化河北] ①加快建设"两翼"带动、协同发展的现代化河北；②创新驱动、跨越赶超的现代化河北；③绿色低碳、生态优美的现代化河北；④文化教育体育繁荣、精神文明的现代化河北；⑤共同富裕、普惠共享的现代化河北；⑥公平正义、平安法治的现代化河北

⑤[两翼、两区、三群、六带] 以建设雄安新区带动冀中南乃至整个河北发展，以筹办北京冬奥会为契机推进张北地区高质量发展；建设首都水源涵养功能区，建设京津冀生态环境支撑区；建设以首都为核心的世界级城市群，建设环渤海港口群，建设和融入京津冀机场群；建设大运河文化带，建设京张体育文化旅游带，建设太行山——燕山生态保护和绿色发展带，建设沿海经济崛起带，建设石保廊创新发展引领带，建设冀中南转型升级示范带

⑥[十个主动仗] ①打好京雄保一体化发展主动仗；②打好构建现代化产业体系主动仗；③打好城市更新城市转型主动仗；④打好提升文化软实力主动仗；⑤打好乡村振兴主动仗；⑥打好改革开放主动仗；⑦打好绿色发展主动仗；⑧打好坚持人民至上主动仗；⑨打好法治建设主动仗；⑩打好全面加强党的建设主动仗

论联系实际的学风，广泛运用理论学习中心组集体学习、领导干部大讲堂、“三会一课”等多种方式，持之以恒学、持续深入学、融会贯通学，把会议精神转化为推动工作、指导实践的强大动力。要把学习上级系列重要会议精神列入党员领导干部培训计划，分批分系统组织学习培训，确保会议精神入脑入心。通过深入学习，不断提升全区党员干部抢抓机遇、借势发展的能力，提升应对复杂局面、战胜风险挑战的能力，提升贯彻上级精神、狠抓工作落实的能力。

强化宣传发动，在广泛统一共识中进一步凝聚勇毅前行、砥砺奋进的强大正能量。要集中开展宣讲，从各级党组织主要负责同志做起，深入基层一线，全面推动会议精神进企业、进农村、进机关、进单位、进校园、进社区，把上级系列重要会议精神烙印在每一名党员干部群众心底。要坚持线上线下相结合，全方位、多角度、立体式开展宣传报道，进一步扩大上级系列重要会议精神在全社会的知晓度。要广泛宣传清苑学习的成果，宣传清苑狠抓贯彻落实的结果，宣传清苑优秀典型事迹和特色亮点工作，把全区广大党员干部群众的思想和行动，坚决统一到上级的决策部署上来，坚决统一到清苑既定工作思路、发展目标上来，不断凝聚现代化品质生活之城建设的强大合力。

二、抢抓清苑区面临的重大机遇，从容应对各种挑战，在纷繁复杂的大局大势中始终保持战略定力

站在“两个一百年”奋斗目标历史交汇点，我们必须时刻保持对经济社会发展新形势的清醒研判和从容驾驭，深刻认识市委十二届三次全会指出的“六个趋势”①，立足清苑区发展现状，抢占“天时”、发挥“地利”、放大“人和”，从容应对各种挑战，以革命加拼命的精神，以更为艰巨艰苦的努力，苦干实干拼命干，提升软实力，跑出加速度。

抢占“天时”，就是要把上级领导对清苑的关心关爱转化为发展的动力。对清苑的发展，上级给予高度关注。2021年11月1日，市委书记党晓龙同志利用一整天时间，专程到我区调研并组织召开座谈会，和我们一起分析形势，帮助我们定思路、定方向，充分体现了市委对清苑巨大的政治关怀和“高看一眼、厚爱一层”。特别是市委加大各种资源要素向清苑倾斜力度，在清苑区统筹安排了国际医疗基地、保定市职业教育园区、保定郊野公园等一系列重大工程。同时，随着北京非首都功能将加速疏解，一大批企业和教育、医疗、养老等公共服务机构将有序迁出，清苑作为重要的承载地，迎来了千载难逢的发展机遇。我们必须深刻领悟上级对清苑的关心厚爱，对清苑新一轮改革发展的迫切期待，抢抓机遇、乘势而上，大踏步迈出高质量发展步伐。

发挥“地利”，就是要挖掘我们得天独厚的优势潜力。清苑区交通、区位优势十分明显，京港澳、沧榆高速公路和京石高速铁路贯穿全境，有高铁保定东站和4个高速公路站口，周边有北京首都、北京大兴、天津滨海、石家庄正定等多个大型国际机场。特别是随着雄忻高铁及保定南站、R1线、保定市南三环即将开工建设，乐凯大街南延即将全线通车，清苑城区将完全包围在保定主城区范围内，全方位融入主城区的步伐将进一步加快，交通、区位优势必将更加凸显。随着保定市国土空间规划编制的完成，将增加我区建设用地90平方公里，其中高铁片区42.8平方公里，开发区12.75平方公里，具有强大的发展承载力，清苑区必将进一步迸发出强大发展活力，成为保定发展的重大新引擎。

放大“人和”，就是要厚植团结和谐、开放包容、风清气正、干事创业的浓厚氛围。近年来特别是2021年以来，经过全区广大党员干部群众的不懈努力，我们干成了一批多年来想干而不

---

①［六个趋势］①经济发展趋缓的趋势；②区域经济地理格局演进的趋势；③城市发展愈加重视“软实力”的趋势；④产业转型日益突出创新绿色最终消费需求引领的趋势；⑤企业家经济影响力日益增大的趋势；⑥民生工程日益成为新发展动能的趋势

敢干的大事，解决了一批多年想解决而没能解决的历史遗留问题。在聚力抓大事、解难题的过程中，广大党员干部持续转变思维方式、工作方式、生活方式，担当尽责、攻坚克难、干事创业的氛围更加浓厚，广大群众发自内心热烈拥护、坚决支持、主动参与全区发展大局，全区上下精神面貌焕然一新，人心思进、人心思上、人心思干，这是清苑发展最大的希望和动力。

应对挑战，就是要准确把握、主动应对国内外环境的深刻变化。从国际看，在世纪疫情冲击下，当前世界进入“动荡变革期”，百年未有之大变局进入加速演变期，世界经济不稳定、不确定、不平衡特点突出，经济全球化遭遇逆流；从国内看，我国经济发展面临多年未见的需求收缩、供给冲击、预期转弱三重压力，消费和投资增长势头减弱，外需变化存在较大不确定性，企业生产面临缺煤、缺电、缺芯、缺柜、缺工等结构性短缺问题，成本和价格出现较大上扬，经济金融领域风险有所抬头；从自身看，当前我区营商环境还不优，主导支柱产业不够鲜明，财政收支矛盾突出，生态环境治理任务艰巨，社会稳定的基础还比较薄弱，有的干部能力素质还有短板，工作作风还需进一步强化。我们必须稳扎稳打、稳中求进，坚定不移做好自己的事情，“用穿新鞋走新路”的办法，不断开创现代化品质生活之城建设的新局面。

综合以上形势分析，确定当前和今后一段时期，全区工作的指导思想是：高举习近平新时代中国特色社会主义思想伟大旗帜，深入贯彻落实党的十九大及十九届历次全会和中央、省、市系列重要会议精神，弘扬伟大建党精神，坚持稳中求进工作总基调，统筹常态化疫情防控和经济社会发展，全力把握新发展阶段，完整准确全面贯彻新发展理念，主动融入新发展格局，全面落实市委“11258”总体要求，紧紧围绕“激情奋进‘十四五’、再造一个新保定”的工作主线，持续深化“六个一”总体思路，统筹抓好稳增长、促改革、调结构、惠民生、防风险、保稳定等重点工作，抓大事、解难题，补短板、强弱项，拉开框架、打开局面，进一步强化机遇意识、争先意识、攻坚意识，奋力推动现代化品质生活之城建设绽放新颜值、跑出加速度，力促各项工作走在全市前列，以实际行动迎接党的二十大胜利召开。

同志们，今天的清苑已经迈入新发展阶段，历史赐予我们前所未有的大好机遇，时代赋予我们前所未有的重大使命和责任，人民寄予我们前所未有的热切期盼。我们一定要不畏难、不怵硬，以一往无前的奋斗姿态、风雨无阻的精神状态，心无旁骛、聚精会神，真抓实干、埋头苦干，力促早日把发展蓝图变为美好现实！

三、坚持突出“七个聚焦”，全力推动清苑创新发展、绿色发展、高质量发展

当前清苑区最大的问题是发展不足的问题，发展是解决一切问题的基础和关键。我们要紧紧扭住发展第一要务不放松，推动经济社会发展实现质的稳步提高和量的合理增长，全力做到“七个聚焦”：

（一）聚焦项目建设，不断壮大经济实力。以市委“1511”重大项目集中攻坚行动和招商引资“双千工程”为抓手，严格按照“新兴产业承接区、先进制造基地、农旅文一体化发展区”的产业定位，做大做强新材料产业、高端制造业、商贸物流业、都市型农业和文化旅游业，深度谋划产业布局，扶持本土企业茁壮成长，全力培育壮大主导产业。招商引资要更加精准。把对接北京作为方向性选择，大力实施“京保协作五个一”[①]行动，全面对接融入北京产业链。建立一支懂招商知识、专业知识、语言知识和有吃苦准备、奉献精神的专业招商队伍，充分发挥中南高科·清苑新经济产业园区和北京联合招商中心作用，严把项目准入门槛，重点引进能够提升产业竞争力、完善城市能级、增强集聚和辐射功能的

---

①[京保协作五个一] 每个县对接一家央企或京企，对接北京一所科研机构，对接北京一所基础教育学校，对接北京一家三级医院，培育一家上市公司

项目，提高亩均产出率。要坚持项目质量和数量并重，既要“一轮明月”，又要“群星灿烂”，力促更多优质资源落实落地。承载平台要更加坚实。持续实施开发区实力倍增计划，继续加大开发区路网、热力管网、高压线网、数据通信网等基础设施建设力度，提高承载能力。进一步加大项目建设征地力度，推进“标准地”改革，加大土地要素保障力度，依法依规处置低效利用和闲置土地，让有限的土地资源发挥出最大的效益。进一步推动高标准智能起重产业园区建设，推动传统产业上档升级、做大做强。积极推进高铁片区基础设施和公共服务设施建设，重点做好国际医疗基地的建设和服务保障工作，为项目的落地开工打牢坚实基础，力促高铁片区早日拉开框架，形成规模。项目建设要更具成效。要全面落实领导包联制度，常态化深入项目建设和企业生产一线，全身心、全方位、全过程搞好精准服务，真正帮扶在关键处，落实到点子上，力促储备项目往前赶、前期项目快开工、新建项目快实施、在建项目快见效。特别是要全力推进总投资67亿元的40个拟开工项目，确保今年全部开工建设。

（二）聚焦重大工程，大力提高承载带动能力。重点抓好雄忻高铁及保定南站、R1线、国际医疗基地、保定市职业教育园区、保定市南三环、保定市郊野公园、保定市殡葬管理所改扩建、农村生活水源江水置换等重大工程。专班推进，全力攻坚。由主管区领导牵头，抽调精干力量，一项目一专班，把主要精力放在重大工程项目的建设上。要加强与上级的沟通联络，全力做好服务保障各项工作，坚决做到包联全覆盖、服务全周期。强化监管，确保安全。牢固树立“安全责任重于泰山”理念和“安全就是效率、安全就是效益、安全就是生命”的意识，坚持统筹摆布，全面压实安全施工主体责任，加大安全监管力度，在确保进度和质量的前提下，保障施工安全，保障用水用电用气安全，坚决筑牢安全生产的底线。严肃纪律，强化保障。在这里，对全区各级党员干部再重申一条纪律。从区委、区政府做起，区四大班子领导带头，任何人坚决不允许私自违规插手重点工程建设，坚决不允许强揽工程、人为设障，一经发现，依法依规严肃处理，以严明的工作纪律，确保项目落地无阻力、建设无障碍。

（三）聚焦城区建设，绽放城市新颜值。要认真贯彻落实市委提出的现代化品质生活之城建设“三步走”战略目标和“两城三微五宜”要求，加快“拆改建管绿亮”，迭季推进、常抓不懈，畅其路、美其颜、强其能、安其居、固其基、扬其韵。以更严要求落实规划定位。按照“两轴、三心、四组团”的城市空间格局、“西进、北联”的发展方向、“红色风华、品质清苑”的总体风貌定位，进一步优化国土空间布局，高标准编制完善城市控制性详细规划和绿地系统、夜景亮化等专项规划，做精做细城市核心区、重要街区、关键节点设计，形成多规合一的全域“规划树”，确保一张蓝图管控。以更高标准推动城区有机更新。全力保障、协调推进保定市南三环工程建设，加快协调实施长城大街南延、北三环东延、西二环南延、东三环南延等工程建设，进一步拉大城市框架。聚焦城区绿化、美化、亮化、净化，全力推进城市“双修”三期、四期工程，改造提升发展路、和平路、朝阳南大街清苑段等重点路段，继续深入实施老旧小区改造、建筑外立面整治、门头牌匾更换、夜景照明升级等工作，让城市更加通畅、更加亮丽，展现新面貌、绽放新颜值。以更实举措深化城市精细化管理。围绕便民利民、突出宜居宜业，千方百计把城市管理往精细里做、往群众身边做。要严格落实“网格化”，继续下大力整治非法营运三轮车、乱停乱放、店外经营等问题，健全长效机制，严防出现反弹。要高标准谋划建设和改造一批便民市场，加快智慧安防、智慧物业、智慧泊车等项目建设进度，烙印城市管理痕迹，让城市不仅有“面子”，更有“里子”。要继续深化文明城市、卫生城市、森林城市创建活动，全区动员、全域覆盖、全民参与，叫响人人都是清苑形象、人人都是城市软实力，全面展示清苑人民奋斗之志、创造之力、发展之果。

（四）聚焦“三农”工作，大力实施乡村振兴战略。以美丽乡村建设为抓手，以人居环境清洁、建筑风貌美观、基础设施完善、公共服务健全、特色产业壮大、乡村治理有效为主要目标，扎实推进规划同步、产业同兴、人才同享、同光同美、文化同脉、改革同频。推进脱贫攻坚与乡村振兴有效衔接。进一步健全防返贫、防致贫动态监测和帮扶机制，密切关注脱贫不稳定户、边缘易致贫户、低收入户等群体，确保动态清零。全力保障粮食安全。把确保粮食安全作为重要的政治任务，严格遏制耕地“非农化”、防止“非粮化”，保障耕地“红线”。持续推进高标准农田建设，深入实施种业振兴行动，加大粮食收储力度，保障种粮农民合理收益，确保全年粮食生产再获丰收，让我们的饭碗任何时候都要牢牢端在自己手中。大力发展现代都市型农业。积极发展“农业＋”中央厨房、休闲度假、观光采摘等新兴业态，支持壮大一批现有的特色企业，培育引进一批农业龙头企业，打造“龙头企业＋创新驿站＋现代农业园区＋农户”的产业化链条，加快形成特色优势产业集群。依托南王庄西瓜、王盘葡萄、北王力花卉苗木、大庄麻山药、张登温仁瓜菜等特色农产品，加强品种培优、品质提升、品牌打造和标准化生产，增加农产品附加值，叫响清苑现代都市型农业品牌。深化农产品质量安全创建，完善可追溯体系，推动清苑农产品进入京雄保高端市场。着力改善人居环境。认真落实中共中央办公厅、国务院办公厅《农村人居环境整治提升五年行动方案》，继续深入实施生活垃圾处理、道路养护保洁、河道环境治理、农村生活污水治理、秸秆禁烧和综合利用“五大专项行动”，不断推进交通、水利、供气、供电、通信、垃圾处理等基础设施投入向农村倾斜。要有序推进白团乡、石桥乡、北店乡、何桥乡等一批有条件的乡撤乡设镇，不断增加乡镇承载力和辐射带动力。要持续深入开展路域环境整治，在保进度、保质量的同时，建立健全日常道路养护体制机制，确保道路长久安全通畅、整洁美化。在此基础上，以点连线、以线带面、成方连片，积极打造示范村、示范带，带动乡村整体环境提升。全力承办好旅发大会。把承办好第五届保定市文化和旅游产业发展大会作为展示清苑形象的重要契机，加快建设正迪欢乐世界文化创意园、冉庄文旅特色小镇、好梦林水微度假体验区和保定市郊野公园等重点点位，打造精品旅游线路，全力构建文旅产业发展格局，带动周边乡村经济发展。

（五）聚焦营商环境，不断集聚各类优质要素在清苑落地生根、发展壮大。把优化营商环境作为经济高质量发展的动力之源，栽好“梧桐树”、引来“金凤凰”，不断激发市场主体活力。大力提升服务效能。全面推行审批服务“马上办、网上办、就近办、一次办、自助办、一窗办”，进一步简化审批程序，优化审批流程，提高服务质量。加强乡镇行政综合服务中心和村（社区）综合服务站规范化、标准化建设，最大限度方便群众、服务群众。进一步压缩政府投资类、社会投资核准类、社会投资备案类三类项目从立项到取得施工许可的时间。全面深化亲清政商关系。要继续开展企业家早餐会活动，进一步健全完善政银企对接等各项制度，主动服务、超前服务，全过程、全链条、全环节领办帮办，变“政府端菜”为“企业点菜”，真情实意帮助企业融资金、通链条、解难题。各级各部门要严格把握工作尺度，亲服务、清交往，坚决反对“勾肩搭背”，坚决反对利益输送。全力营造公平公正的市场环境。继续坚持对政府投资类的重大工程项目，公开招标资质等级高、综合实力雄厚、社会责任感强的大型企业，打破挂靠资质、层层转包等潜规则，确保工程建设在阳光、公正、透明的环境下进行。持续深化治理不作为、慢作为，“小鬼”难缠等中梗阻问题，严厉打击强揽工程、封门堵路、滋事闹事等行为，谁扰乱清苑发展秩序，谁破坏清苑发展环境，我们就坚决砸掉谁的饭碗。同时，要以提升软实力作为改革的突破口，以出亮点、见实效为目标，以市场需求为导向，加快推进开发区管理体制、金融财税体制、教育文化体育领域、农业农村领域、事业单位等各方面改革，打好改革主动仗，向改革要动力、要活力。

（六）聚焦人民至上，不断增强人民群众的幸福感、获得感。始终把人民放在心中最高位置，把造福人民作为最重要的政绩，继续保持浓郁的为民情怀，用心用情用力为广大群众办实事、办好事，让群众的幸福感、获得感更加充实、更有保障、更可持续。下大力解决好群众烦心事、操心事、揪心事。紧盯“柴米油盐酱醋茶，衣食住行教医保”等民生问题，继续深入开展民生服务承诺，各级各部门要结合本部门职能和群众需求，谋划好今年要办的民生实事和民生工程，建账要账、承诺践诺，以看得见的变化回应群众期盼。坚持“小切口、大民生”，每月盯办解决一批事关群众的具体问题，真正把人民至上贯彻落实到工作的方方面面。确保群众的身体健康和生命安全。紧盯疫情防控，强化“外防输入、内防反弹”要求，不断压实四方责任，严格落实省10个常态化30项疫情防控措施。持续优化生态环境。要认真贯彻落实省委、省政府《关于深入打好污染防治攻坚战的实施意见》，坚决打好蓝天、碧水、净土保卫战。严格落实抑尘、控车、禁烧、减排、禁炮等各项硬性措施，充分发挥“削峰值”小分队和空气检测点指挥平台作用，持续用力、久久为功，确保空气质量不断改善。严格落实河长制，巩固提升河道“清五乱”成果，深入开展白洋淀上游流域水生态环境修复专项整治，确保全区有水河流入淀断面水质稳定达到Ⅲ类及以上标准。不断丰富群众的精神文化生活。严格落实意识形态工作责任制，积极培育和践行社会主义核心价值观，牢牢掌握党对意识形态工作的领导权。以冉庄地道战遗址为依托，深入推进红色文化、乡土文化进校园、进社区、进企业。要大力宣传社会主义核心价值观，弘扬主旋律、传播正能量，运用好传统媒体和新媒体，讲述清苑好故事，传播清苑好声音。要持续深化文明单位、文明校园、文明家庭、文明社区和农村精神文明创建，不断提升居民文化素质和文明程度。

（七）聚焦社会和谐稳定，坚决当好首都政治“护城河”。要全面落实总体国家安全观，不断深化全面依法治区工作，全力防范化解各类风险隐患，以实际行动当好首都政治“护城河”。坚决确保宗教领域长期和谐。要把宗教工作作为政治生命线，坚决落实全国、全省宗教工作会议精神，全面贯彻新时代党的宗教工作理论和基本方针，进一步加强党对宗教工作的全面领导。不断健全完善清苑特色的宗教工作思路，抓好日常教育管理。加强宗教领域突出问题化解，注重在“导”上下功夫，做到导之有方、导之有力、导之有效，积极引导宗教与社会主义社会相适应，确保全区宗教领域和谐。全力维护信访安全。层层压实包案领导和涉案单位的排查化解责任，聚焦涉房涉建涉金融等重点领域，以强烈的历史担当维护好群众合法权益。坚持预防为主，持续深入开展矛盾纠纷排查化解，抓早抓小抓苗头，对存在的问题超前预防化解。全面开展无越级访、无集体访、无重复访“三无”乡村创建，不断深化积案“动态清零”行动，做到诉求合理的问题解决到位，诉求不合理的思想疏导到位，生活困难的帮扶救助到位，行为违法的依法处理到位，进一步端正信访工作导向。牢牢守住生产安全和食品药品安全底线。深入开展安全生产专项整治，紧盯危险化学品、交通运输、建筑施工、特种设备、消防、燃气、工贸、旅游、有限空间作业等重点行业领域，坚决防范重特大安全事故发生。强化市场安全监管，重点加强对食品、药品、网络餐饮服务、婚丧嫁娶聚餐等重点领域的监管，坚决守住人民群众“舌尖上的安全”。

四、坚持全面从严管党治党，不断优化全区政治生态，为现代化品质生活之城建设提供坚强组织保障

建设现代化品质生活之城、推动清苑高质量发展，关键在党，关键在领导班子，关键在党员干部。要深入落实全面从严治党要求，持续增强各级党组织的政治功能和组织功能，团结带领广大党员干部群众干事创业、奋勇争先。

（一）要锤炼绝对忠诚的政治品格。要把学懂弄通做实习近平新时代中国特色社会主义思想作为重大的政治任务、长期的战略任务，把忠诚拥护“两个确立”、增强“四个意识”、坚定“四个自信”，做到“两个维护”作为最高政治原则和根本政治规矩，始终在思想上政治上行动上同以习近平同志为核心的党中央保持高度一致，不断提高政治判断力、政治领悟力、政治执行力，确保把上级精神转化为清苑发展的实际行动。要严格执行新形势下党内政治生活的若干准则，严格落实“三会一课”制度、民主生活会和组织生活会制度，学党章规定、学系列讲话，做合格党员，不断增强党内政治生活的政治性、时代性、原则性、战斗性。

（二）要打造忠诚干净担当实干的干部队伍。要始终坚持正确用人导向，大胆选用忠诚、干净、担当、实干的干部，不忽视、不埋没各领域各单位各年龄段的优秀干部，不亏待、不冷落孺子牛、拓荒牛、老黄牛型干部，不迎合、不容忍投机取巧、无事生非、拉帮结派、找关系、托门子的干部，不迁就、不放纵自以为是、跟组织讨价还价的干部。要坚持刀在石上磨、人在事上磨，把优秀干部、年轻干部放在乡村基层一线，放在项目建设、征地拆迁、信访、疫情防控等重点难点工作一线，在攻坚克难的主战场上接受严峻考验、得到历练锤炼。

（三）要大力弘扬攻坚克难、真抓实干的工作作风。要强化效率意识，向效率要时间、向深夜要时间，在党一分钟，为党工作六十秒，任务一布置、马上抓落实，工作一部署、马上就推动，工作一完成、马上就反馈。要强化精细意识，注重大处着眼、小处着手，做到谋划时统揽大局、操作中细致精当，防止细节疏忽损害大局。要强化攻坚意识，下定“明知山有虎，偏向虎山行”的决心，以“功成不必在我”的精神境界和“功成必定有我”的历史担当，挑最重的担子、啃最硬的骨头，以过硬的作风赢得过硬的成绩。要强化争先意识，放大坐标系、找准参照物，全区党员干部要敢于向优者学、与快者比、跟强者争、朝高者攀，创造新时代一流的工作。要强化团结意识，支持区人大、区政府、区政协、区监委、区法院、区检察院依法依章程履行职能，发挥工会、共青团、妇联等群团组织作用，做好统一战线工作，上下一条心，步调一致向前进，做到大事难事一起扛、急事要事一起上，和谐共事、快乐干事。

（四）要夯实筑牢坚强有力的战斗堡垒。基础不牢、地动山摇。要深入开展“三清两提”① 行动和“再造新保定、奋进党旗红”活动，全面提高抓党建促发展的质量和水平。要扎实开展党建示范点创建活动，强化阵地建设，加强对村干部的培训和管理，把基层党组织打造成坚强战斗堡垒。要持续整顿软弱涣散基层党组织，重点整治信访矛盾突出、组织生活不落实不严格等问题，今年要努力消除村集体收入 5 万元以下的村，村集体收入 10 万元以上的村达到 50% 以上，不断提升基层党组织的政治力、凝聚力、战斗力。要充分发挥党员先锋模范作用，深入组织开展党员亮牌示范、志愿服务、认责承诺等活动，激励党员争当时代先锋。要大力提高党员质量，注重吸收致富能手、退役军人和外出务工青年中的优秀分子入党，不断优化农村党员队伍结构。要扎实开展“两新”组织、机关、国有企业等各领域党建工作，推进基层党建全面进步、全面

---

①［三清两提］班子建设问题清零、党员发展问题清仓、经费保障问题清查、活动场所建设提标、发展集体经济提质

过硬。

（五）要坚守清正廉洁的从政底线。要坚决落实各级党委（党组）全面从严治党主体责任和纪委监督责任，全力构建不敢腐、不能腐、不想腐的体制机制。要坚持以上率下，从区委常委班子做起，坚持自身正、自身净、自身硬，保持健健康康的同志关系、清清爽爽的同事关系、规规矩矩的上下级关系。要坚持敢抓敢管、真抓真管，持续叫响“严管就是厚爱、放纵就是伤害”，不断深化思想作风纪律教育整顿和政法队伍常态化教育整顿，强化政治性警示教育，加强重点领域、重点环节和重点人群的监督和管理。要认真学习贯彻习近平总书记关于巡视巡察工作重要论述和上级关于巡视巡察工作新精神新部署新要求，扎实推进三届区委巡察工作，充分发挥巡察“利剑作用”，推进全面从严治党向纵深发展。要加大反腐力度，坚持无禁区、全覆盖、零容忍，坚持重遏制、强高压、长震慑，做到有案必查、有腐必反、有贪必肃。要以铁的纪律和严的手段管党治党，使全区各级各部门和党员干部始终敬畏历史、敬畏文化、敬畏生态，慎重决策、慎重用权，做到心有所畏、言有所戒、行有所止。

解放思想　奋发进取
以党的二十大精神为指引
全力打造中国式现代化清苑场景

——在中国共产党保定市清苑区委三届四次全体会议上的讲话

区委书记　闫向阳

（2022 年 11 月 11 日）

一、广泛深入兴起学习宣传贯彻党的二十大和省委十届三次全会、市委十二届四次全会精神的热潮，坚决把全区上下的思想和行动统一到中央、省、市决策部署上来

10 月 16 日至 22 日召开的党的二十大，是我党在实现了第一个百年奋斗目标、向第二个百年奋斗目标进军的关键时刻召开的一次居安思危、踔厉奋发的重要会议；是带领全国各族人民，在全面推进中华民族伟大复兴而团结奋斗的关键历史时期召开的一次统一思想、凝心聚力的重要会议；是在当今世界正经历百年未有之大变局的关键历史时期召开的一次胸怀天下、引领和平的重要会议，在党和国家历史上具有划时代和里程碑的重大意义。习近平总书记所作的报告，贯穿一条主线，就是把马克思主义基本原理同中国具体实际相结合、同中华优秀传统文化相结合；紧扣一个目标，就是团结带领全国各族人民全面建成社会主义现代化强国、实现第二个百年奋斗目标；聚焦一个使命，就是以中国式现代化全面推进中华民族伟大复兴；抓住一个关键，就是以党的自我革命引领社会革命。报告高举伟大旗帜一以贯之，坚持初心使命一以贯之，保持奋斗姿态一以贯之，勇于自我革命一以贯之，是高举中国特色社会主义伟大旗帜的宣言书，万众一心走好新时代长征路的集结号，全面建设社会主义现代化强国的动员令，给党指明方向、给国家增加了底气、给民族增添了信心。报告凝聚了党心民心，倾注了习近平总书记的大量心血，其中许多新的重要思想、重要观点、重大战略、重大举措都是习近平总书记提出来的，既有政治上的高瞻远瞩和理论上的深邃思考，也有目标上的科学设定和工作上的战略部署，内容丰富、考量深远，是党团结带领全国各族人民，夺取中国特色社会主义新胜利的政治宣言和行动纲领，我们必须深刻领会好其核心要义和精神内涵。

（一）全面深刻领会“两个确立”彰显了马克思主义政治权威和理论权威的高度统一，体现了全党全国各族人民的高度共识和共同意志。“两个确立”是党的十八大以来最重要的政治成果，党的二十大再次宣示了“两个确立”的决定性意义，明确了最大的政治、最大的大局、最大的原则，标注了这次大会彪炳史册的历史地位、历史意义、历史贡献。“两个确立”从政治权威和理论权威相统一的高度，深刻揭示了习近平总书记作为党中央的核心、全党的核心的理论逻辑、历史逻辑、实践逻辑。新时代 10 年的伟大变革、巨大成就，根本在于以习近平同志为核心的党中央坚强领导，在于习近平新时代中国特色社会主义思想科学指引。我们要深刻理解“两个确立”的历史必然性、时代必然性、现实必然性和制度必然性，更加自觉地捍卫习近平总书记核心地位和习近平新时代中国特色社会主义思想指导地位，把坚决拥护“两个确立”转化为坚决做到“两个维护”的实际行动。

（二）全面深刻领会习近平新时代中国特色社会主义思想深刻回答了中国之问、世界之问、人民之问、时代之问，开辟了马克思主义中国化时代化新境界。党的二十大报告拿出整整一个章节的内容，深入阐释了习近平新时代中国特色社会主义思想的历史地位和精髓要义，鲜明提出了“两个行”的新论断，指出中国共产党为什么能，中国特色社会主义为什么好，归根到底是马克思主义行，是中国化时代化的马克思主义行。报告还从“两个结合”的视角，对习近平新时代中国特色社会主义思想的“源头活水”进行了阐释，同时鲜明提出了推进理论创新要做到“六个必须坚持”的思想方法，科学揭示了习近平新时代中国特色社会主义思想活的灵魂。我们要深刻领会习近平新时代中国特色社会主义思想是当代中国马克思主义、21 世纪马克思主义，是中华民族伟大复兴和世界百年未有之大变局下的马克思主义，必须始终高举这面思想之旗、理论之旗、精神之旗，坚定不移推进实践基础上的理论创新，保持马克思主义的蓬勃生机和旺盛活力。

（三）全面深刻领会以中国式现代化全面推进中华民族伟大复兴的使命任务，进一步明确建设什么样的中国式现代化，怎么建设中国式现代化。党的二十大报告明确提出以中国式现代化全面推进中华民族伟大复兴，对全面建成社会主义现代化强国“两步走”战略安排进行宏观展望，深刻阐述中国式现代化的五个方面中国特色，凝练九个方面本质要求，强调前进路上必须牢牢把握“五个坚持”重大原则。这深刻表明中国式现代化不仅是对西方资本主义现代化的历史性超越，也是人类社会发展史上史无前例、绝无仅有的。我们推进的现代化是中国共产党领导的社会主义现代化，既有各国现代化的共同特征，更有基于自己国情的中国特色。中国式现代化的中国特色、本质要求、重大原则、战略布局和战略举措，为新时代新征程的伟大探索提供了理论创新、实践创新、制度创新，我们要坚持目标导向和结果导向相统一，稳扎稳打、厚积薄发，确保把任务目标变为现实。

（四）全面深刻领会推进新时代党的建设新的伟大工程面临的新形势新任务新要求，时刻保持自我革命的清醒和坚定。全面建设社会主义现代化国家、全面推进中华民族伟大复兴，关键在党。党的二十大鲜明指出：经过十八大以来全面从严治党，我们解决了党内许多突出问题，但党面临的“四大考验”“四种危险”长期存在。管党治党一刻也不能放手，必须持之以恒推进全面从严治党，深入推进新时代党的建设新的伟大工程，以党的自我革命引领社会革命。报告围绕建设什么样的长期执政的马克思主义政党，怎样建设长期执政的马克思主义政党，从政治建设、思想建设、组织建设、作风建设、纪律建设、制度建设和反腐败斗争等七个方面进行了战略部署，强调以党的自我革命引领社会革命，确保我们党永葆生机与活力。我们要落实新时代党的建设总要求，完善全面从严治党体系，确保党始终成为中国特色社会主义事业坚强领导核心。

（五）全面深刻领会团结奋斗是中国人民创造历史伟业的必由之路，在新征程上彰显党和人民最显著的精神标识。报告开宗明义提出“三个务必”，这是对“两个务必”的传承和发展，为全党全国各族人民坚定走好新的赶考之路提供了强大精神动力。团结是贯穿党的二十大报告全篇的高频词、关键词、主题词，在报告的标题、主题、导语、正文、结束语各个部分，都贯穿着团结奋斗的时代要求。未来五年是全面建设社会主义现代化国家开局起步的关键时期，在百年变局和世纪疫情交织的复杂形势下，前进路上不会是风平浪静，要准备经受风高浪急甚至惊涛骇浪的重大考验。过去，我们靠团结奋斗创造了辉煌历史，今后，我们还要靠团结奋斗开创美好未来。我们要深刻认识“团结奋斗”的重要性，从区委常委会做起，从四大班子做起，大事难事一起扛，急事要事一起上，和谐共事，快乐干事，团结一心战胜前进道路上的一切艰难险阻，成就民心所向的宏伟大业。

10 月 28 日至 29 日，省委召开十届三次全会，省委书记倪岳峰作了题为《深入学习宣传贯彻党的二十大精神，加快建设经济强省、美丽河北》的重要讲话，对全省深入学习宣传贯彻党的二十大精神作出全面安排部署。倪岳峰书记的讲话，用了“六个深刻领会”，对党的二十大精神进行了深入阐述，就如何落实好首要政治任务、兴起学习宣传热潮提出了明确要求；用了“六个观念”，进一步明晰了解放思想，奋发进取的方法论，具有鲜明的思想性和指导性；用了“六个新”，概括了全省未来五年的目标任务，对各项重点工作作出了宏观部署；用了“八个方面”，描绘了中国式现代化在河北的美好图景；用了“十项战略举措”，系统谋划了当前和今后一个时期的重点任务，对推进全面从严治党提出了明确要求，系统回顾了今年以来省委常委会工作和取得的成绩，尤其是明确提出了建设新型能源强省，现代交通强省、临港产业强省、制造强省、农业强省、物流强省、数字河北等中国式现代化的河北场景，把加快建设经济强省、美丽河北提升到了一个更新的水平，更高的境界。

11 月 2 日，市委召开十二届四次全会，对全市学习宣传贯彻党的二十大精神，全面落实省委十届三次全会精神作了总体部署。市委书记党晓龙在全会讲话中提出的“七个深刻领会和把握”，对党的二十大和省委十届三次全会精神进行了全面解读；提出的“六个注重”，既是落实中央和省委要求的保定思路，也是对保定近年来探索实践的总结提炼；提出的“打造‘7+5+N’系列场景”，是如何在中国式现代化新道路上建设一个高品质、有韧性的现代化新保定的方法论；提出的“五个肩负、五个走在前列和两个新样板”，是省委对保定提出的殷切嘱托，也是保定如何落实好中央和省委要求的工作目标和系统阐述。

深入学习宣传贯彻党的二十大和省委十届三次全会、市委十二届四次全会精神，是当前和今后一个时期我们的首要政治任务和全部工作主题。我们要全员学习。按照中共中央《关于认真学习宣传贯彻党的二十大精神的决定》、省委《关于认真学习宣传贯彻党的二十大精神的意见》要求，把准基调、把好方向，迅速制定计划、制定方案，抓好传达学习，深入学、反复学，原原本本学、联系实际学，确保党的二十大精神入心入脑、落地落实。我们要集中宣讲。要组建专门队伍，进农村、进社区、进机关、进校园、进企业，把党的二十大精神和省、市、区全会精神讲清楚、讲明白，让老百姓听得懂、能领会、可落实，推动党的二十大精神深入人心、家喻户晓。我们要系列培训。要把党的二十大精神和省、市、区全会精神列入全区党员领导干部的培训计划，分期分批分系统组织多形式、全覆盖的学习培训，使全区各级党员干部真正做到学深悟透、指导实践。我们要营造氛围。要全方位、多角度、立体式宣传解读党的二十大精神和省、市、区全会精神，宣传各级各部门学习贯彻的具体举措和实际行动，积极营造学习贯彻党的二十大，为清苑经济社会发展贡献力量的政治氛围、舆论氛围、社会氛围。

二、唱响“解放思想、奋发进取”主旋律，以实际行动推动党的二十大和省委十届三次全会、市委十二届四次全会精神在我区落地生根、开花结果

在省委十届三次全会上，倪岳峰书记强调，“解放思想、奋发进取，是重要的思想方法、工作方法，是精神状态、奋斗姿态的集中体现，需要与时俱进、持续深化”，发出了“解放思想、

奋发进取”的动员令。新时代新征程，面对新机遇、新挑战、新任务、新要求，我们要乘学习贯彻党的二十大精神的东风，深刻领会、深入贯彻，应势而动、顺势而为，不断改进思想、工作和作风，在解放思想中统一思想，在奋发进取中开创未来，用实际行动落实党的二十大精神和省委、市委全会精神，全力推动清苑经济社会高质量发展。

牢固树立“与保定市主城区一体发展”的机遇意识。党的二十大已经为我们绘制了宏伟的蓝图，省委十届三次全会对加快建设经济强省、美丽河北进行了系统性部署，市委十二届四次全会也给我们描述了一个非常清晰的中国式现代化的保定场景。对于清苑来说，一方面，要对标对表省市场景，结合全区实际，跑出清苑速度，交出清苑“答卷”；另一方面，要解放思想，主动融入省市大局，主动对接省市场景，奋发有为推进，争当省市场景的参与者、建设者、奋斗者和实践者。特别是作为保定市新三区一分子，作为保定市主城区的近水楼台，我们必须在思想上牢固树立与主城区同步发展的意识，在行动上抢抓机遇、发挥优势，找准清苑切口、主动参与担当，共同谋划、整体推进，与主城区一体成为擘画保定发展蓝图的主战场。

牢固树立“心系群众、人民至上”的为民意识。“江山就是人民，人民就是江山，中国共产党领导人民打江山、守江山，守的是人民的心”。为民造福更是我党立党为公，执政为民的本质要求。区委常委会始终坚持人民至上，牢牢站稳人民立场，始终把清苑百姓的所期所盼作为奋斗目标。面向未来，我们的思想必须更加符合时代要求，我们的行动必须更加体现人民意愿。无论是城市建设、项目建设，或是疫情防控、安全稳定，还是其他任何工作，我们都要始终把群众呼声作为第一信号，把群众需求作为第一选择，把群众满意作为第一标准，把为民办实事、为民谋幸福作为一切工作的出发点和落脚点，撸起袖子加油干、风雨无阻向前行，以全体党员干部的辛苦指数，换取全区人民群众的幸福指数。

牢固树立“大抓基层、补齐短板”的强基意识。“基础不牢、地动山摇”。抓基层、打基础是我们党的优良传统，也是我们党从胜利走向胜利的宝贵经验。清苑是人口大区，社会管理的基层基础相对薄弱，个别村基层干部能力不足、乡村治理体系不完备、“三资”管理不规范、基础设施老化破旧等，已经成为当下制约工作的难点和短板。我们要坚持大抓基层的鲜明导向，把夯实基层基础工作作为推动全区各项事业发展的长远之计和固本之举，用新思维、新方法应对新形势、解决新问题，不断强化基层治理、建强基层组织、发展基层民主、锤炼基层干部、保障基层需求。

牢固树立“奋发进取、勇毅前行”的争先意识。党的二十大报告指出，时代呼唤着我们，人民期待着我们，唯有矢志不渝、笃行不怠，方能不负时代、不负人民。清苑历史悠久、文化底蕴深厚，交通便利、区位优势突出，具有很大的发展潜力。省、市高度关注清苑发展，岳峰书记、正谱省长先后到清苑调研，晓龙书记、继红市长也多次到清苑指导工作。省委、市委对清苑“高看一眼、厚爱一层”，特别是去年以来多个重大工程项目落位清苑，这是对清苑巨大的关怀和支持，清苑理应发展的更好一些，也一定能发展的更好一些。“莫道君行早，更有早行人”，我们必须以只争朝夕的紧迫感，坚决打破封闭狭隘的思维，坚决摒弃按部就班的惯性和只求过得去、不求过得硬的错误思想，以更加敏锐的眼光、更加包容的心态、更加宽广的视野、更加开放的理念，努力创造经得起实践检验的一流业绩。

牢固树立“敢于斗争、善于斗争”的攻坚意识。习近平同志强调，“敢于斗争是我们党的鲜明品格，我们党依靠斗争走到今天，也必然要依靠斗争赢得未来”。近年来，面对繁重艰巨的任务，我们始终坚持问题导向，从根本上着手，从思想深处发力，直面问题、迎难而上，各项工作取得了一定成效，党员干部精神状态、纪律作风明显提升。但冰冻三尺非一日之寒，前行路上我们仍面临诸多风险挑战、矛盾问题，正本清源、治乱祛邪的任务还很重，攻克堡垒、清除痼疾的难度还很大。我们要坚决克服“软骨病”、革除“恐惧症”，着力增强防风险、迎挑战、抗打压能力，对得起良心、对得起岗位、对得起百姓，做到关键时刻站得出来、危急关头豁得出去，敢于同社会“杂音”“负能量”较真叫板，大力弘扬勇毅前行、砥砺奋进的强大正能量。

牢固树立“紧盯末端、埋头苦干”的执行意识。党的二十大报告强调“空谈误国、实干兴邦”；省委书记倪岳峰在省委十届三次全会中明确指出“抓而不紧等于不抓，抓而不实等于白抓”，要求我们雷厉风行、一竿子插到底；党晓龙书记多次强调，决不能把“说了”当“做了”，把“做了”当“成了”，把“没想办法”当“没办法”，对上级的部署，要项目化、工程化、责任化地扎实推进落实。路不行不到，事不办不成。我们要进一步强化执行观念，善始善终、善作善成，做到党中央有号令，省委有部署，市委有要求，清苑见行动，真正打通落实的“最后一米”。在抓得紧的同时，我们还要抓得准，要以疫情防控、经济发展绩效、平安建设三个专项考核办法为抓手，充分发挥考核“指挥棒”作用，不断完善考核机制、跟进督导检查，引导全区各级干部把思想和精力集中到解决问题、集中到干事创业上来，脚踏实地地为清苑发展贡献应有力量。

同志们，这“七个意识”是贯彻落实党的二十大“六个必须”和省委十届三次全会“六个观念”、市委十二届四次全会“六个注重”精神的清苑化，是我们解放思想、奋发进取的着力点和落脚点。我们要从各级党组织做起，从各级领导干部做起，胸怀“两个大局”，牢记“国之大者”，唱响“解放思想、奋发进取”主旋律，为建设一个高品质、有韧性的现代化新保定，为建设经济强省、美丽河北贡献清苑力量。

三、全面落实党的二十大和省委十届三次全会、市委十二届四次全会关于中国式现代化的决策部署，以“五个走在前列”“两个新样板”为己任来体现担当，打造中国式现代化清苑场景

习近平总书记所作的党的二十大报告中，深刻阐明了中国式现代化的中国特色和本质要求。省委十届三次全会就如何全面落实党的二十大中国式现代化新要求，开创经济强省、美丽河北的新局面作出了详细安排部署，描绘了新型能源强省等一系列中国式现代化的河北场景。市委十二届四次全会提出保定要以“五个走在前列”“两个新样板”体现担当，着力打造“7+5+N”中国式现代化保定系列场景。在省市谋划的众多场景中，清苑有的是主战场，有的是分战场。在主战场中，我们要当仁不让、全力以赴；在分战场中，我们要展现清苑担当、凸显清苑作为。同时，我们还要主动融入、积极对接，力争更多省市场景清苑化。结合清苑实际，我们积极谋划了中国式现代化在清苑的7个实践场景：

交通枢纽强区，依托京港澳高速、沧榆高速、京石高铁和已经开工建设的雄忻高铁贯穿全境的良好基础，牢牢把握清苑区京津石1小时生活圈优势，抢抓雄忻高铁及保定南站和R1线等交通路网建设机遇期，构建“一横一纵”高铁线路网络；持续抓好白洋淀大道养护管理和保通保畅，全力保障保定市北三环东延建设，配合启动省道S604（保新路）改造提升，打通清苑和雄安新区连接骨干路网；全力争取乐凯大街全幅通车、长城大街南延、发展路与东三环连接线等道路工程，全力做好保定市南三环建设征地拆迁、手续办理前期工作，全力构建“城六区”路网结构，打造京津冀区域内的交通枢纽。都市农业强区，立足服务保障“京雄保”，充分发挥清苑农业大区优势，集中连片规划布局示范园区、产业基地。充分发挥农副产品产地优势，谋划打造农副产品集散地，推动清苑农产品进入京雄保高端市场，打造“京雄菜篮子”。充分发挥保定市农业产业有限公司龙头作用，大力发展设施农业、休闲农业、绿色农业和农产品加工业，建设延伸仓储保鲜、冷链物流等全产业链条，实现生产、加工、销售一体化，推进一二三产业融合发展，真正建成智慧型、科技型高标准设施“粮仓”“菜园”“果园”“花园”。文化旅游强区，立足“红色风华、品质清苑”的总体风貌定位，依托冉庄地道战遗址保护区、冉庄文旅特色小镇、好梦林水微度假体验区、正迪欢乐世界文化创意园和正在改造提升的兴苑市场等文化旅游资源，借成功举办第五届保定市文化和旅游产业发展大会的契机，在做好城区和乡村全域环境提升基础上，大力发展红色文化游、绿色生态游、乡村休闲游、康养度假游、文化商业游等沉浸式旅游新业态，打造“一镇一梦一世界”精品旅游路线，构建全域旅游格局，让清苑成为京津冀和雄安新区周边人群微度假、慢生活首选地。职业教育强区，抢抓市委、市政府在清苑打造保定市“职业教育高地”和职业教育国际品牌的重大机遇，借势保定职业教育园区建设，积极构建“职普融通、中高职贯通”的现代化职业教育体系。坚持产城教融合发展，建设一批职业技能人才培训基地、职业学校实训基地，引导拓宽校企合作深度广度，打造高技能人才培养基地，为全省、全市、全区发展输送更多专业型、技能型、工匠型人才。医疗康养强区，依托保定高铁东站片区，全力做好保定国际医疗基地建设用地储备等服务保障工作，积极推动以肿瘤治疗为核心的药物和设备研发、中医药运用、康养疗法等研究成果在清苑落地转化，打造辐射京津冀的医疗健康产业集群。借力医疗资源落地，围绕医疗卫生全产业链条，谋划引进一批医药制造、器械制造、医疗服务、数字化健康、药械流通、医疗保险等产业项目进园区，着力打造生命健康新业态，积极构建大健康产业发展新模式。以区人民医院新院区、区中医院新院区等项目建设为载体，深化医疗卫生集团改革，积极承接北京大学第三医院、首都医科大学安贞医院、宣武医院、北京天坛医院等北京医院疏解，建设保南区域医疗中心。现代物流强区，积极融入保定陆港型国际物流枢纽建设，围绕打造“生产与销售相连接、本地与外地相沟通、国内与国际市场相接轨”的京津冀商品大流通格局；与黄骅港对接合作，谋划建设以清苑货场、立中集团为依托的内陆港，带动形成覆盖全区、全市乃至京雄保地区的物流骨干网络和冷链物流体系；谋划实施大庄物流园项目，积极配合市政府谋划推动南二环物流园搬迁，力争中通河北（保定）产业园和韵达保定产业园尽快落地，建设全市现代商贸物流基地。一体发展的活力新区，2015 年清苑撤县设区，经过 7 年多的发展，清苑在交通、产业、文化、基础设施等方面与保定市主城区的融合越来越深，已成为主城区密不可分的重要组成部分。我们要持续优化营商环境，做大做强主导产业，科学构建产业支撑，不断壮大经济规模，提升城市综合竞争力，使清苑成为保定市最具发展动力、发展潜力的活力新区，成为保定市新的投资热土、兴业沃土和居住生活首选地。

同志们，这 7 个实践场景，是我们贯彻落实党的二十大关于中国式现代化战略部署和中国式现代化河北场景、保定“7+5+N”系列场景的清苑方案，与清苑区第三次党代会上提出的“五个清苑”“六个坚持”“七个持续发力”战略部署一脉相承，是清苑接续发展的具体行动。我们一定要把落实 7 个清苑实践场景与省市场景，特别是保定市提出的 7 个重点场景和 5 个标志场景结合起来，与区“十四五”规划确定的各项任务目标和区第三次党代会各项部署结合起来，统筹推进、一体落实，以钉钉子的劲头，一锤接着一锤敲，在推动各项工作上展现新作为。

（一）在抢抓发展机遇，深度融入京雄保一体化发展新格局上展现新作为。抢抓京津冀协同发展重大机遇，深度融入京雄保一体化发展新格局，是清苑发展的战略方向，更是建设现代化品质生活之城的重要路径。主动参与协同发展。以服务京津、服务雄安为主线，大力实施“京保协作五个一”行动，用足用好清苑北京招商中心、北京河北企业商会等平台资源，深化与世界500强、国内500强和跨国公司、重点央企、京津冀知名民企等战略投资者对接合作，定期拜访交流，力争在引进百亿级大项目、好项目上实现突破。积极主动与入驻雄安新区的央企、国企和大型民企总部联系，落户一批高水平的科研中试、孵化转化和生产制造基地，叫响“企业总部在雄安，转化生产在清苑”。努力实现错位发展。紧紧围绕新兴产业承接区、先进制造基地、农旅文一体化发展区的发展定位，依托京雄保产业辐射带动作用，进一步深化“4+5+N”产业体系(4个产业：高端装备制造、新材料、现代商贸物流、都市农业；5个百亿产业园区：立中合金产业园、智能起重产业园、汽车零部件产业园、电力装备产业园、中南高科产业园；N个龙头企业)，加强产业承接和互补，做到“京雄保缺什么、清苑就补什么；京雄保需要什么，清苑就提供什么”。对标对表加速发展。对标对表先进，才能发现自身问题、找准发展路径。我们要认真学习研究先进地区发展经验，对标对表与我区交通区位、资源禀赋相近的河南省长垣市和浙江省余姚市，借鉴其经济社会发展成果，大力推动城市更新、产业强区、乡村振兴和数字化转型。

（二）在推动项目建设，实现高质量发展上展现新作为。发展是第一要务，项目是第一支撑。我们要坚决落实市委“1511”重大项目集中攻坚行动和招商引资“双千工程”要求，扶持本土企业茁壮成长，支持龙头企业发展壮大，提升产业核心竞争力，促进清苑高质量发展。持续加大招商引资力度。围绕全市“7+18+N”重点产业体系和我区产业定位，实行以商招商、产业链招商、园区平台招商，吸引有实力的大项目、好项目入驻我区。继续探索实施项目遴选和入园评审机制，让招商更精准、更高效，让项目更具质量、更有后劲。大力推进开发区建设。把园区作为项目建设主阵地，大力实施“开发区升级”行动，谋划实施智慧园区、科创中心、产业园区项目和迎宾路西延及新华西路、友谊北路基础设施提升，提升开发区基础承载力、产业竞争力和要素保障能力。围绕雄忻高铁保定南站建设，提前谋划布局基础设施配套建设，拉开发展框架，提升城市能级，打造新的城市经济增长极。大力推动项目建设。项目就是活力、就是支撑。对2023年我区计划实施的省、市重点项目，要全面落实领导包联制度，常态化深入项目建设和企业生产一线，全身心、全方位、全过程搞好精准服务，真正帮扶在关键处，落实到点子上，力促储备项目往前赶、前期项目快开工、新建项目快实施、在建项目快见效。用好政策性、开发性金融工具，积极争取新增政府债务限额，谋划实施好2023年中央预算内资金项目和政府专项债券项目。全力推动产业转型升级。强力推进产业升级“千百亿”行动，加快新兴产业布局，推动传统产业转型升级和优势再造，力争全区工业经济销售收入早日达到百亿级以上规模。做大做强传统特色产业，发挥辰力吊索具、立中四通、古城香业等龙头企业带动作用，推动轻型起重机械、有色金属、制香产业形成规模，集群发展。

（三）在全面深化改革，释放市场活力上展现新作为。党的二十大报告明确指出，要开辟发展新领域新赛道，不断塑造发展新动能新优势。我们要以深化改革统揽全局，向改革要效率，向改革要活力，向改革要生产力。持续优化营商环境。深化“放管服”改革，谋划建设区市民服务中心，健全完善荣清国控、清开启创、农业产业公司运营管理机制。全力推动开发区权责划转，真正实现“园区事园区办”，更好的服务项目建设和企业发展。全面推行“互联网+政务服务”，大力推广电子证照应用，实现线上“一网通办”

和线下“一站通办”。对标北京优化营商环境5.0版，继续推进社会投资类工程项目审批制度改革，全面推行“准入即准营、拿地即开工、竣工即投产”的项目审批模式。持续深化企业家早餐会等活动，加强政银企对接，深入开展“万人助万企”活动，落实落细减税降费政策，创新融资举措，促进全区民营经济迸发新活力。积极培育创新主体。全力开展科技跃升三年攻坚行动，加大创新主体培育力度，大力培育一批创新型企业、“专精特新”“小巨人”企业，力争2023年重点培育1家“领跑者”企业，新增30家科技型中小企业、7家高新技术企业、5家“专精特新”中小企业，创建1家市级以上创新平台，科技创新评级达到A类水平。强化科教、人才和政策支撑。深入推进数字清苑建设，持续推进产业数字化，推动更多企业入驻全市企业数字化赋能公共服务平台，积极借鉴河钢数字集团数字资源，探索智能制造基础解决方案。坚持教育优先发展，统筹推进学前教育、义务教育、普通高中教育和职业教育，大力发展素质教育，全力办好人民满意的教育。严格落实“人才十条”各项措施，实施好《清苑区“十四五”期间人才发展规划》《关于支持高校毕业生和技能人才在清苑就业创业若干措施的实施细则》，真心爱才、悉心育才、倾心引才、精心用才，让人才在清苑来得了、留得住，为清苑经济发展提供坚实人才支撑。要用好科技企业研发费用加计扣除、战略性新兴产业专项支持资金等系列政策，为企业科技创新赋能。

（四）在全面推进乡村振兴战略上展现新作为。党的二十大报告指出，“全面建设社会主义现代化国家，最艰巨最繁重的任务仍然在农村”。乡村振兴战略是新时代“三农”工作总抓手，要立足农业大区基础，坚持农业农村优先发展，坚持城乡融合发展，打造宜居宜业和美乡村。全力保障粮食安全。发挥政府平台公司作用，持续推进高标准农田建设，搭建北大荒农垦、冀粮等大型现代农业企业与乡村对接平台，到2025年把全区永久基本农田全部建成高标准农田。深入实施种业振兴行动，加大粮食收储力度，保障种粮农民合理收益，确保全年粮食生产再获丰收，让我们的饭碗任何时候都牢牢端在自己手中。大力发展都市农业。与市农发集团合作成立公司，向农发行融资贷款，充分利用符合条件的一般农田和林地、草地等，新增设施农业面积2万亩，全区设施农业面积达到16万亩。提速保定·首衡智慧城市民生港等项目建设，积极谋划申请债券资金，在张登镇、冉庄镇等瓜菜种植核心区谋划建设农产品精细分类、净菜加工项目，打造更高标准的农副产品集散地；以六全中央厨房、吉祥胤等企业引领，强力推出预制菜爆品，提高农产品附加值。通过电商、网络直播等方式销售农产品，拓宽销售渠道，减少流通环节，提升产品效益。完成“清苑西瓜”国家地理标志产品认证，壮大清苑“亿润”西瓜、“地道战”薯粉等企业品牌，打造农业品牌联盟。积极发展文化旅游。全力做好文旅发大会“后半篇文章”，推进清苑全域旅游示范区和冉庄地道战纪念馆、好梦林水微度假体验区两个国家AAAA级旅游景区创建工作，积极打造“一区多品”的文化产业新格局，叫响“文旅一条线，周末到清苑”，让清苑真正成为周边地区短途郊游的热门选择。壮大村集体经济。深化农村集体产权制度改革和农村宅基地改革，持续加大农村集体合同清理规范工作力度，发挥供销社在新时代“为农服务”作用，健全完善农村产权交易平台，规范集体土地经营权，强化土地经营权流转管理与服务，提高土地流转率，促进多种形式适度规模经营。要大力发展新型农村集体经济，形成“一村一品”特色产业格局，持续推进共同富裕。全力改善人居环境。在骨干路网路域环境整治提升和“四好农村路”建设的基础上，谋划改建农村通村道路和村内道路，对剩余村庄干道、村内巷道整体打包，为农村人居环境整治树立示范，形成“一户一处景、一村一幅画”的清苑画卷。深入实施生活垃圾处理、秸秆禁烧和综合利用等专项整治行动，实现城乡垃圾处理一体化。加大河道环境治理、农村生活污水治理力度，加快实施新建地表水厂项目，加强农村生活水源江水置换运营管理，确保农村用水安全。巩固脱贫攻坚成果。落实“四个不摘”要求，进一步健全防返贫、防致贫动态监测和帮扶机制，扎实开展省内区域性结对帮扶，持续巩固拓展脱贫攻坚成果。

（五）在持续深化城市建设和治理，提升城市形象、韧性和品味上展现新作为。城区建设是建设现代化品质生活之城的核心任务。要严格按照党的二十大报告提出的“打造宜居、韧性、智慧城市”的要求，迭季推进、常抓不懈，畅其路、美其颜、强其能、安其居、固其基、扬其韵。坚持一张蓝图绘到底。坚持“红色风华、品质清苑”总体风貌定位，稳步推进城区“西进、北联”，完成区控制性详细规划和教育、医疗、文化、体育等专项规划及重大项目周边配套基础设施专项规划编制，确保“一张蓝图管控”。深化城市有机更新。深入实施“城市建设新颜值品质提升三年行动”，继续推进城区主干道路改造、街景照明、门头牌匾更换等提升工程，不断扮靓城市颜值。扎实推进清苑公园改造提升，大力实施老旧小区改造，持续推进棚改安置区项目建设，提升城市品质。打造韧性城区，积极应对极端恶劣天气，完成振清街雨水泵站设施设备提升，新建园区路雨水泵站，加快推进地下管网配套建设。提升城市精细化管理水平。整治流动摊贩、马路市场、店外经营“三大占道现象”，做到动态清零。专项治理建筑立面、老旧小区背街小巷“飞线”问题。大力推广全天候、全覆盖的环卫常态保洁机制，健全完善生活垃圾管理体系，不断提升城市生活环境质量。高标准推进兴苑市场改造提升。着力提升城市软实力。严格落实意识形态工作责任制，积极培育和弘扬社会主义核心价值观，牢牢掌握党对意识形态工作的领导权。深入推进红色文化、乡土文化进校园、进社区、进企业，传承红色基因、赓续红色血脉。要统筹运用好传统媒体和新兴媒体，讲好清苑故事，传播好清苑声音。建设数字城管，充分发挥智慧安防、智慧泊车、智慧交管等数字系统作用，不断提高城区智慧管理水平。

（六）在坚持人民至上，用心用情用力办好民生实事上展现新作为。民生实事承载着人民群众对美好生活的向往，办好民生实事是践行以人民为中心的发展思想的实际行动。毫不松懈抓好常态化疫情防控。坚持“外防输入、内防反弹”总策略和“动态清零”总方针不动摇，压实“四方责任”，落实“四早”要求，抓实抓细疫情防控各项工作，强化疫情应急处置准备，有效管控疫情传播风险。认真解决好群众“急难愁盼”的问题。充分发挥“12345”热线作用，畅通问题反映渠道，站稳人民立场，谨慎、稳妥、认真对待每一个咨询、投诉，热情受理、认真办理，做到件件有着落、事事有回音，切实解决好人民群众“急难愁盼”的揪心事和影响群众安全感满意度的“最恨最怨最烦”问题。扎实推进重大民生工程。聚焦教育、医疗、养老、安全等一批事关群众切身利益的事项，每年谋划一批民生事项和民生实事，全面改善和提升群众生活品质。特别是要加快区医院、妇幼保健院、中医院和疾控中心建设速度，加大对幼儿教育、职业教育投入力度，尽快完成职教中心综合楼、第五幼儿园建设任务，持续加大对城乡中小学体育馆、标准化操场的投入，进一步增进民生福祉。抓好生态文明建设。深入开展大气污染综合治理攻坚行动，严格落实抑尘、治企、控车、禁烧、禁放各项措施，确保空气质量持续改善。全面落实河长制，持续开展河道“清四乱”，全力做好东石桥村河道村搬迁工作，谋划实施唐河、金线河治理工程，持续抓好河道补水蓄水、企业节水等重点工作，确保断面水质不断提升、稳定达标。强化土壤污染防控，确保污染地块安全利用。

（七）在维护社会安全稳定，坚决筑牢首都“护城河”上展现新作为。要始终把维护政治安全和社会稳定作为重大政治责任，以“时时放心不下”的责任感，扎实做好各项维稳工作，确保全区社会大局平稳。推进平安清苑、法治清苑建设。常态化推进扫黑除恶，加强社会治安防控体系建设，全面做好矛盾排查化解，切实将社会矛盾纠纷化解在基层，消除在萌芽状态。全面推进依法治区，坚持科学立法、公正司法、严格守法、全民守法，扎实推进法治政府建设示范创建活动，持续抓好“法律十进”普法宣传教育，大力弘扬崇法向善、循法而为的社会风尚。持续深化宗教治理。坚决落实全国、全省宗教工作会议精神，进一步加强党对宗教工作的全面领导，积极引导宗教与社会主义社会相适应。持续深化“双创四进”活动，坚持抓宗教事务日常管理。依法依规抓好信访工作，聚焦涉房地产、涉金融、涉法涉诉、涉农民工工资、涉土地征拆等重点领域，持续加大风险隐患排查力度，强化领导接访包联，注重源头治理，防范化解各类信访突出问题。要强化依法治访，及时引导群众依法理性表达诉求，不断推进信访工作“双向规范”。切实保障安全生产和食药品安全。紧盯危险化学品、燃气、建筑施工、道路交通、消防、特种设备等20个重点行业领域，严格落实安全生产监管责任，大力严格开展安全生产执法检查，牢牢守住安全生产底线。要严格落实食品安全“两个责任”，压实基层包保责任，健全完善食品药品安全监管机制，深入开展食品药品安全专项整治行动，防范遏制安全事故发生。

四、全面落实党的二十大从严治党工作要求，持续优化全区政治生态

党的二十大对坚定不移全面从严治党、深入推进新时代党的建设新的伟大工程作出战略部署。我们要按照新时代党的建设总要求，坚守初心使命，永远把党、把人民、把事业放在第一位，全面增强从严治党永远在路上的政治自觉，毫不动摇把党组织建设得更加坚强有力。

（一）加强思想政治建设。要坚持不懈用习近平新时代中国特色社会主义思想武装头脑、指导实践、推动工作，常态化长效化开展党史学习教育、强化理想信念教育、深入开展主题教育，推动党的创新理论成果走进基层群众。要坚决维护党中央权威和集中统一领导，忠诚捍卫“两个确立”、坚决做到“两个维护”，不断增强政治判断力、政治领悟力、政治执行力，始终在政治立场、政治方向、政治原则、政治道路上同以习近平同志为核心的党中央保持高度一致。要充分发挥区委总揽全局、协调各方作用，支持人大、政府、政协和法院、检察院依法依章程履行职能，加强对统一战线、人民武装、民族宗教、群团等方面的领导，不断增强党的政治领导力、思想引领力、群众组织力、社会号召力。

（二）加强干部队伍建设。要坚持党管干部原则，树立正确用人导向，践行新时代好干部“五条标准”，选优配强各级领导班子，推动干部能上能下、能进能出，形成能者上、优者奖、庸者下、劣者汰的良好局面。要加大优秀年轻干部培养选拔力度，敢于把好苗子放在乡村基层一线，放在攻坚克难的主战场上接受严峻考验、得到历练锤炼。要大规模推进干部轮岗交流、教育培训和挂职锻炼。要充分发挥考核“指挥棒”作用，完善干部考核评价体系，坚持用数字和效果说话，真正找出不足、发现症结、考出权威。

（三）加强基层组织建设。以提升组织力为重点，全面贯彻新时代党的组织路线，深入开展“再造新保定、奋进党旗红”活动，全面加强企业、农村、机关、学校、街道社区、社会组织等基层党组织建设，促进党组织领导核心和政治核心作用组织化、制度化、具体化，把党的决策部署贯彻落实到最基层。要持续整顿软弱涣散基层党组织，扎实开展农村基层党建攻坚月行动，重点整治“三资”管理不规范、干部监督不到位、

信访矛盾突出、组织生活不落实不严格等问题，不断提升基层党组织的政治力、凝聚力、战斗力。要充分发挥党员先锋模范作用，深入组织开展党员亮牌示范、志愿服务、认责承诺等活动，激励党员争当时代先锋。

（四）加强作风纪律建设。要深入基层、深入实际、深入群众，大力弘扬攻坚克难、真抓实干的工作作风，广泛开展调查研究，扑下身子干实事、谋实招、求实效。要严格落实中央八项规定及其实施细则精神，持续深化纠治“四风”，特别要重点纠治形式主义、官僚主义，对作风漂浮、不敢担当、失职渎职的坚决严肃追责问责，依规依纪依法处置，让党员干部知敬畏、存戒惧、守底线。要深入开展作风大整顿，加强督导检查，创新督查方式，以强有力督导推动末端落实到位。

（五）加强党风廉政建设。从区委常委会做起，从四大班子做起，坚持自身正、自身净、自身硬，为全区广大党员干部做好表率。要始终牢记法律红线不可触碰，纪律底线不可逾越，严守党规党纪和法律法规，坦坦荡荡为官，清清白白做人，干干净净做事。要推进巡察工作高质量发展，坚持以巡促改、以巡促建、以巡促治，扎实做好巡察整改“后半篇文章”，持续深化纪律监督、监察监督、派驻监督、巡察监督统筹衔接。要持续唱响“严管就是厚爱，放纵就是伤害”，坚定不移惩治腐败，加强对重点领域、重点环节和重点人群的监督管理，坚持重遏制、强高压、长震慑。要精准运用监督执纪“四种形态”，抓早抓小、防微杜渐，坚持不敢腐、不能腐、不想腐一体推进，推进廉洁文化建设，推动全区政治生态不断优化。

区委常委会工作报告

区委书记　闫向阳

（2022年11月11日）

2022年是党的二十大胜利召开之年，是清苑发展史上不平凡、不寻常的一年。面对改革发展稳定的艰巨繁重任务，在以习近平同志为核心的党中央和省委、市委的坚强领导下，区委常委会团结带领全区广大党员干部群众，全面贯彻习近平新时代中国特色社会主义思想，以迎接、学习、宣传、贯彻党的二十大为主线，紧紧围绕“疫情要防住、经济要稳住、发展要安全”总要求，解放思想，奋发进取，团结一心，抢抓机遇，奋力推动现代化品质生活之城建设绽放新颜值、跑出加速度。

回顾一年来的工作，应该说团结奋斗已成为我们这一年的主旋律和最强音。区委常委会团结带领全区各级党组织和广大党员干部群众，始终以迎战大战大考的奋战姿态，以“咬定青山不放松”的韧劲和“不破楼兰终不还”的拼劲，抓大事、解难题，打基础、利长远，开展了一场又一场攻坚战。

尊严荣誉之战。清苑有深厚的历史，也创造了很多荣誉，每个人心中都充满了渴望。为此，我们乘势而上、顺势而为，集中民智、顺应民意，真抓实干、争先进位。坚持“办好一次会、搞活一座城”理念，圆满承办了第五届保定市文化和旅游产业发展大会。深入开展城市“双修”和亮化、美化工程，清苑变亮了、变美了，城区道路整洁通畅了，城市的味道变得醇厚了。清苑电视塔、体育公园、好梦林水、正迪欢乐世界等标志性场景纷纷成为网红打卡地。我们用辛勤和汗水换来了上级领导的肯定，赢得了社会各界以及广大群众的好评。

团结奋进之战。我们坚持大事难事一起扛、急事要事一起上，和谐共事、快乐干事。在路域环境整治中，人大、政协、纪委、政法、统战等单位和部门责无旁贷、一起上手；在道路改造提升、征地拆迁中，区直部门、乡镇干部与群众想在一起、干在一起，朝阳南大街（发展路至金线河区界）1.2公里施工仅用时9天，保定职教园区启动区征地工作仅用时8天，和平路2.7公里主路面改造仅用时3天，中冉村73户拆迁仅用时1天，不断刷新的清苑速度彰显了清苑党员干部的战斗力，彰显了广大人民群众的境界和格局。

收获信心之战。意志如钢铁，信心值千金。面对经济下行和疫情冲击的双重压力，我们统筹兼顾，负重前行，力争将损失降到最低，将风险降到最小。功夫不负有心人，经过积极努力，保定国际医疗基地、保定职教园区等一批重要的战略工程在清苑布局；获评河北省2022年第一批洁净城市，文明城市创建工作受到省市充分肯定；开发区在2021年度全省经济开发区综合考核中取得A类第3名的好成绩；东利机械6月份在深交所创业板成功上市，是今年全省首家境内A股上市企业。

疫情防控之战。面对抗击疫情这场输不起没有硝烟的战争，我们接连战胜了多轮疫情，做到了第一时间发现、第一时间处置、第一时间扑灭，以最小的代价坚决维护了广大人民群众生命健康安全，拱卫了保定主城区疫情防控大局，彰

显了清苑作为和清苑担当。特别是我们从“遭遇战”到“阻击战”，一战一复盘，一战一总结，不断提升我们的战斗能力，实现了从被动应对到主动出击的转变。

总结成绩，是为了更好提振士气；积累经验，才能更好推动我们勇毅前行。回顾这一年，唯有付出辛苦，才能收获喜悦；唯有历经磨难，才能淬火成钢。一场场硬仗、难仗，凝聚了我们团结奋进的气势，锤炼了我们韧性不屈的品质，塑造了我们吃苦奉献的精神。事非经过不知难，成绩取得的背后，是全区上下拼搏竞进、攻坚克难的结果，更是广大党员干部群众思想之变、理念之变、作风之变的结果。一年来，我们积极应对国内外形势之变、工作任务之艰、人民群众之需，锚定目标，主动作为，狠抓落实，重点做到了贯穿一条主线，突出八个聚焦。

一条主线，即区委常委会始终坚持把迎接、学习、宣传、贯彻党的二十大作为贯穿全年各项工作的主线，作为当前和今后一个时期的首要政治任务，把党的政治建设摆在首位，忠诚捍卫“两个确立”，坚决做到“两个维护”，不断提高政治判断力、政治领悟力、政治执行力，坚定历史自信，增强历史主动，以坚决的态度、果断的措施、有力的行动，确保党中央政令畅通、令行禁止。持续深入学习习近平新时代中国特色社会主义思想。把学习习近平新时代中国特色社会主义思想和习近平总书记系列重要论述作为重要的政治任务，持之以恒学、持续深入学、融会贯通学、联系实际学，切实做到学深悟透。今年以来，区委常委会共组织区委理论学习中心组集体学习 11 次，切实将思想和行动高度统一到习近平新时代中国特色社会主义思想上来。坚决落实党中央和省委、市委重大决策部署。对党中央和省委、市委组织召开的系列重要会议、作出的重要指示和安排部署的重点工作，通过区委常委会（扩大）会议、区委理论中心组集体学习、专项工作调度会等形式，第一时间传达学习、第一时间安排部署。同时，充分发挥考核“指挥棒”作用，要真账、见真章，真督真查，真正做到总书记有号令，党中央有部署，省委有安排，市委有要求，清苑见行动、抓落实。全力以赴做好党的二十大维稳安保工作。坚持一切围绕二十大、一切服从二十大、一切捍卫二十大，区委常委会以时时放心不下的责任感，牢守安全底线，强化统筹协调，全力做好矛盾隐患排查化解、安全生产、社会稳定等各项重点工作，以扎实成效为党的二十大胜利召开保驾护航。

八个聚焦，即紧紧围绕区委三届三次全会提出的八方面工作部署，一以贯之，逐项推动，各项工作取得扎实成效。

聚焦项目建设，全区经济发展在经济下行与世纪疫情的双重压力下稳中有进。始终把项目建设作为经济发展的主要抓手，抢抓京津冀协同发展、雄安新区规划建设和京雄保一体化发展等重大历史机遇，大上项目、上大项目。对接京津取得一系列成果。全区京津冀协同发展项目达到 28 个、总投资 186.75 亿元，其中洽谈项目 4 个、签约项目 12 个、在建项目 9 个、竣工项目 3 个，借势借力、协同发展进一步提速。走出去、引进来步伐更加坚实。围绕全区主导产业发展，实行以商招商、产业链招商、园区平台招商，特别是中南高科 · 清苑新经济产业园，积极承接京津产业转移，签约高端装备制造、新材料、新一代信息技术等企业 48 家，入驻 18 家，成为招商引资重要的“主攻手”。项目建设加快推进。先后组织 4 次重点项目集中开工，涉及投资金额 56.58 亿元，其中省级重点项目 6 个，市级重点项目 9 个。智能起重产业园、立中百亿产业园、中钢研先进金属材料涂镀国家工程实验室保定合金新材料产研基地、古城香文化产业园加快建设，在建项目已完成投资 26.35 亿元，投资完成率 100.7%，提前超额完成全年任务目标。

聚焦重大工程，区域发展的承载力更加坚实。始终把重大工程建设作为牵动经济社会发展的重要抓手，全力做好对接、服务、保障各项工作。一大批重大基础设施项目如期开工。坚持一项目一专班，全力做好土地征迁占、手续办理等各类要素和服务保障。北三环东延完成前期手续办理，雄忻高铁启动征地，国际射击基地建设项目完成立项，保定国际医疗基地首批项目4月29日开工建设，保定职业教育园区启动区9月28日开工，保定市殡葬管理所改扩建一期工程投入使用，二期开工建设。同时，南三环谋划建设也正在加快推进。全力争取债券资金补齐民生短板。抢抓国家加大债券发行力度、强化基础设施建设的重大机遇期，用好金融工具和招商引资两个“应急招”，主动谋划、积极向上争取资金。今年以来，大力争取新增政府债券，实施了农村生活水源江水置换二期、区人民医院新院区、开发区智慧园区、唐河治理工程（东石桥段）等31个项目，有力支持了市政建设、农村公路、医疗卫生、农林水利、产业园区和民生社会事业。扎实推动县域特色产业集群化发展。以立中四通轻合金集团为代表的31家企业形成有色金属合金材料产业集群；以智能起重产业园区为依托，打造全国轻型起重机械设备出口基地，2022年，辰力、神力、怀鸽、颐鼎升4家企业已入驻。以古城香业为龙头打造全国乃至世界香文化交流中心，“清苑熏香”品牌效应持续放大。同时，积极培育“专精特新”企业，有金桥纺机、恒辉电气等省级“专精特新”企业达到22家，特色产业的创新能力和水平进一步提升。

聚焦城市建设，人民群众正在享受宜居宜业的品质城市生活。按照现代化品质生活之城建设“三步走”战略目标和“两城三微五宜”要求，坚持畅其路、美其颜、强其能、安其居、固其基、扬其韵，下足“绣花”功夫，烙印管理痕迹，不断提升城市形象和品位。城市空间布局更加合理。唱响“红色风华、品质清苑”，坚持“西进、北联”的整体发展方向，突出“两轴、三心、四组团”的城市空间布局，高标准编制完善城市绿地系统、夜景亮化、道路景观等专项规划，整洁通畅、生态美观、特色鲜明、清新明快、夜景绚烂的城市总体风格初步形成。城市面貌焕发新颜值。投资5亿元实施城市“双修”三期、四期工程，城区范围内除长城南大街（清苑段）外，主干路网全部完成改造提升。更换城区道路两侧门头牌匾，对城区、高速沿线和经济开发区进行亮化，城市更加规范有序。高标准打造“红枫景观路”“樱花景观路”“海棠景观路”绿化带，建成体育公园、清樱园等各类主题和街角公园14个，“推窗见绿、出门见园、行路见荫”的美好愿景成为现实。城市精细化管理水平大幅提升。坚持疏堵结合，强力开展私搭乱建、流动摊贩、马路市场、店外经营、非法营运三轮车集中整治行动，依法拆除违法建筑和私搭乱建400余处。投资5700万元对建于20世纪80年代的兴苑市场进行改造。施划机动车停车位12484个、非机动车位7600个，同时加快推进智慧城管、智慧泊车工程，提高数字城管水平，城市管理正在向数字化、智能化、智慧化转变。

聚焦乡村振兴，农业农村发展持续向好。坚持把“三农”工作作为重中之重，坚决落实“规划同步、产业同兴、人才同享、风光同美、文化同脉、改革同频”要求，全力打好乡村振兴主动仗。守牢了粮食安全底线。坚决落实最严格的耕地保护制度，坚决遏制耕地“非农化”、防止“非粮化”，牢牢守住了76万亩的耕地保护红线，全区高标准农田达到44万亩，夏粮生产实现“二十连增”。建设完成总投资2300万元的省储库粮仓，粮食储备能力大幅提高。现代农业产业进一步壮大。佳禾农庄、吉祥胤农场、樱桃树下、润源、宏泽等市级以上现代农业园区达到15家。新增设施农业种植面积1.8万亩，总面积达到14万亩。分2批组织首衡农产品冷链集配中心等总投资9.8亿元的6个现代农业产业项目集中开工。成功举办第五届西瓜文化节，进一步提升了清苑农产品的知名度和美誉度。文化旅游业态更加丰富多元。以承办第五届保定市文化和旅游产业发展大会为契机，高标准建设好梦林水微度假体验区、冉庄文旅特色小镇、正迪欢乐世界文化创意园，“扛红旗、走绿道、微度假、慢生活”的精品旅游路线初步形成。路域环境和人居环境显著提升。选定高保路、保衡路、旅游路、张望路、魏村路、高保路—大庄—东闾—保衡路段6条省、县干道主路，分别由区人大、区政协、区纪委监委、区委政法委、区委统战部进行分包，拆违建、清垃圾、修边沟、安路灯，净化、绿化、亮化、美化，魏村路正在加快推进前期工作，其他5条道路均已完成整治提升，出行环境更加安全、通畅，真正成为乡村振兴征程上的阳光道、致富路。在此基础上，扎实推进厕所革命和农业农村面源污染治理，带动乡村整体环境进一步提升。脱贫攻坚成果全面巩固。严格落实“四个不摘”，健全防止返贫动态监测和帮扶机制，全区未发生返贫致贫现象。

聚焦营商环境，各类市场主体活力不断迸发。区委常委会坚持把优化营商环境作为经济高质量发展的动力之源，栽好“梧桐树”、引来“金凤凰”。全面提升服务质效。大力推行审批服务“马上办、网上办、就近办、一次办、自助办、一窗办”，进一步简化审批程序，项目立项、规划许可、施工许可、竣工验收等阶段实现全流程网上办理；社会简易低风险工程建设项目，全流程审批压减至10个工作日以内，政府投资类、社会投资核准类、社会投资备案类项目从立项到取得施工许可分别压减至39、33、31个工作日内。全面构建“亲清”的政商关系。不断深化“放管服”改革，完善政企早餐会制度，深化政银企对接，全面落实领导包联，健全园区代办制度，全过程、全链条、全环节领办帮办，深入开展“万人助万企”活动，主动帮助企业融资金、通链条、解难题。把关键岗位、关键部位作为着力点，分4批组织召开审批、自然资源和规划、住建领域优化营商环境暨政治性警示教育会议，进一步强化规矩意识、效率意识、服务意识，助力企业做大做强。坚决维护公平公正的市场环境。坚持对政府投资的重大工程项目，公开招标资质等级高、综合实力雄厚、社会责任感强的大型企业，我们既使用央企、国企，也使用保定市和清苑区信誉高、资质好的优质企业参与到东石桥村搬迁、农村生活水源江水置换、城市“双修”和区人民医院新院区等重大项目建设中，打破挂靠资质、层层转包等潜规则，保障工程进度和工程质量。同时，我们严厉打击强揽工程、封门堵路、滋事闹事等违法行为，依法打击处置4人，让广大经营者在清苑干事创业更加安心、舒心。

聚焦人民至上，群众的获得感、幸福感、安全感更有温度、更加持久。江山就是人民，人民就是江山。区委常委会牢记为民宗旨，保持为民情怀，坚持用心用情用力办实事、办好事。下大力办好民生实事。省市民生工程涉及我区事项共19项，已完成18项，区20项民生实事基本完成16项。在此基础上，坚持“小切口、大民生”，以“12345”热线和人民网地方领导留言板为切入点，每月紧盯群众“最恨最怨最烦”的民生问题，全天候倾听群众诉求，全方位答复群众问题，办结率和群众满意度均稳步提升。疫情防控能力不断提升。毫不动摇坚持“外防输入、内防反弹”总策略和动态清零总方针，严格落实消毒消杀等常态化疫情防控措施，健全疫情动态反应机制，落实落细“防疫经理”制度，不断强化核酸检测能力、隔离点建设和防疫物资储备，确保“战时”应对高效有力。生态环境持续优化。持续打好蓝天、碧水、净土保卫战。2022年，全区空气质量优良天数214天，同比增加14天；全区有水河流入淀断面水质均达到Ⅲ类及以上标准；土壤环境质量总体保持稳定。深入开展绿色机关、绿色家庭、绿色社区、绿色出行等行动，绿色低碳的生产生活方式正在加速构建。群众精神文化生活更加丰富。充分运用传统媒体和新媒体，利用“两微一端”，加强融合报道，大力宣传社会主义核心价值观，弘扬主旋律、传播正能量，讲述清苑好故事，传播清苑好声音。持续深化文明单位、文明校园、文明家庭、文明社区和农村精神文明创建，出台《清苑人文明行为规范》，居民文化素质和文明程度不断提升。今年以来，全区评选出清苑好人15名、学雷锋志愿服务先进典型35名、文明家庭97户。扎实做好防汛抗旱工作。面对今年降雨量较大、雨水集中的形势，超前谋划部署，完善应急预案，对流经的9条河流、113个傍河村和15处险工险段等安全隐患进行全面排查整改，加强实战演练，强化物资人员保障，做好应急值守，城区不再“看海”，农村困难群众安全得以保障，坚决维护人民群众生命财产安全。

聚焦社会安全稳定，以清苑之稳坚决筑牢首都“护城河”。区委常委会全面落实总体国家安全观，牢固树立底线思维，把维护社会安全稳定作为重要职责，全力防范化解各类风险隐患。宗教领域和谐。坚持宗教日常管理，持续加强经济引导、教育正导、文化疏导，深化宗教专项治理，积极引导宗教与社会主义社会相适应。信访领域总体平稳。聚焦涉房地产、涉土地征拆、涉金融、涉法涉诉等重点领域，深入开展集中治理重复信访、化解信访积案专项行动和化解涉房地产领域信访突出问题集中攻坚行动，全区信访形势总体平稳。平安清苑、法治清苑建设取得扎实成效。全面推动平安建设专项考核，扎实开展矛盾纠纷排查化解，严厉打击非法集资、新型网络电信诈骗、涉枪涉暴等各种违法犯罪行为，基层社会治理能力不断提高。建立健全多元解纷工作机制，强化矛盾纠纷诉前调解，切实将矛盾纠纷消除在萌芽状态。组织开展法律知识进校园、进广场、进基层宣传活动，全区群众法治素养进一步提升、法律观念进一步强化。防范化解重大风险能力不断提高。大力开展安全生产专项整治三年行动、居民自建房安全专项整治等系列活动，深入开展食品安全“守底线、查隐患、保安全”等专项整治行动，全区安全生产和食品药品安全领域总体平稳。圆满完成了北京冬奥会、冬残奥会，全国两会，党的二十大安保等重要节点的安全保障工作，确保了全区社会大局平稳。

聚焦从严管党治党，风清气正的政治生态持续优化。区委常委会坚持把党的建设作为一切工作的根本保障，把加强和改善党的全面领导贯穿到全区工作的方方面面，紧盯末端抓落实，推动全面从严治党向纵深发展。坚定不移加强党的全面领导。高度重视人大常委会建设，大力支持政府依法履行职能，充分支持政协协商民主建设，坚定支持监委依法实施监察监督，充分发挥党代表和工会、共青团、妇联、残联、工商联、科协等人民团体联系群众的桥梁纽带作用，统战、党管武装、老干部等各项工作扎实推进，凝聚了加快高质量发展的强大合力。坚定不移加强干部队伍建设。贯彻落实习近平总书记好干部“五条标准”，坚持严管和厚爱相结合，激励和约束相并重，在大战大考中发现干部、历练干部、成就干部。今年以来，共调整干部15批399人，其中提拔重用80后年轻干部18人，90后年轻干部4人，职级晋升306人，激发了广大干部干事创业的激情。坚定不移加强基层组织建设。深入落实基层党建工作责任制，扎实开展村“两委”换届“回头看”，全面加强村党组织书记管理，发展壮大农村集体经济，基层党组织战斗堡垒作用得到充分发挥。扎实开展农村干部培训，聘请专业师资，对全区265个村和11个社区的党组织书记、9个乡村振兴工作队成员进行了集中培训，村干部处理村情事务的能力进一步强化。坚定不移树牢真抓实干的工作作风。面对疫情防控、党的二十大安保、文旅发大会筹备、路域环境整治提升、职教园区土地征拆占、东石桥防洪整治等大事难事的严峻考验，全区各级干部不怕苦、不畏难、不怵硬，夙兴夜寐，激情工作，展现了高度的政治觉悟和顽强的工作作风。从10月份开始，深入开展为期3个月的作风大整顿，着力整治政治站位不高、大局意识不强、工作漂浮不实等问题，干部队伍工作作风进一步转变。充分发挥考核“指挥棒”作用，扎实开展三个专项考核，统筹全区疫情防控和发展稳定新形势新任务，及时研究重点任务，调整优化具体指标，强化末端落实，督导调度落后工作，形成了以考促干、倒逼落实的浓厚氛围。坚定不移推动党风廉政建设。坚持自身正、自身净、自身硬，从区委常委班子做起，带头落实党风廉政建设各项规定和中央八项规定及其实施细则精神。驰而不息纠治“四风”，严格落实全面从严治党“两个责任”和党风廉政建设责任制。把群众关注的热点作为监督工作的重点，持续加大腐败问题查处力度，一体推进不敢腐、不能腐、不想腐，今年以来累计查处重点案件4件，处分2人，留置1人。全区党风政风为之一新，社风民风持续向上向善，为清苑发展提供坚实保障。

政府工作报告

——在保定市清苑区第三届人民代表大会第三次会议上

区长　李英英

（2023年1月13日）

一、2022年政府工作回顾

2022年是清苑发展史上极为重要的一年。一年来，区政府坚持以习近平新时代中国特色社会主义思想为指导，以迎接、学习、宣传、贯彻党的二十大为主线，坚决落实党中央“疫情要防住、经济要稳住、发展要安全”重要要求，以解放思想盘活工作全局，以奋发进取对冲疫情影响，盯紧末端抓落实，较好地完成了年初确定的任务目标。特别是省委书记倪岳峰同志和省长王正谱同志先后到清苑调研指导，给予我们巨大的政治激励和精神鼓舞，现代化品质生活之城绽放了新颜值、跑出了加速度，全区经济综合实力得到新提升。初步预计，全年地区生产总值完成166.2亿元，规模以上工业增加值完成31.6亿元，固定资产投资完成56.5亿元，一般公共预算收入完成16.08亿元，社会消费品零售总额完成58.5亿元，城乡居民人均可支配收入分别达到40678元和24761元。经济运行持续恢复、稳中有进。

——一年来，我们抢机遇、上项目，协同发展实现新跨越。项目建设加快推进，总投资160.4亿元的28个省、市重点项目提速建设，31个政府债券项目申报资金24.21亿元、年内开工率达87%，新增政府专项债券限额总量和增幅均位列全市前三。保障保定市重大项目建设，雄忻高铁征地工作基本完成，北三环东延完成征地，南三环、西三环南延、保定冠军之城国际射击基地正在办理前期手续。全年先后6次举办重大项目集中开工活动，总投资136亿元的49个项目开工建设。园区建设全面发力，投入2.74亿元加强开发区“九通一平”基础设施建设，完成科技型中小园区道路翻修。成立了清开启创平台公司，完成总占地9.52平方公里的东闾轻型起重机械工业园、东顾庄工业园、魏村电力装备智造园托管。实施开发区权责划转审批事项72项，真正实现了“园区事园区办”。推进“标准地”改革，盘活低效利用土地360亩，收储新增建设用地234亩，68个项目实现“拿地即开工”和“交地即交证”。开发区主营业务收入和税收收入分别完成210亿元和7.5亿元，均实现两位数增长。招商引资有声有色，主动对标浙江余姚、河南长垣等地区，深化与华夏幸福招商团队对接合作，不断提升招商引资专业化水平。全年累计对接储备项目174个，总投资148.9亿元。京津冀协同发展项目32个，总投资205.6亿元，为实现高质量发展引来了源头活水，蓄足了发展后劲。

——一年来，我们强创新、增后劲，产业转型积蓄新动能。农业经济稳步发展，建成储备能力3万吨的省粮储库粮仓，粮食生产实现“二十连增”。设施农业种植面积达到14万亩，大棚西瓜总产量连续8年位居全省第一。落实“藏粮于地、藏粮于技”，实施高标准农田建设8万亩、节水灌溉5.22万亩，高标准农田和节水灌溉面积增量排名全市第一。省级标准化养殖场数量排名全市第一，成为全省7个奶业生产能力提升示范县之一。发展现代都市农业，成功创建以水润佳禾为核心的省级农业科技园区，辐射带动周边5个乡镇，形成精品西瓜、绿色蔬菜、优质粮食、优质水果4个示范区。成立保定市农业产业有限公司，培育新型农业主体1578家，农业生产专业化、经营一体化、管理企业化步伐加快。工业经济提质扩量，完成工业技改投资4.9亿元。新增省级单项冠军企业4家、“专精特新”中小企业13家、规模以上工业企业21家，纳税超千万元以上企业达到13家。立中四通获批全省首批县域特色产业集群“领跑者”企业。大力发展数字经济，完成“企业上云”39家，78家企业数字化转型有序推进，“两化”融合评估和“上云”平台填报工作位列全市前三。东利机械成功申报省级国际科技合作基地，成为全市唯一一家省工业互联网创新发展重点培育企业，并于2022年6月在深交所创业板上市，成为年内全省首家境内A股上市企业。清苑科技创新能力评估排名在全省上升33位。现代服务业蓬勃发展，全区11家银行金融机构累计向919家企业融资授信108亿元。圆满承办全市第五届保定市文化和旅游产业发展大会，大力发展都市休闲农业、夜经济、休闲体育等新业态，预计现代服务业增加值同比增长7%，产业结构持续变绿变轻。

——一年来，我们打基础、理秩序，城乡面貌展现新形象。坚持产城融合，聘请天大设计院和保定城乡规划设计院编制各类城市设计和专项规划16个。投资8.6亿元的泽龙高级中学全部竣工交付，投资35亿元的保定职教园区一期开工建设，投资11亿元的区人民医院新院区一期主体完工、二期加紧推进。白团、石桥、何桥撤乡改镇如期完成，城镇化率稳步提升。实施城市更新，城市“双修”三期、四期工程改造提升城区道路13条，亮化重要节点建筑300余个，建成各类主题和街角公园14个，兴苑市场改造提升初具雏形。改造老旧小区28个，177户棚户区改造和中冉、大堤口城中村改造安置房建设有序推进。新建公共停车场7个，新增城区停车位1860个。获评“2022年第一批洁净城市”。规范发展秩序，统筹推进“拆改建管绿亮”，开展私搭乱建、店外经营、马路市场专项整治，城市秩序得到规范。推进重点领域清理规范，完成批而未供土地处置78亩，盘活利用闲置土地61亩，归还城乡建设增减挂钩历史欠账2190亩。强势打击违法建设和违法占地行为，出台《关于坚决整治新增乱占耕地建房问题的十一条硬措施》，整改乱占耕地建房问题123个、复垦耕地326亩，农村乱占耕地建房现象得到有效遏制。力促乡村振兴，创建市级以上美丽乡村26个，新（改）建农村户厕5159座、农村公厕101座，改造农村低压电网500公里。农村生活水源江水置换工程基本完工，投资4.65亿元、日供水能力达到10万吨的地表水厂加紧建设。整治提升高保路等6条骨干道路路域环境，超额完成“四好农村路”建设任务。保衡路至林场路被评为省“美丽农村精品示范路”，北店乡被评为省级“四好农村路”示范乡。

——一年来，我们严监管、优生态，环境保护收获新成效。持续深入打好蓝天、碧水、净土保卫战。聚焦“高值”削峰降频，专项治理国控站点周边“小环境”。全年空气质量优良天数达到249天，同比增加8天，优良天数比达68.4%。持续加强白洋淀上游流域综合治理，实施龙泉河至新唐河（清苑段）和府河（望亭中学—清安界段）河道清理整治，采用局部搬迁和工程措施相结合的方式，稳步推进东石桥村防洪整治。压减地下水超采1580.2万立方米，关停自备井952眼，地下水位同比上升1.5米左右。温仁和冉庄污水处理厂加紧建设，303家规模养殖场畜禽粪污全部实现综合利用，全区有水河流入淀断面水质均达到Ⅲ类及以上标准。完成市定造林任务4000亩，建设用地和农用地安全利用率均达100%，生态修复成果持续巩固。

——一年来，我们优环境、增动力，深化改革取得新突破。稳妥推进农村集体产权制度改革和宅基地改革，90项具体改革任务按期推进。深化“互联网+政务服务”改革，实施“24小时不打烊和领帮办智能服务”，1439项政务服务事项网上可办率达100%，村级政务服务事项实现100%网上可办。深入推进行政审批制度改革，社会简易低风险工程建设项目全流程审批压减至10个工作日内。深化商事制度改革，企业登记注册4个工作小时内办结，“一窗通”网办率达100%。新增市场主体6630户，全区民营企业达到1.1万余家，个体工商户超过3万户。深入实施创新驱动战略，新增高新技术企业30家、科技型中小企业353家、市技术创新中心2家，全区企业研发中心达到37家。立中四通成功创建省级优秀民营企业，全区市级以上优秀民营企业达到8家。开展“万人助万企”，1328名干部对口包联企业3037家，累计减税降费8.4亿元，其中完成留抵退税2.2亿元；78家企业享受研发费用加计扣除优惠6945万元，为819家企业发放失业保险稳岗返还资金，真正实现了惠企政策直达一线。此外，养老、文化、职业教育等领域各项改革稳步推进，催生了更高质量的发展活力。

——一年来，我们办实事、惠民生，社会事业打开新局面。保障体系更加全面。推动巩固拓展脱贫攻坚成果同乡村振兴有效衔接，813户建档立卡户、54户监测户无一返贫。城乡居民基本医疗保险参保率达97.6%。城镇新增就业3758人，城镇调查失业率控制在5.5%以内。区光荣院、民政事业服务中心、凯阳老年公寓通过国家二星级评定，每千人口拥有3岁以下婴幼儿托位数达3.69个，全区儿童友好城市试点单位达到6家。殡葬管理所改（扩）建一期基本完工、二期加快建设。教育教学均衡发展。高考成绩稳居全市第一方阵。职教中心新建综合楼、宿舍楼和运动场改造提升进展顺利，清苑一中体育馆投入使用。新（改、扩）建中小学和幼儿园5所，改造提升学校运动场29个，办学条件持续改善。严格落实“双减”政策，组建教育集团7个，招聘中小学教师163名，教育教学质量全面提升。文体事业繁荣进步。成功举办第六届广场舞大赛和第七届戏曲节，超额完成哈哈腔演出任务，发放文化惠民卡券7万余张。新（改）建白团北蛮营、南蛮营2个村级综合文化活动中心。古城香业香制品获得第四届省文创和旅游商品设计大赛金奖。推进体育惠民，建成占地75亩、充满青春时尚气息的清苑体育公园，打造了保定首条渐变色塑胶步道。新（改）建全民健身场地62处、社会篮球场9个、社会足球场3个。职教中心获评“省体育传统特色学校”。医疗卫生统筹推进。组建区医疗卫生集团，区人民医院等4所医院与北京三甲医院合作建设专科医联体，紧密型医共体建设持续推进。区妇幼保健院新建住院病房楼完成主体施工，区疾控中心新建实验综合楼项目启动实施，区中医院新院区完成前期手续办理。医疗康复中心提质工作通过省级验收。促进中医药振兴发展，新建国医堂5所。持续抓好常态化疫情防控，全区疫情防控形势总体稳定。社会稳定局面持续巩固。圆满完成了党的二十大等重要节点的安保工作。房地产和金融等领域信访形势总体可控，实现了拖欠农民工工资问题“两清零”。开展“断卡”行动，坚决打击治理电信网络诈骗犯罪。全年未发生一般及以上工矿商贸企业生产安全事故，食药品安全形势持续向好，人民群众的获得感、幸福感和安全感持续提升。

——一年来，我们转作风、提效能，自身建设彰显新担当。深入学习贯彻中共二十大精神，忠诚捍卫“两个确立”，坚决做到“两个维护”，把旗帜鲜明讲政治贯穿到政府工作全过程。全面履行从严治党主体责任，严格执行“三重一大”决策制度，确保科学民主决策。坚持担当尽责，为公园风景城、御景国际等6个“烂尾项目”争取“保交楼”资金1.6亿元，主动化解涉及4000户购房群众的房地产遗留问题。牢固树立全年抓收入的目标，采取项目购置和TOT（项目融资）模式依法盘活国有资产，有效缓解了财政困境。深入推进法治政府建设，创建省级以上民主法治示范村3个。自觉接受人大法律监督、政协民主

监督、社会舆论监督和人民群众工作监督，46件人大代表建议和76件政协委员提案全部办复，办复率和满意率均达100%。严格落实“接诉即办”，累计办理“12345”政务服务热线2.5万余件，响应率、解决率和群众满意率均达97%以上。严格落实中央八项规定精神，持续纠“四风”、转作风，分批开展审批、自然资源、住建等系统干部政治性警示教育，不断强化各级干部规矩意识、效率意识和服务意识。围绕招商引资、政府债券申报、项目包装等重点领域，瞄准数字经济等产业发展新方向，聘请第三方公司到清苑开展培训，主动走出去到周边县区考察学习，加强干部队伍自身建设，各级干部抓经济工作的业务能力和专业化水平得到提升。统计局被评为“省统计系统先进集体”。同时，方志、档案、共青团、工会、妇女、残联、人民武装等多项工作也都取得了新成绩，为全区经济社会发展做出了积极贡献！

各位代表！路虽远行则将至，事虽难做则必成。过去的一年，我们于危机中育先机，于变局中开新局，乘势而上，砥砺前行，经受了重大考验，积累了宝贵经验，点滴变化都凝结着全区上下坚韧不拔、百折不回的奋进精神。这是我们面对机遇、迎接挑战的一年。敢于挑大梁、抓大事、攻难事，雄忻高铁及保定南站、国际医疗基地、保定职教园区、保定冠军之城国际射击基地等一大批重大工程在清苑布局，保清石油勘测取得阶段性成效，各种政策、项目、产业、资金等高端资源加速向清苑汇聚，我们的区位优势、机遇优势正在加速转化为发展优势。这是我们刷新形象、重塑尊严的一年。高质量承办全市文旅发大会，高标准承接全市重点项目和城市新颜值观摩拉练活动，新业态精彩纷呈，新场景不断涌现，清苑电视塔、清苑体育公园、好梦林水步行街、正迪风情街等地标性场景成为网红打卡地。清苑变化之大、变化之快，上级领导给予高度肯定，兄弟县区观摩接踵而至，广大群众纷纷点赞，全区上下成就感、荣誉感和自豪感倍增。这是我们恪守初心、改善民生的一年。我们始终把群众的安危冷暖放在心头，第一时间扑灭多轮疫情，第一时间处置风雹灾害，为守护清苑群众生命财产安全和身体健康筑牢了坚强屏障；我们第一时间响应群众供热采暖呼声，让诉求“降温”，让家中“升温”。我们坚决兑现惠民承诺，省市民生工程涉及我区19项实事全部办结，年初区人代会确定的20件民生实事基本完成。我们用实实在在的工作成效践行了初心、赢得了民心，坚定了推动清苑实现跨越赶超、重返第一方阵的决心。

各位代表！奋斗创造奇迹，力量源于团结。这些成绩的取得，是我们在以习近平同志为核心的党中央坚强领导下，全面落实上级党委、政府和区委决策的结果，是区四大班子共同上阵、协力攻坚的结果，是区人大、区政协监督支持的结果，是各级各部门实干担当、奋力拼搏的结果！在此，我代表区政府，向全区人民，向人大代表、政协委员，向各民主党派、人民团体、离退休老干部，向驻地部队、武警官兵、政法干警和消防指战员，向所有关心支持清苑发展的社会各界朋友，表示衷心的感谢并致以崇高的敬意！

各位代表！在肯定成绩的同时，我们也清醒地认识到，经济社会发展还存在一些困难和问题。重大项目储备不够，特别是产业项目相对较少，支撑带动全区高质量发展的基础还不够牢固。面对经济下行压力，实体经济困难较多，财政收支矛盾更加凸显，必须把有限的财力用到保民生、促发展上。大气污染防治和白洋淀上游流域综合治理任务依然艰巨，解决金融、住房、土地领域遗留问题的难度依然很大，发展环境还需不断优化，治理能力还要不断提升。公共服务基础设施欠账较多，优质教育、优质医疗、优质文化供给还有缺项，农村基础设施建设明显不足，统筹城乡发展和乡村振兴任务仍然艰巨。对此，我们将永葆“赶考”的清醒和坚定，在实干中寻找良策，在攻坚中破解难题，以更加优异的成绩回报人民的期待与重托。

二、2023年政府工作目标和主要任务

2023年是贯彻党的二十大精神的开局之年，是实施“十四五”规划承上启下的关键一年。党的二十大明确提出到二〇三五年我国发展的总体目标，明确提出以中国式现代化全面推进中华民族伟大复兴，目标鼓舞人心，使命催人奋进。省委紧紧围绕中国式现代化战略部署，深入谋划和推进中国式现代化在河北的美好图景，着力推动经济强省、美丽河北建设迈上新台阶。市委着力打造“7+5+N”中国式现代化保定场景，对保定发展进行了系统性战略谋划，作出了整体性战术安排。区委不折不扣地贯彻落实中央和省委、市委决策部署，站位全市、全省、全国大局，提出建设交通枢纽强区、都市农业强区、文化旅游强区、职业教育强区、医疗康养强区、现代物流强区、一体化发展的活力新区等7个标志性场景，为我们做好工作指明了方向，提供了遵循。新的一年，我们将坚决贯彻落实区委各项决策部署，解放思想，奋发进取，撸起袖子加油干，风雨无阻向前行，全力拼出清苑新未来。

按照区委总体安排部署，今年政府工作的指导思想是：坚持以习近平新时代中国特色社会主义思想为指导，全面贯彻落实党的二十大精神，落实中央、省委、市委经济工作会议部署，坚持稳中求进工作总基调，完整、准确、全面贯彻新发展理念，加快构建新发展格局，着力推动高质量发展，全面落实市委“11258”（一个统领，就是以坚持人民至上为统领；一条主线，就是以落实京津冀协同发展战略为主线；两个抓手，就是服务北京、联动雄安和推进城市转型、产业转型；五个保定，即创新保定、智造保定、山水保定、人文保定、文化保定；八个高地，即创新驱动发展高地、产业转型升级高地、雄安协同保障高地、新型城镇化发展高地、一流营商环境高地、生态文明建设高地、文化精神传承高地和法治建设高地。）总体要求，紧紧围绕“激情奋进‘十四五’、再造一个新保定”的工作主线，持续深化“六个一”总体思路，加快融入京雄保一体化发展新格局，全力打造中国式现代化7个清苑场景，为奋力推动保定现代化品质生活之城加快高质量发展、实现高效能治理，为建设经济强省、美丽河北贡献清苑力量。

全区经济社会发展的预期目标是：地区生产总值增长7%，一般公共预算收入增长7%，规模以上工业增加值增长6.5%，固定资产投资增长8.5%，社会消费品零售总额增长6.5%，城乡居民人均可支配收入增长7%，力争主要经济指标总量（增速）进入全市前列，能耗及排放等约束指标完成市定任务。

2023年，我们将牢牢把握奋力推动现代化品质生活之城加快高质量发展、实现高效能治理总抓手，按照区委经济工作会议确定的指导思想和目标，重点抓好七方面工作：

（一）持续抓项目园区，建设质量更高的实力清苑。围绕加速融入京雄保一体化发展新格局，搭平台、上项目、抓招商、优环境，推动协同发展纵深拓展，不断夯实高质量发展的“硬支撑”。

开足马力上项目。开展“重点项目突破提升年”行动，紧盯开工和投资两项指标，全力跑办手续，做好要件要素准备和项目前期工作，力争确定的项目一开春就能落地实施。加快建设一批，提速总投资152.8亿元的32个省、市重点项目建设，力争中南高科·清苑新经济产业园（一期）、保定首衡·智慧城市民生港（一期）等续建项目第一时间投产达效，确保中德智能制造公共实训基地等项目如期达到形象进度。全力配合雄忻高铁、西三环南延、保新路（S604）等重大项目实施，做好征地拆迁和手续办理等保障工作。启动开工一批，继续做好新申报的总投资122亿元的53个专项债项目和中央预算内资金项目前期工作，紧跟债券发行节奏，努力达到发行条件，待资金下达后立即启动施工，力争尽快形成实物工作量。谋划储备一批，发挥政府投资引导作用，鼓励吸引更多民间资本参与重大工程和补短板项目建设，力争更多项目列入上级工作盘子。

精准对接抓招商。开展“招商引资突破年”行动，紧盯央企、知名民企和重点外企，全员招商、以商招商、产业链招商、园区平台招商，推动招商引资数量、规模、质量实现新突破。瞄准京雄产业布局，在研发转化及测试生产等环节寻求产业链上下游合作，引进一批战略合作者，做大产业链“朋友圈”。用好清苑北京招商中心、北京河北企业商会等平台资源，深化与华夏幸福招商团队合作，强化企业投资信息收集研判，力争引进1个投资100亿元以上的大项目，确保完成市定“双千工程”招商任务。坚决兑现招商承诺，认真履约践诺，加速政策落实，真正把工作做到企业家的心坎上，让工作成效体现在项目建设上。

提档升级建园区。实施“开发区实力倍增计划”，加快完善开发区“双九通一平”基础设施，谋划实施新华路、中心路开发区段高标准建设提升，持续推进投资5000万元的邓阮线、南赵线110千伏线路迁改，全面提升园区承载力。坚持新模式、新业态引领，启动实施占地120亩的开发区基础设施提升项目（二期），推进开发区科技孵化产业园和智慧园区建设，建成一批具有通用性、配套性、集约性的标准化智慧厂房。围绕国际医疗基地、保定职教园区、雄忻高铁及保定南站等重大项目布局，提前谋划基础设施和产业配套。深化“园区事园区办”改革，进一步健全完善开发区权责清单，提升项目审批服务效率，让项目建设主阵地、主平台作用更加凸显。

保障要素强服务。实施要素保障提升行动，坚持一切围绕项目转，在用地、融资、环保、审批等方面提供高效服务。依法盘活批而未供、闲置和低效利用土地，尽快完成中汽零、沃德电梯等5个项目398亩土地处置利用。依法完成电谷智慧能源产业园、菜掌柜等8个项目260亩土地征收组卷，推进土地二级市场开发，加强土地整理，实现“地等项目”。持续开展政银企对接，谋划设立政府性融资担保公司，积极争取银行信贷授信，缓解民营和中小微企业融资难题。坚持引资引智引才并举，搭建保定职教园区和开发区企业双向沟通平台，落实好人才“双十条”，提升人力资源保障能力。进一步强化优化供水、供电、供气等保障，确保项目早落地、早开工、早见效。

（二）持续抓产业升级，建设动能强劲的智造清苑。聚焦提升产业发展能级，推进传统产业转型升级和新兴产业集群发展，培育壮大“4+5+N”产业体系，做大做强实体经济。

抓创新增动力。依托立中院士工作站，发挥石保廊改革开放试验区、京南国家成果转移转化示范区政策优势和保定大学城地缘优势，促进产学研深度融合，打造一批高水平的科研中试、孵化转化和生产制造基地，加快形成“企业总部在京雄保，转化生产在清苑”的新格局。优化创新环境，新增市级以上技术创新中心1家，确保2023年科技创新评级达到A类水平。落实研发费用加计扣除“应享尽享”，引导更多企业开展核心技术攻关，年内新增科技型中小企业30家、高新技术企业7家、“专精特新”中小企业5家，让更多的“清苑制造”变成“清苑创造”。

强产业壮实力。坚持集群发展和调整结构并举，年内工业技改投资增长5%，力争更多项目列入省“千项技改”项目库，重点培育领军企业10家以上。年内新增规模以上工业企业20家以上，规模以上工业企业研发投入占主营业务收入比重达到1%。持续对接浙江余姚、河南长垣等先进地区，深化与河钢数字集团合作，探索智能制造解决方案，提升传统产业高端化、智能化、绿色化水平。实施县域特色产业领跑者计划，发展壮大立中合金、智能起重、汽车零部件、电力装备等5个百亿产业园，打造优质特色产业集群，力争工业经济销售收入早日达到千亿级规模。

向改革要活力。坚决落实“两个毫不动摇”，深化国资国企改革，竭力推进荣清国控、清开启创、农业产业有限公司等企业的发展壮大，打造一批创新型国有企业。大力弘扬企业家精神，关心支持本土企业家和“创二代”“企二代”成长，构建和巩固“亲清”政商关系。有针对性地解决市场主体痛点难点，保护民营企业权益，提振企业发展信心，让企业放心投资、专心经营、安心发展。对标北京优化营商环境5.0版，深化“放管服”改革，探索推进政府投资项目“代建服务制”、招商引资项目“代办制”，实现“准入即准营、拿地即开工、竣工即投产”。深入开展“万人助万企”，全面落实减税降费和企业上市激励政策，新增市场主体增长率保持在18%以上，鼓励更多符合条件的企业挂牌上市，让大企业顶天立地、中小企业铺天盖地。

（三）持续抓城市建管，建设乐享善治的品质清苑。推进以县城为重要载体的城镇化建设，让城市颜值看到新变化、品质得到新提升，打造宜居、韧性、智慧城市。

推进城市扩容。对标对表主城区和雄安新区，高标准完成中心城区和白团镇、望亭镇等12个镇控制性详细规划编制，做好保定南站和保定职教园区周边城市设计，形成多规合一的全域“规划树”。深入实施“现代交通强区行动计划”，谋划唐正街、友谊街、富强北路与莲池南大街连接线建设，拉开城市框架。协调推进乐凯大街全幅通车，谋划实施乐凯大街南延至南三环和温安路改造提升，适时启动京港澳高速阳城出口建设，争取尽快启动实施西三环南延工程。保障南三环征地拆迁和手续办理，谋划发展路与东三环连接线等道路工程，力争尽快完成“大三环”闭合。持续抓好白洋淀大道养护管理，全力保障北三环东延、保新路（S604）建设，不断织密与雄安新区骨干路网联系。积极抢抓雄忻高铁等交通路网建设机遇期，构建“一横一纵”高铁网，打造京津冀交通大枢纽。

完善城市功能。优化城市功能布局，在城区核心位置谋划“四馆一中心”，力争文化馆、图书馆、美术馆、博物馆年内开工建设，推进城区“西进、北联”。完成区人民医院新院区、区疾控中心实验综合楼和区中医院新院区主体建设，谋划清苑第五幼儿园项目，完善城市服务功能。坚持多元化投资，通过拆违和土地流转，对条件成熟的地块全部建成街角公园、带状公园，打造“300米见绿、500米见园”、可漫步、可休闲的“美好街巷”。对城区主次干道、便道和背街小巷等进行综合整治，打造立体停车场，提升车辆停管和道路通行能力。新（改）建城区雨水泵站，强化城区道路飞线治理，让城市运行更有韧性。

实施城市更新。深入开展人居环境、基础设施、智能管理提升“三大行动”，尽快完成大堤口、中冉城中村改造安置房和东石桥村搬迁、北三环东延拆迁安置房建设；积极稳妥解决456户棚改集中安置问题，力争让十余年不能回迁的群众尽快回迁“上楼”。坚持“房住不炒”，推动公园风景城、御景国际等6个“烂尾项目”尽快竣工交房，让4000户购房业主住上新居。继续实施老旧小区改造，谋划保障性安居工程建设。

规范城市管理。谋划实施智慧城管项目，整合智慧安防、智慧泊车、智慧交管等数字系统功能，加快新型智慧城市建设。深化“以克论净”，逐步推进城区垃圾分类全覆盖，高标准抓好城市净化、美化。常态化创建文明城市、卫生城市、森林城市，持续开展流动摊贩、马路市场、店外经营集中治理，让城市“面子”更靓、“里子”更实。

（四）持续抓乡村振兴，建设村美人和的富强清苑。围绕产业、人才、文化、生态、组织“五个振兴”总要求，培育新业态，注入新活力，打造新样板，建设宜居宜业和美乡村。

发展高质高效农业。实施新一轮粮食产能提升行动，确保全年粮食播种面积保持在100万亩以上，力争2025年前把永久基本农田全部建成高标准农田。发展现代设施农业和畜牧业，发挥农业产业公司作用，争取农发行等政策性银行融资贷款，新增设施农业2万亩，加快建设奶业生产能力提升项目，构建多元化食物供给体系。推进都市农业强区建设，积极发展绿色农业、休闲农业、高效农业，年内新增市级以上现代农业园区1家以上，尽快实现农业与旅游、教育、康养等产业深度融合。紧盯京津市场需求，大力发展农产品生产加工、冷链物流等全产业链条，在张登镇、冉庄镇等果蔬主产地，谋划布局精细分类、净菜加工、冷藏保鲜等农产品初加工产业，打造环京津高标准“原料车间”。培育壮大六全中央厨房、吉祥胤等龙头企业，打造预制菜“爆品”。建设数字农业应用平台，打造县级智慧示范应用场景3个，不断优化数字农业发展格局。

建设美丽宜居农村。深入实施乡村建设行动，坚持要素配置优先满足、资金投入优先保障、公共服务优先安排，建成10个以上宜居宜业和美乡村。完成魏村路路域环境整治，新建“四好农村路”不少于20公里。谋划包装乡村振兴农村路网提升项目，改建通村公路、村内道路，为农村人居环境提升树立标杆。开展村庄清洁行动，创建省级卫生乡镇2个、省级卫生村3个。加快推进地表水厂建设，加强农村生活水源江水置换运营管理，持续抓好农村电网改造，让农村环境更美、基础更牢、设施更完备，擦亮乡村振兴底色。

培育富裕富足农民。持续推进巩固拓展脱贫攻坚成果与乡村振兴有效衔接，落实常态化帮扶，加强防返贫监测，促进农民增收，确保不发生规模性返贫。盘活农村集体资源，做好土地文章，壮大村集体经济，实现村集体增收和群众致富双赢，到2025年全区所有行政村集体经济收入达到10万元以上。稳妥推进农村宅基地制度改革和农村集体经营性建设用地入市改革，促进适度规模经营。实施乡村振兴人才支持计划，有序引导大学毕业生到乡、能人回乡、农民工返乡、企业家入乡，出台优惠政策，让人才留得下、能创业。以“5+3+N”组织体系建设为依托，健全自治、法治、德治相结合的乡村治理体系，全面提升基层治理能力。

（五）持续抓三产跃升，建设内涵丰富的美丽清苑。立足资源禀赋和区位优势，加快发展文化旅游和现代物流，拓展消费新业态、新模式、新场景，推动现代服务业提档升级。

做精文化旅游。做好全市文旅发大会“后半篇文章”，依托冉庄地道战纪念馆、冉庄文旅特色小镇、好梦林水微度假体验区和正迪欢乐世界文化创意园等文旅资源，延伸“一镇一梦一世界”精品旅游线路，力争到2025年建成全域旅游示范区。积极申报冉庄地道战纪念馆、好梦林水微度假体验区国家AAAA级旅游景区，完成泽龙希尔顿等高品质星级酒店建设，探索构建“吃住行游购娱”于一体的旅游服务体系，打造全域旅游亮丽名片。着眼“后疫情”时代旅游消费需求增长，加强与知名旅游企业合作，打造京津冀和雄安新区周边人群微度假、慢生活首选地，让“这么近，那么美，周末到河北；这么美，那么炫，欢迎到清苑”成为新时尚。

做活商贸物流。实施物流强区行动计划，深化与天津港、黄骅港合作，谋划建设内陆港，积极融入保定陆港型国家物流枢纽。全力配合市政府谋划推动南二环物流园搬迁，谋划大庄物流园项目，打造京津冀商品大物流格局中的重要枢纽城市。把恢复和扩大消费摆在优先位置，培育电商直播、信息消费、定制消费等新业态、新场景，着力打造一批有文化、有味道、烟火气十足的开放式文化商业街区。依托好梦林水步行街、正迪风情街和万琪便民市场，打造更多地标商圈、便民夜市和特色步行街，发展假日经济和夜经济，让城市活起来、动起来、热起来、旺起来。

（六）持续抓环境治理，建设宜居怡人的绿色清苑。深入贯彻习近平生态文明思想，坚持生态优先、绿色发展，稳妥推进碳达峰、碳中和，打造“绿水青山就是金山银山”的实践范例。

打好蓝天保卫战。深入开展大气污染综合治理攻坚行动，打好禁煤、抑尘、控车、治企、禁烧组合拳，落实重污染天气应急响应措施，确保重要时间节点空气质量安全。落实区域联防联控措施，加强空气监测站点周边环境精准调度和科学治理。狠抓扬尘治理，严管渣土运输，在建工地严格落实“六个百分之百”和“两个全覆盖”，扩大城区背街小巷机械化清扫保洁覆盖面。深化工业污染治理，保持“散乱污”企业严打高压态势。强化乡镇空气综合质量考核，确保空气质量持续改善。

打好碧水保卫战。持续开展河道“清四乱”，加大涉水企业、非法排污口监管执法，加强有水河流入淀断面水质监测，确保“不让一滴污水进淀”。全面落实河长制，持续开展白洋淀上游流域综合治理，持续加大新九龙河、府河、南环堤河河道清理整治力度，力争唐河（清苑段）和金线河治理工程如期开工，汛期前完成东石桥村防洪整治河道改道工程施工。积极争创2023年省级幸福河湖试点，确保地下水位持续回升。

打好净土保卫战。用好农用地土壤污染状况详查成果，强化农业面源污染管控，确保建设用地和农用地安全利用率达到省定评估标准。实行最严格的环境保护制度，严密监管重点区域和突出环境问题。持续推进省级森林城市创建，运营好、维护好雄清片林和白洋淀大道景观带，完成市定造林任务，打造拱卫北京和雄安新区的生态屏障。

（七）持续抓改善民生，建设惠民利民的幸福清苑。坚持人民至上，下大力解决群众“最恨最怨最烦”的问题，不断满足人民群众对美好生活的向往。

做好疫情防控。围绕“保健康、防重症”，最大限度强化药物资源、医疗资源储备，保障好婴幼儿、孕妇等特殊群体就医用药，抓好老年人和患基础病群体防控，保障群众生命安全和身体健康。深入开展爱国卫生运动，加强疫情防控知识科普宣传，筑牢疫情防控社会大防线。

发展社会事业。改善办学条件，完成职教中心新建综合楼、宿舍楼和运动场改造，提升清苑中学、李庄中学、臧村中学运动场。全面落实“两个只增不减”，按需继续招聘中小学幼儿园教师，确保顺利通过省政府义务教育履职评估验收。谋划全民健康中心项目，新（改）建一批群众身边的全民健身场地，打造15分钟健身圈。大力推进书院之城建设。深化医疗卫生集团改革，完成区妇幼保健院新建住院病房楼建设，确保到2024年完成省级健康试点县（市、区）创建。

加强民生兜底。坚持就业优先，做好应届毕业生、农村劳动力、退役军人等重点群体就业工作，确保零就业家庭动态清零。完善城乡居民大病保险、医疗救助制度，提高城乡居民门诊待遇保障水平。全面加强医保基金监管，坚决守护好老百姓的“救命钱”。完成殡葬管理所改（扩）建二期工程。加强11个社区老年人日间照料服务站点管理运行，加快形成医养康养相结合的养老服务体系。大力推进青春友好城市、儿童友好城市创建。加大农民工工资清欠力度，确保实现欠薪案件“两清零”。

创新社会治理。加强食药品安全监管，保障人民群众“舌尖上的安全”。加大金融领域和政府债务风险防范力度，加强非法集资宣传，严厉打击电信诈骗。落实意识形态工作责任制。依法做好新形势下民族宗教工作，精准有效处置化解不同利益诉求群体问题。完成国防动员体制改革，加强人民武装建设，做好退役军人服务保障。全力配合保清石油勘测，确保能源安全。完成新华路消防救援站建设，防范遏制重特大生产安全事故发生，坚决当好首都政治“护城河”。

各位代表，本着以民为本、竭力而为的原则，我们今年谋划了8个方面实事好事，待人代会票选确定后，我们一定承诺践诺，真正把实事办实、好事办好。

三、全面加强政府自身建设

各位代表，面对新起点、新征程，我们深感肩负着发展清苑的历史责任，承载着69万群众的殷切期盼。我们一定牢记“三个务必”，进一步强化机遇意识、争先意识、攻坚意识，不断加强政府自身建设，努力打造让党放心、让人民满意的服务型政府。

（一）把政治建设作为第一责任，筑牢忠诚之基。

始终坚持政治站位和政治引领，深入学习贯彻党的二十大精神，忠诚捍卫“两个确立”、坚决做到“两个维护”，始终同以习近平同志为核心的党中央保持高度一致。坚持新发展理念，提升专业素养和业务能力，增强在工作末端解决实际问题的水平，坚决杜绝“把说了当做了，把做了当做成了”，以“朝受命、夕饮冰”和“昼无为、夜难寐”的事业心和责任感，推动各项工作高效落实。

（二）把依法行政作为第一准则，厉行法治之举。

自觉运用法治思维和法治方式开展工作，严格落实“三重一大”集体决策，完善行政决策公众参与、专家论证和集体讨论制度，把政府决策体现为汇民意、集众智、凝共识的过程。持续推进法治政府建设，争创市级法治政府建设示范区。依法接受人大法律监督、政协民主监督、监委监察监督和社会舆论监督，高质量办好人大代表议案建议和政协委员提案，做好第五次全国经济普查工作，抓严抓实审计监督、统计监督，确保权力在阳光下运行。

（三）把担当实干作为第一要务，恪守为民之责。

发扬斗争精神，强化“有解思维”，坚持一线工作法，倡导马上就干、真抓实干，坚决做到勤政务实、敢为敢闯。认真谋划实施民生实事和民生工程，完善“12345”政务服务热线“接诉即办”机制，以坚定不移的“为民初心”、永不停歇的“服务脚步”、人民至上的“深厚情怀”，真诚服务群众、服务企业、服务发展，从政府“端菜”变为群众“点菜”，把事关民生的“关键小事”办成百姓心头的“温暖大事”。持续提升政府系统干部专业化水平，在风险挑战中谋新招、闯新路，在破解难题中抓改革、善作为，不当“清谈客”，争当“实干家”，真正成为能够胜任新时代经济工作的行家里手。

（四）把清正廉洁作为第一底线，永葆清廉之心。

严格落实中央八项规定精神和全面从严治党主体责任，靶向整治工作中的不作为、慢作为、乱作为等问题，做到干部清正、政府清廉、政治清明。坚持精打细算，严格预算执行，收紧“三公”经费支出，用政府的“紧日子”，换来群众的“好日子”。坚持“团结就是力量”，在区委坚强领导下，拧成一股绳、铆足一股劲，一步一个脚印把清苑各项事业不断推向前进。

清苑概览

◎自然地理

◎历史人文

◎经济和社会发展

清苑概览

自然地理

【位置面积】 保定市清苑区位于北纬 38°32′58″～38°55′24″、东经 115°13′40″～115°44′20″。地处北京、天津、石家庄三角腹地，东接雄安新区、高阳县、蠡县，南靠博野县和安国市，西邻满城区、顺平县和望都县，北接保定市莲池区。南北最大纵距 44.8 千米，东西最大横距 46.1 千米。全区总面积 857 平方千米，其中耕地 50460 公顷，建设用地面积 20207 公顷。

【地形地貌】 清苑区地势地貌为平原地势地貌。属太行山东部冲积扇，总的地势是西南高，东北低，缓缓自然倾斜，西南部与望都县接壤的阳城镇一带最高地面海拔高度为 32 米，东北部与安新县毗邻的望亭镇一带最低地面海拔高度为 8 米，相对高差 24 米，地面纵坡约为 1/1500。

【气候】 清苑区属暖温带大陆性季风气候区。主要气候特点是四季分明，春季干燥多风，夏季炎热多雨，雨热同季；秋季天高气爽，冬季寒冷干燥。2022 年平均气温 12.7℃，较历年平均气温 13.3℃，偏低 0.6℃，6 月 25 日出现年极端最高气温 41.9℃，2 月 14 日出现年极端最低气温 –16.1℃。全年降水量 659.4 毫米，较历年平均降水量 496.5 毫米偏多 162.9 毫米。2022 年日照时数 2510.9 时，较历年日照时数 2181.1 时偏多 329.8 时。

2022 年气候为气温偏低，降水偏多，日照偏多。

【水文】 清苑区地处太行山北部平原前缘，水文地质条件比较复杂，根据省地质部门的资料，清苑第四季含水层可分为四个含水组：

第Ⅰ含水组 底界埋深 20～50 米，西浅东深，岩性自西向东由粗变细，西部粗砂加砾石，中部和东部为中砂和细砂。自西向东层数逐渐增多，单位厚度逐渐变薄，富水性也随之变弱。含水层厚度一般 10～30 米，单位涌水量为每小时 5～20立方米，为全淡水，矿化度 0.5～1 克/升，个别地方大于 1 克/升。

第Ⅱ含水组 底界埋深 100～150 米，含水层岩性以中粗砂夹砾石为主，单位涌水量每小时 10～50 立方米，矿化度 0.5～2 克/升。该层与第Ⅰ含水组水力联系密切，为清苑区主要开采区。

第Ⅲ含水组 底界埋深 200～300 米，含水层岩性以砾卵石及风化砾卵石为主，局部含泥砾及风化长石砂，东部逐渐变细，以中细砂为主。单位涌水量为每小时20～30立方米，矿化度0.5～2克/升。

第Ⅳ含水组　底界埋深300～500米，含水层岩性为半胶砂及风化砂，局部含泥砾。单位涌水量为每小时10～21立方米，矿化度0.5～1.5克/升。

清苑区主要河流有唐河、清水河、府河、漕河等几大河流。漕河为清苑、徐水界河，入境量很少，省略不计。府河因为保定市工业污水长期流入，严重污染清苑沿河地带的水源，故不能作为水资源计算。因而只计算唐河、清水河的过境水资源量，又因两河均为季节性漂流及无据可考，故清苑区没有过境水资源。

【资源】

水资源　2022年，清苑区降水量为659.4毫米，主要集中在6月至9月。由于年内降水分配极不均匀，因此形成易春旱、秋涝的特点。全年水蒸发量为4月至10月，依次为109.4毫米、133毫米、154毫米、109.6毫米、92.8毫米、103.7毫米、74.1毫米。一年中，五六月份蒸发量最大，十月份最小。结冰期不观测蒸发量。

矿产资源　清苑区属于平原地区，矿产资源较少。据勘测何桥一带地下3000米左右有煤炭资源，储量未探明。

植物资源　至2020年，清苑区境内植物资源主要乔灌木树种有毛白杨、毛新杨、107杨、新疆杨、速生杨、垂柳、馒头柳、金丝柳、国槐、金枝槐、金叶槐、龙爪槐、刺槐、香花槐、榆树、臭椿、香椿、白蜡、合欢、五角枫、栾树、杜仲、法桐、青桐、紫叶李、海棠、榆叶梅、碧桃、紫薇、女贞、小檗、黄杨、泡桐、银杏、酸枣、楸树等。公园景点也有木槿、丁香、迎春、毛桃、冬青等。果树有苹果树、梨树、李子树、桃树、杏树、柿子树、葡萄、山楂树、核桃树、石榴树、桑树等。主要农作物有小麦、玉米、花生、棉花、薯类等。

野生动物资源　至2020年，清苑区境内鸟类中候鸟主要有家燕、白骨顶鸡、白头翁、老鹰、大雁、鹞子、百灵等；留鸟主要有麻雀、鸽子、喜鹊、猫头鹰、斑鸠、啄木鸟、乌鸦、野鸭、野鸡、鹦鹉等；主要兽类有野兔、鼹鼠、黄鼬、草蛇、蝙蝠等。

历史人文

【建置沿革】　清苑古地，开发甚早，地处要冲、四达之衢，人民凑集，为历代统治者所重视。西周武王十五年（约前1032年）至东周战国中期周安王二十二年（前380年）为燕国辖地。齐伐燕取桑丘后，一度沦为齐国领地。周慎靓王五年（前316年），燕王哙禅让给相国之子。周赧王元年（前314年），燕国内乱，齐宣王乘机犯燕，中山国相司马喜亦率军对燕作战，始为中山国辖地。周赧王二十年（前295年），赵约燕、齐之师灭中山国，燕、赵重新划定疆域，为燕南赵北界区。秦王嬴政十九年（前228年）秦灭赵国，属邯郸郡。秦始皇二十六年（前221年）统一中国后，属恒山郡。西汉元朔二年和五年前127至前124年属涿郡。封中山靖王之子刘朝平为将梁侯，置将梁侯国（治所在今清凉城），属涿郡。元朔五年（前124年），封中山靖王之子刘修为樊舆节侯，置樊舆侯国（治所在今御城），属涿郡；封中山靖王之子刘忠为广望节侯，置广望侯国，属涿郡。封赵敬肃王之子刘终古为柏陵侯，置柏陵侯国（位置不详），属中山国。东汉时期，置阳城县（治所在今阳城），属中山国，后省入蒲阴县（今顺平县）。三国（魏）时，为魏北新城、蒲阴两县地，属河间郡。西晋泰始元年（265年）置樊舆县，不久废，改置乐乡县，属高阳国。十六国时期，先后为赵、前燕、前秦、后燕之

地。据《魏书·地形志》载："清苑高祖太和元年分新城置。"属高阳郡。从此，清苑县名称始见于史，治所在今保定的省监狱一带。此后，朝代频更，易名改属，升州赐郡，或为边陲，或为畿辅，沿革变迁，历尽沧桑。北齐天保七年（556 年），废清苑入永宁县，后改称乐乡县，属高阳郡。隋开皇十八年（598 年），改乐乡县为清苑县，属河间郡。唐武德四年（621 年），属蒲州。五年更属蠡州。八年废蠡州还蒲州。九年复属蠡州。唐贞观元年（627 年），改属瀛洲。景云二年（711 年）属鄚州。开元十三年（725 年）改属莫州。天宝元年（742 年）改属文安郡。至德二年（757 年）还属鄚州。五代后唐初年在清苑县治所置奉化军，清苑属之。后唐天成三年（928 年）三月，升奉化军为泰州，以清苑故城为治所。后晋开运元年（944 年）初，辽军陷泰州。三月，晋将马全节收复泰州，复失。开运二年（945 年），顺国节度使杜威复克泰州，徙州治于满城，仍领清苑县。后汉乾祐元年（948 年），清苑为义武节度使辖区。后周显德六年（959 年）改隶鄚州。五代之后，清苑为宋北部边陲军事重地，宋常派驻重兵。北宋建隆元年（960 年），因宋太祖赵匡胤祖籍在今清苑县境，故在清苑治所（今保定市）设保塞军（有保卫边塞之意）。太平兴国六年（981 年）改清苑县为保塞县。升保塞军为保州，治所在保塞县。淳化三年（992 年）李继宣知保州，筑城关，浚外壕，葺营舍千五百处，故城始具都市规模。景德年间，满城并入保塞县。政和三年（1113 年）赐郡名清苑。靖康二年（1127 年），金兵陷故城，仍沿旧制。金天会七年（1129 年），于故城设顺天军，保州为顺天节度使辖区，属河北东路。金大定十六年（1176 年）改保塞县为清苑县。大定二十八年（1188 年）由清苑析置满城县，清苑仍属保州。金贞祐元年（1213 年）蒙古军攻陷故城，屠其民，焚城为废墟，遂移州治所于满城县境。贞祐二年（1214 年）赐名清苑郡。蒙古成吉思汗二十二年（1227 年）降蒙金将张柔，因满城地方狭小，遂移州治于故城，令副帅贾辅、毛正卿重建城郭。画市井、建衙署、定居民；疏浚一亩、鸡距二泉，以通州楫；招募流亡，营建城池。使故城成为燕南一大都会。蒙古窝阔台十一年（1239 年），改顺天军为顺天路，故城为路治，辖清苑县。至元十二年（1275 年）改顺天路为保定路。自此，保定之名始见于史。明洪武元年（1368 年）九月，改保定路为保定府，辖清苑县，县治所在今保定市永华南街路小学院内。清因之。康熙八年（1669 年）直隶巡抚由正定移至故城，治所始为直隶省会。清苑县属保定府。

民国初年，沿清代直隶省建制，保留保定府，撤销清苑县。次年，直隶省会由故城迁驻天津，恢复清苑县建制，撤销保定府，置范阳道，治所在故城，辖清苑。三年改范阳道为保定道，辖清苑县。民国 17 年（1928 年）6 月 28 日，废直隶省，建立河北省。同时废道级行政机构，改为省县两级制，清苑县隶属河北省。民国 24 年（1935 年）省会迁驻故城。民国 25 年（1936 年），始设置行政督察区；次年，清苑县属河北省第一督察区。

民国 26 年（1937 年）7 月 7 日，日军发动卢沟桥事变。9 月 24 日，日军攻陷县城，全县先后沦为日军统治区，清苑县日伪政权随之建立。中国共产党为加强对抗日救亡运动的领导，于民国 27 年（1938 年）2 月在北王力成立清苑县抗日民主政府。同年 3 月迁驻王盘。4 月 1 日，冀中区建立，清苑县属冀中区。9 月，属冀中四专区。民国 29 年（1940 年）夏至秋属冀中区十专区。民国 30 年（1941 年）1 月，为适应抗战形势的需要，经冀中区委批准，以张登、保定公路为界分为清苑、之光两县，路西为清苑县，属冀中区十专区。民国 33 年（1944 年）10 月，为集中领导抗日战略大反攻，冀中九地委决定清苑、之光两县合并，称之光县，属冀中区第七专区。民国 34 年（1945 年）5 月改属九专区；8 月，改称清苑县。9月2日，日本签字投降，日伪清苑县政府随之解体，国民党政府接管故城。民国37年（1948年）9月，华北人民政府成立，清苑县属华北行政区冀中区九专区。11月22日，故城解放，国民党清苑县政府解散，清苑县人民政府始统全县。保定、清苑分治。

民国38年（1949年）8月1日，河北省人民政府在保定宣告成立，设10个专区，清苑县属保定专区。1958年10月，国务院决定撤销清苑县，唐县、望都、清苑（臧村人民公社划归保定市）三县合并，称唐县，县治望都县城。同年12月24日，清苑析出唐县，成立清苑区，治所南大冉，属保定市。1960年3月，国务院决定恢复清苑，以清苑、完县、满城三区的行政区划为清苑县的行政区划，县政府迁驻原满城县城，属保定市。1961年5月23日，恢复原清苑建制，改属保定专区。1970年，保定专区改称保定地区，仍辖清苑县。1986年5月，划为保定市辖县。2015年5月，撤县改区，改称保定市清苑区。

治所沿革　北魏太和元年（477年）析新城置清苑，治所在今保定的省监狱一带。明洪武元年九月，县治所在今保定市永华南街路小学院内。1938年2月在北王力成立清苑县抗日民主政府，同年3月迁驻王盘，由于斗争形势需要，后又迁驻李庄、温仁。1949年8月1日，县政府从温仁迁驻中冉。1952年10月迁驻南大冉。1958年10月，唐县、望都、清苑三县合并，称唐县，县治望都县城，同年12月24日，清苑从唐县析出，成立清苑区，治所南大冉。1960年3月，恢复清苑县，县政府迁驻原满城县城。1961年5月23日，恢复原清苑建制，治所迁回南大冉。

【行政区划】　2022年，全区辖5个乡13个镇，265个行政村，12个居委会。18个乡镇分别是：清苑镇、冉庄镇、阳城镇、魏村镇、温仁镇、张登镇、大庄镇、臧村镇、望亭镇、东闾镇、白团镇、石桥镇、何桥镇、北店乡、李庄乡、北王力乡、阎庄乡、孙村乡。

【人口】　2022年末，全区总户数22.64万户，总人口69.10万人，2022年，出生3606人，出生率为5.2‰；死亡2051人，死亡率为3‰；自然增长人数1555人，自然增长率为2.2‰。

【民族】　2022年末，全区有汉族、满族、回族、蒙古族、维吾尔族、藏族、壮族、朝鲜族、苗族、土家族、布依族、彝族、侗族、傈僳族、瑶族、达斡尔族、白族、黎族、锡伯族、水族、哈尼族、纳西族、仡佬族、畲族、佤族、羌族、毛南族27个民族。

【文化名片】

东安宋祖陵遗址　赵匡胤，北宋开国皇帝，史称宋太祖。其祖籍清苑区望亭镇东安村，位于保定市东南15余千米。保新路穿村而过。南临新唐河，东流40余千米入白洋淀。

东安宋祖陵遗址位于东安村南300米处，当地村民称为“御坟”，历史上又称“宋三陵”，直到2003年12月31日，清苑县人民政府将御坟列为县级重点文物保护单位后，才改称东安宋祖陵。

东安宋祖陵指以赵匡胤之高祖赵朓、曾祖赵珽、祖父赵敬的陵墓为主体的赵宋皇家祖坟。赵匡胤称帝后追谥其高祖赵朓为文献皇帝，庙号僖祖，墓为钦陵；曾祖赵珽为惠元皇帝，庙号顺祖，墓为康陵；祖父赵敬为简恭皇帝，庙号翼祖，墓为定陵（后改为靖陵）。父亲赵弘殷为昭武皇帝，庙号宣祖，墓为永安陵。赵匡胤的四位先人除父亲赵弘殷葬在河南巩县宋陵外，其余三祖均未入宋陵，早期葬于故里清苑县。1958年东安村民深翻土地时曾在此挖出石门、石桌、石人等。1997年村民在此取土时发现一对石虎。2003年8月和12月，河北大学宋史研究中心专家教授对宋祖陵遗址进行实地考察，又相继出土石象、石人等。《河北日报》以《清苑出土赵匡胤祖陵石像生》为题在头版头条作了报道，引起社会各界的广泛关注。

宋祖陵公布为县级重点文物保护单位之后，市、县文物部门进行小范围的试掘。并逐级申报申请对遗址进行大的勘探挖掘。得到国家文物局批准后，于2008年4－5月进行大规模的勘探挖掘，出土大量的珍贵文物。2008年10月7日，河北省政府公布东安“宋祖陵”为第五批省级重点文物保护单位。2013年3月5日，宋祖陵被中华人民共和国国务院批准为第七批全国重点文物保护单位。

冉庄地道战遗址　冉庄地道战遗址是第二次世界大战中中国人民抗击日本侵略者的一处重要战争遗址，位于清苑城区西南15千米处的冉庄村。

抗日战争初期，冉庄一带人民群众出于单纯防御的目的，从民国27年（1938年）开始，各家各户在村里村外开挖隐蔽洞，称为“蛤蟆蹲”。随着斗争形势的发展，逐渐把隐蔽洞加长，再把单口洞改为双口洞，成为地道的雏形。后来，村民在当地党委的领导下，又将民用地道改造成军用地道，筑起了各种形式的作战工事和地道口，最终挖成了户户相连、村村相通、四通八达、上下呼应、能打能藏、可攻可守、进退自如的地道，成为主动打击敌人的战斗地道网。

冉庄地道以村内十字街为中心，向东、南、西、北挖成4条干线地道，东西支线11条，南北支线13条，长达16千米。地道一般宽0.7～0.8米，高1～1.5米，顶距地面约2米，分为群众隐蔽地道和军用作战地道两种。抗战时期冉庄村有450户，地道口有405个，几乎每户都有，其中用于作战的地道口30个，通往外村突围的地道口3个，其他地上作战工事140处。地道结构复杂，设计巧妙，有总指挥部、厨房、饭厅、休息室、储粮室、秘密室、厕所等，还有防毒设备和翻板陷阱；出口多设在锅台、碾台、牲口槽、风箱、井口等不易被敌人发现的地方；还与水井相连，既可以通气，又便于取水。地道的作战工事包括：设在各路口房屋上的高房工事、建于地面上的地堡和建在小庙、碾台、柜台、墙角、墙根、暗室等处的地道口工事或射击口。除此之外，沿着大街小巷的墙壁上均设有暗枪眼，由此形成了一个十分隐蔽的立体作战网。

1956年，冉庄地道战遗址被河北省人民委员会公布为省级文物保护单位后，清苑县于1959年建立冉庄地道战纪念馆。1961年3月4日，遗址被国务院列为全国首批重点文物保护单位。1994年8月被命名为河北省爱国主义教育基地；1995年1月被共青团中央确定为全国青少年教育基地；1997年6月被命名为全国百家爱国主义教育示范基地；2003年9月被河北省政府、省军区命名为第一批省级国防教育基地；2005年被列入全国首批百家红色旅游经典景区之一；2007年被列为全国“十大完美旅游线路”之一；2009年被命名为全国首批国防教育示范基地。

哈哈腔　哈哈腔大约形成于明末清初，是清苑人艺术欣赏的主要对象之一。

哈哈腔的唱腔用清苑方言演唱，其旋律为五声音阶的宫调式。唱腔上、下句句尾的落音，均落主音“1”。句尾落音在节奏上的眼落或板落，是区分唱腔上、下句的主要标志。在保定地区，哈哈腔也称“合合腔”。这一称谓是指唱腔上、下句尾音均落“合”（工尺谱）的意思。在明代盛行的古音阶中，徵调式的音列，其音与音之间的关系，用现代新音阶的概念来听，就是宫调式的音列。“合合腔”的这种叫法，既体现了这个剧种在唱腔上的调式特征，又体现了这个剧种的悠久历史。

哈哈腔最鲜明的特点是文场伴奏和唱腔中的托腔。文场主奏乐器是板胡、竹笛、笙的三层叠置的织体，各乐器从不演奏同一个旋律。在伴奏上，具有“拙笙、巧弦、浪荡笛”的特点。“笙”忠实地演奏与唱腔完全相同的旋律，拖腔保调、调和音色、稳定音准、稳定节奏，是“三大件”中的基本声部；“弦”是指板胡（又称大弦）围绕笙的旋律进行加花，引起音程、节奏的局部变化，并还时常作装饰性的即兴演奏，成为“三大件”中的加花声部；“笛”运用“抹、滑、飞、颤、垛”等多种演奏技法，灵巧地在板胡旋律的基础上自由发挥，成为“三大件”中的色彩性声部。哈哈腔最富特色的托腔手法，是吸收民间吹歌艺术的音型化伴奏，即在一定的时间里，把旋律和节奏都游离于唱腔之外，以一种固定的节奏音型不变化地连续使用，俗称“小抬杠”。

哈哈腔积累了近200个传统剧目和现代剧目，创造了丰富的表演程式和艺术技巧，涌现和造就了不少出类拔萃的著名演员和乐手，是一座丰厚地艺术宝库。清苑县哈哈腔剧团自1955年建立以来，多层次、多渠道的培养专业队伍，设立研究机构，在继承传统的基础上，锐意创新，多出戏，出好戏，先后获省级以上奖励20多次。

2006年5月，哈哈腔被列入国务院公布的第一批国家级非物质文化遗产名录。1955年建立的清苑县哈哈腔剧团，2022年是全国唯一的哈哈腔专业表演艺术团体。

经济和社会发展

【主要经济指标】 全区生产总值完成170亿元，比上年增长4.6%。其中，第一产业增加值39亿元，比上年增长1.5%；第二产业增加值53.6亿元，比上年增长7.6%；第三产业增加值77.4亿元，比上年增长4.4%。三次产业比例由上年的22.3∶31.5∶46.2，调整为23∶31.5∶45.5。全社会固定资产投资完成56.5亿元，同比增长12.1%。民营经济增加值完成101.93亿元，同比增长3.7%。

【人民生活、社会保障】 2022年，城镇居民人均可支配收入40141元，比上年增长4.6%，农村居民人均可支配收入24345元，比上年增长5.2%。

2022年，参加基本养老保险单位2649个，参保职工35806人。企业基本养老保险扩面新增2367人；参加基本养老保险的离退休人员11860人，发放基本养老金60422.3万元，确保了参加基本养老保险的离退休人员基本养老金按时足额发放。

大事记

大事记

1 月

5 日，省水利厅规计处副处长张蕾一行实地调研唐河治理工程（东石桥段）有关情况。

15 日，中国共产党保定市清苑区委三届三次全体会议召开。区委书记闫向阳强调：要抢抓清苑区面临的重大机遇，从容应对各种挑战，在纷繁复杂的大局大势中始终保持战略定力；要坚持突出“七个聚焦”，全力推动清苑创新发展、绿色发展、高质量发展。

21 日，党史学习教育总结会议召开。区委书记闫向阳强调要加强政治建设、经济高质量发展、践行人民至上、防范化解风险隐患、主动担当尽责、不断深化全面从严治党 6 个方面上持续用力。

26—28 日，政协保定市清苑区第三届委员会第二次会议召开。

27—28 日，保定市清苑区第三届人民代表大会第二次会议召开。

2 月

7 日，省生态环境厅副厅长吕竹青一行到清苑区督导地热井整治工作。

21 日，2022 年第一批重点项目集中开工活动举行。共有重点项目 7 个，总投资 19.4 亿元，涉及智能起重、文化旅游、民生工程、电力制造、战略新兴等领域，其中省重点项目 1 个、市重点项目 2 个。

22 日，区纪委三届二次全会召开。区委书记闫向阳强调：要驰而不息纠正“四风”，坚持标本兼治，不断巩固深化反腐败斗争压倒性胜利。

23 日，全区基层党建工作述职评议暨组织工作会议召开。区委书记闫向阳强调：要聚焦主责主业，真正扛起抓好基层党建和组织工作的重大政治责任。

3 月

5 日，疫情防控工作调度会召开。

8 日，疫情防控工作调度会召开。区委书记闫向阳强调：要严格落实防控措施，加强宣传引导，压实工作责任。

31 日，疫情防控工作调度会召开。区委书记闫向阳强调：要提高政治站位，严格落实既定措施，坚决压实防控责任。

4 月

29 日，2022 年第二批重点项目集中开工活动举行。共有重点项目 8 个，总投资 13.06 亿元，涉及战略新兴、装备制造、现代服务、基础设施、城市建设、健康医疗等领域，其中省重点项目 1 个、市重点项目 1 个。

5 月

18 日，全区防汛抗旱工作会议召开。区委书记闫向阳就扎实做好全区相关工作，强调要做到思想认识、组织领导、排查整改、预警宣传、物资队伍、应急值守、应急演练、沟通协调、防疫消杀、责任落实十到位。

25 日，市委常委、宣传部部长曹海波，市政府党组成员王月衡到清苑区就推进文旅产业高质量发展进行调研并座谈。

6 月

1 日，射击奥运冠军庞伟一行到清苑区实地调研项目合作选址事宜。

2 日，清苑区第五届西瓜文化节开幕。

6 日，东利机械在深圳证券交易所创业板成功上市。

25 日，市委书记党晓龙，市委副书记、市长闫继红一行到清苑区首衡智慧城市民生港项目、好梦林水微度假体验区、清苑体育公园进行现场观摩。

29 日，市委常委、宣传部部长曹海波带队到清苑区调研第五届保定市文化和旅游产业发展大会筹备工作。

30 日，竞秀区考察团到清苑区参观重点项目和新颜值项目。

7 月

5 日，省民政厅调研组对清苑区撤乡设镇工作进行调研。

8 日，2022 年度区级总河湖长会议召开，安排部署全区河湖长工作及防汛工作。

14 日，省重点工作大督查第七督查组到清苑区对总体工作开展情况及 2022 年三季度重点工作开展督查。

19 日，国家自然资源督察北京局到清苑区调研督导。

30—31 日，区长李英英带队到河南省长垣市、石家庄市河钢集团对标学习。

8 月

1 日，区委书记闫向阳带队到涉军单位走访慰问。

10 日，省人大常委会财经工委主任回建带领省人大常委会执法检查组，到清苑区开展重点项目和优化营商环境联动监督执法检查。

16 日，2022 年第三批重点项目集中开工活动举行。共有重点项目 10 个，总投资 19.3 亿元，涉及战略新兴、数字化、现代服务、基础设施、民生、教育、医疗等领域。

22 日，省政府主要领导王正谱到清苑区调研。

22 日，市人大常委会主任李双喜带队到清苑区调研第五届保定市文化和旅游产业发展大会筹备工作。

26日，国家文物局领导顾玉才、彭跃辉等到清苑区就革命文物工作开展调研。

9月

5日，区委书记闫向阳、区长李英英带队组织全区“两代表一委员”对承办第五届保定市文化和旅游产业发展大会筹备工作和城市新颜值项目进展情况进行观摩。

8日，市委书记党晓龙等领导与嘉宾分组参观清苑区第五届保定市文化和旅游产业发展大会重点观摩项目。下午，区委书记闫向阳在第五届保定市文化和旅游产业发展大会推进会上讲话。

12日，全区当前重点工作会议召开，区委书记闫向阳参加会议并讲话。

28日，保定市2022年重大民生和社会事业类项目集中开工活动暨职教园区（启动区）开工活动在清苑区举行。此次活动涉及清苑区集中开工项目11个，总投资47.93亿元。

10月

11日，省信访稳定督查检查组第七督查组到清苑区对中共二十大信访保障工作开展专项督查。

12日，全区作风大整顿及重点工作推进会召开，区委书记闫向阳强调：要提高政治站位，聚焦重点任务，确保干部作风大整顿取得扎实成效。

27日，2022年第四批重点项目集中开工活动举行。此次集中开工的重点项目共9个，总投资4.43亿元，涉及战略新兴、装备制造、现代服务、基础设施、城市建设、健康医疗等领域。

31日，省委书记倪岳峰到清苑区立中集团清苑产业园，宣讲中共二十大精神。

11月

4日，市委书记党晓龙深入清苑区农村、企业，宣讲中共二十大精神。

8日，三届区委第三轮巡察工作动员部署会召开，区委书记闫向阳参加会议并讲话。

11日，中国共产党保定市清苑区第三届委员会第四次全体会议召开，区委书记闫向阳参加会议并讲话。

14日，区委书记闫向阳到清苑镇西杨庄村宣讲中共二十大精神。

12月

21日，省农业农村厅到清苑区调研农业项目发展情况。

27日，经河北省人民政府批准，同意保定市清苑区撤销白团乡、设立白团镇，撤销何桥乡、设立何桥镇，撤销石桥乡、设立石桥镇。

中共保定市清苑区委员会

◎区委机构

◎重要会议

◎重要决策

◎区委综合协调工作

◎组织工作

◎宣传工作

◎统一战线

◎网信管理

◎机构编制管理

◎区直机关党建

◎巡察工作

◎信访工作

◎老干部工作

◎党校教育

◎档案管理

中共保定市清苑区委员会

区委机构

【中共保定市清苑区常务委员会成员】 2022年，中共保定市清苑区第三届委员会有书记1人，副书记2人，常委8人。

书　记：闫向阳

副书记：李英英（女）　王文刚

常　委：赵永建　王春雨（2022.5离任）
陈　栋　齐志国（2022.5—　）
王占京　組　刚
李嘉明（2022.8—　）
丁　磊　刘洪刚

【区委工作机关】 中共保定市清苑区委工作机关设有：中共保定市清苑区纪律检查委员会（保定市清苑区监察委员会）、中共保定市清苑区委办公室、中共保定市清苑区委组织部、中共保定市清苑区委宣传部、中共保定市清苑区委统一战线工作部、中共保定市清苑区委政法委员会、中共保定市清苑区委网络安全和信息化委员会办公室、中共保定市清苑区委机构编制委员会办公室、中共保定市清苑区委区直机关工作委员会、中共保定市清苑区委巡察工作领导小组办公室、保定市清苑区信访局、中共保定市清苑区委老干部局。

区委直属事业单位：中共保定市清苑区委党校、保定市清苑区地道战遗址文物保护中心、保定市清苑区档案馆、基层组织建设服务中心、保定市清苑区融媒体中心。

设在相关部门的区委议事协调机构的办事机构：中共保定市清苑区委全面深化改革委员会办公室（设在区委办）、中共保定市清苑区委全面依法治区委员会办公室（设在司法局）、中共保定市清苑区委国家安全委员会办公室（设在区委办）、中共保定市清苑区委财经委员会办公室（设在发改局）、中共保定市清苑区委外事工作委员会办公室（设在政府办）、中共保定市清苑区委审计委员会办公室（设在审计局）、中共保定市清苑区委教育工作领导小组秘书组（设在教体局）、中共保定市清苑区委农村工作领导小组办公室（设在农业农村局）。

部　门	负责人	职　务
区委办	王立恒	常务副主任
纪委监委	常志超	纪委副书记
		监委副主任
组织部	费文志	常务副部长

宣传部	刘红伟	常务副部长
统战部	任新军	常务副部长
政法委	付世明	常务副书记
网信办	李铁军	主任
编办	杨　浩	主任
区直工委	韩改茹（女）	常务副书记
巡察办	冉精华	主任
信访局	崔启正	局长
老干部局	段同占	局长
党校	宋文德	常务副校长
人武部	赵增亮	副部长
法院	冯银霞（女）	党组副书记 副院长
检察院	高永超	党组副书记 副检察长
地管中心	周明慧（女）	主任（兼）
档案馆	高彦敏（女）	馆长
电视台	樊树旺	台长
团区委	赵心恬（女）	书记
工会	赵永刚	常务副主席
妇联	崔建梅（女）	主席
科协	王秋良	主席
工商联	李志国	副书记
文联	刘新芳（女）	主席
融媒体中心	樊树旺	主任

【基层组织机构】　2022 年，全区基层党组织 1039 个，比 2021 年增加 205 个。有基层党委 26 个，比 2021 年减少 1 个；有党总支 40 个，比 2021 年增加 22 个；有党支部 959 个，与 2021 年相比增加 170 个。

重要会议

【中共清苑区委三届 20 次常委会（扩大）会议】　2022 年 1 月 7 日召开，传达学习中央农村工作会议和河北省委农村工作会议精神，研究全区贯彻落实意见；传达学习中央和省委、市委党史学习教育总结会议精神，研究全区贯彻落实意见；传达学习省委办公厅、省政府办公厅《关于深化生态保护补偿制度改革的实施意见》文件精神，研究全区贯彻落实意见；传达学习省委办公厅、省政府办公厅《关于在城乡建设中加强历史文化保护传承的实施意见》文件精神，研究全区贯彻落实意见；传达学习市委、市政府《关于进一步加强公共卫生体系建设的工作方案》文件精神，研究贯彻落实意见；研究讨论区委常委党史学习教育专题民主生活会班子检视剖析材料；通报有关情况。

【中共清苑区委三届 21 次常委会会议】　2022 年 1 月 13 日召开，研究其他事宜。

【中共清苑区委三届 22 次常委会（扩大）会议】　2022 年 1 月 13 日召开，传达学习省委、省政府《关于强化反垄断深入推进公平竞争政策实施的若干措施的通知》文件精神，研究贯彻落实意见；传达学习省委、省人民政府《关于深入打好大气污染防治攻坚战的实施意见》文件精神，研究全区贯彻落实意见；传达学习市委常委、政法委书记赵韶峰在清苑区委常委党史学习教育专题民主生活会上的讲话精神，研究贯彻落实意见；传达学习中国共产党保定市第十二届委员会第三次全体会议精神，研究中国共产党保定市清苑区第三届委员会第三次全体会议有关事宜；研究其他事宜。

【中国共产党保定市清苑区委三届三次全体会议】　2022 年 1 月 15 日召开，区委书记闫向阳代表区委常委会作工作报告并讲话，区长李英英部署 2022 年全区经济工作。全会的主要任务是：深入贯彻落实中共十九届六中全会和中央、省、市系列重要会议精神，安排部署当前和今后一个时期全区各项工作任务，动员全区上下更加紧密地团结在以习近平同志为核心的党中央周围，进一步统一思想、坚定信心，干字当头、创优争先，奋力推动现代化品质生活之城建设绽放新颜值、跑出加速度，以实际行动迎接中共二十大胜利召开。区委书记闫向阳指出，全面深入学习领会中央、省、市系列重要会议精神，切实增强贯彻落实上级决策部署的思想自觉、政治自觉、行动自觉。抢抓清苑区面临的重大机遇，从容应对各种挑战，在纷繁复杂的大局大势中始终保持战略定力，抢占“天时”，要把上级领导对清苑的关心关爱转化为发展的动力，发挥“地利”，要挖掘我们得天独厚的优势潜力，放大“人和”，要厚植团结和谐、开放包容、风清气正、干事创业的浓厚氛围，应对挑战，要准确把握、主动应对国内外环境的深刻变化。坚持突出“七个聚焦”（聚焦项目建设；聚焦重大工程；聚焦城区建设；聚焦“三农”工作；聚焦营商环境；聚焦人民至上；聚焦社会和谐稳定），全力推动清苑创新发展、绿色发展、高质量发展。坚持全面从严管党治党，不断优化全区政治生态，为现代化品质生活之城建设提供坚强组织保障。

【中共清苑区委三届23次常委会（扩大）会议】2022年1月17日召开，传达学习中共中央办公厅《关于加强和改进新时代市县政协工作的意见》文件精神，研究贯彻落实意见；传达学习中共中央办公厅、国务院办公厅《关于推进“互联网+教育”发展的意见》文件精神，研究贯彻落实意见；研究讨论区人大、政协“两会”有关事宜；研究其他事宜。

【党史学习教育总结会议】 2022年1月21日召开，会议传达学习中央、省、市党史学习教育总结会议精神，全面总结全区党史学习教育工作成效、经验和做法，并对下一步工作进行安排部署。会议的主要任务是，坚持以习近平新时代中国特色社会主义思想为指导，深入学习贯彻习近平总书记重要讲话精神，深入学习贯彻中央和省、市党史学习教育总结会议精神，巩固拓展党史学习教育成果，激励全区上下牢记初心使命，团结拼搏竞进，奋力推进现代化品质生活之城建设绽放新颜值、跑出加速度，以实际行动迎接中共二十大胜利召开。

【中共清苑区委三届24次常委会会议】 2022年1月30日召开，传达学习中共中央、国务院《关于做好2022年全面推进乡村振兴重点工作的意见》文件精神，研究贯彻落实意见；传达学习中国共产党第十九届中央纪律检查委员会第六次全体会议、河北省第十届纪律检查委员会第二次全体会议精神，研究贯彻落实意见；传达学习全国全省安全生产电视电话会议精神，研究贯彻落实意见；传达学习河北省深化纠正“四风”和作风纪律专项整治动员大会会议精神，研究贯彻落实意见；传达学习省委办公厅、省政府办公厅《关于认真做好冬奥保障和春节期间有关工作的通知》文件精神，研究贯彻落实意见；传达学习保定市《2022年北京冬奥会和冬残奥会空气质量保障实施方案》文件精神，研究贯彻落实意见；听取全区地热井整治近期工作进展情况汇报，安排部署下一步工作。

【中共清苑区委三届25次常委会会议】 2022年2月9日召开，传达学习保定市建设现代化品质生活之城表彰大会会议精神，研究贯彻落实意见；传达学习河北省开展“三统筹三扩大四创建”活动暨20项民生工程动员部署会议精神，研究贯彻落实意见；传达学习第十五次县（市、区）委书记动态考核月点评会会议精神，研究贯彻落实意见；关于做好春节后复工复产和安全生产工作的汇报；听取疫情防控工作情况汇报，安排部署下一步工作；传达学习河北省基层党建工作述职评议会议精神，研究贯彻落实意见；传达学习省委办公厅、省政府办公厅《河北省2022年20项民生工程实施方案》文件精神，研究贯彻落实意见；传达学习平安河北建设表彰大会暨全省政法队伍教育整顿总结会会议精神，研究贯彻落实意见；传达学习市两会精神，研究区贯彻落实意见；研究讨论《清苑区农村发展党员违规违纪问题认定和处理办法》《清苑区发展党员违规违纪问题责任追究办法》；研究其他事宜。

【区纪委三届二次全会】 2022年2月22日召开，全会的主要任务是，坚持以习近平新时代中国特色社会主义思想为指导，深入学习贯彻党的十九大和十九届历次全会精神，全面落实习近平总书记重要讲话精神和十九届中央纪委六次全会、省纪委十届二次全会、市纪委十二届二次全会部署，总结2021年工作，分析当前形势，全面安排部署今年党风廉政建设和反腐败工作，不断推进全面从严治党向纵深发展，以实际行动迎接中共二十大胜利召开。区委书记闫向阳指出，进一步提升政治站位，把习近平总书记重要讲话和中央、省、市纪委全会精神根植于心：准确把握全面从严治党取得的历史性成就，坚决维护以习近平同志为核心的党中央的权威和集中统一领导，准确把握党推进自我革命“六个必须”的宝贵经验，切实增强全面从严治党的自觉性和坚定性，准确把握执政党建设“九个坚持”的规律性认识，坚定不移推进新时代党的建设新的伟大工程，准确把握全区全面从严治党取得的成绩和面临的问题，保持永远在路上的执着坚定。

【全区基层党建工作述职评议暨组织工作会议】 2022年2月23日召开，会议的主要任务是，认真贯彻习近平总书记“把抓好党建作为最大的政绩”重要指示精神，深入学习贯彻中央、省、市组织部长会议和省、市党委书记抓基层党建述职评议会议精神，深入贯彻新时代党的建设总要求和新时代党的组织路线，总结2021年组织工作，安排部署2022年工作任务，就抓基层党建工作听取党（工）委书记述职并进行评议，进一步压实党组织书记抓基层党建第一责任人责任，为奋力推动现代化品质生活之城绽放新颜值、跑出加速度奠定坚实组织基础，以实际行动迎接中共二十大胜利召开。

【中共清苑区委三届26次常委会会议】 2022年2月23日召开，研究讨论排查整顿农村发展党员违规违纪问题调查核实情况和认定处理意见；研究其他事宜。

【中共清苑区委三届27次常委会（扩大）会议】 2022年3月8日召开，研究讨论全区《关于开展“三统筹三扩大四创建”活动，迎接中共二十大胜利召开的实施意见》。

【中共清苑区委三届28次常委会（扩大）会议】 2022年3月29日召开，传达学习全国两会和全省学习贯彻全国两会精神领导干部会议精神，研究贯彻落实意见；传达学习全国、省、市宣传部长会议精神，研究贯彻落实意见；传达学习中共中央办公厅《关于加强巡视整改和成果运用的意见》和省委办公厅《关于加强巡视整改和成果运用的若干措施》，研究贯彻落实意见；传达学习河北省春季农业生产工作会议精神和中共中央办公厅、国务院办公厅《地方党委和政府领导班子及其成员粮食安全责任制规定》文件精神，研究贯彻落实意见；传达学习省委办公厅、省政府办公厅《关于改革完善体制机制加强全省战略和应急物资储备安全管理的实施方案》文件精神，研究贯彻落实意见；传达学习省委党史学习教育专题民主生活会会议精神和《关于2021年省委常委会贯彻执行中央八项规定精神加强作风建设情况的报告》《关于2021年全省持续解决形式主义问题深化拓展为基层减负工作情况的报告》文件精神，研究贯彻落实意见；传达学习省、市组织部长会议精神，研究贯彻落实意见；传达学习省委办公厅《关于2021年度各地各单位绩效考核和省管领导班子、领导干部考核结果的通报》文件精神，研究清苑区贯彻落实意见；传达学习全省信访局长会议和全市重点信访事项调度会会议精神，研究贯彻落实意见；传达学习省委书记王东峰在省委理论学习中心组学习会议上的讲话精神（认真贯彻《中国共产党纪律检查委员会工作条例》不断巩固提升风清气正干事创业的良好政治生态），研究贯彻落实意见；传达学习市委第十七次县（市、区）委书记动态考核月点评会会议精神，研究贯彻落实意见；传达学习市纪委《关于进一步加强和改进作风建设的纪律检查建议》。

【中共清苑区委三届 29 次常委会（扩大）会议】 2022 年 4 月 18 日召开，传达学习国务院《防范和处置非法集资条例》文件精神，研究贯彻落实意见；传达学习中央、省、市政法工作会议精神，研究贯彻落实意见；传达学习中共中央办公厅《关于建立中小学校党组织领导的校长负责制的意见（试行）》文件精神，研究贯彻落实意见；传达学习省委办公厅《关于从严从实加强年轻干部教育管理监督的若干意见》文件精神，研究贯彻落实意见；传达学习省委组织部《关于在重大斗争一线考察识别党政领导干部的实施办法（试行）》文件精神，研究贯彻落实意见；传达学习省、市五项联动监督动员会会议精神，研究贯彻落实意见；传达学习省委办公厅、省政府办公厅《关于更加有效发挥统计监督职能作用的若干措施》文件精神，研究贯彻落实意见；研究讨论《关于支持高校毕业生和技能人才在清苑就业创业若干措施的实施细则》；传达学习全省巩固拓展脱贫攻坚成果同乡村振兴有效衔接暨乡村振兴重点帮扶县工作推进会和市委农村工作领导小组（扩大）会议暨全市农村人居环境整治提升及农业重点工作推进视频会会议精神，研究贯彻落实意见。

【中共清苑区委三届 30 次常委会（扩大）会议】 2022 年 5 月 1 日召开，传达学习省委《关于进一步加强和改进新时代政治监督的意见》文件精神，研究贯彻落实意见；传达学习河北省中共二十大维稳安保部署会议暨信访工作联席会议（扩大）会议精神，研究贯彻落实意见；传达学习中共中央、国务院《信访工作条例》文件精神，研究贯彻落实意见；传达学习省委书记倪岳峰在正定县调研座谈会上的讲话，研究贯彻落实意见；传达学习市委第十八次县（市、区）委书记动态考核月点评会会议精神，听取经济指标运行情况汇报，研究下一步经济指标运行工作；听取中央生态环保督察信访举报案件办理情况汇报，研究当前生态环保重点工作；听取社区日间照料全覆盖和信息化建设进展情况汇报和下一步工作安排；研究讨论《保定市清苑区 2022 年度落实河长制重点工作推进方案》；研究讨论《中共保定市清苑区委常委会议事决策规则》；研究讨论《中共保定市清苑区委巡察工作规划（2021—2025）》；研究其他事宜。

【中共清苑区委三届 31 次常委会会议】 2022 年 5 月 8 日召开，研究其他事宜。

【全区防汛抗旱工作会议】 2022 年 5 月 18 日召开，会议的主要任务是深入贯彻落实中央、省、市防汛抗旱工作会议精神，认真分析当前形势，对全区防汛抗旱工作进行全面部署。区委书记闫向阳就扎实做好全区相关工作，强调要做到“十个到位”：思想认识要到位，组织领导要到位，排查整改要到位，预警宣传要到位，物资队伍要到位，应急值守要到位，应急演练要到位，沟通协调要到位，防疫消杀要到位，责任落实要到位。

【中共清苑区委三届 32 次常委会（扩大）会议】 2022 年 5 月 24 日召开，传达学习习近平总书记关于安全生产重要指示和国务院安委会《安全生产十五条硬措施》，研究贯彻落实意见；传达学习省委书记倪岳峰在保定调研座谈会上的讲话精神，研究贯彻落实意见；传达学习《保定市疫情防控专项考核办法（试行）》文件精神，研究贯彻落实意见；研究其他事宜。

【中共清苑区委三届33次常委会（扩大）会议】

2022年6月9日召开，传达学习河北省加强粮食安全保障工作会议精神和省委办公厅、省政府办公厅《河北省贯彻落实〈地方党委和政府领导班子及其成员粮食安全责任制规定〉工作机制》文件精神，研究贯彻落实意见；传达学习省委书记倪岳峰在河北省防汛抗旱工作会议上的讲话精神和《河南郑州"7·20"特大暴雨灾害调查报告》文件精神，研究贯彻落实意见；传达学习《河北省中央生态环境保护督察报告》和省委书记倪岳峰在中央第一生态环境保护督察组督察河北省情况反馈会议上的讲话精神，研究贯彻落实意见；传达学习第十九次县（市、区）委书记动态考核月点评会会议精神，研究贯彻落实意见；传达学习市委《关于唱响"解放思想、真抓实干"主旋律　坚决交出"五个走在前列"高质量发展答卷的意见》文件精神，研究贯彻落实意见；听取打击整治养老诈骗专项行动进展情况汇报，安排部署下一步工作；传达学习全市清理规范农村集体经济合同暨基层党建重点任务推进会会议精神，研究贯彻落实意见；研究讨论《关于乡镇（城区）、开发区、区直单位领导班子和领导干部2021年度考核初步定档意见》；研究讨论《清苑区2022年公务员职级晋升工作方案》。

【中共清苑区委三届34次常委会（扩大）会议】

2022年6月15日召开，传达学习中共河北省委第十届委员会第二次全体会议精神，研究贯彻落实意见；研究遭受冰雹大风灾害自救和小麦抢收、玉米及其他农作物抢种有关事宜；研究其他事宜。

【中共清苑区委三届35次常委会（扩大）会议】

2022年7月3日召开，传达学习中央、省、市组织系统专题会议精神，研究贯彻落实意见；传达学习省委《关于忠诚捍卫"两个确立"坚决做到"两个维护"以实际行动迎接中共二十大胜利召开的意见》文件精神，研究贯彻落实意见；传达学习省委办公厅、省政府办公厅《关于坚决贯彻落实习近平总书记重要指示批示精神切实加强粮食安全保障工作方案》文件精神，研究贯彻落实意见；传达学习第二十次县（市、区）委书记动态考核月点评会会议精神，研究贯彻落实意见；传达学习《保定市经济发展绩效专项考核办法》和《保定市平安建设专项考核办法》文件精神，研究贯彻落实意见；听取全区2022年上半年食品药品安全工作情况汇报，安排部署下一步工作；传达学习全市意识形态工作调度会会议精神，听取2022年上半年意识形态工作情况汇报，安排部署下一步工作；研究其他事宜。

【中共清苑区委三届36次常委会（扩大）会议】

2022年7月28日召开，传达学习中央纪委监委、审计署、中央巡视办《关于进一步发挥改革效能有力推进纪检监察监督巡视巡察监督与审计监督贯通协同高效的指导意见》文件精神，研究贯彻落实意见；传达学习全国、省、市安全生产电视电话会议精神，研究贯彻落实意见；传达学习中共中央办公厅、国务院办公厅《关于建立健全领导干部自然资源资产离任审计评价指标体系的意见》文件精神，研究贯彻落实意见；传达学习《倪岳峰书记在河北省庆祝中国共产党成立101周年座谈会上的讲话》文件精神，研究贯彻落实意见；传达学习河北省优化营商环境大会主要精神，研究贯彻落实意见；传达学习《河北省开发区发展绩效专项考核办法》文件精神，研究贯彻落实意见；传达学习第二十一次县（市、区）委书记动态考核月点评会会议精神，研究贯彻落实意见；传达学习市委办、市政府办《关于加强新时代中小学校长队伍建设的意见（试行）》文件精神，研究贯彻落实意见；传达学习市委办、市政府办关于转发省暑办《关于暑期期间严格控制到秦皇岛公务活动的通知》文件精神，研究贯彻落实意见；研究其他事宜。

【中共清苑区委三届37次常委会（扩大）会议】 2022年8月11日召开，传达学习中央办公厅、国务院办公厅《关于进一步加强革命历史类纪念设施、遗址和爱国主义教育基地建设管理的通知》文件精神，研究贯彻落实意见；传达学习全省经济工作推进会会议精神，研究贯彻落实意见；听取全区2022年巩固深化政法队伍教育整顿上半年市考核结果和下半年工作安排；听取区安全生产和信访工作进展情况，安排部署下一步工作；听取第五届保定市文化和旅游产业发展大会组织筹备工作情况，安排部署下一步工作；研究讨论《关于调整保定市清苑区总工会领导职数的方案》；研究其他事宜。

【中共清苑区委三届38次常委会（扩大）会议】 2022年8月23日召开，传达学习中央、省委统战工作会议和全省统战部长座谈会会议精神，研究贯彻落实意见；传达学习全省农村问题厕所排查整顿工作视频调度会会议精神，研究贯彻落实意见；传达学习市委战略务虚会暨市委理论学习中心组学习会议精神，研究贯彻落实意见；研究其他事宜。

【中共清苑区委三届39次常委会（扩大）会议】 2022年9月9日召开，传达学习省委书记倪岳峰批示，研究贯彻落实意见；传达学习省巩固拓展脱贫攻坚成果领导小组办公室《时清霜同志在全省巩固拓展脱贫攻坚成果同乡村振兴有效衔接工作调度会议上的讲话》和省乡村振兴局《关于深入贯彻落实省委十届二次全会精神确保在巩固拓展脱贫攻坚成果全面推进乡村振兴上走在全国前列的通知》文件主要精神，研究贯彻落实意见；传达学习《河北省粮食流通管理规定》，研究贯彻落实意见；研究讨论区疫情防控专项考核办法（试行）和平安建设专项考核办法（试行）修订稿，安排部署下一步工作；研究其他事宜。

【全区当前重点工作会议】 2022年9月12日召开，会议主要目的是进一步认清形势，统一思想，突出重点，压实责任，一切围绕二十大、一切服务二十大、一切捍卫二十大。区委书记闫向阳指出，做好疫情防控工作，把“外防输入”一系列措施落到实处，做好安全稳定工作，以“时时放心不下”的责任感抓好工作落实，统筹做好其他各项工作，紧盯时间节点狠抓落实，严格督导问效，加强对疫情防控和平安建设等工作的量化考核。

【中共清苑区委三届40次常委会会议】 2022年9月15日召开，研究其他事宜。

【中共清苑区委三届41次常委会会议】 2022年9月16日召开，研究其他事宜。

【中共清苑区委三届42次常委会（扩大）会议】 2022年9月21日召开，传达学习中共中央办公厅《关于加强新时代市县党政正职队伍建设的意见》的通知精神，研究贯彻落实意见；传达学习全省安全生产工作会议精神、《省委领导同志批示通知》、省安委办《关于进一步做好当前安全生产工作的紧急通知》和市纪委监委监督工作提示，研究贯彻落实意见。

【中共清苑区委三届43次常委会（扩大）会议】 2022年9月22日召开，传达学习9月20日省委常委会（扩大）会议精神、《省委主要领导批示通知》，研究贯彻落实意见；传达学习省委巡视办《关于对45个县（市、区）党委巡察工作专项检查的情况通报》，研究贯彻落实意见。

【中共清苑区委三届44次常委会（扩大）会议】 2022年9月25日召开，传达学习全省视频调度会议精神，研究贯彻落实意见；传达学习9月22

日市委十二届44次、45次常委会（扩大）会议精神，研究贯彻落实意见；传达学习省委办公厅、省政府办公厅《关于做好2022年国庆节期间有关工作的通知》，研究贯彻落实意见；研究确定十四届全国人大代表、十四届省人大代表预推人选和第十三届省政协委员拟推荐人选。

【全区作风大整顿及重点工作推进会】 2022年10月12日召开，会议主要任务是深入贯彻省委十届二次全会精神和省委、市委各项工作部署，全面落实全市作风大整顿暨重点工作推进会会议精神和市委办公室《在全市开展作风大整顿的工作方案》要求，进一步唱响“解放思想、奋发进取”主旋律，撸起袖子加油干，盯紧末端抓落实，以实际行动迎接中共二十大胜利召开。区委书记闫向阳指出，提高政治站位，切实增强开展干部作风大整顿的思想自觉和行动自觉；聚焦重点任务，切实推动干部作风大整顿有力有序开展；强化组织领导，确保干部作风大整顿取得扎实成效。

【中共清苑区委三届45次常委会会议】 2022年10月20日召开，传达学习习近平总书记为《复兴文库》所作题为《在复兴之路上坚定前行》的序言精神，研究贯彻落实意见；传达学习省委《关于加强新时代统一战线工作的实施意见》和市委统战工作会议主要精神，研究贯彻落实意见；传达学习省乡村振兴局《河北省2022年防止返贫监测帮扶第二轮排查工作方案》的通知精神，研究贯彻落实意见；传达学习省巡视办《关于十届河北省委第二轮巡视开展优化营商环境专项巡视的通知》，研究贯彻落实意见；传达学习省委巡视办《关于对45个县（市、区）党委巡察工作专项检查的情况通报》，研究贯彻落实意见；传达学习全省网上信访工作交流会主要精神，研究区贯彻落实意见；传达学习全市作风大整顿暨重点工作推进会会议精神，研究讨论贯彻落实意见；研究讨论《保定市清苑区“数字清苑”建设方案》，安排部署下一步工作；研究讨论区《关于切实做好矛盾纠纷排查化解和风险隐患防控工作，提升基层社会治理能力专项行动工作方案》和《关于开展全面清查收缴非法枪爆物品专项行动的实施方案》，安排部署下一步工作；听取关于林长制工作开展情况的汇报，安排部署下一步工作；研究讨论清苑区《三届区委第三轮巡察工作方案》，安排部署下一步工作。

【中共清苑区委三届46次常委会会议】 2022年10月31日召开，传达学习中共河北省第十届委员会第三次全体会议主要精神，研究贯彻落实意见；传达学习省委书记倪岳峰在保定开展调研活动的精神，研究贯彻落实意见；传达学习全市领导干部会议暨第二十四次县（市、区）委书记动态考核月点评会主要精神，研究贯彻落实意见。

【中共清苑区委三届47次常委会（扩大）会议】 2022年11月9日召开，传达学习10月25日中共中央政治局会议精神、习近平总书记在陕西延安和河南安阳考察时重要讲话精神、习近平总书记在《求是》杂志上发表的重要文章《新时代中国共产党的历史使命》精神，研究贯彻落实意见；传达学习《中国共产党章程（修正案）》，研究贯彻落实意见；传达学习中共中央办公厅《党的十九大以来中央巡视工作总结报告》文件精神，研究贯彻落实意见；传达学习中共河北省委《关于认真学习宣传贯彻党的二十大精神的意见》文件精神，研究贯彻落实意见；传达学习省、市“县级工会加强年”专项工作启动会议精神，研究贯彻落实意见；传达学习中共保定市委十二届四次全会主要精神，研究中共保定市清苑区委三届四次全体会议有关事宜；研究讨论区《关于教育、金融放贷、市场流通等重点行业领域整治的工作方案》；听取关于贯彻落实食品安全“两个责任”工作有关情况的汇报；听取关于9月份政务服务便民热线办理考评情况的通报；

传达学习省委组织部、省农业农村厅《关于推动巡视发现问题整改，进一步强化农村干部管理监督的通知》精神，研究贯彻落实意见；研究有关违纪处分问题。

【三届区委第三轮巡察工作动员部署会】 2022年11月8日召开，会议主要任务是深入学习贯彻中共二十大精神，认真贯彻落实十届省委第二轮巡视工作动员部署会议精神，对三届区委第三轮巡察工作和开展优化营商环境专项巡察进行动员部署。区委书记闫向阳指出，深入学习贯彻习近平总书记关于巡视巡察工作重要论述，切实增强政治自觉思想自觉行动自觉，坚持围绕中心服务大局，切实发挥巡察推动改革促进发展作用，坚持高标准严要求，确保高质高效圆满完成本轮巡察任务。

【中国共产党保定市清苑区委三届四次全体会议】 2022年11月11日，中国共产党保定市清苑区第三届委员会第四次全体会议召开，区委常委会主持会议，闫向阳代表区委常委会讲话，全会听取和讨论闫向阳受区委常委会委托作的工作报告。全会的主要任务是，全面贯彻习近平新时代中国特色社会主义思想，深入学习宣传贯彻中共二十大精神，全面落实省委十届三次全会和市委十二届四次全会精神，牢牢把握团结奋斗的时代要求，唱响“解放思想、奋发进取”主旋律，抢抓机遇、主动作为，全力打造中国式现代化清苑场景，奋力开创清苑工作新局面，为建设一个高品质、有韧性的现代化新保定，为建设经济强省、美丽河北贡献清苑力量。

【中共清苑区委三届48次常委会会议】 2022年11月30日召开，听取全区纳入事业编制管理社区党组织书记推荐人选情况汇报。

【中共清苑区委三届49次常委会会议】 2022年12月28日召开，传达学习中央、省委、市委经济工作会议精神，研究贯彻落实意见；传达学习中央农村工作会议精神，研究贯彻落实意见；传达学习习近平总书记在《求是》杂志上发表的重要文章《在党的十九届七中全会第二次全体会议上的讲话》精神，研究贯彻落实意见；传达学习中共中央关于印发《中国共产党处分违纪党员批准权限和程序规定》的通知精神和中共河北省委关于学习宣传和贯彻落实《中国共产党处分违纪党员批准权限和程序规定》的通知精神，研究贯彻落实意见；传达学习省委、省政府《关于贯彻落实中央八项规定实施细则的实施办法》文件精神，研究区贯彻落实意见；传达学习中共河北省委《关于维护党中央集中统一领导的规定》文件精神，研究贯彻落实意见；传达学习省委书记倪岳峰在全省党政主要领导干部学习贯彻中共二十大精神专题研讨班上的讲话精神，研究贯彻落实意见；传达学习省委书记倪岳峰在省委理论学习中心组学习会议上的讲话精神，研究贯彻落实意见；传达学习《省委领导同志批示通知》，研究贯彻落实意见；传达学习数字保定建设推进大会暨第二十六次县（市、区）委书记动态考核月点评会精神，研究贯彻落实意见；听取区人大、区政府、区政协、区法院、区检察院党组工作情况汇报；听取全区平安建设考核和法治建设考核等相关工作情况汇报。

重要决策

【概况】 2022年，中共保定市清苑区委团结带领全区广大党员干部群众，全面贯彻习近平新时代中国特色社会主义思想，以迎接、学习、宣传、贯彻中共二十大为主线，紧紧围绕“疫情要防住、经济要稳住、发展要安全”的总要求，解放思想，奋发进取，团结一心，抢抓机遇，奋力推动现代化品质生活之城建设绽放新颜值、跑出加速度，先后开展“再造新保定、奋进党旗红”

活动、“抓党建、迎冬奥、防疫情、惠民生、保安全、促发展”活动、深化纠正“四风”和作风纪律专项整治、“三统筹三扩大四创建”活动、“万人助万企”行动、农村基层党建攻坚月行动，承办第五届保定市文化和旅游产业发展大会，全区经济社会发展各项事业取得喜人的成绩。

【“再造新保定、奋进党旗红”活动】　根据中共保定市委《关于开展“再造新保定、奋进党旗红”活动的实施意见》要求，决定在全区开展“再造新保定、奋进党旗红”活动，于2月14日制发《关于开展“再造新保定、奋进党旗红”活动的实施意见》。意见的总体要求：坚持以习近平新时代中国特色社会主义思想为指导，深入贯彻党中央和省委、市委、区委决策部署，认真落实新时代党的建设总要求和新时代党的组织路线，全面聚焦市第十二次党代会精神和区第三次党代会精神，全面聚力现代化品质生活之城重点任务，全面聚集基层党建工作资源要素，以开展“再造新保定、奋进党旗红”活动为统揽，以实施抓党建促乡村振兴、促现代化品质生活之城建设为目标，着力深化基本组织、基本队伍、基本活动、基本制度、基本保障“五个基本”建设，全面实现奋进思想、组织保证、干部作风、党员队伍、招才引智、基层治理、三个聚焦“七个新质变”，切实构建横向到边、纵向到底的抓党建工作责任体系，奋力推动现代化品质生活之城建设绽放新颜值、跑出加速度，全力融入京雄保一体化发展新格局。意见的工作目标：开展“再造新保定、奋进党旗红”活动，坚持“一年出成果、两年大变样、三年新跨越”。第一年，聚焦解决基层党建突出问题，着力加强基础工作、基层组织、基本能力建设；第二年，聚焦工作任务提质升级，整乡推进、整区提升，各领域基层党建质量实现普遍过硬，涌现出一批全市乃至全省叫得响的先进典型；第三年，聚焦全面过硬全面进步，形成常态长效抓基层党建工作的体制机制，为现代化品质生活之城建设夯基固本聚合力。力争经过三年努力，使全区党的组织覆盖和工作覆盖质量更优，基层党组织的政治功能和组织力更强，服务现代化品质生活之城建设的保障和支持水平更高。具体目标为：健全基本组织，筑牢再造新保定的组织基础；建强基本队伍，激发奋进“十四五”的昂扬斗志；丰富基本活动，拓展品质生活之城的精神内涵；规范基本制度，强化新时代保定发展、清苑发展的政治担当；强化基本保障，夯实融入京雄保一体化新格局的工作基础。重点实施“七个新”：红色思想引领新征程，坚持上好“五堂课”、开展宣讲“六进门”、组织共答“保定时代之问”；基层组织提供新保证，严肃党内政治生活、实施“头雁领航”工程、优化党组织设置、推行党支部建设星级管理；基层干部焕发新状态，“三亮三比”转作风、“五式培训”提能力、“八条禁令”严管理、强化激励关爱措施；党员队伍树立新形象，重点突破提质量、从严管理提活力、党性淬炼提实绩；招才引智提供新支撑，健全基层所需人才引入机制、创新本土人才培育机制、推行科技特派员选派机制、创新人才激励关爱机制；基层治理构建新格局，强化乡镇治理能力建设、健全村（居）民自治机制、提升基层智慧治理水平；三个聚焦做出新贡献，聚焦发展第一要务、聚焦现代化品质生活之城建设、聚焦坚持人民至上。

【“抓党建、迎冬奥、防疫情、惠民生、保安全、促发展”活动】　根据市委相关要求，区委决定在全区深化开展“抓党建、迎冬奥、防疫情、惠民生、保安全、促发展”活动，于2月16日制发《“抓党建、迎冬奥、防疫情、惠民生、保安全、促发展”活动推进方案》。方案的总体要求：坚持以习近平新时代中国特色社会主义思想为指导，深入贯彻落实党的十九大和十九届历次全会精神，全面落实习近平总书记重要指示批示精神和党中央决策部署，学习运用党的百年奋斗历史经验，弘扬伟大建党精神，深入贯彻落实新时代党的建设总要求和新时代党的组织路线，以抓党建为根本保障，以迎冬奥为重大任务、以防疫情为基本前提、以惠民生为价值取向、以保安全为底线要求、以促发展为第一要务，扎实营造平稳健康的经济环境、国泰民安的社会环境、风清气正的政治环境，确保北京冬奥会、冬残奥会圆满成功，奋力推动现代化品质生活之城绽放新颜值、跑出加速度，力促各项工作走在全市前列，以优异成绩迎接中共二十大胜利召开。方案的具体目标：抓党建、迎冬奥、惠民生、保安全、促发展。方案的重点任务：坚持党建“红色领航”，为现代化品质生活之城建设提供坚强保证；争当冬奥“红色先锋”，在全力服务保障冬奥盛会工作中发挥“两个作用”；坚守疫情“红色防线”，在持续筑牢常态化疫情防控防线中体现新担当；当好民生“红色管家”，在推动解决群众“急难愁盼”问题中做出新业绩；铸就安全“红色盾牌”，在确保维护社会大局稳定中贡献新力量；锻造发展“红色引擎”，在加快推动经济社会高质量发展中作出新贡献。

【深化纠正“四风”和作风纪律专项整治】 为深入贯彻落实中共河北省委《关于全省开展深化纠正“四风”和作风纪律专项整治的意见》和中共保定市委《全市深化纠正“四风”和作风纪律专项整治总体推进方案》要求，在全区开展以“四深化、四整治、四提升”为主要内容的深化纠正“四风”和作风纪律专项整治，于2月18日制发《全区深化纠正“四风”和作风纪律专项整治总体推进方案》。方案要求：以习近平新时代中国特色社会主义思想为指导，深入贯彻习近平总书记关于作风建设重要指示批示精神，认真落实中央、省、市、区工作要求和有关作风纪律建设各项部署，进一步升级加力，持续深化纠正“四风”和作风纪律专项整治，组织动员广大党员干部带头坚定理想信念、强化政治担当、改进工作作风、服务人民群众，整出全区各单位的新气象、干部的精气神、各项工作的新进步，为奋力推动现代化品质生活之城建设绽放新颜值、跑出加速度提供坚强作风纪律保障，以优异成绩迎接中共二十大胜利召开。方案的工作原则：坚持党的领导；坚持人民至上；坚持问题导向；坚持以上率下；坚持求真务实。方案的重点任务：深化重点工作大督查，持续整治抓落实不力、打折扣、搞变通、做选择等问题，进一步提升贯彻上级决策部署实效；深化作风纪律整治，持续纠治不作为、慢作为、乱作为等问题，进一步提升工作效能；深化政法队伍教育整顿，持续整治执法不严、司法不廉不公等问题，进一步提升执法司法公信力；深化正风肃纪，持续整治落实中央八项规定及其实施细则精神不严格、不到位的问题，进一步提升全面从严治党水平。方案的推进措施：深入开展自查自纠；严格定期调度制度；畅通民意监督渠道；严格督查整改落实；持续完善制度机制。

【抓投资上项目促发展】 为深入贯彻全省抓投资、上项目、促发展工作会议精神，落实省委、省政府和市委、市政府《关于抓投资上项目促发展的意见》，全面做好2022年投资和项目建设工作，经区委、区政府研究，于4月21日，制定《保定市清苑区关于抓投资上项目促发展的实施方案》。实施方案的指导思想：以习近平新时代中国特色社会主义思想为指导，全面贯彻落实党的十九大及历次全会、中央经济工作会议和省委、市委、区委全会精神，坚持目标导向和问题导向，按照招商引资一批、策划审批一批、开工入统一批、加快建设一批的“四个一批”思路，围绕“实、考、保、包、促、评”六个方面，强化工作举措，压实责任，层层包联，集中力量抓投资、上项目，推动清苑创新发展、绿色发展、高质量发展。实施方案的工作任务：加快项目建

设；狠抓项目入统；持续招商引资。实施方案的工作措施：建立全区项目库；实施全过程管理；加强土地征收储备；加强项目服务；完善投资上报制度；落实“双千”工程专项行动。实施方案的保障措施：建立完善项目包联责任制；建立完善督导通报制度；全面提高要素保障水平；全面提高服务管理水平。实施方案的有关要求：提高重视，加强领导；强化督导，强力推进；加强考核，彰先策后。

【“万人助万企”行动】 为贯彻落实中央、省、市稳住经济大盘系列会议精神，推动国家、省、市扎实稳住经济运行的一揽子政策措施在清苑区落实落地，增强市场主体活力，促进经济平稳健康发展，在全区范围内开展“万人助万企”行动，于8月25日制定《关于开展“万人助万企”行动力促经济平稳健康发展的工作方案》。工作方案的总体要求：坚持以习近平新时代中国特色社会主义思想为指导，落实“疫情要防住、经济要稳住、发展要安全”工作要求，扎实推动中央、省、市关于稳经济的一揽子政策措施落地见效，充分发挥各级机关干部在帮扶企业中的表率作用，为企业出实招、办实事、解难题、促发展，建立完善包联工作机制，做到“有求必应、无事不扰、不叫不到、随叫随到”，增强企业发展信心，提升市场主体活力，为实现“激情奋进‘十四五’、再造一个新保定”提供强有力支撑。工作方案的原则：实行全员包联；实行分级包联；实行统筹包联；实行有效包联；实行“数”助包联。工作方案的包联任务：解决政策落地问题；解决疫情防控问题；解决企业诉求问题；解决安全生产问题。工作方案的措施：强化培训，确保实效；深入调研，发现问题；分类施策，统筹推进；持续跟踪，推广经验。

【全区作风大整顿活动】 根据区委常委会关于开展作风大整顿的要求，参照市委办公室《在全市开展作风大整顿的工作方案》，结合全区实际，聚焦政治站位不高、抓落实不力等突出问题，于10月12日制定《在全区开展作风大整顿的工作方案》。工作方案的指导思想：坚持以习近平新时代中国特色社会主义思想为指导，忠诚捍卫“两个确立”、坚决做到“两个维护”，认真贯彻落实省委十届二次全会、市委十二届三次全会精神，紧紧围绕省委书记倪岳峰对保定提出的“五个走在前列”“两个新样板”要求和到保定调研检查讲话要求，以迎接、学习、宣传、贯彻中共二十大为主线，进一步唱响“解放思想、奋发进取”主旋律，着力解决干部作风方面存在的突出问题，点燃干事创业的激情和干劲，以最坚决的态度、最务实的作风抓落实，用末端落实展现风采，撸起袖子加油干、自己填写成绩单，奋力推动现代化品质生活之城绽放新颜值、跑出加速度，以实际行动和成效当好首都政治“护城河”。工作方案的目标要求：政治站位进一步提升；末端落实进一步加力；意识形态阵地进一步巩固；安全生产进一步筑牢；作风建设进一步转变。工作方案的重点任务：查习近平总书记重要指示批示和党中央、省委、市委、区委决策部署落实情况，看态度是否坚决、行动是否果断；查省委、市委、区委工作部署落实效果，看是否结合本地实际细化举措，落到了具体工作上、项目上；查有没有未按照部署要求、时间节点完成的任务，看是否存在不作为、慢作为、乱作为的情况；查服务群众、服务企业情况，看群众和市场主体是否满意；查问题整改情况，看是否整改到位、做到举一反三；查重大事项请示报告落实情况，看政治站位高不高，大局意识强不强。工作方案的方法步骤：理论学习和推动落实相结合；自查自纠与立行立改相结合；监督检查和建章立制相结合。工作方案的有关要求：提高政治站位，统一思想认识；加强组织领导，压实主体责任；严肃工作纪律，确保整顿成效；强化宣传引导，营造浓厚氛围。

【农村基层党建攻坚月行动】 为深入学习宣传贯彻落实中共二十大精神，切实增强农村基层党组织政治功能和组织功能，全面加强农村“两委”班子和党员队伍建设，不断提升党建引领农村发展、提升基层治理能力水平，推进全面从严治党向基层延伸。经区委研究决定，在全区开展农村基层党建攻坚月行动，于11月10日制发《关于在全区开展农村基层党建攻坚月行动的实施方案》。实施方案的总体要求：以习近平新时代中国特色社会主义思想为指导，认真学习宣传贯彻中共二十大精神，深入贯彻新时代党的建设总要求和新时代党的组织路线，全面落实省委十届三次全会和市委十二届四次全会精神，紧盯农村基层党建工作短板弱项和薄弱环节，全面堵漏洞、补短板、强弱项。力争通过开展农村基层党建攻坚月行动，提升广大农村基层干部政治素养、治理能力和水平，进一步建强乡村振兴骨干队伍，强化基本制度刚性执行，提升基层治理效能和治理能力，推动全面从严治党延伸到基层党建工作的全过程、各环节，为打造乡村振兴新样板，实现以高质量党建引领农村高质量发展提供坚强组织保证。实施方案的具体目标：全面配强村“两委”班子；全面提升基层干部履职能力；全面规范村级事务运行；全面加强基层治理水平；全面发展壮大农村集体经济。实施方案的推进措施：统一干群思想，强化理论武装。开展中共二十大精神进乡村活动；研判村级班子，强化分档管理；明确严格措施，强化队伍建设；抓好警示教育，强化日常监管；创新公开平台，强化制度落实；精细管理党员，强化党员引领；健全网格体系，强化基层治理；拓展发展路径，强化集体经济。

【承办第五届保定市文化和旅游产业发展大会】 为切实做好第五届保定市文化和旅游产业发展大会（以下简称“市文旅发大会”）承办工作，推动全区旅游业整体改造提升，推进旅游项目建设，优化旅游发展环境，提升清苑旅游品牌知名度、美誉度和竞争力，确保市文旅发大会（清苑会场）各项活动有序开展并达到预期效果，于8月15日制发《关于承办第五届保定市文化和旅游产业发展大会的工作方案》。工作方案的目标：以承办2022年市文旅发大会为契机，立足区位优势，深挖绿色资源、红色文化、宋祖文化等资源宝藏，突出打造正迪欢乐世界文化创意园、好梦林水微度假体验区、冉庄地道战及红色文旅小镇，推动产业形态、基础设施、乡村治理全面提升，既让游客感受到“绿色原生态”“红色血脉情”，又让农民就地、就近就业创业、增收致富，走出一条农旅融合促进乡村振兴的特色之路。工作方案的基本原则：建设项目符合发改立项审批，符合土地利用总体规划，不违反生态环境红线；重磅打造“扛红旗、走绿道、微度假、慢生活”精品旅游线路，串联沿线众多好项目、新业态，形成红色旅游和绿色生态融合发展的全新样板，全力实现清苑旅游产业的大突破、大提升，推动区域经济、社会、生态、文化的全面发展；符合清苑区的目标定位，突出文化、科技、本土元素，打造特色、新颖、独特的精品项目，并实现常态化利用，使市文旅发大会成为促进清苑区经济社会发展的有力抓手。工作方案明确了大会时间、观摩地点、观摩路线以及观摩项目。

区委综合协调工作

【概况】 中共保定市清苑区委办公室是区委综合办事机构，承担为区委和区委领导同志提供文字、政务、事务服务，确保区委机关高效运转的重要职责。内设秘书股、综合股、行政股、区委信息中心、区委督查室、区委值班室、区委研究室、技术网络管理股、保密机要综合股、保密机要业务股、档案股、区委国家安全办公室、区委深化改革办公室、群众工作办公室、社情民意股，共15个股室。2022年，区委办公室坚持站位全区、服务大局，紧紧围绕疫情防控、城市更新、路域环境整治、项目建设等区委中心工作，充分发挥“司令部”“参谋部”“作战部”“指挥部”“后勤保障部”作用，圆满完成承担的各项目标任务。

【党史学习教育】　坚持规定动作做标准，自选动作有创新，精心制定学习计划、安排学习内容，严格执行办公室每周五集体学习制度，严格落实党史学习教育常态化有关要求，深入学习中共二十大以及省委十届三次全会、市委十二届四次全会等系列重要会议精神，贯彻落实上级领导各项安排部署，忠诚捍卫“两个确立”，增强“四个意识”、坚定“四个自信”、做到“两个维护”，不断提高政治判断力、政治领悟力、政治执行力，在思想上政治上行动上始终同以习近平同志为核心的党中央保持高度一致。把提升“三服务”水平作为办公室开展学习教育的重要抓手，在加强理论学习的同时，结合办公室业务工作，认真开展办公室培训活动，定期组织办公室领导班子成员开堂讲课，谈认识、提要求，组织办公室科股长交流研讨，就如何提升综合、信息、督查、行政、后勤、档案、保密等工作的能力和水平，压担子、教方法，不断强化办公室全体人员的综合素质。

【服务保障中共二十大工作】　紧紧围绕服务保障中共二十大，区委办全体人员严守各项规矩纪律，24小时紧绷安全之弦，筑牢安全防线。在思想上进一步增强机遇意识、争先意识、攻坚意识；在业务上进一步提高参谋服务、综合协调、信息传递、调查研究、督查督办等能力水平，以“精益求精，万无一失”的标准抓紧抓实各项工作；在制度上进一步健全完善理论学习、办文办会办事、信息报送、后勤保障等长效机制，以实际行动保障中共二十大胜利召开。

【疫情防控工作】　坚持疫情就是命令，防控就是责任，思想上高度重视、行动上迅速有力、执行上坚决到位，严格按照区委统一部署，充分发挥区委办公室协调、指挥、调度的作用。清苑区及周边县（市、区）发生疫情后，区委办立即响应，第一时间落实区委各项疫情防控指示。同时，全面做好区委办办公环境日常消杀、健康监测等工作，确保办公室全体人员健康安全。防控期间，办公室全体人员主动加班加点，高标准撰写疫情防控工作汇报，根据疫情形势适时调整、及时公布疫情防控管理政策，积极调整区应对新冠疫情工作领导小组暨全区疫情防控应急指挥部。在优化疫情防控“二十条”“新十条”颁布后，区委办公室迅速贯彻落实上级决策部署，以最快的速度传达上级疫情相关指示精神、撰写相关材料，同时立即调整相关防疫措施，以坚守一线的姿态，充分彰显区委办“坚强前哨”和“巩固后院”的良好形象。

【公文工作】　2022年，办公室共加笺文件2500件，涉疫情文件1700余件，同级单位传阅文件900件，全部登记归档，没有出现漏传、丢件等重大工作失误，特别是涉疫情文件高效流转，确保了上传下达、政令畅通、及时准确。围绕区委中心工作，严格办文程序，提高办文质量，共组织起草区委领导讲话40余篇、工作汇报等文字材料200余篇，编发《清苑快报》111期，编发领导动态48期。特别是经过精心撰写、反复推敲，多次修改后完成区委三届三次全会、区委三届四次全会的讲话与报告，得到区委主要领导的充分肯定。同时，对办公室制发的各类公文层层审核把关，共审核制发各类文件190件，实现零差错。上报省委各类互联网信息及综合类信息2800余条，上报市委各类互联网信息2800余条、约稿类等信息70余条、综合类信息20余条，被市委采用约300条。

【调研工作】　始终把调研工作作为对外宣传、展示清苑形象的重要载体，围绕项目建设、疫情防控、信访工作、乡村振兴等领导关注、群众关心的热点问题，深入一线开展调研。组织起草《小产业 大作为 助推全市现代农业发展》调研报告，并上报市委，进一步提升“清苑西瓜”的品牌影响力；6月14日冰雹大灾发生后，第一时间对全区受灾情况及抢收救灾工作进行调研，为区委安排部署灾后有关工作提供科学依据。

【督查工作】 聚焦全区中心工作和阶段性重点任务，针对疫情防控、全国两会安保、中共二十大安保、“三统筹三扩大四创建”、县（市、区）委书记动态考核月点评会问题整改、中央环保督察问题整改、城市建设、防汛抗旱、安全生产、作风大整顿活动等重点工作和区委重要会议议定事项开展专项督查，督促相关责任部门立行立改，确保全区各项重点工作落实到位。共承办区委主要领导批示件45件，其中36件已办结并第一时间向领导报告，其余9件正在进一步落实中；共印发《督查专报》26期，其中新冠疫情防控工作督查通报12期；起草并上报《关于市委十二届12次常委会（扩大）会议部分议定事项落实情况的报告》《关于对全区近期重点工作自查情况的报告》等综合材料58篇；开展会风会纪督导51次，其中受到市深纠办通报表扬38次；按照省、市纠风工作要求，组织开展“暗访活动月”活动，组织专人对阜平县进行为期两天的暗访，较好地完成上级交办的暗访任务；有序组织区直部门积极开展“媒体承诺”，2022年，共42个单位完成录制；利用“清苑融媒”“清苑纪检”等公众平台发布关于开展深化正风肃纪专项整治的公告，认真受理群众举报和投诉；积极做好向市深纠办报送典型案例、简报动态、宣传报道、组织推动等日常工作，不断深化纠正“四风”和作风纪律专项整治成果。

【会务组织工作】 坚持高标准、严要求，不断创新工作思路，认真做好组织协调工作。全年共组织区委常委会会议、区委常委会（扩大）会议49次，成功组织了区委三届三次全体会议、区委三届四次全体会议、优化营商环境暨政治性警示教育会议、乡村振兴工作会议、全区作风大整顿暨重点工作推进会议等一系列会议，没有出现任何纰漏。

【机要保密工作】 以习近平总书记提出的“两个确保”（确保密码使用优质高效，确保密码管理安全可靠），修订、完善全区《保密工作制度》和《机要工作规章制度》，制发保密专件16期，完成全区涉密人员数据统计工作和全区互联网应用统计上报、有关密码设备的清退和加密传真换装购置等工作；组织大型保密宣传教育培训活动10起，组织全区干部职工参加市委组织的保密知识有奖竞赛答题活动、开展迎接中共二十大保密知识有奖竞赛答题活动，进一步提升了全区保密意识；扎实推进保密工作再提升和微信泄密专项整顿活动，对保密领域风险隐患进行排查整治，并制发《保密工作六个不允许》、《做好保密工作12个专项提醒》与《关于进一步深化微信泄密专项整治的通知》等文件，确保全区微信专项整顿工作扎实有效开展，该项工作受到市机要保密局充分肯定；认真组织开展“密码通信双提升”活动，全力保障了中共二十大密码通信服务保障工作，做到了密码通信“零空岗”、电报传办“零停留”、设备网络“零中断”、整体工作“零差错”。

【群工工作】 坚持人民至上，进一步完善举措，不断提升工作水平。坚持以人民为中心，用心用情用力做好信访接待工作。按照“及时温控、合理引导、快速分流、妥善处理”的原则，共接待到区委大院来访群众39批次、543人次，确保了区委机关的正常办公秩序，特别是在春节以及中共二十大等重大事件节点期间，有力维护了和谐稳定的环境。

【改革工作】 聚焦主责主业、深度服务中心，推进全区全面深化改革各项工作不断取得新进

展、新成效。按照市委安排和全区重点任务工作，制定了2022年工作要点，构建了“1+8+N+6”工作格局。积极承接市委深改委审议通过的改革事项，每月定期收集汇总全区微改革成效、年度改革任务进展情况等7个方面情况，确保县（市、区）委书记动态考核月点评改革开放指标争先进位。通过调度进度、实地走访、查看资料等方式，开展改革督察7次，实现改革督察全覆盖。组织召开全面深化改革委员会会议4次，传达上级深改会议精神10次，审议改革文件4次，上报改革信息24期；组织开展2021年度考核工作，形成了《关于2021年度全区全面深化改革工作考核情况通报》；组织开展坚持人民至上“微改革”行动，谋划实施多批“微改革”项目，形成9批45项微改革项目，其中“创建大学生‘返家乡’社会服务新模式助力青年友好城市建设”“‘免费公交’微改革”得到市委改革办的高度肯定。

【值班值守工作】　严格落实三级带班双人双岗值班制度，按月度向市委值班室上传三级带班双人双岗值班表12份，节假日期间值班表3份，制定本单位值班表24份，安排值班带班人员1200人次，通过值班值守系统接收上级文件30个，确保了指令传递、文电运转、协调联络“全天候”“无缝隙”“不间断”。同时，组织全区各乡镇、区直各部门严格执行“领导班子成员轮流带班、值班人员24小时在岗值班”制度，确保全区范围及时高效应急处理。

【人民至上工作】　2022年，共收集群众意见建议7560条，其中区级党政领导收集的需解决的民生问题1080件，均已办结并及时反馈。共计办理留言462条，其中人民网省委书记、市委书记线上交办留言266件，区委书记留言181件，市委社情民意办交办网民留言交办卡15件；承办市级交办的民生实事45件，督办解决区级民生实事842件、区直部门的民生实事1769件、乡镇解决的民生实事4589件，并对95件区级领导亲自解决的民生实事进行公开透明办理；同时，积极拓宽民生问题收集渠道，开通“为企服务、为民解忧”公众号，关注人数达80151人；共收集民生实事问题30余件，并下发交办通知，全部解决到位，解答反馈群众的留言120余次；积极营造坚持人民至上工作的浓厚氛围，共刊发坚持人民至上工作动态303期，上报市级以上媒体宣传报道1301条、区级3340条，上报解决民生实事视频8条，被市采用3条。

【“三统筹三扩大四创建”活动工作】　坚持第一时间部署、第一时间启动、第一时间推进，对照省市文件，组织制发区相关文件，为活动的顺利开展提供基本遵循；建立健全了联系人制度，实行日报告、周汇总、月报告和工作简报等工作机制，及时组织汇总全区活动开展情况，梳理创新举措、经验亮点、受奖励情况等，并及时上报市活动办。联合政府办督查室和区大督办将活动重点工作事项纳入督查范畴，定期督导要账，并提出工作指导意见，倒逼责任落实；积极组织区委宣传部等责任部门，加大活动宣传力度，策划报道活动相关新闻270余篇，为活动顺利开展营造了浓厚的氛围。全年共下发工作简报40期，上报市活动办日报184期、周报38期、总结报告10期、信息13篇，其中《多措并举稳就业 凝心聚力促发展》在市活动办简报上刊发。

【安全生产工作】　紧绷安全之弦不放松，坚持从其他地区发生的各类安全事故中汲取教训，举一反三、时刻自省，严格按照工作标准、安全要求，开展区委办消防安全大排查大整治，对发现的问题及时上报，确保快速整治到位，切实将风险隐患消除在萌芽状态，坚决筑牢安全底线。

主　　任： 组　刚（2022.8离任）
李嘉明（2022.8—　）
常务副主任： 王松坡（2022.7离任）
王立恒（2022.7—　）

（撰稿：高正威）

组织工作

【概况】 中共保定市清苑区委组织部是区委负责全区组织工作的职能部门，统一管理区委机构编制委员会办公室，归口管理区委老干部局，加挂区公务员局牌子。有内设机构12个，包括办公室、研究室、组织指导股（党代表联络室）、组织员办公室、区委非公有制经济组织和社会组织工委办公室、干部一股（干部监督股）、干部二股、干部三股、公务员股、干部考核办公室（区级机关目标绩效管理领导小组办公室）、人才股、基层党建股（基层组织建设服务中心）。2022年，区委组织部坚持以习近平新时代中国特色社会主义思想为指导，以党的政治建设为统领，全面落实新时代党的建设总要求和新时代党的组织路线，努力实现三个提升（提升工作质量效益，提升政治服务保证能力，提升自身建设水平），各项工作进展顺利、取得实效，为全区的发展稳定提供坚强组织保证。

【党员队伍建设】 高标准做好党员发展工作，制定出台《关于认真落实2022年全区发展党员指导性计划的通知》，召开12次调度会、38次深入乡镇和重点区直单位调研督导，下发督导卡3次，持续督促指导各党委做好入党积极分子的培养储备工作。新确定335名入党积极分子，发展党员420名，占全年发展计划总数的100%。建立完善党员“诚信档案”和入党积极分子“纪实档案”，深入推进党员精细化管理。抓好党员培训工作。5月11—12日，举办区直机关党务干部学习中共十九届六中全会精神培训班。结合庆祝建党101周年系列活动、党史知识竞赛、2022年农民丰收节等特色活动，进一步团结凝聚教育群众。按照《关于切实做好“光荣在党50年”纪念章发放工作有关事项的通知》要求，为核实的564名老党员颁发纪念章。组织全区党组织和广大党员开展“圆梦群众微心愿，品质服务党旗红”活动。全年举办两期圆梦微心愿活动，共征集“微心愿”1999个，对1869名困难党员进行帮扶救助。

4月19日，区委组织部举行圆梦微心愿启动仪式

【基层组织建设】 深入实施农村“领头羊”工程。印发《关于深化农村“领头羊”工程 加强对村干部特别是“一肩挑”人员管理监督的实施意见》《村党组织书记管理办法（试行）》《村党组织书记区委备案管理办法》《关于进一步规范村党组织书记日常调整备案管理程序的通知》，全面加强村党组织书记监督管理。认真做好“千名好支书”“乡村振兴担当作为好支书”推荐工作，1名村党支部书记评为省“千名好支书”，5名村党支部书记评为市“乡村振兴担当作为好支书”，1名社区党支部书记评为市“金牌社区书记”。

全面打牢基层党建基础。严格落实市委组织部“三清两提”行动要求，认真开展村“两委”换届“回头看”，组织力量分19组，全覆盖走访277个村（社区），逐村查找弱项问题，逐村建立整改台账，“五类问题”全部实现清零清仓。全年投入资金612万元，对32个村党群服务场所建设提标。4个村党支部成功解决三年不发展党员问题。

深化推进村级班子目标责任制。印发《2022年度村（社区）“两委”班子及成员职责目标和开展“每季一件实事”活动的通知》，组织全区277个村（社区）研究制定村（社区）“两委”班子2022年度职责目标，分4个季度研究确定了民生实事1126件。

扎实开展农村干部培训。6月中旬，从衡水饶阳县和市农业农村局等地聘请师资，以如何当好支部书记和清理规范农村集体经济合同为主要内容，对全区265个村和11个社区的党组织书记、9个乡村振兴工作队成员进行集中培训。认真完成市“都市农业”千人示范培训调训任务。按计划要求参加市组织的山东寿光外训三期、累计140名村党支部书记参训。

统筹做好“两新”组织和社区党建工作。全区非公企业476家，已建党组织154个，覆盖非公企业457家，覆盖率96%；社会组织169家，全面覆盖，覆盖率100%。制发《关于深化城市党建引领基层治理全面构建现代化品质生活之城治理新格局的实施方案》，结合疫情防控，要求83个责任单位（包含80个区直部门和3个责任乡镇），下派1764名干部，分包181个小区，其中明确11名基层经验丰富的优秀年轻领导干部担任社区第一书记，4名县处级领导干部建立社区联系点。

严格清查整治突出问题，规范党务工作。印发《关于深化清查整治突出问题规范党务工作的推进方案》《关于开展清查整治突出问题规范党务工作“回头看”的通知》，组织全区各党委（党组）、部分支部主管副职召开规范党务工作会，做到所辖基层党组织应查尽查。全区共排查党务工作第三方合作事项97个，全部纳入清单管理；对2个非党员从事党务工作问题，于7月完成整改。

推进发展壮大农村集体经济。全区共有34个省级扶持壮大村级集体经济试点村，已全部建成验收、产生效益。共摸排农村集体经济合同6022份，全区农村集体经济收入实现增收1392.4515万元。全区年集体经济收入5万元以上的村265个，占比100%；5万元至10万元的村122个，占比45.9%；10万元以上的村144个，占比54.1%，达到省定任务目标。

严格落实党内政治生活。1月9日和8月29日，分别组织召开了区委常委党史学习教育专题民主生活会和疫情防控专项考核整改专题民主生活会，并组织全区乡科级领导班子进行党史学习教育专题民主生活会。3月份在全区组织开展组织生活会和民主评议党员工作。深入开展“万人助万企”活动。动员全区各级机关干部1328人，对3037家企业进行帮扶包联。全区收集企业问题共5大类149个，办结147个，办结率达98.66%。

认真组织“防疫一线党旗红”活动。印发《致全区各级党组织和广大党员的一封信》《关于进一步做好疫情防控干部下沉基层工作的通知》《关于在当前疫情防控工作中充分发挥基层党组织和党员“两个作用”立即开展冷链从业返乡人员排查行动的紧急通知》等多个专件，号召全区各级基层党组织和广大党员干部冲锋在前、担当尽责，构筑联防联控坚实堡垒。

【干部管理】 认真做好干部选任工作。进一步完善选人用人机制，严把选人用人关口，围绕全区事业发展需要进一步优化干部配备，进一步激发了干部队伍整体活力。2022年，共调整干部15批399人，其中提拔重用80后年轻干部18人，90后年轻干部4人，职级晋升306人。

推进干部轮岗交流工作。2022年，共有乡镇干部到区直单位任职6人，区直干部到乡镇任职8人，乡镇之间交流12人，区直单位间交流8人。

加强干部队伍日常管理监督。深化工资福利管理体制改革，规范公务员工资福利业务审批工作流程。进一步做好全区行政、事业单位的摸底、职级晋升等有关工作。完成全区事业单位管理人员职员等级首次晋升工作，为290名事业干部晋升职员等级。大力规范因私出国（境）登记备案工作，全区共计备案6350人。加强出国

（境）证件管理，2022年，区委组织部管理的科级干部出国（境）证件149本。

重大斗争一线考察识别干部。把干部在特殊时期的表现作为选人用人的重要依据。2022年，先后多次分组深入各乡镇（城区）、区直单位开展疫情防控一线督导、了解领导班子运行、考察识别干部工作。制定下发《关于在乡（镇、城区）开展一线督导考察的通知》，要求各乡镇（城区）对疫情防控工作中涌现出来的先进典型和感人事迹及时挖掘提炼、报送典型材料。

充分发挥干部考核"指挥棒"作用。全面贯彻党中央和省市区委决策部署，制定全区疫情防控、经济发展绩效、平安建设三个专项考核办法，推动重点工作落实。建立完善考核工作机制，将省、市考核指标任务进一步细化分解，形成《清苑区2022年度省、市考核指标体系任务分解表》，压实部门责任，改进考核方式，强化结果运用。

加强干部能力素质建设。制定下发《2022年干部教育培训工作要点》，对政治理论、专业化能力及上级重点班次进行统筹部署。围绕乡村振兴和城市基层治理、"党的十九届六中全会精神""国家安全"等主题，累计培训干部11354人次。完成调训任务14期，累计调训干部375人次，培训范围和人次实现新突破。研究制定《关于在全区党员干部中组织开展党的二十大精神集中学习培训的通知》，全区各级党组织分期分批对党员干部进行系统培训，推动学习培训常态化、长效化，11月结合区委党校举办"全区年轻干部学习贯彻党的二十大精神专题培训班"，51名年轻干部参加培训。

【人才工作】　研究制定《2022年度清苑区人才工作考核指标》《保定市清苑区重点人才选拔管理评估办法（试行）》，将人才工作作为专项考核内容纳入对乡镇、区直单位、开发区党政领导班子考核指标体系和绩效考核目标体系。同时，制定下发《中共保定市清苑区委人才工作领导小组2022年工作要点》《关于加强和改进新时代人才工作的若干措施》《清苑区"十四五"期间人才发展规划》，明确清苑区"十四五"时期乃至到2035年的人才具体工作目标及主要措施；制定下发《保定市清苑区关于支持高校毕业生和技能人才在清苑就业创业若干措施的实施细则》，明确细化人才到清苑发展的服务保障政策。对全区22名首批区管优秀专家进行期满考核评估。进一步加强对专家人才的团结、引领和服务，全区103名领导干部与205名优秀专家人才保持联系。2022年，申报立项市级重点人才项目2个（冉庄地道战纪念馆：红色文化宣传队伍建设项目；电视台：全媒体人才队伍培养项目）。全区有燕赵英才A卡持卡人2名、B卡持卡人102名，市管优秀专家4名，市级青年拔尖人才3名。

【党员电化教育】　组织拍摄制作10部电教片，其中《河北清苑：90后大学生党员回乡创业带领村民共同致富》《河北省保定市清苑区：传统制香手艺"香"飘万家》《河北省保定市清苑区妇联：落好"庭院"三颗子　下活一盘"美丽"棋》《国家税务总局保定市清苑区税务局：税徽闪耀党旗红》《庭长沈丽梅——常怀为人民服务的党员初衷》5部高质量电教片被省IPTV远程教育平台采纳。为保证远程教育收视率和收视效果，将电教工作开展情况作为年底基层党建考核的重要指标，加强工作督导，强化网络保障，全区300个站点运行良好，电教学习取得实效。

部　　长：赵永建

常务副部长：费文志

（撰稿：陈奕通）

宣传工作

【概况】　中共保定市清苑区委宣传部是清苑区委主管意识形态方面工作的职能部门。内设办公室（国防教育办公室）、新闻宣传股、理论股、文明创建股、文化版权股，机关行政编制 13 名，正副部长 3 名、股级领导职数 5 名。下辖股级事业单位电影文化宣传服务中心（保定市清苑区创建文明城市工作指导中心）。2022 年，区委宣传部坚持以习近平新时代中国特色社会主义思想为指导，以迎接、学习、宣传、贯彻中共二十大为主线，深入贯彻落实中共二十大和省委十届二次、三次全会，市委十二届三次、四次全会精神，围绕省委、市委、区委中心工作，严格落实意识形态工作责任制“三清单四机制”，为推动现代化品质生活之城建设“绽放新颜值 跑出加速度”提供坚强思想保证和强大精神力量。省级文明城区创评全市排名第一。

【理论工作】　持续强化全区各级党委（党组）理论学习中心组学习。制定《区委理论学习中心组 2022 年度学习安排》，列出党史学习、全面依法治国、全面从严治党、全面深化改革、意识形态等学习专题。2022 年，共组织 12 次集体学习，并按照每次不少于 5 人重点发言进行交流研讨。印发《2022 年全区各级党委（党组）理论学习中心组专题学习重点内容安排》，明确学习重点，提出工作要求，推动理论学习科学化、制度化、规范化。

【意识形态工作】　制定印发《关于加强宣传部部务会建设的通知》《关于进一步落实主体责任加强意识形态领域管理工作的实施意见》；结合三届区委第二、第三轮巡察，对 16 个单位开展意识形态工作专项检查；组织各乡镇（城区）、区直重点部门意识形态工作培训会议，制定印发《意识形态工作实用手册》，进一步明责加压，提升实际工作能力；组织开展全区各级各部门意识形态领域风险问题分析研判，在梳理排查存在的风险隐患以及苗头性、倾向性问题的基础上，确定风险级别，研究制定化解隐患、解决问题的具体措施，明确责任领导及解决时限，对 4 个方面 6 项风险隐患建立工作台账，做到心中有数，实行动态管理、重点督办。重要时间节点启动日报告机制，19 个乡镇（城区）每日报告情况，确保全区意识形态领域平稳有序。制定专项考核办法，压实乡镇和重点部门工作责任，落实通报约谈机制，切实提升工作能力。

【习近平新时代中国特色社会主义思想“六进”“三进”工作】　以习近平新时代中国特色社会主义思想、中共十九届六中全会、中共二十大和二十届一中全会、省委十届二次全会、省委十届三次全会和市委十二届三次、市委十二届四次全会精神为重点，统筹推进进农村、进社区、进企业、进机关、进校园、进网络宣讲工作落地落实；印发《保定市清苑区委讲师团系统 2022 年宣讲工作方案》《2022 年度保定市清苑区基层理论宣讲工作考核方案》，组建党校讲师宣讲团、巾帼宣讲团、优秀大学生宣讲团等特色队伍，运用区融媒体中心、新时代文明实践中心、“小马扎”、“红马甲”、“大喇叭”等载体，深入开展面向基层、面向群众的对象化、分众化、互动化宣讲。2022 年，组织开展进农村宣讲 5309 场，进社区宣讲 225 场、进企业宣讲 1122 场，不断推动党的创新理论武装人脑入心。10 月 9 日，与区委组织部共同举办“弘扬光荣传统，赓续红色血脉”喜迎二十大理论演讲决赛。全区 20 名年轻党员干部参加了决赛，评选出一等奖 1 名、二等奖 2 名、三等奖 3 名、优秀奖 14 名。比赛充分展现了全区党员干部的精神风貌，激发了广大干部职工的工作热情，进一步推动习近平新时代中国特色社会主义思想宣讲向纵深发展。

【“学习强国”学习平台推广】　通过督查考核，提高参与率。纳入宣传思想文化工作考核、意识形态工作年度考核、意识形态工作专项督查等考核体系，结合三届区委第二轮、三轮巡察意识形态工作责任制落实情况专项巡察，督查 9 个乡镇、7个区直单位。积极组织活动，扩大影响力。清苑融媒录制的春节贺岁片在春节期间入选省平台展播活动。通过文明清苑公众号等平台发布“学习强国”学习平台优秀古诗词诵读活动征稿启事、“一起读课文”朗读音频作品征集启事等。组织开展“寻找身边的‘学习达人’”活动，发挥了良好示范引领作用，在全区营造浓厚学习氛围。全区激活学员总数超13.1万人。

【思想道德建设】 加强典型培树，评出清苑区“文明家庭”97户，并进行广泛宣传，在全区形成见贤思齐的良好风尚。广泛开展志愿服务活动，探索在基层村镇（社区）形成“党建+新时代文明实践+服务”融合共建新模式，积极整合全区志愿服务力量，组织5000名机关志愿者和16000名社会志愿者，持续开展疫情防控、文明交通、环境整治等志愿服务活动，每月参加文明创建志愿服务活动人数达到5000余人次，全区逐渐形成“关爱他人、关爱社会、关爱自然”的良好社会风尚。

【社会宣传】 围绕迎庆中共二十大胜利召开营造浓厚社会氛围。在城区主要道路、高速公路出口、旅游路等显要位置新增大型铁艺景观标语30处，围挡、围栏大型宣传标语20处，6个大型LED屏、28处小型电子屏持续滚动播放，公交站亭灯箱增设宣传标语62幅，铁艺公益广告牌增设180幅；保定东站周边新增围挡大型标语5处；城区内50辆公交车、168辆出租车车载电子屏持续滚动播放宣传标语。乡镇（城区）、村（社区）新增大型景观标语6处、景观小品53处、墙体标语52条、大型宣传牌3块、公交站牌3处、宣传栏99个、板报174块、户外广告227块、宣传展板1860块、条幅2915条、标语海报3852张、灯杆道旗693处、LED电子屏763处、车载广告701个、科技墙38面。同时，在清苑融媒开设“喜迎二十大 我想对党说”“喜迎二十大 融媒记者看清苑”等专题栏目进行系列报道。

【中共二十大精神学习宣传宣讲】 把学习宣传贯彻中共二十大精神作为首要政治任务，区委常委会进行专题研究，印发《关于认真学习宣传贯彻党的二十大精神的实施意见》《保定市清苑区认真学习贯彻党的二十大精神集中宣讲工作方案》《保定市清苑区学习贯彻党的二十大精神宣传报道方案》《学习贯彻党的二十大精神区委“走基层”宣讲团工作方案》《保定市清苑区认真学习贯彻党的二十大精神宣讲提纲》等文件，对全区深入学习宣传中共二十大精神作出全面安排部署。11月14日，区委书记闫向阳到清苑镇西杨庄村向基层党员群众宣讲中共二十大精神，示范带动全区各级各部门开展宣讲活动。全区各级干部宣讲200余场次，受众8700余人次。围绕进机关、进企事业单位、进农村社区、进校园、进各类“两新”组织、进网站等六方面工作分别组建区委“走基层”宣讲分团，坚持调研先行、逐级培训、试讲考核、全程评估，推动中共二十大精神深入人心、落地生根。组建党校教师宣讲团、优秀大学生研究生宣讲团、巾帼宣讲团等宣讲团队，充分发挥老干部、老党员、村干部、农民理论家、志愿者等人员的积极作用，打造特色宣讲品牌，充分发挥新时代文明实践中心（所、站）、乡镇综合文化服务站、乡村文联等基层宣传文化阵地作用，综合运用“小马扎”“红马甲”“大喇叭”等群众喜闻乐见的形式，深入开展面对面、点对点式宣讲。区融媒体中心开设“二十大时光”“共学中共二十大精神”“撸起袖子加油干 风雨无阻向前行”“二十大精神面对面答题挑战赛”等专栏，通过新闻报道、实况录像、人物访谈、标语字幕等形式，持续宣传中共二十大精神，及时展示全区广大干部群众和社会各界对中共二十大的热烈反响，迅速掀起全区上下学习宣传贯彻中共二十大精神热潮。

【疫情防控宣传教育工作】　根据常态化疫情防控形势，做好信息发布和宣传引导工作，及时回应公众关切。第一时间组织召开新闻发布会，及时发布有关信息。组织省、市、区三级15个新闻发布主体单位，按照疫情防控职责拟定发布口径，做好后续新闻发布会准备工作。依托农村大喇叭广播系统，持续播发疫情防控信息，引导广大群众主动配合，同心协力打好疫情防控攻坚战。

【宣传报道】　精心组织正面宣传报道。组织专题活动策划团队，创新宣传报道形式，圆满完成区两会图文直播、年货节直播、元宵节直播、西瓜文化节直播、第五届保定市文化和旅游产业发展大会直播等大型直播活动，获得社会各界一致好评。聚焦学习宣传贯彻习近平新时代中国特色社会主义思想、中共十九届六中全会、中共二十大和二十届一中全会、省委、市委全会精神，围绕区委、区政府中心工作，充分发挥传统媒体和新媒体的作用，利用两微一端，加强融合报道，策划推出系列主题宣传、成就宣传和典型宣传。2022年，在中央级媒体发稿352篇、省级媒体发稿510篇、市级媒体发稿522篇。

【文化文艺工作】　原创歌手臧培创作的歌曲《民族魂》获保定市第十二届精神文明建设五个一工程奖，区委宣传部获组织工作奖。组织冉庄村、东安村等5个历史文化名村名镇整理上报“保定红色文化书院”申报材料，积极争取建设资金，彰显书香清苑魅力。

以迎庆宣传中共二十大为主题推出文化惠民盛宴。组织“聚焦新颜值，打造清苑现代化品质生活之城”主题摄影大赛，在好梦林水景区、清苑体育公园、清苑公园、阳光国际B区巡回展出。组织“奋进新征程 建功新时代”喜迎中共二十大主题书画展暨征文活动，征集书画作品500余幅，诗歌、散文作品120余篇，并通过冀云清苑、清苑融媒视频号进行网络直播。

8月26日，清苑区举办“聚焦新颜值 打造清苑现代化品质生活之城”主题摄影大赛

结合冉庄地道战遗址及红色记忆·冉庄文旅小镇、好梦林水微度假体验区、正迪欢乐世界文化创意园等第五届保定市文化和旅游产业发展大会观摩点位，抓好本土文旅IP打造，构建“一区多品”的文化产业新格局。

扶持重点骨干文化企业。推荐河北古城香业集团股份有限公司申报第十四届“全国文化企业30强”提名。在古城香文化展厅举行保定市首批文化名家工作室同步揭牌仪式、国家级非物质文化遗产代表性项目“传统制香技艺”授牌仪式。推荐河北古城香业集团股份有限公司总经理杨雪明参选保定市文化产业专家库专家、2022年，河北省文化名家暨“四个一批”人才。组织红色记忆·冉庄特色旅游项目申报2023年度省级文化产业发展引导资金，保定古城工艺香有限公司一念入梅系列香产品申报2022年度保定市特色文化产品，积极争取上级资金支持。组织河北古城香业集团股份有限公司代表保定市参加第十八届深圳文博会，展示国家级非物质文化遗产代表性项目“传统制香技艺”香产品，推动全区文化产业高质量发展。

【“扫黄打非”工作】　组织开展2022年知识产权宣传周版权宣传、“护苗2022”预防未成年人网络沉迷宣传教育等活动，普及“扫黄打非”、版权保护相关知识。坚持开展专项行动与日常监管相结合，组织文化市场专项检查行动5次、日常巡查22次，全面净化文化市场环境。深入开展“清朗·燕赵净网2022”专项行动，全年共发现上报不良信息2万余条，约谈违规网站31家。全面提升基层站点规范化标准化工作水平，阳光国际社区工作点被评为第二批河北省“扫黄打非”进基层规范点位。

【政工专业职称评聘】 印发《关于组织2022年度政工专业职务人员组卷有关工作的通知》，组织政工专业职务人员认定工作，全区共3人被认定为助理政工师。

【国防教育】 印发《关于印发〈中共保定市清苑区委全民国防教育工作领导小组工作规则〉的通知》《关于加强和改进新时代全民国防教育工作的任务分解方案》，加强组织领导，对全区国防教育工作进行安排部署。依托冉庄地道战遗址国家级爱国主义教育基地，利用重要纪念日、重要节日等节点，扎实开展国防教育，组织开展了纪念《中华人民共和国国防教育法》颁布纪念日活动、第22个全民国防教育日活动、“红色楹联进万家”活动、“强国复兴有我”主题线上猜灯谜有奖竞猜活动、“勿忘历史 吾辈自强”主题教育活动、烈士纪念日公祭仪式等，通过线上直播方式开展了“让爱国主义精神在青少年中生根发芽”开学第一课活动，通过微信公众号推出了《地道战红色故事汇》系列栏目，进一步用活用好红色资源，宣传国防教育知识。

【精神文明创建工作】 健全完善文明创建网格化管理机制。进一步明确区级领导、职能部门、区直单位、乡镇（城区）的责任区域和创建任务；落实文明创建街长制、网格化责任公示和星期五志愿服务集中行动制度。开展城市品质提升“八大专项行动”。结合城市“双修”（生态修复和城市修补），城区内共设置停车位14519个，建成标准化公厕26座，完成楼体粉刷4.8万平方米，建设街角绿地、口袋公园12个，打造占地5万平方米的区内第一个体育公园，新建大型景观标语30余处，城市“颜值”大幅提升。治理流动摊点1400余处，清理占道经营730处，劝离三轮车628辆次，对便道违停车辆取证上传7381辆，规范非机动车摆放3600余辆。结合清苑传统文化和文明创建，对28个老旧小区适宜墙面和主要道路66座变电箱、67座光交箱、5个公共卫生间进行彩绘换装，清苑的城市“颜值”和“气质”大幅提升。同时，在建成区落实商户“门前五包”责任制，全区城乡环境秩序明显改观。持续规范提升市民文明素养。印发《关于开展市民文明素养提升行动实施方案》《保定市清苑区市民文明素养提升行动任务分解表》，举行“拒绝不文明行为 争做文明清苑人”系列活动暨“跑遍清苑，向陋习说不”环城跑启动仪式。制定出台《清苑人文明行为规范》，持续推进“除陋习”专项整治行动，印发《关于开展“我是文明市民、要为城市争光，我是燕赵儿女、要为河北争气”活动的实施方案》，厚植全区精神文明建设基础，持续营造向上向善社会氛围。组建70余人的城市环境义务监督队，常态化监督举报各类不文明行为，推动200余个问题得到有效解决。

部　　长：刘洪刚

常务副部长：刘红伟

（撰稿：刘云硕）

统一战线

【概况】 区委统战部有行政编制9名，其中正、副部长职数3名，股级职数3名。内设3个职能股（室）：办公室、统战综合工作股、民族宗教工作股。2022年，清苑区委统战部坚持以习近平新时代中国特色社会主义思想为指引，认真学习宣传贯彻中共二十大精神，突出政治引领，凝聚人心力量，创新活动载体，服务中心大局，推动中央、省委、市委关于统战和宗教工作的重大决策部署在清苑落地落实。

【宗教工作】　确保宗教领域持续和谐稳定。加强党对宗教工作的全面领导，坚持三级书记抓宗教工作，各级党组织认真履行主体责任，对宗教工作的重视程度越来越高。多次召开宗教工作专题会议，认真探索全区宗教工作的思路举措。深化“双创四进”活动。打造“双创”活动亮点。将国公营观音寺、东闾天主教堂作为重点打造对象，坚持宗教中国化方向，坚持硬件软件两手抓，区乡结合，加强指导，场所为主，扎实推进，达到创建标准。2022 年，两个宗教场所均被评为“河北省和谐寺观教堂”。营造浓厚“四进”氛围。为 7 个场所统一购置 56 面国旗，在显要位置设置“借阅书角”，添置书柜 8 个、书桌 8 张，购置《习近平谈治国理政》《习近平新时代中国特色社会主义思想学习纲要》《中华人民共和国宪法》《中华人民共和国民法典》《论语》《长征》等书籍 5000 余本（套）。更新宪法、社会主义核心价值观、河北省宗教事务条例等内容的宣传栏和展板 28 块，制作“七项制度”57 块，推动“四进”内容全覆盖。促进教规教义与中华文化相融合。组织宗教界人士开展以“三爱”“四史”为主题的讲经解经比赛，引导教职人员将“四进”内容融入日常讲经布道之中。

【党外代表人士队伍建设工作】　加强对全区党外知识分子和新的社会阶层人士、民主党派成员、无党派代表人士、民营经济人士等统战成员的教育引导，凝心聚力服务清苑发展。强化政治引领，凝聚思想共识。建立联系沟通机制，通过谈心谈话、座谈交流等方式增进感情，加强引领。与民建、民革、新联会主要负责人建立微信群，通过网络沟通、谈心交友、不定期召开碰头会等各种形式，保持经常性联系，密切交流沟通。10 月 10 日，清苑区党外知识分子和新的社会阶层人士联谊会（知新会）正式注册备案。组织知新会召开班子会，共同学习中共二十大精神、习近平总书记在中央统战工作会议上的重要讲话精神和省委统战工作会议精神，明确当前主要工作任务，研究确定会长轮值制度。组织知新会班子成员、民主党派成员、民营经济人士收听收看全省统战系统学习中共二十大和省委十届三次全会精神会议，进一步加强思想政治引领，增进政治共识。加强队伍建设，夯实发展基础。在工作中，注重党外知识分子和新阶层队伍建设。突出发挥党外知识分子作用，结合省委十届二次全会提出的十项举措，支持党外知识分子在建言献策、社会服务、科技创新等方面发挥作用，共提出意见建议 10 条。突出自由职业人士发现培养，与区委宣传部、网信办、文广旅等部门及工会、共青团、文联、科协等群团组织协调联动，深入各行业开展自由职业人员排查登记。完成无党派人士的推荐认定工作。根据市委统战部要求，精心组织、严格把关，推荐认定清苑区无党派人士 9 名。完善实践创新基地建设。严格对照要求和“六有”标准，提升硬件配套设施和制度建设，建立健全思想政治引领、理论学习、沟通协商、调查研究、联谊交友、建言献策、服务社会等机制制度，定期开展理论学习，积极组织各类活动，不断提升清苑区知新会和实践创新基地的凝聚力和影响力。做好归侨侨眷服务。掌握底数，建立台账，加强联系。2022 年，通过积极与上级沟通联系，为 5 名贫困归侨侨眷争取到慰问金共计 1.5 万元。凝聚统战力量，开展社会活动。结合工作实际，积极组织党外人士和新的社会阶层人士开展丰富多彩的社会活动。组织民建清苑支部参加民建保定市委组织的“迎新春，送春联”活动，共送出春联、福字 200 余副（幅）；联合文联在张登镇张登屯举办庆祝“七一”建党书画笔会，用书画讴歌党的丰功伟绩和美好生活；组织知新会成员赴好梦林水参观“奋进新征程 建功新时代”喜迎中共二十大主题书画展；按照省委、市委统战部工作要求，精心挑选 8 幅书画作品参加征集活动。集聚爱心力量，积极服务社会。组织新联会、民建和民革支部深入张登镇慰问贫困学生，为张登村等 7 个村的 10 名贫困学生送去生活物资；组织新阶层人士和民建部分会员到东闾镇疫情防控指挥部进行慰问，为一线值勤防控人员提供物资保障；民建清苑支部会员企业河北香都酒店管理有限公司向保定市清苑区防疫办捐赠价值15000元的防疫物资，助力清苑区疫情防控工作；6月，清苑区群众遭受大风冰雹严重灾害，党外知识分子、新阶层人士积极响应区委统战部爱心助农倡议，带头购买并积极发动身边的家人、朋友购买滞销农产品2.5万千克；组织民建清苑支部走进区消防救援大队，开展“情系消防兵·温暖中秋节”走访慰问活动。

8月12日，区委统战部参加保定市新的社会阶层人士观摩交流会

部　　长：赵永建

常务副部长：任新军

（撰稿：贺从芝）

网信管理

【概况】　2022年，区委网信办坚持以习近平网络强国思想为指导，认真开展网络安全检查，不断实施网络综合治理，较好地完成各项工作任务。

【积极做好网络安全工作】　7月20日，由区委网信办牵头，结合区教体局，在清苑二中、清苑三小举行了首批青少年网络素养教育基地揭牌仪式。组织开展“清苑好网民”评选活动，讲好清苑故事，2022年，共向上级网信系统推荐清苑好网民12名。

7月20日，清苑区第一批青少年网络文明素养基地揭牌

【开展网络安全宣传周活动】　9月5—11日，组织相关单位开展校园日、电信日、法治日、金融日、青少年日、个人信息保护日等6个主题宣传活动日，发放宣传材料50000余份，线上线下参与人数共达10万余人。

【召开区委网信委第四次会议】　9月21日，区委书记闫向阳主持召开区委网络安全和信息化委员会第四次会议。会议传达省、市网信委会议精神，审议通过《中共保定市清苑区委网络安全和信息化委员会2022年工作要点》，并对2022年全区网信工作重点进行安排部署。

【加强网络综合治理】　实施“清朗”专项行动，对河北广斯太阳能科技有限公司、河北艾威尔起重机械制造有限公司、保定景林苗圃场等7家涉嫌违法违规网站负责人进行约谈，并协助指导其注销相关网站域名。

【统筹推进网络安全工作】　7月，联合区保密机要局，对宣传部、电视台、民宗局、应急局、工信局、水利局等20余个重点区直单位及魏村、白团、张登、北店等乡镇进行网络安全检查，针对网络安全工作责任制落实情况、网络安全培训、网络安全日常管理、邮箱管理等逐项进行实地核查，对检查中发现的网络安全隐患等问题提出整改意见。7月7日，邀请海豚科技发展有限公司技术人员，对各乡镇（城区）、区直各单位开展网络安全应急演练及相关知识培训。

7月7日，区委网信办组织开展网络安全应急演练知识培训

【学习贯彻中共二十大精神】 6月，统筹全区各政务网站和新媒体平台开设专题专栏，迎接庆祝学习宣传中共二十大精神。二十大期间，全区各政务网络平台发布转载二十大宣传稿件3000余篇。积极参加组织部开展的“弘扬光荣传统，赓续红色血脉”——迎庆二十大演讲比赛活动，并获得优秀组织奖。组织全体党员干部集中学习中共二十大精神。

【受表彰情况】 5月，在“清朗保定·燕赵净网2021”网络生态治理专项行动中被市委网信委评为先进集体。

主　任：李铁军

（撰稿：许明昭）

机构编制管理

【概况】 中共保定市清苑区委机构编制委员会办公室（简称区委编办）为区委机构编制委员会的办事机构，作为区委工作机关，机构规格正科级，承担区委机构编制委员会日常工作，归口区委组织部管理。内设3个行政股室，即综合股、机构编制管理股、事业单位登记管理股（河北省保定市清苑区事业单位登记管理局）。2022年，区委编办认真贯彻执行机构编制政策，较好地完成各项工作任务。

【调整和修订有关部门“三定”规定】 组织召开编委会议，调整修订了区委宣传部、区委网信办“三定”规定，重新印发区计生协、区文联、区科协“三定”规定。对内设机构设置、职能配置等内容进行调整规范。

【调整内设机构和事业单位设置】 区商务局增设了“招商引资和投资促进股”，区司法局设置“区委全面依法治区委员会办公室秘书股”，挂“法制股、行政复议股”牌子；区就业服务中心增设内设机构“高校毕业生就业创业服务中心”；区委编办增设内设机构“机构编制管理股”。按照“撤一建一”的原则，设立事业单位3个，分别为：区投资促进服务中心、区民族宗教事务服务中心、区邮政业安全中心；清苑区殡葬服务中心整建制划转至保定市殡葬服务中心；区互联网信息服务中心加挂“区互联网违法和不良信息举报中心”牌子。根据《中共河北省委机构编制管理规定》和市委编办通知，对全区19个名称中含有委、办、局、处、管理、公司等词的事业单位进行更名；保定市广播电视大学清苑分校更名为清苑开放大学。

【严格落实编制核准】 认真执行编制使用核准程序，按程序完成入编手续255人。其中，2022年，新招录公务员53人（含选调生4人，公安6人），教育系统各学校招聘教师163人（含公费师范生4人），卫生系统疾控中心和卫生监督所招聘事业人员17人，退役士兵安置22人。人员调配办理编制使用核准手续26件。

【深化乡镇改革落实情况调研指导】 牵头会同区委组织部、区财政局、区行政审批局、区司法局从基层党建、审批服务、基层综合行政执法、统筹乡镇人员配备、落实基层经费待遇五个方面对所属18个乡镇深化乡镇改革落实情况进行调研指导，切实掌握全区深化乡镇改革落实情况，确保全区深化乡镇改革落地落实。

【开发区改革】 组织召开编委会议，重新印发河北清苑经济开发区党工委、管委会“三定规定”，对其内设机构、职能配置、人员编制进行调整。全面加强开发区党的建设，强化招商引资职责，内设机构由5个调整为7个。撤销中共保定市高铁东站智慧创新产业园工作委员会、保定市高铁东站智慧创新产业园管理委员会，其职能整体划入河北清苑经济开发区党工委、管委会。设置河北清苑经济开发区纪检监察工作委员会，为区纪委监委派出机构。

【深化国防动员体制改革】 根据《中共河北省委办公厅 河北省人民政府办公厅关于印发〈河北省深化国防动员体制改革实施方案〉的通知》，调整组建了保定市清苑区国防动员办公室，为区政府工作部门，机构规格为正科级，在保定市清苑区发展和改革局加挂牌子。将保定市清苑区人民政府办公室、保定市清苑区住房和城乡建设局承担的人民防空职责划入保定市清苑区国防动员办公室，并在保定市清苑区发展和改革局加挂保定市清苑区人民防空办公室牌子，保定市清苑区人民政府办公室不再保留保定市清苑区人民防空办公室牌子。

【积极推行创新公立医院人员编制管理试点工作】 坚持把提高公立医院医疗服务水平、满足人民群众日益增长的健康服务需求作为出发点和落脚点，积极推进保定市清苑区人民医院、保定市清苑区妇幼保健计划生育服务中心（保定市清苑区妇幼保健院）、保定市清苑区中医医院列入创新公立医院人员编制管理试点工作。以不突破编制总量和不增加财政供养人员为原则，改革和创新公立医院人员编制管理，深化人事制度和选人用人机制改革，改革财政支持方式，提高医护人员整体素质和服务水平，激发公立医院发展活力，促进公立医院持续健康发展。按照市委编办批复的人员控制数，配合区人社局、区卫健局按程序逐步推进。

【事业单位登记及统一社会信用代码管理】 2022年，完成事业单位年度报告公示337个，设立登记1个，变更登记40个，证书补领6个，证书到期换领37个，重新申领证书1个；完成统一社会信用代码赋码17个。事业单位主动申请登记和自觉提交年度报告的完成率保持在99%以上。

【权责清单调整】 根据《河北省政府部门权责清单管理办法（试行）》规定，对区行政审批局、区发展和改革局、区卫生健康局等3部门权责清单进行动态调整。调整后区政府23个工作部门共确定权责事项1892项，18个乡镇每个乡镇确定权责事项174项，在区政府网站向社会公开。

主　任： 杨　浩

（撰稿：李斐然）

区直机关党建

【概况】 2022年，区直机关工委坚持不懈用习近平新时代中国特色社会主义思想凝心铸魂，突出示范引领，强化理论学习，突出党性锻炼，以深化政治机关和模范机关创建工作为重点，全面推进“五好红旗党支部”建设，真正落实党要管党、全面从严治党要求，压紧压实管党治党责任，严肃党内政治生活，加强党员队伍建设，做好发展党员工作，汇聚先锋力量，关心干部职工生活，开展群众性文体活动，努力提升机关党建服务、保障和促进区委中心工作的整体水平。

【思想政治建设】 强化党员干部理论学习，担当政治责任。建立理论学习长效机制，制定年度学习计划，明确学习内容，班子进行集体宣讲12

次，组织观看教育影片 3 次，写出心得体会 30 篇。以开展活动为抓手，突出党性锻炼。组织所辖支部 11 名新党员，到阜平城南庄晋察冀边区革命纪念馆参观学习并进行入党宣誓，教育新党员要坚定理想信念、铸牢宗旨意识，充分发挥党员先锋模范作用，忠诚担当、履职奉献。组建宣讲团，深入区直单位进行宣讲。选拔了 7 名理论功底扎实、宣讲能力强的优秀区直单位党员干部组成宣讲团，以党支部为单位，以党小组为抓手利用“党员活动室”“党员活动日”等阵地，进行深入宣讲。加强党员干部业务培训，提升整体素质水平。组织开办区直机关党务干部专题培训班三期，培训党务干部 450 人次，组织党务干部交流研讨四次，机关党务干部整体素质和工作能力明显提升。

【党员队伍建设工作】 加强党员队伍建设，做好发展党员工作。严把发展对象“谈话关，政审关、审批关”，确保机关党员发展质量。2022 年，确定培养积极分子 51 名、预备党员转正 38 名，发展预备党员 84 名。参加“双推”入党积极分子党员大会 42 次，接收预备党员、预备党员转正会议 104 次。分 5 批次对党员发展对象进行培训，共培训 46 人。办理转接组织关系手续 167 份（转入 116 份，转出 51 份），政审 184 人。规范党费收缴工作。要求各党支部按月足额收缴党费，不能做到按月收缴党费的，党支部要及时召开专题党支部会议进行研究。截至 12 月共收缴党费 140.8334 万元。组织召开机关党组织书记党建述职和机关党建示范点挂牌表彰会。3 月，组织召开了 2021 年机关党组织书记党建述职和机关党建示范点挂牌表彰大会，坚持以点带面，突出示范引领。20 名基层党组织书记进行大会述职，其他党组织书记进行书面述职。在区直机关开展“两优一先”评选表彰活动。7 月，组织召开了区直机关 2022 年“两优一先”表彰暨党组织书记半年党建述职会议，对区直机关 26 个先进基层党组织、20 名“优秀党务工作者”、30 名“优秀共产党员”予以表彰，组织 17 名基层党组织书记进行大会述职，其他党组织书记进行书面述职。

【基层组织建设工作】 压紧压实管党治党责任。严格落实《党支部工作手册》定期调阅制度。采取实地查看、抽查调阅、互看联查等多种形式，加大对每个基层党组织“三会一课”等制度落实情况的日常督导和指导力度。完成所辖 130 个支部的《党支部工作手册》的互看联查工作。严肃党内政治生活。结合区委组织部制定《党支部工作手册》调阅制度，采取集中调阅或实地查看等方式，坚持每季度调阅至少 20 个党组织的《党支部工作手册》，做到年度全覆盖。扎实推进模范机关创建活动。着力变“两张皮”为“一盘棋”，结合“五好红旗党支部”和“党员先锋岗”创建，下发《关于统筹推进区直模范机关建设的通知》，细化模范机关创建标准，加大对各单位创建工作的日常督导和明察暗访力度，实地督导支部 118 个，提出具体整改意见，营造风清气正、昂扬向上、比学赶超的浓厚氛围。国家税务总局清苑区分局、清苑区行政审批局、清苑区荣清国控集团有限公司等单位被保定市深化纠正“四风”和作风纪律专项整治领导小组办公室和保定市委市直机关工作委员会授予“2022 年度县（市、区）直模范机关建设标兵单位”称号。结合实际汇聚先锋力量。不断拓展机关与街道社区“共驻共建”“双报到”活动，制定党员活动日主题菜单，坚持每月开展具体活动，机关党组织和广大党员干部在常态化疫情防控、城市“双修”、创建文明城市等中心工作中发挥排头兵和中流砥柱作用。实行机关党组织书记党建述职评议制度。每年开展 2 次基层党建述职，加强对支部书记履职尽责情况监督，进一步推进机关党建工作的责任落实。

【扎实做好群团工作】 关心干部职工生活，开展群众性文体活动。7 月，联合共青团清苑区委、区总工会在好梦林水创意生活微度假体验区举办

“一见‘清’心‘苑’来是你”清苑区单身青年联谊活动，来自各机关企事业单位的40余名单身青年参加。增强职工群众安全健康防护意识，倡导健康自律的生活习惯。为积极预防和控制职业病、办公室常见病以及急慢性心脑血管疾病的发生，培养和提升职工群众遇到突发公共卫生事件应急处理能力，促进社会和谐稳定，联合清苑区总工会、安全健康教育网河北站共同组织开展“心系职工健康 我们在行动”公益性健康知识普及巡讲活动。

书　　记：组　刚

常务副书记：韩政茹

（撰稿：董夏）

巡察工作

【概况】 清苑区委巡察机构于2017年3月成立，2019年1月明确为区委工作部门，设“一办四组”，18个行政编制，其中办公室6人，每组3人。2022年，共开展2轮常规巡察和1轮优化营商环境专项巡察，共发现问题726个，集中整改完成整改485个，占全年应完成任务的96.42%，发现问题线索28个，涉及28人，给予党纪政务处分2人。

【进一步深化政治巡察】 切实提高政治站位，进一步增强政治自觉思想自觉行动自觉。巡视巡察工作是党章赋予的重要职责，是全面从严治党的重大举措。坚决贯彻落实中央、省委、市委、区委关于巡视巡察的新精神新部署新要求，全面贯彻“发现问题、形成震慑，推动改革、促进发展”巡视工作方针，增强“四个意识”、坚定“四个自信”，忠诚捍卫“两个确立”、坚决做到“两个维护”，不断提高政治判断力、政治领悟力、政治执行力。确保更精准地从政治上发现问题、纠正偏差，全力推动全面从严治党向纵深发展、向基层延伸。扎实推进三届区委巡察工作，力促各级党组织始终在思想上政治上行动上同以习近平同志为核心的党中央保持高度一致，确保把上级精神转化为清苑发展的实际行动。

【精心组织开展三届区委巡察工作】 三届区委第二轮巡察共组建5个巡察组，采取“一托二”方式，对孙村乡、东闾镇、大庄镇、张登镇、魏村镇、何桥镇、臧村镇、白团镇、北王力乡9个乡镇党委和区农业农村局（区乡村振兴局）党组开展常规巡察，巡察期间延伸巡察46个村级党组织，对相关乡镇由区纪委开展提级监督的9个村级党组织开展常规巡察。共发现问题503个，其中对区直（乡镇）单位发现问题123个，对村发现问题380个、移交问题线索20件，涉及24人，处理10人，办结3件，立案2件，给予党纪政务处分2人。按照《中共保定市清苑区委巡察工作规划（2021—2025年）》，三届区委第三轮巡察共组建4个巡察组，其中3个常规巡察组，采取“一托二”方式，对区应急局、区教体局、清苑中学、清苑区第一中学、清苑职教中心、清苑进修学校等六个单位党组织开展常规巡察。同时按照省委巡视办《关于省市县联动开展优化营商环境专项巡视巡察工作的通知》精神，组建1个专项巡察组和相应的专项巡视工作联络组，在省委专项巡视组和市委专项巡察组统一领导下对全区优化营商环境工作开展专项巡察。其中，常规巡察共发现问题165个、问题线索3个。专项巡察共发现问题33个、问题线索5个。

6月15日，召开全区巡察工作会议暨三届区委第二轮巡察工作动员部署会

【积极推进规范化联系点建设工作】 3月，根据市委巡察工作领导小组安排部署，确定全区作为市级巡察工作规范化推进联系点和省级巡察整改工作联系点，区应急管理局作为市级巡察整改工作联系点，孙村乡及其南孙村、小侯村、西孙村、北孙村和白团镇南蛮营、北蛮营、白城二村、白城四村、北曹庄、边界营村作为省级巡察整改工作联系点。省市级巡察工作规范化推进和巡察整改工作联系点调整后，清苑区委高度重视，区委书记闫向阳亲自批示、亲自部署，制定全区巡察规范化联系点建设实施方案和全区巡察整改工作联系点建设实施方案，建立以区委巡察工作领导小组组长、副组长包联巡察整改联系点工作机制和区委巡察工作领导小组成员配合包联机制。孙村乡和白团镇及所辖村巡察整改联系点建设工作稳步推进。

【加强干部队伍建设】 加强巡察干部队伍建设。出台《关于优化清苑区委人才库的工作方案》，严格巡察人才选拔入库标准和基本条件，加强巡察人才库建设，结合组织部门对现有巡察人才库进行筛选更新，选拔纪委监委、组织、宣传等多个部门优秀人才充实到了人才库，已组建巡察组长库37人、巡察人才库76人，本科以上学历占比63.3%，35周岁以下优秀年轻干部达到31%，优化人才库规模结构。结合组织部门制定印发《关于抽调优秀年轻干部到区委巡察机构进行实践锻炼的实施方案》《关于加强巡察抽调干部管理的办法》，实行定期选拔优秀年轻干部到巡察岗位锻炼的制度机制，严格抽调程序，规范抽调干部管理，三届区委第二轮、第三轮巡察从人才库中抽调56人参与巡察工作，确保人才可以抽得来、用得上。加强巡察思想政治和业务教育培训。进一步加强巡察干部思想政治和业务知识培训，在坚持日常学习和专题培训的同时，组织全体巡察干部开展全省巡察干部全员大培训，开展作风大整顿工作，进一步提高全体巡察干部思想政治水平和履职能力。积极参与省、市巡察，以干促学，以巡带训。2022年，区委巡察办有3名巡察干部进入省市级巡察人才库，先后有3人参与省市级巡察工作，有效提升巡察队伍的业务水平，为巡察工作高质量发展提供坚强人才保障。

主　任：冉精华

（撰稿：李颖）

信访工作

【概况】 保定市清苑区信访局为区委工作机关，机构规格正科级。内设办公室、综合股、接待室。2022年，区信访局以做好中共二十大信访工作为主线，以创建全国信访工作示范县为目标，以开展“信访工作质效提升年”活动为抓手，坚持人民至上，认真贯彻落实中央、省、市关于信访工作的相关部署，坚决扛起为民解难、为党分忧政治责任，忠诚履行职责使命，创新工作思路，完善工作机制，强化工作措施，夯实工作基础，强力推进风险隐患排查、重复访和积案化解、重点领域信访治理、学习贯彻《信访工作条例》等重点工作，全区信访总量、信访存量大幅下降，信访形势平稳。强化政治担当，积极主动作为，统筹谋划、精准施策、务实为民，促进信访工作质效提升。

【构建大信访工作格局】 区委常委会、政府常务会每月至少研究部署1次信访工作，定期听取信访工作汇报，分析形势，部署任务。每月至少召开1次信访工作联席会议，每周召开1次召集人会议，分析研判、研究重点问题解决方案。根据《信访工作条例》，指导各乡镇（城区）全部建立完善信访工作联席会议制度。制定印发《清苑区关于进一步加强和改进新时代信访工作的意见》，对信访工作提出具体要求。区领导与各乡镇（城区）、区直部门主要负责人签订《2022年度信访工作责任书》，压实主要领导负总责、分管领导直接负责、其他领导“一岗双责”的信访工作责任，建立起一级抓一级、层层抓落实的信访工作责任体系。形成党委统一领导、政府组织落实、信访工作联席会议协调、信访部门推动、各方齐抓共管的信访工作格局。2022 年，《保定市清苑区“四抓四当”促进信访工作提质增效》及《保定市清苑区下好“三步棋”奏好“三部曲”扎实做好信访工作》等经验交流材料先后在《河北信访》第 2 期和第 9 期刊登推广。

【强化领导接访包联化解】 坚持区领导“信访接待日”制度，保证每个工作日都有一名区领导坐班接访，落实首接责任制，做到接访即办，大大减少信访积案发生率。信访事项全部落实区领导包联，“案件不办结，责任不脱钩”，包案领导深入现场亲自调处，让案件在规定时限内得到妥善解决。2022 年，区级领导开门接访 643 批 2396 人次，约访 99 批 973 人次，入户走访 71 人次，现场化解信访问题 61 批。各包联领导先后调度会 127 次，实地督查 39 次，督办协调重点案件 136 件。

【化解重点领域突出问题】 针对房地产领域信访问题，逐案件完善推进措施，加大协调调度力度。特别是棚户区改造项目，采取异地安置措施，取得较好效果。利用“保交楼”政策和资金，为 6 个手续齐全的房地产项目争取 1.6 亿元的专项资金，基本消除信访隐患。针对双拖欠问题，建立信访、人社、住建等部门联动联调机制，组织召开专项协调会 45 次，实施联合接访、集中办公，对案件办理进度实施动态管理，协调跟进、督促各相关部门认真落实。针对常青集团问题，专班信访组定期约访，根据案件进展情况和信访重点人诉求，及时进行统一答复。依法依规通报资产整合、资金追缴等情况，稳定参与人情绪。研究制定《关于常青墓园资产的监管办法及审批流程》和《墓园职工的薪酬管理办法》。针对企业改制遗留问题，坚持“事要解决”原则，准确把握国家政策，确保问题妥善化解。对诉求合理、且有能力解决的，均得到实体性化解。对因资金等现实问题一时无法解决的，积极制定解决方案，取得职工的理解和支持。

【推进“治重化积”专项工作】 对中联办 2 批交办的共 217 件、省联办 2 批交办的共 137 件已化解的重复信访事项，开展 4 次“回头看”，进一步巩固和深化积案化解成果，防止发生反复。开展集中治理信访突出问题和重复信访、化解信访积案“百日攻坚”行动，分类分层次对全区 29 类信访突出问题开展集中整治，确保实现事心双解、案结事了，切实维护信访群众的合法权益，提升信访工作质效，推动全区重复信访率大幅下降、重点领域突发矛盾明显缓解。

【宣传贯彻《信访工作条例》】 5 月份，在全区开展《信访工作条例》宣传月活动，举办信访干部培训班 6 期，学习研讨会 11 次，切实把《信访工作条例》规定和要求融入具体信访实践中，取得良好效果。将《信访工作条例》的贯彻落实纳入信访工作要点和考核项目，利用区融媒体中心、政府网站等媒体和微信公众号，以宣传片、快板书、有奖答题等形式进行宣传，全面推进《信访工作条例》学习宣传贯彻制度化、常态化。采取多种形式送《信访工作条例》进街道乡镇、进机关单位、进企事业单位，让《信访工作条例》走到群众身边，引导群众依法理性表达诉求，依法维护自身合法权益，在全社会营造办事依法、遇事找法、解决问题用法、化解矛盾靠法的良好环境。

【重大活动、重要会议期间的信访工作】 在中共二十大、北京冬奥会、冬残奥会、各级两会、省市区各类大型活动期间，做到超前谋划，认真对待。坚持抓早、抓小、抓苗头，把排查矛盾纠纷作为提高工作主动性的重要环节，超前预防化解，加大风险隐患排查预警和攻坚化解力度。实行“日排查、日汇总、日研判、日汇报”工作制度，重点问题随时上报，随时处置。各类活动会议期间，全区未发生一起有影响的信访事项。

局　长：崔启正

（撰稿：徐丙杰）

老干部工作

【概况】　区委老干部局为清苑区委工作机关，机构规格正科级。有老干部服务中心和关心下一代工作委员会办公室（2022 年 4 月 25 日更名为关心下一代工作服务中心）2 个下属事业单位。归口区委组织部管理。全区共有离休干部 23 人，曾任县级实职老干部 33 人。2022 年，全区老干部工作围绕区委中心工作，以维护老干部根本利益为出发点，认真开展中共十九大、二十大精神和习近平新时代中国特色社会主义思想的学习、认真做好新型冠状病毒防控等工作，不断强化和提高机关工作人员的服务意识，认真贯彻落实全国、省、市老干部工作会议精神，老干部的政治待遇和生活待遇得到很好落实。

【发挥老干部参政议政的优势作用】　区委老干部局在定期组织曾任县实职老领导集中阅文学习的同时，实行每月征求离退休老干部意见、建议的制度。9 月 6 日，组织老干部对区文旅大会展示项目和路线进行观摩，区委书记闫向阳和区四大班子领导陪同参加活动。

【落实老干部生活待遇】　认真落实三项保障机制，在确保离休干部离休费按时足额发放的基础上，报销 2021 年下半年医药费 101.39 万余元，报销 2022 年上半年药费 103.3 万余元。妥善处理丧葬事宜 10 人。同时，认真落实对离休干部的特困帮扶机制，对特困离休干部进行帮扶，帮扶资金 1 万元。

【关心下一代工作】　为全面深入宣传《未成年人保护法》和预防未成年人犯罪，6 月 1 日，清苑区关工委联合区司法局走进清苑二中，进行普法宣传活动。8 月 17 日，区委常委、组织部部长、统战部部长、区关工委第一副主任赵永建，区关工委名誉主任胡景山，区关工委副主任赵保平、刘宝玉，区委组织部副部长、老干部局局长段同占陪同市关工委领导赴阳城镇阳城村，对 10 名家境困难儿童进行救助，并送去慰问金。同时，听取清苑区关工委关心下一代工作开展情况的工作汇报，并对清苑关工委的工作给予充分肯定。

【举办系列庆祝活动】　6 月 29 日，清苑区老干部京剧会社举办庆“七一”京剧演唱会。10 月，为庆祝中华人民共和国 73 周年华诞，喜迎中国共产党第二十次全国代表大会胜利召开以及重阳佳节的到来，区委老干部局、区老年书画研究会、区老年大学、保定神州书画院清苑活动中心联合举办“一庆、双迎”瑞园杯书画展，共展出书画作品 200 余幅，所有作品经区老干部书画研究会遴选后，辑印成册。

3 月 12 日，区老干部局举办老年大学汇报演出活动

局　长：段同占

（撰稿：耿纪永、张亚娟）

党校教育

【概况】 清苑区委党校是在区委直接领导下培养党员领导干部的学校，是区委的重要部门。《中国共产党党校工作条例》将新时代党校职能界定为“干部培训，思想引领，理论建设，决策咨询”四个方面。2022 年，清苑区委党校紧紧围绕区委、区政府中心工作和发展战略，以习近平新时代中国特色社会主义思想为指导，认真学习贯彻宣讲中共十九届六中全会精神、中共二十大精神，坚持“党校姓党”根本原则，突出党的理论教育和党性教育的主业主课地位，奋力推动各项工作迈上新台阶、取得新成绩。

【干部培训】 全力开展中共十九届六中全会精神、中共二十大精神和习近平新时代中国特色社会主义思想的党员干部教育培训。全年共举办中共十九届六中全会、区直机关党务干部、乡村振兴、基层治理、中共二十大等专题培训班共 10 期，参训人数 1550 余人。

5 月 11 日，区委党校联合区委组织部、区直机关工委举办 2022 年区直机关党务干部培训班

【教研科研和决策咨询】 秉承“以研促教，科研兴校”的教学理念，服务区委、区政府中心工作，充分发挥智库作用，共完成决策咨询 5 篇。认真组织课题申报工作，2022 年，科研课题共立项 6 项，其中省委党校 1 项、市委党校 5 项，完成省委党校课题结项 1 项。不断增强理论水平，努力撰写理论文章，在省、市级报刊公开发表理论文章 3 篇。

【巡回宣讲】 组织宣讲团围绕习近平新时代中国特色社会主义思想、中共十九届六中全会精神、中共二十大精神，深入基层，进乡村、进机关、进校园、进社区、进企业进行宣讲，共宣讲 14 场次，参训人数 720 人次。

【党史】 2022 年，继续积极开展清苑地方史两卷本的编纂工作。30 万字初稿基本完成。同时，围绕党史学习教育，充分利用清苑红色资源和党校阵地，多层面、多形式开展党史学习教育。

常务副校长： 宋文德

（撰稿：赵萌、刘政凯）

档案管理

【概况】 档案馆为区委直属事业单位，机构规格正科级。2022 年，清苑区档案馆在区委、区政府的坚强领导下，区档案馆领导班子带领全馆干部职工以学习贯彻中共二十大精神为主线，聚焦区委、区政府的工作部署以及档案工作目标，围绕全面履行职能业务，重点工作力求突破的工作思路，不断发挥档案作用。努力提升档案管理水平和服务人民群众的能力水平，圆满完成 2022 年各项工作任务。

【档案接收和保管利用】 深化脱贫攻坚和疫情防控“两类档案”的接收工作。按照省档案局和市委办公室“关于进一步做好两类档案归集工作的通知”要求，1—5 月接收脱贫攻坚档案 26422 件，贫困户档案 887 卷，8 月份接收 2020 年疫情防控档案 1017 件。在“两类档案”的接收过程中，严格把关、认真审核、耐心指导，保证了档案的完整性和准确性。8—9 月对入馆的“两类档案”进行数字化扫描，共扫描 168593 页。12 月接收 2021—2022 年疫情防控档案 1367 件。积极做好档案查询工作，先后为区委办、区政府办、区纪委、区法院、区武装部等单位提供查档服务 3000 余卷件，充分发挥了档案围绕中心服务大局的功能。做好档案接收和培训工作，9 月接收区纪委案卷卷宗 1824 卷入馆。10 月与区委办联合举办了疫情防控档案归集整理培训会，对 40 多个区直单位及 19 个乡镇和办事处进行档案业务培训，为疫情防控档案资料收集齐全和规范整理提供保障。

【《中国名镇志丛书·冉庄镇志》编纂】 2022 年，档案馆多次对志书书稿里的冉庄文旅小镇、冉庄的传说和冉庄风土民情等内容进行反复的核实、修改和打磨。9 月，组织人员到冉庄村对冉庄地道战遗址里的地堡工事和冉庄美食小吃里的图片进行拍摄；10 月，《冉庄镇志》最终稿完成。同时，根据区委、区政府相关领导变动，对冉庄镇志编纂委员会进行相应的调整。

【档案安全】 强化档案安全工作组织领导，提高档案安全意识。落实档案安全工作责任制，建立健全档案安全管理制度，始终把档案安全作为工作的生命线和底线。不断加强档案安全体系建设，坚持落实人防、物防、技防“三位一体”的档案安全防护体系。加强对全体人员档案安全教育，定期对档案库房和消防室开展隐患排查，12 月对消防器材进行检修，对电池等消防部件进行更换，保障了档案的安全。

【档案宣传】 深入宣传档案文化。“6·9”国际档案日组织开展档案知识、档案法规等宣传教育。活动现场通过摆放宣传版面、发放宣传材料、提供现场咨询等方式，为群众普及档案知识、档案利用等档案相关内容。深入挖掘馆藏红色资源。通过真实的档案、书本的记述，整理红色故事《薛庄战役》并上报市委档案局，教育引导全体工作人员传承红色基因、赓续红色血脉、勇担时代使命。多渠道宣传增强效果。充分利用本单位 LED 屏、宣传栏等形式进行档案宣传，营造良好氛围。立足馆藏资源 6—7 月以“喜迎二十大·档案颂辉煌”为主题，联合电视台制作了《清苑城区建设发展历程》的档案纪录片，通过今昔对比的影像，以档案视角见证了 70 年间清苑的发展历程，展现了清苑发展新变化、新面貌、新气象和改革发展取得的丰硕成果。

6 月 9 日，区档案馆组织开展国际档案日宣传活动

【发挥档案史料展厅作用】 在中共二十大胜利召开之际，充分利用档案史料展厅，盘活红色资源，展示党领导清苑人民推进现代化建设的奋斗历史。7 月接待烟草公司 20 余人到展厅参观、重温入党誓词，从而激发广大党员干部热爱家乡、建设家乡的工作热情。9 月接待清苑区第二小学的师生 30 余人参观，激发莘莘学子的爱国情怀，砥砺报国之志。

【创城创卫工作】 自创城工作开展以来，始终坚持问题导向，定期到分包小区和责任路段，做好整体环境卫生秩序，安排专人负责清理紫光园小区地面垃圾，重新粉刷脏旧墙面，重新制作并装订公益广告，整理杂乱的飞线，对机动车和非机动车乱停乱放现象进行劝导。结合小区楼长在业主微信群发布倡议通知，鼓励广大居民主动参与到创城工作中。

馆　长：高彦敏（女）

（撰稿：李靖）

保定市清苑区人民代表大会

◎人大常委会机构

◎重要会议

◎人大常委会主要工作

保定市清苑区人民代表大会

人大常委会机构

【保定市清苑区第三届人民代表大会常务委员会组成人员】

主　任：甄会龙

副主任：吴建军　孙立利

董翔宇　周明慧（女）

委　员：于砚杰　王占军　王海滨　石　峰

龙国军　史艳青　冯艳光

许红艳（女）　杨雪峰　张海永

陈兵权　陈建辉　邵俊岭（女）

郎志勇　赵心恬（女）　赵峻青（女）

郝卫军　高士勇　崔建梅（女）

臧永奕

【区人大常委会工作机构】

办公室

主　　任：陈建辉

副 主 任：段　蕾（女）

主任科员：苏新江

选任代工委

主　　任：龙国军

法工委

主　　任：王海滨

教科文卫工委

主　　任：郝卫军

副 主 任：杨福田

重要会议

【概况】　人大重要会议包括人民代表大会、人大常委会会议。2022 年，召开人民代表大会 1 次、人大常委会会议 6 次。

【人民代表大会】　保定市清苑区第三届人民代表大会第二次会议，于 2022 年 1 月 27 日至 1 月 28 日举行。因新冠疫情防控形势严峻，会议采取“视频 + 分会场”的形式，共设 1 个主会场、20 个分会场。主会场设在区人大四楼会议室，分会场设在区政府二楼会议室、各乡镇（城区）视频会议室。会议听取和审查《政府工作报告》《清苑区人民代表大会常务委员会工作报告》《清苑区人民法院工作报告》《清苑区人民检察院工作报告》，选举清苑区第三届人民代表大会常务委员会委员 1 名，会议还表决通过《关于清苑区人民政府工作报告的决议》《关于清苑区人大常委会工作报告的决议》《关于清苑区人民法院工作报告的决议》

《关于清苑区人民检察院工作报告的决议》，表决通过关于代表议案及建议、批评和意见的审查报告以及代表质询案处理情况的报告。

【人大常委会会议】

保定市清苑区第三届人大常委会第五次会议于2022年1月20日在区人大会议室举行。会议首先听取和审议区司法局局长宋旭旺受区政府委托所作的《关于在全区公民中开展法治宣传教育第八个五年规划（2021—2025年）（草案）》的起草说明，审议规划文本。会议以举手表决的方式，批准清苑区“八五”普法规划。按照会议议程，会议听取区人大常委会副主任、代表资格审查委员会主任委员孙立利所作的关于补选部分区人大代表的资格审查报告和出席清苑区第三届人民代表大会第二次会议代表的资格审查报告，作出关于召开保定市清苑区第三届人民代表大会第二次会议时间的决定。会议分别表决通过区三届人大二次会议议程（草案）、日程（草案）及主席团和秘书长、主席团常务主席、执行主席分组、副秘书长、议案审查会员会、财政预算审查委员会、列席人员、特邀人员建议名单。会议讨论通过《保定市清苑区人大常委会工作报告（讨论稿）》和《保定市清苑区人大常委会关于区二届人大五次会议和区三届人大一次会议代表建议办理情况的报告（讨论稿）》。会议授权主任会议对区三届二次人代会的日程等事项，根据实际情况作出调整。

保定市清苑区第三届人大常委会第六次会议于2022年4月15日在区人大会议室召开。会议首先传达学习十三届全国人民代表大会第五次会议精神。会议听取和审议区人大常委会关于规范性文件备案审查工作开展情况的报告。会议听取区生态环境分局局长杨立志受区政府委托所作的关于2021年环境状况和环境保护目标完成情况的报告。根据区人大常委会关于常委会会议开展专项工作满意度测评实施方案的规定，会议对区政府2021年环境状况和环境保护目标完成情况工作进行满意度测评，根据测评结果，报告予以通过。会议听取和审议区监察委主任陈栋代表区监察委所作的关于开展整治群众反映强烈问题工作情况的报告。会议表决通过《保定市清苑区人大常委会议事规则》、《保定市清苑区人大常委会组成人员守则》和《保定市清苑区人大常委会规范性文件备案审查办法》。会议进行人事任免事项，并向被任命人员颁发任命书，会议最后举行被任命人员宪法宣誓仪式。

保定市清苑区第三届人大常委会第七次会议于2022年6月10日在区人大会议室召开。按照会议议程，听取和审议区公安分局负责人受区政府委托所作的关于打击养老诈骗专项行动情况的报告。会议听取和审议区政府副区长张国文代表区政府所作的关于重点项目建设、优化营商环境、地下水超采综合治理及“回头看”情况、农村人居环境整治提升、城市生活垃圾分类管理情况的报告。根据区人大常委会《关于常委会会议开展专项工作满意度测评的实施方案》的规定，会议对区政府关于打击养老诈骗专项行动情况和关于重点项目建设、优化营商环境、地下水超采综合治理及“回头看”情况、农村人居环境整治提升、城市生活垃圾分类管理情况进行满意度测评。根据测评结果，以上报告予以通过。会议听取和审议区人大常委会组织代表开展五项联动监督视察检查情况的报告。会议进行人事任免事项，并向被任命人员颁发任命书。会议最后举行被任命人员宪法宣誓仪式。

保定市清苑区第三届人大常委会第八次会议于2022年8月11日在区人大会议室召开。会议听取和审议区财政局局长王东海受区政府委托所作的关于2021年财政决算的报告和区审计局局长赵汉文受区政府委托所作的关于2021年财政预算执行和其他财政收支情况的审计工作报告。会议根据举手表决结果，决定批准区政府2021年财政决算。会议听取和审议区财政局局长王东海受区政府委托所作的关于2022年上半年财政预算执行情况的报告和区税务局副局长孙孟受区政府委托所作的关于2022年上半年税收情况的报告。会议听取和审议区政府办常务副主任臧旭东受区政府委托所作的关于2022年民生实事项目进展完成情况的报告。会议听取和审议区文化广电和旅游局局长雷艳群受区政府委托所作的关于第五届保定市文化和旅游产业发展大会筹备情况的报告。根据区人大常委会关于对"一府一委两院"专项工作进行满意度测评的实施办法规定，会议对区政府2021年财政预算工作、审计工作、2022年上半年财政预算执行工作、上半年税收工作、2022年民生实事项目办理工作、第五届保定市文化和旅游产业发展大会筹备工作进行满意度测评，上述工作报告获得通过。会议表决通过区人大常委会关于同意撤销白团乡设立白团镇、撤销石桥乡设立石桥镇、撤销何桥乡设立何桥镇行政区划调整的意见。会议听取和审议区财政局局长王东海受区政府委托所作的关于2022年上半年本级政府债务核定新增限额和新增政府债务项目的报告。会议决定，批准区政府2022年上半年本级政府债务核定新增限额和新增政府债务项目。会议最后进行人事任免事项，并向被任命人员颁发任命书。会议最后举行被任命人员宪法宣誓仪式。

保定市清苑区第三届人大常委会第九次会议于2022年10月15日在区人大会议室召开。会议进行人事任免，表决通过撤职案，并向被任命人员颁发任命书。会议最后举行被任命人员宪法宣誓仪式。

保定市清苑区第三届人大常委会第十次会议于2022年11月15日在区人大会议室召开。会议首先传达学习中共二十大精神和省委十届三次全会、市委十二届四次全会、区委三届四次全会精神。会议听取和审议区财政局局长王东海受区政府委托所作的关于2022年财政预算调整情况的报告。会议经审议，决定批准区政府2022年财政预算的调整意见。会议听取和审议区应急管理局局长武全乐受区政府委托所作的关于安全生产工作情况的报告。会议听取和审议区法院院长李梅所作的关于加强基层法庭建设情况的报告。会议听取和审议区检察院检察长徐文科所作的关于未成年人刑事检察工作的报告。会议听取和审议区检察院检察长徐文科所作的关于未成年人刑事检察工作的报告。会议听取和审议区委常委、纪委书记、监委主任陈栋所作的关于落实《区人大常委会关于对整治群众反映强烈的问题工作报告审议意见》情况的报告。根据区人大常委会关于对"一府一委两院"专项工作进行满意度测评的实施办法规定，会议对区政府安全生产工作、区法院加强基层法庭建设工作和区检察院未成年人刑事检察工作进行满意度测评，根据测评结果，上述三项报告予以通过。

人大常委会主要工作

【监督工作】　开展重点工作监督。按照省、市人大安排部署，扎实开展五项联动监督和"6+1"联动监督"回头看"。制定监督方案，成立监督小组。向省、市级优化营商环境固定监测点发放征求意见表36份，向部分企业界人大代表发放市场主体调查问卷353份，组织240多名全国和省市区乡五级人大代表，走访企业50家，走访群众1300多人，参加座谈会27次，征求各类意见建议60条。听取和审议区政府关于五项重点工作和"6+1"重点领域"回头看"开展情况的报告，并逐项进行满意度测评。会后区人大常委会将监督中发现的问题，代表提出的意见建议等内容形成审议意见，并定期了解工作进展，实地走访查看整改情况。开展法治领域监督。专题听取区法院关于加强基层法庭建设情况、区检察院关于未成年人刑事检察工作报告，组织人大代表对区检察院社区矫正和公益诉讼工作进行调研，有力有效维护社会公平正义。听取2021年规范性文件备案审查工作情况报告，制定清苑区人大常委会规范性文件备案审查办法，确保做到

“有件必备、有备必审、有错必纠”，彰显监督功能、发挥纠错作用。开展民生领域监督。区人大常委会听取区政府打击养老诈骗专项行动情况的报告和区监察委开展整治群众反映强烈问题工作情况的报告及整改情况报告。认真贯彻习近平总书记关于安全生产工作的重要指示批示精神，向全区各级人大代表发出安全生产倡议书，组织开展安全生产工作专项检查，听取区政府安全生产工作报告，在全区安全生产工作中积极有效地发挥人大作用，组织人大代表视察第五届保定市文化和旅游产业发展大会筹备和城市更新。

【代表工作】 抓强代表培训。以代表“家”“站”为阵地，组织代表学习培训27次。培训内容包括中共二十大精神，习近平总书记在中央人大工作会议上的重要讲话，省、市五项联动监督工作方案，以及《中华人民共和国全国人民代表大会和地方各级人民代表大会代表法》《中华人民共和国全国人民代表大会组织法》《中华人民共和国各级人民代表大会常务委员会监督法》等代表履职方面相关法律法规。结合代表活动日的主题和内容，明确学习培训的目标任务、方法步骤、具体要求、总体安排等，培训代表260余人次。还利用人大代表微信群定期分享履职知识，进一步提高代表的自身素质和履职能力。抓好代表平台。按照“八有”建设标准，对19个代表之家进行改造提升，粉刷墙面，更新办公桌椅、资料柜等设施，重新制作各项制度展板并上墙。同时，新建代表联络站6个。制作公示栏，公开人大代表基本信息，接受选民监督。明确召集人和联络员，制定活动计划，完善活动资料台账和档案，记录活动方式、内容。健全工作机制，建立完善活动档案，不断提高代表活动制度化、规范化水平，让“家”“站”真正成为代表联系群众的桥梁和纽带。抓实代表活动。深入开展“访民意、提建议、促整改”活动，积极建言献策，提出意见建议116条，推动了全区五项联动监督工作取得扎实成效。区人大常委会各位领导深入各乡镇参加代表活动日，面对面听取代表意见建议，共收集涉及经济社会发展、疫情防控、城市建设“新颜值”常态化保持、路域环境整治、暑期汛期防溺水、矛盾纠纷隐患化解等方面的意见建议76条，对代表提出的意见建议进行整理后，分别转交区政府相关部门和乡镇政府办理，有效激发了代表干事创业的热情，解决了一大批群众关注热点、难点问题。

【人事任免和重大事项决定】 坚持党管干部和人大依法任免相统一，严格履行法定程序，确保市委、区委人事意图圆满实现。任免国家机关工作人员22人次，均全票通过。坚持被任命人员做任前表态发言，向人大代表承诺，用实际行动践诺，让岗位责任内化于心、外化于行。坚持宪法宣誓，强化被任命人员宪法精神、法治理念，努力做到依法行政、依法监察、依法司法。坚持民主集中制和集体行使职权，健全完善区人大常委会议事规则，召开常委会会议6次、主任会议10次，依法作出决定决议7项，决定重大事项的科学化、民主化、法治化水平不断提升。

【自身建设】 加强常委会建设，提升依法履职能力。根据新修订的《中华人民共和国全国人民代表大会组织法》，对《区人大常委会议事规则》重新进行修改和完善，制定了《区人大常委会组成人员守则》，并严格遵守和执行。开展常态化专题培训，重点学习《中华人民共和国全国人民代表大会组织法》《中华人民共和国全国人民代表大会和地方各级人民代表大会代表法》《中华人民共和国全国人民代表大会和地方各级人民代表大会选举法》《中华人民共和国各级人民代表大会常务委员会监督法》等人大工作相关法律法规，不断提升依法履职能力。加强机关建设，提升服务保障水平。持续叫响“严管就是厚爱，放纵就是伤害”，严格机关管理，全面提升机关工作效能。加大年轻干部培养力度，定期交流工作体会和学习心得，通过参加疫情防控，组织召开

各类会议，参与各项急难险重任务，全方位锻炼干部，整体提升工作能力。开展机关作风大整顿，强化末端抓落实，机关干部的精神风貌、工作作风有了显著改善和提升。加强正面引领，提升宣传工作质效。在通过电视台等常规媒体宣传的基础上，加强区人大公众号宣传，推送文章41篇，涉及大事要闻、人大动态、代表风采、法律法规等内容。在《保定人大工作》上刊发代表事迹和工作动态5篇。全方位多层次宣传人民代表大会制度、代表履职故事，增强人大宣传工作影响力、吸引力和感染力。

（撰稿：刘万成）

保定市清苑区人民政府

◎政府机构

◎施政辑要

◎区政府综合协调

◎行政审批

◎人力资源管理

◎退役军人事务

◎应急管理

◎消防救援

保定市清苑区人民政府

政府机构

【区政府领导名录】

保定市清苑区人民政府区长、副区长

区委副书记、区长、党组书记：李英英（女）

区委常委、党组副书记、常务副区长：

王春雨（2022.5 离任）

区委常委、党组副书记、常务副区长：

齐志国（2022.5— ）

区政府党组成员、副区长：张国文

区政府副区长：常　征

区政府党组成员、副区长、区公安分局局长：

李　啸

区政府党组成员、副区长：彭彩红（女）

区政府党组成员、副区长：王永辉

区政府副区长候选人（挂职）：

韩大伟（2022.8—10）

区政府副区长（挂职）：韩大伟（2022.10— ）

【区政府工作部门主要负责人】

贺　强　区政府办公室

马瑞军　区发展和改革局

张文利　区教育和体育局

王占龙　区工业和信息化局

冉红星（女）　区民族宗教事务局

樊文志　区民政局

宋旭旺　区司法局

王东海　区财政局

史经利　区人力资源和社会保障局

张宏伟　区住房和城乡建设局

丁红彬　区城市管理综合行政执法局

吴宏伟　区水利局

樊茂盛　区农业农村局

司宪忠　区商务局

雷艳群　区文化广电和旅游局

王　琴（女）　区卫生健康局

王建功　区退役军人事务局

武全乐　区应急管理局

赵汉文　区审计局

段杏娟（女）　区市场监督管理局

郭　新　区市场监督管理局

杨铁勇　区统计局

王鹏飞　区行政审批局

马艳莲（女）　区医疗保障局

施政辑要

【概况】 2022年，清苑区政府坚持以习近平新时代中国特色社会主义思想为指导，以迎接、学习、宣传、贯彻中共二十大精神为主线，坚决落实党中央“疫情要防住、经济要稳住、发展要安全”重要要求，以解放思想盘活工作全局，以奋发进取对冲疫情影响，盯紧末端抓落实，较好地完成年初确定的任务目标。全区生产总值完成170亿元，规模以上工业增加值完成31.6亿元，固定资产投资完成56.5亿元，一般公共预算收入完成16.08亿元，社会消费品零售总额完成58.5亿元，城乡居民人均可支配收入分别达到40141元和24341元。经济运行持续恢复、稳中有进。

【项目建设实现新跨越】 项目建设加快推进，总投资160.4亿元的28个省、市重点项目提速建设，31个政府债券项目申报资金24.21亿元、年内开工率达87%，新增政府专项债券限额总量和增幅均位列全市前三。保障保定市重大项目建设，雄忻高铁征地工作基本完成，北三环东延完成征地，南三环、西三环南延、保定冠军之城国际射击基地正在办理前期手续。全年先后6次举办重大项目集中开工活动，总投资136亿元的49个项目开工建设。园区建设全面发力，投入2.74亿元加强开发区“九通一平”基础设施建设，完成科技型中小园区道路翻修。成立了清开启创平台公司，完成总占地9.52平方千米的东闾轻型起重机械工业园、东顾庄工业园、魏村电力装备智造园托管。实施开发区权责划转审批事项72项，真正实现“园区事园区办”。推进“标准地”改革，盘活低效利用土地360亩，收储新增建设用地234亩，68个项目实现“拿地即开工”和“交地即交证”。开发区主营业务收入和税收收入分别完成210亿元和7.5亿元，均实现两位数增长。招商引资有声有色，主动对标浙江余姚、河南长垣等地区，深化与华夏幸福招商团队对接合作，不断提升招商引资专业化水平。全年累计对接储备项目174个，总投资148.9亿元。京津冀协同发展项目32个，总投资205.6亿元。

【产业转型积蓄新动能】 农业经济稳步发展，建成省粮储库粮仓，粮食生产实现“二十连增”。设施农业种植面积达到14万亩，大棚西瓜总产量连续8年位居全省第一。落实“藏粮于地、藏粮于技”，实施高标准农田建设8万亩、节水灌溉5.22万亩，高标准农田和节水灌溉面积增量排名全市第一。省级标准化养殖场数量全市排名第一，成为全省7个奶业生产能力提升示范县之一。发展现代都市农业，成功创建以水润佳禾为核心的省级农业科技园区，辐射带动周边5个乡镇，形成精品西瓜、绿色蔬菜、优质粮食、优质水果4个示范区。成立保定市农业产业有限公司，培育新型农业主体1578家，农业生产专业化、经营一体化、管理企业化步伐加快。工业经济提质扩量，完成工业技改投资4.9亿元。新增省级单项冠军企业4家、“专精特新”中小企业13家、规模以上工业企业21家，纳税超千万元以上企业达到13家。立中四通获批全省首批县域特色产业集群“领跑者”企业。大力发展数字经济，完成“企业上云”39家，78家企业数字化转型有序推进，“两化”融合评估和“上云”平台填报工作位列全市前三。东利机械成功申报省级国际科技合作基地，成为全市唯一的省工业互联网创新发展重点培育企业，并于2022年6月在深交所创业板上市，成为年内全省首家境内A股上市企业。清苑科技创新能力评估排名在全省上升33位。现代服务业蓬勃发展，全区11家银行金融机构累计向919家企业融资授信108亿元。圆满承办全市第五届保定市文化和旅游产业发展大会，大力发展都市休闲农业、夜经济、休闲体育等新业态，预计现代服务业增加值同比增

长7%，产业结构持续变绿变轻。

【城乡面貌展现新形象】 坚持产城融合，聘请天大设计院和保定城乡规划设计院编制各类城市设计和专项规划16个。投资8.6亿元的泽龙高级中学全部竣工交付，投资35亿元的保定职教园区一期开工建设，投资11亿元的区人民医院新院区一期主体完工、二期加紧推进。白团、石桥、何桥撤乡改镇如期完成，城镇化率稳步提升。实施城市更新，城市“双修”三期、四期工程改造提升城区道路13条，亮化重要节点建筑300余个，建成各类主题和街角公园14个，兴苑市场改造提升初具雏形。改造老旧小区28个，177户棚户区改造和中冉、大堤口城中村改造安置房建设有序推进。新建公共停车场7个，新增城区停车位1860个。获评“2022年第一批洁净城市”。规范发展秩序，统筹推进“拆改建管绿亮”，开展私搭乱建、店外经营、马路市场专项整治，城市秩序得到规范。推进重点领域清理规范，完成批而未供土地处置78亩，盘活利用闲置土地61亩，归还城乡建设增减挂钩历史欠账2190亩。强势打击违法建设和违法占地行为，出台《关于坚决整治新增乱占耕地建房问题的十一条硬措施》，整改乱占耕地建房问题123个、复垦耕地326亩，农村乱占耕地建房现象得到有效遏制。力促乡村振兴，创建市级以上美丽乡村26个，新（改）建农村户厕5159座、农村公厕101座，改造农村低压电网500千米。农村生活水源江水置换工程基本完工，投资4.65亿元、日供水能力达到10万立方米的地表水厂加紧建设。整治提升高保路等6条骨干道路路域环境，超额完成“四好农村路”建设任务。保衡路至林场路被评为省“美丽农村精品示范路”，北店乡被评为省级“四好农村路”示范乡。

【环境保护收获新成效】 聚焦“高值”削峰降频，专项治理国控站点周边“小环境”。全年空气质量优良天数达到249天，优良天数比达68.4%。持续加强白洋淀上游流域综合治理，实施龙泉河至新唐河（清苑段）和府河（望亭中学—清安界段）河道清理整治，采用局部搬迁和工程措施相结合的方式，稳步推进东石桥村防洪整治。压减地下水超采1580.2万立方米，关停自备井952眼，地下水位同比上升1.5米左右。加紧建设温仁和冉庄污水处理厂，303家规模养殖场畜禽粪污全部实现综合利用，全区入淀断面水质均达到Ⅲ类及以上标准。完成市定造林任务4000亩，建设用地和农用地安全利用率均达100%，生态修复成果持续巩固。

【深化改革取得新突破】 稳妥推进农村集体产权制度改革和宅基地改革，90项具体改革任务按期推进。深化“互联网+政务服务”改革，实施“24小时不打烊和领帮办智能服务”，1439项政务服务事项网上可办率达100%，村级政务服务事项实现100%网上可办。深入推进行政审批制度改革，社会简易低风险工程建设项目全流程审批压减至10个工作日内。深化商事制度改革，企业登记注册4个工作小时内办结，“一窗通”网办率达100%。新增市场主体6630户，全区民营企业达到1.1万余家，个体工商户超过3万户。深入实施创新驱动战略，新增高新技术企业30家、科技型中小企业353家、市技术创新中心2家，全区企业研发中心达到37家。立中四通成功创建省级优秀民营企业，全区市级以上优秀民营企业达到8家。开展“万人助万企”，1328名干部对口包联企业3037家，累计减税降费8.4亿元，其中完成留抵退税2.2亿元；78家企业享受研发费用加计扣除优惠6945万元，为819家企业发放失业保险稳岗返还资金。

【社会事业打开新局面】 保障体系更加全面。推动巩固拓展脱贫攻坚成果同乡村振兴有效衔接，813户建档立卡户、54户监测户无一返贫。城乡居民基本医疗保险参保率达97.6%。城镇新增就业3758人，城镇调查失业率控制在5.5%以内。区光荣院、民政事业服务中心、凯阳老年公寓通过国家二星级评定，每千人口拥有3岁以下婴幼儿托位数达3.69个，全区儿童友好城市试点单位达到6家。殡葬管理所改（扩）建一期基本完工、二期加快建设。教育教学均衡发展。高考成绩稳居全市第一方阵。职教中心新建综合楼、宿舍楼和运动场改造提升进展顺利，清苑一中体育馆投入使用。新（改、扩）建中小学和幼儿园5所，改造提升学校运动场29个，办学条件持续改善。严格落实“双减”政策，组建教育集团7个，招聘中小学教师163名，教育教学质量全面提升。文体事业繁荣进步。成功举办第六届广场舞大赛和第七届戏曲节，超额完成哈哈腔演出任务，发放文化惠民卡券7万余张。新（改）建白团北蛮营、南蛮营2个村级综合文化活动中心。古城香业香制品获得第四届省文创和旅游商品设计大赛金奖。推进体育惠民，建成占地75亩、充满青春时尚气息的清苑体育公园，打造了保定首条渐变色塑胶步道。新（改）建全民健身场地62处、社会篮球场9个、社会足球场3个。职教中心获评“省体育传统特色学校”。医疗卫生统筹推进。组建区医疗卫生集团，区人民医院等4所医院与北京三甲医院合作建设专科医联体，紧密型医共体建设持续推进。区妇幼保健院新建住院病房楼完成主体施工，区疾控中心新建实验综合楼项目启动实施，区中医院新院区完成前期手续办理。医疗康复中心提质工作通过省级验收。促进中医药振兴发展，新建国医堂5所。持续抓好常态化疫情防控，全区疫情防控形势总体稳定。社会稳定局面持续巩固。圆满完成中共二十大等重要节点的安保工作。房地产和金融等领域信访形势平稳，实现拖欠农民工工资问题“两清零”。开展“断卡”行动，坚决打击治理电信网络诈骗犯罪。全年未发生一般及以上工矿商贸企业生产安全事故。

【自身建设彰显新担当】 深入学习贯彻中共二十大精神，忠诚捍卫“两个确立”，坚决做到“两个维护”，把旗帜鲜明讲政治贯穿到政府工作全过程。全面履行从严治党主体责任，严格执行“三重一大”决策制度，确保科学民主决策。坚持担当尽责，为公园风景城、御景国际等6个“烂尾项目”争取“保交楼”资金1.6亿元，主动化解涉及4000户购房群众的房地产遗留问题。牢固树立全年抓收入的目标，采取项目购置和TOT（项目融资）模式依法盘活国有资产，有效缓解了财政困境。深入推进法治政府建设，创建省级以上民主法治示范村3个。自觉接受人大法律监督、政协民主监督、社会舆论监督和人民群众工作监督，46件人大代表建议和76件政协委员提案全部办复，办复率和满意率均达100%。严格落实“接诉即办”，累计办理“12345”政务服务热线2.5万余件，响应率、解决率和群众满意率均达97%以上。严格落实中央八项规定精神，持续纠“四风”、转作风，分批开展审批、自然资源、住建等系统干部政治性警示教育，不断强化各级干部规矩意识、效率意识和服务意识。围绕招商引资、政府债券申报、项目包装等重点领域，瞄准数字经济等产业发展新方向，聘请第三方公司到清苑开展培训，主动走出去到周边县区考察学习，加强干部队伍自身建设，各级干部抓经济工作的业务能力和专业化水平得到提升。区统计局被评为“省统计系统先进集体”。

区政府综合协调

【概况】 保定市清苑区人民政府办公室是区政府综合管理全区经济建设和社会事业发展、主管区政府日常政务工作、实施行政指挥和监督、参与全区经济宏观调控的部门，主要负责起草区政府文件、工作报告和领导讲话，以及区领导交办的其他文字综合材料；承担区政府文电的收发保密工作，负责文电的批办、承办、催办工作；保证区政府各项专题会议会务质量，做好重大活动组织安排；协调区政府领导处理各部门、乡镇反映的重要问题。同时督导检查区政府各部门工作部署的执行情况和区委、区政府领导重要指示的落实情况，围绕区委、区政府的重大决策和重点工作，收集信息，为领导科学决策提供有价值的依据。

2022 年，政府办公室坚持以习近平新时代中国特色社会主义思想为指导，以“迎接、学习、宣传、贯彻”中共二十大为主线，严格按照习近平总书记关于办公室系统“四最一中枢”的要求，紧紧围绕全区中心工作，以服务群众、服务基层、服务企业、服务领导为己任，充分发挥参谋辅政、综合协调、督查检查、服务保障、督办落实职能作用，解放思想，奋发进取，团结一心，事争一流，在疫情防控、承办第五届保定市文化和旅游产业发展大会、城市“新颜值”观摩、生态环境保护等大仗硬仗中擦亮“精心、精细、精致、极致”的政府办品牌，以政府办效率提高带动政府系统效率提升，圆满完成年初既定任务目标和区委、区政府交办的任务。2022 年，清苑区被评为“2020—2021 年度中学人民防空教育先进单位”，清苑区政务公开工作连续三年名列保定市第一，被河北省政府办公厅命名为保定市唯一的 2021 年度全省政府系统人民网网民留言办理工作先进单位，清苑区大气办被评为“县级大气办规范化建设达标评级优秀单位”。

【公文起草与承办】　公文起草精益求精。始终把高质量完成文稿起草作为参谋辅政的有力抓手，准确把握领导意图，紧盯领导关心关切，确保公文起草有思想、有站位、有高度。2022 年，共组织起草《政府工作报告》、区委全会讲话等各类讲话材料 200 余篇，起草政府常务会、政府党组会、区长办公会、专题会议等会议纪要 120 余篇。公文承办高质高效。文件承转力求高效率，以“即来即转、案无积卷、事不过夜”为标准，坚持严谨、规范、高效的工作理念，严格公文审核，精简办文流程，优化设置公文类别，及时处理各类公文。2022 年，收文 1.5 万余件，发文 1.8 万余件，累计流转 3 万余次。文件制发力求高质量，严格落实文件制发审签制度，重点在政策、内容、时效、格式上把关，力求文件制发观点准确、格式规范、逻辑严谨、准确及时；严控发文级别、发文数量和发文字数，切实为基层减负。2022 年，印发各类公文 548 份，较上年下降 7.5%。

【会议组织】　践行“零失误、零差错、零缺陷”工作标准，用心用力谋划部署各项会议和接待活动，不断提高服务保障水平。办会时逐个环节琢磨，把每个环节、每个步骤都做到一丝不苟，把精益求精、事争一流贯穿到会务组织的全过程。全年组织区政府各类会议，特别是项目建设、城乡规划、环境保护、安全生产、社会稳定、重点项目商务洽谈、政务常务会等达 50 余次，做到了会前周密准备，会中细致服务，会后盯办落实，会务质量和效率进一步提升。

【信息调研】　深化专题调研，围绕清苑区中心工作、重大决策部署，聚焦重点项目建设，深入基层、企业开展实地调研，找准问题，分析措施，千方百计为科学决策提供参考。组织开展“全员办信息搞调研”活动，着重提高政府办公室信息调研水平，深挖社会热点、发展改革中的堵点，认真分析新形势下全区各项工作所面临的机遇与挑战，为领导科学决策提供有益参考。2022 年，上报信息 50 余篇，《清苑区走好“三步曲”打造一流园区营商环境》《清苑开发区多措并举提质增效》等信息稿件被上级采用。

【政务督查】　建立“年初建账、明账，年中查账、对账，年底算账、要账”的新工作机制，每月督导，年终考评，强力推动各项工作落实。对《市政府工作报告 2022 落实方案》涉及清苑区的 55 项重点工作任务和《区政府工作报告 2022 年工作落实方案》确定的 173 项落实事项进行立项分解，跟踪督导，确保落实时效；对“国务院互联网＋督查”涉及清苑区问题线索进行深入调查，发现问题立即督促整改、全程督办落实；对省市区民生实事、好事全程跟踪督查，确保把实事办实、好事办好。

【综合协调工作】　坚持原则性和灵活性相结合，建立由协调主任牵头、协调人员带头、全体工作人员参与的协调服务机制，树牢兜底意识，构建上下贯通、左右衔接、协调联动的大协调服务格局。充分发挥协调职能，主动加强对重点项目、重大活动、重要工作的综合协调，一线盯办、协调解决工作推进中遇到的问题困难，确保上级决策部署落到实处、各项工作顺利推进。

【人大代表建议、政协提案办理】　以标准高、效率快、内容实为标准办理人大代表建议、政协委员提案。2022年，承办省人大建议9件、市人大建议3件、区人大代表建议34件和省政协提案3件、市政协提案15件、区政协提案58件，按时办复率、走访率、答复函规范化率、满意率均达到了100%。区政协提案办理情况受到政协委员高度赞誉。

【意识形态工作】　严格落实意识形态工作责任制，充分发挥新媒体作用，弘扬主旋律，传播正能量，2022年，清苑微讯发布信息1100余篇，微博清苑发布信息1100余条。全年共处理政务咨询投诉求助150余件，来访群众40余次，均在规定时限内协调有关部门妥善高效处置。

【智慧政务建设】　聚焦助力经济平稳健康发展、保持社会和谐稳定、提高政策公开质量、夯实公开工作基础等重点，深化政务公开，推动政府职能转变、服务效能提升。2022年，动态更新政务类信息1900余篇，收到并按期办结54件政府信息公开申请，妥善处置行政复议案件4件。制定出台《保定市清苑区人民政府2022年度重大行政决策公众参与事项目录（拟定）》，进一步推动重大行政决策公众参与事项试点工作落地。持续做好信息发布和政策解读，推进重大政策落地和解读常态化。聚焦减税降费、有效投资、优化营商环境等方面，公开解读材料27篇。

【大气污染防治】　组织协调、督促相关部门强化源头治理、综合施策，强力推进大气污染防治工作，全区空气质量持续改善。2022年，优良天数249天，较上年增加7天。圆满完成2022年北京冬奥会和冬残奥会赛事期间空气质量预定目标，赛事期间$PM_{2.5}$平均浓度59微克/立方米；高标准高质量完成第二轮中央生态环境保护督察迎检各项工作，承接举报案件24件，已整改完成；顺利完成全省重点区域大气污染源排查。组织多部门对全区各类污染源进行摸排，共筛查污染源413个。

【白洋淀上游流域生态环境治理和保护】　明晰规章制度，印发《保定市清苑区2022年白洋淀上游流域生态环境治理和保护责任分工清单》等通知，建立沟通协调机制，加强重点工作协调联动；强化督导检查，围绕省市重点项目开工建设、水质超标断面等工作深化专项督导检查，持续跟进问题整改情况，确保整改实效；紧抓工程治理，通过清苑污水处理厂提标改造项目，清苑区污水处理运行效率和质量大幅提升，出水水质达到《河北省大清河流域水污染物排放标准》（DB13 2795—2018）中的重点控制区排放标准。

【后勤保障】　强化机关安保工作，升级智能门感应系统，实行24小时值班和来访人员登记制度，切实维护机关正常办公秩序。推广公共机构节能和垃圾分类处理，设置垃圾分类投放点，加强节水节电宣传，推进节约型机关创建。进一步规范财务工作，坚持依法依纪理财，强化“量入为出，节约用财”和“先批准、后支出”的工作

原则，定期开展清查盘点，严防国有资产流失。结合机关大院实际，制定《政府办安全生产大排查大整治工作方案》，开展安全生产大排查大整治行动“回头看”，对机关大院安全保卫、用电安全、院内机关食堂燃气等方面进行全面排查，整改薄弱环节和风险漏洞，坚决彻底消除各类风险隐患，真正把问题隐患消除在萌芽之时、化解在成灾之前。

【政务服务便民热线】　坚持“小切口、大民生”，从群众关心的琐事入手，深化接诉即办改革，紧扣关键环节加强分析研判；规范办事流程，建立一日一报、一周一分析、一月一考核、一季一通报的工作制度，针对重大疑难复杂问题加大统筹协调和督办力度，着力解决群众关切实际问题。2022 年，共受理各类咨询、求助、投诉、举报等诉求 25980 余件次，按时办结群众诉求 24870 余件次，全区热线办理工作响应率 100%、首次解决率及满意率均达到 97% 以上。

【金融工作】　深化助企服务，开展“线上＋线下”多领域深层次银企对接活动，清苑区 11 家银行业金融机构与 212 家企业精准对接包联。2022 年，包联企业累计授信 416930 万元，累计发放金额约 370388.27 万元。开展“万人助万企”活动，按照“包联不过夜、每周一调度”原则，对清苑区 100 家融资需求类企业深入分析研判，量身定制信贷政策，精准解决问题，2022 年，各类企业共获得 5386 万元的信用及税务贷。推动企业上市，充实完善拟上市企业储备库，东利机械于 2022 年 6 月在深交所创业板成功上市，首发融资 4.67 亿元，是 2022 年河北省首家在境内 A 股上市的企业。助推乡村振兴，积极发挥小额信贷三级金融服务网络作用，2022 年共发放金额 9.99 万元，较上年增长 42.91%，贷款余额 26.89 万元。防范和处置非法集资，最大限度化解风险隐患，切实保障群众财产安全和社会稳定。

【机关事务】　公务用车。全力推进公车服务平台建设，合理调配车辆，提高车辆利用效率，顺利保障四大班子及区直单位公务出行 7606 次；强化用车管理，建立公务用车使用管理督查抽查制度，明确专人盯管用车平台，优化北斗卫星服务，确保公务用车使用管理全程可控。办公用房。组织完成全区 57 处党政机关办公用房信息统计上报工作，并通过全国数据库上报至保定市机关事务管理局。配合市机关事务局完成对区政府领导办公用房、区公安分局等单位办公用房进行实地督导检查。机构节能。完成 2021 年度全区公共机构能源资源消费统计数据上报工作和第三批节约型机关创建工作，配合区水利局积极推进全区节水型机关创建。同时，依托政府网站、电子屏等途径，围绕 2022 年节能宣传周和全国低碳日活动主题，全方位多角度宣传贯彻绿色发展理念和生态文明建设相关要求，普及绿色办公、垃圾分类等行为节能知识，充分发挥公共机构在建设生态文明、推进绿色发展中的示范引领作用。机关燃气安全。盯好党政机关燃气安全排查整治，制定《清苑区党政机关燃气安全督导检查安排方案》，结合区燃气办对各乡镇、相关区直部门开展燃气安全隐患排查整治，实地督导，发现问题、当场交办，下发督办卡限期整改，彻底消除安全隐患，确保用气安全。

【方志工作】　在年鉴编纂、排版、类目设置等方面加强学习交流；创新年鉴组稿审稿方式，广泛收集反映全区风貌的图片资料；出版文稿采用多方位组稿、多频次校对等方式，严把资料关、审核关、保密关，确保文稿能多角度展现全区发展状况。《保定市清苑年鉴（2022）》已完成出版校审印刷工作，出版进度保持全市前列。同时，按时按质完成《河北年鉴（2022）》和《保定年鉴（2022）》“清苑区部分”的资料报送工作。

【机关建设】　始终以锤炼锻造一支“信念坚定、业务精湛、作风硬朗、纪律严明”的干部队伍为目标，组织全员抓学习、抓创新、抓效能、抓服务，持续加强机关建设。坚持用党的科学理论凝心铸魂。围绕迎接、学习、宣传、贯彻中共二十大这条主线，深入学习贯彻中共二十大精神以及省委十届二次、三次全会、市委十二届三次、四次全会等重要会议精神和《习近平谈治国理政》第四卷、《让群众过上好日子——习近平正定足迹》等党的重要著作。采取“学习强国”等平台辅助学、晒学习笔记督促学、阶段性测试检验学、观冉庄地展馆游学等形式，进一步激发学习热情，引导机关干部读原著、学原文、悟原理，坚定政治信仰。强化作风建设，提高履职能力。积极开展深化正风肃纪暨“三个专项整治”、作风大整顿等活动，签订“小团伙”责任书、建立自查自纠“四清单”，认真查摆存在问题、深入剖析原因，专题研究制定整改措施，确保整改实效，自查发现问题已全部整改到位并长期坚持。常态化开展谈心谈话，持续开展“层层谈心谈话”深入了解不同层次党员干部状况，积极征求全体党员意见建议，提高干部队伍的向心力、凝聚力和执行力。经常性开展党章党规教育、党风党纪教育和警示教育，提高机关党组织的凝聚力和战斗力、增强机关党组织的生机和活力。

【重点征迁工作】 积极做好保定市北三环东延、清苑区迎宾西路中冉段首期和二期、雄忻高铁项目启动前的调研、协调工作，多次组织召开小组办公会，研究相关政策，测算相关数据，研究制定《迎宾西路南侧中冉段征迁安置补偿工作实施方案》《S524 雄安新区至保定公路（北三环东延）清苑段补偿安置工作实施方案》《雄忻高铁（清苑段）安置补偿工作实施方案》等一系列文本。2022 年，北三环东延征迁补偿协议的签订工作已完成，迎宾西路中冉段分批次组织完成安置协议签订和分区域组织实施中冉拆迁路段的测量评估工作。

主　　任：贺　强

常务副主任：臧旭东

（撰稿：谭菲）

行政审批

【概况】 保定市清苑区行政审批局（简称区行政审批局）为区政府工作部门，机构规格正科级，加挂保定市清苑区政务服务管理办公室牌子。2022 年，区行政审批局坚持以习近平新时代中国特色社会主义思想为指导，深入学习贯彻中共二十大精神，以改革促效能，以创新促发展，持续深化“放管服”改革，全面落实依法行政，统筹做好疫情防控和服务社会经济发展工作，全年共完成各类审批业务 9147 件次，完成提供档案查询业务 16359 件次，完成档案整理核对、入档 5694 户，受理“12345”热线转办单 164 件次，均已按时反馈，满意率 100%。

【持续深化商事制度改革】 聚焦市场准入中的“难点”“堵点”，进一步优化审批流程、压缩审批环节，助力市场主体培育，实行企业开办“4 小时办结”标准化服务，2022 年，企业开办“一窗通”网办率 100%，同比增长 18.55%；坚持为企业“松绑”，放宽市场准入条件，实行承诺容缺受理和名称申报承诺制、放宽经营范围登记、实施企业歇业备案等制度，打造竞争更加公平的市场环境；严格企业注销、变更办理时限，企业变更登记 1 个工作日内办结，企业一般注销登记“45 + 1”个工作日办结，简易注销登记“20 + 1”个工作日办结，2022 年，全区简易注销比例达 65.55%。主动落实减免政策，2022 年 10 月通过公开招标的形式购买公章刻制服务，为企业免费刻制首套公章，以 145 元/枚的全市最低价签订服务购买合同，打破以往 228 元/枚的行业垄断，人人降低行政成本和财政支出，为市场主体降低办事成本，实现企业开办真正“零成本”。2022 年 10 月起免费为企业刻制公章共 963 枚，减少企业开办费用 158004 元，节约财政资金 79929 元。

【工程项目审批制度改革】 聚焦企业需求，服务项目落地，推进项目全阶段“一链办”、项目“一站式”、全流程“网上办”服务体系，推进工程建设项目增速提效，通过保定市工改系统，已实现项目立项、规划许可、施工许可、竣工验收等阶段全流程网上办理；将政府投资类、社会投资核准类、社会投资备案类项目从立项到取得施工许可分别压缩至39、33、31个工作日内；对社会简易低风险工程建设项目，全流程审批时间可在10个工作日以内办结；将项目建设涉及的立项、规划、施工等许可事项纳入并联审批管理，以上门、现场帮扶等方式对企业进行服务，提前服务，高效服务，推动投资项目“拿地即开工”。2022年，全区完成项目开工建设68个，其中重点项目16个。

【“一件事一次办”套餐改革】 联合区市场监管局、区执法局等相关部门，从企业和群众关注度高且办件量大的餐饮业、商超业、服务业等高频行业入手，将涉及多部门、多事项、多环节的办理流程进行“打包”和流程再造，实现“一件事一次办”，企业群众通过河北政务服务网“百事通”模块申报，实现“资料一次提交，事项一次办结”，2022年，使用“百事通”系统办件407件次。

【打造“互联网＋政务服务”服务模式】 完成市级一体化政务服务平台向乡村两级的延伸。完成全区18个乡镇、265个村、11个社区的账号申领和配置。全区277个村（社区）全部完成清单中要求的41项事项的认领及发布工作，实现村级政务服务事项100%网上办理。推动移动政务服务应用接入“冀时办”App。以区政府名义印发《保定市清苑区移动政务服务应用与省一体化政务服务平台移动端对接工作方案》，按照市级要求并结合全区实际完成移动应用接入“冀时办”工作，2022年“冀时办”办理业务155件次。推广电子证照在现实场景中的应用。组织全区各相关部门对“五级四同”事项库申请材料信息进行梳理，积极推进使用电子签章办理业务，全程网办事项出具的环节文书和审批结果加盖电子签章，实行网上送达，2022年，共签发电子证照种类118种，签发数量23182个。持续推进政务服务“好差评”工作。提升政务服务监督效能，落实政务服务评价工作指南和政务服务“一次一评”“一事一评”工作规范要求，推动政务服务“好差评”评价“二维码”等评价手段向乡镇行政综合服务中心和村（社区）综合服务站延伸，不断拓展评价覆盖度，2022年，全区“好差评”评价量162045条。

【打造政务服务中心“一站式＋不打烊”服务模式】 政务服务中心自助服务区升级改造，划分出自助服务区和等候专区，增加电脑6台、复印机1台、打印机1台，放置桌椅、书架、书籍，打造“阅读休息＋自助办事”模式。依托政务服务自助一体机、国家电网自助缴费一体机等多台自助机，为企业群众提供24小时“不打烊”服务，打造随时能办、随处可办的政务服务办事体验，弥补办事窗口工作8小时以外时间和节假日等非工作日的服务盲点。政务服务中心下设投资项目专区、企业开办专区、综合受理窗口、自助服务窗口、政务公开专区，区政务服务中心共进驻水、电、气、暖、执法、自然资源和规划、应急、交通、税务、住建、印章刻制等11个部门；全区政务服务事项共1439项，入厅事项（含公安、医保、税务等440项分厅管理事项）1108项，入厅率77%；实现“前台综合受理、后台分类审批、统一窗口出件”的审批模式。

【社会信用体系建设】 完善守信联合激励和失信联合惩戒机制，持续推进行政许可和行政处罚双公示信息7个工作日内上网公示，做到信息目录、内容“应公开、尽公开”，全面提升全区社会诚信水平。按照国家、省、市“进一步完善失信约束制度、信用修复机制”的工作部署，先后组织3次企业信用修复培训会，共进行信用修复81件。落实联合奖惩、信用承诺、“双公示”案例归集报送机制，推动信用承诺制改革，加大多领域信用承诺信息归集报送力度。2022年，区联合奖惩案例共报送762条，其中联合惩戒案例139条、联合奖励案例623条；信用平台公示信用承诺4115条；信用平台“双公示”数据5356条，其中行政许可4347条、行政处罚1009条、省一体化信用平台归集信用信息117039条。积极开展“信易贷”工作，河北省金融服务平台累计实名认证注册市场主体1624家；全国信易贷平台成功授信215笔，授信成交金额97164.24万元。

【公共资源交易中心透明化建设】　全区所有政府采购、工程建设项目招投标实现“文件电子化、标书网上传、开标不见面、监督信息化、过程全留痕”，政府采购项目全部实现市场主体评价，满意率达到100%，政府采购、工程建设招投标全部实现电子化交易，2022年，交易平台完成招投标项目196个；国有土地出让19宗；国有产权交易1个，总交易额61亿元，节约财政资金4073万元。区公共资源交易中心使用保定市自建的工程建设全流程电子交易系统，为市场主体提供免费服务，简化办事流程，降低企业经济成本，在全市区县一级公共资源交易中心首次实现该功能，2022年，通过该系统办理招投标业务12件次。

【“政策找人、服务上门”行动】　组织区直各部门、各乡镇全面梳理相关政策服务事项，编制形成《清苑区“政策找人服务上门”政策服务事项清单》59项，制定“傻瓜式”办事指南，以乡镇行政综合服务中心、村综合服务站为主要平台，开展民生高频事项“免申即享”，送政策上门；以“送服务、办实事、促发展”为主题，开展“个体工商户服务月”政策宣传活动；积极响应“万人助万企”活动号召，走访企业，进行疫情防控、安全生产和省、市“1+20”、区“1+11”一揽子政策宣传。

【“五办”民生工程】　制定印发《保定市清苑区政务服务马上办、网上办、就近办、一次办、自助办提升工程工作方案》，以“一网通办”为抓手，为企业群众提供“保姆式服务”。193项审批事项实现“马上办”；799项事项实现全流程网办；41项政务事项套餐实现“一件事一次办”；86项政务事项实现乡村两级“就近办”；全区265个村共布设210台“裕农通”设备，为政务事项“自助办”奠定基础。大力支持基层政务服务“标准化”建设，支援2个乡镇行政综合服务中心电脑桌椅14套、电脑3台、打印机3台、档案柜11个，助力乡镇行政综合服务中心规范化建设。

局　长：王鹏飞

（撰稿：孙林楠）

人力资源管理

【劳动管理】　切实加强组织领导，强化统筹协调，坚持严厉打击拖欠农民工工资违法犯罪与构建保障农民工工资支付长效机制相结合，持续推进保障农民工工资支付力度。2022年，区领导共召集根治欠薪会议17次，创新工作举措，强化源头治理。区劳动监察大队与信访、住建等部门联合接访，召开精准研判会，组建专班联合处置欠薪问题，维护农民工合法权益。共解决各类欠薪案件137件，涉及民工等一线劳动工作者1053人，总金额1451.9728万元。已经全部解决到位。

逐步完善劳动争议调解组织网络，共受理劳动争议案件结案148起，有效地维护了职工的合法权益，促进和谐劳动关系。积极开展工伤预防工作，共组织报送工伤职工认定材料121份。

【人才工作】　积极推进“人才十条”政策落实，根据实际制定了《关于支持高校毕业生和技能人才在清苑就业创业若干措施的实施细则》，推进人才强区战略。深入落实“燕赵英才服务卡”制度，共有燕赵英才 A 卡 2 人、燕赵英才 B 卡 102 人。做好人事人才工作。围绕打造引才聚才新高地，推进“千百万”青年英才集聚工程，2022 年，共引进全日制大专以上学历人才 166 人。加强专业技术人才队伍建设，进行职称考核认定相关工作，共新增专业技术人员 386 人。完成 2022 年高中级职称申报评审工作。完成 2022 年事业单位专业技术人员聘任工作。完成 2022 年事业单位公开招聘工作。按照民主、公开、竞争、择优的原则，共招录 181 人。完成 2022 年度技师报名、考试和人选推荐工作。

局　长：史经利

（撰稿：唐丽伟）

退役军人事务

【概况】　保定市清苑区退役军人事务局（以下简称区退役军人事务局）为区政府工作部门，机构规格为正科级。行政编制 10 名，科级领导 5 名，股级领导职数 3 名。下属 3 个事业单位。2022 年，按照中央和省、市、区委、区政府的统一部署，以提升服务保障水平为抓手，全心全意服务保障全区退役军人，在保定市各区县 2022 年度退役军人工作考核中获得优秀等次。

【思想政治建设】　2022 年，区退役军人事务局制定《清苑区退役军人事务局理论学习教育活动实施方案》，认真制定学习计划，组织全体人员及区各乡镇（城区）退役军人服务站开展理论学习教育活动，严格按照学习计划执行。网络学院、“学习强国”学习平台等均排全区前列。利用清明节、国家公祭日、抗战胜利纪念日，组织各单位和社会各界人士到区烈士陵园祭扫，弘扬爱国主义精神；积极发挥区关爱退役军人基金会和临时救助金的作用，帮扶救助困难退役军人；挖掘退役军人先进典型，评选全区最美退役军人、军嫂，最美兵支书、兵委员，整理革命历史题材文艺作品等。聚焦学习贯彻中共二十大会议精神，利用区双拥公园宣传阵地学习宣传中共二十大会议精神。

【退役军人权益保障】　2022 年，区退役军人事务局摸清底数，点面结合，将退役人员数据再整理，建立台账，做好“包联”。做好包联提示，落实包联制，梳理重点人员，明确科级干部包联并动态调整，通过《工作提示》的形式印发相关单位，督导包联干部真正发挥作用。坚持有访必接有访必办，各乡镇（城区）退役军人服务站、区退役军人服务中心均可接待来访群众，发放提示卡。对有困难需要帮助的退役军人全部入户，主动靠前工作。

【优抚工作】　2022 年，区退役军人事务局为数千名退役军人组织发放各类优抚金和门诊护理费，为重点优抚对象缴纳城乡医保。组织优抚对象全面核查，6 月，组织优抚对象参加一年一度的健康体检，精心组织退役军人在荣军医院疗养。核准底数，做好建档立卡，为全区数万名退役军人及军属办理全国优待证、发放新式光荣牌。

【褒扬纪念】　2022 年，区退役军人事务局健全常态化走访慰问机制，在春节、建军节等重要时间节点，积极开展慰问活动和走访慰问烈士遗属活动；为全区退役军人发放《慰问信》和新年春联；组织区委领导到清苑区域内驻军单位、重点优抚对象家中走访慰问。为立功受奖现役军人送喜报发放奖金。做好清明节祭扫、“9·30”公祭和抗战胜利纪念日活动。通过微信群、公众号等媒介发起“为河北烈士寻亲”活动，公布烈士寻亲信息，向社会征集线索，为韩佩烈士寻找到亲人。7月，组织开展“清苑区2022年度自主就业退役士兵返乡集中欢迎大会”，举办2022年度自主就业士兵适应性培训及技能性培训。改造提升清苑区烈士纪念设施。2022年，对全区18个乡镇及城区范围内散葬烈士墓、零散烈士纪念设施进行整修升级，包括集中迁葬烈士墓，修建墓穴、墙体，加固粉刷，地面硬化，园内绿化等工作。共计完成散葬烈士墓迁葬99处，新立烈士碑203处，就地维护原有烈士墓葬500余座。

【双拥工作】 2022年，区退役军人事务局聚焦双拥共建，开展“三美”表彰活动，积极组织各乡镇和区直单位对优秀退役军人进行推荐，并联合区委宣传部对评选出的16名“最美退役军人”“最美双拥人物” “最美军嫂”颁发证书进行表彰。

【就业帮扶】 2022年，区退役军人事务局全面摸底退役军人就业创业情况，建立退役军人就业创业的行业和专业目录数据库；建立退役军人就业需求、培训需求、岗位需求台账；完善区、乡镇两级职业技能培训工作机制。根据企业用工需求，依托华北电力大学行政管理专业博士团队，成功组织实施首届退役军人职业生涯规划+行政管理专题培训班，现场12人签订就业意向协议书。加强与用人单位、中介公司全方位对接，积极推荐退役士兵专项岗位工作，2022年，分五批办理专项岗位51人。持续开展赴疆就业宣传，邀请新疆生产建设兵团工作人员到清苑开展招录，2022年，5名清苑籍退役军人自愿报名赴疆就业。持续强化就业创业促进会作用，采取“自主选择+权威推荐”的模式为退役军人精准提供就业岗位。2022年，退役军人就业创业促进会已发展加盟企业34家。

【安置工作】 2022年，清苑区转业军官和符合政府安排工作条件的退役士兵按照规定程序和原则全部安置到位，做到安置政策、安置计划、安置办法、安置程序、安置结果“五公开”，选岗率和安置率达到100%。首推2020年度符合政府安排工作条件的退役士兵在待安置期间到区直单位或乡镇实习工作3个月，助推退役军人从军队到地方职业角色转换。

【乡、村两级退役军人服务站建设】 对乡级服务站进行服务清单解读培训，着力打造“三育”工程，通过党建引领、鼓励创新、示范带动等一系列措施，引领全区退役军人积极投身乡村振兴主战场。发挥优秀退役军人政治优势，积极培育农村“两委”“领头雁”，积极推荐5名兵支书和100余名退役军人，参加全省乡村治理及社会事业发展带头人培训。发扬优秀退役军人奉献精神，培育基层治理“排头兵”，积极组建退役军人志愿服务队，累计志愿服务18056场，直接服务群众54180人次。增强优秀退役军人致富本领，培育创新创业“带头人”，组织指导乡镇服务站紧紧围绕实现退役军人就业创业开展需求培训、结对帮扶、科技助力等专项活动，切实提高退役军人创业创新的本领。

【军休干部服务管理】 强化全方位、保姆式服务保障，认真落实军休干部“两个待遇”。切实落实好政治待遇，按时足额为每位军休干部发放退休金及各类补贴，为军休干部订阅10类报刊阅读学习，及时组织学习传达上级军休工作文件；“八一”、春节期间，区领导到军休干部家中走访慰问并组织召开两次专题座谈会。切实落实好生活待遇，坚持定期走访和联络员制度，及时入户了解情况，积极帮助解决实际问题。为军休干部安排健康体检，对生病住院的军休干部及时探望。

【区现役军人荣立二等功情况】 东闾镇韦各庄村现役军人段续于2021年12月30日荣立个人二等功；温仁镇西南佐村现役军人霍宗民于2021

年11月30日荣立个人二等功；李庄乡郝王力村温红勇于2021年12月17日荣立个人二等功。

局　长：王建功

（撰稿：葛艳绯）

应急管理

【概况】 区应急管理局为区政府工作部门，机构规格正科级，加挂保定市清苑区地震局牌子，内设办公室、安全生产股、应急救援指挥中心、综合减灾股、地震和火灾股、财务股等6个股室。在区应急管理局加挂区应急管理综合行政执法大队牌子，实行“局队合一”体制，共设置五个执法中队，即执法一中队、执法二中队、执法三中队、执法四中队、执法五中队，主要负责应急管理综合行政执法工作。2022年，区应急管理局认真贯彻落实省、市、区安排部署，牢固树立红线意识，强化底线思维，全面做好安全生产、应急管理、防灾减灾等各项工作。全年全区未发生一般及以上工矿商贸企业生产安全事故，区政府在全市2022年度安全生产考核中被评为优秀档次。

【安全生产责任体系】 加强安委会组织领导。严格落实“双主任”制度，由区委书记、区长分别担任安委会第一主任、主任；区委副书记担任安委会第一副主任；常务副区长分管安全生产工作，并担任安委会常务副主任；其他副区长分别担任安委会副主任。持续健全完善区安委会和安委办各项工作制度，推动安委会各成员单位认真履职尽责。建立责任机制。制定印发《区委常委班子成员、区政府有关领导安全生产职责清单》和《区政府领导2022年安全生产重点工作任务清单》，督促各级各部门修订完善本单位领导干部安全生产“两个清单”，进一步细化各层级安全责任。严格落实领导包联制度。实行区领导包乡（镇）、乡（镇）领导包村制度，13家重点企业由区委、区政府领导包联，其他企业由行业主管部门和乡镇（城区）、开发区党政领导包联，实现包联责任全覆盖。层层签订责任书。组织各乡镇（城区）、开发区和区安委会成员单位分别签订《2022年度安全生产目标管理责任书》，各监管单位与企事业单位内部逐级签订责任书，构建了健全的安全生产目标管理体系。完善网格化管理。将全区913家企事业单位、65个在建项目全部纳入监管范围，制定网格化管理台账，逐一明确了监管单位和责任人。

【安全生产考核问效】 2022年，共召开季度防范安全事故会4次、安全生产调度会19次，及时对各阶段和重要时期的安全生产工作进行部署、调度。加大推进力度。将安全生产重点工作列入《政府工作报告》，实行“年初建账、年中查账、年底要账”，坚持月督查，有效推进工作落实。强化民主监督。人大代表、政协委员为安全生产积极建言献策，9月23日区人大常委会组织部分人大代表对全区安全生产工作进行调研检查；9月24日区政协组织部分政协委员开展安全生产专题视察活动；11月15日区第三届人大常委会召开第十次会议，听取并审议区政府关于安全生产工作情况的报告，进一步强化人大对全区安全生产工作的监督促进作用。严格目标考核。8月对各单位上半年安全生产工作进行评价考核，年底对各单位全年安全生产工作进行综合考核，并将考核结果纳入领导班子总体考核成绩，与党政领导干部履职评定直接挂钩。

【重点行业专项整治】 危险化学品排查整改。聘请专家对危险化学品重大危险源企业开展解剖式、全方位督导检查，共排查整改隐患13处。督促75家危险化学品企业全部完成“双控”机制建设，并全部投保安全生产责任保险，进一步夯实企业安全基础。加强执法检查，全年累计执法检查危化企业96家次，排查整改隐患107处，立案8起，共处罚款14万元。

工贸行业专项整治：紧盯工贸重点企业，深入开展监督检查，全年累计执法检查工贸企业128家次，排查整改隐患195处，立案17起，共处罚款28万元。组织开展了工贸行业安全生产专项整治“百日清零”行动，共检查“深井铝”企业5家，涉爆粉尘企业7家，未发现问题。对8家有限空间企业进行专家指导服务，共发现隐患27处，已全部整改。8月13日，省应急厅在保定市召开全省有限空间作业安全管理现场会暨工贸行业“百日清零行动”调度会，现场观摩清苑区长发铝业、天硕有色金属2家企业，省、市领导对清苑区工作给予充分肯定。

同时，充分发挥区安委办统筹协调作用，协调组织各乡镇（城区）、开发区、各行业主管部门开展了道路交通、建筑施工、燃气、消防、特种设备等重点行业领域专项整治，加强调度和督导，进一步推动重点行业领域安全形势持续稳定好转。

【安全生产大检查】 高度重视。制定印发《清苑区安全生产大检查实施方案》，成立由区长任组长的领导小组，多次召开会议进行安排部署，确保任务明确、措施具体、推进有力。认真自查。对照《安全生产大检查对照检查清单》，全面自查“安全生产十五条硬措施”落实情况，进一步补短板、强弱项、促提升。同时，制定印发《清苑区落实国务院安委会“安全生产十五条硬措施”工作实施方案》，将安全生产十五条硬措施细化成15个方面、33项具体措施，逐一明确责任单位和完成时限，确保工作落实落细。全面排查。行动期间，全区共检查企事业单位3021家次，排查整改问题隐患2301处，立案处罚企业15家，共处罚款28万元。

【安全宣传教育】 组织观看《生命重于泰山》专题片。共组织各级各部门开展理论学习中心组学习37次，集中观看学习《生命重于泰山》电视专题片，学深悟透习近平总书记关于安全生产重要论述精神，自觉对标推动工作。开展“安全生产月”活动。6月，深入开展了主题宣传日、安全隐患排查、应急救援演练、事故警示教育等一系列活动，全面普及安全知识。6月14日，组织15家单位50余人集中开展“安全生产宣传咨询日”活动，取得较好效果。推进全民安全素质提升工程。深入开展“安全带回家、祥和过大年”、“5·12”全国防灾减灾日、“7·28”地震科普宣传周等集中宣传活动，广泛宣传安全知识；积极组织48万余人次参加全省应急知识网络竞赛，2人获得省级优胜个人称号；印发《居民安全使用燃气防护手册》22万册、新《中华人民共和国安全生产法》宣传册6000余册，进一步传播安全文化，提升全民安全素质。强化安全培训。利用互联网等新媒体平台，组织开展复工复产“开工第一课”“秋季开学安全第一课”等专题安全讲座，受众达10万余人次；组织培训企业主要负责人250人、企业安全管理人员325人、特种作业人员51人。

7月29日，区应急局组织开展地震科普宣传周活动

【安全生产专项整治三年行动】 深化专项整治。2022年，持续盯紧重点行业领域，推进专项整治三年行动，全区累计检查企事业单位4113家次，排查整改隐患2814处。开展“回头看”。制定印发《全区安全生产专项整治三年行动自查自评工作方案》，对三年行动开展“回头看”和总结评估。2020—2022年三年行动期间，全区共发现安全生产突出问题6项，已全部整改；共检查企事

业单位7094家次，排查整改一般隐患5149处，未发现重大安全隐患，行政处罚合计181.1万元，未发现整治有遗漏和不到位的问题隐患。总结经验成果。三年行动期间，全区共制定区级制度措施15项，总结出经验性做法3项，进一步健全完善安全生产长效机制，提升重点行业安全监管水平。

【安全生产大排查大整治行动】　加强组织领导。制定“1+11+9”大排查大整治方案体系，成立了由区长任组长的领导小组，多次召开全区大会进行动员部署、调度推进，确保工作有序开展。全面排查整治。制定并建立了大排查大整治情况汇总表和隐患台账，整体推进、每日要账。行动期间，全区共检查企事业单位1917家次，排查整改各类隐患1452处。抓好督导整改。省、市各类安全生产督导检查组共交办22批次、229项问题，已全部按要求完成整改。同时，针对省督导组与保定市两次交换督导意见中指出的38项安全生产共性和个性问题，坚持举一反三，认真制定整改责任清单，已全部按要求完成整改。

【作业场所视频监控全覆盖】　按照省、市要求，确定了工矿商贸领域作业场所视频监控全覆盖企业底数，对工作任务进行细化分解。10月27日，完成县级视频监控平台建设，授权容量500个。同时，与联通、移动、电信三大运营商分别签订合作协议，明确“时间表”“任务图”，倒排工期、挂图作战，高标准、高效率开展企业端建设工作。2022年，全区共接入危化和工贸企业351家，接入监控点位1100个。

【安全生产基础建设】　加强诚信管理。2022年，在河北省企业安全生产诚信管理系统新注册企业12家，累计注册149家；新录入双公示信息23条，累计录入61条。加强“双控”机制建设。通过培育“双控”机制高质量运行试点、开展“双控”专项执法、强化“双控”教育培训等多种方式，进一步推进“双控”机制建设提质扩面，提高运行质量。全区已累计完成“双控”机制建设企业350家。加强应急管理机构建设。组建区应急管理综合行政执法队，在区应急管理局加挂区应急管理综合行政执法大队牌子，实行“局队合一”体制。18个乡镇均成立应急管理办公室和综合行政执法队，14项安全生产行政处罚事项已下放至各乡镇执法队，确保应急管理工作在乡镇有力推进。

【应急管理能力建设】　坚持智慧应急建设。完成应急管理一张图、重点应急资源信息管理、数字化预案管理、应急通信保障等信息化系统建设，推动应急管理逐步实现由传统治理到现代“智”理的转变。强化预案管理。持续加强全区突发公共事件应急预案体系建设，共制定全区总体预案1项、区级专项预案28项、区级部门预案31项，各类应急预案实现有序衔接。壮大应急队伍。组建区级常备应急救援力量，承担全区突发事件应急救援工作；督促18个乡镇和城区成立应急救援队伍，部分规模企业组建企业兼职应急救援队伍，负责本辖区、本企业的突发事件处置工作。开展应急演练。制定《全区2022年度应急演练计划》，深入开展应急预案演练大练兵活动。5月组织开展了全区防汛应急演练，10月组织开展了地震应急演练桌面推演，进一步提升全区应急救援能力。

【防灾减灾救灾】　扎实推进自然灾害综合风险普查。应急、水利、交通、气象、自然资源和规划、住建等6个系统已全部完成普查。加强地震和森林防火工作。及时对区抗震救灾指挥部和区森林草原防灭火指挥部成员进行调整，补充完善工作细则，篆刻了区抗震救灾指挥部、区森林草原防灭火指挥部等4枚公章，完成2022年度房屋设施抗震设防信息采集和动态更新工作，确保了地震和森林防火工作要求落实到位。壮大灾害信息员队伍。建立起一支覆盖区乡村三级、共计

577人的灾害信息员队伍，确保遇有灾害能及时上报。投保河北省农房保险和政府救助保险。河北省农房保险由人保财险和太平洋保险承保，政府救助保险由人保财险承保，均已正常开展理赔工作，有效提升了政府灾害救助水平。妥善处置突发灾害。6月14日晚，清苑区7个乡镇遭受风雹灾害，应急部门第一时间核灾报灾，妥善做好灾后救助工作。

局　长：樊文志（2022.7离任）

武全乐（2022.7—　）

（撰稿：金鹏飞）

消防救援

【概况】　清苑区消防救援大队是以消防救援指战员为主体，地方政府专职消防员为补充，非营利性质的公益组织。2022年，清苑区消防救援大队坚持“预防为主，防消结合”的工作方针，持续深化社会面火灾防控治理，护航冬奥，决战、决胜二十大安保，实现社会面火灾形势持续平稳，圆满完成年度消防安全责任目标，奋力推动消防救援事业高质量发展。

【灭火救援】　2022年，全年累计接警出动230起，其中火灾扑救173起、抢险救援50起、社会救助5起，共出动车辆675辆次，出动人员3345人次。年内未发生较大以上火灾事故，无人员伤亡，实现火灾起数和财产损失双下降的目标，全区火灾形势平稳向好。年内开展灭火与消防应急救援社会联动工作联席会议，修订完善本级综合应急救援联合演练预案，积极开展“六熟悉”实装实地灭火演练，进一步提高消防救援人员的灭火救援能力。

【监督执法】　2022年，清苑区消防救援大队全面深化改革，确定56家消防安全重点单位及700余家“双随机”抽查库单位。大队以“防火和灭火”两项工作为主线，分行业、分领域、分类别开展重点场所消防安全治理，巩固2020—2021年消防安全专项整治三年行动成果，稳步推进三年行动收官工作。先后开展了燃气专项整治工作、生产经营租住自建房综合治理工作、高层公共建筑消防安全专项整治工作，起草文件55份印发给各乡镇和消委会成员单位，圆满完成各项专项行动和北京冬奥会、冬残奥，全国两会，中共二十大等重大活动、重要节日消防安保工作任务。共检查单位1089家次，发现隐患1113处，督促整改火灾隐患或违法行为1113处，下发责令改正通知书768份，共办理行政处罚案件16件，其中涉及责令“三停”2家，临时查封1家。持续打牢乡村地区火灾防控基础，2次致信各乡（镇）书记、乡（镇）长就切实做好消防安全工作提出明确要求，加强遏制“小火亡人”火灾事故高发态势，特别是加强对农村孤寡老人、残疾群体的“小火亡人”警示教育，确保辖区火灾形势持续平稳。

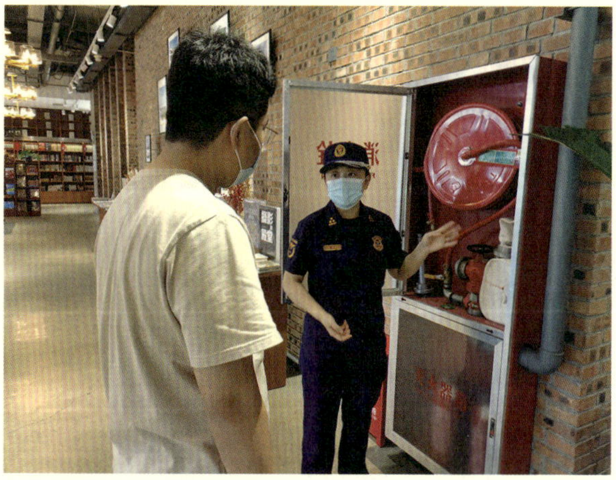

6月28日，清苑消防救援大队对第五届保定市文化和旅游产业发展大会涉会场所开展消防安全检查工作

【消防宣传】　深入推进消防宣传“五进”工作，制定印发《清苑区深入推进消防安全宣传教育进企业进农村进社区进学校进家庭工作实施细则》，明确属地政府、行业部门职责任务，并纳入政府消防工作检查考评内容，以“安全生产月”“119宣传月”为契机，发动基层力量开展

“四个一”活动，设立试点推进消防宣传“五进”工作进一步落实。加大媒体宣传力度，制作高层建筑消防安全动画并“进驻”高层住宅小区电梯间，以视频形式传递包括电动自行车使用管理、防火、救火等消防知识；利用清苑区融媒体公众号定期开展典型火灾案例警示宣传，常态化开展消防法治宣传、常识性宣传和警示性宣传；协调区教育、民政、住建、文旅等行业部门分系统开展宣传教育，依托寒暑假期间面向广大中小学生以家庭为单元开展宣传活动，自主制作设计了3款共5000份造型不同的消防橡皮和直尺进行发放；以社区、大型商超等人流较大的场所为依托，发放各类宣传资料1.2万余份。积极推广应用全民消防安全学习平台、全国消防体验场馆预约平台、全国消防志愿者注册管理平台，印制二维码提示卡1000张，张贴在商超、超市、小区等人流集中区域，结合特色宣传品推广应用，加强应急消防科普教育基地建设，开通网上预约功能并通过媒体向社会公布，利用“消防站开放日”免费向社会公众普及消防知识，零距离体验消防；年内依托好梦林水微度假体验区建成集科普教育、游乐设施、亲子互动、消防文化为一体的清苑区消防主题公园，秉持“寓教于乐，因地制宜”理念，把消防元素融入自然景观，游乐设施，全面化身为“一站式”消防科普宣传教育点。

11月9日，清苑区消防救援大队开展消防宣传活动

大队长：梁　旭

（撰稿：李嘉琳）

政协保定市清苑区委员会

◎政协常委会机构

◎重要会议

◎政协常委会主要工作

◎政协机关工作

政协保定市清苑区委员会

政协常委会机构

【概况】 2022年，在中共保定市清苑区委的坚强领导下，区政协常委会坚持以习近平新时代中国特色社会主义思想为指导，认真学习贯彻落实中共二十大精神，坚持围绕中心、服务大局，坚持发扬民主与增进团结相互贯通，坚持建言资政与凝聚共识双向发力，为清苑经济社会高质量发展作出了积极贡献。政协常委会机构包括政协领导机构、政协工作机构。政协保定市清苑区第三届委员会设主席1名、副主席4名、秘书长1名。机关工作机构设有办公室、经济科技委员会、学习提案委员会、农业农村委员会和文教体卫委员会。

【领导机构】

主　　席：韩拴宝

副 主 席：苏秀义（女）

张　琳（女，9月离任）

刘永发

张宏图

秘 书 长：任新刚

常务委员：（按姓氏笔画排序）

于　亮　　于跃龙　　王　芳（女）

王　颖（女）　刘　静（女）　刘向阳

刘保胜（女）　齐智超　孙　雍

苏　浩　李志芳（女）　李志国

李素环（女）　杨　珊（女）　杨雪艳（女）

宋志强　陈洪涛　罗政民

周　杰　赵建章　贾宏英（女）

夏永章　郭彦会　郭星辉

崔向光　康新颖　葛长璞

葛凤娟（女）　臧永建　谭建辉（女）

霍鹏彪

【工作机构】

办公室

主　任：任新刚

副主任：王立明　杨小丰

经济科技委员会

主　任：申亚军

副主任：霍　娜（女）

学习提案委员会

主　任：王兵旺

副主任：岳志英（女）

农业农村委员会

主　任：庞玉柱

副主任：赵树伟

文教体卫委员会

主　任：（空缺）

副主任：张　琼（女）

重要会议

【政协保定市清苑区第三届委员会第二次会议】

2022年1月26—28日，召开政协保定市清苑区第三届委员会第二次会议。大会采取“主会场+分会场”视频会议形式，设主会场1个、分会场21个。会议应到委员258名，实到委员228名，符合规定人数。区政协领导韩拴宝、苏秀义、张琳、刘永发、张宏图、李志芳出席会议，闫向阳、李英英等区领导参加会议。会议听取并讨论区委书记闫向阳代表中共保定市清苑区委在会议开幕时的讲话；听取并审议通过区政协主席韩拴宝所作的常务委员会工作报告和副主席张琳所作的提案工作报告；审议通过会议有关决议。列席清苑区第三届人民代表大会第二次会议，听取并讨论了区长李英英代表区政府所作的政府工作报告以及其他有关报告。

【区政协2022年历次常委会会议】　1月19日，清苑区政协组织召开三届二次常委会会议。会议传达学习了《中共中央办公厅关于加强和改进新时代市县政协工作的意见》和党史学习教育总结大会、市委十二届三次全会、区委三届三次全会等有关会议精神；协商讨论区政府2021年民生实事情况及全区城市建设情况的通报；协商通过区政协第三届委员会委员调整情况和2021年度优秀政协委员名单；研究区政协三届二次全会筹备相关事宜，审议通过有关文件。

1月28日，清苑区政协组织召开三届三次常委会会议。会议听取区政协三届二次会议期间各委员小组分组学习讨论情况的报告；审议通过区政协三届二次会议各项决议（草案）。

3月31日，清苑区政协组织召开三届四次常委会会议。会议协商通过清苑区政协2022年工作思路和工作要点，通报了清苑区政协2022年协商工作计划和清苑区政协三届二次会议以来委员提案立案情况。与会人员集中学习全国两会精神、河北省委办公厅《关于加强和改进新时代市县政协工作的实施意见》文件精神和叶冬松在河北省政协关于加强和改进新时代市县政协工作会议上的讲话精神。

6月30日，清苑区政协组织召开三届五次常委会会议。会议围绕“现代化品质生活之城新颜值——全区城市建设工作”主题专题协商议政；研究通过撤乡设镇行政区划调整方案；协商通过区政协有关制度文件；研究部署了区政协下半年重点工作；集中学习《中国共产党政治协商工作条例》文件精神、省委十届二次全会精神、中国共产党河北省代表会议精神、市政协十四届五次常委会会议精神以及市委、区委关于加强和改进新时代市县政协工作的有关文件精神。

12月23日，清苑区政协组织召开三届六次常委会会议。会议协商讨论了全区农村生活水源江水置换工程进展情况和2022年委员提案办理工作进展情况，集中学习中共二十大、省委十届三次全会、市委十二届四次全会和区委三届四次全会等会议精神。

政协常委会主要工作

【坚决把牢正确政治方向】　思想武装持续强化。通过政协党组会、党组理论中心组学习会、主席会、常委会会议等形式集中学习36次，进一步引导广大政协委员和机关干部忠诚捍卫“两个确立”，坚决做到“两个维护”。

政治建设不断加强。报请区委研究出台《关于加强和改进新时代区政协工作的落实措施》《关于进一步加强人民政协协商民主建设的工作措施》等重要文件，为政协事业发展提供根本遵循和制度保障。充分发挥政协党组“把方向、管大局、保落实”的领导核心作用，重大问题、重要工作第一时间向区委请示报告，及时传达贯彻上级和区委召开的重要会议精神、作出的重要指示、部署的重点工作，全面开展中央和省委、市委、区委政协工作会议精神贯彻落实“回头看”，确保中央大政方针和省市区委决策部署在政协系统落地生根、开花结果。

*党建履职融合互促。*坚决落实新时代党的建设总要求，严格履行全面从严治党主体责任，完善政协党组议事规则和决策程序，定期研究部署意识形态、党风廉政建设等工作，做到党建工作与政协履职一同谋划部署、一体推进落实。切实发挥专委会功能型党支部战斗堡垒和党员委员先锋模范作用，巩固完善5级政协党组织架构体系和“三联三带”系列配套机制，实现党的组织对党员委员全覆盖、党的工作对政协委员全覆盖。

【全力服务品质生活之城建设】 *为服务发展大局谋长远之计。*坚持党委有号召、政协有行动，聚焦“奋力推动现代化品质生活之城绽放新颜值、跑出加速度”重大决策部署，围绕项目园区、产业发展、经济运行、城市发展等重要议题，依托政协全会、政府政协联席协商会、专题议政性常委会会议、主席协商座谈会等议政平台，开展“有事好商量”协商议政活动15次，诸多成果转化为区委、区政府决策参考。特别是为深入贯彻落实中共二十大报告中提出的“协商民主是实践全过程人民民主的重要形式”，区政府、区政协联合制定了《联席协商会议工作制度》，并立足打造中国式现代化清苑场景，围绕“加快重点项目建设，推动高质量发展”主题，首次召开政府政协联席协商会议。

*为扮靓城市颜值献务实之策。*唱响“红色风华、品质清苑”，紧扣“现代化品质生活之城新颜值”开展专题议政，形成了《关于加强改进城市规划建设管理 助推现代化品质生活之城的建议》，区委、区政府主要领导批示“相关区领导和自然资源、住建、执法等部门专题研究落实”。着眼“办好一次会、搞活一座城”，全力服务第五届保定市文化和旅游产业发展大会，先后组织“城乡道路改造提升”调研、“城市新颜值和重点项目”视察、城建重点提案督办等系列履职活动。在履职活动中，各界委员为城市建设发展聚共识、建真言、添助力，也让广大委员深深感受到清苑发展的新变化、新亮点、新成就，增进了委员的荣誉感和使命感。

*为助力乡村振兴建睿智之言。*乡村振兴是现代化品质生活之城的重要内容，从农业产业发展到乡村文化建设，区政协主动融入，全力助推。以“发展现代农业，促进乡村振兴”为切入点，选取数字农业、设施农业和预制菜产业，深入调查研究，并从“发展农业产业集群、增强特色品牌实力”等4个方面提出工作建议，得到区政府的重视采纳。针对农村水源江水置换、乡村文化繁荣发展等“三农”重点工作，认真开展视察监督、协商议政，为解决问题、促进工作起到了积极作用。

*为落实重点任务尽助推之责。*面对多轮疫情，区政协第一时间响应号召，各位主席坐镇一线，各界委员和机关干部日夜坚守。围绕“稳住经济大盘，推动一揽子政策措施落地见效”，召开中小企业优惠政策对口协商座谈会，提振了企业发展信心。聚焦“打造一流营商环境，提升政务服务效能”，实地走访调研政务服务大厅、开发区和中南高科、新发地等企业，就相关工作提出意见建议。立足“建设平安清苑，守住安全底线”，针对重点人群、重点时期、重点领域，相继开展了“寄宿制学校校园安全”“平稳安全度汛”“防风险保安全促发展”等系列视察活动，紧盯问题隐患持续跟踪督办，切实保障人民群众生命财产安全。

【改善提升人民生活品质】 *开展视察监督增进民生福祉。*聚焦省市民生工程涉及全区事项和区政府年初确定的20项民生实事，就“城市有机更新、老旧小区改造、路域环境治理、河道综合整治”等事项落实情况，逐项开展协商式监督视察，逐项提出反馈意见。选派20名委员担任民生监督员，对区教体、卫健、人社、住建等职能部门，实施民主监督、行风评议。

*汇集民智民意促进科学决策。*将提案作为反映民意的重要途径，实行党政领导领办、政协领导督办、多方联办工作机制，2022年审查立案的58件提案全部提前办结。依托“委员之家”“委员工作室”等平台，以及走访界别群众等方式，广泛收集整理社情信息，及时向市政协和区委、区政府反映，有效发挥了“直通车”作用。主席会议成员和部分委员，通过列席区委常委会会议、区政府常务会等契机，就民生领域重大决策、重要工作发表意见建议，提供决策参考。

*发挥自身优势彰显为民情怀。*利用政协组织联系面广、包容性大的独特优势，认真做好区委交办的项目建设、万人助万企、信访案件化解等包联任务，帮助企业群众解决问题和困难。东闾、张登等地发生冰雹灾害后，区政协率先发出倡议书，号召社会各界购买“爱心西瓜”、帮助寻求销路。2022年，通过各种渠道向抗疫一线、受灾群众、公益事业等，累计捐款捐物达230万元。

【广泛凝聚社会各界共识】 *在致力于清苑发展上增进共识。*坚持一致性和多样性统一，注重发挥党派团体在政协组织中的重要作用，拓展同党外知识分子、非公经济人士沟通交流，主动邀请他们参加调研视察、学习座谈等活动，促进各阶层同心同德、同向发力。举行宗教场所“双创四进”专题视察，增强宗教界人士和信教群众的政治认同、文化认同。认真落实走访看望委员、谈心谈话制度，畅通委员知情明政渠道，组织委员听取城市发展、项目建设、提案办理等情况通报，营造“求同存异、体谅包容、平等议事、民主和谐”的良好氛围。

*在塑造清苑文化上扩大共识。*围绕塑造清苑文化，展现政协作为和优势，助力提升文化软实力。开展中共二十大精神宣讲活动，推动中共二十大精神在政协系统落地生根。推进“书香政协”建设，围绕“喜迎二十大，书香催奋进”主题，开展“云享悦读·委员读书网上分享活动”，全方位展示委员履职学习风采。举办“奋进新征程，建功新时代”书画展，参展的230幅作品从不同角度，礼赞了新时代伟大成就，弘扬了社会正能量。2022年，区政协被省政协评为学习宣传工作先进单位。

*在参与中心工作中汇聚共识。*时刻保持迎接大战大考的奋战姿态，对事关清苑改革发展稳定的大事难事、急事要事，区政协责无旁贷、奋勇向前、主动作为。2022年以来，先后参与了张望路和魏村路两条“政协路”环境治理、抗击新冠疫情、唐河治理工程（东石桥段）征地拆迁、第五届保定市文化和旅游产业发展大会筹备等重大专项工作。

【全面提升履职工作能力水平】 *用制度机制建设激发委员的责任担当。*以中央和省委、市委、区委政协工作会议精神“回头看”为契机，对标上级和先进县（市、区）制度建设经验做法，修订、新建《全体会议规则》《常委会规则》等制度63项，完善以《中国人民政治协商会议章程》为基础，以协商制度为主干，覆盖政协党的建设、履职工作、机关管理等各方面的制度体系，实现政协工作制度化、规范化、程序化。

*用履职平台建设保障委员的责任担当。*打造教育培训平台，充分利用互联网线上线下教育资源，举办政协系统中共二十大精神集中学习，组织委员参加全国和省市政协视频学习培训会议15次。打造基层履职平台，持续推进“全员入委”，在完善“委员之家”、专委会功能型党支部等基层履职平台的基础上，又择优遴选，探索创建了35个“委员工作室”，推动了委员履职工作向基层一线和界别群众延伸。打造管理服务平台，继

续实行常委年度述职、委员履职考评工作机制，评选出优秀委员42名并通报表彰，对履职不到位的及时谈话提醒，努力打造“懂政协、会协商、善议政，守纪律、讲规矩、重品行”的委员队伍。

用强化机关建设促进委员的责任担当。围绕“政治型、学习型、创新型、服务型”机关建设要求，开展作风大整顿活动，规范机关内部管理，推动政协履职与机关工作的无缝衔接，不断增强政协机关调查研究、组织协调和服务保障的能力，为全体委员履职尽责提供坚强保障。严格落实中央八项规定精神，强化纪律规矩意识，支持纪委监委派驻机构履行监督职责，大力营造风清气正的政治生态。

政协机关工作

【强化理论学习】　以迎接、学习、宣传、贯彻中共二十大精神为主线，持续笃学深悟习近平新时代中国特色社会主义思想，时刻把握政协工作新思想、新理论、新方法，不断夯实团结奋斗的共同思想政治基础，全面增强班子成员履职能力和工作水平。始终坚持在区委、区政协党组的领导下开展工作，严格实行重大事项请示汇报制度，一切重要活动围绕区委中心工作开展，一切重要安排在广泛征求意见的基础上报上级党组织审定，努力把思想和行动统一到区委的中心工作和决策部署上来。始终坚持把意识形态工作作为重中之重，定期组织机关党员干部学习，以加强思想政治建设提升政治站位、引领事业发展，确保政协工作在党的领导下始终沿着正确的政治方向前进。

【履行政协职能】　圆满完成会务组织工作。充分发挥政协机关领导核心作用，精心组织，周密部署，圆满完成区政协三届二次全会、5次常委会会议、8次政协党组会议、10次主席会议等会务组织工作。

积极参与区委中心工作。围绕全区中心大局，聚焦项目园区、产业发展、经济运行、城市发展等重点工作，组织开展10次调研视察活动。在疫情防控、创城、创卫等重点工作中主动作为，严格落实区委、区政府各项工作举措，体现责任担当，真正做到守土尽责。尤其是在北和庄疫情防控紧急处置工作中，区政协主要领导带领机关干部到一线执勤，日夜坚守在防疫一线，确保区委各项防疫措施落实到位。

加强文史宣传工作。编辑印发机关刊物《清苑政协》第二期、第三期，利用“清苑政协”微信公众号，及时向社会各界宣传政协履职成效，展示广大政协委员风采。举办“奋进新征程、建功新时代”喜迎二十大主题书画摄影作品展，从不同角度、用不同艺术形式礼赞新时代伟大成就。持续推进“书香政协”建设和委员读书活动，引领更多群众听党话、感党恩、跟党走。

大力推进委员履职平台建设。积极探索委员工作室创建工作，在全区遴选出行业领域优秀的政协委员，建立了35个委员工作室，其中首批工作室由政协领导集中授牌揭牌，充分发挥委员工作室职能作用，积极将政协工作向基层延伸。

【全面推进机关建设】　完善政协工作制度。结合开展贯彻落实中央和省委、市委、区委政协工作会议精神进展情况回头看工作，利用近两个月的时间，对2018年以来区政协各项工作情况进行全面梳理汇总，分门别类整理归档，逐条逐项查漏补缺，补充完善相关资料，推进了政协工作更加制度化、规范化。

强化委员学习培训。持续推进政协委员和机关干部的学习培训工作，成立了4个习近平新时代社会主义思想学习座谈小组，大力推进委员的政治理论学习。依托“委员之家”和功能型党支部，通过专题学习、以会代训、专家辅导授课等多种形式，持续推进委员的学习培训，全面提升政协两支队伍的履职能力和水平，为高水平履职推进高质量发展提供根本保障。

加强党风廉政建设。始终严守中央八项规定精神和党规党纪，及时传达学习中央及省市区委警示教育大会精神，班子成员带头贯彻落实党风廉政建设各项规定，坚持贯彻党的基本路线、方针、政策执行标准不走样，遵守纪律不放松。在机关党员干部中，大力开展思想作风纪律整顿，努力查摆和改正思想和工作作风上的不足之处，积极在区政协机关营造积极向上的工作环境和风清气正的政治生态。

（撰稿：张琼）

清苑区纪律检查委员会
清苑区监察委员会

◎综　述

◎纪检监察

清苑区纪律检查委员会
清苑区监察委员会

综　述

【概况】　区纪委监委机关设内设机构18个：办公室、组织部、党风政风监督室、信访室、案件监督管理室、第一至第八监督检查室、第九至第十一审查调查室、案件审理室、纪检监察干部监督室，行政编制73名，设派驻纪检监察组5个：驻区委办公室纪检监察组、驻区政府办公室纪检监察组、驻区教育和体育局纪检监察组、驻区财政局纪检监察组、驻区卫生健康局纪检监察组，行政编制15名。2022年，清苑区纪委监委在市纪委监委和区委的领导下，深入学习贯彻中共二十大精神和习近平新时代中国特色社会主义思想，坚持做到“三个务必”，忠实履行党章和宪法赋予的职责，坚持稳中求进、实事求是，聚焦主责主业、依规依纪依法，一体推进不敢腐、不能腐、不想腐，努力推动纪检监察工作高质量发展，各项工作取得新进展新成效。

【工作机构】　区纪律检查委员会与区监察委员会合署办公，实行一套工作机构、两个机关名称，履行纪检监察职能，负责全区党风廉政建设和反腐败工作。

【中共保定市清苑区纪律检查委员会】

书　记：陈　栋

副书记：常志超　刘晓阳

常　委：刘　哲　冉精华

冉海超　马　腾（女）

【保定市清苑区监察委员会】

主　任：陈　栋

副主任：常志超（兼任）　刘晓阳（兼任）

委　员：刘　哲（兼任）　冉海超（兼任）

刘立铁　杨建华

纪检监察

【政治监督】　始终把做到“两个维护”作为根本政治任务，推动建立系统完备、重点突出、措施具体、职责明确的政治监督体系，推动中央和省市区委重大决策部署落地落实。积极协助区委落实全面从严治党主体责任，全面夯实“两个责任”，落实“一岗双责”，打造一级抓一级、层层抓落实的责任体系。持续深化市委月点评会跟进监督，紧盯“关键少数”，紧盯末端抓落实，见人见事见效果，切实推动监督检查和建章立制相结合，全年共对 80 个问题整改情况跟进监督，制发提醒函 40 份，处分处理 45 人。围绕“疫情要防住、经济要稳住、发展要安全”的要求，常态化开展疫情防控、稳经济运行一揽子政策措施落实、领导干部安全生产责任制落实监督，督促相关部门强化政治担当，为统筹抓好疫情防控和经济社会发展赋能助力。

【重拳惩贪治腐】　2022 年，共处置问题线索 347 条，立案 105 件，处分处理 381 人，留置 3 人，移送审查起诉 2 人。反腐败斗争压倒性态势全面巩固，一体推进“三不腐”的综合效应得到充分释放。严查贪腐案件。聚焦重点领域和关键环节，坚决清理风险隐患大的行业性、系统性腐败，查处重点类型、重点领域案件 5 件，成功查办市纪委监委制定管辖案件，共挽回经济损失 400 余万元。提高办案质效。坚持纪检审查工作以审理为中心、执法调查工作以审判为中心的理念，建立健全审理提前介入、先行把关、一案一评查机制，完善职务犯罪案件沟通协调机制，推动纪法贯通、法法衔接。完善问题线索处置会商及线索分析研判机制，提高线索处置精准性。严控措施使用，确保措施使用精准稳慎、有力有效。加强办案安全制度机制建设，确保安全文明办案。做实案件查办“后半篇文章”。精准运用四种形态，惩前毖后、治病救人，抓早抓小、防微杜渐，第一、二种形态占比达 87.6%。强化专案总结交流，以案件“复盘”载体，做实经验转化和成果推广，在相互交流借鉴中推动案件查办水平进一步提高。

【强化正风肃纪】　狠抓中央八项规定精神落实。坚持教育在先，逢节必令，反复提醒，持续开展明察暗访，持续保持高压态势，全年查处违反中央八项规定精神案件和“四风”类问题 16 件，处理 24 人。突出纠树并举，会同区妇联开展廉洁文化进家庭活动，组织召开“弘扬好家风，争当廉内助”家庭助廉座谈会，推动廉洁教育融入家庭日常生活，构筑廉洁文化家庭防线。深入推进三个专项整治。严明政治纪律和政治规矩，在全区党员干部中深入开展吃喝风、小团伙、微腐败专项整治，切实强化室组联动，凝聚监督合力，坚决遏制“吃喝风”、纠治“小团伙”、惩治“微腐败”，累计发现问题线索 84 条，处分处理 125 人。高质量完成作风大整顿。围绕市委提出的“五个坚决”和“六查六看”要求，通过专项督导和明察暗访相结合，以前所未有的时间跨度、监督深度、覆盖广度强化监督，对疫情防控、安全生产、万人助万企、“12345”热线办理等各项工作进行全面检视，确保各项工作在末端落细落实做精做优。

7 月 21 日，区纪委监委召开“弘扬好家风，争当廉内助”家庭助廉座谈会

【回应群众关切】　持续优化信访工作。建立“重点信访举报事项月通报”工作制度，督促各单位党委（党组）落实主体责任，做到“三到位一处理”。统筹推进进京赴省访、重复举报、互联网视频实名举报三个专项治理工作和信访“百日攻坚”专项行动，信访量大幅下降。全年共受理检举控告 116 件，同比下降 57.2%。初次检举控告 65 件，同比下降 56.1%，群众满意度不断提高。持续优化营商环境。围绕强化末端抓落实，分级分类组织相关职能部门中层以上干部开展优化营商环境、法治环境专题警示教育活动，教育引导广大党员干部以案为鉴，切实以严谨、务实的工作作风提速营商环境建设，扎实推动党

中央和省市区关于稳住经济的一揽子政策措施落地见效。持续发力护航民生。始终将整治民生领域突出问题摆在首要位置，聚焦教育医疗、养老社保、生态环保、安全生产、食品药品安全等7个群众反映强烈的重点领域，坚持以最严格的标准、最坚决的态度做好监督工作，发现问题18个，处分处理9人，建章立制10项，推动全区各级各部门全面履行主体责任和行业监管责任，切实化解群众难题，着力提升群众获得感、安全感、幸福感。2022年4月，区监委向区人大常委会就整治群众反映强烈问题工作情况作专项报告，自觉接受人大监督。

【加强自身建设】 讲政治确保忠诚。区纪委常委会带头加强政治建设，强化理论武装，将政治理论学习作为区纪委常委会第一议题和中心组学习首要内容，自觉做到“三要三戒”、守牢“约法三章”，以理论上的清醒、操守上的自律保持政治上的坚定。学业务提升能力。持续深化全员培训，坚持周五学习日、每天学习一小时，领导领学，以考促学，以能定岗，不断提升纪检监察干部搞监督、抓作风、反腐败的专业能力。三严管理创先争优。对工作实施全周期管理，严格执行各项工作流程及措施使用规范，建立案件查办周通报制度、案件进展“红黄”预警机制，以及信访、审理、案管、党风、乡镇纪委考核评价机制，通过打分排名、加压奋进，有力增强了全区纪检监察干部队伍的凝聚力、战斗力，实现各项工作争先进位、创先争优。

（撰稿：林靖涛）

群众团体

◎区总工会

◎共青团保定市清苑区委员会

◎区妇女联合会

◎区科学技术协会

◎区工商业联合会

◎区文学艺术界联合会

◎区残疾人联合会

群众团体

区总工会

【概况】 2022年，清苑区总工会在市总工会和区委的正确领导下，在区政府的大力支持下，全面贯彻中共二十大报告、习近平总书记重要讲话精神和中共十九届全会精神，围绕中心服务大局，不断推进工会和产业工人队伍改革。2022年，联合区人社局开展线上线下招聘会15场，共有120余家企事业单位参与，提供岗位3200余个。认真履行机关工会各项职责，工会的各项工作都有了新的突破，疫情防控也取得阶段性成果。

【经济技术】 积极推进产业工人队伍建设改革。确定了国网河北省电力有限公司保定市清苑区分公司和保定莱盛打印机件有限公司两个市级产改试点单位，按照产改时间节点工作稳步推进。积极推进“保定工匠”“清苑工匠”评选活动，选树了8名市级工匠，拟选树区级工匠50名。推荐了正迪欢乐世界文化创意园（民俗风情街）、中南高科·保定清苑新经济产业园项目参加保定市重点项目劳动竞赛评选。在清苑电力分公司和莱盛两个试点基础上选树冀中药业作为技术创新试点。

做好劳模选树培养与服务管理工作。2022年春节前夕组织区领导对全区12名市级劳模代表进行慰问，送去核桃、大枣等慰问品。对全区47名市级劳模离世、调离、就业状况、是否受到处分等情况进行调查摸底。

【宣传教育】 强化干部职工的政治思想引领。坚持党的领导，以习近平新时代中国特色社会主义思想为指引，清苑区总工会党组召开多次专题会议，学习、传达、研究中共二十大报告、十九届六中全会会议精神、全国两会精神，多次组织开展主题教育和领导干部讲党课活动，召开不同形式的意识形态工作会议。积极推进“冀工之家”等网络服务平台宣教工作。2022年，在市总工会的领导下，区总工会以“冀工之家”网络服务平台为突破口，在“冀工之家”发布活动公告370篇，微信公众号发布活动公告156篇。完成市总工会宣教部发起的线上运动会活动。4月，全省职工“云”上运动会全面启动，清苑区共成立线上运动团队29个，参与人员达到3483人，总体达标率为10.22%。积极搭建交流平台，开展职工文体活动。区总工会结合实际，分别于6月、7月、8月先后开展篮球、足球、排球比赛。为欢庆中共二十大，积极举办主题摄影展。完成市总工会宣教部发起的报刊征订活动，征订总数为310份，其中，《河北工人报》212份、《工人日报》83份、《中国工人报》15份。

【维权服务】 强化法律服务，加强法律宣传。开展法律宣传活动，在北店乡集中开展《女职工劳动保护特别规定》等相关法律知识宣传活动，发放宣传资料2000余份。在立中四通轻合金集团股份有限公司开展国家网络安全宣传周主题活动，张贴宣传海报、展板，发放宣传手册300余份。

夯实基础工作，打造工会品牌。积极开展第十一期“职工互助一日捐”活动，积极救助患病职工，有372家基层工会参与活动，参与职工11680人，募集资金92.8570万元。以特殊党费形式开展困难职工的微心愿活动，关心关爱生活困难的党员群众。

积极开展“夏日送清凉”活动，筹集资金购买爱心西瓜，慰问环卫工人，助力瓜农渡过难关。区总工会到河北交建集团、风帆集团有限责任公司清苑分公司、保定冀中生物科技有限公司对坚守在高温一线的工作人员进行关怀慰问。

6月16日，区总工会开展夏日送清凉活动

【基层组织建设】 积极推进新型社会组织和百人以上企业建会工作。助力乡村振兴，组建清云速电子商务有限公司、保定市安可网络科技服务有限公司、河北尚锋物流有限公司等18家企业新业态工会组织，新建百人以上企业5家。加强基层工会组织建设，2022年底，建会率达到90%，共有基层工会组织731家，职工总数68135人，会员总数68135人。专职工会干部81人、兼职915人。在建设完善省级示范点魏村镇和市级示范点望亭镇的基础上，按照市总工会要求对臧村镇工会和孙村乡工会的建设提升进行规范。根据《关于开展工资集体协商“百日行动”实施方案》，在全区印发《河北省企业工资集体协商条例》等法律法规宣传材料，扩大职工的知晓面，已经签订6份集体合同，覆盖职工286人；签订行业集体合同1份，覆盖职工185人，覆盖企业12家；签订新业态集体合同2份，覆盖职工420人，覆盖企业19家。签订快递行业集体协商合同1家，覆盖职工185人，覆盖企业7家。

【加强专项资金管理】 统筹各方力量，加强阵地建设，整合文体活动中心和“闲置资产”。按照市总要求，积极完成劳动公园建设工作；积极推进经济开发区省级服务中心建设。

总工会主席： 连凌柱（2022.8离任）

吴建军（2022.8— ）

（撰稿：刘敬燚、舒梓一）

共青团保定市清苑区委员会

【概况】 2022年，共青团清苑区委（以下简称团区委）在区委、区政府的坚强领导和团市委的正确指导下，充分发挥了思想战斗堡垒和青年工作风向标作用，坚持走在时代前列、做好青年表率，团结带领团员青年为建设“现代化品质生活之城”贡献青春力量。2022年，团清苑区委共有下级团组织55个，学校、区直领域团委36个，乡镇街道（城区）团委19个。全区共13076名共青团员。2022年，新发展团员1425名。

【突出思想政治引领】 持续推进“青年大学习”网上主题团课，全年开展30期学习，团员参学率为186.4%，位居全市第一。

在全区各级团组织与少先队组织中广泛开展了形式多样的宣传宣讲，通过座谈研讨、分享宣讲、主题团、队课等多种形式使全区团员青年与少先队员深化学习贯彻习近平新时代中国特色社会主义思想，深入学习中共十九届六中、七中全会以及中国共产党第二十次全国代表大会、省委十届二次全会、市委十二届三次全会、区第四次党代会精神，强化理论武装，提升理论修养。

抓住“雷锋日”“清明节”“五四青年节”等特殊时间节点，积极开展种类丰富的主题教育。5月10日，组织清苑区各级团干部及团员青年观看庆祝中国共产主义青年团成立100周年大会，深入学习习近平总书记在建团百年庆祝大会上的重要讲话精神；充分挖掘利用清苑区丰富的红色资源，联合保定市清苑区地管办组织开展“喜迎二十大、永远跟党走、奋进新征程”地道战杯红色经典诵读大赛，清苑二中学生许畅的参赛作品——“永远跟党走 奋进新征程 狼牙山五壮士”在人民日报客户端展播。

充分利用团属新媒体账号，推出一系列青年喜闻乐见的原创作品，加强对清苑区青少年思想形态工作管理，“清苑团委”微信号粉丝已增至48000余人；“清苑团委”微信公众号多次获全省区县级团属微信公众号影响力排行第一名；通过“清苑团委”微信视频号推出原创短视频9个，点击量近12万次，大力唱响新时代主旋律，引导全区广大青少年坚定不移听党话、跟党走；在全市率先推出以清苑冉庄地道战遗址的村口铁钟为主形象的共青团专属卡通形象“清团团”，同时开发制作了钥匙扣、鼠标垫、U盘、笔记本、书签、帆布包等一系列相关衍生商品，推动清苑共青团宣传工作生动化、形象化。

【青春助力脱贫攻坚】 关心关爱青少年群体，开展有针对性的帮扶教育活动，整合社会资源，连续9年开展“新春圆梦微心愿”项目。2022年，共筹集价值5万元物资，完成179个小小心愿；搭建公益平台，为困难学子2人接受茅台助学奖学金每人5000元，为爱心人士与困难学子牵线搭桥，汇集社会力量资助家庭困难的优秀学子。

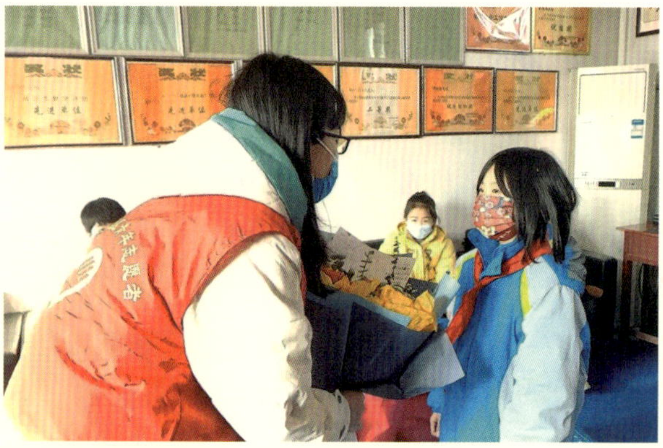

1月5日，团区委开展2022年新春圆梦微心愿活动

【服务全区中心大局】 组织招募志愿者120名，为确保更好的服务第五届保定市文化和旅游产业发展大会，于8月10日至9月5日开展专业化培训和实地演练，以便在第五届保定市文化和旅游产业发展大会期间服务于冉庄地道战纪念馆、冉庄文旅特色小镇、好梦林水、正迪欢乐世界四个分会场。充分展现清苑的良好形象，让志愿服务成为彰显清苑文明的亮丽名片。

【弘扬志愿服务精神】 全区“志愿汇”注册志愿者109777人，举办“学习雷锋好榜样”志愿服务、“助力城市新颜值”志愿服务、“清苑抗疫青年在行动”、“法治基层行”等志愿服务活动42场，累计信用时长14万小时，切实发挥青年志愿者的青春力量。

疫情防控期间，团区委招募青年志愿者1267人参与消毒消杀等工作，累计“志愿汇”信用时长 1094 小时。

【广泛联系服务青年】 根据市委组织部、团市委、市人社局下发的《关于保定市 2022 年度暑期实习实践大学生招募活动实施方案》的通知要求，面向所有在保和在外就读的保定籍在校大学生，开展暑期实习实践活动。共召集清苑籍大学生 150 余名，服务于全区 28 个党政机关与 18 个乡镇。积极争取，主动作为，被团市委推报为河北省乡村振兴“桑梓计划”试点县（区），为做好新时代乡村振兴领域青年人才工作，实施乡村振兴战略贡献力量。联合区直工委、区总工会在好梦林水创意生活微度假体验区举办了“一见清心 苑来是你”清苑区单身青年联谊活动，有效优化缓解了青年婚恋难题。积极对接河北省大学生志愿服务乡村振兴计划，将 8 名志愿者分别下分到 5 个乡镇进行服务，并召开志愿者见面会，及时了解乡村振兴志愿者的日常工作与生活情况，确保做好志愿者管理与保障服务工作。

【大抓基层组织建设】 按照团中央、省、市部署安排，结合清苑区实际，研究确定清苑区 2022 年发展团员计划，严格按程序把好发展团员入口关，做好团员指标的发展工作，从确定发展批次、严格发展流程等环节，形成了分批次发展、考核具体化、培养有衔接、细节仪式化的新局面；以“智慧团建”系统平台为抓手，开展线上主题教育实践活动，线上录入率达 100%；规范学社衔接流程，按时督促学校、乡镇团组织及时转出、接收团员关系；规范入团仪式流程，以清苑中学和清苑一中新发展团员入团仪式为范例，在全区推进入团仪式规范化；规范基础团务工作手续，严格规范团员档案丢失等项目的相关流程，做到专人证明、专人负责，进一步畅通了基层团组织的运行机制，统一了工作标准；联合区委组织部印发《关于进一步加强新时代党建带团建工作 着力提升清苑共青团组织力的实施意见》的通知，推动改革不断向基层延伸，以此为契机，推动党建带团建工作不断深入，共青团组织力不断提升。

【提升干部队伍理论素养】 努力探索加强共青团干部队伍建设新路径，组织召开团干部基础团务能力提升培训会，全区各学校团委书记共 30 余人参加，有效提升全区共青团干部理论素养与业务能力；组织全区团干部收听收看中共二十次全国代表大会开幕会，认真学习习近平总书记在开幕会上的重要讲话。

书　记：赵心恬（女）

（撰稿：郭雪茵）

区妇女联合会

【概况】 清苑区妇联主要职责是团结动员全区妇女积极投身和谐清苑建设和社会经济发展，组织开展营造妇女儿童健康发展的各项活动。区妇联有 5 个行政编制，现有主席、副主席各 1 名。设 2 个职能股室：办公室、综合股。区妇联另有所属股级参照公务员法管理事业单位：清苑区人民政府妇女儿童工作委员会，参公事业编制 2 名，其中股级职数 1 名。2022 年，清苑区妇联积极履行组织妇女、发展妇女、服务妇女和维护妇女儿童合法权益的职责，组织带领各级妇联组织和广大妇女开展巾帼大宣讲、巾帼建功，巾帼志愿服务等活动，扎实有效地开展工作。

【加强妇联自身建设】 组织全体党员干部深入学习了习近平新时代中国特色社会主义思想、《习近平谈治国理政》、中共二十大报告及省市区重要会议精神，并组织开展交流研讨，通过微信群、河北干部网络学院、“学习强国”学习平台等深化自学、交流。紧紧围绕迎接、宣传、贯彻中共二十大这条主线，开展线上线下群众性宣传教育活动。国庆节期间，秋雨舞蹈艺术团录制节目献礼祖国73周年华诞，喜迎中共二十大胜利召开。10月17日，召开全体会议，专题学习习近平总书记在中共二十大开幕会上的报告，制定全区妇联系统开展中共二十大及省委、市委、区委全会精神宣讲方案和宣讲提纲。扩大妇联组织覆盖面，积极探索在女性较多的行政事业单位和“四新组织”中建立妇联组织，新建妇联组织20个、妇女之家10个、妇女微家200个。提升基层妇联阵地建设水平，争取上级项目资金，在臧村镇西臧村高标准建设一个省级“示范妇女儿童之家”，按照上级要求，对已建成的3个省级妇女之家进行“建管用”情况回头看自查。推进“网上妇联”建设，“清苑妇联”微信公众号发布信息204条。2022年，在清苑妇联公众号发布文章204篇，共有6篇文章在《光明日报》、《中国妇女报》、“学习强国”学习平台等全国性媒体刊发。9月，清苑妇联微信公众号在河北省县区级妇联微信影响力排行榜居第20名。

【开展妇女儿童各项活动】 开展丰富多彩的庆“三八”活动。3月4日，举办庆三八“感悟女性、不负人生”讲座，展示了新清苑新时代新女性风采。开展“三八”表彰活动，推选河北省三八红旗集体1个、河北省三八红旗手1名。推选市级先进集体10个和先进个人21名。区妇联共评选先进集体13个和先进个人141名，并颁发了奖牌荣誉证书。开展送奖到基层活动，为1户2021年度全国“最美家庭”和4户保定市“最美家庭”送去荣誉证书和奖牌，对典型事迹进行广泛宣传。

深入家庭文明建设。文明家庭建设。持续开展寻找“最美家庭”、“绿色家庭”、廉洁家庭、抗疫家庭等活动，共推选出9户市级典型家庭、28户区级最美家庭。开展家庭教育讲座。2月18日，区妇联与区教体局联合召开2022年度家庭教育工作暨家庭教育培训会，成立了保定市清苑区教育专家委员会，并举办了家庭教育讲座。传承优良家风家教。与区委监委联合召开“弘扬好家风、争当廉内助”家庭助廉座谈会。在“清苑妇联”公众号开设“喜迎二十大、共传好家风”最美家庭故事展专栏，共发布10户最美家庭典型事迹。

7月21日，区妇联联合区纪委监委召开“弘扬好家风 争当廉内助”家庭助廉座谈会

儿童友好城市建设。制定并印发《保定市清苑区关于推进儿童友好城市建设的落实方案》，6月6日，召开清苑区儿童友好城市建设调度会。开展多种形式活动。联合区文联开展“激情冰雪童绘冬奥”绘画作品征集活动，举办首届清苑区儿童友好运动会，联合蓝天救援队开展消防安全知识技能与逃生演练、暑期儿童防溺水等宣讲活动。深入儿童友好城市试点单位和重点项目，开展督导调研7次。邀请专业团队设计清苑儿童友好城市标识和宣传海报，并进行全方位立体化宣传。7月11日，成立清苑区友好城市建设议事会，进一步提高建设儿童友好城市的参与度和积极性。完成市定的好梦林水儿童社会实践体验区、冉庄地道战纪念馆、阳光国际社区、第三幼儿园、正迪欢乐世界、吉祥胤家庭农场6个儿童友好城市试点项目建设任务。为清苑区10个儿童友好示范场景进行授牌。

开展巾帼建功活动。2月25日上午，举办巾帼电商培训开班暨巾帼创业电商培训基地挂牌仪式。5月26日，区妇联联合有关部门举办“直隶福嫂 巾帼家政”提升工作座谈会，为家政行业发展提供政策指导和发展建议。以巾帼家政基地为依托，引领带动妇女参与培训675人次，带动410名妇女在家政服务领域实现就业。在全区建立巾帼家政基地1个，培树“清苑福嫂”系列先进典型11人。

2月25日，区妇联举办巾帼电商培训开班暨巾帼创业电商培训基地挂牌仪式

开展一系列送温暖活动。春节、中秋两大传统节日期间，组织区妇联干部、妇联执委、巾帼志愿者开展慰问活动，走访慰问女老党员、困难妇女、困境女童家庭共28户。为3名困境儿童发放救助金1.2万元。开展“春蕾助学”活动。共救助26名困境女童，发放救学金3.56万元。对全区患“两癌”的低收入妇女进行摸底统计上报，共救助14名“两癌”妇女，每人发放1万元救助金。

【维护妇女权益工作】 举办线上“木兰有约普法微课堂”法律宣传活动，通过清苑妇联微信公众号发布妇女儿童相关法律法规共21期。重点针对涉妇女儿童领域风险隐患，组织各乡镇妇联组织深入开展排查、化解和上报工作，同时，建立风险排查工作台账。做好信访接待工作，2022年，共接待来信来电来访15件，处理15件，办结15件，结案率达100%，

【围绕中心服务大局工作】 疫情防控期间，清苑区妇联上街开展“戴口罩劝导”防疫宣传活动3次，免费发放口罩8500个，组织爱心医药企业为环卫工捐赠口罩1000包和价值1.3万元的预防药品。组织雨虹餐饮、兰天商贸、宏利通讯等爱心企业慰问防疫一线人员4次，为他们送去生活用品、防疫物资。开通心理疏导服务热线7个，向广大群众提供心理支持、情绪疏导等服务。在微信公众号上发布防控知识、正确戴口罩知识、心理健康疏导知识等5期内容。

美丽庭院创建。通过清苑妇联公众号发布美丽庭院创建倡议书、美丽庭院创建小知识、创建成果展示等8期，并在各级妇联微信工作群转发。向基层妇联征集“人间最美四月天，庭院赏花正当时”短视频43条，3条视频被市妇联“直隶女性”微信公众号采用。组织乡、村妇联主席开展美丽庭院现场观摩会7次，为美丽庭院示范户家庭颁发“精品庭院”荣誉牌。2022年，创建美丽庭院16000户、精品庭院3400户。

积极参与文明城区创建。成立城市环境巾帼义务监督队，招募队员50余名，并建立监督、反馈、整改等相关工作机制；积极组织本单位人员对不文明行为进行劝导，对网格化责任区、重点小区进行清扫美化环境。通过清苑妇联微信公众号广泛宣传防疫、垃圾分类等知识。

“万人助万企”助力经济发展。召开专题会议安排部署助万企工作，成立领导小组。通过实地走访了解所包企业困难，指导所包企业注册“助万企”App，及时发放“万人助万企”相关政策手册。

主　席：崔建梅（女）

（撰稿：赵丽华）

区科学技术协会

【概况】 保定市清苑区科学技术协会是科学技术工作者的群众组织，内设综合股。2022年，区科协在坚持以习近平新时代中国特色社会主义思想为指导，深入贯彻中共二十大及中央党的群团工作会议精神，认真落实《中华人民共和国科学技术普及法》和《全民科学素质行动计划纲要

（2021—2035 年）》，坚持为科技工作者服务、为创新驱动发展服务、为提高全民科学素质服务、为党委和政府科学决策服务，圆满完成各项工作任务。

【疫情防控工作】 加强组织领导，明确防控责任，多措并举开展疫情防控工作。认真开展社区疫情防控工作。深入社区开展摸排，做好包联小区的消毒通风等防控措施。积极发挥科协职能，做好疫情防控宣传工作，通过国家政策和新冠知识科普，发放宣传资料，增强群众的疫情防控意识和自我保护能力，提升居民战胜疫情的信心，打消疑虑和恐慌，配合做好疫情期间的防控工作。

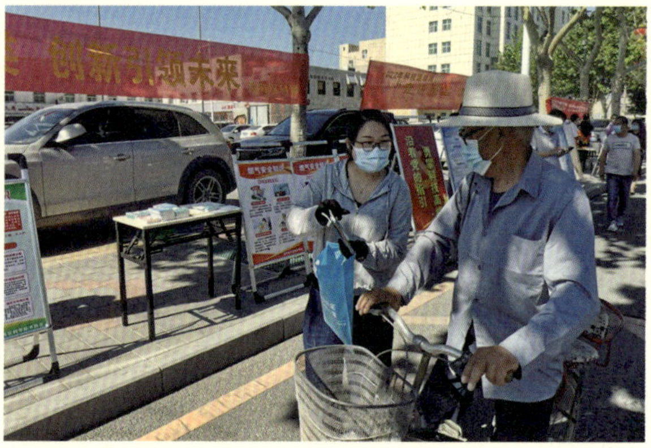

5 月 26 日，区科协组织开展科技活动周宣传活动

【科普宣传工作】 坚持线上与线下相结合，扎实开展科普宣传工作。线上通过科协微信公众号，发布科普文章 180 余篇，内容涵盖意识形态、思想道德建设、疫情防控、网络安全、农业种植、健康养生、生活安全、科技、军事等方面文章。线下积极组织参与科普宣传活动。5 月 25 日，参加由区工信局主办的全国科技活动周活动；6 月 6 日，联合区卫健局、区医院到清苑第二中学开展“目浴阳光，远离近视”科普宣传活动；9 月 20 日，在西城社区开展以“喜迎二十大 科普向未来”为主题的全国科普日宣传活动。活动通过悬挂横幅、展板展示、现场讲解、发放宣传册等多种形式开展，提高科普宣传的吸引力，促进科学知识的普及，丰富群众的科技文化生活，稳步提升全民科学素质水平。

【乡村振兴工作】 结合工作实际，联合区乡村振兴局等有关部门组织开展清苑区乡村干部乡村振兴战略专题培训。8 月 23 日在白团镇水润佳禾园区开班，邀请河北农业大学教授以及市乡村振兴局、区教体局、区医保局等相关部门负责人进行授课。阳城镇、李庄乡、魏村镇三个乡镇主管副职及村支部书记或负责乡村振兴的村干部参加培训，此次培训重点突出、内容充实，效果良好，为区乡村振兴系统干部、乡村基层干部在巩固拓展脱贫攻坚成果与乡村有效衔接工作的开展上打下坚实基础。

8 月 23 日，区科协召开乡村干部乡村振兴战略专题培训会

【服务企业工作】 积极服务企业发展，主动为企业“送政策，送服务”。4 月，联合区工商联到何桥镇石头桥工业园区开展调研，走进保定奥琦圣新型材料有限公司等企业，了解企业发展现状以及在科技、人才等方面的需求，为企业人才引进搭建平台，助力企业更好成长；9 月，积极推进“万人助万企”行动，工作组深入包联企业，分组开展排查工作，了解企业运行、生产、防疫等情况。通过宣传解读国家、省、市、区稳经济一揽子政策，指导企业做好常态化疫情防控工作，将安全生产措施落实到位。对企业生产经营和成长发展过程中存在的困难和问题，及时汇总反馈，全力帮助企业纾困解难。

主 席：王秋良

（撰稿：刘彦锋）

区工商业联合会

【概况】 清苑区工商联是保定市清苑区委领导下的群团组织。清苑区工商联核定编制2人。驻会副主席1人。现有会员150家，其中不驻会主席1名、副主席11名、副会长6名、执委30名。2022年，区工商联以习近平新时代中国特色社会主义思想为指导，进一步解放思想，把握市场经济规律，开拓创新，努力拼搏，为打造经济强区、魅力清苑作出应有的贡献。

【提高参政质量】 参政议政、建言献策是工商联的基本职能。2022年，区工商联带领广大会员围绕区委、区政府的中心工作，提出有价值的提案、议案13件，积极反映全区民营经济发展过程中存在的难点、热点问题，较好地发挥了人大代表、政协委员的参政议政作用。

【助力民营企业高质量发展】 切实做好服务民营企业的各项工作。开展送国家、省、市、区经济政策措施入民营企业活动。为贯彻落实国家、省、市稳经济一揽子政策措施，高效统筹疫情防控和经济社会发展，鼓励民营企业解放思想，真抓实干，最大限度减少疫情对企业经营活动的影响，于2022年6月，将《河北省扎实稳定全省经济运行一揽子政策措施》刊印成册，以入企走访、召开座谈会等方式，向150家会员企业、商协会、开发区管委会以及乡村振兴局等相关部门发放400册；2022年8月，结合清苑区出台的稳经济政策措施，区工商联又制作《保定市清苑区扎实稳住全区经济运行的一揽子政策和落实措施及配套政策汇编》小册子300套，向会员企业及“万人助万企”活动的工商联干部包联企业发放。

组织民营企业参与人才招聘活动。制定《保定市清苑区工商业联合会关于募集就业见习岗位的通知》，经区工商联倡议、鼓励和动员，区工商联会员企业共设立了27个见习岗位，为后备人才的发现、培养和吸纳提供一个良好的机遇。10月20日，按照中共保定市委人才工作领导小组《关于征集市县国有企事业单位和重点民营企业招聘计划的通知》要求，区工商联在会员群中发布通知，向重点民营企业征集招聘计划，正迪旅游、立中四通集团、冀中生物等7家重点民营企业，纷纷推送本企业的招聘计划，在数十个不同的工作岗位上，共计招聘158人。

7月13日，区工商联联合经济开发区、税务分局到立元铜件宣讲惠企政策

在民营企业中开展法律宣传活动。2022年，组织民营企业管理人员参加线上法律知识讲座6次，2022年7月8日，订购了200套大字版《中华人民共和国民法典》，分别于7月13日的入企业调研活动中和7月25日“万企兴万村”推进会活动中，集中向150余家民营企业发放。

组织引导民营企业参评2022年河北省民营企业百强活动。2022年11月，在省发布的河北省民营企业百强名单中，清苑区两家民企上榜，立中四通轻合金集团股份有限公司以产值186.36亿元列河北省民营企业百强第37位、制造业百强第34位，并位列全国民营企业制造业五百强第381；顺泽医药列服务业百强第46位。

【积极组织民营企业活动】 2022年，组织民营企业参加线上培训29次、线下培训1次，主题涵盖“2022年中国经济趋势展望”、“政府与市场的促进作用”、“统一大市场建设、畅通国内市场循环”、“2022年度第二期劳动法进民企暨企业合规用工”、“中国‘双碳’战略纲要”、“深度解读财税新政 金融创新共享红利”、“银企会客厅”活动、“《反垄断法》最新修订要点”、“民营企业涉走私违法犯罪问题”、“全省工商联系统学习贯彻党的二十大精神”、“省工商联年轻一代民营经济人士理想信念教育暨素质提升培训班”以及众多社会热点问题，参加培训的民营企业有100多家800多人次。在雨虹美术馆开展电子商务培训会，聘请河北金融学院经验丰富的讲师陈艺明为40名参与直播带货的小微企业经理人，介绍了直播带货实战化操作，此次培训会为清苑区电商领域的发展提供新的更广阔的思路。

8月7日，区工商联举办电商培训会

多次到民营企业实地参观交流，3月3日上午，联合区科协到何桥镇奥琦圣新型金属材料制造有限公司进行调研，了解企业科技、人才需求，主动为企业“送政策，送服务”，助力企业更好成长；7月13日和14日，集中走访了开发区中南高科、立中集团等十几家企业，为他们送去了《河北省扎实稳定全省经济运行一揽子政策措施》；7月15日，走访了华秀园林、辰力吊索具等，就行业协会的发展问题进行探讨，并就清苑区营商环境问题征求了企业的意见和建议；8月16日，到顺泽医药，参观了现代化的流水作业线，对企业经营状况进行了解，在企业人才需要等方面征求意见和建议。

2月18日，在立中集团会议室组织召开保定市企业家沙龙清苑专场，开展“汇聚才智谋发展、砥砺奋进促融合”主题沙龙活动，清苑区工商联企业家12人，高阳、蠡县、博野、安国工商联负责人及工作人员共计25人参加了会议；9月2日，区委统战部、区工商联、开发区管委会、区人社局、区工信局在开发区管委会会议室，联合召开了清苑区民营企业惠企业政策和企业管理技术人员座谈会，对保定市“揭榜挂帅”政策进行解读，对清苑区引进人才优惠政策进行解释宣讲，发放了《民营企业家思想状态调查问卷》，同时就在疫情下经济发展问题上征求了与会企业的意见。

开展2021年度民营企业劳动关系状况监测调查；从1月起至10月中旬，开展了3次民营企业运行状况调查等。在上述活动中，均较好地完成市工商联交办的调查任务。

【积极组织“光彩事业活动”实现共同富裕】 深入推进“万企兴万村”行动。2022年2月6日，根据市工商联统一部署，结合清苑实际情况，制定了《保定市清苑区“万企兴万村”行动实施意见》；2022年2月18日，通过在立中集团会议室组织企业家沙龙活动，宣传和助力“万企兴万村”推进工作；7月25日，联合乡村振兴局，共同召开了“万企兴万村”台账填报培训工作会暨“万企兴万村”行动推进会，录入台账的有28家民营企业。

大力倡导“光彩事业”，号召民营企业积极参与社会公益活动。组织爱心慰问活动。3月9日，组织立中集团、雨虹餐饮、正迪旅游等10余家会员企业，购置了一批防疫和生活物资，到东闾镇和张登镇慰问防疫一线人员；积极鼓励和大力宣扬区工商联会员单位“清苑区爱心志愿者协会”的爱心行动。2022年，清苑区爱心志愿者协会组织了4期“爱心助老”入户慰问活动，每期均采购爱心慰问品及生活必需品等爱心物资，对清苑区内19户30多位孤残老人进行入户慰问。

发布“助力瓜农，爱心认购”的倡议书。针

对2022年6月14日突发的强对流天气给农业生产造成的重大损失，联合清苑区爱心志愿者协会发出倡议，号召社会各界爱心人士、志愿者、市民朋友们立刻开展“助力瓜农、爱心认购”活动，为遭受风雹灾害的瓜农奉献一份绵薄之力。

倡导区工商联会员企业为巩固扶贫攻坚成果贡献力量。先后发出《凝聚民企力量巩固脱贫成果》致全区工商联会员企业倡议书。《消费扶贫，我们在行动》——消费扶贫倡议书各200余份。根据《保定市清苑区县际间结对帮扶工作方案》，10月27日，会员企业立中东安轻合金部件制造有限公司定向捐助涞水县大泽村现金4000元。

副主席（驻会）： 李志国

（撰稿：李志国）

区文学艺术界联合会

【概况】 保定市清苑区文学艺术界联合会（以下简称区文联）是区委领导的群团组织，是党和政府联系文艺界的桥梁和纽带，是繁荣发展社会主义文艺事业的重要力量。区文联共有机关事业编制5名，设主席1名、副主席1名、股级领导职数1名。设1个内设机构：办公室。2022年，深入学习贯彻中共二十大精神和习近平总书记文艺工作重要论述，紧紧围绕中心，服务大局，团结引领各文艺家协会和文艺志愿者听党话、跟党走，结合迎庆中共二十大和新时代文明实践文艺志愿服务工作，组织开展一系列丰富多彩的文化活动，不断满足人民群众精神文化需求，全力推进全区文学艺术工作落地落实。

【繁荣文艺创作】 疫情防控期间，号召全区各文艺家协会和广大文艺工作者勇担使命，万众一心，执笔抗疫，积极创作，涌现出一批有本土特色的各类文艺作品。共收集诗歌、美术、书法等原创抗疫作品500余件，其中有樊新旺诗歌《清苑抗疫飞歌》、陈双田诗歌《题清苑抗疫卡点最美守护人》、武鸿志美术《抗疫 我们在一起》、张会义美术《防疫消杀》、郝立壬书法《除疫明春景应难显高华》等，并择优在电视台公众号展出。

【文化活动蓬勃开展】 做好重大节庆活动文艺宣传。春节前夕，组织区书法家协会义务书写了春联2000余幅、“福”字3000余个，将祝福送到社区、机关、乡镇村群众和执勤岗位、环卫人员手中。元宵佳节与区书法家协会联合举办了“共襄冬奥盛会 欢庆元宵佳节——小品撷英网上书展”活动，创作征集的79幅作品，真挚灵动，尽显吉祥和谐之美。“七一”建党节和“八一”建军节，组织区作家协会分别创作40余篇歌颂党、歌颂祖国、反映家乡新面貌的诗词作品，组织区书法家、美术家协会创作近千幅主题鲜明、内容丰富的书画作品，抒发了大家爱国爱党爱家乡的炽热情怀。

6月30日，区文联组织开展“喜迎二十大　庆‘七一’书画笔会”文化惠民活动

组织迎庆中共二十大系列文艺活动。联合举办了泽龙杯“聚焦新颜值 打造清苑现代化品质生活之城”主题摄影大赛及巡回展，共征集稿件500余幅，评选出入展作品100幅，其中，相机组摄影作品83张（组）、手机组摄影作品8张（组），视频作品9个，展示了清苑在城市规划、建设、管理中的新形象、新风貌。联合举办了“奋进新征程 建功新时代”喜迎中共二十大主题

书画展暨征文活动，共征集书画作品500余幅，入展230幅，诗歌、散文作品百余篇，入选46篇。并举行了书画展网络展播直播活动，获得上万关注和点赞量，结集印制了800本征文作品集，为迎接中共二十大营造了浓厚氛围。联合举办了以“欢庆二十大”为主题的摄影展和线上诗词展，摄影作品共征集作品60余幅，入展作品24幅，诗歌作品创作数十篇，以实际行动庆祝中共二十大胜利召开。

【助推传统文化进校园】　组织区曲艺家协会主席冯天梅，继续走进南宋村中学，向已选出的10名学生进行针对性授课，传授市级非物质文化遗产——清苑区白氏西河大鼓。组织区读书协会举办了世界读书日亲子共读活动，10余名少年儿童在家长陪同下走进吉祥胤农场，在协会爱心伴读志愿者指导下，参与农事，阅读儿童绘本、诗歌、散文、科学画报，亲子制作石头画。组织区书画志愿者走进魏村镇谢上村，为谢上小学建校110周年校庆“助力”，校训、读书修身、励志名言等佳作跃然纸上，为师生和村民群众献上了一场文化盛宴。联合区妇联举办“激情冰雪 童绘冬奥”绘画作品征集活动，共征集作品63幅，评选出一等奖3名、二等奖5名、三等奖10名以及优秀奖45名，进一步加深了孩子们对冬奥会的理解与认识。

【新媒体宣传】　“清苑文联”抖音粉丝数量达3424人，单篇浏览量最高值达35.8万次，进一步扩大区文联的影响力和号召力，为弘扬正能量、助推文化强国建设贡献清苑力量。

【荣誉表彰】　继续推动基层文联和文艺志愿服务建设，做好新时代文明实践文艺志愿服务项目试点县（区）工作。经推选上报，9月5日，由中央文明办二局（全国志愿服务工作协调小组办公室）、中国文艺志愿协会开展的第二届宣传推选学雷锋文艺志愿服务“时代风尚”先进典型活动公布了先进典型名单，清苑区清苑镇大福村获“最美文艺志愿服务社区（村）”称号。区文联获保定市文学艺术界联合会授予的“优秀县（市、区）文联”称号。

主　席：刘新芳（女）

（撰稿：田佳琪）

区残疾人联合会

【概况】　保定市清苑区残疾人联合会是中国残疾人联合会的地方组织，是将残疾人自身代表组织、社会福利团体和事业管理机构融为一体的全区性残疾人事业团体。内设1个职能股室：综合股。2022年，清苑区残联统筹疫情防控和残疾人事业发展，坚持以精准助残服务工程为抓手，以解决残疾人最直接、最关心的问题为重点，整体推进残疾人事业发展。

【残疾人医疗康复】　围绕“残疾人人人享有康复服务”目标，全面推进残疾人康复工程。委托保定唯仁精神病医院为470名精神残疾人免费发放药品。积极开展假肢安装，完成适配16个假肢、6个儿童矫正器。为残疾人适配普通轮椅270辆、拐杖35副、坐便椅57个，进一步改善残疾人的生活条件；开展助残服务，结合区卫健局，完成468名残疾人个性化家庭医生签约工作，并按照康复需要开展了支持性服务等履约活动。对25名0～6周岁残疾儿童开展康复服务。

【残疾人生活保障】　配合区民政部门推动残疾人两项补贴落实，扎实做好“跨省通办”工作，全区共3708人享受生活补贴3034746元、5985人享受护理补贴4247880元。“两节”期间深入开展“阳光行动”，市、区两级投入42.5万元救助贫困残疾人850名。

【残疾人服务工程】　认真开展残疾人基本康复服务。为468名残疾人开展康复医疗服务，完成率100%；为241名残疾人适配基本型辅具器具，完成辅具适配任务115%；委托培训机构对192名残疾人开展农村实用技术培训和职业技能培训，委托托养机构为110名残疾人开展寄宿制和居家托养服务。对62名残疾大中专以上学生及残疾人家庭子女大中专学生进行资助，资助11.2万元，为他们就学提供保障。

9月24日，助残志愿者参加残疾人服务活动

【残疾人特殊教育】　积极对接区特教学校，对59名残疾儿童加强教育，对117名残疾儿童开展上门教学，实施一对一帮扶。

【残疾人劳动就业】　多渠道、多形式宣传国家残疾人就业法律法规和优惠政策，充分挖掘在促进残疾人就业方面的先进典型，引导和营造全社会推进帮助残疾人就业和扶残助残浓厚氛围；深入对接四通新材公司和裕东医院等十几家“用人大户”，实时掌握残疾职工变动情况，积极开展残疾人就业扩面，34名残疾人实现就业。对接杰薪前程人力资源公司等3家中介公司，通过设立残疾人专门岗位等方式，推动用人单位招录符合条件的残疾人就业；组织30多人参加省第十六届残疾人就业招聘会暨网络招聘会，1人签订协议；加强对有就业意愿未就业残疾学生的就业服务，9人完成高校毕业，7人实现就业。深入实施国家《促进残疾人就业三年行动方案（2022—2024年）》，摸清残疾人需求状况和基本信息，有的放矢落实残疾人就业政策措施，鼓励创业2人，盲人按摩就业5人。深挖居家就业潜能，利用张登镇倾心残疾人服务中心草编、云客服和北店村插花，鼓励有就业意愿残疾人居家就业，已经涉及100多个家庭。精心组织选派残疾人参加保定市残疾人职业技能比赛，获一等奖、二等奖和优秀奖各1名。

【残疾人动态更新】　组织270多名调查员对全区13566名残疾人开展残疾人基本服务状况调查，圆满完成省市任务。

【残疾人组织建设】　2022年10月，组织召开保定市清苑区残疾人联合会第二次代表大会，选举新一届主席团和理事会，完成换届任务。顺利完成乡镇（城区）残联换届，加大村级残协的建设力度，276个村（社区）配齐了人员，健全了制度。

【其他工作】　多部门联动开展了全国爱耳日、爱眼日、全国助残日、特奥日等活动，进一步增强群众预防残疾意识、扶残助残意识。组织19名残疾人参加运动员选拔，4名残疾人参加全省集训。大力开展残疾人文化进家庭“五个一活动”，组织开展书法展览和现场书法演示等活动，进一步丰富残疾群众文化生活。组织50多名残疾人学习宣传贯彻中共二十大精神文化活动，开展趣味运动会。

8月25日，区残联组织开展残疾预防日宣传活动

理事长： 刘欣永

（撰稿：刘欣永）

法治

◎政法委与综治

◎公　安

◎检　察

◎法　院

◎司法行政

法 治

政法委与综治

【概况】 中共保定市清苑区委政法委员会（简称区委政法委）为区委领导政法工作的职能部门。机构规格为正科级，内设机构5个，分别是办公室、政治处、综治督导室、维稳协调室、反邪教协调室。核定行政编制22名。正科级领导职数1名、副科级2名、股级领导职数5名。2022年，区委政法委全面贯彻落实中共二十大精神，坚持以习近平新时代中国特色社会主义思想为指导，牢记“政法姓党”政治属性。紧紧围绕上级要求和区委、区政府的安排部署，聚焦主责主业，重点关注冬奥会、冬残奥会、全国两会及中共二十大等重要时间节点，制定完善的工作方案和应急预案，坚决推进扫黑除恶、维护社会稳定、法治建设、平安建设、反邪教等重点工作，维护了社会稳定政治局面，全力推动全区政法工作态势的稳中向好。

【维稳安保工作】 2022年，区委政法委聚焦全国两会、中共二十大安保维稳工作，统筹安排，圆满完成全年维护安全稳定各项任务。

倾力做好全国两会、中共二十大时期的安保工作。组织部署到位。制定了全国两会及中共二十大安保方案等15个专项方案，推动各项措施全面落地、末端落实。重点防范到位。组织各单位进行全面细致排查梳理，确保发现情况、迅速处置。区委政法委组织区司法局、法院、检察院、乡村干部、平安志愿者开展大规模、全方位、全天候联合治安巡逻，真正实现“警力常在、警灯常闪、警车常巡”，最大限度把警力摆在社会面，最大限度地震慑违法犯罪、保障域内稳定安全。“六护”联防到位。10月9日8时高铁护路启动战时机制，509名护路人员全部上岗，动用警车10辆、公务用车20辆，发放了条幅、制度牌、宣传资料、爆闪灯、警用反光背心、防爆胶棒、防爆头盔、手电、袖标等护路物资，确保了全区高铁安全平稳运行。由相关企业配齐看护队伍，对5家燃气管道企业、油气管道企业，区内59家主网供电线路、加油站，27家柴油加油网点，荣投水务供水公司、鄂安沧、霸保2条输气管道和东孙庄500千伏变电站，进行安全检查和巡视。

深入开展防范化解重大风险隐患集中攻坚行动。建立12本风险隐患工作台账，责任单位按照“四重新”的要求，逐个健全工作专班，逐一制定解决方案。宣传到位、排查到位、不留死角、不留盲区，进行深入细致的拉网式大排查，实行清单台账管理，逐一明确责任单位、责任人、工作措施，努力将矛盾纠纷化解在基层，消除在萌芽状态。2022 年，全区各乡镇（城区）共排查上报矛盾纠纷2456 件，成功化解2456 件。全面做好社会稳定风险评估，重点围绕全区重大工程建设项目，主要通过业务指导，督促责任单位严格按要求对重大事项实施评估，对可能出现的不稳定隐患，做到早介入、早防范、早化解，处早、处小、处了。共实施社会稳定风险评估事项 11 个，有力地维护了清苑区社会秩序稳定。

【政法队伍教育整顿】 深化政法队伍教育整顿工作开展后，区委政法委坚持以习近平新时代中国特色社会主义思想为指导，深入贯彻习近平法治思想，高度重视巩固政法队伍教育整顿成果。深入开展政治学习、党史学习、警示教育及英模教育，推进全面从严管党治警，锻造忠诚干净担当的新时代政法铁军。

【加强组织领导】 严格按照区委要求，组织政法各部门进一步提高政治站位，深化政法队伍教育整顿成果，不折不扣落实落细各项安保维稳措施。2022 年，区委研究政法队伍建设 11 次；政法各单位党组（党委）研究政法队伍建设共计 64 次；区委书记讲专题党课 1 次；区纪委书记作廉政报告 2 次；理论学习中心组集体学习 73 次；政法单位党组（党委）书记讲专题党课 23 次；组织政治培训 83 次；开展政治性警示教育 20 次；查处违纪违法人员 12 人；选树政法英模和先进典型 23 人，刊发宣传稿件 271 件次，制作播出展现政法干警风采的网络文化产品和文艺作品 122 部；出台便民措施 23 项，解决群众“急难愁盼”问题 412 件次。

【加强队伍思想政治建设】 坚持以政治建设为统领，坚持党对政法工作的绝对领导，切实增强抓落实的政治自觉、思想自觉、行动自觉。组织召开深化政法队伍教育整顿专题部署会 10 余次，政法各单位组织召开党组（扩大）会，研究政法队伍建设工作 30 余次。持续开展政治理论学习，强化科学理论武装，筑牢政治忠诚根基。把学习好、宣传好、贯彻好中共二十大精神作为首要政治任务，认真组织全体干部集中学习并要求全体机关干部结合工作职能撰写心得体会。坚持以中央第二督导组和省第七指导组指出问题为导向，持续把优化政治生态作为重大政治任务抓紧抓实。

【维护政法队伍健康】 采取多种方式深入开展政治教育，强化政治担当，坚定理想信念，增强对党忠诚、为党分忧、为民尽责的责任感、使命感。组织各政法单位着力排查有无搞政治攀附、盲目服从、人身依附、搞团团伙伙、排斥异己等问题的重点人员。政法各单位开展全面自查和专项检查。

【提高行政规范化水平】 多次组织人员对各政法单位政法队伍教育整顿开展情况进行督导指导 50 余次。通过智能化数据排查、案件评查等措施，发现未规范处置案件共 80 起，已全部整改完毕。在局域网网发《规范警情日清零晾晒》，2022 年，共网发通报 202 期，做到及时预警、及时整改。

【大力弘扬英模精神】 区委政法委始终把加强先进典型的宣传作为教育干警、舆论引导、推动工作的重要手段，积极营造学先进、找差距的浓厚氛围。以科学发展观指导典型选树工作，真正发现、培养、树立先进典型，选树政法英模和先进典型 23 人，用榜样的力量鼓舞干警工作热情。

【满足群众法治需求】 以社会矛盾调处中心为依托，全力抓好乡镇联合调解中心、矛盾纠纷易发地、治安隐患集中地工作开展，围绕化解社会矛盾、推进社会治理创新等内容。组织区司法局、法院、检察院深入乡村开展联合治安夜巡行动。出动12辆警车，深入18个乡镇各行政村主要街道开展巡逻，协调区电视台专门制作了安全防范知识音频，利用警车喇叭播放，同时，在村民活动广场等人员密集场所向辖区群众宣传养老诈骗、电信诈骗、治安防范等知识。建立微信工作群，每天由夜巡干警在微信群中及时发布照片、定位等巡逻动态，定时进行夜巡任务安排，确保有效管理、统一指挥。对于涉法涉诉信访案件，坚持剖根溯源，成功办结12337平台的信访案件共17起。

【实施惠民实事】 持续深入开展“我为群众办实事”主题实践活动，进一步提高思想认识，树立“人民干部为人民”的理念，增强便民服务的针对性和实际效果。以社会矛盾调处中心为依托，切实解决群众关切的热点难点问题，真正从解决贴近人民群众切身利益的难题上下功夫，创新举措，办出成效。为巩固为民办实事的成效，围绕社会治安环境，征求基层干部群众的意见，把群众反映的问题清单作为履职清单，切实为群众办实事、办好事，提升政法队伍的群众满意度。

【扫黑除恶专项斗争】 按照常态化开展扫黑除恶斗争的部署，不断完善领导组织体系，提升斗争规范化、机制化水平，以“重点行业领域整治”为抓手，抓住关键点打好组合拳，确保扫黑除恶常态化不断向纵深发展。保持高压严打态势。各举报渠道通畅运行，落实线索核查“三长负责制”，确保查准查透，牵头组织区公安局、法院、检察院扫黑除恶专班配强精干力量，细化打击措施，合力推进攻坚。打掉恶势力集团3个，抓获成员16人。

【重点行业领域整治】 启动教育、金融放贷、市场流通等行业领域重点整治，全面排查行业监管漏洞，对黑恶势力易滋生、易染指的问题常态化滚动摸排，加大联合执法力度，开展联查联办、联防联动行动，及时发现问题，重拳狠打违法犯罪。同时注重清理规范源头秩序，建立起行业源头防范整治制度机制，确保乱点乱象整治全部“清零”，行业短板漏洞补齐堵死。深入宣传贯彻《中华人民共和国反有组织犯罪法》。区委理论中心组、区政府常务会集中对《中华人民共和国反有组织犯罪法》进行学习。扫黑除恶成员单位组织多轮次集中学习培训和社会宣传活动。

【平安建设】 推进网格化服务管理工作。全区共划分乡镇网格19个，划分村居网格277个，划分4级基层网格1609个，划分5级网格6811个，设立网格员6824名，乡村网格化管理示意图上墙，建立网格化管理工作台账和户情台账，推动网格员队伍在做好疫情防控工作的同时，逐步开展矛盾纠纷排查、文明城区创建等工作，发挥网格员一员多能的作用。

做好平安建设专项考核工作。制定全区《平安建设专项考核办法》，修订后印发，每月通报排名。区平安办根据通报结果逐单位印发整改提示函61份，督促考核扣分的乡镇、单位限期整改。

区委政法委第二次全体（扩大）会议暨平安建设整改提升工作会议召开。研究制定区《矛盾纠纷排查化解和风险隐患防控工作方案》，并印发实施。区委召开三届四十五次常委会（扩大）会议，会议对区《关于切实做好矛盾纠纷排查化解和风险隐患防控工作 提升基层社会治理能力专项行动的工作方案》《关于开展全面清查收缴非法枪爆物品专项行动的工作方案》进行研究讨论。成立全区矛盾纠纷排查化解和风险隐患防控工作领导小组，由区委书记闫向阳、区长李英英任组长，全区共分为6个“战区”，与乡镇村捆绑开展矛盾纠纷排查化解和风险隐患防控工作。10月23日，在阎庄乡举办了乡村“两委”干部法治培训，邀请中央司法警官学院刘燕玲教授授课，提高参训干部运用法治思维和法治方式管理村居事务、预防化解矛盾纠纷、维护农村和谐稳定能力。

加强精神障碍患者服务管理。重新登统精神障碍患者2683名，全部分级落实“三包一”“四包一”责任制，并落实了每年每人100元的监护人责任险，共缴纳20万元；对52名危险评估三级以上的人员落实每名监护人每月200元以奖代补政策，对22名存在肇事肇祸隐患行为的偏激患者落实入院治疗措施。2022年，未发生肇事肇祸案（事）件。

【队伍建设】 强化政治理论学习。积极组织开展专题讲座、网络大讲堂、警示教育、英模教育、廉政教育等多种形式的政治理论学习教育，制定政治轮训计划。制定本单位作风大整顿工作方案、学习计划，组织开展理论学习，撰写了体会文章，制作“作风大整顿”学习专栏。组织学习《政法工作条例》，按年度梳理完毕《政法工作条例》落实情况的资料。包含工作资料、制度成果、实践成果、理论成果、政法委员制度落实情况五个方面，并要求逐步完善各项制度，基本做到有目录、有内容、有影像，有安排、有推进、有落实。

按质按量完成党费清缴工作。强化措施，提高认识。将党费收缴工作作为强化党员队伍管理、深入开展中共二十大精神学习教育的有力抓手，要求全体党员转变以前缴纳党费的陈旧观念，适应新常态下的党费收缴工作，配合厘清个人党费数目，主动缴纳个人党费，争做合格党员。核查基数，严格标准。按照要求算清每名党员缴纳党费的数目，确保党费收缴标准统一有据、党费收缴数目准确透明。及时上报，制定切实可行的党费核算和缴纳要求，严格按照要求组织开展党费缴纳工作，及时、足额收缴党费，并及时向上级汇报最新情况和缴纳进展。

积极开展从严治党、廉洁自律工作，加大单位内部监督力度。党支部领导班子成员严格遵守“四大纪律、八项要求”和领导干部廉洁从政各项规定，廉洁奉公，率先垂范。进一步落实党风廉政建设责任制，加强党员干部的廉洁自律。认真贯彻《中国共产党党内监督条例（试行）》、《中国共产党廉洁自律准则》、《中国共产党纪律处分条例》以及中央颁布的《建立健全教育、制度、监督并重的惩治和预防腐败体系实施纲要》，把握纲要的基本精神和主要内容。自觉执行党的民主集中制的各项制度。同时，根据区纪委作风大整顿工作要求，和严查“突击花钱”现象和“四风”问题的通知精神，召开专题会议研究部署自查工作，严格按上级要求认真执行，严肃财务纪律，坚决贯彻中央八项规定，健全完善单位内控和审批制度。

深化纠正“四风”和作风纪律专项整治。充分结合单位实际情况制定了《清苑区委政法委关于深化纠正“四风”和作风纪律专项整治总体推进方案》，针对《方案》指出的问题进行整改。

认真开展深化改革各项工作。坚持和发展新时代“枫桥经验”，推动治理模式创新、治理方式重塑、治理体系重构，在现有措施基础上，计划推出一批叫得响、立得住、群众认可的便民利民措施，积极回应群众期盼。谋划开展了1项“微改革”行动：推动完善网格化建设，助力基层治理升级。通过健全网格员体系建设，推动完善社会矛盾调处中心体制建设；进一步贯彻落实《关于全面加强政法工作建强政法铁军助力现代化品质生活之城建设的意见》并积极开展对乡街政法委员的培训；持续开展法律法规宣传工作，切实做到“十进”；集中开展打击整治养老诈骗宣传活动，切实守好人民群众“钱袋子”。

认真开展法学会各项工作。法学会换届选举圆满完成。选举产生了第二届法学会领导机构，7月22日组织单位法学会和法学工作者参加2022年“百名法学家百场报告会”法治宣讲活动中央和国家机关专场报告会。重点学习习近平法治思想、开展法治宣传活动、法律服务以及特色工作方面开展工作，通过与全区平安建设、综治、反邪教等宣传活动相结合，运用宣传氛围、新媒体等多种形式，广泛开展法治宣传教育，全面推动“双百”活动高质量完成。

健全完善新媒体信息工作。开通单位官方微信、微博、抖音、今日头条、一点资讯新媒体注册，并利用新媒体积极开展宣传工作。向市委政法委长安网报送信息 200 多条、短视频 10 条，其中市长安网采用 6 条、河北长安网 1 条、中央长安网 1 条，微博报送 30 条，微博互动 900 多次。滚动播放宣传标语，悬挂条幅 300 余条，在公众号上发布 200 余条微博、300 多篇图文资料。

大力弘扬见义勇为行为，构建法治文化体系。工作中加大宣教力度，传播正能量，弘扬传统美德。进一步建立完善支持、帮助见义勇为人员的长效机制，完善见义勇为规章制度和工作程序。大力关爱见义勇为人员和群体。对省级见义勇为英模周保山进行慰问，并送上慰问金 3000 元。发扬见义勇为精神。采取多种形式，加大见义勇为宣传力度，营造关心、关爱、关注见义勇为英雄的良好社会氛围，全力推动见义勇为各项工作迈上新台阶。

强化法治政府建设工作。贯彻实行“谁执法谁普法，谁主管谁普法”的普法责任要求，制定实施方案，组织开展“法治教育”进校园，“清苑区 2022 年青年普法志愿者法治文化基层行”启动仪式暨法律进广场宣传活动，“做乡村法治建设的领跑者、平安建设的守护者”专题讲座。

开展意识形态工作。按照区委意识形态工作领导小组办公室《关于召开全区意识形态领域风险问题分析研判会议的预通知》要求，结合当前工作实际，对涉及的各项重点工作进行分析研判，形成台账，撰写分析报告。同时，定期参加区意识形态领导小组召开的调度会，对意识形态工作开展情况进行汇报。

【反邪教工作】 在反邪教宣传活动中整合资源，形成社会协同、公众广泛参与的管理格局。在创建文明城区亮点工程中，增加了反邪教公益广告、宣传栏等内容。2022 年，共开展了 8 次反邪教宣传活动，发放宣传品 2300 份，发放宣传资料 680 余册，悬挂标语 23 条。

书　　　记：组　刚
常务副书记：付世明

（撰稿：杨晨曦）

公　安

【概况】 保定市公安局清苑区分局是市公安局派出机构，是武装性质的主管全区公安工作的行政机关。现有党委成员 6 人，内设 20 个职能科室、19 个基层派出所、6 个责任区刑警中队。2022 年，区公安分局始终坚持以习近平新时代中国特色社会主义思想为指导，以学习宣传贯彻中共二十大精神为引领，围绕建设高质量发展的清苑，解放思想，奋发进取，全力推动各项工作扎实开展，取得明显成效。

【安全保卫工作】 高标准完成春节，北京冬奥会、冬残奥会和全国两会等系列安保维稳任务，特别是中共二十大安保维稳任务。确保北京冬奥会、冬残奥会绝对安全。安保期间，各科室所队主要领导全部在岗在位，全面启动高等级安保勤务，全力推进北京冬奥会安保维稳各项工作落实落地。清苑域内从捍卫政治安全、维护社会安定、强化疫情防控等多个方面，逐项细化任务、逐级压实责任，全力维护了域内安全稳定。确保全国两会期间社会稳定。全国两会安保与冬奥会安保交织叠加，坚持同谋划、同部署、同推进。按照各级党委、政府工作安排部署，科学谋划，合理布置警力，适时启动“三道防线”检查站。

【惩治犯罪工作】 充分发挥公安职能作用，以“利剑除暴”、“铸盾 2022”和夏季治安打击整治“百日行动”为重点，全警参战，锐意进取，在全区范围内开展声势浩大的严打行动。2022 年，共破获各类刑事案件 683 起，查处各类行政案件 1000 起，刑事拘留 1030 人、行政拘留 856 人，执行逮捕170人，打掉寻衅滋事、盗窃、诈骗等团伙89个。聚力攻坚“破大案”，重拳出击群众反映强烈的涉黑涉恶、严重暴力违法犯罪，相继成功打掉涉黑恶犯罪一般团伙和恶势力犯罪团伙8个，抓获犯罪嫌疑人26名；抓获网上在逃人员85名，尤其是成功抓获在逃13年人员1名；打掉侵财团伙8个、敲诈勒索团伙2个；成功侦破一起涉枪案件，抓获犯罪嫌疑人11人，缴获枪支零部件130余件；成功破获3起现发命案，破案率达到100%。聚焦民生“打小案”，坚持民有所呼、警有所应，严厉打击“盗抢骗”、电信诈骗等威胁人民群众财产安全的违法犯罪。破获一起生产销售有毒、有害食品案件，抓获犯罪嫌疑人24人；侦破污染环境刑事案件6起，采取强制措施21人；侦破行政案件36起，行政拘留64人；破获电诈案件179起，抓获犯罪嫌疑人502人，挽回损失50余万元；刑事拘留黄赌嫌疑人51人，行政拘留392人；食药系统紧盯肉制品领域突出犯罪，缜密侦查，专案经营，成功侦破杨某某等生产销售有毒有害猪肉案，抓获犯罪嫌疑人51人。守护民安“治枪爆”，部署开展缉枪治爆“回头看”专项行动，联合区人民法院、区人民检察院、区公安分局下发《关于依法收集非法枪支弹药爆炸物品严厉打击枪爆违法犯罪的通告》，侦破涉枪刑事案件1起，全力净化社会环境，严防涉枪涉爆问题反弹。

【维护社会稳定】 全力开展“靖街行动”。行动期间，每天投入至少180名警力，在城区范围，细化网格化布警巡控措施，规范处置流程，加大巡逻密度，最大限度地将警力摆上街头，切实提升街面见警率、管事率，严格落实“1、3、5”分钟快速反应要求。2022年，全区接报110刑事、治安警情4405起，较上年同比下降24.6%，接报盗抢骗警情1233起，较上年同比下降32%。治安、交警、经文保等部门深入开展安全隐患大检查和道路交通安全专项治理行动，严管严控爆炸物品、危险化学品，严查严治消防隐患，严格落实寄递物流“三个100%”制度，严查校园安全治理，确保全区无重大有影响的交通、火灾、危爆等各类安全事故发生。高标准建成合成作战中心。投资资金建成由刑警、网安、反诈等多警种合成作战团队。创新打造新型“公安大脑”。自合成作战中心建成以来，共制作串并案分析报告13份、重点案件研判分析报告10份、现行案件研判报告150余份，断卡线索研判报告30份，参与案件侦办直接抓捕犯罪嫌疑人13人，抓获在逃人员6人，提供情报支持抓捕犯罪嫌疑人110余人，破获案件90余起。尤其是成功破获的“1999.3.7”贾某伟故意杀人案，省公安厅予以全省通报表扬。持续开展交通秩序整治专项行动，共查处交通违法行为26853例，其中饮酒驾驶235例、醉驾187例、涉牌涉证196例、违法停车15651例、货车超载1128例、驾驶拼装报废车19辆、无证驾驶145例、非机动车及行人违法7292例、其他违法行为2000例。特别是在市公安局“减量控大”考核工作中，相比上年有了大幅提升，彻底摆脱了落后局面。

【便民利民】 设立公安局长热线。在全市率先启用号码为0312—8110110的“清苑区公安局长热线”，24小时接听群众来电。分局制定了详细的办理流程，明确专人接听，规范了回复反馈责任制。自4月设立局长热线以来共接听热线32起，为群众解决实际问题30个，拉近了与人民群众之间的距离。全力做好“12345”政务服务热线工作。区政府副区长、公安分局局长李啸亲自部署，一线调度，规范办理流程，切实解决百姓“急难愁盼”问题，从根本上提升群众满意度。2022年，共接上级转办工单1131起，成功解决了1090起。提高窗口服务水平办实事。通过“一窗通办”平台实现刻章业务全流程网上办理，在现行居住证办理政策的基础上，拓宽了办理居住证的受众范围；落实智慧查询、语音导办、企业服务等10项平台、设备；20余项车驾管业务实现上门服务，落实“一门通办、一网通办、一次性办”。提升审批办事效率办实事。全面取消异地居民身份证受理的限制条件，落实户口迁移、开具户籍类证明全国范围“跨省通办”，启动京津冀新生儿入户“跨省通办”，省内户籍居民首次申领居民身份证“全省通办”；深化12项移民出入境便利政策措施和公安部七项出入境便利政策措施，优化服务环境和流程。疫情防控期间，提前告知办证政策，避免群众多跑路。不断强化文明养犬，广泛发放《文明养犬倡议书》《文明养犬承诺书》。

7月5日，区公安分局开展普法宣传活动

【党建工作】 发挥基层党组织的政治引领作用，不断探索基层党建工作发展的新路径，制定长效机制，形成常抓不懈、齐抓共管的党建格局。坚持自学与集中学习相结合，每月月初制定学习计划，坚持每周常态化自学，坚持每月理论中心组研学、支部集中学习，严格落实“第一议题”制度。通过打造标杆党支部，激发党建新活力。在冉庄派出所、东闾派出所、南店交警中队打造3个标杆党支部，结合冉庄地道战等特色红色文化基因，传递爱党爱国正能量，开展“党建标杆示范点”创建活动。开展为民服务活动。2022年，分局党委班子成员个人出资圆梦6个微心愿，共实现5个生活困难党员、群众心愿。加强战时党的建设，启动战时党建机制。9月28日成立京港澳高速保北口检查站临时党支部、京港澳高速清苑口检查站临时党支部；签订《党员公开承诺践诺书》106人次，党员结合自身的工作岗位和职责公开承诺75人次，组织民辅警重温入党誓词43次，实现以“党旗红”引领“公安蓝”。注重成果转化，围绕群众“急难愁盼”问题，开展了“我为群众办实事”“我做的群众最满意的一件事”主题实践活动，累计为群众办事596件。在2022年度全市公安机关第四季度绩效考评中，分局党建工作小组排名第一。

【队伍建设】 持续推进全面从严管党治警。深化公安队伍教育整顿，坚持政治建警，着力清除政治隐患。严格执行中央八项规定及其实施细则精神，坚决执行公安部严禁违规宴请饮酒“六项规定”，在全警部署开展了整治“吃喝风、小团伙、微腐败”三个专项行动，扎实推动作风纪律整改提升。强化爱警暖警。坚持“爱警惜警、从优待警”的理念，年初成立“爱警办”，着力为民警办实事、解难事。春节前，局领导走访慰问了援奥民警家属，送去组织的关怀；北京冬奥会安保、全国两会安保期间，局领导定期慰问参战民辅警；疫情防控期间，全力保障民辅警所需防疫物资和一线民警生活必需品，最大限度消除民辅警后顾之忧，全身心投入各项工作；积极协调区委组织部，落实警员职务序列套改晋升，为4批次218名民警落实职级晋升；“七一”前，统一为全体民警着警礼服拍摄个人照片，增强了民警的职业归属感、荣誉感。

局　长：李　啸

政　委：郭　磊

（撰稿：景文奎）

检　察

【概况】 清苑区人民检察院内设办公室、第一检察部、第二检察部、第三检察部、第四检察部、第五检察部、综合业务部、政治部（含司法警察大队）。在编人员52人。党组成员5人，其中检察长1人、副检察长3人。2022年，清苑区人民检察院以习近平新时代中国特色社会主义思想为指导，深入贯彻习近平法治思想，全面贯彻落实中共二十大精神，认真贯彻落实中央、省、市、区委以及上级检察院的各项决策部署，坚决贯彻执行《中共中央关于加强新时代检察机关法律监督工作的意见》，为大局服务、为人民司法，各项工作取得新成效。

【队伍建设】 注重政治建检筑忠魂始终坚持党对检察工作的绝对领导，严格执行《中国共产党政法工作条例》。认真学习贯彻中共二十大精神，筑牢意识形态主阵地。严格执行重大事项请示报告制度，围绕区委发展思路，谋划、推进检察工作，确保正确的政治方向。注重业务强检提效能加强教育培训，构建多元化教育培训机制，全面加强岗位练兵。强化理念引领，把“在办案中监督、在监督中办案”“三个效果有机统一”等检察新理念作为教育培训的必修课。扎实推进检察官业绩考评，促进办案质效双提升。注重强基固检夯根基深入推进检察工作“质量建设年”，坚持正确用人导向，全面落实上级院“数字检察”部署要求。坚持以办案为中心，以科技为引领，强化检察工作与信息化技术深度融合，加快推进数字检察建设，以“数字革命”驱动新时代法律监督提质增效。注重从严治检强作风巩固深化政法队伍教育整顿成果，持续净化政治生态。严格落实中央八项规定精神和防止干预司法“三个规定”，抓实新时代政法干警“十个严禁”。积极践行“一岗双责”机制，扎实推进作风大整顿，充分运用“四种形态”，严惩司法腐败。

5月27日，区人民检察院召开大数据拓展法律监督交流研讨会

【服务发展大局】 倾力保障社会发展大局，持续推动“三号检察建议”落地落实，涉嫌非法集资案件审查批捕4件4人，起诉8件8人，洗钱案件起诉1件1人。督促金融机构完善监管制度，发出检察建议2份。知识产权案件审查批捕2件2人，起诉3件6人，办理的某印刷有限公司、陈某、王某侵犯著作权一案入选河北省扫黄打非领导小组办公室公布的2021年度“扫黄打非”十大案件。护航民营经济健康发展，努力让民营企业家放心投资、安心经营。突出惩治金融诈骗、合同诈骗等犯罪，保护民营企业合法权益。充分发挥12309检察服务中心“窗口”优势，积极回应民企发展的各种法治诉求。积极投身疫情防控大局，组织调度干警投入疫情防控一线，用实际行动诠释检察责任担当。科学精准落实国家第九版防控方案、“二十条”和“新十条”优化措施，优化调整本单位及分包小区疫情防控措施，全力守护人民群众生命健康安全。

【维护安全稳定】 坚持把保安全、护稳定作为第一责任，树牢总体国家安全观，妥善化解矛盾纠纷，推进社会治理，筑牢首都政治“护城河”。依法惩治危害安全稳定犯罪，持续严惩涉恐涉枪涉暴、故意杀人、抢劫等严重犯罪，审查批捕16件32人，起诉13件14人。坚决惩治故意伤害、寻衅滋事、聚众斗殴等易发多发犯罪，审查批捕29件39人，起诉56件79人。依法办理售卖公民个人信息、出租出售“两卡”、“客服引流”等关联犯罪，审查批捕11件15人，起诉28件42人，“全链条”打击电信网络诈骗犯罪。全力服务保障重大中心工作，抽调干警奋战在安保维稳一线，坚决做到思想上一刻不放松、行动上一刻不停歇、责任上一刻不松懈，尽全力完成北京冬奥会、冬残奥会，全国两会，中共二十大等重大中心工作的安保任务，全方位筑牢安保的坚固防线。持续推进扫黑除恶常态化，

强化办案攻坚，受理审查起诉涉恶案件1件3人。严格落实“一案三查”“两个一律”要求，

摸排“保护伞”“关系网”线索，立足对黑恶势力打早打小。扎实开展四大行业领域整治行动，高质高效办理相关犯罪案件，促进形成良好治安氛围。

【司法为民】 坚持人民至上，切实解决人民群众“急难愁盼”问题，努力提升人民群众获得感、幸福感和安全感。守护人民群众美好生活。严惩食药领域犯罪，2022 年，共审查批捕 2 件 10 人，起诉 2 件 2 人。深入宣传《中华人民共和国反有组织犯罪法》《防范和处置非法集资条例》《中华人民共和国民法典》等法律法规，增强群众法治意识。扎实开展打击养老诈骗专项行动，营造打击整治养老诈骗犯罪的社会氛围。及时回应群众司法诉求。全面落实“群众来信件件有回复”制度，全年共接待群众来信来访 30 件，接待上访群众 50 人次。办理司法救助案件 50 件。办理的王某钰申请国家司法救助案被河北省人民检察院评为国家司法救助典型案例。

呵护未成年人健康成长。扛起未成年人保护检察责任，以司法保护融入家庭、学校、社会、网络和政府保护，共同把未成年人保护工作做得更实。18 名干警被聘任为“法治副校长”，向 6000 余名学生开展普法活动，培养未成年人的法治意识。对辖区内 14 所中小学、幼儿园周边交通安全设施，以及校园附近人行道路情况开展专项监督行动，制发社会治理类检察建议 2 份，切实守护学生出行安全。发出《督促监护令》37 份，督促、引导父母对孩子履行监护人应尽的职责和义务。

【检察监督】 贯彻落实《中共中央关于加强新时代检察机关法律监督工作的意见》，努力让人民群众切实感受到公平正义就在身边。刑事检察向“优”升级。受理提请批准逮捕 245 件 370 人，批准逮捕 133 件 192 人，不批准逮捕 174 人，列出继续侦查提纲 188 份。受理移送审查起诉 561 件 841 人，提起公诉 351 件 467 人，不起诉 198 人；出庭支持公诉 356 次，提出量刑建议 456 人，被法院采纳 435 人，适用认罪认罚 451 件 535 人。与区公安分局共同设立“侦查监督与协作配合”办公室，提前介入、引导侦查案件 41 件，监督立案 3 件、撤案 3 件，书面监督纠正侦查活动违法 338 件，纠正遗漏同案犯 3 人，纠正遗漏罪行 5 人。书面监督纠正监外执行和社区矫正监管活动违法 7 人。民事检察向“强”迈进。办理各类民事监督案件 18 件。其中不服生效裁判监督案件 2 件，民事审判和执行活动监督立案 16 件。向法院发出执行监督检察建议 10 份，审判程序违法监督检察建议 6 份。办理支持起诉案件 3 件，支持农民工追索劳动报酬，保护农民工合法权益。行政检察向“实”突破。办理行政非诉执行案件 5 件，办理社会综合治理类案件 8 件，充分发挥“两法衔接”平台作用，加强与行政机关沟通，完善协调介入机制。督促行政机关录入行政处罚案件 532 件，行政机关主动移送公安机关 5 件，促进依法行政。公益诉讼向“好”拓展。2022 年，立案 75 件，发出诉前检察建议 70 份，办理的“清苑区检察院诉刘某某污染环境案”和“清苑区检察院督促整治河道违建案”入选“全国检察机关开展为民办实事破解老大难公益诉讼质量提升年专项活动”千案展示典型案例。运用立案监督、检察建议、提起公益诉讼等手段，护航特色农业发展，助力乡村振兴。

检　察　长： 徐文科

常务副检察长： 高永超

（撰稿：樊梦媛）

法 院

【概况】 2022 年，清苑区人民法院坚持以习近平新时代中国特色社会主义思想为指导，深入贯彻习近平法治思想，深入学习宣传贯彻中共二十大精神，紧紧围绕“努力让人民群众在每一个司法案件中感受到公平正义”目标，坚持服务大局、司法为民、公正司法，立足职能、实干担当，不畏艰难、勇于攻坚，各项工作取得新进展新成效，为清苑区高质量发展提供有力的司法服务和保障。2022 年，共受理各类案件 9259 件，审、执结 8862 件，法官人均结案 389 件，同比增加 134 件。审判质效由全市法院第 22 名上升到第 3 名，提升了 19 个名次，在全省 177 个法院中由第 173 名跃升为第 20 名，提升了 153 个名次，结案率、平均审理时长等 12 项指标均得满分，一审服判息诉率、调解率等指标稳步提升。执行质效由全市法院第 20 名上升到第 4 名，提升了 16 个名次，在全省 163 个法院中由第 145 名跃升为第 30 名，提升了 115 个名次。被市中院表彰为“党的二十大涉诉信访安保工作”先进集体，经验做法在全市法院进行推广。2022 年，法院全体干警勠力同心、攻坚克难，涌现出一批先进典型，3 个集体和 7 名个人获市级、区级表彰，收到社会好评 200 余次，收到锦旗 79 面、感谢信 82 封。

【刑事案件审判】 2022 年，共受理刑事案件 366 件，审结刑事案件 378 件（含旧存），对 537 名被告人依法判处刑罚，判处 10 年以上有期徒刑 21 人，判处 10 年以下有期徒刑 516 人。切实维护社会安定，审结故意伤害、寻衅滋事等暴力犯罪案件 68 件；全力守护群众安危，审结危险驾驶、交通肇事等案件 164 件。坚决“打伞破网”“打财断血”，推进扫黑除恶常态化，审结涉恶案件 2 件、判处 14 人，结案率 100%。切实维护未成年人的合法权益，发出清苑区历史上首份《家庭教育令》，努力呵护未成年人健康成长。

【民事案件审判】 2022 年，受理民事商事案件 4626 件，审结 4788 件（含旧存）。维护群众切身利益，审结医疗、人身损害、劳动争议等案件 762 件。以“和”为贵推进家事审判，审结婚姻家庭、继承、赡养等家事纠纷 894 件。发出首例人身安全保护令，保护了家庭暴力受害者的合法权益，典型做法被新华社河北频道报道。积极开展“护薪”行动，开辟农民工讨薪绿色通道，审结追索劳动报酬案件 45 件，帮助农民工追讨欠薪 200 余万元。加大司法救助力度，为确实有困难的当事人依法“缓减免”诉讼费，切实减轻了困难群众诉讼负担。发放司法救助金 18 万元，彰显司法人文关怀。

【执行工作】 2022 年，共受理执行案件 3501 件，执结 3373 件，执行到位标的 1.75 亿元。开展“夏季攻势”“冀执利剑”集中执行行动 14 次，出动 510 人次，执行到位金额 385.3 万元，有力震慑了“老赖”，维护当事人胜诉权益。加强失信联合惩戒，公开曝光失信被执行人信息 876 人次，限制消费 656 人次，拘传、拘留 19 人次，让失信被执行人“一处失信，处处受限”。全力破解财产变现难题，全面推行网络司法拍卖，累计成交 58 笔 4237.37 万元。依法移送、判处拒不执行判决、裁定罪案件 1 件，形成打击逃避、规避执行行为的强大声势。

【优化法治化营商环境】 努力践行“法治是最好的营商环境”理念。针对房地产纠纷及企业债权债务等工作，多次参加研讨会，并提供准确法律政策依据。主动为企业提供司法服务，开展“万人助万企”活动，为清苑区 100 多家企业提供“零距离”法律服务，在工业园区挂牌设立“园区法官工作站”，法官每周固定时间到工作站开展上门立案、上门鉴定等司法服务，解决各类诉求 156 项，为清苑区重点企业快速执行案款，缓解企业资金压力，以实际行动为企业纾难解困，为群众排忧解难，促进提振市场信心。

【服务区委中心工作】 认真落实区委各项工作要求，切实做到区委的工作部署到哪里，法院的司法服务和保障就跟进到哪里。坚决筑牢疫情防控屏障，140 余名干警主动下沉一线，在分包社

区、高速服务区等地，参与执勤、信息采集、秩序维护等志愿服务，全力守护人民群众生命健康安全。筑牢安保防线，抓实抓好安全生产工作，化解涉诉信访案件，深入开展矛盾纠纷大排查大化解，参与政法委组织的夜巡、应急值守等活动。

12 月 27 日，立中集团为区法院赠送锦旗

【推进行政非诉执行】 推进法治化政府建设，在办理行政非诉执行案件中，既严格对申请执行的材料进行合法性审查，又积极对工作中发现的问题提出意见和建议，共受理申请行政非诉执行案件 223 件，全部审查终结。加强府院联动，积极争取政府和各行政机关等支持配合，对行政争议提前介入，进一步推进行政争议源头防控、多元化解。

【司法为民】 立足司法推动解决人民群众“急难愁盼”问题，线上通过 24 小时自助法院、人民法院在线服务平台、“12368”诉讼服务热线等方式，线下通过上门立案、上门鉴定、上门调解、上门开庭等方式，全力提供功能更全、服务更优、效率更高的诉讼服务。对诉讼服务中心进行全面升级改造，开辟诉调对接区、立案登记区、信访接待区等区域，功能更加完备，布局更加合理，设施更加齐全，服务更加便民。推进“人人都是服务站，便民服务在身边”和“为群众办实事示范法院”创建活动，开展法院开放日、送法进校园、深入田间地头进行巡回审判等举措，让公平正义更加可感可触。

【开展专项行动】 深入开展打击整治养老诈骗、电信网络诈骗、拐卖妇女儿童犯罪专项行动，审结涉养老诈骗案件、电信网络诈骗及其关联案件 22 件 42 人，审理了黄某某等人利用信息网络进行犯罪活动案件，坚决打击诈骗分子嚣张气焰。开展“全民反诈在行动”集中宣传月、“打击拐卖妇女儿童”宣传等活动 19 次，接受法律咨询 300 余人次。

5 月 25 日，区法院开展“养老诈骗”宣传活动

【涉诉信访】 实施“信访日报告制度”，每周四召开重点案件及涉法涉诉信访案件调度会，召开调度会 40 余次，调度涉法涉诉信访案件 36 件。深化落实“院长接待日”制度，方便群众就地反映问题，切实增强源头吸附化解能力。紧紧依靠党委、政府，严格落实领导包案制度，坚持源头治理，坚持调解优先，共接待上访群众 27 人次，化解涉诉信访案件 27 件，结案率 100%，息诉罢访率 100%。

【服务基层社会治理】 推进人民法庭高质量发展。主动向区委、区人大汇报法庭建设工作，推动党委政府把人民法庭工作纳入总体工作格局。7 个人民法庭按照市中院“1447”工作体系，均实现“立案、审判、执行一体化”，共办理案件 2378 件，人民法庭保障水平明显提高，功能作用显著提升。打造法庭特色品牌，以冉庄旅游巡回法庭为着力点，组织干警开展宣传活动，为游客提供法律咨询，为文旅融合发展提供坚强的司法服务和保障。大庄人民法庭结合辖区西瓜特色产业，为农户答疑解惑，高效化解涉农业产业纠纷，助力特色经济发展。探索组建法官工作室。在乡镇一级及工业园区设立了20个法官工作站、冉庄镇设立16个法官工作室的基础上，在所有自然村设立法官工作室，形成“一心多点、全域覆盖”的基层诉讼服务网络。法官工作室全面推行“3+N”管理模式，以员额法官、乡镇政法委员、村“两委”为“3”位固定成员，灵活吸纳人大代表、政协委员、特邀调解员等力量，驻点法官坚持每周至少驻点开展工作一次，把法庭搬到群众“家门口”，实现司法服务“零距离”。

【构建多元解纷工作机制】　紧密联系派出所、司法所、民政、妇联等部门，构建形成横向到边的网络，联动化解涉家事、劳资、相邻矛盾等各类纠纷421件，有力维护了乡村和谐稳定。深入推进“无讼乡（镇）、无讼村（社区）”创建，强化矛盾纠纷诉前调解，依托“冀时调”平台创造性开展了“双路合调”诉前调解工作，即一路由司法局人民调解员、综治办网格员等构成“专业调解员”，另一路由辖区有一定调解工作经验、有威望的村干部、老村民、老教师构成“信誉调解员”，共诉前调解案件4283件，切实将社会矛盾纠纷化解在基层。

3月4日，区法院首批16个“法官工作室”揭牌成立

【推进智慧法院建设】　依托智慧法院建设成果，不断完善网上办案系统，引导当事人选择“线上”方式进行诉讼服务。疫情期间迅速转变工作模式，干警居家移动办公办案，采用线上开庭、电话调解等非接触方式办理案件，实现“审判执行不停摆、公平正义不止步”。线上执行，推动“智慧执行”保定模式，充分运用网络查控、电子查封等手段，切实让胜诉当事人感受到执行“加速度”。大力推进无纸化办公，真正实现电子卷宗网上走、纸质卷宗原地留，提高了办案效率，降低了当事人诉讼成本。

【强化监督】　区法院主动将法院工作置于人大及社会各界的监督之下。主动向区人大常委会报告基层人民法庭建设等工作，加强代表委员联络工作，共邀请代表委员视察调研、座谈、旁听庭审、参与见证执行40余人次。对代表提出的意见建议，逐件督办、及时反馈，办理意见建议39件，办结率100%，满意率100%。依法接受检察机关法律监督，自觉接受监察机关对法院及工作人员监督，设置廉政风险员16名。自觉接受人民监督，召开新闻发布会4次，召开征求意见座谈会5次。充分运用微信公众号、微博等新媒体发布司法信息，广泛接受舆论及社会监督。

【队伍建设】　加强学习型法院建设，围绕“创建学习型法院，争当学习型法官”目标，组织干警参加各类培训42期1000余人次，为干警购置书籍1000余册，50名干警报名参加考研学习班，学习氛围浓厚。健全院庭长讲党课、员额法官讲业务、普通干警谈体会机制，开展岗位练兵竞赛，全面提升干警综合素养。推进法院文化建设，设立干警阅读中心及健身房，打造党建文化长廊和建设党员活动室，内部刊物创刊发行，并送上级法院、区委、政府以及社会各界赠阅。以先进典型激励提振士气，积极营造“比、学、赶、超”的浓厚氛围，激发干警干事创业的积极性。创新廉政教育方式，通过观看警示教育片、召开警示教育会、动员全院干警签订《廉政承诺书》等方式，引导干警筑牢拒腐防变的思想道德防线。开展作风大整顿活动，严格执行防止干预司法“三个规定”、新时代政法干警“十个严禁”等制度规定，强化日常监督教育，持之以恒正风肃纪，全力打造一支党和人民信得过、靠得住、能放心的过硬法院队伍。

院　长：李　梅（女）

（撰稿：胡丽娟）

司法行政

【概况】　保定市清苑区司法局机构规格为正科级，内设7个股室，分别是综合股、法制股（行政复议股、区委全面依法治区委员会办公室秘书股）、社区矫正管理股、普法和依法治理股、人民参与和促进法治股、公证管理股、法律援助工作管理股。下属1个事业单位：河北省保定市清苑公证处。18个派出机构：清苑镇司法所、白团司法所、魏村司法所、阳城司法所、冉庄司法所、北店司法所、张登司法所、温仁司法所、北王力司法所、李庄司法所、东闾司法所、大庄司法所、何桥司法所、石桥司法所、孙村司法所、望亭司法所、臧村司法所、阎庄司法所。机关政法专项编制18名，乡镇司法所政法专项编制38名，事业编制4名。2022年，保定市清苑区司法局坚决贯彻中国共产党第二十次全国代表大会、省委十届二次全会、市委十二届三次全会精神，以建设更高水平的法治清苑为主线，结合司法行政职能，积极为“法治清苑”“平安清苑”建设贡献力量，统筹兼顾，突出重点，真抓实干，各项工作成效明显。

【全面依法治区】　稳步推进全面依法治区规范化建设。制定《关于加强全面依法治区规范化建设的实施方案（试行）》，为全面依法治区规范化建设提供遵循。拟定并印发《关于建立健全乡镇法治建设领导体制和工作机制的通知》，全区18个乡镇全部成立了乡镇党委全面依法治乡（镇）委员会和办公室。印发《关于切实加强党政机关法律顾问管理使用工作的通知》《关于切实加强公职律师管理使用工作的通知》，细化法律顾问、公职律师的选聘程序等内容，建立了工作报告制度。为深化“两个列席”，印发《关于深化法律顾问列席工作的通知》，推动法律顾问列席区委常委会、政府常务会、乡镇党委会会议制度有效落实。印发《保定市清苑区全面依法治区法治督察制度》《党政主要负责人述法评议工作制度》《关于推动村（居）党支部书记履行法治建设职责的实施意见》，进一步明确职责，确保法治建设工作安排落到实处。积极开展法治政府建设示范创建。对照省委依法治省办印发的《河北省法治政府建设示范指标体系评分标准》，制定全区责任分工方案，并组织召开2次法治政府建设示范创建工作推进会，在市委依法治市办7月组织的核查中达到合格标准。开展法治督查和法治调研工作。开展了全区道路交通安全和运输执法领域突出问题自查督察、重点领域行政执法专项监督检查，发现各类问题16条并督促整改，顺利通过市督察组实地督察。

【普法宣传和依法治理】　健全完善普法机制。建立“谁执法谁普法、谁管理谁普法、谁服务谁普法”工作机制。推动责任单位编制、公示、备案“四清单一办法”（内容清单、责任清单、措施清单、标准清单和考核办法），进一步强化了大普法格局。建立“每月一主题”普法工作机制。在国家安全、民法典、优化营商环境等领域按“每月一主题”开展专题普法宣传活动，联合各相关单位开展普法宣传，扩大了普法覆盖面。建立“军地法律服务共建协作”机制。与驻清苑部队共同签署了军地司法行政服务共建服务协议书，共建军地法律服务协作工作站，为部队及军人军属提供一站式法律服务。

深入开展法治宣传教育。针对普法重点人群开展了专项法治教育。印发《保定市清苑区领导干部和国家工作人员学法用法制度》，切实发挥国家工作人员学法用法带头作用。联合区教育局聘任18名司法所长为法治辅导员，深入全区37个中小学校开展校园法治宣讲42场，发放普法折页6000余份。深入东闾镇、魏村镇开展“送法进企业”法治培训，惠及企业43家，参训企业经营管理者及员工代表共120余人，结合“万人助万企”活动，向辖区企业发放了《促进法治化营商环境建设政策措施明白卡》2000份。

5月18日，区司法局举行教育系统聘请法治辅导员仪式

建立村居法治宣传阵地。大力推进村（居）“法律明白人”培养工程，全区256个村（社区）已建立在册乡村（社区）法律明白人829人。深入开展民主法治示范村（社区）创建活动，建设了白团镇白团东街村、温仁镇良寨村法治广场。打造了温仁镇南段庄村、北店乡中林水村、清苑镇大福村3个省级民主法治示范村，冉庄镇冉庄村成功入选第九批“全国民主法治示范村（社区）”。

【法制工作】 推进严格规范公正文明执法。落实行政执法“三项制度”方面，规范乡镇行政执法案卷20件，指导更新行政执法公示平台信息54条。组织城市管理、市场监管、生态环境等重点领域和乡镇开展了行政执法案卷集中评审活动，并召开案卷点评会。在区政府网站创建行政执法公示专栏，组织全区40余个执法单位集中进行执法公示。组织法制审核人员培训，编制《保定市清苑区行政执法规范用语指引（参考）》，加强对各执法单位指导。执法队伍建设方面，与区人社局、区委编办联合制发《关于开展全区行政执法人员专项清理工作的通知》，在全区开展行政执法人员专项清理。为保障行政执法部门执法能力，与区委编办、区人社局联合制发《关于行政执法证件办理工作的实施方案》，通过转岗的方式扩充执法人员数量。组织全区657名行政执法人员开展公共法律知识培训和考试，切实提高行政执法人员法律应用能力。优化法治化营商环境方面，对市场监管、生态环境、行政审批等重点部门开展专项检查，全面推行说理式执法、柔性执法、“免罚清单”制度、“罚教结合”试点。

积极推动行政复议体制改革。制定《清苑区行政复议体制改革实施方案》，成立清苑区行政复议委员会。共接待行政复议来访群众30余人次，不予受理1件，受理11件，案件主要涉及信息公开、行政处罚和行政强制。共承办保定市人民政府复议清苑区人民政府案件11件。案件主要涉及信息公开和土地征用文件。

【社区矫正及安置帮教】 严格按照《河北省社区矫正工作细则》的要求，坚持依法管理，保障刑事判决、裁定、暂予监外执行决定执行到位，维护司法权威和公信力。所有刑满释放人员实行一人一档的精细化管理。对于刑满释放返回家中的人员，及时掌握相关情况，重点帮教对象第一时间见面，按规定登记造册并建立档案。

【人民调解和司法所建设】 开展司法所规范化建设工作。根据省司法厅、市司法局相关文件，对辖区基层司法所进行深入调研。以高标准建设了东闾、臧村、北店、白团、魏村等9个司法所。深入开展矛盾纠纷集中排查化解行动。深入贯彻《关于进一步加强矛盾纠纷排查化解力度做好春节、冬奥会、全国两会期间社会稳定的通知》《清苑区司法局迎接党的“二十大”矛盾纠纷排查化解专项行动工作方案》《清苑区司法局矛盾纠纷排查化解“百日攻坚”行动实施方案》文件精神，聚焦重点人群、重点地区等，有针对性地进行排查化解。全区各级人民调解委员会共计排查化解各类矛盾纠纷1944件。人民监督员选任工作。根据《人民监督员选任管理办法》《河北省人民监督员选任管理办法实施细则（试行）》相关规定，响应保定市司法局选任新一届保定市人民检察院人民监督员的决定。通过组织推荐和公民自荐等途径，联合区检察院进行考察，选任人民监督员共6名。

【法律援助和律师及律师事务所管理工作】 有序做好法律援助工作。坚持应援尽援、应援优援的原则，大力开展法律援助工作，共受理案件85件，提供热线咨询1800余人次，现场接待办事群众900余人次，满意度为100%。分别在区检察院、法院、信访、人社、妇联、残联建立了工作站，多次获得受援人的锦旗表扬以及区妇联、残联、劳动监察、劳动仲裁、信访等部门的充分肯定。充分做好律师律所管理工作。按照省司法厅《关于推进国资律师事务所改制改革的指导意见》，河北冀清律师事务所顺利完成国资所改制工作。积极发挥法律顾问职能。积极配合参与信访接访。参与信访联席会议及区领导接访会议20余次，参与信访听证会2次，提供法律咨询，出具法律意见。大力配合做好讨薪工作。接待农民工群体50余批次，全程提供法律服务工作，引导办理法律援助5批次。积极配合规范清理农村集体经济合同工作。组织律师配合区法院、区农业农村局、区供销社等单位部门完成对18个乡镇上报的5000余份合同的审查认定工作。

局　长：宋旭旺

（撰稿：孙宇阳）

军事

◎人民武装

◎人民防空

军 事

人民武装

【概况】 保定市清苑区人民武装部（以下简称区人武部）是地方军事领导指挥机关，为正团职建制单位，既是区委的军事部，又是区政府的兵役机关，受中国人民解放军保定军分区和清苑区委、区政府的双重领导。主要负责清苑区的兵役、动员和民兵工作。机关设军事科、政治工作科、保障科3个科室，基层设18个乡镇武装部和1个城区武装部。2022年，在军分区和区委、区政府的坚强领导下，人武部坚持以习近平新时代中国特色社会主义思想为指导，深入学习贯彻习近平强军思想，贯彻新时代军事战略方针，紧紧扭住“政治引领、练兵备战、安全稳定”三项重点，不断强化务实落实意识和争比进位意识，认真推进各项工作落实，单位建设积极健康、稳中有升，被保定军分区评为“全面建设先进人武部”。

【政治工作】 把提高政治能力、严守纪律规矩、激发工作动力作为思想政治工作的重点。认真抓好理论学习，每月梳理汇编学习资料，集中2天时间组织理论学习，持续抓好中共十九大和十九届历次全会精神的学习，跟进学习习近平主席系列重要讲话。中共二十大召开后，及时制定措施，购买学习资料，坚持党委部署带头学、支部组织广泛学、小组交流深入学，迅速掀起学习中共二十大精神热潮。严格落实组织生活制度，健全完善党委、纪委、党支部、党小组等各级各类党的组织，落实党日、党课、党小组会等组织生活制度，坚持党委、纪委、党支部书记上党课，党委成员参加双重组织生活，持续加强党员的党性观念、党员意识和先锋模范作用。深化开展主题教育，聚焦“忠诚维护核心、矢志奋斗强军”深化主题教育，深入开展“四史”教育、“四个不能辜负”专题教育，组织政治思想、安全保密、“四反”等经常性教育，打牢思想基础，筑牢信仰高地。狠抓经常性思想工作，学习“绿化将军”张连印先进事迹，组织干部职工外出参观见学，开展重温入党誓词、追忆红色足迹活动，为强军兴军注入精神动力。通过开展谈心谈话、“四知一跟”、家属助廉等活动加强管理，增强干部职工遵规守纪、自我约束的自觉性。

【军事工作】 2022年，区人武部坚决贯彻习近平主席开训动员令和军委军事训练会议精神，坚持把备战打仗摆在中心位置。着力强化备战意识，党委把精力、人力、物力向备战打仗聚焦，结合国际国内形势变化和重要节日，及时开展形势任务和战备教育，强化任务意识和备战意识。规范完善硬件建设，根据军分区统一安排，对战备执勤室设施进行进一步完善和规范；对基层武装部“三室一库”进行规范建设；对单兵物资库、基本型和任务型装备器材库三个库室进行提升改造，人武部硬件建设进一步完善。深入推进民兵建设，按照民兵建设“十四五”规划，着眼应战应急任务，突出应急分队、新质力量需求，以提高党员率、退役士兵比例、专业对口率和在位率等“硬性”指标为牵引，圆满完成民兵分队编建，分 4 个批次完成 8 支基干民兵分队基地化训练任务。扎实开展训练演练，不断深化应对强敌国防动员研究，重视做好修案用案落案工作；开展防汛抗洪、森林灭火、维稳处突等各类实战化训练演练 500 余人次。严密组织中共二十大安保、神舟十四号十五号载人飞船返回和发射航区应急搜救备勤等各项任务。

【征兵工作】　全区 2022 年，完成新兵征集任务，毕业生征集比例达到 100%。突出大学毕业生征集，通过自我摸底、走访学校、收集教育和人社部门数据等方式，扎实开展大学毕业生摸底工作，建立大学生兵员潜力库；通过分片包干、走村入户、上门服务等方式，对大学毕业生进行一对一精准宣传发动；通过调度、讲评等手段加强对大学毕业生征集工作的督导和推进，大学毕业生征集比例逐年提高。突出重点环节把控。把好体检政考关口，严格按照规定程序、标准和条件组织体格检查和政治考核工作，落实负责制，保证了兵员质量；把好役前教育关口，按照教育为主、循序渐进、全程淘汰原则，严密组织役前教育，确保向部队输送合格兵员；把好审批定兵关口，落实程序要求，邀请廉洁征兵监督员、纪检监察人员参加，征兵办公室成员集体审定，确保了审批定兵公平公正。突出廉洁征兵，坚持集中教育、分系统分层次教育和社会面教育并举，深入开展廉洁征兵教育；组织廉洁征兵监督员全程参加初考初检、体检、政考、审批定兵等各工作阶段的监督；逐人签订《廉洁征兵责任书》《廉洁应征承诺书》，落实公开公示制度，组织廉洁征兵隐患排查，保证了征兵工作干净纯洁。

政治委员：王占京
部　　长：张选财

（撰稿：冯朝阳）

人民防空

【概况】　2022 年，清苑区人防工作积极贯彻省、市人防工作会议精神，按照“长期准备、重点建设、平战结合”的人防建设方针，以服务全区经济建设为中心，以人防法律法规为保障，不忘初心，牢记使命，统筹谋划，开拓创新，实现全区人防事业又好又快持续稳定发展。

【人防工程建设】　2022 年，清苑区人民防空办公室（以下简称区人防办）做好现有直属人防工程的开发利用，清苑区平战结合收入一直居全市县级第一。加强人防工程维护管理和利用，建立人防工程维护定期检查制度，对竣工验收备案的人防工程维护管理和使用情况进行执法检查，对排查问题督促隶属单位或使用单位及时整改，保证人防工程状态完好。加强在建人防工程质量监管，进一步规范报监资料审核、交底会、工程实体现场质量抽查、竣工验收等程序，保障在建人防工程质量。

【人防组织指挥体系】　2022 年，区人防办加强警报器检修维护管理。按照“充分准备、扎实细致、万无一失”的工作要求，对以前安装警报器进行检修、维护，确保处于良好状态，在碧桂园小区、和谐园小区新增两台固定式警报器，进一步提高了人防警报覆盖面。按照全市的统一部署，对机动指挥平台进行升级改造。加强操作知

识培训。聘请专业技术人员对警报器操作进行专业性的培训，同时还不断加强自学，使每名工作人员做到对程控设备熟识熟知，熟练操作。开展重要经济目标、疏散地域、信息设备等数据采集和战时综合保障数据收集整理工作。

【人防宣传教育】 2022年，区人防办坚持日常宣传和集中宣传相结合，政策法规宣传和人防常识宣传相结合，不断创新宣教形式和方法。通过向居委会、企业、社会团体发放人防宣传品，强化舆论氛围，赢得他们对人防工作的理解和参与。结合纳凉送爽、“5·12”全国防灾减灾日、“7·7”防空警报日等重要时间节点加强人防宣传教育，不断拓展人防宣传教育的深度和广度。充分发挥舆论宣传的导向作用，扎实开展“5·12”全国防灾减灾日宣传周、“7·7”防空警报日教育活动，利用清苑区电视台、冉庄地展馆LED音视一体大屏幕和城区内4块大型LED显示屏，循环滚动播放人防宣传标语；利用“清苑微讯”“清苑融媒”等微信平台，转载人防法规政策，介绍人防、防空、防灾知识；按照省、市统一安排部署，7月7日上午10时利用固定警报、LED音视一体化警报器、便携式电声警报器、车载警报，以及电视、广播等多种手段同步发放防空袭警报信号，不仅检验了清苑区警报的覆盖率、鸣响率和统控情况，同时使广大居民熟悉警报器报警的特点，提高人民群众国防观念和人防意识，也警示广大市民要铭记历史，勿忘国耻、居安思危、砥砺奋进。清苑新闻频道对“5·12”“7·7”的宣传活动进行报道。2022年3月，被市人防办和市教育局评为“2020—2021年度中学人民防空教育先进单位”。

【人防社区建设】 2022年，区人防办按照上级要求，结合全区实际，利用旭升小区、檀香园小区建设“人防社区”（含“人防主题社区”1个）。“人防社区”的创建，坚持以人为本，突出公益属性，以宣传群众、服务群众为根本落脚点，让人民防空走进千家万户，用“沉浸式”“体验式”的方式让群众自觉自愿参与，增强宣传效果，切实提升社会整体安全水平。

（撰稿：冉志华）

经济综合管理

◎发展改革

◎统　计

◎审　计

◎市场监督管理

◎财　政

◎国有资产监督管理

◎税　务

经济综合管理

发展改革

【概况】 保定市清苑区发展和改革局（以下简称区发改局）为区政府工作部门，机构规格正科级。加挂保定市清苑区粮食和物资储备局牌子。内设办公室、项目投资股（大项目办公室）、发展规划股（政策法规股）、能源管理股、价格管理股、粮食和物资储备股（粮食质量安全监管股）6个职能股室。

【发展计划编制】 初步形成了“4+5+N”产业体系（4个产业：高端装备制造、新材料、现代商贸物流、都市农业；5个百亿产业园区：立中合金产业园、智能起重产业园、汽车零部件产业园、电力装备产业园、中南高科产业园；N个龙头企业），在全市产业发展大局中定位更加准确、发展方向更加清晰。

【计划调控】 区发改局承担的市考核指标和任务主要有四项，包括国内生产总值、固定资产投资、万元GDP综合能耗三个指标及重点项目建设。2022年，完成地区生产总值170亿元，增速4.6%，在全市经济发展绩效专项考核中位列第3；固定资产投资56.54亿元，同比增长12.1%，增速位列全市第4；完成重点项目投资31.43亿元，投资完成率120.15%，位列全市第7。

【粮食和物资储备】 积极落实县级储备粮收购工作，2022年，省级粮食储备库完成县级小麦储备计划，达到库存粮食保一年口粮消费的总体目标（省级政府储备保三个月、市县政府储备保三个月、社会责任储备保半年），确保了区域内粮食安全；积极做好涉粮企业备案管理工作，2022年，经营企业备案16家，其中8家粮食购销企业、3家面粉加工企业、5家饲料加工企业；积极做好夏秋粮食收购和新收获小麦玉米质量安全监测工作。2022年，全区粮食总播种面积105万亩，其中小麦46.7万亩，总产21.2万吨，玉米56.8万亩，总产26.4万吨；根据《保定市发展和改革委员会关于做好2022年收购粮食质量安全监测工作的通知》要求，分别对白团镇、冉庄镇、魏村镇、阳城镇、李庄乡等8个乡镇新收获小麦、玉米进行入户采集，总采集样品46个（每个样品2袋，每袋3千克），并在规定时间送往市化验中心；加强市场粮情监测和流通统计工作，确立了3处固定的粮价测报点，坚持每周不定点进行价格采集，及时掌握粮油价格行情变化并及时完成上报；组织开展了2021年度全区粮食供需平衡调查工作，抽样调查农户56户、城镇居民户30户；认真开展政策性粮食清仓查库工作，根据《2022年度全市政策性粮食库存检查工作》的安排部署，认真细致地开展了粮食库存自查，做到了准确地核查账目、科学地清查实物、严密地检查库存粮食质量，确保了检查结果真实、准确；积极做好粮食购销系统巡察整改工作，针对区委巡察组反馈意见梳理出的粮食购销过程中存在的6方面16个具体问题，认真抓整改落实，立行立改，整改工作取得阶段性成效。

【价格管理】　按照省、市、区有关要求，对全区现有经营服务性收费项目、依据、标准进行全面梳理，结合实际编制了《保定市清苑区政府定价经营服务性收费目录清单》，配合区财政局编制了《保定市清苑区行政事业性收费目录清单》，在区政府网站向社会公布。梳理编印了2019年以来的《降费惠企政策清单》，并在政府网站公布。会同区工信局等四部门联合制定了《保定市清苑区涉企违规收费专项整治行动实施方案》。配合区市场监督管理局对供水、供电、供气、供暖领域涉企收费情况实地开展抽查检查。按照《保定市清苑区居民用管道天然气价格上下游联动机制》要求，梳理调整非居民用管道天然气价格。配合区教体局、区市场监管局分别对全区教育系统收费、行政事业性收费情况进行专项检查。认真落实区政府加强房地产市场管理的意见，严格商品房价格监管，继续对商品房价格进行备案管理，对8个楼盘进行商品房价格备案。

【项目建设】　2022年，全区省、市重点项目达到28项（省重点8个、市重点项目20个），总投资160.39亿元，计划投资26.16亿元。其中，续建项目11项（含建成投产项目2项），总投资115.8亿元；新开工项目9项，总投资22亿元；前期项目8项，总投资22.59亿元。

10月27日，举行清苑区2022年第四批重点项目集中开工活动

局　长： 马瑞军

（撰稿：李浩）

统　计

【概况】　保定市清苑区统计局是主管全区统计和国民经济核算工作的区政府工作部门，内设办公室、政策法规股，下有城镇经济调查队、农村经济调查队、普查中心3个事业单位。2022年，区统计局以强化统计工作职能、提高服务水平为目标，求真务实，与时俱进，圆满完成各项任务。

【做好统计监测与预警】　2022年，共完成核查规模以上工业企业55家、规模以上服务业企业10家、贸易企业3家，进一步纠错纠偏，统计数据质量进一步提升。认真开展“双随机”抽查工作，随机抽取了10家限额以上企业，规范企业统计基层基础工作，提高统计数据质量。把握时间开展“准四上”企业筛查，严格按照上级要求，推动31家符合要求的“小升规”企业入统。通过积极主动地为企业服务，得到群众和业主的一致肯定。

【有效发挥统计监督职能】　强化政治引领，肩负起学习贯彻《关于更加有效发挥统计监督职能作用的意见》主体责任。提高政治站位，明确《关于更加有效发挥统计监督职能作用的意见》的出台对于推动统计现代化改革、提高统计数据质量、促进统计工作高质量发展的重要作用，积极探索更加有效发挥统计监督职能作用的具体举措。立足统计法治，持续提升执法检查实效。严格执行“双随机、一公开”抽查制度，规范执法检查流程，周密制定执法检查工作方案，明确执法人员分工，加大统计执法检查、数据核查力度。夯实数据质量，依法履行监测评价职能。始终抓好数据质量生命线，将夯实数据质量作为工作的重中之重，严格落实对源头统计数据的审核责任；做好统计监测评价，形成更高质量的统计分析产品、精品，为统计监测评价提供鲜活实情，为党委、政府科学决策提供有效服务，为全区经济高质量发展提供坚实统计保障。

【全面提升统计服务水平】 注重统计数据质量在统计信息时间价值上的及时性。以求真务实、不断创新统计工作的手段和方法，缩短统计调查与数据结果发布的间隔时间，以最快时间发布统计数据，建立和规范统计信息发布制度，提高统计数据的时效性。每月在各专业市返数据到位的当天，保证编印出每期的《统计快报》，确保领导在第一时间内掌握经济走势。注重统计数据质量在统计信息使用过程中的简便性。一方面加强与政府各部门的合作，充分利用部门统计资料，减少重复统计，最大限度地减轻社会调查负担。另一方面对外公布的各种统计数据、统计图表和统计分析文章，力求简洁、清晰、明了，把枯燥专业的图表和术语转化为贴近现实、贴近大众的表达方式，便于各级领导、政府部门和社会公众理解。

局　长：杨铁勇

（撰稿：杨帆）

审　计

【概况】 保定市清苑区审计局为区政府工作部门，机构规格为正科级，内设机构 3 个，分别是：办公室（秘书股）、经济责任审计股、综合审计股，1 个审计服务中心，为下属事业单位。2022 年，共审计项目 13 个，其中，预算执行情况审计 3 个，领导干部经济责任、自然资源资产离任审计 3 个，专项审计 7 个，审计移送处理事项 26 件。

【民生审计】 以促进惠民政策贯彻落实，保障特殊困难群体权益为目标，完成区困难群众救助补助资金管理使用情况审计工作，揭示问题，并督促整改。以促进涉粮资金和涉粮国有资产完整安全、规范管理、有效运行为目标，完成对涉粮领域专项资金及涉粮国有资产审计，进一步查找粮食领域存在问题线索，揭露粮食领域中的问题。

【财政审计】 完成对 2021 年区本级、区教育和体育局、区委政法委的预算执行、决算草案及其他财政财务收支情况审计，重点审计财政收支强度和进度、重要减税降费举措落实、党政机关过紧日子等情况。代区政府向区人大提供高质量的审计工作报告。

【经济责任审计】 完成对区教体局局长的任中经济责任履行情况审计、对原何桥镇党委书记和镇长的离任审计。通过审计，进一步规范权力运行和促进干事担当。

【资源环境审计】 完成对何桥镇领导干部履行自然资源资产管理和生态环境保护责任情况审计，促进领导干部认真履行自然资源资产管理和生态环境保护责任。

【政策措施落实情况审计】 重点审计农村地区冬季清洁取暖政策措施落实情况、高标准农田建设资金、秸秆综合利用项目绩效情况和中小学（幼儿园）新建改扩建情况等项目的审计。揭示问题，促进整改，推动补齐工作短板、堵塞制度漏洞、完善协同传导机制，促进深化改革，推动经济高质量发展。

【投资审计】 完成对区殡葬管理所改建扩建项目的跟踪审计，审计中揭示了对政策落实情况方面和项目管理情况方面存在的问题，促进国家建设项目安全高效实施。

【配合区委区政府中心工作】 抽调审计人员参加区巡察组巡察工作，对27个单位进行巡察。

【配合上级部门审计工作】 抽调多名业务骨干参加了市审计局在清苑的审计组工作，配合开展了财政收支、优化营商环境、建设用地规模、指标管控及利用情况、隐性债务、专项债券、直达资金、义务教育扩容增位项目和2022年度税收和非税收入征管及部门预算执行审计等项目的审计。

局　长：赵汉文

（撰稿：刘雨）

市场监督管理

【概况】 保定市清苑区市场监督管理局，机构规格正科级，挂保定市清苑区知识产权局牌子，是保定市清苑区人民政府直属机构。内设机构编制数18个、派出机构8个，依法负责全区相关市场监督管理、行政执法和质量技术监督工作；承担区政府食品安全委员会日常工作以及承办区政府及区食安委会办公室交办的其他事项。2022年，区市场监督管理局团结带领全局党员干部铁肩荷责、众志成城，跨险滩、闯关隘，顾大局，讲奉献，迎难而上，奋力攻坚，圆满完成市场监管各项工作任务。

【优化营商环境】 信用监管精准有力。全区实现部门联合抽查全覆盖、常态化，企业信用风险差异化随机抽查机制得到健全，累计开展各类“双随机”抽查115次，培训282人次，查办无照经营案件48件。市场主体提质增量。全区市场主体较2021年净增3397户。知识产权服务提效。开展“进企帮扶”活动，帮扶指导各类企业56家，聘请5家企业人员为“知识产权社会监督员”。严打知识产权违法违规行为，查办侵犯注册商标专用权案10件，撤回49件非正常申请专利。维权服务优化提升。在永春社区、红星社区、西城社区3个社区设立“消费维权志愿者服务站”，推选30名“消费维权志愿者”。市场秩序规范有序。检查水电气暖公用事业收费领域项目，规范价格秩序，减轻企业负担。严格审查市场主体经济活动政策措施，防止排除限制竞争的政策措施出台。公开征集重点行业违法违规收费线索，走访调查企业30余家。助企纾困力度提升。推进省市区稳经济运行一揽子政策措施，制定《清苑区关于支持市场主体增量提质发展的十九条政策措施》，释放政策红利。参与“政策找人、服务上门”活动，将知识产权质押融资、专利保障、《个体私营企业服务事项手册》“码上查”、食品安全法规等政策“打包”送上门。开展“万人助万企”活动，117名党员干部包联340余家企业。

【食品药品监督管理】 构建食药品网格化监管体系。在乡镇设立“食品药品安全议事机构，建立“食品、药品安全协管员”队伍，在全区形成属地管理、分级负责、全面覆盖的三级监管网络和食品药品安全治理体系。守牢食品安全底线。开展食品安全“守查保”专项行动，累计检查食品生产经营单位1000余家，抽检食品1332批次，约谈45家食品生产企业，整改隐患40条，查处违法案件120余起。在“省级放心超市”巨达超市建成食品快检室，填补全区商超食品检测的空白。守护校园食品安全。全覆盖检查486家次中小学食堂及周边餐饮单位935家次，约谈9家供餐单位，组织7场校园食品安全培训，签订校园食品安全承诺书257份，食品安全知识答题278份，专人驻点保障中高考，全程监督“三餐”。推广“食安封签”9万张，入网餐饮单位发放率达100%。抓好药械安全监管。加强“四类药品”监管监测，抓好“药安食美”追溯系统录入，检查各类药品器械经营单位283家次，约谈药店21家，抽检药品38批次，283家药品经营建立追溯系统并录入，超额完成药械妆不良反应监测任务目标。全区全年未发生系统性食品药品安全事故。

【特种设备安全管理】　扎实开展特种设备“双控”机制建设和“三年行动”，持续开展燃气行业、超期未检、电梯质量、“黑气瓶”专项整治，检查特种设备使用单位312家、特种设备426台，排查隐患69处，全部整改到位。

【产品质量管理】　开展小微企业质量管理体系认证提升行动，培树典型3家，确定2家企业争创不同层级政府质量奖，帮扶指导26家轻型起重企业健全产品质量安全制度，组织全区83家规上企业设立首席质量官，提升企业质量总体水平。

【质量监督检验】　全年对强制性、生产许可证生产企业进行专项检查，对电线电缆产品、学生服、轻型起重工具等36类工业品、消费品抽检186批次，配合省、市级抽检136批次，切实提升工业产品质量监管的靶向性。

【标准计量管理】　发挥标准化引领作用，积极培育推荐企业标准“领跑者”，指导388家企业网上公示1690项标准，涉及产品种类2776个。帮助古城香业完成河北省标准化资助申报工作。计量服务水平提升。对重点领域和民生关心的计量器具加大监管，开展粮食购销单位计量检查，推广应用“河北省计量业务应用平台”，共检查辖区内粮食购销企业12家，检定燃气表、水表、电能表、天平、温场、加油机、衡器、压力表、血压计等计量器具7253台（块、枪）。

【疫情防控】　强化人物环境管控，全年排查市场主体4581家、冷链食品2925千克，督促消杀3133次；抽查12家企业130批次非冷链集装箱货物隐患。严格落实核酸检测计划，重点人群累计采样61258份，重点企业核酸检测采样1360份。强化重点场所防控，全年巡查督导各类沿街门店14600余户次，督促整改326户；检查餐饮单位6300余家次，责令整改80余家，培训10余场500余人次，全面规范整治各类市场疫情防控工作。强化药品监测保供，申请50000余份抗原检测试剂配发全区药店，聚焦“保障群众基本购药需求”，成立专班，制定方案，规范价格，启动预警机制，摸清库存，公布全区药店企业名单，督促药店及时储备，方便群众及时购药。康源药店免费发放10万片退热片，被中国新闻网、河北出版新闻网宣传报道。强化一线保障服务。组织精干力量协助风险村封控，全力保障分包6个责任小区流动服务保障，力保群众生命健康安全。

【企业信用监管】　全区被列入经营异常名录10525条，3061条主动纠正错误并申请移出，查办无照经营案件48件。

【知识产权管理保护运用】　全区新增授权入库专利687件，其中，发明20件、实用新型529件、外观138件，新增有效发明专利16件，累计有效发明专利106件。全区申请商标1411件，2022年，全区共有有效注册商标10159件。严打知识产权违法违规行为，查办数10件侵犯注册商标专用权案，撤回58件非正常申请专利。引导企业积极开展知识产权质押融资工作，共计融资4060万元。

【合同管理】 对电信、4S店、房地产等行业进行合同格式条款检查，共检查电信单位4家、4S店4家、房地产企业18家、校外培训机构22家，查处4起涉嫌“霸王条款”违法行为的商家，约谈企业13家。

【消费维权】 成功培育“放心消费示范单位”88家。畅通投诉举报渠道，累计接到“12315”投诉、举报1580件，按时办结率100%，“12345”接诉即办665件，依法依规全部办结。

【行政执法】 落实行政执法“三项制度”，制定完善相关制度、清单、流程图，明确行政执法程序、责任、权限和监督机制，做到依法依规行政。全年集体讨论行政处罚案件9起，办理立案结案案件531起，无行政复议和行政诉讼案件。

【大气污染综合治理】 开展散煤入户排查清缴、散煤集中清理活动2次。全年累计排查沿街门店1万余户，入户排查7万余户，全年组织4次成品油检测，共抽检成品油190批次、车用尿素3批次。

党组书记： 段杏娟（女）

局　　长： 郭　新

（撰稿：孟捷）

财　政

【概况】 清苑区财政局下设11个内设机构，分别是办公室（信息股）、预算股、政府债务管理股、国库股、治税管理股（非税收入管理股）、行政事业资产管理股（政府采购管理股）、行政事业股（社会保障股）、农业股、经济建设股、预算绩效评价股（会计股）、国有企业资产监督管理办公室。根据清苑区机构编制委员会办公室《关于清苑区财政局所属事业单位机构编制事宜的通知》，区财政局所设事业单位5个，分别是保定市清苑区控购服务中心、保定市清苑区财政事务服务中心（保定市清苑区预算编审中心）、保定市清苑区财政集中支付中心、保定市清苑区财政投资评审中心、中华会计函授学校保定市清苑区函授站。

2022年，全面贯彻落实习近平新时代中国特色社会主义思想，以学习宣传贯彻中共二十大为主线，紧紧围绕“疫情要防住、经济要稳住、发展要安全”总要求，解放思想、奋发进取，始终以迎接大战大考的韧劲和拼劲，抓大事、解难题，充分发挥财政职能作用，高效统筹做好疫情防控和支持经济发展工作，坚决兜牢“六稳”“六保”底线，为全区经济社会高质量发展提供坚实的财力保障。

【公共预算财政收入】 2022年，全区财政总收入完成21.13亿元，同比增长34.35%。其中一般公共预算收入完成16.08亿元，同比增长72.22%。分部门完成情况为：税务部门完成一般公共预算收入5.32亿元，同比减少10.73%；财政部门完成一般公共预算收入10.76亿元，同比增长218.40%。

【公共财政预算支出】 2022年，全区一般公共预算支出累计执行38.10亿元，较上年支出增加3.74亿元，同比增长10.88%。

在财政收支矛盾日益严峻的形势下，区财政坚持有保有压原则，严格控制一般性支出，尤其压缩“三公”经费支出，优先保障全区机关事业和财政负担离退休人员工资，基本实现“保工资、保基本运转、保基本民生”。保障了脱贫攻坚、大气污染防治、落实企业优惠政策、气代煤和电代煤等重点项目支出。

【财政管理】 加强预算绩效全面管理工作。在编制年度部门预算前，组织部门新增重大政策、项目做好事前绩效评估工作。未经评估不得纳入预算项目库。2022年，在部门事前绩效评估的基础上，委托第三方机构对4个项目开展了事前绩效评估。做到预算项目产出和效果一目了然，绩效结果可监控、可评价、可公开。指导部门做好部门整体绩效目标和预算项目绩效目标编制。2022年，对全部69个部门的部门整体绩效目标和1414个预算项目绩效目标开展了集中会审，绩效目标编制质量明显提升。抓好绩效运行监控，做到了及时掌握项目实施进度和资金支付进度，及时查找不足，及时整改。组织好单位自评、部门重点评价和财政重点评价，抓好结果应用与公开。绩效评价结果与预算安排、预算执行挂钩，通过整改、暂停拨款、收回资金等手段，保证资金发挥最大效益。评价结果公开，接受社会监督。加强政府债务管理，在新增政府债务限额内举借债务，全年共申报发行新增政府一般债券1.8亿元、政府专项债券22.41亿元，分别用于农村公路、水利工程、市政建设、医疗卫生及教育领域建设，有力支持了社会公益事业发展；将还本付息资金足额列入年初预算及调整预算，按年度化解计划完成政府隐性债务化解，确保不发生债务风险。加强治税管理和非税收入管理，大力推进财税大数据平台建设，同时严格落实减税降费政策，全年实现减税降费共计6.30亿元。加强财政监督检查，严格贯彻落实《中华人民共和国预算法》，深化绩效预算管理改革，将财政运行全过程纳入法治化轨道，结合实际，研究制定并印发《保定市清苑区财政资金审批实施办法》。单独或会同有关部门开展了财政专项扶贫资金检查、专项资金绩效评价工作、2022年会计信息质量专项检查、扶贫资金专项检查等多项财经监督检查，确保财政资金安全高效运行。加强政府采购管理，规范政府采购操作规程，扩大政府采购范围。2022年，实际采购规模达到239439.35万元，节约资金3838.36万元，资金节约率为1.6%。加强财政投资评审，规范评审业务流程，2022年，完成评审大小项目225个，项目总造价38亿元，审减额4.7亿元。

【其他工作】 争取上级专项转移支付129221万元，用于改善民生和事业发展。加大农业农村投入力度，集中资金用于农村环境卫生整治、村级道路硬化亮化、农田建设、田间工程建设以及饮水安全等项目，改善了农村人居环境和生产生活条件。推进教育事业、医疗卫生事业的发展，城乡居民养老保险、医疗救助、城乡低保补助、农村五保户补助资金的发放，落实各项补助政策，提升社会保障水平。统筹推进大气污染防治、双代项目、城乡垃圾一体化、旧城区改造等事业发展项目，加快区级经济建设发展。

局　长：王东海

（撰稿：王宇然）

国有资产监督管理

【概况】 清苑区国有企业资产监督管理办公室于2019年挂牌成立，根据区政府授权依照《中华人民共和国企业国有资产法》《中华人民共和国公司法》等相关法律法规对区荣清公司履行出资人职责，管理出资企业的国有资产；负责指导国有企业建立制定管理规章制度，贯彻推进国有企业改革和重组，落实国家有关国有资产管理的法律法规及区政府交办的有关事项，逐步完善企业国有资产的管理工作。

【成立涉农领域平台公司】 2022年，为发展区域设施农业，以科技为支撑，以市场为导向，推动种植业向现代农业转型升级，实现乡村振兴。经保定市清苑区人民政府批准，区财政局出资成立保定市农业产业有限公司。保定市农业产业有限公司于2022年9月30号正式成立，注册资本5000万元，国有独资平台公司，助力乡村振兴发展，开展农村基础设施建设，推动农业产业发展、提升人居环境，全面推动清苑区农业农村现代化发展。主要经营范围：与农业生产经营相关的技术、信息，高标准农田建设、运营、维护等服务；农产品的生产、销售加工、运输储藏及其他相关服务；智能农业管理、休闲观光等业务。

【行政事业单位国有资产管理】 完成报表编报。包括2021年度全区行政事业单位国有资产报表、报告编报、2022年行政事业单位国有资产月报编报工作。做好2022年度行政事业单位国有资产购置计划及国有资产购置、处置、调拨、捐赠等日常审批工作。其中，资产购置审批2080万元，数量12900件，主要是教育系统教学用课桌椅、图书、床等购置数量较大。资产处置审批1486万元，7437件常用资产，主要是教育系统教学用课桌椅、电脑多媒体处置数量较大。资产调拨审批51万元，94件常用资产，主要是区就业局、退役军人事务局调拨各乡镇电脑、打印机。资产捐赠审批5.2万元，主要是中冉屯村委会捐赠清苑第二中学课桌椅260件。处置公务用车审批15辆，处置收入0.8万元。国有资产公开出租3笔，年租金收入15.03万元上缴财政。认真开展预算绩效管理改革，完成2023年度项目新增资产购置计划审核工作。为加强行政事业单位国有资产管理，印发《保定市清苑区行政事业单位国有资产处置实施办法》《保定市清苑区行政事业单位通用办公设备及家具配置标准》《保定市清苑区财政局关于转发〈河北省财政厅关于开展行政事业性国有资产数据专项治理工作的通知〉的通知》《保定市清苑区财政局关于进一步加强行政事业性国有资产管理的通知》等资产管理相关规定。

截至2021年底，纳入区财政资产系统管理的行政事业单位132个，其中一级预算单位61个、二级预算单位71个，资产总额为396264.59万元，其中流动资产235936.24万元、非流动资产160309.35万元、受托代理资产19万元。负债总额为130530.61万元，其中流动负债125206.44万元、非流动负债5305.17万元、受托代理负债19万元。

非流动资产160309.35万元，其中固定资产净值115352.01万元，在建工程22409.73万元，无形资产净值5200.51万元，公共基础设施净值2693.42万元，保障性住房净值14098万元，长期待摊费用555.68万元。

（注：自2022年2月到年底，因全区疫情防控形势极其严重，区人大常委会未能听取2021年度清苑区行政事业性国有资产管理情况报告。）

局　长：王东海

（撰稿：王宇然）

税　务

【概况】 国家税务总局保定市清苑区税务局于2018年7月20日揭牌成立。设14个内设机构和7个派出机构，内设机构分别是办公室、法制股、税政一股、税政二股、社保和非税收入股、收入核算股、财务管理股、征收管理股、风险管理股、人事教育股、纳税服务股、纪检组、机关党委、信息中心；派出机构分别是第一税务分局、第二税务分局、城区税务分局、何桥税务分局、白团税务分局、望亭税务分局、温仁税务所。行政编制190名，有干部194人。2022年，清苑区税务局以组织收入为中心，落实减税降费，筑牢防疫战线，加强风险管理，优化纳税服务，狠抓班子队伍和党风廉政建设，各项工作任务稳步推进。

【组织收入】 坚持用法治思维和法治方式推进税收工作。强化法治意识。通过开展税收法规政策培训及《中华人民共和国民法典》《中华人民共和国宪法》等法律讲座，增强干部法治观念和依法行政能力。依法科学组织收入。严格按照收入原则组织收入，加强重点税源管理及综合治税，强力推进稽查积案清理。2022 年，完成全口径税收收入 13.23 亿元。完成一般公共预算收入 6.08 亿元。完成社保保费收入 9.68 亿元。深入落实减税降费政策，助力企业复产扩能。2022 年，减税降费完成 3.92 亿元。

【征管改革】　对改革任务进行安排部署，以市税务局确定的《关于进一步深化税收征管改革的意见》14 项重点为抓手，做好“四加四促、四减四提、四乘四推、四除四破”，在精细服务、精准推送、精确执法、精诚共治方面要取得突破，按照确定的时间表和路线图，紧盯改革关键环节，立足工作实际，推进各项任务的深入开展。“非接触式”办税覆盖更广，快捷办税缴费服务更智能，办税服务流程更精简。通过税企交流群的网上辅导、上门辅导，办税服务大厅现场讲解等各种途径引导纳税人有效改变窗口办税习惯，掌握网上办税技能，努力实现办税“不用跑”，让纳税人办税少跑“马路”，多走“网路”，逐步实现“以网上办税为主、自助办税为辅、办税服务厅兜底”的办税新模式。推行“税康码”“热力图”两个项目，整合数据后，将对基层分局加强征管提供参考，为政府决策提供税收依据，有效提升监管精准性。

10 月 14 日，区税务局召开作风大整顿暨“强化末端落实 提升工作执行力”活动动员部署会

【纳税服务】　深入开展便民办税春风行动。积极开展税收宣传辅导，确保政策宣传全覆盖，充分发挥 23 名纳税服务体验监督员作用，税法宣传的受众面和影响力不断扩大。持续开展“倾心优质服务 为您非常满意”专项走访，领导干部（局领导、分局长、股室负责人）分包重点问需户，每月进行实地走访，切实为纳税人解决问题。认真做好纳税信用相关工作。完成全区 8420 户参评企业的纳税信用等级评定工作。线上线下多渠道进行纳税信用评定的宣传，增强纳税人诚信纳税的意识，履行纳税义务。同时，加强与银保监和商业银行的协作，向银行传递信息，持续扩大银税互动覆盖面，缓解小微企业融资难问题。2022 年，共发放银税贷 383 笔、27661.26 万元。拓展远程帮办功能，创新线上管理新模式。通过远程帮办中心，将远程巡查、辅导、帮办等功能整合，对内可开展培训、流转资料、办理业务，对外可对纳税人开展巡查辅导帮办等业务。基层管理分局均已开展远程辅导，帮办纳税人共计 40 户，远程帮办模式受到纳税人一致认可。完成纳税人税康码及税源分布“热力图”平台搭建工作。纳税人税康码平台已经部署完成，测试企业户数 4961 户，能够直观显示企业健康水平。税源分布“热力图”平台搭建完成，待信息全部整合即可应用。

【党建工作】　坚持党对税收工作的全面领导，把学习贯彻党的理论精神作为党建工作首要政治任务，认真学习习近平新时代中国特色社会主义思想，学习宣传贯彻中共二十大精神，认真落实新“纵合横通强党建”机制，开展“税收现代化服务中国式现代化大讨论”。严格落实党委理论学习中心组学习、政治理论学习和“三会一课”制度，带动引领区税务局党建工作深入开展。同时结合上级要求和基层党支部实际，大力推进基层党建，建设特色党建文化，每个支部一个主题，分别以“党建 + 五大建设”“党建 + 业务”“党建 + 标准化”“党建 + 红色基因”为主题，建设具有支部特色的党建文化和廉政文化。2022年，区税务局被列为全区机关党建示范点，党建工作获全区“两优一先”多项表彰。

【疫情防控】 积极开展疫情防控工作。实行“双重负责制”“局长负责制”，领导对包联单位负责，各单位负责人对本单位负责。重点做到三个聚焦：聚焦重点场所，对办公区、办税服务大厅、机关食堂等场所，严格管控、重点消杀。聚焦重点人群，对机关所有人员管理全覆盖，严格请销假管理。聚焦重点工作，分包小区，网格化管理。统筹工作，推进税收业务开展。积极开展“非接触式”办税，并发挥税务部门大数据优势，对企业复工复产情况、各行业营收变化进行全面分析，向区委、区政府报送分析报告，并得到区领导肯定性批示。

局　长：刘江涛

（撰稿：胡飞）

农业农村工作

农业农村工作

综　述

【概况】　区农业农村局（乡村振兴局）聚焦“三农”工作，高质量推进乡村振兴。农业农村工作蓬勃竞进、蒸蒸日上。农业农村经济总体保持良好发展势头，农村居民人均可支配收入全年达到了24345元，比上年市反馈数增速5.2%。

【全面做好防止返贫工作】　健全防止返贫动态监测和帮扶机制。在5月份组织乡镇开展防止返贫监测帮扶集中排查工作，识别认定新增防贫监测对象6户15人。在9月底开展防止返贫监测帮扶第二轮集中排查工作，识别认定新增监测对象13户40人。印发《关于优化监测程序完善帮扶机制进一步做好防止返贫工作的通知》，优化纳入程序，纳入监测同步落实帮扶措施。印发《关于对全部脱贫户和防止返贫监测对象开展月走访服务工作的通知》，自2022年3月各乡镇每月开展入户走访。2022年，省级部门推送预警信息，组织各乡镇逐户核实，发现风险及时反馈。围绕防返贫政策和乡村振兴工作，分级分层对18个乡镇主管、业务骨干、帮扶责任人、村干部及网格员培训，发放明白纸1.5万份。加大产业帮扶力度。2022年，全区用于巩固脱贫攻坚成果财政衔接资金共计1201万元，纳入项目数量41个。2022年，下发自主发展奖补20万元、资产收益分红351万元。2021年秋季“雨露计划”补助74人，发放11.1万元，2022年，春季“雨露计划”补助67人，发放10.05万元，确保应补尽补。脱贫小额信贷已放贷2笔，放贷金额9.99万元。巩固成效明显。2022年，清苑区脱贫人口收入增速11.5%，高于当地农民收入增速。强化教育帮扶、健康帮扶、住房保障、饮水安全保障，“两不愁三保障”和饮水安全达标。2022年，清苑区建档立卡脱贫户813户1806人，防贫监测户共54户133人（其中风险已消除29户64人，风险未消除25户69人），全区无返贫致贫现象。

【全力抓好粮食生产和初级产品供应】　稳定粮食生产。坚决完成粮食生产任务。稳面积、稳产能、增效益，扛牢粮食安全党政同责，把饭碗牢牢端在自己手中。落实农业节水、林粮间作各项惠农政策。引导农民发展间作套种，扩大粮食播种面积，切实做到应播尽播，不抛荒撂荒，确保粮食面积稳定。实施耕地质量保护与提升行动，推行秸秆还田、绿色防控、配方施肥、建设高标准农田等措施，巩固提升产能，确保粮食产量。

努力实现播种面积、产量的“双稳定”，产品质量、效益的“双提升”。2022 年，全区粮食播种面积达到 105 万亩，总产量 48.26 万吨。其中夏粮播种面积 47 万亩，产量 21.37 万吨；秋粮面积 58 万亩，产量 26.89 万吨。超额完成上级下达的粮食播种面积（105 万亩）的指标。抓好“菜篮子”农产品稳产保供。全区瓜菜种植面积 30 多万亩，其中西瓜 15 万亩、蔬菜 15 万亩、草莓 1 万亩、麻山药 3 万亩。成功举办了第五届西瓜文化节。稳定生猪生产恢复势头。继续优化生猪生产布局，积极落实扶持政策，加快在建规模养殖场建设，确保年内生猪存栏 12.5 万头，全年出栏 22.5 万头。生鲜乳产量达到 10.6 万吨，鸡蛋产量 4.75 万吨，肉产量 4.7 万吨。保障人民群众的菜篮子供应。持续推进奶业振兴，持续推进智能奶牛场建设，切实提高奶牛场智能化水平、群体单产水平和养殖效益，提升奶业管理的信息化能力，扩大高产奶牛核心群数量，加快优质高产奶牛扩群速度，保障生鲜乳生产加工的稳定。

6 月 2 日，区农业农村局举办清苑区第五届西瓜文化节暨“云端论瓜”活动

【全面夯实现代农业发展基础】 加强耕地质量保护工作。加大“非粮化”“撂荒地”“大棚房清理整治”“耕地地力保护补贴”四项工作力度，继续严格落实防止耕地“非粮化”常态长效监管机制，严格管控耕地“非粮化”。加强高标准农田建设。抓好 2021 年投资 7334.1 万元高标准农田建设项目 6.03 万亩的扫尾工作，项目已竣工并完成县级初级验收。2022 年，投资 10484 万余元高标准农田建设项目 8 万亩，2 万亩财政渠道项目，通过区级验收。6 万亩发改渠道项目已进入招投标程序。实施农机补贴项目。落实农机购置补贴资金 1218 万元，共补贴农民购置大型新型农机具 413 台（套），受益农户 360 户；落实农机深松补助资金 120 万元，补助农机深松作业 4 万亩。

【大力发展都市型农业】 大力发展设施农业。重点发展日光温室及塑料大棚，加快实现农业设施产业连成片、优势聚成面，链条串成线，推动都市农业高质量发展。2022 年，新增设施农业种植面积 1.88 万亩，达到 14 万亩。培育壮大中央厨房（预制菜）产业。重点培养保定首衡清苑农产品批发市场、保定首衡农产品有限公司城市农产品冷链集配中心 + 中央厨房、保定市吉祥胤紫园臻宴文化有限公司吉祥胤紫园臻宴、河北菜掌柜供应链管理有限公司预制菜等重点项目企业。5 月 28 日，总投资 7.44 亿元的首衡农产品冷链集配中心等 5 家现代农业产业项目集中开工，这些企业将成为清苑区农业转型的重要支撑点。放大太行山、河北省农业创新驿站效应。推动宏泽和水润佳禾 2 个精品现代农业园区提质提效，新培育好梦林水市级精品园区 1 家、清苑艺男玫瑰市级园区 1 家。推进节水灌溉。2022 年，清苑区高标准农田同步建设高效节水 5 万亩；新增旱作雨养 1.34 万亩、高效节水滴灌等 5.22 万亩，主要在小麦、玉米、瓜菜、果树等作物上实施滴灌、微喷灌等。提升农业质量安全水平。修订保定市农业地方标准 3 项，农业标准化生产覆盖率达到 74%。2022 年，“两品一标”认证 4 个，总数达到 10 个。推进从基地到产品全链条标准化生产，全面提升企业组织化、标准化水平，增强市场竞争力。全面实施食用农产品承诺达标合格证制度，抓好追溯体系建设，针对豇豆、韭菜、鸡蛋等重点品种建设食用农产品全链条追溯试点。深入开展“治控促”三年行动，围绕农兽药残留超标和违禁物质添加，针对以上重点品种开展风险隐患排查和专项整治，规范农兽药生产经营行为，加强农产品生产过程管控，强化检验检测和风险预警，全区农产品质量安全例行监测合格率98%。提升农业品牌影响力。支持提升一批产业优势大、市场占有率高、可塑性强的农业品牌。5月27日，在第三届河北省西甜瓜选“美”大赛暨品牌推介活动上，清苑区的西瓜甜瓜摘取“一金三银一铜”。6月24日，在河北省农业品牌创新创意设计大赛中，清苑区的西瓜、地道战牌酸辣粉、吉祥胤紫园臻宴获奖。清苑高质量发展的底板更加厚实，底色更加鲜亮。

【扎实推进乡村建设行动】　扎实开展乡村振兴示范区创建。坚持把推进乡村振兴示范区建设作为实施乡村振兴战略实施的有效载体，加快建设好梦林水特色小镇、红色记忆·冉庄文旅特色小镇等，西林水被评为“中国最美乡村”，大福村、中林水入选“全国文明村镇”。持续开展农村人居环境整治提升。将农村改厕与美丽乡村建设相结合，年内完成新建户厕3200座，建设卫生公厕101座。按照国家和省、市的统一部署，扎实开展农村问题厕所排查整改工作，全区共排查出能够立行立改的问题厕所2549座，已全部整改到位，实现动态清零。积极推进美丽乡村建设，共确定26个美丽乡村，省级美丽乡村创建村11个，围绕环雄安、环主城区和京港澳特色产业带，完成11个省级美丽乡村创建任务，进一步巩固提升市级美丽乡村15个。强力推进农业农村面源污染治理。深入实施化肥农药减量增效行动，多形式推广测土配方施肥，开展有机肥替代，推进病虫害统防统治和绿色防控技术集成应用，化肥、农药使用量继续保持负增长。提高农业废弃物综合利用，加强农业生产投入品管理，有序开展受污染耕地治理修复和安全利用，确保安全利用率达到100%。

【持续深化农村重点领域改革】　深化农村集体产权制度改革和农村宅基地改革，强化土地经营权流转管理与服务，提高土地流转规范率。积极推进新型农业主体发展。大力发展农村集体经济，千方百计增加农民财产性收入，全面消除村集体收入5万元以下的村，让群众拥有更好的房子、更美的环境、更鼓的钱包、更幸福的生活。

【防范化解重大风险】　加强畜禽定点屠宰企业（含内部冷库）管理。清苑区畜禽存栏情况，猪存栏10.7万头、牛存栏3.272万头、羊存栏7.052万只、禽存栏352万羽。集中力量开展非洲猪瘟等疫情大排查活动，全年共排查猪场89624场次，排查生猪1019.9387万头次；检测非洲猪瘟样品共880份（屠宰场430份、养殖场450份），均为阴性。加强农产品质量安全监管，确保不发生重大农产品质量安全事件。持续抓好农业机械、沼气、农兽药、定点屠宰、饲料及饲料添加剂五大农业行业领域安全监管，继续保持农业领域安全生产稳定向好态势。全面梳理排查风险隐患，做好极端天气预警和重大病虫害监测防范，实施科学防灾减灾。加强专项资金使用监督和绩效管理，加快推进项目实施和预算执行进度，进一步提高资金使用效益。抓好涉农信访案件包联化解工作，扎实开展土地承包经营权纠纷和农村宅基地流转和利用引发信访问题专项整治等工作，确保农村和谐稳定。

（撰稿：王芳）

农村工作

【美丽乡村建设】　多措并举建设宜居宜业美丽乡村，区委、区政府对美丽乡村建设高度重视，明确由区委副书记和区政府主管副区长具体负责美丽乡村创建工作。区人居办专门印发《保定市清苑区2022年美丽乡村建设行动实施方案》，以村容村貌美、服务设施美、生态环境美、富民产业美、社会和谐美“五美”为主要目标，围绕环雄安、环主城区及高铁高速沿线、景区周边等区域，重点打造11个省级美丽乡村示范创建村，成方连片持续推进美丽乡村建设。对照《河北省美丽乡村建设标准》，各乡镇结合自身实际，分村制定了实施方案和年度工作目标和工作计划。五个结合，建设美丽乡村。与编制村庄规划相结合。统筹编制美丽乡村片区建设规划，确定了“好梦林水”生态休闲综合示范区和高铁片区乡村振兴示范区。按照“一村一策”原则，逐村或联村组织编制美丽乡村建设规划。全区265个村已经全部完成“多规合一”实用性村庄规划编制。与人居环境整治相结合。严格按照美丽乡村建设标准，全面提升农村人居环境水平，以农村“厕所革命”、生活垃圾治理、生活污水处理为重点，因地制宜选择技术模式，合理布局各类设施设备。何桥镇范郭桥村、张登镇张登店村完成整村推进卫生厕所改造。与完善公共设施和服务相结合。重点围绕基础设施和公共服务补短板、强弱项，有效改善农民群众生产生活条件。积极推进5G网络全域覆盖，新建5G基站86座；完成农业有机废物资源化利用项目建设和秸秆综合利用整区推进项目建设，秸秆综合利用率达到98%以上；完成“四好农村路”提升工程52.5千米。与路域环境整治相结合。明确由区人大、区政协、区纪委监委、区委政法委、区委统战部分别负责，深入开展路域环境整治提升行动，完成高保路、张望路、东闾路、旅游路、保衡路5条道路的路域环境整治工程。与提高乡村治理相结合。坚持自治、法治、德治相结合，加强村“两委”班子建设，完善村党组织领导的村民自治机制，充分发挥群众自治组织作用。区委、区政府组织财政、自然资源和规划、民政、农业农村、生态环境、执法、宣传、卫健、交通等部门，系统梳理美丽乡村重点任务涉及的项目安排、资金投入等各项政策，组织区直各单位充分挖掘部门职能，确保各类资金项目优先向农村人居环境整治和美丽乡村创建工作倾斜。由农业农村局牵头，投资380万元，重点支持美丽乡村村内的小游园、小菜园、小停车场建设。安排乡村振兴衔接专项资金500万元，重点支持2022年度美丽乡村的村庄亮化美化。推动2022年度“一事一议”项目全面支持村庄美化亮化和村庄风貌改造提升，同时积极动员群众筹资筹劳，合力共创美丽乡村。

望亭镇小望亭村休闲角

2022年，全区创建11个省级美丽乡村，其中白团镇南营村被评为精品村；高标准打造完成好梦林水生态休闲综合示范区和“红色冉庄”文旅精品线路，成线连片推进。

【厕所革命】 2022年，上级下达全区任务目标为新建农村公厕101座，新建农村户厕2918座，改造问题户厕1959座。区政府印发《保定市清苑区2022年农村厕所改造提升工作方案》，将任务分解到各个乡镇，重点与2022年美丽乡村建设相结合。全区完成新建户厕3200座、问题户厕改建1959座，建设卫生公厕101座。为深入贯彻落实习近平总书记关于农村厕所革命系列重要指示批示精神，按照国家和省市农村问题厕所排查整改工作部署，坚持问题导向、目标导向、效果导向，求真、求实、求好，对全区所有农村公厕、户厕问题进行全面排查整改。全区共排查出能够立行立改的问题厕所2549座，已全部整改到位，实现动态清零。建设“清苑5G+智慧厕所革命智能化长效管护平台”1个，包括区乡村三级管理平台、抽粪车辆实时定位和轨迹查看及回放、粪污处理站现场监控和盈亏状态实时掌握、村民使用二维码等功能。采用区政府购买服务的方式，委托第三方保定市荣尚环境科技有限公司市场运作，将区财政购置的38辆抽粪车、已建成的18座粪污处理站（每乡镇1座200立方米大三格粪污处理站）交付该公司使用管理，全区所有农村户厕、农村公厕，包括厕具维修、粪污清掏转运、无害化处理资源化利用设施设备等的日常管护和运行监管全部由该公司负责。

清苑镇中冉村新建农村公厕

【村庄清洁行动】 以“五清三建一改”为重点，深入开展村庄清洁行动，充分发挥好农民主体作用，把发动群众、组织群众、服务群众贯穿村庄清洁行动全过程。制定村规民约，实行“门前三包”制度，探索运用党员“1+10”包联制度、积分制、示范户等办法，推动形成民建、民管、民享的长效机制，确保村庄常年保持干净、整洁、有序。同时，结合爱国卫生运动、美丽乡村建设、秸秆垃圾清零等活动，对村内死角死面全面彻底清理。2022年，全区被评为全省村庄清洁行动全域示范县，全区高标准完成“五清三建一改”任务，全区共清理积存垃圾堆放点296处、村内塘沟219处、农村生活垃圾25.3万吨，建设小游园13232平方米、小停车场6100平方米、公共绿地4090平方米。

（撰稿：王芳、刘东超）

【乡村振兴】 提高政治站位，树立全局眼光，准确把握“三农”工作新的历史定位，研究“三农”工作重点。2022年，中央和省市一号文件出台之后，结合实际制定《中共保定市清苑区委保定市清苑区人民政府关于做好2022年全面推进乡村振兴重点工作的实施意见》《保定市清苑区2022年乡村振兴工作要点》《贯彻落实中发〔2022〕1号、冀发〔2022〕1号、保发〔2022〕1号、清发〔2022〕4号文件重点任务分工方案》《2022年保定市清苑区推进乡村振兴战略实绩考核评价办法》《保定市清苑区乡镇党委书记抓乡村振兴任务清单》等一系列推进乡村振兴战略文件，分季度组织召开了区乡村振兴会议，并按照推进乡村振兴战略考核指标体系分解各乡村振兴成员单位考核指标任务，细化实化推进举措，强化制度供给和要素支撑，稳步推进全区乡村振兴工作。

【乡村振兴示范区创建】 扎实开展乡村振兴示范区创建，坚持把推进乡村振兴示范区建设作为实施乡村振兴战略实施的有效载体，高标准推进好梦林水生态休闲综合示范区和高铁片区示范区创建工作。

好梦林水示范区。加快建设好梦林水特色小镇、红色记忆·冉庄文旅特色小镇等项目。重点打造水润佳禾现代农业（智慧农业）示范园区；建成了西林水村、冉庄村等以休闲旅游为主的宜居宜业宜游美丽乡村片区；融生态文明、农耕文明于一体的旅游路被评为“河北省精品旅游示范路”；成功举办了第五届保定市文化和旅游产业发展大会（清苑区分会场）冉庄文旅特色小镇、冉庄地道战遗址保护区、好梦林水微度假体验区等重点观摩项目。示范区内涵盖村庄党建引领作用明显，党组织领导作用和党员先锋模范作用能充分发挥。有完善的村规民约和细则，村民自治制度健全。大福村团支部被公示为“2022年度河北省五四红旗团支部”、村获“最美文艺志愿服务社区（村）”称号。

高铁片区示范区。建成以北孙村、南孙村、钟家营、前营、打油庄、西木枚庄等为主的宜居宜业宜游美丽乡村片区。示范区内村庄基础设施、公共服务完善，村容风貌整齐清洁，垃圾处理均达到城乡一体化处理模式。美丽庭院创建活动实现常态化。示范区内涵盖村庄党建引领作用明显，党组织领导作用和党员先锋模范作用能充分发挥。有完善的村规民约和细则，村民自治制度健全。涵盖村庄内文化阵地配套建设齐全，建有文化书屋、文化广场、崇尚新风的文化墙等，均有一套健全完善的现代乡村治理体系。大侯村累计开展党员活动日 8 次、志愿者服务活动和新时代文明实践站活动各 9 次，人居环境整治活动持续推进，村基层党建得到明显提升，人居环境得到显著改善。小望亭村积极开展“美丽庭院”“五好家庭”“好媳妇”“好邻居”等文明创建活动和感恩孝亲奋进教育，邻里矛盾、婆媳矛盾等问题得到及时处理化解。

【农业重点项目】 认真贯彻落实省市“抓投资上项目促发展”的部署要求，成立农业重点项目专班，全面推进农业重点项目引进和建设工作。加大农业产业重点项目入统力度，纳入省涉农管理平台的农业产业重点项目达到了 10 个，其中亿元以上的 6 个，提前三个月完成 15 亿元年度投资目标，被省农业农村厅列为农业项目建设工作先进县。

【预制菜领域】 为培育壮大中央厨房（预制菜）产业，重点培养了保定市六全中央厨房有限公司、河北宏泽食品有限公司、保定市吉祥胤紫园臻宴等 7 家预制菜项目。组织相关预制菜企业开展了“对接广东预制菜推介会”“清苑区预制菜企业项目推进会”“好梦林水农业展馆预制菜布展”等一系列活动，推动中央厨房（预制菜）产业发展提档升级。

【农村金融服务】 组织召开“清苑区农村金融专班推进会”，安排落实了试点乡镇的农村金融专员部署，并完善工作台账等机制，组织发放了“金融服务指导手册”，开展“乡村行挂图”等活动，稳步推进金融服务“三农”，助力乡村振兴。

【农业产业化】 按照“龙头带动、集群发展”的思路实施强龙行动，持续推动农业产业化龙头企业做大做强。及时向企业宣传上级政策，及时解决企业发展遇到的问题，继续做好龙头企业监测等工作。2022 年底，全区市级以上农业产业化龙头企业达到 18 家，其中省级农业产业化龙头企业 4 家。

（撰稿：王芳、刘海涛）

【农业生产社会化服务】 经清苑区人民政府申报，区农业农村局负责实施 2022 年中央财政支持农业生产社会化服务项目，经过公开招标确定项目实施服务组织，并组织实施及验收，全区完成小麦“一喷三防”26.8 万亩次，为农民降低生产成本 200 多万元，有效带动全区农业生产社会化服务组织提档升级。

【发展规模经营主体】 2022 年，全国家庭农场名录系统登录 1142 家，各级示范家庭农场 56 家，省级示范家庭农场 6 家（2022 年新增 4 家），市级示范家庭农场 18 家（2022 年新增 10 家）；正常经营农民合作社 328 家，各级农民合作社示范社 25 家，其中国家级农民合作社 2 家、省级农民合作社 5 家（2022 年新增 2 家）、市级农民合作社 18 家（2022 年新增）。充分利用财政资金实施了家庭农场示范带动项目、农民合作社规范化提升项目。

【发展壮大集体经济】 完成清苑区农村集体经济审计工作，完成 260 个村集体审计工作，审计单位资金总额 298295406.7 元；出台了《保定市清苑区农村集体“三资”管理问题专项整治实施方案》，加强农村集体“三资”管理，开展农村集体“三资”监管专项整治，清理不规范经济合同，收回流失集体资产，健全完善农村集体“三资”监管长效机制，防止集体资产流失。通过专项整治全区查摆经济合同4634件，整改问题合同3175件，收回问题合同63件，新增集体收入609万元。

【规范土地承包经营权流转】 清苑区完成250个应确权村中的237个村，占比95%，全区应确权户数134151户，已颁发土地承包经营权确权证122786户。组织开展土地流转培训，根据《保定市进一步促进农村土地经营权流转的实施意见》，规范土地流转工作。全区土地流转面积16.88万亩，土地流转率为22%，其中种植业家庭农场流转面积7.2万亩，农民合作社流转面积4.8万亩，种养结合经营主体流转0.68万亩，其他用地流转4.2万亩。加强土地流转全程的监督工作，做到“规范流转行为、规范流转合同、规范流转审查、规范流转备案、规范流转监督”，着力提高农村土地经营权流转规范率。

【宅基地改革与管理】 以冉庄镇冉庄村、清苑镇大福村作为宅基地盘活利用工作试点典型，大力宣传典型案例，指导各乡镇做好闲置宅基地、闲置农宅盘活利用工作。积极做好宅基地基础信息调查工作，对宅基地现状、数量、占用面积、闲置宅基地和农房、一户多宅等情况进行全面摸排，确保底数清、情况准，全年已导入宅基地基础信息宗地数18万宗，占比90%。推进规范农村宅基地审批管理工作，起草《保定市清苑区规范农村宅基地审批管理的指导意见（试行）》，在省、厅关于宅基地改革与管理工作通报中获得良好评级结果。

（撰稿：王芳、侯建强）

农作物种植

【粮食作物生产】 2022年，全区粮食作物播种面积1053495亩，全年粮食作物包括小麦、玉米、谷子、豆类、薯类。总产量482629吨，其中夏粮总产213736吨，秋粮总产268893吨，其中小麦播种面积467115亩，平均亩产454千克，总产211992吨；玉米播种面积568695亩，平均亩产465千克，总产264307吨；谷子播种面积15亩，平均亩产143千克，总产1吨；豆类播种面积5655亩，平均亩产192千克，总产1087吨；薯类播种面积12015亩，平均亩产436千克，总产26206吨。

【经济作物生产】 2022年，全区经济作物播种面积310924.5亩，其中花生12103.5亩，平均亩产286.8千克，总产3471.3吨；葵花籽8409亩，平均亩产253.5千克，总产2132吨；烟叶79.5亩，平均亩产120.8千克，总产9.6吨；中草药材936亩，平均亩产379.2千克，总产354.9吨；蔬菜38245.3亩，总产15.2万吨；瓜果类97782.2亩，总产39.4万吨；其他农作物45430.5亩，其中包括青饲料以及饲料用青贮玉米、花卉等。

（撰稿：王芳、曹荣君）

【农作物病虫害防治】 2022年，切实落实各级部门和政府的部署要求，聚焦“虫口夺粮”和农药减量增效两大任务，围绕实施粮食作物病虫害防控“两增两减”（即增加统防统治面积，增加绿色防控比例，减少产量损失，减少农药使用）行动，为清苑区的农业生产安全保驾护航。开展农作物病虫害的监测预报、技术培训指导和防控工作。农作物农药全年使用减少到532吨。主要农作物（小麦）一喷三防飞防作业面积116万亩次，专业化统防统治覆盖率达到104%。玉米统防统治面积达到30万亩。入淀河流两侧1千米主要农作物绿色防控技术覆盖率达到60%。

【检疫工作】 配合农业部进行农业外来物种入侵试点普查，同时重点做好草地贪夜蛾、苹果蠹蛾、红火蚁、梨火疫病及腐烂茎线虫、列当属、

向日葵霜霉病等检疫性有害生物监测与防控。共发现烟粉虱、美洲斑潜蝇、反枝苋、黄顶菊、小蓬草有害生物5种。

【大力开展专业化统防统治】 通过政策扶持、示范带动等有效措施，巩固壮大基层植保服务体系；加强对专业化服务组织、合作社、家庭农场等田间作业人员的技术培训，大力扶持和提升植保专业服务组织装备水平和服务能力；加强示范展示，引导防治服务组织装备高效植保机械，提高防治效果和农药利用效率。清苑区现拥有植保无人机160多架，具有操作手合格证书的160人，日作业能力达到了8万多亩。成立了保定市首支农业部及农作物病虫害应急防治大队。

河北省首支农业农村部病虫害防治应急大队队伍

【持续推进绿色防控】 继续推进绿色防控建设工作，即集成农业措施、生态调控、物理防治、生物防治、高效低毒农药科学使用等绿色防控技术模式，提升病虫害防控效果，减少防治次数。推广绿色防控技术，主要包括灯光诱杀、生物农药等非化学农药防治技术，不断扩大推广范围和使用规模，减少化学农药的使用。筛选一批绿色植保产品，加强新型植保产品试验工作，筛选高效低毒农药、助剂和植保机械等，广泛开展示范和推广应用，从源头提高农药使用效率，提高农药利用率。通过以上措施，着力提升绿色防控能力，促进农药减量增效，全区主要农作物病虫害绿色防控技术覆盖率达到了60%以上。

【提升科学安全用药水平】 加大科学安全用药宣传培训力度，推广科学用药技术，提升农药安全用药意识与技能。加强农药科学使用指导和服务，切实推进解决超范围用药、超剂量用药、违反安全间隔期等问题。在全区重点乡村开展农药使用量入户调查，深入掌握清苑区农药用量情况，有效促进农药减量工作开展，保障农产品质量安全，农药使用量减少到532吨。

【做好小麦、玉米重大病虫害监测防控】 抓好条锈病、赤霉病、吸浆虫、蚜虫等小麦病虫害监测预警，狠抓春季杂草除治和小麦苗期病虫防治，适时组织开展小麦中后期“一喷三防”，病虫害统防统治面积达到了116万亩次，使小麦病虫危害总体损失率控制在了5%以下。开展草地贪夜蛾、黏虫、棉铃虫、穗腐病、南方锈病等重大病虫监测预警，突出抓好玉米穗虫穗病防控，解决制约区玉米产量和品质的穗虫、穗病、穗腐难题，实现玉米“一控双提”，病虫害防治面积达到了30万亩次，使玉米病虫危害总体损失率控制在了5%以下。加强植保队伍人员技能培养。组织全区植保人员参加省站举办的“植保讲堂”培训500多人次，学习植保法律法规和农作物生产关键期病虫害防治技术，不断提高全区植保队伍业务能力和水平。发现新病害，发明一种鲜切花保鲜剂专利。在罗家营村桃树地里发现了一种桃果腐病新病害，与河北农业大学合作进行研究，于2022年5月在由美国植物病理学会主办的国际顶级期刊 *Plant Disease* 上发表了一篇论文，属于SCI论文二区TOP。获得国家知识产权局颁发的一项《一种鲜切花保鲜剂》发明专利证书。

（撰稿：王芳、刘淑香、李学会）

【推广化肥减量增效技术】 以测土配方施肥技术推广工作为重点，全面推进化肥减量增效，助推化肥使用量零增长。做好土壤样品采集检测。全区共采集检测土壤样品66个，获得有效数据898个。做好农户施肥监测调查。完成3个乡镇6个村80户农户的施肥监测调查和区域施肥情况调查，掌握了全区主要农作物（小麦、玉米、西瓜）的施肥量。利用多种形式，广泛宣传测土配方施肥技术。共发放测土配方施调查肥技术问答等技术资料3000份、测土配方施肥技术建议卡等资料10000份。全区测土配方施肥技术推广面积102万亩，主要粮食作物小麦、玉米化肥利用率稳定在41%以上，超额完成化肥减量增效的任务目标。

【做好耕地质量监测保护和耕地质量评价】　跟踪监测点田间管理，做好耕地质量年度监测工作。对16个监测点开展长期、定位、规范监测，土样化验取得有效数据498个。汇总分析施肥、产量和耕地质量等监测数据，掌握耕地质量和培肥效果现状和变化趋势，查找存在的问题，编制年度监测报告，提出耕地保护提升对策建议，指导农业生产。

开展耕地质量等级变更评价。积极推广耕地质量提升保护技术，清苑区耕地质量等级逐年提高。玉米收获前对45个监测点进行土样采集、化验等工作，统筹开展县域耕地质量等级年度变更评价，摸清不同区域耕地质量变化现状。为粮食安全省长责任制考核、自然资源负债表编制和耕地资源环境承载能力评价等工作提供技术支撑。

【第三次土壤普查工作】　成立清苑区第三次土壤普查领导小组，制定了清苑区第三次土壤普查工作实施方案、推进方案，为2023年三普的开展做好准备。

【受污染耕地安全利用和严格管控】　2022年5月10日，根据清苑区实际制定《保定市清苑区2022年受污染耕地安全利用工作方案》，方案涵盖了可行的安全利用措施、具体的完成时间节点以及任务落实的保障措施等，经区政府盖章报省市农业农村部门备案。按照方案要求，严格落实“政府主导、属地负责、部门联动、协同推进”工作机制，同时将符合条件的优先保护类耕地作为永久基本农田，实行严格保护；对安全利用类耕地和严格管控类耕地。实施分类管理。严格管控类耕地。2020年经区政府批准已划定为特定农产品禁止生产区域的，并在上年基础上继续实施流转、休耕。安全利用类耕地种植的小麦、玉米综合采取了低累积品种替代、优化施肥、农机深松、部分喷施叶面阻控剂等技术措施，收获期经第三方对植株样品中重金属含量检测和数据分析，均低于国家食品卫生标准，达标率100%。2022年11月，委托河北省农林科学院农业资源环境研究所对区受污染耕地措施实施进行全面评估，评估结果显示：清苑区受污染耕地全部实现安全利用。评估报告经区政府盖章后已报送省市农业农村部门。

（撰稿：王芳、郝艳茹、王洪来）

畜牧养殖

【概况】　2022年，清苑区畜牧养殖工作坚持以绿色、健康、标准化为重点，以加快畜牧业发展方式转变为主线，完善政策，狠抓落实，强化科技，全面推进畜禽标准化规模养殖，圆满完成市局下达的任务，全区的畜牧业保持了健康快速发展的态势。2022年底，全区生猪存栏12.5万头、能繁母猪0.82万头、奶牛2.13万头、肉牛1.3577万头、肉羊13.5721万只、蛋鸡332.4万羽、肉鸡256.1万羽；生鲜乳产量达到8.97万吨、鸡蛋产量4.9万吨、肉产量5.01万吨，保障了人民群众的菜篮子供应。

（撰稿：刘昕阳、孙庄建）

【创建农业农村部及河北省标准化示范场】　奶牛养殖场积极创建部省标准化示范场，强化科技含量，提高奶牛场智能化水平，全面推进畜禽标准化规模养殖。完成建设10家奶牛养殖场的家庭牧场建设，助力河北省奶业振兴。

【新技术推广】 运用“性控精液”和“胚胎”移植技术，持续推进奶业振兴，扩大高产奶牛核心群数量，加快优质高产奶牛扩群速度，奶牛常年存栏稳定在2.1万头以上，切实提高奶牛场智能化水平、群体单产水平和养殖效益，提升奶业管理的信息化能力。2022年，发放冻精液9400支，胚胎移植885枚，年生鲜乳产量达8.97万吨，保障生鲜乳生产加工的稳定。

【检测工作】 按照保定市风险预警及监督检测抽检计划，全年共检测和送检饲料33批次，生鲜乳风险预警100批次，猪肉32批次，鸡蛋36批次，猪尿、羊尿220批次，共计421批次，抽检合格率为100%。确保人民群众“舌尖上的”食品安全。

【粪污资源化利用】 制定《保定市清苑区2022年畜禽养殖污染专项整治行动方案》，完成全区所有规模养殖场及非规模养殖场粪污资源化利用计划工作，持续提升清苑区畜禽粪污综合利用水平，促进养殖业绿色健康可持续发展，推进养殖场粪污处理设施建设水平，畜禽规模养殖场粪污处理设施配套率100%，资源化利用率达到96%以上。该项工作受到保定市农业农村局好评。

【“粮改饲”工作】 为促进清苑区种植业结构调整步伐，清苑区执行保定市“粮改饲”整市推进试点项目，通过推广玉米全株青贮，实现玉米过腹转化，带动快速调减籽粒玉米生产，推动草畜养殖场标准化规模化发展进程，实现种养双赢目标，增加农民收入。清苑区45家奶、肉牛养殖场及专业青贮机构共计收割完成15.93万吨，收割青贮面积6.4万亩。获农业农村部丰收奖和2022年度河北省农业农村系统先进集体称号。

（撰稿：王芳、孙庄建）

【兽医工作要点】 起草了《保定市清苑区2022年兽医工作要点》《2022年保定市清苑区主要动物疫病免疫计划》《2022年保定市清苑区主要动物疫病监测和流行病学调查计划》《2022年保定市清苑区主要动物疫病免疫技术方案》《保定市清苑区畜间布鲁氏菌病防控五年行动方案（2022—2026）》《清苑区农业农村局关于加强基层动植物疫病防控体系建设实施方案》等文件，并下发到相关职能部门或乡镇，成为清苑区2022年度兽医工作及主要动物疫病防控工作的指导性文件。

（撰稿：王芳、刘昕阳）

【动物疫病防控】 对高致病性禽流感、高致病性猪蓝耳病、猪瘟、口蹄疫、布病、小反刍兽疫等动物重大疫病进行强制免疫，采取春、秋季集中免疫及日常免疫相结合的方法。做到应免尽免，免疫密度达到100%。根据要求动物疫病预防控制中心对免疫效果及时做了免疫抗体监测，各种动物的免疫抗体水平均达到80%以上，保障清苑区各种动物不发生重大动物疫病。探索推进了兽医社会化服务工作在重大动物疫病防控工作的开展，引导动物防疫服务型企业积极参与清苑区的畜禽疫病防控强免工作。

（撰稿：王芳、高芳明、刘昕阳）

【动物疫病排查、免疫监测】 集中力量开展非洲猪瘟、牛羊炭疽等疫情大排查活动，按照双轨制排查，网格化管理，日报告制度，充分发挥乡镇、基层分站动物疫情测报网络的作用，对辖区内易感动物进行监测和流行病学调查。2022年，累计排查生猪养殖场（户）91513场（户）次、10422045头次；排查牛养殖（户）265户、29928头；羊养殖场（户）2286户、13.5721万只。监测11个牛羊养殖户，检测123份样品，全部为阴性，疫情排查范围、精准度得到有效地加强。

【兽医实验室】 清苑区疫控中心实验室现有工作人员3名，已进行过非洲猪瘟PCR仪检测培训，并完成盲样比对，已具备非洲猪瘟病原学检测能力。实验室严格按照生物安全要求开展工作，专人负责管理，规范采样、接样、实验操作、试剂管理等行为，按要求对高致病性禽流感、口蹄疫、猪瘟、布病、结核病等动物疫病开展血清学监测，以及对非洲猪瘟开展了病原学监测，全年共检测口蹄疫抗体2600份，高致病性禽流感抗体2450份，新城疫抗体650份，布病抗体17130份，结核抗体17130份，猪瘟抗体200份，非洲猪瘟病原学检测890份，口蹄疫病原学检测100份，小反刍病原学检测50份，禽流感病原学检测480份，牛炭疽病原学检测183份，检测结果全部阴性并及时将监测结果反馈到养殖场户。

（撰稿：王芳、刘昕阳、王林）

【非洲猪瘟防控】　为坚决打好非洲猪瘟防控持久战，以推进“三式管理（养殖企业“密罐式”、屠宰企业“高压式”、官方兽医“问责式”管理）、三大行动（大清理大清洗大消毒活动、生物安全知识大培训、生猪运输车辆大监管活动）”为基础，做好非洲猪瘟疫情排查，严格落实疫情报告和举报疫情核查制度，充分发挥基层防疫分站和村级动物防疫协助员的作用，加强对生猪养殖、生猪屠宰场、生猪调运的监督检查力度，一旦发现异常，严格按照国家有关规定立即上报，并采取有效措施，果断处置，严防疫情扩散蔓延。

加强生猪调运监管，对全区70辆生猪运输车辆实行备案管理且均已加装GPS定位，可随时查询车辆动态，杜绝了不明来源猪只流入市场，每月对生猪运输备案车辆的20%进行非洲猪瘟环境采样检查，对检查不符合要求的，限期整改。

加强生猪屠宰企业监管。严格按照“两项制度”对屠宰企业监管，疫控中心每月按要求采样，对生猪屠宰场、生猪养殖场进行非洲猪瘟病原学检测。严禁对未经非洲猪瘟检测或检测结果为阳性的生猪产品出具动物检疫合格证明。

（撰稿：王芳、刘昕阳、耿保东）

【奶牛场“两病”净化】　按照省、市关于奶牛场“两病”净化要求，要求各奶牛养殖场（小区）自行对本场（小区）内的奶牛进行“两病”检测，推动奶牛“两病”净化工作的开展，由各基层防疫分站进行包片培训和督导。全区21个奶牛养殖场，总共存栏2.13万头，奶牛养殖场在基层分站的监督下全部进行自检，检测完成后由疫控中心进行抽检。

【强制免疫“先打后补”】　对符合条件的养殖场，实施“先打后补”政策，依照国家和河北省动物强制免疫计划自主采购疫苗实施强制免疫后，国家按照政府采购疫苗等价值给予经费补助。最大限度发挥财政补助政策对动物防疫工作的促进作用，同时充分发挥市场机制作用，满足养殖场对强制免疫疫苗的多样化需求，促进企业依法落实动物防疫主体责任，提高禽流感、口蹄疫等重大动物疫病防控能力。清苑区“先打后补”按照自愿参与的原则，由申请参与试点的规模养殖企业向区农业农村局提交申请材料，区农业农村局按照要求进行审核，发放直补资金。

【疫苗管理】　强制免疫疫苗由专人负责管理，全面落实强制免疫疫苗全程信息化管理，实现县乡两级网上调拨全覆盖，确保疫苗耳标从生产厂家到养殖场户全程可追溯；制定完善疫苗管理制度，规范接收疫苗，建立疫苗出入库制度并严格遵守，定期盘存、日清月结、账物相符、账账相符，由专人使用河北省动物疫苗网络发放疫苗，合理定购疫苗，避免强免疫苗的浪费。2022年，投资16.5万元对原疫苗库进行改扩建，增加冷冻库1座，填补清苑区没有冷冻疫苗库的历史。

（撰稿：王芳、刘昕阳、高芳明）

【动物检疫】　产地检疫。为进一步规范和加强动物检疫工作，防范动物疫情跨区域传播风险，清苑区严格遵循过程监管、风险控制、区域化和可追溯管理相结合的原则开展检疫工作，切实做到临栏检疫，有报必检，并严格凭免疫耳标和在有效期内的免疫合格证明出具产地检疫合格证明，同时按要求进行“瘦肉精”检测，有效降低动物疫病等动物卫生及动物产品安全风险。全年全区产地检疫情况。生猪检疫 8.9559 万头、牛 4686 头、禽 1225.8001 万羽。动物产地检疫申报检疫率 100%。

屠宰检疫。全区现有生猪定点屠宰场 1 个、肉鸡屠宰场 1 个，每个屠宰场都有官方兽医驻场，全面实施同步检疫，随宰随检，严把“四关”，即进场关、屠宰关、出场关、处理关，四关不放松任何一个环节。真正做到了随宰随检、不漏检、不误检。监督生猪屠宰企业严格落实非洲猪瘟自检、瘦肉精自检和官方兽医抽检制度，对检出的病害动物及其产品，严格执行不准宰杀、不准食用、不准出售、不准转运等措施，确保上市动物产品质量安全。2022 年，全年屠宰检疫。生猪检疫 1620.1528 万千克、肉鸡检疫 1529.2381 万千克，屠宰检疫率 100%，没有发现病害动物。

（撰稿：王芳、耿保东、张志勇）

【病死畜禽无害化处理和监管】 依托 3 个病死畜禽无害化收集点，指派 2 名官方兽医专门负责收集点的工作。全区 9 个基层分站每个分站均指派专人负责本辖区内的病死畜禽无害化处理相关工作。同时，定点屠宰企业也与无害化处理中心签订了协议，及时对屠宰环节中摘除的“三腺”等不可食用部分进行无害化处理。严格落实省农业农村厅、省财政厅确定的养殖环节病死猪无害化处理分段补助标准，统筹中央和省市县资金，足额安排补助资金，将生猪养殖场户均纳入财政补助范围。2022 年，清苑区共无害化处理病死猪 1.6788 万头，无害化处理病死肉鸡 1.49 吨，无害化处理猪三腺 18.596 吨、牛胎衣 0.358 吨。强化监督管理，加强对随意抛弃病死畜禽等行为的排查，加大对大型养殖场户周边、养殖密集区、乡村交界区、坑塘、沟渠及偏僻地带等重点区域和动物疫病高发期等重点时段的排查力度和频次，发现病死畜禽无害化处理情况异常的及时核查处置。加强收购贩运环节风险防范，强化生猪收购贩运主体基础信息登记管理，对 70 辆生猪运输车辆、25 辆畜禽（牛、羊、禽）贩运车辆实施备案管理，均已加装 GPS 定位，可随时查询车辆动态。

（撰稿：王芳、刘昕阳、耿保东）

【“大清理、大清洗、大消毒”工作】 在全区范围内包括生猪饲养场（户）、生猪屠宰厂（点）、动物经营单位等，包括车间库房、外环境、运输车辆、有关用具物品等开展大清洗大消毒活动。规范科学的选择、交替使用有效消毒药品，确保有效消灭传染源、杀灭病原体，切断动物疫病传播途径，为非洲猪瘟等重大动物疫病防控、新冠疫情防控打下良好基础。实行大清理大清洗大消毒日报制度，各基层分站每天把辖区内养殖场（小区）、兽药饲料生产经营企业、屠宰企业等消毒情况汇总上报办公室。

农业项目建设

【概况】 2022 年，深入贯彻落实区委、区政府“项目强区”战略，以项目建设为抓手，用项目优化结构、提升水平、推动发展。着眼京雄保协同发展，加强与京雄保农业产业项目对接，积极争取中央、省项目资金支持，项目建设取得新进展。

【田间工程项目】 投资 10484 万元实施 8 万亩清苑区 2022 年高标准农田建设项目。其中白团镇片（财政渠道）高标准农田建设项目建设地点为保定市清苑区白团镇的白城二村、南营村、胡杨庄村、阳城镇的小魏庄村、王胡庄村、臧村镇的西臧村、中臧村、东臧村，共计3个乡镇8个行政村。建设内容为：灌溉排水与节水措施，机井换泵（200QJ50－52－11kW）261眼，机井换泵（200QJ40－52－9.2kW）116眼，机井换泵（200QJ40－39－7.5kW）49眼，配套井首装置426套；配套机井保护装置426个，管灌2万亩，铺设UPVC输水管道200.6千米，安装出水口6700个，出水口保护装置6700个、铺设过路管道41处；田间机耕道，整修田间机耕路20.801千米，其中，混凝土硬化宽度3米（路肩30厘米）5.551千米，混凝土硬化宽度3.5米（路肩30厘米）1.833千米，混凝土硬化宽度4米（路肩30厘米）12.947千米，混凝土硬化宽度6米（路肩30厘米）0.47千米，拆除原有砖路路面33408.5平方米，清理路基940平方米，道路转角64处；农田输配电，新建玻璃钢配电箱426套。

东闾镇片（发改渠道）高标准建设项目建设地点为保定市清苑区东闾镇的北宋村、南王庄村、田蒿村，白团镇的白城三村、北白团村，望亭镇的御城村，温仁镇的大柳树村、蔡家营村、延福桥村，北店乡的南辛店村、南林水村和张登镇的北和庄村共计6个乡镇12个行政村，建设规模为31700亩。主要建设内容为：土壤改良，增施生物有机肥30641亩，深松19847亩；灌溉排水和节水设施，机井换泵378眼，包括更换200QJ50－52型潜水泵40套、更换200QJ40－52型潜水泵338套、安装井首装置484套、新建机井保护装置376座；管灌，实施面积12205亩，包括铺设φ110mmPVC－U输水管道109.5千米、购置安装出水口及保护装置3270个、穿路管道14处；喷灌，实施面积3320亩，全部为铝管移动喷灌；田间机耕路，修建混凝土机耕路37.81千米。

魏村镇片（发改渠道）高标准农田建设项目建设地点为清苑区魏村镇的东洪义村、魏村南街村、张庄村、田庄村、抄纸屯村、中义庄村、齐贤庄东街村、齐贤庄南街村、齐贤庄西街村、郝庄村、王罗侯村、武罗侯村，阳城镇的郑庄村、阎庄村，共计2个乡镇14个行政村。建设规模3.04万亩。建设内容为土壤改良措施：地力培肥30400亩；灌溉排水与节水措施，机井换泵333眼，其中，机井换泵（200QJ50－65－15kW）56眼、机井换泵（200QJ50－52－11kW）246眼、机井换泵（200QJ40－52－9.2kW）31眼，配套井首装置596套，配套机井保护装置559个，管灌24570亩、铺设PVC－U输水管道260千米，安装出水口8660个、出水口保护装置8660个，过路管道30处；喷灌830亩；田间机耕道，整修田间机耕路35.664千米。农田防护与生态环境保持，植树1080株；农田输配电，新建玻璃钢配电箱58套。

（撰稿：王芳、崔雷雷）

现代农业园区建设

【概况】 2022年，清苑区新创市级精品园区1个，即清苑区好梦林水现代农业园区；市级现代农业园区1个，即清苑区艺男玫瑰现代农业园区。

【清苑区好梦林水现代农业园区】 清苑区好梦林水现代农业园区是由保定市荣清国控集团有限公司旗下保定市荣汇文化旅游管理有限公司开发运营，总投资约12亿元。园区占地面积约3000亩，位于保定市清苑城区西南角，在主干道朝阳南大街路西，距离保沧高速7千米、京港澳高速清苑出口0.5千米，毗邻雄安新区。项目区位及交通优势明显，客源充足，交通便捷，四通八达。

好梦林水现代农业园区是河北省级培育类特色小镇，致力于建设成为集户外休闲、全龄研学、综合商业、体能锻炼、文化创意、观光农业、特色餐饮民宿等功能于一体的城市后花园。

园区以“微度假、慢生活”为宗旨，定位于康养、休闲、特色小吃、文化、研学、农业项目采摘、娱乐、民宿、全民健康运动、文化创意、特色餐饮、休闲观光等。以美育教育综合培训为主体，以青少年教育、品牌主题打造、景区品质提升、空间整合以及景观和建筑改造为主，致力于提供城市金领、白领城市周末生活的综合解决方案，将城市生活的 CBD 摊薄在近 3000 亩园区里，建设集休闲公园、青少年儿童教育综合培训、综合商服中心、文化体验、住宿、观光农业等功能于一体的京津冀城市周边人群周末生活综合体。

园区牢固树立和贯彻落实创新、协调、绿色、开放、共享的发展理念，以好梦·慢生活文化为核心，以突出农业田园景观内涵、延续农耕文明、尊重传统理念，倡导青少年美育教育，通过对好梦林水文化资源梳理，构建田园文化为核心，融合建筑文化、饮食文化、地域文化、民俗文化的田园文化型特色小镇。

【清苑区艺男玫瑰现代农业园区】 清苑艺男玫瑰现代农业园区位于阳城镇阳城村，集种植玫瑰、中药材、冷藏物流于一体，规划面积 5000 亩，其中核心区 300 亩、示范区 1700 亩、辐射区 3000 亩。园区以现代科技为依托，打造高端玫瑰及中药材种植、仓储物流园区，增加农产品附加值。核心区建有高标准玫瑰园 300 亩，种植品种有卡罗拉、蜜桃雪山、香槟、戴安娜、黑魔术、流星雨、闪耀、冷美人 8 个；建成高标准设施农业 300 亩，同时建有冷藏库 2 间，主要进行玫瑰花的分拣、包装、预冷，玫瑰花冷藏后销往周边各地，增加产品附加值，实现增收。

园区紧紧围绕推进农业供给侧结构性改革、培育新动能的主线，以“都市农业”为抓手，科学规划，合理布局，聚焦做大做强“农业 + 旅游”农业产业，强化联农带农，促进了农业生产、物流、研发、示范、服务等相互融合和全产业链发展，创新了农民利益共享机制，带动和引领域内农业农村经济发展转型升级，农民收入大幅度提升。

“博士农场”建设

【概况】 2022 年，清苑区创建“博士农场”3 家，即清苑区吉祥胤西甜瓜博士农场、清苑区泽航葡萄博士农场、清苑区樱桃树下樱桃博士农场。

【清苑区吉祥胤西甜瓜博士农场】 清苑区吉祥胤西甜瓜博士农场位于清苑区白团镇东壁阳城村，有博士专家团队人员 6 名，农场集种植、养殖、粮食深加工为一体，流转土地 300 亩。农场依托国家西甜瓜产业体系平台的专家和技术优势，采用清苑臻西瓜“七年等一回”的传统农耕加现代科技的种植定位，主打高端产品，融入高端市场，将原苗西瓜价格做到全国统一销售价 99 元 1 个，带动周边农民集中种植，保障供应链，起到示范带头作用。

【清苑区泽航葡萄博士农场】 清苑区泽航葡萄博士农场位于清苑区温仁镇王盘村，有博士专家团队人员 8 名，依托泽航果蔬专业合作社为核心实验示范基地，通过不同的植物生长调节剂——纳米硒诱导作物抗虫抗病，减少病虫害的发生，从而减少农药使用；1—甲基环丙烯延缓水果硬度和可滴定酸含量的降低，使水果保持较好的口感，延缓果实色泽的变化，以及降低水果营养物质的损耗；萘酮戊酸促进葡萄的着色成熟，以提早上市。综合三种新型植物生长调节剂的使用，提高葡萄健康综合管理技术，显著降低农药的使用量，保障农业生产和农产品质量安全，提升葡萄的产量和品质、延长货架期，达到提高农户经济效益的目的。以科技赋能清苑区葡萄产业的高质量发展。

【清苑区樱桃树下樱桃博士农场】 清苑区樱桃树下樱桃博士农场位于清苑区白团镇白团东街，有博士专家团队人员6名，以樱桃树下现代农场作为清苑区精准农业综合科技服务示范基地，依托中国农科院技术团队，以张淑香研究员为首席专家组建一支数字农业研究推广的高层次专家团队，充分利用京津冀一体化，紧紧围绕清苑区农业产业发展关键环节日益突出的问题以及农户的实际需要，以科技引领、绿色生产、品质提升、品牌打造为主攻方向，集成新品种引进、水肥精准化、病虫害生物防治、土壤修复、大数据决策等，打造数字化农业综合技术服务平台，促进清苑区果品生产向着优质高效方向发展。

（撰稿：王芳、赵香莲）

特色农业产业

【概况】 2022年，清苑区瓜菜种植面积30多万亩，其中蔬菜14.3万亩，年产量61.38万吨；葡萄1.2万亩，年产量37519吨；西瓜10.64万亩，年产量42.37万吨。

【葡萄】 清苑葡萄种植历史悠久，已形成了以温仁镇王盘村为核心覆盖周边温仁镇、魏村镇、白团镇、望亭镇、张登镇等14个乡镇60余村的葡萄种植带，种植规模达到12000亩。清苑葡萄产业不断创新发展，依托中国农业大学专家团队，进行葡萄品种改良，引进推广新品种阳光玫瑰、丽娜皇后、玫瑰香等；种植模式由原来的露天种植不断向设施种植、避雨栽培方向发展。清苑葡萄产业成为当地农民致富的一项主导产业，以温仁镇王盘村为代表的葡萄种植业已经发展成为上规模、上水平、上效益的特色农业龙头，带领全区特色农业产业加速发展，也成为清苑区果业的一张亮丽名片。

（撰稿：赵香莲）

农产品质量管理

【概况】 2022年，按照《保定市清苑区食用农产品“治违禁 控药残 促提升”三年行动方案》要求，聚焦问题较为突出的蔬菜水果重点品种，加大检测力度，检测合格率达到98%以上，全区没有发生重大农产品质量安全事件。

【检验检测】 依据河北省农业农村厅及保定市农业农村局农产品质量安全监测计划的通知，切实加强农产品检测工作，针对“治控促”三年行动方案中监测的重点蔬菜品种：芹菜、韭菜、白菜、麻山药、豇豆等加大抽检力度，鼓励园区基地、蔬菜市场收购商开展蔬菜农残速测技术，提高抽检对象中小农户的抽检比例，种植企业中绿色食品和有机农产品认证企业做到蔬菜抽样全覆盖。

2022年，区级蔬菜农残速测任务400个，完成瓜菜样品农残速测480个，做到每月抽检；市级抽检蔬菜样品50个，抽检样品包括豇豆、韭菜、芹菜等重点监测品种；省级抽检水果蔬菜21个样品，省市送检样品没有发生一起农残超标事件，合格率100%。保障了清苑区蔬菜水果的质量安全。

（撰稿：王芳、王翠彦）

【农产品质量安全监督管理工作】 按照“产出高效、产品安全、资源节约、环境友好”的现代农业发展要求，以健全农产品质量安全体系为核心，以完善农产品质量安全全程监管机制为重点，以提升农产品质量安全水平为目标，坚持执法监管与标准化生产两手抓，农产品质量安全监测合格率保持在98%以上，群众满意度保持在75%以上，县域绿色防控推广面积比2021年提高10%，县域主要生产经营主体的标准化生产率达到74.25%，实施质量追溯的农产品占比达到

85%。全年完成定量检测1152批次，快速检测27154批次。农产品质量安全水平明显提高。

全力推进网格化监管体系建设。健全农产品质量安全网格化管理体系，落实农产品质量安全监管责任，提升全程治理能力。全区建设一级网格2个、二级网格18个、三级网格265个，打造北店乡、清苑镇2个示范乡镇。

抓好农安宣传工作。张贴发放禁用药物和非法添加物质清单、农业投入品使用规范、农产品质量安全管控告知书1500多份。围绕法律法规、标准化生产、抽样检测、农产品追溯等内容，组织乡镇网格员、300名村级协管员和规模生产主体线上培训2次，实现乡镇监管人员培训全覆盖。

强化追溯体系建设，落实食用农产品产地准出、市场准入机制。依托省平台实现电子追溯的生产主体达到116家。全区推行食用农产品合格证制度。2022年，规模主体合格证出具电子合格证2426张、纸质合格证1509张。抓好省级监管追溯平台应用。全年录入平台企业日常巡查检查达到1448次。强化标准化生产，提升安全优质农产品供给能力。2022年，区农业标准化综合覆盖率达74.25%，新增4个绿色有机认证产品4个。

深入开展“治控促”三年行动。深入开展农产品质量安全专项整治。明确整治重点。开展了“麻山药百日大排查”专项执法行动2次，共出动执法人员320人次，检查农资经营网点350家次，联合区市场监管局开展农资市场综合执法检查2次。查办使用禁限用药物和常规药物残留超标等农产品质量安全案件2件。

（撰稿：王芳、黄志东）

【综合执法】　聚焦四大重点领域（农业生产资料、农产品质量安全、动物卫生监督、农业生产经营主体）、突出四个关键环节（理顺厘清机构职能、完善执法制度规范、提升人员能力素质、提高执法保障水平）、开展四大专项行动（农资打假专项行动、动物卫生监督专项执法行动、农产品质量安全专项执法行动、农业种子资源保护专项执法行动），实现四个目标（树立执法机构新形象、完善好农业执法新机制、实现好农业执法质量新突破、展现好执法队伍新作为）。聚焦执法办案主责主业，组织开展动物卫生监督、农资打假、农产品质量安全、畜禽定点屠宰等专项执法行动，全年共查处违法违规行为42起，总罚款204940元。

（撰稿：王芳、高永兴）

农业机械化

【概况】　2022年底，清苑区农机装备总动力583737千瓦，其中大型拖拉机1330台137820千瓦，中小型4823台120285千瓦，机耕、机播、还田等配套机具13100台（套），小麦收割机910台71600千瓦，玉米收割机980台89569千瓦，全区主要农作物机械化率达到99.2%。2022年，完成农机补贴资金1218万元、农机深松资金120万元，农机补贴和农机深松工作多年来位于全市先进行列。

【农机购置补贴】　引进中央农机购置补贴资金1218万元，共补贴小麦联合收割机、大中型拖拉机、玉米播种机、旋耕机、秸秆还田机、报废补贴等451台（套）。通过购置补贴工作的实施带动清苑区农民投资3000多万元，增加农机手收入1000多万元。清苑区农机购置补贴工作位居全市前列。

（撰稿：王芳、李会建）

【农机深松】　清苑区的耕地多年浅耕造成了犁底层坚硬板结，通过中央和省级农机深松作业补贴，发展大型动力机械配套和深松作业机具的作用，实施深松作业，可以打破坚硬的犁底层，加深耕层，降低土壤容重，提高土壤通透性，提高土壤蓄水保墒农作物抗旱防涝能力，促进作物生长发育，实现作物稳产增产。作物增产普遍在10%左右；大大减少地表径流，形成地下“土壤水库”，增加土壤贮水量15%，减少浇地次数1～2次，有效节约水资源；可迅速提升清苑区农机装备水平，促进农机服务组织发展壮大，受到农民群众的普遍欢迎。引进深松作业补贴资金120万元，共完成深松作业7.4万亩，其中补助4万亩，示范带动3.4万亩。

（撰稿：王芳、乔国发）

【农机安全生产】 加强农机安全生产宣传，全年共发放宣传材料及书籍3800份，悬挂条幅280多幅，开展专场宣传5次，加大农机安全巡查力度，全年出动检查车辆110多辆次，出动检查人员420多人次，纠正违规70余次。全年共向187名驾驶员、操作人员考试发证，共检验拖拉机、收割机1300台，发放号牌550台（套）。

局　长：樊茂盛

（撰稿：王芳、王洪占、许川江）

工业和信息化

◎综　述

◎机关工作

◎工业经济

◎科技工作

◎数字化建设

工业和信息化

综　述

【概况】　保定市清苑区工业和信息化局（以下简称区工信局）设工信股、科技股、综合股3个股室，2021年正式成立盐政执法大队。2022年，清苑区工信局以创新企业服务机制，抓好工业经济运行，推进县域科技创新能力不断跃升。在培育专精特新企业和高新技术企业、推进传统产业技术改造和数字化转型等方面取得一定成绩，圆满完成年度各项任务目标。

机关工作

【党建工作】　清苑区工信局设1个党总支，辖2个支部（1个机关支部、1个企业支部），其中机关支部有正式党员66人（在职人员21人、退休人员45人），企业支部正式党员74人（退休人员49人、下岗人员25人）。研究制定年度党建工作要点，形成“党总支书记统揽、副职专责分管、班子成员‘一岗双责’、党支部书记和组织员具体抓”的五级责任体系，把党建工作与工信业务同部署、同落实、同检查、同考核，推动党建工作与业务工作同频共振。每半年召开一次专题会议，听取党建工作专题汇报，部署推进党建具体工作。加强思想建设。强化理论学习，全年召开理论中心组学习21次、机关干部集体学习16次，深入学习习近平新时代中国特色社会主义思想、中共二十大精神、《习近平谈治国理政》第四卷等方面内容，切实统一思想认识；牢牢把握意识形态主导主动权，党组两次专题研究意识形态工作，为全局党员干部上专题党课2次。2022年，共召开警示教育大会3次，结合党课学习教育、警示教育对党员干部再警醒、再激励，树牢干部职工的规矩意识、纪律意识、廉政意识。强化支部建设。坚持抓常抓细、落小落实，认真开展“三会一课”、主题党日、组织生活会、民主评议党员等活动，固化领导讲党课、支部书记讲微课等学习形式。狠抓党员管理。在全局开展学习身边的榜样、重温入党誓词等活动，组织预备党员参与全区“喜迎二十大、奋斗新征程”主题演讲活动，进一步坚定党员理想信念。组织党员深入包联社区，参与全区文明城市、卫生城市、疫情防控、中共二十大宣讲等志愿服务。积极响应组织部“圆梦群众微心愿，品质服务党旗红”的号召，帮助2名贫困儿童实现“微心愿”，让受助儿童感受到党和社会的关爱和温暖。培养发展新党员。2022 年，区工信局机关支部成功接收 3 名人员为预备党员，为组织输入了新鲜血液，同年被清苑区委评为先进基层党组织。

【全力以赴做好医疗物资保障】 2022 年 4 月，区工信局负责区医疗物资保障工作，面对严峻复杂的疫情防控形势，克服种种不利因素，千方百计确保区医疗物资储备库满负荷运转，有力保障了全区储备库和全区 5 所医院，18 个乡镇、1 个城区，共 64 万余人的全员核酸检测物资供应，以及重点科局等重点防疫单位的物资供应。疫情防控期间共发放防护服 265145 套、防护面屏 266810 个、医用隔离衣 8146 套、N95 口罩 464500 个、外科口罩 361170 个、外科手套 314400 双、一次性医用帽子 260880 个、大医废袋 279750 个等大量防疫物资，为全区疫情防控工作提供有力的医疗物资保障。

工业经济

【主要指标企稳回升】 2022 年，全区 93 家规上工业企业全年累计完成工业产值 130 亿元，同比增长 3.9%；全年工业增加值累计完成 28.9 亿元，同比增长 5.3%，全市排名第 11 位，全区工业经济指标持续平稳增长。全年工业投资累计完成 141862 万元，同比增长 41.7%，全市第 11 名；技改投资累计完成 63330 万元，同比增长 19.2%，全市排第 14 名；全区工业经济指标持续平稳增长。

【强化服务保障营造良好的政商环境】 细化区级领导对重点企业的包联帮扶工作，深入开展“万人助万企”活动，不间断深入规上企业送政策、问需求、解难题，发挥职能作用，指导企业做好疫情防控，以“安全第一、预防为主、综合治理”为方针督导企业做好安全生产工作，助力企业稳步健康发展。建立“企业家早餐会”“产业发展座谈会”“政银企对接会”等政企交流平台，动态了解企业存在的困难和问题。为产业发展谋划发展方向。推荐立中四通、东利机械、古城香业申报省级优秀民营企业和省级优秀民营企业家，为全区社会经济稳步发展提供强大支撑。

【保障企业连续稳定生产】 结合相关部门对全区重点产业链供应链企业进行全面界定，推荐 73 家重点企业申报市重点产业链供应链“白名单”，推荐 40 多家“专精特新”、高新技术、制造业单项冠军、“小巨人”企业申报省市环境监管正面清单，以保障更多的企业能够开展连续正常的生产经营。

【开展“专精特新”振兴行动】 组织辰力索具等 13 家工业企业申报省级“专精特新”中小企业项目，全部获河北省“专精特新”中小企业称号，全区共 28 家，总数位居全市第三。组织新立中、立元铜件等 8 家企业申报省级单项冠军企业，组织保定莱盛打印机配件有限公司、保定联想铸造有限公司申报省级工业成果转化项目，帮助河北慧见远新电气科技有限公司获得省级购买工业设计服务专项资金 14 万元，进一步助力企业不断增强企业的自主研发和科技创新能力，提高企业产品附加值和竞争力。

【推进传统产业技术改造和转型升级】 积极推进工业技改工作，组织河北新立中有色金属集团有限公司的铝合金生产线改扩建及建设年产 100 吨硅铝弥散复合新材料项目、保定奥琦圣新型金属材料制造有限公司的合金新材料产研基地项目等 12 家企业的技改项目入选省级“千项技改”项目库，组织金桥纺机、中士包装、冀中生物等 4 家企业申报市级工业技改专项项目，进一步加快企业新旧动能转换。组织保定市东利机械制造股份有限公司等 5 家企业申报省、市级企业研发中心，全区企业研发中心达到 37 家。

【积极培育新增规上工业企业】 结合区统计局、区税务局对全区 2022 年 1—8 月营业收入超过

2000万元以上的31家小微企业进行逐一的调研走访，了解企业的生产经营状况，并对企业的经营性质进行甄别，建立了“小升规”重点企业培育库。对达到入统标准的小微企业及时纳入规上企业，对31家纳入小升规培育库的小微企业进行相关业务知识和惠企政策培训，提升小微企业对入统工作的积极性，共完成小升规21家，超额完成市定任务目标，新增数量居全市第三位。

科技工作

【实施高新技术企业培育工程】　建立高新技术企业后备培育库，对符合国家高新技术领域重点支持的种子企业进行精准培育，提高高新技术企业申报通过率。2022年，共推荐高新技术企业42家，全年认定通过38家，超额完成市下达的新增7家任务目标，全区高新技术企业达到92家。

【实施科技型中小企业成长计划】　联合科技服务机构，对辖区内18个乡镇开展逐乡镇逐企业走访，挖掘潜力，精心培育，手把手帮助企业进行认定资料的整理和填写，推动科技型中小企业数量和质量双提升。2022年，共推荐科技型中小企业360家，成功认定353家，超额完成市下达的新增60家任务目标，全区有效期内科技型中小企业717家。

【积极做好科技创新券发放和研发费用加计扣除工作】　通过争取上级政策，扶持企业创新创业发展，奥琪圣和联想铸造2家企业争取科技创新券28万元资金支持。统筹利用各级财政资金倾斜支持科技创新，鼓励企业持续加大研发投入，对享受研发费用加计扣除政策优惠的科技型企业，按照企业上一年度享受优惠的实际研发投入新增部分的10%予以补助。2021年、2022年，共47家科技型企业获得省科技厅研发费用后补助资金296.7916万元。

【全面推行科技项目“揭榜挂帅”机制】　依托市级“揭榜挂帅”工作平台组织实施全区范围内的“揭榜挂帅”工作，并积极向企业宣传“揭榜挂帅”工作机制，引导社会力量揭榜攻关推动成果落地转化。立中四通轻合金集团股份有限公司高纯VA185:15中间合金制备技术优化项目列入市“揭榜挂帅”支持范围，争取市级资金20万元。

【强化企业创新平台建设】　加强创新创平台建设和服务力度，积极组织企业申报各类创新平台，提升企业自主创新能力，激发、调动科技人员创新创业激情。2022年，五星电气、奥琦圣等2家企业申报成功市级技术创新中心；东利机械成功申报省级国合基地。全区技术创新中心市级9家、省级8家；国合基地省级2家、国家级1家。

【打造创新园区、基地建设】　以河北水润佳禾现代农业科技股份有限公司为建设单位成功申报河北清苑省级农业科技园区；保定万泰兴农业科技有限公司成功申报市级农业科技园区。全区有市级农业科技园区6家、省级1家。

【培育创新创业服务机构建设】　突出企业主体，整合科技资源，着力搭建科技合作、科技成果转移转化服务平台，支撑科技创新高质量发展。2022年，新增省级“星创天地”2家：保定万泰兴农业科技园区和河北宏泽食品，全区省级“星创天地”4家；新增市级产业技术创新联盟1家：博远电气，全区产业技术创新联盟省级1家、市级1家。

【争取上级支持与奖励】　加强与上级主管部门联系沟通，积极争取上级科技项目。2022年，争取上级项目资金852万余元。获得市级表彰4项：培育高新技术企业和科技型中小企业先进单位；产业技术创新战略联盟建设先进单位；科技特派员制度建设先进单位和先进个人；获得省级RD经费投入强度增长奖励资金20万元。“万人助万企，科技添动力”活动在保定科技官网、保定新闻传媒中心新闻客户端、冀云长城网、人民网、中新网进行报道。

【开展科技特派员活动】　精准选派科技特派员，主动对接省内外高校院所专家，争取加入县域科技特派员队伍中，提升科技特派员层次和质量，壮大科技特派员队伍。2022 年，共选派农业科技特派员 9 名、企业科技特派员 5 名，新建何桥镇、臧村镇、开发区 3 个科技特派员工作站，为魏村工作站争取省级建站资金 5 万元。全区建有特派员工作站 8 个。

【科普宣传活动】　紧扣全国科技活动周主题“走进科技 你我同行”，采取多种形式开展科普宣传活动。组织 8 个涉企政府科局和东闾村 12 家吊索具企业在宗教重点乡镇东闾镇开展轻型起重产业发展座谈会，了解企业在发展中存在的瓶颈问题，现场答复企业提出的疑难问题。组织相关单位和企业，在清苑区政府广场开展科技周宣传活动。通过摆放宣传展板、悬挂条幅、向过往群众发放科普宣传彩页等形式，普及各类科学知识、技术方法和法律法规。

5 月 26 日，区工信局组织开展科技周和宪法宣传活动

数字化建设

【推进数字清苑】　按区委、区政府安排部署，清苑区数字建设领导小组办公室设在区工信局，牵头推进数字清苑建设。围绕“强基、兴业、善政、惠民”四大目标，聚焦数字机关、数字政府、数字经济、数字生活、数字文化、数字法治“六大任务”。2022 年，区工信局大力推进产业数字化和数字产业化，通过重点企业数字化转型的示范作用，带动其他传统企业步入数字赋能企业的“快车道”。

【推进传统产业数字化改造】　2022 年，规上企业应用软件系统及智能设备的企业已达 70 家，在所有使用软件系统及智能设备的企业当中，使用财务系统的有 59 家，占比 84.29%。所有企业都已经完成两化融合评估，两化融合评估和上云平台填报工作，位居全市前三。上云企业填报共 33 家，新增上云企业 32 家。参加数字化转型和上云培训会 11 次。数字化转型推进企业 78 家，并有 31 家企业形成了清苑有色金属合金材料产业集群。保定市东利机械制造股份有限公司扩建智能制造项目入选了 2022 年工业互联网创新发展重点培育项目，成为保定市唯一一家入选河北省工业互联网创新发展重点培育项目的企业。

局　长：王占龙

（撰稿：王炜）

商贸服务业

- ◎商　务
- ◎供销合作社
- ◎荣清国控集团有限公司
- ◎烟草专卖
- ◎石油公司

商贸服务业

商　务

【概况】　区商务局内设办公室（对外经济股）、商业物资流通股（市场秩序股）。根据《关于设置招商引资和投资促进工作机构的通知》，2022年7月13日，区商务局增设内设机构1个：招商引资和投资促进股。2022年，区商务局在区委、区政府的正确领导下，狠抓承担的经济指标，积极主动开展招商引资，持续开展成品油市场秩序整治，全体干部职工团结协作，真抓实干，开拓创新，促进了商务业务的发展和商业系统的稳定。

【招商引资】　积极进行招商引资项目洽谈，储备项目，为全区经济发展提供后劲儿。2022年，会同发改、开发区共筛选入库项目65个，超额完成年初50个的既定目标。按照河北省经济发展绩效专项考核办法要求，对招商引资项目分为签约项目、落地项目和投产项目三类，按类分别计分考核。2022年，清苑区招商引资绩效专项考核全市排第六位。

【引进外资】　2022年初，下达实际利用外资任务5800万美元（省口径），全年累计入统实际利用外资679万美元，均为企业留存收益（其中保定莱盛打印机配件有限公司29万美元、清苑滨海燃气有限公司24万美元、百威英博（保定）啤酒有限公司626万美元）。12月，区政府和立中集团签订了协议，引进外商投资企业立中四通（保定）汽车铝合金部件科技有限公司。

【社会消费品零售总额】　2022年，市核定全区限额以上社会消费品零售额增速为8.5%。1—12月份，全区上报完成限额以上社会消费品零售额21.9亿元，同比增长6.7%。

【外贸进出口总值】　2022年，市定目标增速8%，目标任务20亿元。全区1—12月进出口完成22.3298亿元，同比增长21.84%，其中出口完成17.2221亿元，同比增长16.61%。积极扶植外贸企业发展。积极开展“万人助万企”活动，落实稳住全区经济运行的一揽子政策及配套措施，加强对外贸企业的帮扶服务，组织企业积极参与省商务厅组织的展销平台和各类展会，助力企业开展线上线下“双线并行”开拓国际市场。扎实落实上级“六稳”“六保”政策措施，支持外贸发展，鼓励企业拓展国际市场，为立中四通轻合金集团股份有限公司等 19 家企业申请 2022 年外经贸发展资金 88.26 万元。

【商务执法工作】 2022 年，为进一步巩固提升全区生态文明教育实践行动及成品油市场秩序整治成果，按照省市的统一部署，持续开展了成品油市场大走访暨成品油市场秩序专项整治行动，进一步巩固了全区成品油市场整治成果，维护了良好的成品油市场经营秩序。

【安全生产】 认真贯彻上级安全生产工作会议精神，全面开展安全生产大排查大整治行动，进一步建立健全“党政同责、一岗双责、齐抓共管、失责追责”的安全生产责任体系，严格落实领导包联责任制、风险分级管控和隐患排查治理双重预防工作机制，落实企业主体责任，及时排查整改各类风险隐患，进一步补齐短板，堵塞漏洞，确保了商务系统安全生产形势持续稳定。

【市场监测】 充分发挥市场供应监测的主体作用，及时掌握市场生活必需品、日用品的储备、供应及动态价格，严格监控，及时反馈，按时上报监测数据的同时，认真做好市场供应分析，为上级决策提供依据，确保了市场供应的稳定。

10 月 1 日，区商务局组织开展疫情防控督导检查工作

【巩固拓展脱贫攻坚成果同乡村振兴有效衔接】 支持大型农产品流通企业以城区和中心镇为重点下沉供应链。会同开发区，积极推进保定首衡农产品有限公司清苑农产品批发市场建设。推进电子商务进农村。网络电商零售额完成 8.65 亿元。2022 年 2 月 25 日，清苑区巾帼创业电商培训基地挂牌成立，开展线上电商培训 30 场，受益群众近万人，为广大农村培养更多的电商人才。

【汽车消费促进工作】 2022 年 4—5 月，按照市商务局《关于开展 2022 年度保定市“汽车消费促进月活动”的通知》要求，清苑区组织 4 家限额以上企业参加，此次活动实现 5500 多万元的拉动消费。2022 年 6—8 月，在全市组织的“消费嘉年华”活动中，涉及清苑区餐饮、商超、汽车销售、加油站共计 14 家企业积极参加，在此次活动中，全区核销 250 余万元，拉动消费 5554 万余元，极大地刺激了居民消费。2022 年 9—10 月，根据《2022 年度保定市促进汽车消费活动方案》安排，积极组织全区 4 家限上企业参与汽车促销活动，此次活动围绕搞活汽车流通和消费，利用省统一安排的汽车惠民促消费资金开展新车促销、以旧换新等系列活动，此项活动用汽车消费券购车 71 辆，购车总金额 1155 万元，消费优惠金额 18.1 万元。

局　长：司宪忠

（撰稿：刘丽）

供销合作社

【概况】 清苑区供销合作社有 18 个基层社、13 个分社，有直属企业 8 个，分别是棉麻公司、清华旅社、盐业公司、金桥农资配送中心、烟花爆竹公司、日杂公司、工业品公司、贸易公司（除盐业公司、金桥配送中心经营外，其他公司没有正常经营）。供销社机关设办公室、基层科、财务科、人事科。2022 年，清苑区供销社立足实际，积极作为，持续深化供销社综合改革，大力推进供销合作社组织创新、服务创新、经营创

新、机制创新，密切与农民利益联结，不断增强为农服务能力，积极助力农业农村现代化和乡村振兴，努力开创全区供销合作事业发展新局面。

【党建工作】　严格党内组织生活制度。积极开展“党员活动日”活动，狠抓“三会一课”、组织生活会、党员民主评议等制度的落实。组织党员干部认真学习《中国共产党廉洁自律准则》和《中国共产党纪律处分条例》，同时多次召开警示教育会议，强化对党员干部的监督。做好系统党员发展培养工作。8 名预备党员全部按期转正，培养发展积极分子 1 名。严格执行党费收缴规定。实行专人负责，按照标准测算每名党员缴纳党费数额，做到收缴及时，账目清楚，上缴及时，确保党费收缴和管理的规范化。落实责任，抓好意识形态工作。深入学习宣传中共二十大精神和一系列党的方针政策，宣传区委、区政府的重大决策部署。年内共召开 2 次党组会议，对意识形态有关工作进行研究部署。督促、引导全体干部职工重视“学习强国”学习，让学习成为习惯，把知识融会贯通，切实增强学习实效。

【系统业务工作】　农村产权交易工作情况。制定印发《保定市清苑区进一步推进农村产权流转交易市场发展实施方案》，通过政策推动、构建交易服务组织体系、创新机制等方式，扎实推动农村产权交易工作健康、有序、稳步发展。农村产权交易中心在大力推进村集体土地经营权、村集体经营性资产、村集体建设项目等 12 类农村产权进场规范流转交易的基础上，利用“清苑区农村产权交易中心”网站和微信平台，加大对政策法规、交易流程、交易信息等进行宣传，带动更多的交易主体进场交易，做到依规交易、应进必进，确保场外无交易。2022 年，全年共受理农村集体产权“应进必进”项目 318 宗，成交 223 宗，交易金额 1.21 亿元。深化清理规范农村集体经济合同工作，抽调 6 名业务骨干，配合区委组织部对各乡镇清理上报的合同进行审核把关。2022 年底，共办理合同鉴证书 2405 份。办理合同鉴证及挂牌发包交易金额共计 1.77 亿元，为村集体增收 1065.83 万元。推动村级事务公开平台工作，区农村产权交易中心有计划有步骤地完成全区 18 个乡镇、265 个行政村的账户建立，组织乡镇相关人员进行业务培训，并安排 2 名工作人员下乡指导平台工作。

农村社会化服务工作情况。坚持创新思维，巩固购销体系。积极倡导生产新思想，引导服务对象树立“科学种田、绿色发展”理念。以金桥配送中心和贸易公司为龙头，积极推行科学施肥、绿色施肥、精准施肥。发挥服务“三农”的优势，积极发挥供销社农资供应的主渠道，主力军作用，努力做好物资的储备供应工作，确保农资供应充足，价格稳定，服务周到。2022 年，发展连锁配送网店 260 家，年销化肥 3 万余吨，市场占有率达 70%。

深化供销改革工作。深入贯彻习近平总书记对供销合作社工作重要指示和 2021 年中央一号文件精神，结合省、市文件制定印发《保定市清苑区持续深化供销合作社综合改革助力全面推进乡村振兴的措施》，积极推动供销合作社改革发展走向深入。注册成立了资产管理中心，进一步加强对基层社社有资产的监督和管理，促进社有资产优化整合，提高社有资产使用效率，防止社有资产流失，确保社有资产保值增值。按照“五个一批”（改造一批、新建一批、提升一批、巩固一批、做强一批）的要求，扎实搞好基层社分类建设与改造，全面夯实基层基础，探索组建村级供销合作社。2022 年，提升做强基层社 7 家，组建村级供销社 2 家。打造集金融、医药、美容美发、日用杂品、农资供应于一体的社区综合服务中心，重点打造了李各庄供销社社区中心，增强了供销社的服务功能，推进了城乡公共服务的均等化。

保障食盐供应。以原有的 2000 多个食盐销售点为基础，加大食盐配送力度，保障百姓能够吃上安全、放心的食盐。同时，按照上级文件要求，积极筹建县级食盐储备库。

参与乡村人居环境整治工作。积极与市供销社楹瑞再生资源利用有限公司对接，借助其业务领域优势，探索城乡一体化和再生资源利用“两网融合”发展新模式。依据自身实际，以恢复再生资源回收业务为切入点，利用供销社的闲置场地、人员、车辆开展对接工作。

【人事、信访工作】　深入贯彻落实习近平总书记关于安全生产工作重要讲话和指示批示精神、省委十届二次全会精神及省委书记倪岳峰在保定调研讲话精神，全面筑牢安全生产底线，以“安全生产十五条硬措施”为核心，扎实开展安全生产大检查和大排查大整治活动，抓实抓细问题整改，抓好末端落实，遏制了安全责任事故。高度重视信访工作，在工作安排上和业务工作同谋划、同部署、同落实。严格落实信访主要领导第一责任人、副职“一岗双责”、人事科负责人负直接责任的责任体系建设，形成了“一级抓一级、层层抓落实”的工作格局。严格落实定期信访分析制度，积极办理交办案件，并按时间要求反馈办理结果；对来访群众做到热情接待，详细登记，及时分办，及时调处，将信访苗头隐患消除在萌芽状态。

【创城工作】　按照创城工作要求，强化宣传发动，营造良好氛围。通过条幅、展板等形式增加各分包小区公益广告的宣传数量，并对责任小区内乱扔垃圾、乱堆杂物、乱停车辆等现象进行规劝和整治。同时，组织单位职工对责任路段进行清扫。

主　任：刘宏建

（撰稿：段静）

荣清国控集团有限公司

【概况】　荣清国控集团业务涵盖美丽乡村、市政基础设施、旅游开发、商贸、供水、公交、环卫、软件开发等领域。下设8个子公司，分别为保定市荣投水务有限公司、保定荣畅公共交通有限公司、保定市荣之旅文化旅游管理有限公司、保定市荣汇文化旅游管理有限公司、保定市荣尚环境科技有限公司、保定市荣之锦园林绿化有限公司、保定市清建城市建设投资有限公司、保定市清欣美丽乡村建设有限公司。集团公司下设6个职能部门，包含法律事务部、审计监管部、财务管理部、生产安全监督管理部、人力资源部和综合办公室。

【冉庄文旅特色小镇建设】　红色记忆·冉庄文旅特色小镇总占地面积约5000亩，规划总建筑面积295000平方米，计划总投资约22亿元，包含红色教育、军事体验、农业休闲、户外拓展、商业服务等板块，致力于打造一个“不变色、不变味、不变质”的冉庄文旅特色小镇。2022年，完成红薯文化博物馆、户外拓展训练基地、民俗文化街建设，是第五届保定市文化和旅游产业发展大会重点观摩项目。2022年4月，获“清苑区新时代文明实践乡土文化基地”称号。

【好梦林水景区建设】　好梦林水景区不断提升业态聚集度，共建设综合体育、研学教育、综合商业、文化休闲、都市农业五大板块。根据景区规划，2022年，完成文创展示游客中心（商业街）、综合活动中心、智慧景区、景区改造提升、冰雪乐园、智慧农业大棚等项目建设以及与奥运冠军钱红合作的钱红游泳馆，是第五届保定市文化和旅游产业发展大会清苑主会场。同时，积极对接奥运冠军庞伟团队，与保定市体育局合作谋划打造保定冠军之城国际射击基地项目。

【荣投水务公司】　保定市荣投水务有限公司作为承担清苑区城区供水职责的企业，严格将保障居民生产、生活用水这一社会职责放在工作的首位，全力确保供水安全。2022年，供水总量600余万立方米。新业务桶装水项目充分发挥自身产

业优势，纯净水车间产销两旺，全年累计生产桶装水 13.5 万桶、小瓶水 26.4 万瓶，通过微信小程序下单客户 34529 户。新业务家政项目，全年累计服务客户 830 户。

【荣畅公共交通有限公司】　保定荣畅公共交通有限公司共有车辆 81 辆，其中电动公交车 50 辆、大巴车 1 辆、宇通（T7）1 辆、对外租赁车辆 29 辆。城区开通公交线路 6 条，线路总长度为 70 余千米，实现城区全覆盖，安全运营零事故。自 2018 年 12 月 26 日运营至今，实行免费乘车的惠民举措被列入清苑区民心工程，在河北省区域率先实现城区公交全年免费。2020 年、2022 年两届中标保定市清苑区公务用车服务平台汽车租赁单位入围项目，将对外租赁车辆纳入河北省公务用车监督管理服务平台。累计服务个人客户过千家、企事业单位近百家，签约合作单位几十家。

【荣尚环境】　保定市荣尚环境科技有限公司积极承担社会责任，科学优化工作措施，通过增派垃圾收集车，加大垃圾清运频次，对负责区域内的垃圾桶、箱进行多次巡回清运。强化垃圾清运巡回检查考核力度，实行全天巡回检查、考核，及时发现问题解决问题，确保垃圾随产随清。2022 年，清苑城区垃圾转运项目共计转运垃圾约 2.59 万吨，清苑区农村环卫市场化服务项目共计转运垃圾约 5.81 万吨。

董事长：魏海军

（撰稿：王汉）

烟草专卖

【概况】　河北省烟草公司保定市公司清苑分公司（以下简称清苑区烟草专卖局（分公司）），集烟草专卖行政执法与卷烟经营职能于一体，属政企合一单位，受上一级烟草专卖行政主管部门和本级人民政府的双重领导。内设办公室、党建工作科、营销服务科和专卖监督管理科 4 个科室。2022 年，清苑区烟草专卖局（分公司）坚持以习近平新时代中国特色社会主义思想为指导，各项工作取得扎实成效。

【卷烟经营】　经济运行情况。2022 年，全年累计销售卷烟 19375.06 箱，完成全年任务 104.87%；单箱销售额 31916.32 元，同比增长 4544.38 元；省产卷烟累计销售 5942.16 箱，完成全年任务 105.75%；省产卷烟单箱销售额 23251.88 元，同比增长 3888.14 元。

持续深入推进诚信互助小组建设。利用诚信互助小组会议、主题宣讲、客户培训等多种形式，宣传贯彻烟草专卖法律法规、行业政策，讲解卷烟经营技巧，引导零售客户增强诚信经营、规范自律意识。2022 年，共有诚信互助小组 180 个，覆盖零售户 1991 户，覆盖率达到 100%。

加强农网终端建设。先后开展经营指导进乡村、品牌培育进乡村以及便民服务进乡村活动，针对农村零售客户特点进行差异化经营指导和客户服务，打造适合农村红色旅游特色的品牌培育主题陈列模式，鼓励乡村小店开展快递代收、生活缴费等便民增值服务。通过一系列专题活动，推动农网终端建设水平不断提升。

开展“五送下乡”困难零售户帮扶活动。成立帮扶小组，对辖区内 2 家经济困难的零售户进行帮扶。通过党员捐款，筹集帮扶资金，为店内购买货架、壁纸，对店铺进行整体提升改造；组织客户经理上门给予经营指导，传授销售技巧，以实际行动解决店铺经营困难。

【专卖管理】　日常市场监管。按照“双随机、一公开”要求开展日常检查，实现全年走访覆盖面 100%；实行错时检查方式，利用节假日和下班时间，对辖区卷烟零售户进行突击检查，有效打击零售户违法违规行为，做到市场监管无死角。

内部监督管理。认真调查、核实辖区内真烟外流、不规范订烟等问题，对外流的重点零售户、重点品牌、外流原因进行分析，摸清卷烟异常流动的线索和卷烟去向，有效遏制真烟非法流通。2022 年，内部监管成效明显，规范管理工作在全市行业考核中排名第四。

烟丝烟叶治理。积极联系清苑电视台参与打击行动，在清苑新闻栏目播出打击非法加工制售烟丝烟叶行动成果，发挥法制宣传作用；通过无人机航拍、入户排查等多种方式，开展烟叶烟丝调查摸底，确定重点监控对象；加强重点地区、重要道路的巡查、排查，有效阻断烟叶烟丝进出通道；加强与定州、蠡县、博野等兄弟县局跨区域协作，实现信息互通，保证案件成果最大化。

2022 年，案件查处工作取得优异成绩。全年共查获各类涉烟案件 137 起，涉案卷烟 1556 条，烟叶烟丝 152.71 吨、烟梗烟片 120.80 吨、各类非法加工机械 41 台，实物案值 518.35 万元，其中 5 万元以上案件 23 起，公安立案 5 起。刑事拘留 10 人，批捕 1 人。

局长、经理：高义勇

（撰稿：段晔）

石油公司

【概况】 2022 年，在区委、区政府的正确领导下，区石油公司深入贯彻习近平总书记系列重要讲话精神，落实中共十九大、二十大和历次全会精神，实施创新驱动经济强区建设目标，全面提升经营管理工作，通过开展“服务提升百日竞赛”活动，着重加强现场服务，凝聚全员力量，较好地完成各项工作任务。

【经营工作】 根据“服务提升百日竞赛”方案要求，重点加强现场服务，严格落实“加油六步法”和“收银五步法”的相关要求，提升一线员工的服务意识，为客户展现积极良好的精神面貌。积极推介油滴套餐、一键加油和联合营销等优惠政策，确保汽油客户能够享受到优质的服务和优惠的政策。2022 年，轻油销售 18160.81 吨，完成任务计划 18100.45 吨的 100.33%，非油品销售 996 万元，完成任务计划 1000 万元的 99.6%。

【党建工作】 深入学习习近平新时代中国特色社会主义思想，学习贯彻中共十九大及十九届历次全会重要精神，认真制定中共二十大精神学习计划，通过“三会一课”、主题党日、支部书记讲党课等方式加强党员干部学习，树立良好的思想观、价值观。此外，通过集中学和自学两种方式相结合详细宣传贯彻《中国共产党章程》《中国共产党纪律处分条例》等党内规章制度，结合“服务提升百日竞赛”活动内容，组织党员干部认真对照检查，切实加强各项政治工作建设。按照上级公司工作部署，制定了详细的走访察解实施方案，通过客户走访，能够真正了解客户需求，为后续制定对应的营销政策奠定基础。支部书记参加站务会，对站内各项工作进行督导，支部书记和员工进行一对一谈话，了解员工的思想动态，对员工面临的困难、思想上容易出现的问题和需要组织帮扶方面进行分析研究，从而及时解决。

10 月 16 日，区石油公司组织员工收听收看中共二十大开幕式

【安全生产】 所有站点坚持日、周、月、季度安全检查，每日交接班员工对加油机、灭火器等重点设施进行安全日查，并做好详细的记录；每周带班长对站内加油区、卸油区、配电间等重点部位进行全面周查，发现问题详细记录并立即上报；每月站长对站内所有部位进行全面检查，对风险隐患进行详细研判，并详细记录隐患台账，确保站内安全，对发现的安全隐患坚决做到有能力整改的立即进行整改，无能力整改的采取临时措施并报上级部门批准解决。组织开展反恐防暴等专项应急演练，确保所有员工都能够应对各种突发情况。公司每月定期对所有加油站进行加油机自检，保证所有加油站符合要求标准。

【创城工作】 按照区委、区政府的部署安排，支部书记带队对分包小区和责任路段进行卫生清扫和垃圾清理，对小广告进行清除，擦拭楼道护栏，张贴垃圾分类宣传展板，印发宣传册并分发到小区居民，并派专人每天对小区门把手、楼道等重点部位进行消毒，保障居民的安全生活环境。

经　理：吴云志

（撰稿：尹哲）

开发区 产业园

◎清苑经济开发区

◎保定市高铁东站智慧创新产业园党工委（管委会）

开发区 产业园

清苑经济开发区

【概况】 2022年，开发区党工委、管委会以习近平新时代中国特色社会主义思想为指导，认真贯彻落实中共二十大和中央、省、市、区委有关会议精神，在做好疫情防控工作的前提下，秉承为企业服务的理念，扎实推进招商引资、项目建设、服务企业等重点工作，为建设现代化品质生活之城赋能增色。2022年，清苑经济开发区生产总值51.31亿元，工业总产值78.49亿元，营业收入163.14亿元，税收总额6.77亿元，基础设施投资0.71亿元。

2022年，清苑开发区获全市省级经济开发区建设工作先进集体；获全省经济开发区综合考核重点开发区类A等次第三名，获资金奖励500万元；获市级综合考核一类开发区A等次第三名，获资金奖励50万元；获评2022年度全市开发区信息工作先进单位，并受到区委表彰；“123”体系建设获得全市开发区系统通报表彰；东利机械在深交所创业板成功上市，博远电气被评为全市优秀民营企业。

【招商引资】 2022年，共组织招商活动90次，累计签约项目105个，总投资额102.4亿元。其中对接京津项目7个，投资额11.2亿元；高端制造项目97个，投资额90.9亿元；都市型现代农业项目4个，投资额5.89亿元；新能源项目1个，投资额5亿元。出台《河北清苑经济开发区招商引资优惠政策（试行）》，结合开发区主导产业和发展现状，完成宣传专题片的制作。

【项目建设】 2022年，开发区共建设项目25个（含以往年度签约项目及政府投资类项目），总投资128.93亿元，总占地3053.47亩。产业类项目22个，总投资126.05亿元，总占地2997亩。盘活土地360亩，智能起重园、首衡二期项目落地建设；同乡镇、部门协同作战，仅用时8天，征收土地626亩，保定市职教园区项目如期举行集中开工仪式；程成超声、腾航航空等14个项目顺利开工，首衡一期、中南高科等9个续建项目加快建设，立中东安车轮项目投产并实现当年入统。

【基础设施】 总投资2.51亿元，其中申请专项债券和一般债券1.94亿元，着力提升园区基础设施。推进园区基础设施项目，总投资1.98万元，修建兴郎路、打通新华路、拓宽迎宾路，建设科技创业园、智慧停车场。推动2条110千伏高压线迁改工程，总投资5010万元，积极申请一般债券3600万元，110千伏邓阮线发展路管网铺设已完成，110千伏南赵线招投标工作已完成。科技型中小园区道路翻修，总投资349万元，申请一般债券300万元，全部完工并验收。

【审批服务】 积极同项目业主对接、沟通，按照“拿地即开工”工作要求，督促企业按照时间节点，倒排工期、挂图作战。深化与职能部门协调联动，按照《保定市清苑区人民政府关于对河北清苑经济开发区赋予行政审批权限的通知》要求，包括项目备案、施工许可等69项行政审批职能全部划转到开发区。

【优化土地要素】 盘活闲置土地。通过市场化运作、司法拍卖等方式对锋盛铸造、锋华物流、中汽零3家共计约360亩低效用地进行盘活，出让给智能起重园、消防站、新发地二期和康达水业4个项目。充分发挥征地牵头作用，积极协调清苑镇和白团镇、村干部，对拟出让的地块按照“标准地”的标准，征收、报批、出让，做到了净地出让。2022年，收储新增建设用地234亩，用于程成、程为、腾航航空、旭威、二环气体5个项目落地。

【助企纾困】 协助企业做好疫情防控工作，实行科级干部分包责任制，成立13个包联督导组，深入一线指导企业落实常态化疫情防控工作各项部署要求。第一时间解决企业提出的人员通勤、物流车辆、隔离治疗难题，为企业送中药和防疫物资，联系消杀专业人员，指导企业规范消毒，最大限度地做到了统筹疫情防控和企业生产，赢得了企业好评。做企业了解政策的“专业宣传员”。各企业包联组积极入企宣讲，向企业认真解读各级关于扎实稳定经济运行的一揽子措施的政策，向企业发放政策文件汇编98册、“万人助万企”活动明白纸120份，确保企业懂政策、用政策。做助企纾困的“贴心帮办员”。包联干部深入企业，打通政策兑现“最后一公里”，帮助企业享受政策红利，支持以四通新材为龙头的战略性新兴产业示范基地建设，协助完成战略性新兴产业示范基地评价工作。

【平台公司】 成立河北清开启创产业发展有限公司，通过“管委会+平台公司”创新管理模式，发挥管理优势，全面提升园区的服务力和承载力。承建重大项目，有序实施智慧园区项目、消防救援站建设项目、东石桥安置区项目。谋划项目申报争取2023年提前批债券资金，成功申报了科技孵化产业园建设项目和基础设施建设二期项目。引进投资，通过公开招选，引入以中铁建投资集团有限公司为牵头单位的联合体社会资本方，共同开发建设保定市高铁片区启动区项目。招商体系搭建，结合开发区招商局、区商务局完善招商体系搭建，通过社会招聘的方式组建专业队伍，有序开展各项工作，包括招商优惠政策的梳理、拟入驻企业的洽商、宣传推介等。优化区域土储模式，经区政府授权作为区域做地实施主体，配合区土储中心进行做地工作，保证重点项目土地供给。

7月1日，开发区开展党员活动日重温入党誓词

【党建工作】 组织开发区企业支部和广大党员，为高速服务点、张登镇、东闾镇、北王力、白团镇捐赠防疫物资，开展的特色活动做法被区融媒体专题报道。组织庆“七一”重温入党誓词、观红色电影活动，集中学习中共二十大精神，组织全体包联干部入企宣讲。做好党员发展工作，壮大党员队伍，培养入党积极分子20余名，新发展党员13名。党建带工建，积极筹备建设开发

区职工服务中心，以清苑规划展馆工作场地为依托，联合区总工会，投资30万元，建设了职工服务中心，为机关及企业职工提供休闲与健身活动场所，极大丰富了干部职工的文化体育生活。

【其他工作】 牵头保定市职教园区项目建设工作，仅用时8天就完成启动区626亩的征地工作，创造了“清苑速度”；2022年，重大民生和社会事业类项目集中开工活动暨职教园区（启动区）开工活动在清苑经济开发区职教园区举行；清苑开发区首衡项目在保定市项目观摩中，受到市委领导和各县区主要领导的好评；第五届保定市文化和旅游产业发展大会期间，正迪欢乐世界项目作为最后一个观摩点，受到各界来宾的一致好评。

积极围绕清苑开发区的中心工作，坚持正面宣传为主的方针，在各级媒体平台刊登清苑开发区创新工作，在央媒刊发动态8篇、省媒刊发8篇、市级媒体刊发39篇，2022年度信息工作获得区委通报表彰。做好开发区公众号运营工作，第一时间将开发区组织开展的各类活动、领导调研、项目对接、大型会议等内容对外发布，在展现开发区特色做法、服务企业、舆论导向等方面积极发挥作用，2022年，发表动态141条，关注人数已达400余人，多篇原创性文章获得1000+的阅读量。

开发区党工委副书记、管委会常务副主任：丁磊

（撰稿：吕丛丛）

保定市高铁东站智慧创新产业园党工委（管委会）

【概况】 保定市高铁东站智慧创新产业园党工委（管委会）［原机构名称为白洋淀科技城清苑园党工委（管委会）］，是经清苑区委、区政府批准于2016年7月4日成立的，2020年11月9日更为现名，2022年9月29日区委机构编制委员会发文，撤销保定市高铁东站智慧创新产业园党工委（管委会），其职能整体划入河北清苑经济开发区党工委（管委会）。机构地址为清苑区迎宾西路48号，内设综合办公室1个职能股。2022年，高铁园区党工委、管委会深入贯彻落实习近平新时代中国特色社会主义思想和中共十九届历次全会，中共二十大，省、市、区各级会议精神。按照区委总体安排和区政府具体要求，全面夯实高铁片区发展基础，全力推进大堤口安置区开工建设，全员参与落实常态化疫情防控，全面履行从严治党主体责任，全方位配合区委、区政府中心工作。

【项目建设】 主动做好国际医疗基地项目的对接服务，全面参与市国际医疗基地项目建设。做好高铁片区基础设施和公共服务设施建设组织协调，加快推进大堤口村征迁安置各项工作：组织有关部门与中铁建投就合作协议协商达成一致意见，协调完成3次土地回款拨付至中铁建投，促成总投资23亿元的高铁片区启动区大堤口项目合作协议签署；确定大堤口安置区建设参照市城改项目建安费用限额和二类费取费标准，协调财政局聘请第三方对中铁建投前期项目费用确认；协助完成安置区两块80.67亩用地出让，组织中铁建投对安置区施工清表、项目驻地临建施工、地质勘察、围挡、基坑土方作业；协调解决大堤口安置区涉莲池区的村民阻工问题，推动安置区继续施工。

4月22日，市政府领导到大堤口安置区现场调研

【党风廉政建设】 切实履行党风廉政建设“第一责任人”职责，坚持对党风廉政建设工作安排部署，将分析研判意识形态领域情况纳入重要议事日程，加强对干部的教育管理，提高政治鉴别力，树牢政治信念。指导党支部开展工作，按期转正党员1名，培养入党积极分子1名。落实“三会一课”制度，加强党员队伍建设培训管理，开展党员活动日活动，提高党员干部队伍责任意识。

党工委书记：刘永发

（撰稿：刘鹏）

基础设施建设

◎交通运输

◎供　电

◎电　信

◎移　动

◎联　通

◎邮　政

基础设施建设

交通运输

【概况】 保定市交通运输局清苑区分局负责全区范围内公路、航道、港口、码头和公路客货运站点等交通基础设施的建设、养护与管理，负责全区公路客货运输、水上运输、汽车维修、驾驶培训的行业管理，负责全区交通运输行业安全生产监督管理；为政府工作部门。下设综合股（挂牌审批服务股）、规划建设管理股、路政管理股3个职能股（室）。下辖清苑区交通运输服务站（挂牌清苑区地方海事处）、清苑区出租汽车和城市公交服务站2个股级事业单位。2022年，认真贯彻落实中央关于“疫情要防住、经济要稳住、发展要安全”总体部署，紧紧围绕全区中心工作，坚决贯彻落实各项要求，紧盯工作目标，全力以赴狠抓工作落实。

【公路建设】 根据《市政府工作报告》，清苑区需建设改造农村公路50.2千米，其中新改建农村公路不少于20千米列入民生事项。累计完成55.1千米，超额完成建设任务。

路域环境整治提升项目，主要对保衡路、高保路、张望路、旅游路、保沧至保衡路、魏村路等6条公路路域实施环境整治。

旅游路路域环境整治，主要对旅游路路域环境进行整治，由1条主线和5条支线组成，总里程共计49.984千米，项目已完工。

高保路路域环境整治，该项目西起石桥镇，东至何桥镇，全长8.4千米。项目主要改造道路两侧及中央分车带绿化、桥梁护栏、照明及村庄段的建筑立面改造，已完工。

保衡路路域环境整治，全长约21千米，共涉及路面硬化、道路排水、路侧绿化、道路照明等内容，项目已完工。

大灵线路域环境整治，路线长20.255千米。包含路侧地坪硬化、排水、绿化、照明及其他附属工程，项目已完工。

保沧线至保衡线路域环境整治及部分农村公路大中修工程，全长29.7千米，项目已完工。

【公路养护】 养护工程方面，先后完成农村公路安全防护工程（村道）、保衡路—大张庄（保衡路至牛庄清水河堤段）以工代赈养护工程。农村公路日常养护方面。根据大气污染防治、雨季汛期等情况，组织对金线河路、博温路等主要农村公路小修挖补、环境卫生清理工作。持续改进农村公路安全设施。2022年，桥梁涵洞设置警示标志47块，农村公路设置警示标志24块，减速标线378平方米，安装桥梁护栏220米。

8月31日，北王力至李庄路安防工程安装桥梁护栏

【行业管理】　加大运输市场整治力度。先后联合公安交警、综合执法等部门开展严厉打击非法营运暨巡游出租汽车违规经营、规范客运市场秩序的专项整治行动以及城区三轮车专项治理行动，取得良好工作成效。

大气污染防治及创城创卫工作。按照有关要求，落实大气污染防治各项管控措施，重点落实了“四管控一治理”。积极落实“退后十”工作任务。对朝阳大街南延辅路、和平大街辅路以及县道进行洒水降尘、环境卫生综合治理，24小时开展进入城区货车冲洗工作。圆满完成承担的卫生区、责任小区以及分管行业、责任点位的创建工作目标。在创城创卫以及大气污染防治工作中，落实和平路、朝阳路辅路道路环境综合整治。

局　长：张宏图

（撰稿：王森）

供　电

【概况】　2022年，面对艰巨繁重的保供电、促转型、稳增长发展任务，面对疫情防控、经济受损、内外监管各方压力，公司上下坚决落实党中央、国务院决策部署，坚持稳中求进工作总基调，全面落实国家电网公司党组、省市公司党委和区委、区政府工作要求，以迎接、学习、宣传、贯彻中共二十大为主线，以进固稳，开拓创新，公司领导班子成员引航掌舵、把握方向、谋划全局，展现了决策落地有声的大事要事，全体职工勇于拼搏、共同努力，公司各项工作稳步提升。供、售电量实现双增长。供电量23.24亿千瓦时，同比增长4.75%；售电量22.2亿千瓦时，同比增长6.06%；供、售电量指标均居市公司第6位；线损率持续优化。综合线损率4.48%，市公司排第8名，同比降低1.18%；电费回收率继续保持100%。年度业绩综合排名居市公司第10名，同比提升6名。

【安全生产】　压实安全责任，筑牢安全底数，管理高质量发展之“线”主动仗。夯实安全基础。细化全员安全责任清单，公司逐级、逐项签订各类安全生产责任书166份，涉及人员927人。建立健全通报、约谈、考核、“负面清单”和“黑名单”管控全机制，推动安全压力层层传递，累计被省市公司通报违章5起。组织全员开展安全教育课堂5次，通过安全技能、现场观摩、安全月培训及事故通报等学习形式，使安全意识入脑入心。配合市供电公司进行安全生产巡查，完成52项问题整改。做细现场管控。全面落实“四个管住”，打造立体监督体系，完成670名作业人员的“双准入”安全施工条件。坚持作业前会商机制，多维度多方位开展现场管控，检查施工现场345个，制止和纠正违章行为253起，查处违章67起。发挥绩效“指挥棒”激励作用，评选无违章现场26个，绩效奖励7.8万元。筑牢营销现场。健全营销安全管理制度，规范营销现场作业管控，稽查作业现场12501个，查处违章现场386个，考核现场典型一般违章332起。消除隐患治理。为安全生产专项整治三年行动收官，扎实开展问题隐患整改，公司自控隐患525处，整改507处，整改率96.6%。结合主网属地化树障治理专项行动及配网“清网”

行动，累计清理主网线路树障195处，配网线路树障713处，累计清理树障5.4万余棵。安全用电宣传。开展迎峰度夏（冬）、安全生产月活动宣传，累计发放安全用电资料3.2万余份。

5月28日，区供电公司进校园开展“安全用电”宣传活动

【电网建设】 狠抓精细管理，巩固求真务实，夯实高质量发展之“基”主动仗。电网安全运行。科学切换“高温”“防汛”“度冬”模式，成功应对最大负荷45万千瓦、4轮恶劣天气，连续三年实现“无拉路、不限电”。合理优化电网运行方式，执行各类计划359项，配合政府工程、民生工程，开通绿色通道49项，保证工程的如期完成。设备运维查漏补缺。完成80台过载变压器调增布点，消除低压缺陷684处，治理低电压台区434个，更换野外破损JP柜170个，完成野外整台区地埋线治理40处，完成10千伏线路常态化巡视737条次、恶劣天气前特巡675条次，消除各类缺陷6000余处。电力保供有序可靠。强化“1+5+N”保电机制，开展保电应急演练17次。投入800余名精干力量、41台次应急发电设备，圆满完成中高考、两会、旅发大会、中共二十大等重大保电任务。成立煤改电保供暖专班，自2022年12月5日，建立日例会分析机制，对频繁停电线路、报修工单进行剖析并制定对策。精准核实99条煤改电线路转带明细，转供互带完成率79.8%，确保煤改电用户可靠供电。

7月15日，汛期保电日常巡查

【电网规划】 聚焦电网核心，多点重拳出击，增强高质量发展之“效”主动仗。战略规划有效衔接。优化综合计划管理体系，实现电网与经济社会发展一盘棋，完成发展投资8402万元，其中电网基建项目35项，下达资金1.04亿元。战略落地成效突出。主动对接京雄保一体化协同发展，聚焦区域产业规划和重点项目布局，深化与区政府长效沟通，新建北大冉110千伏输变电、深圳园110千伏线路，保热九期220千伏线路工程有序推进。统筹全网多点改善。完成配网投资约8000万元，新建改造10千伏线路35.77千米，新建改造配变23台，新建改造低压线路463.8千米，惠及27个老旧小区、33个行政村。积极开展“1+2”主网工程属地协调，配网工程项目提前50天竣工，跑出清苑电网建设“加速度”。完成项目可研批复1.7亿元，争取项目资金1.2亿元。承接的省公司城区四角六联络试点工程已完成立项审核批复，计划投资约8000万元，为清苑区电网提升再续新篇。

【提质增效】 坚持突破创新，构建推陈出新，激活高质量发展之“源”主动仗。管理短板持续加强。强化分析指标短板，以“一指标一方案”，限时督办要账、问责。2022年，完成内部利润-1536万元，较预算减亏2245万元，较同期减亏3861万元，“百县”指标在一档县公司取得最好成绩14名，同比提升5名，获得市公司奖励21万元。“千所”指标7个供电所摆脱后15%。降本挖潜取得实效。推动建立“三清理两提高”长效工作机制，落实工程项目应用智慧转资全覆盖，处置报废物资212.4万元，实现积压物资压降至零。充分利用“智慧链打卡平台”，2022年，暂估转资及时率完成100%。盘活低效资源。完成配电线路及设备等13433条、卡片价值10亿元资产的清查工作。无效资产报废761条，涉及原值2184万元；清理处置无形资产软件，涉及原值141.9万元。通过资产信息清查，使用资产设备对应率达到了100%。“双降”治理不断深化。组建“频繁停电线路攻坚”微信群，每日反馈线路治理进度，修订5个方面、12项具体措施，对难点、痛点频停线路动态清零。百公里故障11.28次，累计发生故障次数304起，同比降低10.52%，运检类投诉发生5起，同比降低50%，抢修工单1685张，同比降低30.6%。带电作业稳效益。实施停电计划精算管理，开展带电作业451次，减少变压器停电8880台，涉及低压用户42万户，增供电量87万千瓦时。

【管理创新】 增强责任担当，抓好精准施策，把稳高质量发展之“舵”主动仗。争先夯实基础管理。加大争先夺旗奖励力度，激发争创热情，百中、阮庄等9个供电所通过三星级供电所验收，百中供电所被市公司评为跨越提升供电所、队伍建设标杆所、十佳供电所，大冉供电所被市公司评为精益运维标杆所。全力优化营商环境。实施阳光业扩，推进“三省”“三零”服务，累计受理高压业扩215个，累计容量16.59万千伏安，累计完成接电188户，平均办电时长压减45.45%；累计受理低压业扩14838个，累计容量14.95万千伏安，平均接电时长2.89天，减少2.11天；推广“刷脸办”“一证办”，为客户带去高效、便捷的办电体验，接单率99.78%，线上办电率99.9%，获得电力指标完成值100%。大力开拓市场渠道。完成综合能源市场化收入498.17万元，市公司排名第二。签署电管家1家，完成综合能效诊断报告推送1368户，完成替代电量6221万千瓦时。拧紧线损治理根基。挂图作战定目标、深化数据找支撑，技术互助补短板，充分依托市公司“五快一细”线损管理跃升专项行动工作要求，持续加强采集治理力度。公司0.4千伏采集同期线损率完成3.37%，同比降低0.45%；高损占比完成1.44%，同比下降0.58%；10千伏分压线损率3.34%，同比降低0.77%，损失电量压降1461.39万千瓦时。高损占比完成1.14%，同比降低4.58%。提升前端服务能力。实施班前会、周例会点评机制，通过开展风险辨识、集中培训、问答抽考等形式，提升一线服务人员沟通技巧和服务能力。累计发生投诉5件，同比（10件）下降5件，同比降低50%；深化降本增效成果。累计处理省、市公司稽查工单440个，查实问题68个。堵漏增收24.08万元，其中稽查经济成效21.79万元。查处窃电及违约用电137起，追补电费及违约使用电费351.37万元。营业普查持续加持。完成高低压台区及表箱绘图，高压普查3194户，完成率100%；低压普查152209户，完成率47%，发现各类问题677户，营销基础信息管理水平进一步提升。

【党风廉政】 推动党建高标，做好严防风险，抓牢高质量发展之“尺”主动仗。党建推进提质登高。公司第一时间传达学习中共二十大精神，研究部署3个方面、47条落实措施，以伟大建党精神推进党建与业务融合发展为目标。发挥“第一议题”，理论学习中心组思想引领作用，集中研讨12次，深化思想认识、促进知行合一。以党支部标准化建设为抓手，完成专业指导15次、资料检查7次、培训9次。深化“四型”（学习型、服务型、担当型、创新型）党组织创建，创建党员责任区15个、党员示范岗13个。持续释放从严信号。开展“崇德尚廉、敬业爱党”“酒驾醉驾”“正风肃纪”专项活动。分层级开展

"清单式"约谈473人次。监督合力特色凸显。深化"三全"监督应用，建立"三查一看双诊断"工作机制，制发检查通报3期。完成省公司经营管理审计"回头看"33项问题整改。执纪问责健全规范。运用第一种形态处理39人次，引导员工知敬畏守规矩。

【队伍建设】 建立优质梯队储备库。树立鲜明用人导向，构建"Z"字形复合成长模式，拓展人才培训模式，把真正能干事、想干事的人才激发运用。建立职业导师和技能导师"双师带徒"三定三带培养模式，组织14名青年员工与双师签订师带徒协议。凝聚品牌人才发展能力。内外多措并举，开展培训项目90期次，共参加4373人次，培训率100%。企业形象全面彰显。向一流看齐、业绩排名持续登高。公司被河北省电力公司评为2022年度先进集体；公司财务部党支部、运维检修部党支部、张登供电所党支部被评为省公司示范党支部。在新华社、《中国电力报》、《河北工人报》、新华网等媒体刊发稿件200余篇，新闻宣传工作市公司排名第7名。提升面貌促新颜值。投入72万元，耗时15个工作日，完成三楼高清会议室及15个所站视频会议系统的升级改造建设，投入512万元完成机关大楼智能消防改造及冷热源改造建设。

总经理：石　峰

（撰稿：李宁）

电　信

【概况】 中国电信集团公司清苑分公司是中国电信集团公司的全资下属分公司，主要经营固定电话、移动通信、卫星通信、互联网接入及应用等综合信息服务。2022年，公司在册员工67人，其中各类专业技术人员和管理人员13人。清苑分公司拥有各类机房60多个、各类通信设备510余套。

【主要指标】 2022年，清苑电信以智家产品、智能监控设备为主打，全年发展智家产品3367余户，丰富老百姓工作和生活所需，提升全融合业务使用。平安乡村交付86个，覆盖7个乡镇。疫情防控期间与各乡镇、村委共同建立疫情防控平台，监控画面实时上传到保定市疫情防控中心，为疫情防控起到基石作用。

【社会责任】 创城工作中，清苑分公司积极配合政府工作，完成清苑区城区线杆入地、老旧小区通达佳苑、防疫站宿舍、新兴胡同、新旺胡同、紧随小区、粮局二库、天详园线路整改，中士胡同的日常卫生维护。定期到贫困户家中走访，送去米、面、油等慰问品，为贫困户解决生活中的问题，宣讲扶贫政策，以实际行动关怀帮扶他们。参与清苑区智慧城市建设，中标"智慧体育公园"项目，包括足球场、篮球场收费系统及门禁、智慧跑道、百米竞赛跑道、智慧灯杆、智慧广场舞、智慧灌溉、风向监测、温湿度监测等。

总经理：宋　超

（撰稿：刘莎）

移　动

【概况】 中国移动通信集团河北有限公司清苑分公司（简称清苑移动公司）设综合部、市场部、政企客户部、网络部4个职能部门。下设城区东城网格、城区西城网格，何桥、臧村、魏村、温仁、冉庄5个乡镇网格及2个自办营业厅。主要经营移动电话通信业务（包含话音、数据、多媒体等）及互联网接入服务。2022年，清苑移动公司以习近平新时代中国特色社会主义思想为指导，深入学习贯彻中共二十大精神，落实集团公司及省、市公司和区委、区政府工作部署、要求，统筹推进疫情防控和改革发展党建各项工作。围绕省、市公司战略重点及转型要求，全面开启“二次创业”新征程，公司高质量可持续发展迈出了新步伐。

【市场运营】 持续深化个人市场精细运营，从单品向融合销售。通过多业务融合发展拉动客户规模，实现客户规模、价值的双提升。持续做厚家庭市场价值贡献，推动线盒规模再突破，实现智家价值再提升。压实服务责任，完善服务机制，加强质量管控，优化客户感知。基站建设、设备扩容、升级，实现宽带资源广域覆盖。千兆小区建设有效带动了宽带提速。持续修复质差光猫、质差路由器。装维配合一体化营销模式，带动宽带规模提升。疫情防控期间，通过绿色通道紧急流程攻坚克难短期内完成惠泽方舱医院一、二期及中汽零方舱医院宽带建设，覆盖1700余户。积极参与县域内多个行业数字化项目平台建设，助力清苑区数字经济发展。

【网络运营】 把控项目建设质量和进度，各工程项目均高质量如期完工。夯实基础网络传输能力，加快5G网络和千兆光纤建设的力度，提升网络承载力。新增网络设备，千兆小区割接，28个老旧小区改造有效提升网络稳定性及客户感知。旅游路改造，冉庄特色小镇、城区及多个乡村传输线路优化整治，保障网络质量平稳运行。圆满完成清苑区多个大型活动现场应急通信保障任务。

【文明城市创建】 定期协助交警在城区交通拥堵道路指挥交通。组织志愿者清理包片小区卫生整治小区环境。配合创城办，捆扎线路5条街，整治飞线捆扎小区57个。扶贫工作。以脱贫不脱帮扶的原则，继续与帮扶户对接。定期到帮扶户家中走访并送去慰问品，为其解决生活中的困难与问题。

总经理：张洪洲（2022.11 离任）
张爱红（2022.11— ）

（撰稿：王海燕）

联 通

【概况】 中国联合网络通信有限公司清苑区分公司（以下简称清苑联通）设综合部、公众客户营销中心、客户响应网格3个职能部门。下辖行业网格、城区营业部、营业网格以及东安营业部、东闾营业部、何桥营业部、冉庄营业部、魏村营业部、温仁营业部。2022年，清苑联通坚定不移锚定数字经济主赛道、全面落地实施新战略，秉承“强基固本、守正创新、融合开放”的战略引领，以“国家队、主力军、排头兵”的责任担当为公司加快转型为数字科技领军企业打开崭新局面。

【市场业务发展方向】 清苑联通发扬铁脚板精神，践行“三个一切”，努力完成收入及各项经营指标。做好传统收入的稳盘，依靠高质量发展和FTTR（全屋光纤组网），实现传统收入缓步提升，紧抓FTTR这条发展主线，通过领导班子带队持续深入开展营销大站活动，逐步提升员工的发展能力，依托现有激励政策，强化对渠道帮扶和赋能，传统收入实现稳步提升，员工薪酬待遇逐步提高。基础业务再巩固。优化基础业务产品结构，移动用户ARPU（每用户平均收入或每个用户平均带来的收入）值稳步增长，用户价值进一步跃升。顺应行业发展趋势，以“双千兆”网络升级为契机，着力打造融合化、群组化发展模式，构建宽带业务可持续增长基座。加强5G数智生活和智慧家庭应用产品供给，大力发挥产品创新驱动的差异化优势，为基础业务创新转型和持续增长积蓄动能。提升服务感知。对7800户质差路由用户进行升级，做好网络线移网固网双压降工作，认真落实首问负责制。创新业务再提速。成功签约清苑区智慧社区项目、清苑区工信局测温设备升级项目、清苑区委组织部党建网升级项目、清苑区智慧水务项目、玖幺新能源公司风机监控项目、众隆新能源公司主控系统改造项目、清苑区应急局一期项目，中标清苑区检察院多功能会议室建设项目。清苑联通政企线主营收入在保定市联通全区排名第二。获中国联合网络通信有限公司河北省分公司“2022年度创新发展先进单位”称号。

【建设维护】　加快基础设施建设，进一步增强服务能力。网络优化，开通5G基站260个、千兆OLT 34个，县城、农村实现5G全覆盖和FTTR全覆盖；4G基站优化60余个，关停3G基站70个。加快机房整治工作，完成机房整治29个；于2022年3月和9月，分两次对存量未进线驻地网小区进行活动攻坚，驻地网小区进线11个；顺利完成清苑区两会、云视频会议、金融活动等多个重要项目保障工作。

【工会事业方面】　多措并举关心关爱职工生活，提升企业凝聚力，增强员工的归属感、获得感和安全感。组织员工积极参加上级举办的各项工会活动，6月在参加市公司举办的2022年度职工“云上”运动会活动中，清苑取得团体第三，增强团体凝聚力和战斗力；关心关爱员工，在员工生日当天送上生日祝福；疫情防控期间多次慰问疫情防控服务值班人员及一线值班人员；重大节日开展员工慰问活动；中秋节及春节慰问一线员工及退休员工；开展炎炎夏日送清凉、情系一线暖人心、夏送凉爽活动；组织开展2022年度困难会员申报、审定工作。对病困员工进行走访慰问，体现组织的关心关怀，凝聚民心民意。在上级工会的帮助下，公司对基层网格环境进行改造提升，因地制宜地对办公环境和五小环境进行设施配置和优化，员工的满意度大幅提升。

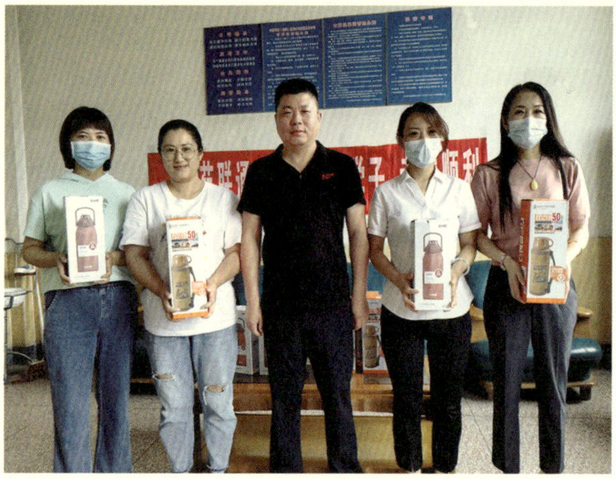

7月12日，联通工会慰问参加中高考员工子女

【社会责任】　配合区公安分局严厉打击非法集资、新型网络电信诈骗等各种违法犯罪行为，依法做好不同利益诉求群体问题的处置化解工作；在区委、区政府的统筹安排下，对接贫困户的帮扶工作，通过心理疏导、走访慰问、政策引导，为贫困户排忧解难。

2022年，第五届保定市文化和旅游产业发展大会在清苑召开，按照政府安排，实行旅游路线路改造、冉庄小镇线路改造、高保路线路改造、第五届保定市文化和旅游产业发展大会云视频直播等项目，确保了第五届保定市文化和旅游产业发展大会清苑分会场活动的顺利召开。

清苑联通在聚焦城市新颜值行动中，进行老旧小区弱电改造，背街小巷弱电改造，城区光缆入地、光交割接、政府大院线路整治等项目，获得政府领导的认可。

总经理：张晓冲

（撰稿：别红梅）

邮　政

【概况】　清苑区邮政分公司是以邮政、快递物流、金融、电子商务等为主业，实行多元化经营的国有独资公司，位于清苑区富强北路156号。具体经营业务有国内和国际邮件寄递；国内报刊

发行；邮政储蓄、邮政汇兑；国务院主管部门规定的适合邮政企业经营的其他业务。下设综合办公室、市场营销部、金融业务部、集邮文化传媒部、渠道平台部、寄递事业部；下辖冉庄、大庄、何桥、东安、臧村、魏村、东闾、阳城8个邮政支局，中心街、富强路2个储蓄营业所及温仁综合支局。清苑区邮政分公司不断提高传统业务服务水准，创新其他业务和服务，满足广大用户工作和生活的需要。2022年，清苑邮政分公司坚持以习近平新时代中国特色社会主义思想为指导，深入学习贯彻中共二十大和十九届历次全会精神，紧紧围绕市、区分公司的重点工作，聚焦“五大定位”、落实“六大抓手”，遵循“政治责任、高质量发展、依法合规、统筹管理和奖惩分明”五项原则，提高服务质量，积极投入发展，扎实开展各项工作。

【普遍服务】　2022年，清苑邮政按照普遍服务工作要点安排，夯实农村邮政服务，深入开展普服达标集中整治活动，完成普服网点2.0版服务管理升级工作。按照分类分层、试点先行、逐步提升的原则与规划，辖内18个网点全部开展网点转型工作，邮务网点转型覆盖率达100%。

【金融业务】　2022年，清苑邮政以协调发展为指导方针，以“走出去，请进来”为活动目标，积极提升客户权益、外拓走访宣传。在风险管控方面，严格执行上级部门风险管控要求，按金融从业人员岗位轮换制度对网点人员实行穿插轮岗制度，继续加强合规培训，进一步提高风险管控能力和合规业务检查能力。

【寄递业务】　贯彻落实国家乡村振兴战略和快递下乡进村工作部署，充分利用县域寄递网络和渠道资源优势，推进县乡邮路、农村投递网优化升级，实施乡镇支局所、邮乐购店叠加代投自提业务，推进“快快合作”。

总经理：马志勇

（撰稿：贾泽昆）

城乡建设
环境保护

◎住房和城乡建设

◎城市管理综合行政执法

◎生态环境保护

城乡建设　环境保护

住房和城乡建设

【概况】　清苑区住房和城乡建设局是负责全区建设行政管理的区政府工作部门，内设2个股室和13个股级单位，局机关行政编制10名，其中，局长职数1名、副局长职数2名，股级职数2名，机关工勤人员编制1名。

2022年，区住建局认真贯彻落实中共二十大精神、省委十届二次全会和市委十二届三次全会精神，紧紧抓住“激情奋进‘十四五’、再造一个新保定”工作主线，按照现代化品质生活之城建设“三步走”战略目标，全面推进城市有机更新和品质提升，着力抓好建设工程安全、质量、扬尘治理，推动现代化品质生活之城绽放新颜值、跑出加速度。

【重点工程】　城镇老旧小区改造工程。2022年，保定市下达清苑区老旧小区改造任务28个，112栋住宅楼，2639户居民，建筑面积30.2万平方米，总投资7917万元。制定出台《保定市清苑区2022年全面推进老旧小区改造工作的实施意见》，明确了主要任务、改造范围、组织保障、落实资金等，健全完善政策体系。建立健全群众参与老旧小区改造工作长效机制，将群众满意度作为评价老旧小区改造实际成效的重要依据，2022年，老旧小区改造共征求2111户居民意见，征求意见率达80%以上。10月底，28个老旧小区改造工作全部完成，共改造小区内道路73413.23平方米，更换雨污水管道15467.2米、更换给水管道6158.48米，粉刷外墙和楼道147883.12平方米，安装门禁系统和楼宇对讲门各318套、消防设施47套，安装监控系统25套，安装路灯363套，粉刷屋面防水66882.42平方米，修缮翻新楼道栏杆8525.3米。

2022年3月，改造后的税务局小区

停车设施建设。2022年度，保定市下达清苑区公共停车设施任务共1100个。已建设完成停车位1860个，涉及清苑街停车场80个、迈创新天地停车场108个、迎宾路停车场247个、富强街停车场120个、发展路停车场925个、和平路停车场180个、光泽路停车场200个，完成率达到169%。

城市“双修”四期。项目投资估算3.58亿元，改造范围包括发展路、朝阳南大街、和平路、振清街、光泽路、南大冉路共6条道路，全长16.7千米，以及发展路、振清街夜景亮化、立面更新、门头牌匾改造；清苑城市形象绿化工程重要节点提升设计；发展路、新华路、中心路、迎宾路、和平路、莲池南大街、清苑街、振清街、朝阳南大街、长城南大街10条道路路灯杆装饰工程等内容。

街角公园。清樱园位于朝阳大街路东，投资800万元，占地5.3万平方米，将学府文化与城市公园进行深入融合，以建设青年友好型城市为契机，打造国内首条渐变色塑胶步道，设置林间书屋、主题雕塑、休憩座椅等景观小品，进一步提升公园格调，绿植以樱花等乔木为主，搭配多层次花草灌木，打造“樱花红陌上，杨柳绿池边”的亮丽城市风景线。2022年，投资3661万元新建街角公园12个，累计占地7.7万平方米。

清苑体育公园。投资1388万元，总占地面积75亩，以体育运动为核心，充分利用原有道路拐角区域创造不同尺度的空间，设计标准五人制足球场、篮球场、羽毛球场、乒乓球场等比赛场地，融入环形智慧健身步道、儿童活动区、老年门球场等活动区域，配建游客中心、公共厕所等基础设施，围绕运动、生态、休闲三种功能，打造全龄友好的多功能公共活动空间，满足不同群体的运动需求。

冉庄污水处理厂配套管网工程。总投资5315.36万元，建设管网约37786米，提升污水处理能力，设计标准为地表准三类水标准。该项目已完成可研、初设、招投标工作。

温仁污水处理厂配套管网工程。总投资6504.10万元，建设管网51479米，提升污水处理能力，设计标准为地表准三类水标准。

【行业管理】 绿色建筑发展情况。新建民用建筑节能监督验收面积10.52万平方米，其中绿色建筑面积10.52万平方米，绿色建筑占比为100%。新建建筑开工建筑面积83.28万平方米，装配式建筑面积34.8万平方米，新建装配式建筑占新建建筑比例为41.79%，超额完成上级下达占比25%目标任务。被动式超低能耗建筑。保定市清苑区殡葬管理所改扩建项目二期工程（新建建筑部分）3#办公楼采用被动式超低能耗建筑，建筑面积2530平方米，已完成设计阶段预评价。正迪公园壹号项目采用被动式超低能耗建筑，其中1#楼建筑面积为13517.54平方米、2#楼建筑面积为14476.30平方米、3#楼建筑面积为13349.28平方米、4#楼建筑面积为14410.36平方米，该项目已办理施工许可证，1#、2#楼已建至主体二层，3#、4#楼处于基础施工中，已通过市住建局组织的被动式超低能耗建筑（设计阶段）专家评审。完成5000平方米的目标任务。绿色社区创建工作。按照《清苑区绿色社区创建三年行动方案》要求，全区60%以上的社区参与并达到绿色社区创建要求。清苑主城区共有社区11个，8个社区参与创建，创建率达到72%。东城社区、西城社区、兴苑社区三个社区已达到验收要求，并申请市绿色社区创建领导小组验收认定。

房地产市场工作。商品房网签备案和住宅专项公共维修资金管理方面，2022年，清苑区商品房网签合同备案共计1798套，网签备案面积196240平方米。房地产预销售市场整治方面，共办理罚没1宗，共计罚款65409元。预售合同网上登记备案2004套，备案面积217258平方米。房屋交易与不动产登记方面，共办理房屋转移登记259起，租赁备案13个。住房保障管理工作，对享受补贴的10户家庭按照清苑区的补贴标准进行发放，共发放补贴款6525元。物业管理工作。将22家物业服务企业纳入监督管理范围，建立物业企业档案，实行一企业一档案制度。对28个小区的消防安全实行联合执法，重点对消防

安全设施设备、门禁监控设施、楼道内乱堆乱放、私拉电线违规充电、堵塞消防通道等安全隐患进行集中排查整治，共计完成26个消防车通道划线，清理违规占用消防车通道私家车30余辆，张贴宣传海报300余张，发放宣传资料5000余份。

招投标服务及消防验收工作。2022年，共受理事项235件，全部按规定办结。其中招标文件5件、招投标情况书面报告备案14件、竣工验收备案25件、工程质量监督50件、安全备案52件、机械备案32件、机械登记57件、施工图设计文件审查情况备案47件，配套费共计2453.16万元。现场办结率、按期办结率均为100%。2022年，受理消防设计审查工程项目18个，受理消防竣工验收项目21个，受理消防竣工验收备案项目23个，已全部办结。

清欠稽查工作。2022年，查处违反建筑市场项目（安全、扬尘处罚除外）2个，共计罚款金额11.28万元。全年协调处理投诉案件118起，已处理118起。开展建设领域农民工工资保证金和专用账户业务，共计缴存专用账户资金18620万元，支付16163万元。

市政设施维修和巡查。2022年，对城区内主次干道进行全方位的排查治理，完成主次干道维修125平方米，污水管道井清淤10处，更换砼井盖5套，更换砼平箅2套，更换铸铁井盖67套，更换井圈抹面53套。常态化对城区市政设施损坏坚持发现一处、整改一处，根据损坏程度，对于能修复的立即修复，对于损坏严重、不能立即修复的，设置围挡及安全警示标志。

【住建系统安全生产工作】 在建工地安全生产监管持续发力。在复（开）工后，区住建局在第一、二、三、四季度，安全生产月，暑汛期，国庆节及中共二十大期间等不同时段召开了安全生产防范及专题会议，及时传达部署，坚决按照上级要求严格落实，为各项工作顺利开展提供保障。签订责任书，与各施工企业签订《安全生产工作责任书》《消防责任书》19份，压实企业责任，并通过制度逐级建立健全责任体系，将责任和目标落实到各责任主体单位和负责人。开展建筑施工安全生产隐患排查治理情况。按照全面自查、层级督查检查、集中攻坚检查、巩固成果四个阶段有序开展。共检查工地132次，发现隐患400处，已整改完成400处。行政处罚7.5万元。

燃气行业安全监管逐步提升。结合北京冬奥会、冬残奥会，全国两会，“安全生产月”，中共二十大等重要节点，组织辖区内11家燃气企业召开专题会议，要求燃气企业对所属燃气设备设施进行一次全面排查，并严格遵守24小时值班制度，针对各类突发事件或重大异常情况，按照应急处置预案妥善处理，并按规定向有关部门报告。制定并印发《保定市清苑区住房和城乡建设局燃气安全排查整治实施方案》《保定市清苑区燃气行业安全大检查工作专项实施方案》《保定市清苑区燃气安全大排查大整治专项行动方案》《保定市清苑区燃气安全关键共性问题攻坚行动方案》等方案，保障燃气安全隐患排查整治工作顺利进行。重点对燃气行业安全法规、标准规范和规章制度的贯彻执行情况，燃气企业的实际安全防护设施情况、危险源点、重要环节、重要设备、燃气室外设施和用户室内设施使用运行情况，事故防控措施落实到位情况，安全教育培训情况以及应急救援预案的制定、演练情况等进行全面排查，通过督导检查和企业自查共排查隐患555处，已全部整改完成。

自建房安全监管全面开展。制定并印发《保定市清苑区自建房安全隐患排查整治工作实施方案》《保定市清苑区自建房安全专项整治百日攻坚行动实施方案》《保定市清苑区自建房安全大排查大整治专项实施方案》，成立了由区长任组长，分管副区长任副组长，相关区直部门及各乡镇主要负责人为成员的自建房安全隐患排查整治工作领导小组，进一步明确了排查机制和责任分工。集中人员、集中力量、集中时间对8841栋重点房屋进行全面排查（其中1—2层经营性房屋4824套，2层以上748套，2层以上自住房

535套，工业厂房及仓库1134套，学校、幼儿园、培训学校979套，养老院、社会福利机构8套，医疗场所595套，供电所、营销楼18套），其他自建房均已完成全面排查。集中利用4天时间完成18个乡镇的自建房系统录入工作。为进一步巩固安全隐患排查整治成果，制定《保定市清苑区自建房安全专项整治“百日行动”回头看工作方案》，在开展既有房屋安全隐患排查整治的基础上，聚焦工作中的短板弱项，全面开展安全隐患排查整治“回头看”。

【党建工作】　意识形态工作开展情况。提高政治站位。定期召开局党组意识形态工作专题会议，传达学习中央、省、市、区有关意识形态会议精神。2022年，共召开5次意识形态工作部署会议，组织党组理论中心组学习11次，召开党支部会议6次。组织全局干部职工观看中共二十大开幕会，并重点对中共二十大报告及相关会议精神进行集中学习。压实主体责任。单位主要负责人是第一责任人，分管负责人是直接责任人，其他党组成员按照“一岗双责”要求，抓好责任范围内意识形态工作。强化正面宣传，积极利用清苑融媒体、政府门户网站、局微信公众号等开展住建系统信息公开工作，对住房保障、城区建设、房产管理等社会公众关心的热点难点问题及时予以公开，对满足公众知情权、参与权、监督权发挥了重要作用。坚持日常巡查。定期对建筑施工企业、物业小区开展巡查，及时清理排查意识形态领域相关问题。

落实党风廉政建设主体责任情况。严格落实主体责任，不断强化对落实全面从严治党主体责任工作的领导，构建了横向到边、纵向到底、覆盖完整、责任落实的工作体系。明确工作任务，推动责任落实。党组书记与各单位负责人签订党风廉政建设目标责任书，细化量化任务，明确工作责任，形成了一级抓一级，层层抓落实的工作机制。坚持以上率下，引导责任落实。局党组定期召开专题会议，对落实全面从严治党主体责任工作进行安排部署。党组书记带头认真履行第一责任人的责任，亲自调研谋划，亲自部署督办，亲自协调排难，坚持带头示范。班子成员切实履行“一岗双责”，牢记自己的党内职务，积极履行，把从严治党主体责任的落实纳入工作总体布局，制定工作计划、目标要求和具体措施，做到业务工作管到哪里，从严治党的主体责任就落实到哪里。建立和完善内部监督管理制度，包括相关的工作职责、工作制度、管理制度、执行制度等，明确工作权利和义务，坚持教育、制度、监督并重，以制度创新为重点，深入推进惩防体系建设。

局　长：张宏伟

（撰稿：马萌）

城市管理综合行政执法

【概况】　清苑区城市管理综合行政执法局（以下简称区执法局），是主管全区城市管理综合行政执法工作的区政府工作部门。局机关设办公室、政策法规股，下设城管监察大队、环境卫生管理所、园林绿化所。2022年，区执法局认真学习贯彻习近平总书记经济社会发展重要论述和“人民城市人民建，人民城市为人民”重要理念，按照区委、区政府城市精细化管理要求，抓紧抓实抓细城市管理综合执法，为清苑安全有序运行保驾护航，进一步提升城市环境品质和群众获得感、幸福感、满意度，为打造整洁、有序、清爽、秀美的城市环境贡献了城市管理铁军力量。

【强化清扫保洁】　严格“以克论净”，强化“水洗机扫”全覆盖。严格落实主、次干道每平方米浮尘不得高于5克，其他道路浮尘不得高于10克，主次干道地面垃圾停留时间不超5分钟，其他道路地面垃圾停留时间不超10分钟的“双五双十”考核标准。严格落实城区主干道“两扫三洒一冲”，背街小巷“两洒一扫一冲”工作要求，城区主干道洗扫作业每天不低于2次，洒水作业不少于3次，每天对机动车道进行冲洗；背街小巷每天洒水作业不少于2次，洗扫作业不少于1次，每天对道路进行冲洗，纵向到底、横向到边，切实做到清扫无盲点、无死角、全覆盖。

【优化市容秩序】 全面落实《市容和环境卫生管理条例》，积极开展流动摊贩、马路市场、店外经营“三大占道现象”专项整治行动，制定出台《城区内流动摊点规范管理规定》，不断提高科学化、规范化管理水平。2022年，共拆除违建53处，面积3425平方米；拆除违法建设广告牌匾225块，面积3425平方米。特别是对马路市场和流动摊点易反弹点位，采取专人专管，实行错时上岗。按照全区非法营运三轮车治理方案总体安排，同合区交警队、交通局、市场监督管理局联合执法，重拳对非法营运三轮车聚集点进行彻底清理，警告非法营运三轮车400余辆，查扣5辆。加大非法小广告治理力度，整治各类影响市容行为5800余起，治理噪声污染45起，清理乱堆乱放、乱贴乱画5000余处。依据职责，对城区便道以上违停车辆进行取证并上传至交管平台依据相关法律法规进行处罚。2022年，共对23075辆车次取证或警告，对5000余辆非机动车摆放问题予以宣传纠正，施画停车泊位1216个、非机动车位475个，使城区停车秩序有了较大改善。

3月10日，组织执法人员清理乱挂条幅

【提升城市绿化品质】 道路绿化增添新景观。对振清北街绿化带进行补种，种植香花槐10棵、金叶榆90棵、连翘95棵、高杆月季195棵、大叶黄杨1500棵。2022年，共完成植树1.8万棵，完成12个口袋公园的建设任务，新增绿地面积19.2公顷。游园建设打造新精品。加快城市公园绿地建设，打造生态宜居城市，提升城市居民生活水平质量。因地制宜创建综合性公园、口袋公园等，提升公园品质，不断完善城市公园服务体系，加快推进口袋公园建设。绿化建设取得新进展。围绕单位庭院、居住区绿化，开展绿化达标和创建园林式单位、园林式居住区活动以建设“景观型、休闲型”为目标。2022年，申报园林式小区1个，申报三星级公园1个、游园2个，已验收待评定结果。园林绿化养护管理工作上新台阶。定期对绿化苗木进行修剪及病虫害防治打药和浇水抗旱保苗施肥工作，确保全年未发生重大病虫害。对城区道路绿化带、街边游园、口袋公园内的绿篱及草坪修剪8次，优化了绿篱、模纹花坛的美观效果。常年修剪道路、游园内的树木折枝、枯枝、死枝，消除安全隐患的同时优化了城区环境。积极处理恶劣天气导致的大风刮折树木的情况，保障了居民出行顺利及交通安全。

【加强垃圾治理】 稳步推进生活垃圾分类工作。根据省、市、区要求，结合实际，继续推进垃圾分类工作，明确生活垃圾分类工作的分工和任务等工作；充分发挥公共机构在全社会垃圾分类工作中示范表率作用，将区政府大院、区执法局、荣投水务公司等设为示范单位，将阳光国际社区、阳光新城社区、巨达超市等设为试点单位；加强督导工作，每月对党政机关和公共机构进行督导，督促完善垃圾分类设施，指导推进垃圾分类工作；充分利用舆论宣传阵地，积极设置多种宣传形式，面向广大机关干部开展宣传活动，扩大群众知晓率、参与率。实施“厕所革命”。2022年，根据省、市有关要求，城区内新改建公厕2座，工程已完工。城区内日常运行中的公厕维护保洁已经全部纳入市场化运营，由保定市亮城丽都环境科技股份有限公司和河北洪峰环保科技有限公司按照相关要求及标准负责全天候保洁维护。全面推进市场化运营。将城区内道路清扫保洁和生活垃圾清运、转运全部进行市场化运营，经招标确定服务公司，制定巡查、监督和考核办法，对道路清扫保洁和垃圾收运中存在的问题及时整改，减少垃圾暴露，确保及时清运处置。清苑区城区内生活垃圾的无害化处理率已达100%。继续推进农村生活垃圾收运处置体系建设。2022年，清苑区农村环卫继续推行市场化服务，由市场化服务公司分别负责农村生活垃圾日常清扫、收集和清运工作。市场化服务公司根据实际情况，布置垃圾桶13500余个、垃圾箱400余个，有各类收转运车辆70余台，聘请保洁人员1700余人，并统一配备清扫工具和保洁车辆，每天由环卫保洁人员对生活垃圾进行清扫收集，由专业运输车辆全部运往中节能电厂焚烧发电进行无害化处置，形成了"有清扫、有收集、有运输"的市场化服务体系。

【规范行政许可推进政务公开】 全面梳理了《权责清单》中9项行政许可事项、38项行政处罚事项、11项行政监督事项、6项其他类事项和1项行政征收事项，明确每个行政许可、行政处罚等办理事项的实施依据、责任事项、追责情形等并在网上公布，方便相对人对照要点准备申请材料。对局政务网站有关政务公开和政府信息公开的栏目和内容进行改编和补充完善，2022年的全部案卷均按照上级有关部门要求上传至网上平台。开展了行政执法案卷自我评查工作，对上交案卷的立案审批、调查取证、送达与执法等环节进行检查，形成了自查报告，督促整改发挥主观能动性，积极做好与上级职能部门的对接。认真履行案卷移交程序，保证各类案卷的存档和调出井然有序。2022年，法规股结案存档案卷共213份，其中，行政许可案卷27份、一般行政处罚案卷13份、简易行政处罚案卷173份。

局　长：丁红彬

（撰稿：仝月华）

生态环境保护

【概况】 根据保定市委、市政府印发《保定市机构改革方案的通知》的要求，组建保定市生态环境局，县（市、区）生态环境部门为市生态环境部门的派出机构，由保定市生态环境局直接管理，不再保留保定市环境保护局及各县（市、区）分局，2019年2月保定市生态环境局清苑区分局挂牌。

清苑环境监控中心为保定市生态环境局所属副科级事业单位，具体工作接受保定市生态环境局清苑区分局领导。主要职责：承担执法监测、污染源监测和突发环境事故应急监测，支持配合属地环境执法，同时按要求做好生态环境质量监测相关工作。经费形式为财政性资金基本保证，编制14名，领导职数2名（1正1副）。

根据保定市委、市政府印发《关于深化生态环境保护综合行政执法改革的实施方案》的要求，保定市生态环境局清苑区分局及原保定市清苑环境执法大队实行"局队合一"体制，组建生态环境综合执法队伍，在县（市、区）生态环境分局加挂"保定市清苑生态环境综合执法大队"牌子，负责县（市、区）生态环境综合执法工作。经费形式为财政性资金零补助，编制20名，领导职数3名（1正2副）。

【环境污染治理】 大气污染防治。2022年，全区空气质量综合指数5.00；$PM_{2.5}$浓度46微克/立方米；PM_{10}浓度93微克/立方米；优良天数249天，优良天数比达到68.2%，空气质量改善达到预期。水源污染防治。2022年，全区5个河流考核断面（新金线河北大冉村断面、清水河范

郭桥断面、府河膳马庙村北断面、漕河马庄断面、唐河北青断面）除1个断流外，其余4个均达到地表水Ⅲ类水质标准。水环境质量稳中趋好。土地污染防治。2022年，全区受污染耕地安全利用率达到100%，污染地块安全利用率达到100%。土壤环境风险总体可控。

【生态环境保护】 气候资源保护。深化企业污染治理。推进重点企业开展清洁生产审核，全年完成清洁生产审核评估企业23家。提高涉挥发性有机物企业深度治理，完成7家涉挥发性有机物企业源头替代，22家涉挥发性有机物企业无组织管控提升，5家涉挥发性有机物企业深度治理。321家企业安装分表计电系统，实现对排污单位动态污染治理设施运行全过程监控。开展秸秆垃圾禁烧行动。通过广播、微信、悬挂条幅等多种形式进行广泛宣传引导，教育广大群众增强环保意识。充分发挥域内29个红外视频监控作用，实行24小时值班，确保不漏一起火情，保证第一时间发现第一时间交办。围绕两高、保衡和高保2条公路沿线2千米范围，开展昼夜巡查，发现火情，立即处置。严厉打击露天焚烧违法行为，依法依规予以处罚，全年共发现火点44个，全部移交乡镇处置。开展扬尘污染整治。强化建筑工地和市政工程扬尘管控，全区31家在建工地严格落实“六个百分百”和“两个全覆盖”，特别是涉及土方作业的6个建筑工地，严格落实“3+1”监管要求，派遣驻场员进行帮扶指导。对全区6个市政“双修”工程每日进行巡查，确保施工过程中采取湿法和雾炮等抑尘措施正常工作。积极与区大气办、住建、综合执法等相关部门进行协调联动，共出动2185人次，开展现场检查1235次，有效抑制扬尘污染。加强重点区域保障。租赁清洗车辆，以国控、省控站点为核心，以空气指数为导向，结合天气状况加大对城区主干道及保洁盲区道路的保洁力度，减少道路扬尘污染。加强建城区站点周边环境综合治理。成立消高值应急分队，以国控、省控站点为核心，以站点指数为导向，24小时轮班进行巡查，发现问题及时解决。2022年，国省控高值共推送479次，其中PM_{10}推送246次，占推送总次数的40.36%，$PM_{2.5}$推送118次，占推送总次数的24.63%。乡镇高值共推送6721次，其中PM_{10}推送2712次，占推送总次数的40.36%，$PM_{2.5}$推送1717次，占推送总次数的25.55%，共交办各类污染源问题601个，已全部完成整改反馈。加强移动源污染防治。开展机动车销售环节环保达标监管，对新车实施一致性核查。扎实推进路检路查。依托南店交警中队与石桥交警中队2个机动车尾气检测点，累计出动人员331人次，抽测2296辆，劝返22辆，处罚6辆，罚款1200元。强化重点用车单位监管。积极推进6家重点用车单位完成门禁视频安装并联网。对14家重点用车单位的453辆车辆全部签订环保达标承诺书。同时出动79人次入户抽测用车单位26家，抽测车辆214台次。强化机动车排放检验机构监管。执法帮扶出动人员44人次，检查35家。强化非道路移动机械监管。非道路移动机械编码登记574台，发放保定市非道路移动机械使用明白纸37份，执法检查出动人员358人次，检查抽测非道路移动机械631台，发现未进行编码登记非道路移动机械43台，全部清出作业施工现场，劝离低排放区内使用国二及以下非道路移动机械50台，未发现超标排放的问题。强化加油站油气回收装置监管。出动97人次检查加油站91家，未发现不按规定使用油气回收装置情况。强化用煤企业管控，加强域内大唐清苑热电有限公司、保定市磊弘热力有限公司等2家重点用煤企业煤质监测，全年共抽检9次，煤质均达标。强化散煤监管，全年出动执法人员400余人次、执法车辆130辆次，入户检查千余户。同时通过无人机飞检、视频监控等方式加大村庄（社区）散煤巡查，建立散煤复燃网格化监管体系，坚决杜绝散煤复燃。

水资源保护。深化农业农村污染治理。强化宣传教育引导，印制发放农村生活污水治理《明白纸》3万张、《村规民约》牌子300个，做到户户发放，村村张贴，提高群众参与生活污水治理的积极性。坚持减量化、无害化、资源化，因地制宜与分类施策相结合，强化农村生活污水无害化处理同农村厕所改造相衔接，督导农业部门建设9个“大三格”式粪污无害化集中处理站。推进全区47个乡村“新民居”生活污水治理，已完成治理12个，剩余35个正在积极推进。加强涉水单位监管。督导涉水企业加强对水污染治理设施及在线监测设施的管控，对出水水质进行实时监控。投资29.5万元对7家重点涉水大户安装了水质自动采样器，启动实时采样功能，防止出水超标对城区污水处理厂运行产生影响。加强畜禽养殖禁养区划定和规范化管理，切实减少养殖业污染物排放，全区303家规模养殖场畜禽粪污全部得到综合利用。强化河道环境治理管控。着力改善辖区河道水环境，加大河道巡查力度，保障河道生态环境安全。持续开展入河排污口排查、监测、溯源、整治，彻底封堵非法排污口，实现立行立改。巡查河道78次，出动车辆78次，出动人数260人次，清理漕河马庄断面、府河膳马庙断面垃圾共38次，导排超标雨污水体22次，约1242万吨。同时，进一步强化河道外来入侵植物水花生防治，实行梯次拦截打捞，共打捞府河水系河道水花生5850立方米，为保障白洋淀良好的生态环境发挥了积极作用。开展黑臭水体及纳污坑塘排查整治。开展黑臭水体排查。本着“存量清零、动态随清”原则，结合省厅交办13个黑臭水体问题线索，核准2个黑臭水体（臧村村内、东闾镇南王庄村），全部按要求整改完成。开展农村水体漂浮和岸边积存垃圾专项清理百日行动，专门抽调精干力量成立4个督查组对上报的444个坑塘逐一进行督导检查，对问题严重的乡镇进行通报，并督导有关乡镇按要求全部清理到位。

土地资源保护。强化土壤环境监管。对全区6家土壤重点监管单位继续开展年度土壤自测监测及污染隐患排查，编制完成《土壤环境质量状况报告》。加强风帆有限责任公司清苑分公司、风帆有限责任公司清苑有色金属分公司、保定飓风蓄电池有限公司3家在产涉重金属企业监管，确保农产品安全。深入开展危废排查整治。全区在河北省固体废物动态信息平台完成注册一般固废产生单位23家、经营一般固废单位1家。全区产生危险废物企业共175家全部列入全省固废管理信息平台。涉危废企业年度管理计划申报率、产废企业月报率和经营单位日报率全部达到100%，危险废物全部规范贮存和依法处置。

【人工环境保护】 应对气候变化和减排。开展重污染天气应急响应，2022年，共启动应急预警5次，涉及响应企业1692家次，各项污染物减排量，颗粒物减排9379千克、二氧化硫减排1189千克、氮氧化物减排6863千克、挥发性有机物减排4616千克。预警期间全区共出动执法车辆1546台次、执法人员4643人次，检查企业、工地及各类点位等5661家次，现场立行立改整改问题24个，拟立案处罚10个。

环境监察。加大执法监察力度。联合各乡镇及有关部门采取日查、夜查、突击检查、核查信访案件等形式，出重拳、打苗头，坚决严厉打击各类破坏生态环境的违法犯罪行为。2022年，累计出动执法人员6912人次，检查企业2937家次，立案处罚77件，罚款296万元，全部录入河北省行政处罚系统，并录入免于处罚案卷19个。深入推进环境网格化监管。安排24名环保专职网格员对秸秆禁烧视频监控系统进行24小时盯守。组织844名村级禁烧网格员不间断开展防火巡查。完善网格化环境监管工作考核管理实施细则，组织对各乡镇及相关部门落实网格化工作情况开展考核，确保各部门各有关人员履职到位。加强科技化监管应用。充分发挥红外视频监控系统、分表计电在线监测、无人机飞检等科技手段，与传统环境执法检查相配合，对辖区生态环境全方位进行监管。

环境监测。强化地下水饮用水源地监测。完

成地下水饮用水源地常规39项指标每半年采样监测及偶数年的93项全分析监测，完成地表水饮用水源地常规61项前三季度每季度采样监测及偶数年的109项全分析监测。强化域内断面监测及执法监督。2022年，清苑环境监控中心对白洋淀流域11个断面采样监测94次，出动人员282人次，出具数据11790个。开展涉水企业及断面执法监测40次，开展应急监测48次，对域内纳污坑塘开展监测100次。

排污口设施管理。联合相关部门多次对金线河、南环堤河、黄花沟、府河等有水河流进行巡查。在全区重点河流沿线设立排污口标示牌。

项目审批。推进行政审批平台建设。建立健全各项办事制度情况，依法行政、阳光审批。材料审查与现场检查相结合。加强对审批上报的备案材料审查、存档资料审查、行政与非行政许可项目现场检查，督促审批部门严格按照环境保护法律法规和规章制度进行行政与非行政许可。加大纠错与责任追究力度。对审批在事项办理中存在的问题，及时督促进行限期整改、纠正。

【“散乱污”治理】 持续保持严厉打击散乱污企业摊点环境违法行为的高压态势，不间断开展排查整治行动，加大重点区域、重点行业及群众反映的环境问题的排查力度，采取暗查、夜查、错时检查等手段，有效打击了各类环境违法行为。全年共出动执法人员1334人次，检查企业及点位2826家（个）次，实现散乱污企业动态清零。

【其他工作】 积极开展“双随机、一公开”监管。2022年3月、5月分别召开2022年“双随机、一公开”培训部署推进会对全年的工作进行和部署。开展日常“双随机”执法340次，其中非现场执法151次，占比44.4%；发现问题134个，其中立行立改问题66个，拟立案处罚问题68个。开展3次内部联查抽查工作，共抽查企业13次。开展2次跨部门联合抽查，抽查企业8家，立行立改问题4个。

扎实开展“三提升三促进”（全面提升工作质效，促进服务高质量发展展现新作为；全面提升学习成效，促进干部队伍能力建设再上新台阶；全面提升纪律作风，促进党风廉政建设开创新局面，涵盖了生态环境攻坚、提升队伍素质、强化纪律约束三个方面）活动。持续深化“转树讲促”活动成果，不断创新活动载体，积极开展“三提升三促进”活动。强化组织领导，制定工作方案，周密部署推动，开展环保服务“两进三送”、领导干部联系“两代表一委员”、领导干部“擂台竞技”等系列活动。

上级部门交办事项完成情况。2022年，共接收全国“12369”环保举报联网管理平台信访案件30件、河北新闻网阳光理政平台4件、“12345”市长热线150件，按期办结率100%，无信访积案。生态环境部排查点位215个，推送各类问题线索24个，发现问题107个，已全部完成整改。河北省生态环境厅第四专员办交各类问题25个，已全部完成整改。北京冬残奥会期间保定市生态环境局交办涉气环境问题24个，已全部完成整改。

局　长：杨立志

（撰稿：郑得昌）

◎自然资源和规划

◎水　利

◎气　象

自然资源　水利　气象

自然资源　水利　气象

自然资源和规划

【概况】　参照市自然资源和规划局机构设置，区自然资源和规划分局暂设18个股室，分别是：办公室（下设信访室）、综合法规股、自然资源调查监测和所有者权益股、自然资源开发利用股、耕地保护监督股、国土空间规划股、建设工程规划股、市政交通股、村镇规划股、国土空间生态修复股、地质矿产管理股、造林绿化与工程项目管理股、林业资源管理股、地理信息股、财务股、执法监察股、纪检监察室、不动产登记中心，下设6个基层中队，分别是温仁执法监察中队、大庄执法监察中队、冉庄执法监察中队、城区执法监察中队、臧村执法监察中队、石桥执法监察中队。2022年，始终坚持以习近平新时代中国特色社会主义思想为指导，以迎接、学习、宣传、贯彻中共二十大为主线，深入学习贯彻省委十届、市委十二届、区委三届全会精神，以“归零”的心态、“赶考”的状态、奋斗的姿态，开拓创新、锐意进取、奋力拼搏，坚决落实党中央“疫情要防住、经济要稳住、发展要安全”的重要指示要求，较好地完成上级交办的各项任务目标。

【专人盯办保证效率】　加快组卷报批速度，保障建设用地需求，对重点项目明确专人对接服务、跟踪盯办，对征地组卷材料“即来即办、受理反馈不过夜”，2022年，共组卷以及上报卷宗17个，总面积96.5383公顷（1448.0745亩）。获省政府批复12个卷宗，总面积81.8596公顷（1227.894亩），有效保障了职业教育园区、大堤口拆迁、北三环东延、城乡客运一体化等一大批省、市重点产业及民生项目用地。规范开展城乡建设用地增减挂钩工作，清苑历史欠账多，近10年来城乡建设用地增减挂钩历史遗留问题项目涉及13个乡镇、28个村庄，归还指标面积达2190亩。在地块分散、村情民意复杂的情况下，经多方论证分为4个批次逐级进行上报，并多次向上级对口部门沟通、协调、补正，创造性的还清了增减挂钩问题历史欠账。已经立项的清苑区增减挂钩历史遗留项目问题整改项目复垦地块涉及8个乡镇、19个村、45个地块，共4个批次分5个标段进行复垦招投标工作，已全部进场施工。强力推进“三区三线”划定工作。根据自然资源和规划厅下发文件以及市、区政府分别下达的《关于成立“三区三线”划定工作专班的通知》，已经完成编制工作，通过市自然资源和规划厅审核后已报自然资源部。基本农田划定面积43065.2218公顷，经多方沟通协调，划定面积由规定的三调稳定耕地的90%降低到85%，为清苑区的发展预留了更多的发展空间。城镇开发边界划定面积6285.3171公顷，主要位于主城区、经济开发区以及12个规划镇区。生态保护红线划定面积785.0431公顷，主要位于大李各庄林场及河道主河道区域。

【加强土地供应保障】　加先后完成保定首衡农产品有限公司、河北腾航航空零部件制造有限公司、保定程成超声科技有限公司、中铁建投保定开发建设有限公司等重点项目用地供应。2022年，共出让国有建设用地25宗，出让总面积880亩，出让总价款102669万元，普通商品住房用地7宗220亩，出让价款为62570万元；商服用地3宗175亩，出让价款为11923万元；工业15宗485亩，出让价款为28176万元，为全区的社会经济发展建设提供强有力的资金保障。大力开展批而未供工作，清苑区2009年至2018年土地批后供应率为96.78%，批而未供土地盘活利用处置任务为380亩，已完成78亩。由于未供面积中，涉及高铁片区范围内353.56亩，雄安新区管控区范围内66.87亩，由于政策原因暂时无法供应。

【严查严管维护用地秩序】　省专项办下发清苑区新增农村乱占耕地建房问题共223个、监测图斑面积550.28亩，耕地面积511.22亩，基本农田面积365.74亩。整改到位123个，监测面积343.87亩，耕地面积326亩，基本农田237.99亩。未整改到位的非住宅类图斑50个，监测面积121.28亩，耕地面积109.58亩，基本农田86.09亩。另外涉及住宅类图斑50个，监测面积85.13亩，耕地面积75.64亩，基本农田面积41.66亩。未整改到位的50个非农村宅基地类问题图斑，25个为产业类问题、25个为占基本农田养殖问题，已全部立案查处，协调申请法院强制执行，依法拆除整改。

【积极推进造林绿化】　2022年，市自然资源和规划局下达清苑区造林绿化任务0.41万亩，其中人工造林0.01万亩、营林0.4万亩，已全部完成。

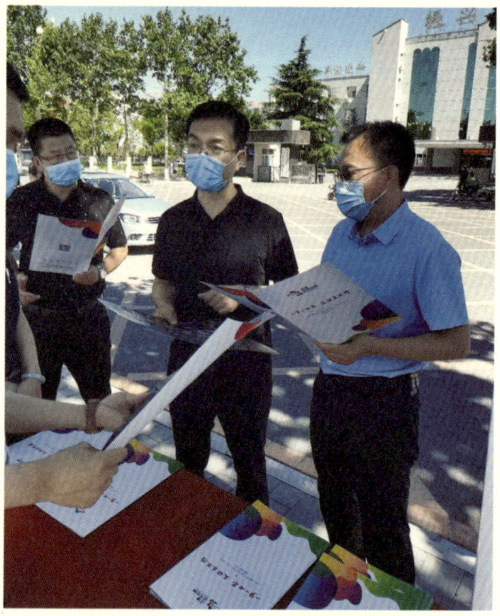

6月25日，区自然资源和规划分局组织开展全国土地日宣传活动

【推进生态保护】　推进耕地保护。始终坚持“合理利用每一寸土地，切实保护耕地”的基本国策，细化措施，强化管理。印发《保定市清苑区推行耕地保护“田长制”实施方案》《保定市清苑区2022年耕地流出问题排查整改工作方案》，制作耕地保护音频，利用村内喇叭和媒体进行宣传，为耕地保护以及耕地流出工作打下了基础。通过核查、举证已整改6051亩。结合三调成果，积极推进基本农田核实整改补足工作，严格按照《关于进一步改进和完善设施农业用地管理的实施意见》以及《遏制耕地非农化防止耕地非粮化》等相关政策，指导乡镇进行设施农用地备案工作，规范全区设施农业用地管理，为乡村振兴助力。开展野生动植物保护，严格执行防控监测情况日报告、周报告及异常情况及时报告制度，严厉打击非法猎捕、交易、运输、利用、食用野生动植物等违法行为。全面推行林长制，根据《保定市清苑区全面推行林长制实施方案》，全区18个乡镇、265个村全部完成林长制的建

设。同时，对上级下发的235个督查图斑进行全面核实调查，并按时上报了调查报告。组织实施有害生物防治，完成美国白蛾第一代、第三代飞机喷药工作，GPS坐标点采集，飞防作业面积6万亩，阻隔法防治春尺蠖1500亩，较好地完成各项防治任务。地热井整改工作，清苑区地热井共计17眼，在确保冬季正常供暖的前提下，通过填埋封停及热源替代方式全部完成整改。

【创新服务管理，优化登记流程】 不动产登记方面。在实现“最多跑一趟”、保定市“六区联办”的基础上，持续推进“互联网+不动产登记”，依托“河北省政务服务平台”和“冀时办”App推行不动产登记业务“网上办”，实现不动产抵押、转移、预告登记及不动产登记资料查询网上办理。登记办结时限进一步压缩，一般登记由3个工作日压缩至1个工作日，更正登记、注销登记和查封登记等即时办结，全年共办理一般登记3946个、抵押等登记2052个。同时，2022年4月已全面实施“交地即交证”服务，加快了项目落地见效，降低了企业资金成本和时间成本。宅基地房地一体化首次登记方面。组织各乡镇、试点村进行业务培训，对房地一体农村不动产登记发证工作流程及相关法律、法规进行解读，各乡镇成立工作专班，制定工作实施计划，对应登记宅基地及住宅，区分类型确定申请批次，分批组织开展村级初审、乡（镇）审查和登记发证。

党组书记：王福增

局　　长：王卫峰

（撰稿：李宁）

水　利

【概况】 清苑区水利局担负着防汛抗旱、农田水利基本建设、组织实施取水许可制度、水资源税改革试点和地下水超采综合治理、发布全区水资源公报、河道治理、质量监督、节约用水等重要职能任务。根据上述职责，清苑区水利局下设财务室、办公室、工程股、维稳办、地下水超采办公室、河道管理站、水政水资源服务中心、水政监察大队、水旱灾害防御办公室、质量监督办公室、河长制办公室、节水办、农水股13个股室。

2022年，清苑区水利局认真部署贯彻落实习近平生态文明思想和中央、省、市、区重大决策部署，按照“水利工程补短板、水利行业强监管”的工作总基调，水利局领导班子进一步统一思想，提高站位，团结一心，凝心聚力，在区委、区政府的正确领导和上级水利部门的指导下，高质量开展各项水利重点工作，并圆满完成年度各项工作。

【工程项目】 唐河治理工程（东石桥村段）。2022年，计划投资56832万元，该工程4月11日完成项目招投标工作，5月10日签订施工合同，7月开工。通过清水河入河口改道进行河道清障、河漕疏浚、新筑堤防、旧堤加高培厚、旧堤拆除、修建防汛道路及配套工程等解决东石桥村阻水问题，实现东石桥村及周边城区防洪安全。

保定市府河清苑区段下游河道生态环境综合整治工程（一期工程）。2022年，实际完成投资1786.576447万元，本项目的建设以改善河道沿线生态环境、提升河道整体面貌，进而改善入淀水质，服务雄安新区为原则。主要建设内容为河道底泥清理。2022年2月开工，2022年7月完工。

清苑区水源置换项目。清苑区江水置换项目涉及18个乡镇265个村（其中大堤口村搬迁不涉及），受益人口65.36万人（其中省定置换任务目标为45.98万人），实现农村生活水源置换全覆盖。分两年实施：其中，2021年（一期工程）完成主管网铺设工作，完成省定置换人口

27.13 万人的任务目标。2022 年，清苑区任务为完成 18.85 万人的水源置换。水源置换二期项目 4 月 7 日上网，5 月 10 日开标，完成招投标工作，5 月 16 日签订合同，签订合同后进场施工。2022 年 12 月底，农村水源置换项目已经全面完工。

清苑区龙泉河—清水河—新唐河清苑段补水河道清理整治工程。龙泉河—清水河—新唐河清苑段补水河道清理整治工程投资 950 万元，主要目的为满足生态补水输水需求，改善河道生态环境。该项目主要建设内容为河道疏浚、取土迹地治理、农桥防护、涵洞建设、警示工程建设等。6 月 29 日完成招投标，8 月 1 日签订施工合同，主汛期后（8 月 11 日）进场施工，已经完工。剩余资金 1050 万元计划用于南环堤河整治项目建设。

清苑区府河综合整治三期工程。投资 3000 万元完成府河综合整治三期工程。该项目主要建设范围为望亭中学—清安界段，主要建设内容为清淤整治和河道疏浚。3 月同步推进地面附着物核查评估工作；3 月底前完成征迁占评估工作，4 月完成补偿资金兑付工作，5 月进场施工，7 月 10 日全部完工。

【节约用水】 3 月 22—28 日是第三十届“世界水日、中国水周”，3 月 22 日上午在清苑公园，组织开展“推进地下水超采综合治理 复苏河湖生态环境”为主题的“世界水日、中国水周”节水宣传活动。活动现场设置展板、悬挂条幅，向过往群众宣传普及节约用水、安全用水、使用节水器具等用水常识。讲解《中华人民共和国水法》《中华人民共和国水土保持法》等法律法规知识，宣传维护水生态环境的重要意义，共同提高公民节约用水意识。

【河道清理】 5 月，木欠庄导排区建成，蓄水容积达到了 30 万立方米。2022 年，莲花桥导排区和木欠庄导排区共成功进行 27 次导排，导排量达到 1400 万立方米。12 月底，金线河生态提升工程主体初步建成。

3 月 22 日，区水利局举办“推进地下水超采综合治理 复苏河湖生态环境”主题宣传活动

【河长制办公室工作】 持续开展河道综合整治和“清四乱”，确保河道长治久清。继续大力度开展河道综合整治，通过持续治理，确保白洋淀上游流域河道面貌有效改善。全面落实河长制，持续开展河道综合整治和“清四乱”专项行动，开展河道采砂专项整治，严控河道内新增污染源，确保河道长治久清。全面落实河长制，充分发挥各级河长巡河、管河、治河作用，督促河长履职尽责，真正做到“由名到实”的职能转变。加大水利工程建设力度，积极对接雄安新区防洪规划，谋划实施清水河、唐河、府河等主要河流治理工程项目，积极争取上级对白洋淀上游流域河道综合整治的政策资金支持。持续开展河道清四乱行动，完成河道监控设施安装运行工作，加大河道巡查管理频次和力度，发现各类问题及时交办，全部按照要求完成整改。

【扶贫工作】 进一步拓展脱贫攻坚成果及乡村振兴战略工作，加强政策衔接，以落实饮水安全巩固提升为根本，全力抓好农村饮水安全工作，保障全区人民的饮水安全，让群众吃上了安全水、放心水。

责任落实情况。制定《保定市清苑区水利局 2022 年度拓展脱贫攻坚成果及推进乡村振兴战略工作方案》和《保定市清苑区水利局 2022 年度乡村振兴重点工作及分工方案》，为全年工作提供指导依据。加强重点工作调度。局党组扩大会议专题研究部署巩固拓展脱贫攻坚成果同乡村振兴有效衔接工作，局领导10余次组织调度重点工作，解决具体问题，确保了巩固拓展脱贫攻坚成果同乡村振兴有效衔接工作有力推进。再次健全完善农村饮水安全管理责任体系，对涉及人事变动的三个责任人及时进行更新，做到了责任单位、责任人、服务电话“三公开”和农村饮水安全监督举报电话公开，接受社会监督，为群众提供服务保障工作。强化问题排查整改。对国家国考、省专项督查、中办督导调研等各级督导检查反馈问题整改情况进行全面梳理，开展巩固拓展脱贫攻坚成果同乡村振兴有效衔接“回头看”、四强化一提升等工作，推进“两不愁三保障”农村饮水安全防止返贫监测帮扶工作规范提升，不断提高饮水安全保障水平，巩固了脱贫攻坚成果。

政策落实情况。搞好水利政策措施延续，突出抓好衔接机制的建立。出台《保定市清苑区农村供水保障“十四五”实施方案》，提出“十四五”期间农村供水保障工作总体思路、目标任务以及实现方案的保障措施，作为今后农村供水保障工作提供重要依据，巩固拓展脱贫攻坚成果同乡村振兴有效衔接工作初见成效。农村供水保障水平进一步提升。在实施2019年、2020年农村饮水工程维修养护项目的基础上，继续申请2022年农村饮水工程维修养护项目资金81万元，用于农村饮水安全巩固提升。饮水状况排查监测机制健全。依托脱贫攻坚农村饮水安全信息系统和村级“三个责任人”，实现对脱贫户、脱贫不稳定户、边缘易致贫户、所有供水设施全覆盖监测，特别关注脱贫人口饮水安全、分散供水模式、管道设施老化村户，优化问题预警、实时上报、盯办解决渠道，对于临时性饮水安全问题能够快速发现并及时处理，做到供水风险和隐患问题随时动态清零，并于每月23日前在脱贫攻坚农村饮水安全信息系统进行数据更新，确保清苑区农村群众饮水安全有保障，水量、水质、供水保证率、用水方便程度等指标均达到《农村饮水安全评价准则》要求。加快供水工程建设。积极推进农村生活水源江水置换，建设资金46542.21万元已全部到位，工程稳步推进。工程建成运行后，可提高农村供水工程专业化管护水平，不断提高供水服务质量和供水保障程度。加强农村饮水安全知识培训。为以切实做好饮水安全宣传工作，深入乡村召开乡村振兴战略培训会，发放“农村饮水安全明白卡”1500余份，对于进一步搞好农村饮水安全起到了积极的促进作用。

工作落实情况。以落实饮水安全巩固提升为根本，抓好农村饮水安全工作。开展农村饮水问题专项排查。7月15日，组织全区18个乡镇主管领导召开了饮水安全检查部署会，对全区18个乡镇饮水问题专项排查治理工作进行安排部署，要求各乡镇就全区农村供水情况、水费收缴情况、专业化管护、应急供水方面等进行摸底统计，全面掌握各村饮水现状，对发现的问题即查即改，暂时不能整改到位的，要制定整改措施，限期完成。重点开展排查监测。在全面排查的基础上，围绕脱贫村、季节性缺水村、脱贫人口和供水易反复人群，做好常态化监测，每月29日前将监测结果报市水利局。进村入户开展饮水安全抽查调研。7月19—20日，由水利局地下水超采综合治理办公室选派专门力量会同乡镇分管负责人，深入北店乡、冉庄镇、阳城镇、清苑镇和温仁镇共5个乡镇、16个村开展农村饮水安全调研工作，实地察看了各村“三个责任人”公示牌和集中供水工程服务公示牌的公示情况，并就饮水工程运行情况、水源地保护情况进行抽查，对发现的问题立行立改。全区未发生饮水致贫返贫问题，饮水安全机制长效化，应急防范措施跟得上，群众安全饮水持续有保障。加强动态预警筛查。通过与各乡镇主管水利的副职建立的饮水安全工作群，随时掌握各村饮水状况，对存在返、致贫风险的重点群体，通过农户申报、乡村干部走访排查和部门筛查预警等方式，加强动态监测，做到早发现、早预警、早处置。并于每月23日前在脱贫攻坚农村饮水安全信息系统进行数据更新。着力促进脱贫人口稳定就业。为全面提升防贫监测帮扶工作水平，坚决守住不发生规模性返贫底线，对全区18个乡镇符合就业帮扶条件的帮扶对象进行统计，以备在小型水利工程建设中，优先吸纳建档立卡脱贫劳动人口就业。

巩固成效情况。开展农村安全饮水群众满意度调查活动，就农村饮水安全进行调查，填写调查问卷200多份作为了解农村饮水安全第一手资料，全面掌握饮水安全现状。

【防汛抗旱】 全力做好水旱灾害防御和防汛抗旱工作，坚决确保清苑区安全度汛。重点抓好东石桥村防洪整治和安全度汛工作。汛期落实各项应急预案，确保人民群众生命财产安全。进一步完善防汛应急预案，充实壮大巡逻防汛力量，加强汛期农业生产管理，全面提升灾害综合防控和应急救援能力，确保汛期人民群众生命健康和财产安全。为彻底解决东石桥村安全度汛工作，经请示上级批准，同意东石桥村防洪整治采取“工程措施、部分搬迁”方式予以推进，启动实施唐河东石桥段治理工程。投资5.68亿元启动实施唐河东石桥段治理工程，该工程4月11日完成项目招投标工作，5月10日签订施工合同，同步进场施工。

【加强水资源管理】 强化用水总量控制，严格下达年度计划用水指标。2022年，市水利局下达清苑区的年度计划总用水总量为1.272亿立方米。2022年，清苑区总用水量为1.2397亿立方米（地下水8000.7051万立方米、地表水1856.2849万立方米），其中，农业用水量0.9856亿立方米，工业用水量0.0588亿立方米，生活用水量0.1316亿立方米。

3月，对纳入取水许可管理的173户工商业取用水户和供水管网内22户年取水量在1万吨以上的工业和服务业企事业单位全部下达了年度用水计划，共计下达911.7076万立方米。同时，加强对计划用水执行情况的监督管理和执法检查。对超计划取用水的，同步抄送区税务局，通过水资源税的税额变化，增强了用水单位的节水意识。

加强用水定额管理。在建设项目审查、办理、延续取水许可及下达年度计划用水工作等工作中，严格按照国家和省发布的各行业用水定额标准，核定取水许可水量和取用水户的年度计划用水指标。

积极开展水平衡测试工作。对超年度计划用水30%以上和管网存在漏损隐患的用水户，及时督促其开展水平衡测试工作，分析取用水现状，查找不合理用水需求或管网漏损点。2022年，挑选3户地下水重点监控用水单位开展水平衡测试工作，对用水现状合理化、评价用水单耗进行分析，挖掘单位用水潜力，制定出切实可行的管理措施和规划。

完善重点用水单位和计量监控用水单位监督管理。为提升水资源监管能力、确保水资源税纳税人取用水量及时、准确、足额核定，对重点用水大户实施取水在线计量监控。移装在线监测3处，新装在线监测6处，共建设在线监测站点19处，实现年取用水量超1万立方米以上的用水单位在线监测全覆盖，并全部接入“河北省水资源和节水管理综合业务平台”，实现数据资源同步。

为了加强地下水管理和保护，促进地下水可持续利用，合理确定“以电折水”系数，按省水利厅和市水利局安排部署，经过前期勘察，结合各乡镇地下水位情况，在18个乡镇19个村内选定了正常使用且代表性较好的34眼农业灌溉机井进行水量在线监测安装，通过实时采集农灌机井的取水量、用电量、机井水位以及管道压力等数据，为科学开展河北省平原区地下水农业灌溉水量核定提供重要数据依据。

取水井关停工作。2022年，清苑区取水井关停任务数为1066眼（包括工业企业取水井170眼、服务业取水井23眼、农村生活取水井508眼、农业用水井365眼），但因部分工业服务业取水井未纳入江水置换管网、部分涉及雄忻高铁、雄安新区规划需政府统筹规划等原因，需延期关停取水井 131 眼，实际 2022 年关停任务数为 935 眼。清苑区共关停取水井 953 眼（包括农村生活取水井 508 眼、农业用水井 379 眼、工业企业取水井 47 眼、服务业取水井 16 眼、城镇集中供水井 3 眼），已全部完成关停任务。

水资源税征管工作。为确保水资源税足额征收，准确掌握企业取水量，对各取用水户申报的用水量，认真审核、批准，上报，根据用水单位以往水量的数据，实施精准分类管理，针对不规范取用水问题，实行日常巡查和突击检查相结合的措施，有效促进水资源的规范化管理。受疫情影响，2022 年，部分企业生产经营受到影响，结合区税务局，通过强化“抓大不放小，以小补大”的措施，切实做到监管不放松和力度不放松，确保水资源税足额征收。2022 年，清苑区共入库水资源税 364.18 万元，入库金额较上年有明显提高。

推进用水统计直报工作。多措并举开展推进用水统计调查直报工作。2022 年，是实施用水统计调查制度的第三年，区水利局加强与省市领导和专家的沟通交流，掌握用水统计最新的技术要求和规范。对清苑区用水统计调查名录库进行增补和完善，并指导名录库所有单位完成用水统计调查直报管理系统统计表的季度和年度填报工作，完成率 100%。

水土保持监管。2022 年，清苑区行政审批局共审批 15 个水土保持项目，全部录入全国水土保持信息管理系统，同时录入省税务局非税收入信息平台。在税务局非税收入信息平台开具录入缴费通知单 15 笔，共缴纳 17.753587 万元。

局　长：吴宏伟

（撰稿：霍惠霞）

气　象

【概况】　清苑区气象局为科级单位，职工 6 人，副科 1 人，地方编制 2 人。工作职能：为国家建设和社会生活提供气象管理与气象服务，承担常规地面气象观测、特种气象观测、天气预报服务、专业气象服务、气象防灾减灾等工作。

2022 年，清苑区气象局坚持以习近平新时代中国特色社会主义思想为指导，深入贯彻落实习近平总书记重要指示精神，认真学习贯彻中共二十大精神，按照区委、区政府和保定市气象局工作部署，以提高气象事业发展质量和效益为中心，强化气象服务，推进气象基础业务现代化，并结合工作实际，认真谋划，克难奋进，确保业务工作安全平稳有效运转，质量稳中有升。

【年内气象综述】　2022 年，平均气温 12.7℃，较历年平均气温 13.3℃，偏低 0.6℃，6 月 25 日出现年极端最高气温 41.9℃，2 月 14 日出现年极端最低气温 -16.1℃。全年降水量 659.4 毫米，较历年平均降水量 496.5 毫米偏多 162.9 毫米。2022 年，日照时数 2510.9 小时，较历年日照时数 2181.1 小时偏多 329.8 小时。2022 年，气候为气温偏低，降水偏多，日照偏多。

【提升业务能力】　高度重视基础业务工作，始终把提高基础业务质量作为一个重要问题纳入议事日程。严抓各项规章制度，每周进行一次站内业务学习讨论，主要内容为对近期所遇业务问题进行讨论和疑误数据处理、观测设备维护维修、酸雨观测、报表的制与审核等常规业务知识。业务人员按时参加业务科组织的市县互动交流培训、装备培训以及“真定”“天元”等各种业务系统培训，不断提高业务人员的业务水平和综合素质，2022 全年清苑区气象局观测质量零错情。

按时完成 2021 年年报审核反馈工作，同时完成 2021 年年鉴资料整理上报工作；5 月完成第 31 次全国酸雨观测质量样品电导率和 pH 值测量上报；对照《地面气象观测场规范化建设图册》对标识牌（观测场外竖牌、业务室横牌、探测环境保护标牌）进行全面检查，确保所有标识牌符合要求；按要求准备内审材料，参加内审互审，对内审中发现的问题进行讨论整改；按要求对仪器设备和软件进行升级，进一步提升了台站自动化观测水平和数据质量；不断完善天元系统中本站所有站点的基础信息，做到所有站点站号无误，监控状态正常。

加强维护，保障观测设备稳定运行。为充分发挥自动气象站在防灾减灾中的重要作用，保障仪器设备正常运行，观测数据传输及时准确，根据“真定”系统仪器场地维护要求，清苑区气象局以周、月为时间节点对观测场地、仪器设备、信息网络、供电系统等进行日常维护，及时填写维护单。灾害性天气来临前增加设备巡检频次，保障灾害天气过程中设备的运行质量。同时做好土壤水分站、酸雨、区域站、大气成分、$PM_{2.5}$、PM_{10}、风脉动仪、风廓线雷达等仪器设备数据的监控管理，做好日常维护维修工作。根据不同时间节点顺利完成季节性业务切换及自动站检定工作，保障基础业务工作顺利开展。

【防灾减灾气象服务】 以服务经济发展和人民福祉安康为宗旨，遵循“防灾减灾，气象先行”的发展理念，坚持生命至上，气象防灾减灾能力进一步夯实，努力开展气象服务保障工作。

精心做好公共气象服务。面对复杂天气形式，清苑区气象局严密监视，滚动预报，及时预警，为地方党委政府和社会公众防灾减灾提供科学依据，共发布天气预报预警信息252条，其中暴雨、雷电、冰雹、高温、大雾、寒潮等预警信号144条。积极主动做好决策服务，报送决策服务材料43期。

完善预警信息发布体系。根据保定市象灾害防御指挥部办公室下发的《关于重新上报部门应急联系人的通知》和《关于重新上报乡镇气象协理员和村级气象信息员的通知》要求，完成部门联系人、气象信息员更新备案工作，保障预报预警信息发布渠道畅通。与区水利、农业、应急等部门形成多部门联动预警机制，防灾减灾能力得到进一步提升。

做好关键农时、节假日和重大活动气象服务保障。根据《保定市春耕春播气象服务方案》要求开展春耕春播气象服务，制作农业气象服务专报、中高考专题气象预报等服务材料7期。

积极做好气象科普宣传工作。充分利用“3·23”世界气象日、“5·12”全国防灾减灾日开展气象科普和安全生产宣传活动，加大防灾减灾安全生产科普知识的宣传力度，提高群众及各企事业单位防灾减灾安全生产意识。

全力做汛期气象服务工作。为做好汛期气象服务工作，汛前对照省、保定市气象局汛前检查要求，结合业务工作开展情况对仪器设备维护维修、网络传输、供电保障、应急装备、防雷安全等进行自查，排除安全隐患。提前谋划，组织开展汛前业务演练，不断增强业务人员应对突发气象灾害天气过程的处置能力。入汛后严格落实24小时值班和领导带班制度，密切监视天气变化，加强天气会商，紧紧抓住灾害性、关键性、转折性天气做好预报预警服务，及时通过微信群、手机短信、电话、传真等方式向区委、区政府、应急、农业、各乡镇发布最新天气趋势和雨情信息等。汛期清苑区气象局共发布气象信息快报25期、重要气象专报11期。汛后及时做好灾情收集上报工作。汛期服务得到区委、区政府及相关单位的充分认可。

重要天气服务及时精准。切实做好7月27日、8月26日大暴雨气象服务工作，其间共发布《重要气象专报》1期、雷电黄色预警信号6次、暴雨黄色预警信号4次、大风黄色预警信号3次、城市内涝风险提示2次、雨情信息3次，在清苑区防汛抗旱工作群发布天气形势、雨情实况、雷达图等各种信息50余次。

【人才队伍建设】 强化职工心理疏导，引导其树立正确的世界观、人生观、政绩观。加强职工理论学习，创新工作方式，为职工成长成才、干事创业提供良好平台。2022年，清苑区气象局发表论文3篇，申报保定市科技局课题已立项。

【党的建设】 夯实理论武装，筑牢思想根基。严明党的政治纪律和政治规矩。认真学习习近平新时代中国特色社会主义思想及系列讲话精神。深入推进纠正“四风”“微腐败”等专项整治行动。成立党支部，完善党员活动阵地设施，落实党内基本制度，严格党的组织生活制度，开展自我批评、相互批评，开出了好氛围、好作风和好效果。鼓励党员从日常工作、生活和身边事说起，把党员亮身份、做表率、悟道理的实践作为党课的鲜活素材，积极开展重温入党誓词、经典诵读、红色教育等活动。

【社会治理】 安全生产工作常态化，认真落实安全生产责任制，做好节假日期间和每周例行内部安全生产检查，及时上报安全生产检查表，确保各项工作顺利开展。认真贯彻《安全生产法》等有关法律法规，召开安全生产专题会议，开展“安全生产大检查”活动。严格履行社会监管责任，提升社会治理能力，开展危化企业全覆盖防雷安全检查 2 次，共组织检查企业 23 家，针对发现的问题出具整改通知书，并及时跟进后续整改工作。

局　长：贾　琳（主持工作）

（撰稿：任春颖）

金融

◎中国人民银行清苑支行

◎中国农业银行股份有限公司保定清苑支行

◎中国农业发展银行保定市清苑区支行

◎中国建设银行保定清苑支行

◎中国工商银行清苑支行

◎中国银行股份有限公司保定市清苑支行

◎保定市清苑区农村信用联社股份有限公司

◎邮政储蓄银行保定市清苑支行

◎河北银行清苑支行

◎保定清苑区邢农商村镇银行

◎中国人寿保险股份有限公司清苑支公司

◎中国人民财产保险股份有限公司清苑支公司

金　融

中国人民银行清苑支行

【概况】　中国人民银行清苑支行是中央银行的派出机构，位于保定市清苑区育红路35号。支行下设综合办公室、金融管理部、综合业务部、纪检监察审计室，有职工26人。2022年，清苑支行全面贯彻中共二十大和中央经济工作会议精神，认真落实人民银行各级行工作会议决策部署，坚持稳中求进工作总基调，贯彻新发展理念，坚定不移做好疫情防控工作，不断优化提升金融服务社会民生的能力和水平，努力推动支行各项工作再上新台阶。

【金融服务与管理】　做好货币政策传导，促进经济社会发展。全年组织召开金融形势分析会、金融政策通报会、政银企对接会3次，参与企业57家，参与银行业金融机构11家，完成融资额2.86亿元。深化推进“百行联千企”和“万人助企”活动，明确了全区11家银行业金融机构与212家企业确定了包联关系，做到了银企精准对接，包联企业放贷率为87%，累计授信367250.2万元，累计发放金额为287155.89万元。2022年底，各项存款391.26亿元，比年初增加23.81亿元，比年初增长6.44%，存款余额位于全市第五位；各项贷款140.18亿元，比年初增加15.86亿元，比年初增长12.76%。存贷比为35.83%，新增存贷比为66.60%，贷款余额位于全市第十七名。

精准运用普惠小微贷款和再贷款支持工具。2022年，支农支小再贷款2850万元，支持46家普惠小微企业和小微企业主复产复工，扩大生产经营，稳定了企业生产和就业。全年发放普惠小微贷款10.58亿元，缓解企业资金压力，保证了企业正常、稳定的生产经营。

持续做好金融服务。严格把好人民币结算账户核准管理关，2022年，共开立各类账户581户。严格落实防范电信网络新型违法犯罪的各项工作要求。及时、准确的完成政府预算的收入及支付，2022年，预算收入273910笔，金额44.43亿元，预算支出88881笔，金额80.8亿元；退库24314笔，金额5.69亿元；更正322笔，金额4.4亿元。处理留抵退税325笔、2.3亿元，助力企业应享尽享、应享快享“政策红利”，服务“六稳”“六保”大局。严厉打击假人民币犯罪活动，2022年，共收缴假币6.7万元。开展“新春反假”专题活动和拒收现金巡查工作，积极营造让人民群众满意的和谐现金流通环境。加强征信管理工作。完成个人征信查询 13523 笔，企业征信查询490 笔，司法查询3 次，企业查询5 家，个人查询 10 家，特殊情况查询 2 家。继续做好征信市场清理工作，辖内非金融企业名称和经营范围中无带有“征信”或“信用”字样。通过“金融夜校” + 重点人群、“助农服务点 + 反洗钱宣传”“短视频 + ”线上宣传、“银行、义务机构 + ”、“政府部门 + 金融机构”等形式，多机构联动开展丰富多彩的宣传活动。

【内部管理和文化建设】 继续修订完善健全支行各项规章制度并组织落实，维护正常工作秩序。加强财务管理，坚决贯彻上级行关于持续“过紧日子”要求。认真做好固定资产管理工作、金融消费者权益保护和保密工作、科技工作等，继续开展文明单位创建工作。召开七届五次职工大会，积极参与区疫情防控、创城创卫工作，为创建文明城市和卫生城市工作贡献力量。

【信息调研】 按照调研兴行理念，不断强化信息调研和创新工作。完成各调研评论综述 101 篇，被上级行和各类刊物转发 40 余篇，为上级决策提供重要参考。

【亮点工作】 《中国人民银行清苑支行学雷锋志愿服务站》相关经验做法被《河北新闻网》在 2022 年 3 月 2 日予以刊发；清苑支行及时做出应对新冠疫情防控工作安排部署，落实落细各项疫情防控工作，确保辖区金融工作有序开展，相关做法被总行 PBC 清廉金融以工作交流形式转发。2022 年 4 月，学雷锋志愿服务站被中共保定市清苑区委宣传部、清苑区精神文明建设委员会办公室评为志愿服务示范社区(站点)。

行　长：张　辉

（撰稿：任宇飞）

中国农业银行股份有限公司保定清苑支行

【概况】 中国农业银行股份有限公司保定清苑支行（以下简称农行清苑支行）成立于 1990 年 3 月 8 日。位于保定市清苑区清苑北街 021 号。清苑支行辖属 4 个营业网点：保定清苑支行营业室、清苑振兴支行、清苑何桥支行、清苑檀香园支行；五个团队：清苑个贷分期团队、清苑公司团队、清苑机构团队、清苑“三农”团队、清苑综合业务团队。全行在岗员工 73 人。2022 年，清苑农行，结合工作实际，紧紧围绕清苑区委、区政府和保定市分行党委全年工作部署和全行中心工作，抓班子、带队伍，强素质、谋发展，充分发挥“领头雁、带头羊”的引领作用，带领全行员工圆满完成各项目标任务，实现党建工作和业务经营的相互促进和同步发展。

【业务开展】 2022 年，农行清苑支行在做好疫情防控的同时，扎实做好各项业务经营管理。存款总量增势稳健。12 月末，各项存款余额 61.66 亿元，四行排名第二，较年初增加 9.59 亿元，增速 18%。个人存款余额 52.18 亿元，四行排名第二，较年初增长 7.81 亿元，增速 17.6%。对公存款余额 9.47 亿元，四行排名第二，较年初增长 1.77 亿元，增速 22.98%。各项贷款余额 12.24 亿元，较年初净增 829 万元。对公贷款余额 3.45 亿元；个人贷款余额 8.79 亿元，较年初净增 1.05 亿元。创收能力持续增强。2022 年，中间业务收入 1664 万元，四行第一。

【统筹疫情防控和业务经营】 农行清苑支行高度重视，成立了疫情防控领导小组，召开疫情防控专题会议研究部署，确保任务到人、责任到岗，各项防控措施不折不扣落实。并坚决服从地方党委、政府根据当地疫情做出的统一管理及调度，结合上级行工作要求，制定疫情防控方案，把防控要求传达到每一名员工，倾全力将疫情的影响降到最低程度。

加强专项信贷资源配置及政策倾斜，对受疫情影响较大的批发零售、住宿餐饮、物流运输、文化旅游等行业，以及有发展前景但暂时受困的企业，严格落实“不抽贷、不断贷、不压贷”。对受疫情影响的个人客户实施差异化信贷政策。对受疫情影响暂时失去收入来源的客户，灵活调整住房按揭、信用卡、农户贷款等个人信贷还款安排，合理延后还款时间。对涉及疫情防控的信贷业务，特事特办、急事急办、优先办理，即来即审。2022 年，疫情防控期间，为 2 家企业办理贷款延期，金额总计 114.2 万元。加大线上信贷产品营销服务力度，做好线上信贷产品的宣传推广服务，积极鼓励客户使用掌银、网银等线上渠道获取信贷支持和服务。

【金融服务乡村振兴】 2022 年，全行上下认真贯彻总分行党委决策部署，坚持以服务乡村振兴为主线，持续推进“两首选、四第一”，“三农”县域业务取得“六个全面”的好成绩，服务乡村振兴迈出更加坚实的步伐。想农民所想，急农民所急，区农业农村局与农行清苑支行达成战略合作，成功举办以“金融服务乡村振兴”为主题的签约仪式，并现场办公为有合作意向的新型经营主体发放贷款，解决涉农企业贷款难问题，线下 50 家新型经营主体与清苑农行达成贷款意向 1200 万元。

4 月 15 日，区农业农村局与中国农业银行清苑支行举行现场签约仪式

【精神文明建设】 清苑农行以深入贯彻习近平总书记系列重要讲话精神为指导，深入学习中共二十大精神，全行员工积极参加总行开设的“学习贯彻党的二十大精神专题培训班”，并组织开展中共二十大精神学习竞赛活动，营造竞赛氛围，激发员工参赛热情，把全行干部员工的思想统一到中共二十大精神上来。

行　长：崔新凯（2022.10 离任）
　　　　刘沂池（2022.10—　）

（撰稿：钟晓宇）

中国农业发展银行保定市清苑区支行

【概况】 中国农业发展银行保定市清苑区支行是清苑区唯一一家政策性金融机构。2022 年，农发行清苑区支行紧紧围绕清苑区委、区政府决策部署和工作安排，认真落实“疫情要防住、经济要稳住、发展要安全”要求，深入贯彻国务院稳住经济一揽子政策措施，积极发挥农业政策性银行“当先导、补短板、逆周期”职能作用，全力服务稳经济大盘、粮食安全和重要农产品稳产保供、乡村振兴有效衔接、国有资产盘活，在促进全区经济发展方面发挥了一定的积极作用。

【获得奖励】 2022 年，获得农发行河北省分行“稳经济大盘突出贡献奖”，农发行保定分行“提质增效再发力 奋战金秋六十天突出贡献奖”，农发行保定分行“绩效考评优秀单位”，农发行保定分行“先进基层党组织”，保定市“百行联千企先进单位”；清苑区“金融服务实体经济发展先进单位”荣誉。

【主要指标完成情况】 2022 年 12 月末，各项贷款余额 90817 万元，全年累放贷款 75173 万元，贷款净增 72332 万元，贷款余额和投放额均创历史最好水平；存款余额 12361 万元，日均存款

15015万元，比上年增加5305万元；实现FTP拨备前利润为901万元。

【主要工作开展情况】 强化理论武装。认真贯彻落实习近平总书记关于经济、金融、“三农”的重要论述和上级行行长会议精神，自觉在思想上、政治上、行动上同党中央保持高度一致，自觉把上级行党委的各项决策部署落到实处。加强支部建设。把党建工作与业务发展紧密结合，以提升组织力为重点，突出政治功能，不断夯实基层基础，提高党员政治觉悟和政治能力。“头雁”引领。班子成员主动担当作为，走在前、作表率，形成以上率下，层层传导的示范引领作用，营造了充满活力和激情的干事创业氛围。发挥青年员工主力军作用。落实党建带团建工作要求，通过开展青年文化月、征文、演讲比赛等活动，教育广大团员青年树立崇高信仰，厚植家国情怀，提升专业素养，为农发行现代化高质量发展奉献青春、贡献力量。树立正确用人导向。凭业绩论英雄，对在急难险重任务中做出贡献的员工在评先评优、干部任用及推荐中予以优先考虑，让肯干、实干、能干者有为有位。

强化制度执行。严格考勤管理、员工行为管理等制度，以严管体现厚爱。强化风险合规管理。通过开展警示教育，“一把手讲案防”等活动，增强员工纪律意识和规矩意识。发挥“三合一”专员监督职能，紧盯关键人、关键事、关键时，一体推进“三不”机制，促进风险合规理念落地生根。加强问题整改。支行党支部自觉履行主体责任，认真落实中央和总行巡视、省市分行巡察反馈意见，确保问题全部整改到位。并以巡视整改为契机，举一反三，补短板、堵漏洞、强弱项，构建合规管理长效机制。

贯彻新发展理念。主动作为，认真贯彻党中央、国务院扎实稳住经济大盘决策部署，为全区经济发展提供融资、融智、融力服务，实现政银企多方共赢。开发区重点企业贷款5亿元，全省农发行系统首笔特许经营权购置项目贷款1.96亿元，助力清苑区率先于保定其他县区完成年度县级储备任务。全力做好疫情防控工作。按照地方疫情防控工作要求，全力做好单位及分包小区疫情防控工作，切实保障全行职工及小区居民生命健康安全。积极践行“我为群众办实事”活动。组织志愿者开展金融知识宣传、防范非法集资宣传活动，增强社会公众金融知识与技能，提升金融消费者风险识别与自我保护能力，有效防范和化解金融风险，构建和谐稳定的金融环境；积极参与省级文明城市和卫生城市创建工作，共同打造干净、亮丽、和谐的家园。

6月7日，农发行组织志愿者开展金融知识普及月宣传活动

【思想政治工作】 强化思想阵地建设。落实好党支部首议题学习制度、理论中心组学习、“三会一课”等形式，深入学习习近平新时代中国特色社会主义思想，习近平总书记关于经济、金融、“三农”的重要论述，不断夯实基层基础，提高政治觉悟和政治能力；为全体党员订购《党的二十大报告学习辅导百问》《党的二十大文件汇编》等学习辅导读物，采用集中培训与个人自学相结合、线上培训与线下培训相结合的方式，将学习贯彻中共二十大精神不断引向深入。关爱员工心理健康。开展“玫瑰书香”主题阅读活动，引导职工爱读书、读好书，在读书中坚定理想信念，树立积极健康向上的生活方式；组织女职工收看“家庭亲情·育儿亲子”专题心理辅导讲座，引导女职工更好地平衡家庭和工作之间的关系。做好员工思想动态分析。一年两次开展员

工思想动态问卷调查，畅通言路，掌握员工思想动态第一手资料，找出支行在业务发展、基础管理、思想政治工作等方面存在的薄弱环节，为工作思路提供方向。

【企业文化建设】 3 月至 6 月开展“走好新征程，喜迎二十大”健步走活动，增强员工身体素质，营造“快乐工作，健康生活”的浓厚氛围。春节前夕开展慰问退休困难党员活动，送去慰问品和慰问金，送上党和组织的关心关爱。开展“庆三八 展厨艺”趣味活动。组织女职工厨艺比拼展巾帼风采，丰富员工业余文化生活。以党建带团建。发挥团组织作用，开展青年文化月活动、征文、演讲比赛等活动，教育广大团员青年树立崇高信仰、厚植家国情怀、提升专业素养，发挥好主力军作用，为农发行现代化高质量发展奉献青春、贡献力量。

行　长：黄军昌

（撰稿：吴兰荣）

中国建设银行保定清苑支行

【概况】 中国人民建设银行清苑县支行成立于 1979 年，2004 年 9 月中国人民建设银行改制为国家控股的股份制商业银行后，名称为中国建设银行股份有限公司清苑支行，2018 年 9 月名称变更为中国建设银行股份有限公司保定清苑支行，简称清苑建行。从业人员 50 人，下设营业部、客户部、办公室、保卫部、个人贷款中心和振兴路支行。2022 年，清苑建行认真贯彻新金融理念和上级行发展战略，有力践行“三大战略”和“七字方略”，坚决落实新理念、新策略、新打法，踔厉奋发，勤勉敬业，自觉服务政府重点工作和中心工作，率先垂范，冲锋在前，营造了干事创业的良好氛围，全力支持区乡村振兴和实体经济的发展，持续提升建行的贡献度。

【各项业务】 2022 年末，一般性存款日均余额 44.92 亿元，同业排名第三；一般性存款日均新增 6.77 亿元，同业排名第一；一般性存款时点余额 53.29 亿元，同业排名第三；一般性存款时点新增 12.22 亿元，同业排名第一。对公存款：2022 年末，对公存款日均余额 10.94 亿元，同业排名第一；对公存款日均新增 1.64 亿元，同业排名第一；对公存款时点余额 15.06 亿元，同业排名第一；对公存款时点新增 5.09 亿元，同业排名第一。个人存款：2022 年末，个人存款日均余额 33.97 亿元，同业排名第三；个人存款日均新增 5.13 亿元，同业排名第三；个人存款时点余额 38.23 亿元，同业排名第三；个人存款时点新增 7.13 亿元，同业排名第三。

2022 年，各项贷款（含信用卡透支）余额 15.58 亿元，同业排名第二；各项贷款（含信用卡透支）新增 0.91 亿元，同业排名第三。其中，对公非贴贷款余额 8.2 亿元，同业排名第一；对公非贴贷款余额新增 0.48 亿元，同业排名第三，创新推出了首笔供应链信贷产品，个人贷款（含信用卡透支）余额 7.37 亿元，同业排名第三；个人贷款（含信用卡透支）余额新增 0.43 亿元，同业排名第三。普惠金融贷款方面，全年累计支持小微企业客户 600 余户，贷款余额 3.3 亿元，全年新增投放 2.1 亿元，其中敞口信用类贷款占比接近 80%。贷款新增投放、增速，同业排名首位。有力地支持地方实体经济的发展。

【基层党建】 支行党支部提高政治站位，积极推进基层党组织和广大党员、干部深入学习贯彻习近平新时代中国特色社会主义思想和中共二十大精神，认真落实习近平总书记重要指示批示精神和党中央重大决策部署，推动党史学习教育常态化长效化，把“不忘初心、牢记使命”作为全体党员、干部的终身课题，深刻领悟“两个确立”的决定性意义，增强“四个意识”，坚定“四个自信”，做到“两个维护”，深入贯彻党建工作传导、规范、融入的精神，促进党建工作与支行业务相融合。

2022年初，制定《清苑支行党支部2022年度工作计划》，并落实到日常工作中，认真开展警示教育，组织全体员工观看警示教育专题片，强化干部职工“底线”“红线”“高压线”意识；带头落实谈心谈话，切实解决员工关心的问题，密切党群干群关系，密切关注员工思想动态，做员工的知心人；定期分析党员、干部队伍思想情况，对员工做到多提醒、常警示；在管人用人方面，注重人尽其才，注重对年轻同志的引导和培养，做好人才工作；带头讲党课，全年讲党课3次；严肃党内政治生活，认真开展组织生活会和民主评议党员工作。认真梳理支部书记抓党建，组织生活会等收集到的3个问题，制定整改措施，做好整改、落实；推动基层党组织落实党风廉政建设责任制、意识形态工作责任制等全面从严治党有关工作，带领支行领导班子持续整治“四风”，严格落实中央八项规定精神，会议活动、接待用餐、公务出差、集中采购、经费列支等执行规范、合理。

【合规管理工作】 清苑建行领导班子认真落实“七个层次”内控案防体系要求，严格内部管理，抓好案件防控。认真落实全面风险管理进支部，在支委会上认真学习有关文件精神，认真分析各项业务风险隐患，抓小抓早，防患于未然；通过各种形式传导合规理念，要求各级人员从思想上注重道德风险，从行动上保证合规操作；对每一笔贷款都要进行专题会议研究，有效遏制信贷风险；严肃问责机制，对发生的违规行为进行严肃问责，防微杜渐，让员工树立红线意识，做到警钟长鸣。在合规及风险防控工作方面取得较好成效，做到了全年无事故、无案件。贷款不良率在系统保持较低水平。

【按照区委区政府要求开展各项活动】 创建精神文明城市。根据区委、区政府的要求，把巩固文明城市创建成果，保持文明城市创建长效常态作为工作重点，努力营造“整洁卫生、规范有序、温馨和谐”的良好气氛。

打击非法集资利用营业网点电子屏、自助机具等各种形式的载体，通过布置展板、播放宣传视频、分发宣传材料等形式开展日常宣传，发放宣传彩页5000余份，利用官方网站、自助机具、网上银行、手机应用程序（App）、微博微信等线上渠道对该活动进行充分宣传。把“金融知识进万家”活动深入工作实际中，组织骨干宣传力量，主动走近社会公众，进广场、进乡村、积极开展集中宣传活动，壮大宣传声势。

切实做好疫情防控工作，支持当地经济发展。按照区委、区政府要求抓好疫情防控，以党员为主的服务团队，克服困难，进社区累计执勤110余人次。疫情防控期间，支行党支部主动走进重点乡镇和医院捐赠防疫物资，开展党建联建活动，在有力支持当地政府疫情防控工作的同时，强化G端突破，为后续业务合作夯实基础。

主动与区委组织部联系，积极参与当地政府万人助万企行动，抓好对分包企业的联动服务，为企业解决实际困难，充分体现国有大行担当。全力推进乡村振兴工作实施乡村振兴战略，自建行河北省分行与保定市政府签署《金融支持实体经济助力乡村振兴战略合作协议》以来，清苑建行借助“裕农通”综合服务平台，一方面加大乡村产业振兴信贷支持，在乡镇投入更多信贷资金，引金融活水进乡村，共同推进农业产业振兴；另一方面大力推进乡村振兴综合服务，通过建设助农点、打造用卡环境、推动线上服务等措施，让建行各项产品深入农村、深入百姓，帮助农民增收致富，真正实现国有大行金融服务下沉。

以“党建惠农贷”为敲门砖，以“党建＋村委会＋裕农通＋裕农学堂”模式全力打造清苑区南王庄乡村振兴示范点。2022年，建行清苑支行与村委继续加强密切合作，加大对农户贷款的支持力度，在“党建惠农贷”的基础上针对农户推出裕农快贷，手续更加简便。建行清苑支行与保定市鑫天泰农业机械销售有限公司积极合作，为购买农机有需求的农机手提供信贷支持，为南王庄和农机手办理裕农快贷授信 275 户，授信 2500 余万元，贷款余额较年初新增 1185 万元。

【扶贫帮困】 积极开展走访困难群众活动。清苑建行领导班子的结对帮扶是孙村乡大侯村贫困户一户和小侯村贫困户 2 户，每季度对贫困户组织走访慰问，盛夏送清凉、冬季送温暖向贫困户、贫困学生送去慰问品、慰问金，累计达 4000 余元。

行　长：崔文勇（2022. 6—　）

（撰稿：王宁）

中国工商银行清苑支行

【概况】 中国工商银行清苑支行（以下简称工行清苑支行）是隶属于中国工商银行股份有限公司的一级支行。位于保定市清苑区中心中路 227 号。工行清苑支行成立于 1984 年，2000 年由于上级行机构调整予以撤并，2009 年租赁经营场所恢复网点建设，2016 年 4 月搬迁至现址，即原工行清苑支行旧址改造装修后的大楼，现址占地面积 3000 平方米，办公面积 2600 平方米。有物理网点 1 家，附行式自助银行 1 家，自助机具设备 13 台；在职人员 37 人。2022 年，支行紧紧围绕上级行的战略精神和工作部署，认真分析所处经济环境和经营形势，坚持上级行“3366”（三个坚持，三个巩固；六个优化，六年提升）工作思路，兼顾经营效益与科学管理，扎实开展各项工作，经营指标保持稳健增长。

【业务指标完成情况】 2022 年 12 月底，工行清苑支行人民币各项贷款余额 21. 34 亿元，较年初增加 3. 23 亿元。个人贷款余额 16. 72 亿元，较年初增加 1. 64 亿元；一手住房购置贷款发放 588 笔，汇总金额 2. 70 亿元，增量位居同业首位。对公存款余额 6. 29 亿元，较年初增加 2. 28 亿元，存款日均余额 13. 12 亿元，较年初净增 2. 34 亿元，资产业务保持了稳中有进的发展态势。5 月成功为某高新技术企业续贷营运资金贷款 3000 万元，12 月初又为清苑区某先进制造业企业发放三期项目贷款 2 亿元，实现自支行恢复以来为大中型公司发放营运资金贷款、项目贷款双突破，同时也为继续深化与其核心集团业务合作奠定关键基础。新开对公结算账户 396 户，日均 1 万元以上对公客户净增 142 户，增量和任务完成率均为系统内前三名，代发工资户 47 户，较年初净增 19 户。网络金融指标稳健增长，工银信使净增 702 户，手机银行新增动户数 3764 户，个人手机银行月均活跃客户数 16834 户，三方绑卡 8432 张。

【业务开展】 存款业务。工行清苑支行始终把存款业务作为发展的基石，坚持时点、日均两手抓，坚定信心，发挥合力、不等不靠采取各种措施逐步夯实存款基础。以网点为阵地，提升服务质效，增强客户品牌认可度，提高客户精准营销力度，挖掘厅堂流量客户内在潜力。持续加大对融资客户、房地产客户、财政、机关事业单位、大型企业等优质代发单位的争揽，抢占代发工资市场，针对资产客户重点带头走访，密切联系，抓大不放小，积极争揽各项存款。12 月承接贷款下游客户资金 1. 26 亿元，同时争取到某农民工预储金专户资金 1. 85 亿元。

贷款业务。积极响应国家金融政策导向，聚焦实体经济加大对先进制造业的信贷支持力度，全面梳理、筛选优质企业，解决企业解融资需求，积极争取上级行支持，深入开展精准营销。与当地 16 家房地产企业保持合作关系，在原有合作的基础上，及时掌握开发商项目开发动态，完成鸿德瑞园及碧桂园 · 星河城项目新项目准入，进一步强化按揭资源储备。同时强化贷款发放和贷后管理工作，积极筛选优质客户资源，重点做好贷前尽调工作，对贷款人、贷款用途、还款能力、房产等进行充分有效地调查，在严防风险基础上进一步扩大同业领先优势，全年不良资产保持为零。

精准导向做实普惠贷款。按照省、分行“做真、做实、做好、做活、做持久”要求，持续加强普惠金融综合服务能力。年末普惠贷款余额1.96亿元，较年初增加7456.80万元。重点突出以经营快贷、E企快贷、组合贷、种植e贷、科创贷等产品为依托，大力推动普惠贷款业务发展，在有效防控风险的前提下，实现业务的提质增效。同时积极拓展特色场景，继续加大网络自助融资渠道营销力度，全年经营快贷增加25户，余额增加2681万元。

【基础管理】 始终坚持党建引领，发挥红色资源优势，开展读书月、讲党课等活动，深入领会学习党的精神和决策，要求支行员工立足岗位实际，将“地道”精神落实到行动；引导青年员工积极向党组织靠拢。2022年，发展预备党员1名、积极分子3名；开展基层党支部标准化规范化自查工作，健全工作体系，强化党建引领作用，全面提高基层党建工作质量。坚持内外兼顾，扎实开展基础工作。支行紧盯疫情发展态势，2022年，全行员工表现出高度的责任感和使命感，奋战在一线，深入乡镇、小区配合区政府开展防疫工作，留守在行，保障业务不断档，服务不停歇。多次召开案防分析会，分析解决案件防范中的薄弱环节，防患于未然，压实案防工作，认真开展员工异常行为排查和案件风险排查工作结合，全年未发生重大案件事故和违规违纪问题，实现“双无”目标。严格落实安全保卫工作，常态化进行各项安全隐患排查，加强宿舍消防安全管理，制定支行安全消防卫生考核办法，多次进行防抢劫演练、防火演练，邀请专业讲师进行培训，提高员工应急防护能力。全面落实“断卡”行动精神，积极安排部署涉案账户压降工作，积极践行社会责任。

【企业文化】 继续保持以冉庄地道战精神为依托，凝练出“做人地道、做事地道、发展地道、服务地道、风控地道”之“五个地道”文化，充分发挥清苑支行特色廉洁“清”文化，紧紧围绕总行“48字”工作思路，聚焦省行“实施高质量提升工程 打造新时代优秀分行”战略目标，坚持“稳健、创新，巩固、提升”的工作思路，以巩固为基础，以稳健为基调，以创新为驱动，以提升为导向，着力推进三个坚持、三个巩固，六个优化、六个提升。关心关爱员工，为宿舍及市场部加装保温层、防水层，优化员工居住及办公环境，在休息区增加吧台桌椅、沙发、茶几、空调等设备，提升员工班后生活品质；积极采纳员工建议，购置微波炉，对食堂菜品进行优化调整，做好各项后勤保障工作；重视青年员工创新能力，由支行青年员工参与的科技赋能大赛获得分行优秀奖；开展“踔厉再奋发，喜迎二十大”第十三届健身日活动，激发员工健身热情，强健员工体魄，增强团队凝聚力、向心力，营造支行健康向上的良好氛围。

5月23日，工行清苑支行组织开展“踔厉再奋发，喜迎二十大”第十三届健身日活动

行　长：李丛辉

（撰稿：刘冰倩）

中国银行股份有限公司保定市清苑支行

【概况】 中国银行股份有限公司保定市清苑支行成立于1992年12月22日，2015年清苑县改区后，2016年6月更名为中国银行股份有限公司

保定市清苑支行，有员工 52 人，下辖 1 个二级支行——中国银行股份有限公司保定市清苑区清苑路支行。2022 年，中行清苑支行完整、准确、全面贯彻新的发展理念，紧跟再造一个新保定的历史机遇，认真落实上级行“23456”的战略发展总要求，重点实施“十大提升工程”，持续坚持抓队伍、抓发展、抓内控，取得较好的经营业绩。

【业务发展】 12 月底，各项存款较年初新增 74529 万元，其中企业存款余额 87729 万元，较年初下降 19527 万元；储蓄存款余额 524599 万元，较年初新增 94056 万元，市场份额占比 34.04%，位居四大行之首。全年累计发放各项贷款 9.1 亿元，强有力地支持地方经济的发展。

各项贷款余额 120814 万元，其中公司贷款（包括普惠金融贷款）余额 50221.35 万元，贸易融资贷款余额 1991 万元。中小企业授信客户 44 户，贷款余额（含贸易融资）18743.098 万元，较年初新增 16 户共 8229.098 万元；个人贷款业务全年共投放 1087 笔、金额 14710.03 万元。

各货币汇总资产总额 63.97 亿元，同比增长 14%；各货币汇总负债总额 63.36 亿元，同比增长 14.16%。实现营业收入 9915.42 万元，实现税后利润 6026.75 万元。

【党建工作】 坚持党建工作的重要地位，严格落实党支部组织生活七项制度要求，坚持把“不忘初心、牢记使命”作为党的建设永恒课题、党员干部终身课题。认真落实党风廉政建设的主体责任和第一责任人责任。支行党支部努力推动党风廉政建设“两个责任”的落实，着力落实领导班子责任和主要负责人责任，认真学习贯彻中央、上级行关于党风廉政建设和反腐败工作部署要求，坚持自身正、自身净、自身硬，从支行领导班子做起，带头落实好党风廉政建设各项规定和中央八项规定，带头遵守党的纪律特别是政治纪律和政治规矩，主动接受组织和群众的监督，为全体党员做好表率。认真贯彻民主集中制，严格执行“三重一大”集体决策制度；认真履行“一岗双责”，一手抓业务发展，一手抓党风廉政建设，带头遵守党的政治纪律、组织纪律，做到廉洁自律，全行没有发生违反中央八项规定精神的事例。坚持一岗双责，一手抓业务发展，一手抓党风廉政建设。支行党总支共有党员 25 名，占支行总人数的 50%，充分发挥基层党支部战斗堡垒作用和党员先锋模范带头作用，将党建工作与业务发展相融合。

【内控案防】 2022 年，内控工作提升主要做好以下四个方面：优化支行内控考核体系。支行通过分析 2021 年考核内容，结合分行 2022 年考核重点，优化支行内控考核体系。通过岗位考核、重点指标督导、细化奖惩等措施，全面做好 2022 年内控工作，在绩效考核上争先进位。强化支行培训。在日常工作中，除了完成“六必做”要求外，还要根据支行内控薄弱环节和操作风险，加强员工培训和业务学习，补齐内控短板。紧盯重点岗位人员，支行在反洗钱、外汇合规、数据质量方面，选择责任心强、业务能力优的员工从事此工作，通过业务学习、岗位考核减少业务差错的发生。对理财经理、客户经理等重点岗位，加强日常谈心谈话和非现场检查，规范日常合规操作，确保全体员工和重点岗位人员警钟长鸣。要积极开展自查自纠。支行在梳理各条线检查出的问题基础上，做好支行自查计划。通过各条线自查及时发现问题，规范员工日常操作；通过回头看，落实支行整改是否到位，强化合规意识。

【社会责任】 为群众办实事，参加清苑人行组织的金融知识下乡宣讲活动；参加区金融系统非法集资宣传活动；连续第二十八年为革命老区的冉庄小学献爱心、捐款捐物资助 10 名特困学生。

针对区委、区政府的创城、创卫工作安排，支行组织全体员工并号召全体党员，开展分包卫生区环境整治、交通志愿服务工作等，主动配合区委区政府圆满完成创城、创卫工作验收的任务。

严格落实疫情防控工作，尽好社会责任。4月份面对突发疫情，支行党支部积极配合区委、区政府，成立了以党员为代表的抗疫小分队，进行志愿服务，舍小家为大家，积极发挥党支部的战斗堡垒作用和党员的先锋模范作用，得到清苑区政府和冉庄镇党委的高度称赞。在疫情防控时期，支行为保证业务连续性，安排专人值守，积极联系上级部门，成功为六全中央厨房公司开户，得到企业和客户的一致好评。严格做好3个网格化疫情防控点位的值守工作，强化值班人员的管理，科学履行岗位职责，尽好社会责任和担当。

行　长：冉　静

（撰稿：潘红利）

保定市清苑区农村信用联社股份有限公司

【概况】　保定市清苑区农村信用联社股份有限公司（以下简称清苑联社）是经银行业监督管理机构批准设立，在工商行政管理局注册登记，取得营业执照、具有独立企业法人资格的地方性金融机构。全辖共50个营业网点，其中营业部1个、信用社23个、分社22个、储蓄所4个，拥有在岗员工456人，是全区从业人员最多、城乡分布最广泛的金融机构。清苑联社始终秉承“资金取之于清苑用之于清苑”理念，坚持依法经营，自主开展各项商业银行业务，积极参与市场竞争，支持“三农”经济和中小微企业发展，为广大城乡居民和经济发展提供优质、高效的金融服务，促进区域经济协调发展，获2022年度“清苑区金融服务经济发展先进单位奖”。

【经营情况】　2022年末，清苑联社资产总额194.35亿元，各项存款余额170.61亿元，各项贷款余额61.37亿元，手机银行活跃户数28984户，新型收单活跃商户8930户，新聚合支付场景建设12874户，建设金融便民店55家、乡村振兴金融服务综合体22个，布放自助设备总量达103台。

【助力实体经济】　持续增加信贷投放，助力地方经济发展。参与“万人进万企”活动，积极开展银企对接，探索与地方实体企业的联动发展模式，着力满足实体经济恢复生产和扩大经营资金需求。结合清苑区产业特点，相继创新研发出“苑e贷”“奶业振兴贷”“山药贷”等多款产品，满足客户差异化金融需求。全力帮扶市场主体纾困解难，向疫情防控重点领域和受困重点行业、企业发放贷款2.2亿元，对14户、余额2.0亿元市场主体采取展期、续贷、调整还款安排等，并适当降低利率。2022年，小微企业贷款余额44.3亿元，涉农贷款余额7.0亿元。

1月15日，农村信用联社工作人员向农户介绍“山药贷”

【乡村振兴】　坚守服务“三农”初心，全力助推乡村振兴。做优便民银行，着力强化金融基础设施建设，打造乡村振兴金融服务综合体、金融便民店，将金融服务送到农民家门口。落实农村金融服务专员制度，选派优秀年轻骨干到张登镇“驻乡包村”，担任农村金融服务专员，宣讲金融知识，采集农户信息101户，成功发放贷款47户、362万元。加大脱贫人口小额信贷投放，实现辖区18个乡镇、265个行政村脱贫人口小额信贷工作全面覆盖，建档立卡脱贫户816户，有效巩固拓展脱贫攻坚成果。全面推动新“双基”共建，“精准画像”农户信息，已建档42899户，评定42766信用户，用信余额11.1亿元，新型农业经营主体贷款余额0.56亿元。

【社会责任】 履行社会责任，彰显农信担当。疫情防控期间，组织员工参与疫情防控成为网格员，分包负责、帮扶乡镇。深入开展“我为群众办实事”，在辖内乡村、社区开展金融夜校、金融大集等金融知识宣讲活动。

董事长：刘国鹰

（撰稿：刘国鹰、刘庆杰）

邮政储蓄银行保定市清苑支行

【概况】 中国邮政储蓄银行股份有限公司保定市清苑支行有在职职工49人，辖设综合管理部、零售金融部、公司金融部、风险合规部4个部门和2个银行自营网点。2022年，清苑支行深入学习习近平新时代中国特色社会主义思想和中共十九大、二十大精神，以转变观念为基础，狠抓各项工作措施的落实，积极创新，突出重点，认真贯彻落实相关金融工作会议精神和工作部署，在严抓疫情防控的大背景下，以全面发展、重点突破为原则，以客户为中心，抓大促小，有效地促进了支行党建和经营工作的开展。

【业务发展情况】 个金业务。2022年，清苑支行储蓄时点净增7739万元，结余9.06亿元；代理保险2022年累计销量1395万元；人民币理财日均保有量增量9418万元。

公司业务。2022年，清苑支行公司账户结余541户，时点余额1.37亿元，全年日均1.33亿元。

信贷业务。2022年，贷款净增8519万元，贷款结余共7.92亿元，其中“三农”贷款年累计净增950万元，贷款结余1.99亿元；综合消费贷年累计净增－254万元，贷款结余6014万元；房贷年累计净增－1175万元，贷款结余3.15亿元；车贷年累计净增792万元，贷款结余390万元；小企业贷款净增3206万元，结余1.64亿元；公司贷款净增5000万元，结余5000万元。普惠年新增2902万元，结余3.05亿元。

【党风廉政建设】 深入学习贯彻习近平新时代中国特色社会主义思想和中共十九大、二十大精神，切实增强党员意识，牢记党员身份，做到党员标准不能降低，先锋模范作用不能忘，党的形象不能损。结合党史学习教育，组织全体党员认真学习中共二十大精神，深刻领会新时代中国特色社会主义思想的精神实质和丰富内涵，并将其贯彻落实到实际工作中，长期坚持并不断发展，坚定不移，用“新时代中国特色社会主义思想”武装全党。利用中邮网络学院、“中邮先锋”“学习强国”等线上学习工具，加强学习教育，强化廉政文化宣传，筑牢思想防线。明确要求，落实责任，切实增强全行领导干部“一岗双责”的责任意识，同时通过发放测评表、公布举报电话等形式，切实发挥监督职责，严格执行领导干部问责制，防微杜渐，从源头上预防违法违纪和腐败现象的发生。深化党的作风建设：严格贯彻落实中央八项规定及其实施细则精神，及时掌握贯彻落实过程中出现的一些新情况和新问题，自觉抵制权钱交易等不正之风，坚决整治形式主义、官僚主义，反对特权思想、特权现象，防止不良作风复发反弹。班子成员分工合理，认真履行“一岗双责”，团结协作，把全面从严治党要求和工作交融，发挥整体功能。集中学习《关于六起违反中央八项规定精神问题的通报》，加强道德教育，带头遵守职业道德，注重个人品德修养，严格执行党风廉政建设责任制，讲实事、求实效，自觉抵制各种不正之风。密切联系群众，改进机关工作作风，下基层，了解员工的实际情况，主动发现问题，解决问题。

【落实疫情防控常态化】 认真贯彻落实区委、市分行关于疫情防控工作的各项决策部署，切实担负起属地防控的重要责任，充分发挥基层党组织的战斗堡垒作用，建立健全疫情防控工作体系，做好疫情监测、服务、宣传等工作，构筑起干群同心，群防群治的严密防线。紧跟疫情防控工作指引，完成疫情防控工作。积极动员全行职工及家属科学精准做好疫情防控措施，增强责任意识，落实防控责任。全体干部职工提高政治站位，做好疫情防控，加强联动配合，落实常态化值守。为充分发挥党员干部在疫情防控中的先锋模范作用，全体党员干部到振奋胡同区域参与疫情防控工作，切实担负起振奋胡同的网格化管理服务工作，进行24小时两班倒的执勤工作，按照区委、区政府要求，进行全方位排查防疫工作。

【合规管理】 内控合规工作质量、安全保卫工作质量、法律与合规工作质量做提升。组织清苑支行全员开展合规及警示教育培训，提升案件防控水平，全员签署安保与案件防控责任承诺书，督导全员履职尽责。组织全员开展各项安保、案件防控演练，始终把安全生产放在首要位置，全面改进升级全行消防硬件设施，建立微型消防站，扎实推进安全生产专项整治三年行动集中攻坚，落实安全责任，推动安全发展。全面落实风险管控，按照反洗钱制度要求，各营业网点落实客户反洗钱调查职责，针对全体职工每季度展开风险排查，检查人员每月对网点及业务条线做合规检查。坚持落实消费者权益保护主体责任，优化工作流程，规范经营行为。将消费者权益保护融入公司治理各个环节，纳入全行企业文化、经营发展战略和全面风险管理体系，进一步明确营销宣传职责和流程，建立金融营销宣传“负面清单”，积极向社会公众普及存款保险等金融知识，充分发挥清苑支行点多面广的特色优势，深入开展各类宣传活动。

【企业文化】 坚持以人为本，加强企业文化建设。关爱员工身心健康，增强队伍凝聚力。清苑支行每年安排全体职工健康体检；逢节假日给员工发放慰问品；员工生日当天送蛋糕；积极开展员工家访活动；针对困难职工进行关怀慰问；不定期组织工会活动，增强了企业的凝聚力和向心力，有力推动各项业务持续、快速发展。定期评定先进员工，提升员工的荣誉感。为表彰为企业做出突出贡献的优秀员工和先进集体，同时激励全体员工奋发进取，清苑支行每年组织先进员工及先进集体的评选，对表现优秀的员工进行嘉奖，切实提高员工的荣誉感，努力打造团结、和谐、高效的团体。

12月30日，邮储银行清苑支行举行先进工作者表彰大会

行　长：杨雪超

（撰稿：范奥然）

河北银行清苑支行

【概况】 河北银行保定清苑支行于2017年1月12日正式营业，支行为单网店运营，下设行长室、办公室、营业室、业务部，人员共15人，支行配备存取款机及取款机自助设备各一台。

【支持当地经济情况】 加强储蓄存款宣传力度，夯实基础客户群。加大宣传力度，制定有效吸储措施，巩固存量客户，挖掘新生客户，稳步扩大基础客户群。借助“享贷”信贷产品的优势，通过简化手续、提高效率等方式大力支持当地居民个人消费贷款。

【加大小企业贷款投放力度】 通过借助快速贷、年审贷、十年贷、税易贷、超值贷等小微企业特色信贷产品，大力扶持当地小微企业，加大对小微贷款投放力度，努力提升贷款调查、审查、审批、出账工作效率。

行 长：刘 伟

（撰稿：李冲）

保定清苑区邢农商村镇银行

【概况】 保定清苑区邢农商村镇银行于2016年3月30日开业，是由河北邢台农村商业银行作为主发起行发起设立在保定清苑区的法人银行机构。2022年，保定清苑区邢农商村镇银行紧紧围绕县域经济发展大局，服务于金融供给侧结构性改革，通过金融支持为“三农”与小微企业赋能，提供便民、惠民、廉洁、高效的服务。

【机构人员情况】 保定清苑区邢农商村镇银行设有总行与5家支行，总行内设综合办公室、计划财务部、风险稽核部、信贷管理部、普惠金融部、运营管理部、营业部7个部室，支行设有大福支行、高铁支行、大魏支行、石桥支行、东安支行，所辖6家营业网点均分布在6个乡镇，基本填补当地农村金融服务空白。2022年，银行员工共有53人。

【经营范围】 吸收公众存款，发放短期、中期和长期贷款，办理国内结算，办理票据承兑与贴现，从事同业拆借，从事银行卡业务，代理发行、代理兑付和承销政府债券，买卖政府债券和金融债券业务，代理收付款项和保险业务，以及银行业监管机构批准的其他业务（依法须经批准的项目，经相关部门批准后方可开展经营活动）。

【2022年主要经营数据】 2022年末，保定清苑区邢农商村镇银行资产总额12.42亿元，负债总额11.49亿元，各项贷款余额7.48亿元，各项存款余额11亿元。存贷比67.97%，流动性比例为133.70%，资本充足率14.55%，农户和小微企业贷款合计占比100%，不良贷款率为0.76%，拨贷比2.60%。

【2022年主要经营成绩】 2022年，保定清苑区邢农商村镇银行以严控风险、回归业务本源为目标，主要经营指标位居保定村镇银行系统前列，全年无风险无事故，较好地完成年初各项工作计划。不断完善公司治理结构，进一步提升了公司治理水平。业务规模实现可持续地优化与增长，盈利能力与抗风险能力不断增强。经营发展战略成效显著，支农支小金融服务能力进一步增强。保定清苑区邢农商村镇银行经区人民银行推荐，省、市级人民银行审核，成为清苑区唯一一家由人民银行石家庄中心支行授权的货币真伪鉴定机构。获评保定市地方金融监管局“2022年度百行联千企”活动先进集体，获清苑区委、区政府“金融服务经济发展先进单位奖”。

【支农支小信贷业务】 加强小微企业信贷投放，积极参与“百行联千企”工作，组织为企业开展定制化金融顾问服务，普惠型小微企业贷款信贷计划完成率151.53%，高质量完成全年“两增两控”监管目标。重视金融服务民生发展，承担了全区创业担保贷款业务，不断完善“兴农贷”“兴商贷”和消费贷产品体。2022年，普惠型涉农贷款余额73303.17万元，较年初增加11936.54万元。精准运用人民银行货币政策工具进行信贷投放，积极办理支农支小再贷款、申报普惠小微货币政策支持工具，为企业办理延期还本付息和信用贷款，进一步落实好对普惠小微贷款的阶段性减息工作。

【普惠金融服务】 精准构建县域农村普惠服务体系，全年组织开展元宵节、端午节、重阳节、“发财日”等系列主题营销活动。坚持网点因地制宜下沉服务，深入乡镇开展“六进”活动，增强员工服务“三农”工作使命感。提升柜面服务质量，持续完善柜面服务流程，坚持开展反欺诈、反假币、发洗钱普惠金融宣传，着力提升服务质量。

【内控与合规建设】 持续强化内控管理与合规建设，打造村镇银行特色案防合规文化。严格执行年度审计工作计划，全年组织开展多项内部审计专项检查与监管风险排查活动。持续优化信贷资产管理，制定全年新增贷款指导意见，做实风险分类管理，扎实推进不良贷款清收，不良率优于行业平均水平。严控风险保障安全生产，定期开展安保大检查，加大各类风险的监测与防控力度，实施开展各类风险处置预案。

【提升社会责任与价值】 积极参与帮扶捐赠活动，向清苑区疫情防控大数据专班、共青团清苑区委等单位进行帮扶捐赠，参与清苑区“新春微愿望”活动慰问贫困学生。团总支获共青团保定市委“新时代保定好青年集体”“青春友好单位”荣誉称号。

提升精神文明建设工作成效，组织村镇银行志愿者服务队坚持常态化开展创城、创卫志愿服务活动，完成新一届省级文明单位申报，在上年度文明单位动态测评中获得A级，获清苑区“提质提效，文明服务”活动竞赛优胜单位、“清苑区优秀志愿者队伍”荣誉称号。坚定不移构建疫情防控“共同体”，全年24小时不间断参与防控工作，全行累计200人次参与乡镇、社区防疫，服务时长超过500小时，服务群众近10万人次。

行　长：陈　超

（撰稿：李瀚）

中国人寿保险股份有限公司清苑支公司

【概况】 2022年，中国人寿保险股份有限公司清苑支公司坚决贯彻区委、区政府总体工作思路，牢牢把握稳中求进总基调，按照总、省、市公司年度工作会议精神，全体员持续践行“家司共构，服务大局，力学笃行，追求卓越”的清苑国寿精神，开拓创新，凝心聚力，克服困难，努力拼搏，充分发挥社会稳定器和经济助推器作用，为全区经济发展保驾护航。

【保费收入】 完成长期险首年标准保费876.96万元，首年期交保费完成2799.5万元，10年期及以上首年期交保费1179.32万元，大短险完成2408万元。2022年，理赔3970件，赔款金额共计1486.52万元。

【积极宣传贯彻中共二十大精神】 组织全体党员赴阜平晋察冀边区纪念馆实地开展红色教育，开展以“加强作风建设 做优秀共产党员”为题的专题党课活动。学习宣传贯彻中共二十大精神持续推进，坚持贯彻落实中共二十大精神和公司的经营发展结合在一起，切实将会议精神统一到干事创业的实践上来。继续抓好中共八项规定精神和“反四风”落实，积极推进党支部书记抓党建评议考核和党员领导干部谈心谈话工作。开展党建进职场，创建职场“党建园地”；开展系列警示教育活动，筑牢全员风险防线。

【积极支持地方经济发展】 疫情防控期间，按照区政府通知要求，分包东方骏景小区及育新胡同两个小区的防控任务。积极吸纳下岗职工，解决农村闲散劳动力就业，缓解社会就业压力，吸收就业人员113人，解决了失业人员及无职业人员的再就业及就业问题。2022年，向当地税务局缴纳税款182.22万元。

【积极推进意识形态领域工作稳定发展】 到阜平晋察冀边区纪念馆实地开展红色教育；党支部组织开展“加强作风建设 做优秀共产党员”党课活动，激发全体党员学先进、赶先进的热潮，发挥党员先锋作用；认真落实“三会一课”制度，坚持党支部书记讲党课，提高组织生活会质量，推动党支部进一步完善议事规则。

7月2日，人寿清苑分公司开展红色教育活动

【公益活动】 为大力弘扬和践行助人为乐、无私奉献的雷锋精神，开展学习雷锋服务活动；团员、党员深入社区清苑公园，针对老年朋友常去的场所宣传讲解常见养老八大骗局及常用套路，为广大老年安享幸福晚年营造良好的社会环境。

经　理：刘永涛

（撰稿：赵叶晶）

中国人民财产保险股份有限公司清苑支公司

【概况】 中国人保财险清苑支公司，于1984年在清苑正式成立，是“世界500强”中国人保的区县级支公司。2022年，公司实现保费收入9541.24万元，保费规模在清苑财险市场持续保持领先地位。为2.45万辆机动车，4.15万户（个）企业、家庭及个人，40.82万亩农业种植，2.93万头农业养殖，提供总计1735.59亿元的风险保障。全年处理各类赔案近6000件，支付赔款6985.26万元，未决赔款准备金余额2676.12万元。缴纳各类税款259万元，代收代缴车船税1669万元。充分发挥了经济发展的“助推器”和社会发展的“稳定器”作用，不断为清苑区经济发展发挥金融助推保险护航作用。

【支持地方经济发展】 紧紧围绕国家政策，结合清苑区域特点和特色产业，在保险防贫、乡村振兴、特色农业、普惠金融等方面加快创新，拓宽服务的深度与广度。

保障粮食安全，助力农业应对大灾。2022年6月14日，清苑区大面积遭受了特大风雹自然灾害，公司组织全员进行灾情查勘，积极开展理赔工作，“6·14”风雹灾害单次赔款超过2000万元。全年农险赔款超过3260万元。

积极服务交通运输安全。为全区2.45万多辆机动车提供风险保障。同时，与公安交警部门深入开展“警保联动”，借助人保交通事故快处平台和交警事故处理平台，线上确定事故责任，开展远程定损，快捷高效处理车险小额事故；在重点乡镇车流量较大的主干道，建设了5个“交通安全劝导站”，宣传交通安全知识，发现并劝导纠正可能影响交通安全的行为，消除安全隐患，助力平安交通建设。

积极服务政府社会治理体系建设。深入推进政府高度关注的安全生产责任险、食品安全责任险、精神病监护人责任险、政府救助保险、治安保险、农房保险、环境污染责任险等重要领域、重点行业责任保险业务的发展。加快推进乡村振兴保系列保险、设施农业保险、高标准农田灾毁保险、风雨保等，协助政府应对自然灾害等意外突发事故，提高社会救助处置能力，助力平安社会建设。

积极服务卫生、教育等重点民生事业建设。积极开展校责险、教责险、学意险、校车险、校餐险、监护人责任险、医责险、疫苗险、手术责任险、防疫保等校园教育领域和医疗卫生领域类保险，助力推进平安校园、平安医院建设。

【内控与合规建设】　持续加强内控管理与合规建设，打造有效监督的合规体系，深入人心的合规文化。严格落实各项监管要求，积极配合监管部门和上级公司的现场与非现场检查，保障公司在合规红线内稳健经营。不断完善内控管理制度，定期开展内控自查，积极防范隐患发生。积极培育合规、廉洁文化，以合规思想引导合规行为。除合规专题会议外，每月开展不少于两期以合规和廉洁为主要内容的全员晨会，不断提高全员合规意识。充分发挥群众监督作用，让权力在阳光下运行。由全体员工票选1名监察专员，监察专员列席支公司班子会议，代表员工对班子决策进行全面监督，创新了新的监督工作方式，进一步完善合规监督体系。

【勇担社会责任，助力美丽清苑建设】　坚决落实疫情防控常态化工作。安排人员进行常态化防疫值班。对接联系点石桥镇，多次派出志愿者帮助开展志愿活动。号召成立“党员抗疫先锋队”和“青年抗疫先锋队”，全力服务所在社区居民生活保供。开办了防贫保险，为全区防贫提供兜底保障。积极开展由扶贫向乡村振兴政策的衔接转换，推出了乡村振兴保系列保险产品，助力乡村振兴。按照脱贫不脱政策要求，对公司分包的多个对口扶贫人员，定期组织开展慰问和帮扶，积极解决实际困难，确保稳定脱贫，并对接融入乡村振兴工作中。持续开展亮化工程，公司办公大楼每日晚点亮灯光秀，让大楼更亮，城区更美，提升了公司的社会形象，为扮靓清苑做出了贡献。积极参与公益事业。按照政府要求，多次参加“创城”和城区环境卫生治理活动，实施垃圾分类，不断提升和美化公共环境。组织开展两会期间护路工作。每年高考期间，安排专人专车开展“爱心助考”活动。积极组织员工参加“每月一日捐”，奉献爱心，弘扬正能量。

经　理：刘雪庆

（撰稿：刘雪庆）

文化 广电 旅游

◎文化和旅游

◎广播电视

◎有线网络

◎地道战遗址文物保护中心

文化　广电　旅游

文化和旅游

【概况】　文化广电和旅游局是区政府主管文化、旅游、广播电视、文物工作的行政职能部门，局机关设办公室、文化股（广电股）、旅游股（文物股）。下辖清苑区文化馆、清苑区图书馆、清苑区文化市场综合行政执法局、清苑区哈哈腔剧团、清苑区文物保护管理所、清苑区综合文化活动中心、清苑区戏曲研究室7个事业单位。2022年，区文广旅局坚持以习近平新时代中国特色社会主义思想为指导，以强化精神文明建设为动力，紧紧围绕区委、区政府工作部署，立足文旅职能，聚焦文旅融合，贴近实际，贴近百姓，贴近生活，积极承办第五届保定市文化和旅游产业发展大会，开展丰富多彩的文化活动。统筹推进疫情防控常态化和文化旅游业发展，繁荣发展了区文化事业和旅游事业，为建设文旅强区提供坚强保障。

【文化事业】　为迎接中共二十大胜利召开，让群众享受高品质的文化生活，提升群众的幸福指数，区文广旅局举办丰富多彩的文化活动。线下以“喜迎二十大 奋进新征程”为主题，组织专业演出团队文化惠民演出43场、非遗进校园活动11场次、西河大鼓说唱小分队下乡演出活动50场次。其中春节期间线上直播哈哈腔经典剧目15场次，非遗展演6次，粉丝流量累计6万多人次，受到《人民日报》《今日头条》《河北日报》等多家新闻媒体宣传报道。倾力打造非遗经典剧目。哈哈腔剧团利用疫情无法外出演出的机会，精心排练《当官不与民做主，不如回家卖红薯》、古装戏《芝麻官审诰命》，并录制成影像，交付至红薯文化博物馆长期循环播放。清苑区文化馆于9月24日、25日推出“喜迎二十大 奋进新征程”迎国庆线上文艺作品展播活动。第五届保定市文化和旅游产业发展大会期间，9月1日至8日哈哈腔剧团在冉庄文旅特色小镇、清苑公园进行文化活动展演，共举办演出7场。10月《人民日报》以《河北清苑：非遗风车“转”出快乐童年》为题对风车技艺进行宣传报道，由清苑区文化馆选送的“清苑剪纸”，荣登河北省非遗主题作品线上展。11月，由文化馆承办的“大家跳”、“大家唱”及戏曲艺术节群众文化赛事活动，通过电视台、微信公众号等多种方式，在全区范围内进行广泛宣传和发动，并荣登“学习强国”保定学习平台。1—12月区文广旅局组织举办线上抗疫题材的文化活动、戏曲艺术精彩展示、哈哈腔经典剧目演出以及舞蹈、乐器演奏、书法绘画、工艺美术、葫芦丝、拉丁舞、红歌演唱等类别的少年公益培训活动共计 80 余场次。12 月，“大家唱 大家跳 大家读”群众文化赛事活动荣登中新网河北平台。

【公共文化服务体系建设】 倾力打造书院之城建设。2022 年，高标准高效率完成“雅轩书画院”“槐荫书院”两座书院的打造提升，两座书院均已投入使用，雅轩书画院已成功举办 3 场诗朗诵以及书画展等活动。助推博物馆之城建设。高标准建成冉庄红薯文化博物馆。力争图书馆升级为二级以上图书馆。实施村级综合性文化服务中心样板工程。以白团镇南营、北营两个村为标杆，推动村级综合性文化服务中心建设以及村史馆建设，打造村级综合性文化服务中心达标示范工程。通过为期一年的规划设计改扩建，白团镇北蛮营村村级综合文化活动中心建设已完成。白团镇南蛮营村新建村级综合性文化服务中心（含村史馆）已完成，已投入使用。开展文化惠民活动，发放文化惠民卡（券）。发放文化惠民卡（券）是省定 20 项民生工程之一，区文广旅局通过会议宣传、文化惠民下乡等多种形式，向居民发放文旅惠民卡 1740 张，完成任务总数 129%，发放文化惠民券 70000 张，完成任务总数 115%。超额完成市局下达的工作任务，为群众提供更多乐于参与、便于参与的优质文化产品和服务，促进了文化旅游消费。

【非物质文化遗产】 为喜迎中共二十大，区文广旅局采取线上和线下相结合的方式，多次举办国家级非遗哈哈腔、省级非遗北宋村古乐、市级白派西河大鼓非遗等宣传展示以及网上非遗保护知识竞答活动；组织非物质文化遗产项目代表性传承人申报和评审工作。为有效保护非物质文化遗产，推动非遗文化的传承和保护，经区非物质文化遗产保护专家委员会评审，命名杨雪明、戎文学 2 人为获清苑区第五批区级非物质文化遗产项目代表性传承人。

【文化执法】 2022 年，区文化执法局按照区委、区政府和市文化旅游局的安排，多措并举，保障文旅市场安定有序。科学制定全年工作任务目标和《2022 年文化市场综合整治工作实施方案》，并分阶段和层次进行安排部署，保证了文化市场执法工作的有序开展。整治互联网上网服务经营场所。对全区网吧等互联网营业场所进行专项整治，多次组织召开互联网经营单位安全生产、疫情防控专门会议，教育各经营单位严格落实疫情防控的相关规定，努力做到守法经营。对违反疫情防控规定的经营单位，责令其停业整改。开展“双随机、一公开”跨部门联合检查。多次与市场监管局等部门协作，开展跨行业“双随机”联合检查，同时还组织局内部协同检查 5 次，并将检查情况予以公开。深入开展“五个专项行动”。认真贯彻落实意识形态工作的决策部署和指示精神，牢牢把握正确的政治方向，围绕“平安建设”“扫黄打非”和“扫黑除恶”“打击整治养老诈骗”等重点工作，深入开展打击侵权盗版、查堵有害政治性出版物、查处未成年人上网行为、治理学校周边环境等专项行动，共出动检查人员 1600 余人次、车辆 330 车次，拆除地面违规接收设施 5 处，查处违规地面数字电视频道 2 家；对 3 家经营单位的违规行为依法进行行政处罚；发放防范养老诈骗宣传资料及手册 9000 余份，发放扫黄打非宣传材料 8000 余张，有效净化了文旅市场环境。

【文物保护】 增强文物保护意识，加大文物保护力度。对清苑区区域内未上级别的 57 处不可移动文物数量进行统计造册。进行文物统计年报工作，对文物库房安装视频监控设备，做到全方位无死角监控，确保文物安全。对东壁阳城遗址进一步研究、考证，科学规划保护范围。

【文化旅游】 举全区之力、集全区之智，全力做好第五届保定市文化和旅游产业发展大会的承办工作。经过为期一年的努力，第五届保定市文化和旅游产业发展大会于2022年9月7—8日成功举办，并获得各级领导及社会的认可。丰富文化旅游业态。以红色旅游为基础，按照“以红为底，多元复合”的旅游发展理念，以“赤橙蓝绿、道花林游、人民战争、又见冉庄”为主题，高规格改造提升冉庄地道战纪念馆，高标准打造冉庄文旅特色小镇，深度挖掘非物质文化精髓，精心排演《芝麻官审诰命》等多部哈哈腔剧目，举办以绣球龙灯为代表的非遗展示活动，打造集爱国主义教育、红色教育、军事体验、乡村民俗、商业文娱、民宿为一体的红色旅游目的地，构建了以冉庄为中心、以红色文化为特色的旅游度假产业集群；按照“农旅文一体化发展”的城市文旅产业定位，延伸打造了“一镇一梦一世界”正迪欢乐世界文化创意园，高质量推进旅游+生态+运动+农业+康养+文化等新业态。提升百姓幸福感。立足清苑文旅产业的基础和优势，围绕群众所需所想所盼，全力发展都市休闲农业，在好梦林水建设六全中央厨房项目，打造现代农业示范标杆；全力推动全民体育、全民健身，谋划能够达到国际级射击赛事场馆标准的庞伟射击馆项目，与奥运冠军钱红合作的国际游泳馆项目，进一步激发全民参与的热情；加快建设总投资6.1亿元古城香文化产业园项目，打造全国乃至世界香文化交流中心。打造夜经济。以时代旅游消费需求为出发点和落脚点，着力推动夜间商贸业态进一步做大做强，全力打造景美城美、城景合一、宜留宜闲、功能完善的魅力旅游城区。依托好梦林水步行街、正迪风情街，倾力打造集表演、餐饮、娱乐、休闲、购物为一体的夜间消费一站式体验；依托万琪便民市场等一批便民市场，打造便民夜市、亲民示范街，点旺城市烟火气，激发消费新活力，真正用“夜经济”点亮群众“夜生活”。绽放新颜值。充分发挥区位优势，科学利用后发优势，整合区域资源，补齐城市短板，全方位提升城市综合实力，努力推动实现从“追赶者”到“领跑者”的华丽转变，推动现代化品质生活之城建设绽放新颜值。

9月5日，区领导观摩第五届保定市文化和旅游产业发展大会筹备工作

局　长：雷艳群

（撰稿：杜彦伟）

广播电视

【概况】　保定市清苑区广播电视台位于清苑城区富强北路143号，2019年12月，根据上级要求，清苑区融媒体中心挂牌成立，加挂清苑区广播电视台牌子，副科级事业单位，归口区委宣传部领导，经费形式为财政性资金基本保证。清苑区广播电视台（清苑区融媒中心）拥有电视、广播、微信微博、头条、抖音、央视频、党媒传播平台等8个传播终端的15个传播平台。职责是宣传党的政策主张、反映众意愿呼声、传播社会主流价值、广泛凝聚社会共识，全面做好新闻报道和信息宣传工作，讲好清苑故事，传播好清苑声音。

【新闻宣传】　紧紧围绕区委、区政府中心工作，做好阶段性重点工作宣传报道。加大宣传贯彻落实中共二十大精神、第五届保定市文化和旅游产业发展大会、坚持人民至上、优化营商环境、乡村振兴、创建文明城区、创建卫生城市、城市新颜值等重点工作的宣传力度。2022年，共播发

《清苑新闻》166 期，播发新闻稿件 690 余篇(条)；开设《喜迎二十大——融媒记者看清苑》《喜迎二十大点赞新变化》《喜迎二十大 我想对党说》《全面宣传贯彻落实党的二十大精神》《撸起袖子加油干 风雨无阻向前行》《你我同唱一首歌——清苑融媒国庆特别节目》《文旅大会进行时》《坚持人民至上》《正风肃纪见行动》《乡村振兴看清苑》《记者在项目现场》《疫情防控》《城市“双修”进行时》等专栏 21 个，录制《云上春晚》《新春诗会》《读书日》《融媒微视——清苑三问》等特别节目 26 期。

在中共二十大召开前，清苑区融媒体中心多次召开专题会议研究，精心策划，提前制定宣传报道方案，9 月开始推出《喜迎二十大·融媒记者看清苑》《喜迎二十大点赞新变化》《喜迎二十大 我想对党说》系列主题报道，采取一般报道、现场访谈、出镜串场等多种表现形式全面展现了清苑社会各界高质量发展的生动实践；并在会议期间利用全媒体平台直播大会盛况，制作发布图文信息和《二十大时光》专栏；会后开办“全面深入学习贯彻党的二十大精神”“二十大精神面对面答题挑战赛·我问你答”，掀起学习贯彻落实会议精神热潮。

提升全媒体传播力，大力推进冀云清苑客户端、微信公众号、抖音号、视频号各媒体平台建设，及时向群众准确传递党委、政府声音。2022 年，共发布区委、区政府主要领导政务信息 120 余条。清苑融媒微信公众号粉丝 9.4 万人次，全年发布消息 2030 条、抖音号粉丝 28.3 万，2022 年，增加粉丝 5 万多人次，微信视频号共推出原创短视频 400 多条。清苑发布抖音号粉丝 24 万人次、FM105.8 飞扬调频抖音号粉丝 62 万人次。

【主题报道】 在疫情防控宣传工作中，清苑融媒人挺身而出、逆行而上。3 月，北和庄村出现新冠阳性病例，清苑区融媒体中心三人逆行进入封控村庄，拍摄记录广大干部群众和医务工作者众志成城抗击疫情的感人画面。新闻中心编辑记者深入隔离酒店、医院进行一线采访报道，大家齐心协力、里应外合拍摄制作完成宣传纪录片《幸得有你 家乡无恙》，单日浏览量超 20 万。

同时，全媒体矩阵各平台积极履行主流媒体责任担当，各平台以短视频、资讯、图文等方式持续向群众广泛宣传各类疫情防控知识以及省市区疫情防控相关消息，开办《战“疫”故事》《直通乡镇》《疫线有我》系列专栏，连续报道全区人民克难奋进、战胜疫情的典型事例，共发布短视频和图文信息上千条。

2022 年，清苑区遭受冰雹大风灾害天气，西瓜产业受灾严重，清苑融媒积极行动，迅速赶赴灾区拍摄推送短视频《紧急呼叫“吃瓜群众”助力 因雹灾滞销 现急寻买家》，新媒体平台累计浏览量达 10 万次。同时在各大商超发起助农公益行动，积极联系爱心商家传递帮扶信息，帮助受灾瓜农拓宽销路、降低损失。爱心群体与受灾瓜农通过清苑融媒这条“纽带”被紧紧地联系在了一起，2 天累计销售受灾西瓜 5 万余千克。

2022 年两会期间，根据疫情防控形势，清苑区融媒体中心采取直播 + 短视频 + 图文的报道形式，策划制作融媒体产品，将两会信息和一年来清苑区经济社会发展情况进行生动的展示。

第五届保定市文化和旅游产业发展大会期间，清苑区融媒体中心发挥矩阵优势，多平台上下联动，同向发力；传统媒体与新型媒体齐头并进，同频共振，实现发稿数量、覆盖人群两个“新高”。前期报道工作中，融媒体团队深入一线采访报道，共播发各类新闻稿件 40 余篇；在电视、广播、微信公众号、抖音号、视频号、冀云清苑客户端等媒介开辟《就是喜欢你 清苑》《你好，文旅大会！清苑欢迎你》《文旅大会进行时》等专栏，先后发布《文旅时间 60 秒看清苑》《清苑欢迎你》《正迪欢乐世界文化创意园》等多个精品短视频。宣传片《就是喜欢你——清苑》充分展现出清苑在建设现代化品质生活之城中迸发出的全新动能，在社会上引起强烈反响，点击量 19.5 万人次；原创主题 MV《就是喜欢你》发布后被清苑及周边群众广为传唱，点击量5.7万人次。文旅大会宣传片和主题曲被长城新媒体等平台转发后点击量100多万人次。第五届保定市文化和旅游产业发展大会（清苑）全景云观摩、“云端看文旅”第五届保定市文化和旅游产业发展大会云观摩直播活动也得到领导和社会的一致认可。

【外宣工作】 2022年，清苑区融媒体中心聚焦重点项目、重大事件、重要活动、重要节点，开展重点宣传，着力打造新闻宣传“爆款精品”，提高“大报大台”上稿率。2022年，共在中央电视台、央视频、新华社客户端、人民日报客户端、经济日报客户端、光明日报客户端等国家级媒体发稿144篇，成立学习强国专班，在“学习强国”地方平台全年发稿417篇，向外讲好清苑故事。

【实现直播常态化】 2022年，共举办各类直播活动20多场，春节前与旭升地产等商家合作，推出5场线上年货节和正月十五的元宵节专场，总销售额突破15万元，获得商家和粉丝的认可和好评；2月，保定市举行2022年第一批项目集中开工，清苑区作为分会场，与全市4个主会场和其他各县市区分会场同网直播，在时间、技术、流程上均达到了全市标准，按活动要求无差错完成清苑段的直播；在第五届保定市文化和旅游产业发展大会前期，组织对好梦林水、冉庄文旅小镇、正迪文化创意园三个参观点位进行3场慢直播，每场直播2个小时，收到了良好的宣传效果。

【创新举办活动】 6月初，清苑区融媒体中心创新形式，采用云上直播方式，成功举办了“西瓜熟了”清苑区第五届西瓜文化节暨“云端论瓜”活动。通过分会场互动，冀云、抖音、微信公众号及社会自媒体等多平台联动，为清苑西瓜代言，为清苑乡村振兴助力。原创歌曲《西瓜圆圆西瓜甜》MV推出后在社会上引起强烈反响。

6月2日，“西瓜节”录制现场

6月底，清苑区融媒体中心承办了全国第七届“万步有约”健走激励大赛河北省暨清苑赛区启动仪式，所有参与员工克服天气炎热等诸多困难，在现场连续工作2天，圆满完成此次活动。这次直播打破了以往清苑融媒单场地直播的局限，采用14讯道直播，场内场外无缝衔接，直播采用T80无线传输技术，克服了距离的限制，也是清苑融媒首次对体育类赛事直播的尝试。

台　长：樊树旺

（撰稿：高志尊）

有线网络

【概况】 中国广电河北网络股份有限公司清苑区分公司，是经河北省政府批准，以广电网络资产为基础，以资本为纽带，通过行政推动、市场运作的方式，由原清苑广播局有线网络部门改编成网络公司，于2007年4月正式挂牌成立，主营全区广播电视传输基本业务和高清电视，交互电视、宽带、数据专网等增值业务，2022年8月29日，按照全国统一管理，正式更名为中国广电河北网络股份有限公司清苑区分公司。2022年，在省公司、市公司及区委、区政府的正确领导下，公司坚持以迎接、保障、学习、宣传、贯彻中共二十大为主线，深入落实集团公司“两升一降”总基调和党媒政网，民生广电的企业理念。为区环保局在高点监控、企业污染视频监控、政法委政法专网、医保专线、政法委“雪亮”工程等多项业务提供服务。利用“保定市农村大喇叭广播系统”，在主城区8个主要交通路口点位及红色旅游教育基地冉庄地道战2个点位，为广大群众宣传创城、疫情防控等多方面知识。

【业务发展】 率先完成涉及清苑区域问题点位的700M频点清频工作，为业务开通奠定了基础，2022年6月27日，中国广电5G网络服务正式落地清苑，192手机通信号段正式进行商用发行。配合保定市公司完成清苑区域700M 200个5G无线基站的无线电监督执法局的备案工作。为提升无线网络覆盖质量，开展两个阶段的拉网测试工作，完成2393个点位测试，发现和上报省、市公司故障点位2个。积极组织展开5G路测工作，完成清苑主城区、乡镇主干道路和清苑区域高速路网的路测，行程1000多千米。指定专人负责清苑区域范围内5G报修工单的维护工作，处理各种渠道反馈故障2起。主城区内实现“双千兆”网络全覆盖。

6月27日，举行中国广电5G网络服务清苑区启动仪式

【安全传输】 为了保障安全播出、安全生产和有效应对突发事件，清苑公司紧盯重点部位、重要环节，进一步优化流程、细化预案，努力下先手棋、打主动仗。更新了应急预案，涵盖了停电、重要环节设备故障、光缆中断、非法信息插入、网络和计算机病毒入侵、暴恐冲击、自然灾害等多个方面。技防方面，降低设备及线路老化潜在的传输风险，完成机房内HFC网络的全面更新改造，优化网络架构，简化中间环节，降低了隐患节点，排查线路隐患，梳理防火墙及其他数据网设备配置，排除数据隐患。人防方面，公司坚持以“统一领导、统一指挥、分类管理、分级负责、快速反应、严密组织、协作配合、有力保障”为原则，不断提高安全意识、做到预防为主。为了让员工熟悉应急预案，并检查预案的有效性，公司坚持日常培训，并且组织了各类专项演练。清苑公司全年紧紧围绕安全播出、安全传输、安全生产、网络安全这根主线，胜利完成中共二十大安全播出保障任务。此外，还圆满完成冬奥会、冬残奥会等重大节点的安全播出与传输重要保障任务。成功保障省市级电视会议105场次。

经　理：丁润锋

（撰稿：冯鑫韵）

地道战遗址文物保护中心

【概况】 2022年，清苑区地道战遗址文物保护中心紧紧围绕清苑区委、区政府中心工作，积极谋划，开拓创新，作为第五届保定市文化和旅游产业发展大会展示点位，助力大会成功举办。同时，对内完善基础设施，对外提升景区形象，深入推进红色文化“七进”系列活动，爱国主义教育基地作用发挥显著。

【第五届保定市文化和旅游产业发展大会】 清苑区是2022年第五届保定市文化和旅游产业发展大会的举办地之一，冉庄地道战景区作为重要展示点位，对纪念馆及遗址保护区内设施进行改造提升。聚焦风貌提升，营造红色氛围。打造以地道战为主的“红色文化”特色墙绘，用红色元素扮靓景区；以地道战红色文化宣传队为依托，还原老电影部分剧情画面，再现抗战时期的场景，以充分展示清苑深厚红色文化底蕴。聚焦优化提升，完善基础设施。开展景区优化环境行动，对现有基础设施进行改造提升，让综合环境干净、美观，让景区绿起来靓起来。全力推动遗址保护区人居环境持续改善，村容村貌焕然一新。聚焦素质提升，强化培训学习。聘请专业老师对红色文化宣传队人员进行快板、舞台表演、民谣等方面的系统培训。同时，继续实施讲解员集训，提升讲解礼仪、讲解技巧、讲解质量及综合服务水平。组织开展外出交流，到张家口蔚县剧团、涉县129师纪念馆文化团等单位进行观摩学习，进一步开阔眼界，为第五届保定市文化和旅游产业发展大会顺利召开保驾护航。

【安全生产】 落实“安全第一，预防为主”的方针，构建适合景区实际需求的安全应急体系，主抓防汛、防火、突发事故等旅游安全工作，做好各类安防设施日常检查，于6月、9月开展应急演练2次，应急处理能力得到很大提升。同时，按照清苑区作风大整顿工作方案要求，认真开展了安全生产作风建设大排查，2022年无安全事故。

【房屋修缮】 根据保护区居民反映房屋漏雨、破损的问题，区地道战遗址文保中心高度重视，迅速组织力量对破损民居进行摸底汇总，依据《保定市文化广电和旅游局农村房屋隐患排查整治工作组织实施方案》的要求，2022年，对保护区内17处传统民居进行维护保养。

【文物保护】 冉庄地道战遗址12处文物建筑保护修缮工程于2022年10月开工，同时进行冉庄地道战遗址土地道段修缮工程、冉庄地道战纪念馆预防性保护项目的申报工作。

【媒体报道】 2022年，区地道战遗址文物保护中心创新形式，丰富载体，开展了多种线上线下活动，并积极与各级媒体对接，先后被中央电视台、《人民日报》、网易、《河北日报》、河北电视台、红色河北等多家媒体及网络平台报道，市级以上媒体报道40余篇次。

【各项活动】 区地道战遗址文物保护中心与时俱进，举办了多场别开生面的活动，所有活动都是线上线下同步进行。

红色楹联进万家。春节前夕，开展“红色楹联进万家”活动，以抗战史识、党的理论政策为内容，组织专业老师进行写作，为遗址保护区内村民免费送去春联百余副，引导人们了解更多的抗战知识和英雄事迹，明白国防力量强盛的重要性，深知国防教育的必要性。

“强国复兴有我”元宵线上猜灯谜活动。元宵佳节，开展“强国复兴有我”元宵线上猜灯谜活动。在欢度佳节的同时，让大家学习红色文化，回顾中国共产党的光辉历史，弘扬祖国传统文化。

“让爱国主义精神在青少年中生根发芽”开学第一课活动。3月4日，以地道战精神为主线，深入推进红色文化进校园活动，通过线上直播方式开展“让爱国主义精神在青少年中生根发芽”开学第一课活动，走进了中小学课堂，为学生上了一堂别开生面的思政课，活动共600余人参加，深耕了青少年爱国情怀。

“云上观展 筑牢维护国家安全钢铁长城”活动。4月15日是第七个“全民国家安全教育日”，开展了线上“云上观展 筑牢维护国家安全钢铁长城”活动，引导人们致敬先烈、了解更多的国家安全知识。“勿忘历史 珍爱和平”为主题的“七七事变”暨全民族抗战爆发85周年纪念活动：7月7日是纪念全民族抗战爆发85周年，为回顾抗战历史，弘扬爱国精神。开展了以“勿忘历史 珍爱和平”为主题的“七七事变”暨全民族抗战爆发85周年纪念活动。组织小学生在纪念馆开展思政课，回顾革命先烈英雄事迹，讲述红色历史，呼吁后人以史为鉴，展望未来。

招募小小讲解员。2022 年 7 月、8 月，冉庄地道战纪念馆开展了“大手牵小手，红色基因代代传”志愿讲解活动，招募并通过授课的形式，培育了一批志愿小小讲解员，充实讲解力量，提升教育效果。

“勿忘历史 吾辈自强”日本投降七十七周年纪念日活动。8 月 15 日，为加强对未成年人的爱国主义教育，引导学生树立铭记历史、勿忘国耻、珍爱和平、自强不息的坚定信念，冉庄地道战纪念馆开展了以“勿忘历史 吾辈自强”为主题的教育活动。

8 月 15 日，地管中心开展“勿忘历史 吾辈自强”日本投降七十七周年纪念日活动

烈士纪念日活动。9 月 30 日是国家设立的烈士纪念日，为深切缅怀革命先烈的丰功伟绩，弘扬革命先烈的崇高精神，激励全体干部职工践行初心使命，冉庄地道战纪念馆在冉庄烈士陵园举行了公祭活动。

红色文化“七进”（进企业、进农村、进机关、进校园、进社区、进军营、进网络）。5 月 18 日、19 日，冉庄地道战纪念馆推出了“抗战奇观 地下长城”云展览，把线下实体搬到“云”上展示，让更多的人接受爱国主义教育。同时，开设“云课堂”，走进冉庄小学、清苑四小、李庄中学、世纪中学、冉庄中学等 5 所学校，让广大中小学生参观学习，通过图片展示、藏品及其背后的英雄事迹的解说，积极培育中小学生的社会主义核心价值观，倡导学生们珍惜今天的幸福生活，教育和引导更多的中小学生爱党、爱国、爱家。活动共有师生 1.25 万人观看。6 月 30 日，冉庄地道战纪念馆举办了以“强国复兴有我 喜迎二十大 永远跟党走之地道战精神宣讲报告会”为主题的红色文化进东闾活动，进一步弘扬了地道战精神，推动了红色文化往深里走、往实里走、往心里走，使红色基因在农村这块广阔的大地上生根发芽。8 月 1 日，地道战红色文化宣传队带着饱满的热情，带着对革命前辈的敬仰之心走进清苑区光荣院，开展“强国复兴有我·喜迎二十大·永远跟党走·奋进新征程”地道战精神宣讲报告会，为老革命、老党员、老前辈送去了节日的慰问，献上了一场丰富多彩的文艺演出。

8 月 1 日，红色文化七进活动走进光荣院

【荣誉奖励】 2022 年 2 月，被中央宣传部评为 2021 年全国文化科技卫生“三下乡”活动优秀团队。2022 年 4 月 15 日，被清苑区精神文明建设委员会评为 2021 年度区级“提质提效 文明服务”创建竞赛优胜单位、先进个人、优秀组织单位。2022 年 4 月，被中共保定市清苑区委宣传部评为保定市清苑区新时代文明实践红色教育基地。2022 年 6 月，被中共保定市清苑区委区直机关工作委员会评为先进基层党组织。2022 年 9 月，被保定市清苑区建设儿童友好城市工作领导小组办公室评为儿童友好红色纪念馆。

主　任：周明慧

（撰稿：张鹏）

教育和体育

教育和体育

综　述

【概况】　保定市清苑区教育和体育局为区政府工作部门，机构规格正科级。区委教育工作委员会与区教育和体育局合署办公。区委教育工作领导小组秘书组设在区教育和体育局。主要职能职责是贯彻落实党中央和省委、市委、区委关于教育和体育工作的方针政策和决策部署，坚持和加强党对教育和体育工作的集中统一领导。区教育和体育局机关行政编制13名，股级领导职数4名。内设办公室（普教股、法制安全股）、人事股（德育股）、财务审计股（规划股）、体育股（职业成人教育股）。

【工作成效】　2022年，区教体局以习近平新时代中国特色社会主义思想为指导，深入学习贯彻中共二十大精神，全面落实党的教育方针，统筹疫情防控、安全稳定和教育教学，致力构建更加公平、更有质量、更为完善的教育体系，努力办好人民满意的教育。各项工作均取得优异成绩。获第十届河北省青少年“阅·知·行”读书活动先进组织奖，喜迎中共二十大奋进教育新征程图文征集活动优秀组织奖，保定市第四届冰雪运动会“最佳组织奖”“体育道德风尚奖”等。

（撰稿：张忠良、刘帅）

教育结构

【高中教育】　清苑区共有公办高中4所（清苑中学、清苑一中、李庄中学和臧村中学），清苑中学和清苑一中为省级示范性高中，李庄中学和臧村中学为一般普通高中。在校学生10022人。2022年，全区高考取得优异成绩，清苑中学、清苑第一中学普通高考参考人数2299人，本一上线896人，本一上线率38.99%；本科上线1622人，本科上线率70.55%。高考总分600分以上37人，理科最高分652分，文科最高分624分。泽龙实验中学普通高考参考460人，本科上线194人，本科上线率42.17%。李庄中学、臧村中学、职教中心也取得优异成绩。

【义务教育】　全区共有公办初中24所，在校学生20995人；公办小学134所，在校学生53278人。推进校安和薄改项目落实，改善中小学办学条件。严格执行义务教育免试就近入学政策，有效化解义务教育大班额，全区义务教育入学率

100%，巩固率 100%。

【学前教育】 全区共有公办幼儿园 142 所，在园幼儿 12251 人。2022 年，区教体局投入学前教育发展资金 1350 万元，用于新改扩建、办园条件改善和幼儿资助，农村公办园办园条件进一步提升，公办学前教育资源供给不断增加。区内 4 所农村幼儿园通过省级一类园验收，组建 3 个学前教育集团，农村学前教育覆盖率 100%，公办在园幼儿占比 58.7%，普惠率 90.58%。

【民办教育】 全区共有明大高级中学、泽龙实验中学和泽龙高级中学 3 所民办高中，在校学生 6585 人。2022 年，明大高级中学招生 1450 人，泽龙实验中学招生 1613 人。民办初中 2 所（新华世纪中学和启辰中学），在校学生 10320 人；民办幼儿园 105 所，在园幼儿 8618 人，认定 72 所普惠性民办幼儿园，在园幼儿 6653 人。校外培训机构 53 所。全力推进规范民办义务教育专项工作，优化义务教育结构，严格控制增量，逐步消化存量，控制民办义务教育在校生占比降低至 4.8%。

【成人教育】 以服务“三农”为宗旨，开展农村实用技术培训，创办 1000 余块科技墙，印发科技资料 12 万余份，多次开展线上线下培训，受益人群达 3 万人次。依托成人学校教育优势和教育资源开展老年人智能设备培训活动，累计开展培训课程 1450 期，接受培训和服务的老人约 7600 人次。

【特殊教育】 清苑区特殊教育中心（原清苑县特教学校）。创办于 1996 年，是清苑区唯一一所对残疾儿童少年实施九年义务教育的全日制特殊教育学校。占地面积 4349.89 平方米，建筑面积 1870 平方米。在校生 59 人，教职工 15 人，设 1 个聋班、6 个培智班，全部享受国家“两免一补”优惠政策。

特殊教育中心秉承“务实、尚美、明理、启智”的办学宗旨；奉行“快乐学习，健康成长”的教育理念；一直坚持“让特殊孩子融入社会”的教育目标，挖掘学生亮点，打造特色校园。2022 年，特殊教育中心获评保定市清苑区教学工作先进单位；在教体系统民生实事工作测评中，成绩突出，被评为先进集体。

2022 年，投资 22 万元建成农村普通学校特殊教育资源教室 2 个，进一步完备残疾儿童少年康复设备，实现乡域特教资源共享。健全义务教育残疾儿童少年台账，促进特殊教育融合发展，采取随班就读、特教学校、送教上门方式，确保残疾儿童少年全部入学，义务教育残疾儿童少年入学率达 100%。

【职业教育】 2022 年，职教中心共招收注册高一新生 738 人，65% 毕业生升入高一级学校。计算机网络技术专业学生在单招考试中以 664 分获河北省第三名，会计电算化专业学生以 549 分获河北省第 82 名。大力改善办学条件，投资 9500 万元新建综合楼、宿舍楼及改造提升运动场，运动场建设基本完工，宿舍楼完成主体验收，综合楼钢结构安装全部完成。职教中心积极推进校校联合、校企合作，与多学院联合办学，实施“3＋2”中高职贯通培养。330 名师生走进企业，促进产教融合，拓宽毕业生实习、就业渠道。戏曲表演专业被《保定日报》、《人民日报》、《光明日报》、河北新闻网、“学习强国”学习平台等多家平台报道，《光明日报》在客户端刊发《一技在手就业无忧》一文，对职教中心产教融合实习、多举措就业人才培养模式进行宣传报道。

（撰稿：张忠良、刘帅）

教师队伍

【学历结构】 清苑区共有在职教职工 6400 人（不含进修学校），其中专任教师 5644 人：小学教职工 3172 人，专任教师 2921 人，学历合格率 100%；初中教职工 1791 人，专任教师 1611 人，学历合格率 100%；高中教职工 741 人，专任教师 591 人，学历合格率 100%；幼儿园教职工 696 人，专任教师 521 人，学历合格率 100%。

【年龄性别结构】 清苑区共有在职教职工 6400 人，其中 50 岁以上 1615 人，占比 25%；40～49 岁 2973 人，占比 47%；30～39 岁 1109 人，占比 17%；30 岁以下 703 人，占比 11%。其中男教师 1375 人，占比 21%；女教职工 5025 人，占比 79%。

【职称结构】 清苑区现有正高级职称 8 人，副高级职称 1567 人，占全区教职工的 25%；中级职称 3022 人，占比 47%；初级职称 1589 人，占比 25%，未定职称 214 人，占比 3%。

发挥教师补充长效机制，新招聘中小学幼儿园教师 163 名，除高中教师外全部分配到农村学校，教师年龄结构、专业结构更趋优化。

（撰稿：张忠良、刘帅）

教育管理

【党建工作】 全面推进党组织领导的校长负责制，调整新建党支部（党总支）172 个，实现中小学党组织、工作机制和活动全覆盖，选优配强党支部书记、专职副书记。积极培树政治标杆，扎实开展“党史学习教育活动”“再造新保定、奋进党旗红”活动，“三亮三比”（“三亮”即亮标准、亮身份、亮承诺；“三比”即比技能、比作风、比业绩）活动，夯实基层组织，锤炼过硬干部队伍。以“安全文明校园达标竞赛、师德师风专题教育、教学大比武大练兵、德育擂台争霸赛、阳光运动展风采竞赛”等 5 项活动为载体，自上而下夺旗争星，打造政治标杆，教体系统干部作风明显转变。

【双减工作】 优化课堂教学，细化作业管理办法，完善作业公示制度，布置作业实行“三提倡”（提倡分层布置作业，提倡布置探究性、实践性家庭作业，提倡学校开展每周 1 天无作业日）、“七不准”［不准给小学一、二年级学生布置书面作业；不准给学生布置机械性、重复性、惩罚性的书面作业；不准用增加作业量的方式惩戒学生；不准给家长布置作业或让家长代为评改作业，作业总量不准超过规定时间（三至六年级学生每天书面作业总量不准超过 60 分钟，初中学生每天书面作业总量不超过 90 分钟）；作业难度水平不准超过课程标准要求，节假日（含双休日、寒暑假及国家其他法定节假日，下同）；不准加大作业量］，力促“双减双升”。课后服务采取“基本服务＋特色活动”模式，满足学生多样化需求。加强校外培训机构管理，严查违规培训和隐形变异培训，对收费行为进行有效监管，校外培训机构检查 12 次，净化校外培训环境，切实减轻学生培训负担。

【教育创新工作】 深入实施“1530”工程，与天津南开中学深入对接，完成高中 10 个学科四轮线上同步教研、培训和论坛活动。建设 4 个市级名师工作室，16 个区级名师工作室，联合打造与北京田莉莉、吉春亚名师工作合作室，12 个学校加盟北京景山学校“数字景山网络联盟”，推进“京津协作五个一”落实。试行集团化办学，扩大优质教育资源覆盖率，采取“合并校”“帮扶联谊校”形式，组建 7 个教育集团，促进了义务教育优质均衡发展。加强互联网＋教育资源服务体系建设，改造教育城域网，促进教学改革，优化线上教育。

【教研工作】 建立完善 1＋4 备课管理机制，发挥骨干教师引领作用，组织 20 个名师工作室开展教学研究 100 余次、送教下乡 6 次。加强高中、初中教学视导，举办各种形式的听评课活动，强化教研实效性。坚守育人本源，破除“五唯”顽瘴痼疾，完善学校管理、课堂教学和质量评价体系，加强常态化督导检查和质量监测，强化结果运用和问责机制，持续优化教育教学秩序和综合育人环境。

【法制安全】 全面维护教体系统安全稳定，不断优化校园疫情防控措施。结合公检法司部门开展“法治进校园”活动。全区412所学校幼儿园全部实行封闭化管理，一键报警与视频监控已与公安局110联通，配备专职保安469名，校门口设置升降柱或防撞栏。中小学安保服务投资1205.4万元，完成全区中小学幼儿园469人安保服务采购工作。制定《学校安全十项工作68条具体措施》，建立部门协调联合防欺凌工作机制，成立“清苑义警”队伍，积极参与城区校园周边地区安全防范工作，进一步提升校园安全防范水平。

【德育工作】 落实立德树人根本任务，改革创新德育途径。加强爱国主义教育，开展了“红色文化进校园”“‘阅知行’读书活动”“青少年爱国主义读书教育活动”，区教体局获得第十届“阅知行”读书活动省级先进单位，3所中学获省级“书香校园”称号；加强美育和劳动教育，落实美育课程，加强美育教学，展示美育成果。建成校内劳动实践基地116个、校外劳动与研学实践教育基地7个、省级劳动基地2个。

【民生工程】 不断优化教育支出结构，优化教育资源配置，缩小城乡教育差距，满足广大人民群众对教育的新需求。投资3714.5万元，用于新、改扩建清苑镇中学宿舍楼及附属工程、臧村镇育才小学综合楼及附属工程、北阎庄幼儿园幼儿活动楼、王盘中学餐厅、宿舍楼和闸板口小学综合楼5个重点项目；投资3570万元新建清苑一中体育馆，投资2612万元新建10个中小学标准化运动场，硬化改造提升运动场19个；投资980.7万元购置中小学、幼儿园教学设备，中小学办学条件大幅改善。全面落实义务教育“两免一补”政策、学生资助政策和学生营养餐计划经费。

（撰稿：张忠良、刘帅）

体育工作

【体育教学】 深化体教融合，健全“健康知识+基本运动技能+专项运动技能”教学模式，加强体质监测，预防解决“小胖墩”“小眼镜”问题。开展“一校一品”“一校多品”学校体育模式，探索小初高贯通、一条龙人才培养体系，畅通人才发展通道，高中招收体育特长生300人，9所学校获评省体育特色校，24所学校获评市体育特色校，位居全市前列。

【体育赛事】 组织开展全区青少年运动会、青少年篮球、羽毛球和乒乓球联赛、老年空竹、门球、杨氏太极拳展演等群众性体育活动20场，促进了全民健身全龄化、全人群发展，人民网、《经济日报》、河北卫视、燕赵体育等媒体多次报道。在保定市第四届冰雪运动会中获得优秀赛区奖、最佳组织奖、体育道德风尚奖，团体总分第三名。

【体育惠民】 打造占地70亩的体育公园，建设清苑一中体育馆，扩建好梦林水体育公园，新建街角公园12个、健身场地62处、社会篮球场9个、社会足球场3个，打造10千米国内首条渐变色塑胶步道，初步形成了15分钟健身圈。

（撰稿：张忠良、刘帅）

教育机构

【清苑镇总校】 清苑镇共有幼儿园5所、小学5所、初级中学1所、九年一贯制学校1所。辖区内各校强化学校内涵，着力提升学校育人功能。2022 年 3 月，大福村小学被评为“保定市学校安全工作先进集体”。4 月，郎庄幼儿园被评为“教育脱贫攻坚先进集体”，实验小学获“省级书香校园”称号。9 月，中冉学校和东顾庄小学获清苑区“绿色校园”称号。在清苑区第一届中小学班级合唱比赛中，实验小学获小学组一等奖，中冉小学、大福村小学获小学组二等奖，中冉中学获初中组二等奖。在“喜迎二十大 妙笔颂中华”书画、摄影评比活动中，18 名学生获区级奖；在区班主任基本功大赛中，两位教师分获区小学组和初中组第一名。

【冉庄镇总校】 冉庄镇现有 1 所中学、9 所小学，10 所幼儿园、现有初中在校生 739 人、小学在校生 2597 人、在园幼儿 545 人，教职工 284 人。2022 年 6 月，冉庄镇总校组织的“传承革命火炬，争做时代新人”活动，在河北电视台公共频道播出，并在《人民日报》刊登。冉庄镇大张庄小学和冉庄小学在河北省“奔跑吧 · 少年”课间操线上比赛中，获优秀推广实施单位称号。7 月，大张庄小学分获清苑区中小学生乒乓球比赛男女团体总分第六名。冉庄中学组织的大型纪念活动在凤凰网刊发，在中央中文国际频道播出。

【魏村镇总校】 魏村镇有 1 所中学、7 所学小学、7 所幼儿园。有初中在校生 664 人，在职教师 74 人；小学在校生 2369 人，在职教师 153 人；幼儿园在园幼儿 631 人，在职教师 66 人。有成教学校 1 所。全镇中小学，幼儿园专任教师学历合格率 100%。武罗侯小学设立了“名师工作室”“音乐工作室”“学生劳动实验基地”，绿化园林 3200 平方米，建成首个魏村园林式学校，谢上小学加入清苑小学教育集团，共建合作平台，共享教学理念，魏村中学设多媒体教室、教研活动室，6 所幼儿园共安装多媒体一体机 17 台。魏村中学篮球队获清苑区男子篮球赛初中组冠军；魏村西街幼儿园被区教体局评为“教学工作先进单位”，武罗侯小学被区教体局和生态环境局清苑分局授予“绿色校园，环境育人之星”称号。

【温仁镇总校】 温仁镇有幼儿园（含附属园）11 所、小学 10 所、九年一贯制学校 1 所、中学 1 所，有在园幼儿 660 人、小学在校生 3550 人，中学在校生 1050 人，有在编教师 348 人。2022 年暑假考试，温仁镇总校综合排名全区第二名，大柳树小学六年级数学、半壁店小学六年级英语均获得全区第一名。2022 年中考，王盘中学综合排名第三，温仁中学排第五。8 个单位获得“2022 年度教学工作先进单位”称号，全年共 119 人次获区级及以上荣誉称号。在全区乒乓球比赛中，获小学男子组第八名。

【张登镇总校】 张登镇有 1 所中学、6 所小学、6 所公办幼儿园（含附属园）。2022 年，张登幼儿园、北和庄小学分别与清苑第一幼儿园和清苑第三小学结成集团办学模式。张登幼儿园顺利通过省级示范园验收；张登中学在青少年运动会中获全区公办学校第一名，并打破两项运动会纪录。在乒乓球比赛中获得男子组第四名、女子组第三名。张登总校、北和庄小学、吕家屯幼儿园等 6 个单位被区教体局评为教育教学先进单位。

【大庄镇总校】 大庄镇有 1 所中学、4 所小学、6 所公办幼儿园、1 所成人学校，共有教职工 156 人。2022 年 4 月，草桥小学承办大庄镇总校组织的第六届校园文化节。5 月，大庄镇总校选送教师参加区级联盟体教师基本功大赛，多名教师获奖。6 月，大庄镇师生热烈庆祝中国共产党成立 100 周年，积极参加区教体局组织的师生书画展，4 名教师获二等奖、5 名教师获三等奖。在艺术展演活动中 4 名教师获奖，大庄镇总校获清苑区第七届阳光下成长中小学生艺术展演优秀组织奖。7 月，杨庄小学获“省级书香校园”荣誉称号。12 月，在第三届清苑区冰雪运动会陆地冰壶比赛中大庄镇4名教师获全区第五名。在清苑区中小学教师专业素养大赛“优质课说课”活动中，大庄镇6名教师获评二等奖。大庄镇成人学校“赢在未来家庭教育课堂”被评为河北省终身学习活动平台，其中“亲子阅读知行课堂”获省级一等奖。

【臧村镇总校】　臧村镇有6所完全小学及7所幼儿园。闸板口幼儿园顺利通过“城市一类园”评估验收工作。臧村镇总校三位教师代表清苑区参加了保定市课堂教学评价，均获一等奖。2022年10月，臧村镇总校获清苑区第八届航模比赛优秀组织奖。东臧小学和臧村小学获得保定市绿色学校称号；詹庄小学、西于庄小学、东臧小学和臧村小学获得清苑区绿色学校称号；东臧小学被授予“书香校园”荣誉称号；臧村小学和闸板口小学被评为保定市体育特色学校；育才小学获保定市“护苗·法律知识进校园”网络答题竞赛活动先进单位。臧村镇总校被清苑区开放大学评为2022年度电大招生工作优秀单位。

【望亭镇总校】　望亭镇有初级中学2所、小学8所、独立公办园2所、小学附属园7所。望亭镇总校继续加强学校基础建设，优化育人环境，保安全强教学。2022年7月，在清苑区乒乓球比赛中，获小学女子组第三名、男子第七名，教职工男子第一名、女子第七名；望亭中学等6所学校被评为清苑区绿色校园，东安小学被评为省级绿色学校；10月，在第八届航模比赛中，总校获得“优秀组织奖”；2022年度电大招生超额完成，完成率119%。

【白团镇总校】　白团镇有6所小学、4所幼儿园、初级中学1所、教学点1所，有教职工264人，有初中在校生798人、小学在校生2264人、在园幼儿325人。2022年12月，白团镇总校被区教体局评为“教体系统民生实事工作先进集体”“开放大学招生工作先进单位”。白团中学获区级“教育教学质量先进单位”“省级书香校园”“省级绿色学校”等荣誉称号。白团东街小学、南营小学、东壁阳城小学、白团北街小学被评为区级绿色学校。白团东街小学少先大队获“保定市优秀少先队集体”荣誉称号。

白团成人学校举办种植养殖、家政服务、养生保健、家庭教育、老年人智能手机的使用等培训。2022年，共举办培训12次，培训农民960人次。全年刊登出版资料10期，纸质版共发放6000余份，电子版科技资料共发放9600余份。全镇共有科技黑板12块，全年刊登共10期。

【北店乡总校】　北店乡共有学校14所，其中小学9所，在校生2144人；中学1所，在校生514人。公办独立园4所，校中园5所，民办幼儿园2所，在园幼儿共计735人。全乡教师共计252人，其中专任教师228人，教师学历达标率100%。在2022年教学工作中，西林水小学、田各庄小学、牛庄幼儿园、北店中心幼儿园被评为“教学工作先进单位”；在2022年度中小学首届班级合唱活动、清苑区班主任基本功大赛中获优秀组织奖；2022年7月获区教体局高考、中考“优秀组织单位”称号。

【石桥镇总校】　石桥镇有中学2所，在校生664人；有小学10所、教学点2个，在校生2490人，义务教育入学率巩固率均达到100%。有公办幼儿园10所，在园生569人；有私立幼儿园5所，在园生335人，入园率达到98%。全镇教职工数318人，学历全部合格。2022年度南侯小学和张村小学获得了保定市清苑区“教学工作先进单位”称号，胡指挥小学和石桥中学被评为清苑区“绿色校园”，平陵小学获得清苑区劳动技能比赛优秀组织奖，2所中学中考文综、理综成绩突出，石桥镇总校在2022年清苑区班主任基本功大赛中获优秀组织奖，在2022年度保定市清苑区中小学首届班级合唱活动中获优秀组织奖。在2022年开大招生工作被评为优秀单位。

【北王力乡总校】 北王力乡有学校9所，其中小学5所、1个教学点，小学在校生1329人，入学率100%，巩固率100%；独立幼儿园2所，幼儿园在园幼儿485人，入园率98.5%；中学1所，学生469人。全乡中小学、幼儿园专任教师170人，教师学历达标率100%。2022年，刘村小学、大李各庄幼儿园、北王力幼儿园被区教体局评为“教育教学先进单位”，大李各庄小学被区教体局和生态环境局清苑分局评为“绿色学校”。在清苑区中小学青少年运动会中北王力中学获区第九名；在中小学乒乓球比赛中，北王力中学男子组获区第七名；北王力乡小学男、女组均获第五名。北王力乡2名教师分别获区级教研组长论坛一、二等奖，4名教师在区微课堂评比中获一、二等奖。

【李庄乡总校】 李庄乡有初级中学1所，在校学生413人；小学8所，在校学生1435人；幼儿园8所（含2所民办园），在园幼儿592人。全乡教职工202人，教师学历达标率100%。李庄乡总校在2022年清苑区中小学首届合唱活动、清苑区班主任基本功大赛中获“优秀组织奖”；李庄乡总校、北辛力小学、北段庄幼儿园分别被清苑区教育和体育局评为教育教学先进单位；2022年7月，李庄二中在清苑区中小学生乒乓球比赛活动中，获初中女子组第四名；付家营小学在全区体育考核中获全区第四名。2022年8月，李庄二中在清苑区首届中小学班级合唱比赛中获三等奖。北李各庄小学被保定市体育局授予“保定市体育传统特色学校”称号；仁王力小学被河北省体育局、河北省教育厅授予2022年“奔跑吧·少年”儿童青少年主题健身活动“优秀推广实施单位”称号。

【阳城镇总校】 阳城镇有学校17所，其中中学1所、小学12所、幼儿园4所；在校学生幼儿共计4298人，共有教师278人。2022年，全镇中小学及幼儿园总计投入228万元美化、绿化、净化校园，新增绿化面积2000多平方米。共有6所学校获“保定市清苑区绿色学校”荣誉称号。大魏庄中学94名学生升入清中，位列乡镇第一名，4所小学获评教育教学先进单位。大魏庄中学获中学生运动会团体总分第四名，在乒乓球比赛中获团体总分第三名，在篮球比赛中获全区第四名；阳城镇总校小学组在区乒乓球比赛中获男子组第二名。大魏庄中学、阳城小学被命名市级体育传统项目校。

【东闾镇总校】 东闾镇有公立中小学幼儿园19个单位、私立幼儿园7所。2022年，获清苑区教师基本功大赛优秀组织奖；南宋村中学获“河北省绿色校园”称号，林书学校获2022年河北省“奔跑吧·少年”儿童少年主题健身活动“优秀推广实施单位”称号，东闾中学、南宋村中学获“保定市体育传统特色学校”称号；2022年8月，南宋村幼儿园新园完工并投入使用，2022年9月，东闾中学完成校舍改造、院落操场硬化工作并投入使用。

【何桥镇总校】 何桥镇有小学7所、中学1所、公办幼儿园3所、民办幼儿园3所。2022年7月，在清苑区教学质量评价中何桥镇总校获乡镇第5名。2022年9月，何桥镇总校、李胡桥小学、史家桥小学被评为“清苑区教学工作先进单位”。何桥镇总校被清苑区教体局评为“清苑区2022年电大招生工作先进单位”。2022年，何桥镇李胡桥小学投资26.9万元完成校园地面硬化1700平方米，石头桥小学投资21万元完成校园地面硬化1500平方米，提升了学校办学条件。在2022年保定市课堂教学评价中，何桥镇美术、音乐学科获保定市二等奖。2022年11月，何桥镇5名教师参加清苑区教师素养大赛获4个一等奖、1个二等奖。

【孙村乡总校】 孙村乡有小学3所、中学1所、公办幼儿园1所、校中幼儿园1所、民办公助园

1 所、民办幼儿园 5 所。2022 年，孙村乡共获区级集体荣誉 20 多项。教师、学生获省、市级荣誉 14 项、区级荣誉 173 项，乡级表彰 97 人次。2022 年 7 月，六年级全区统测中孙村乡位列全区第二名。2022 年中考，重点中学上线人数位居全区第五。在中小学生乒乓球比赛小学组中，孙村乡总校获女子团体第一名、男子团体第三名的成绩。在全区中学生运动会上，孙村乡获得团体总分第六名。孙村乡总校、孙村中学、大侯村小学、戎官营小学均被授予“教育教学工作先进单位”称号。2022 年 10 月底，新华社、清苑融媒分别对戎官营小学、孙村中学非物质文化遗产《绣球龙灯进校园 非遗传承有少年》进行专题宣传。

【阎庄乡总校】 阎庄乡有公办园 2 所、公办民助园 1 所、校中园 2 所、小学 4 所、初级中学 1 所。2022 年，阎庄乡总校聚焦师德师风，整治有偿家教；狠抓校园安全及疫情防控相关工作；大力优化、美化校园环境；积极开展“五项管理”、“双减”、课后服务、课程建设、常规管理、体教融合等各项教育教学活动，全面实施素质教育。阎庄乡总校获 2022 年电大招生工作优秀单位称号；阎庄中学被区教育和体育局授予“教育教学工作先进单位”称号“职教招生工作先进单位”称号；侯郎营小学被授予“教育教学工作先进单位”称号。在区乒乓球比赛中，阎庄乡乒乓球代表队获小学男子组第一名、小学女子组第二名、中学女子组第三名，并获“体育运动道德风尚奖”。

局　长：张文利

（撰稿：张忠良、刘帅）

学校简介

【保定市清苑区职业技术教育中心】 河北省保定市清苑区职业技术教育中心（以下简称区职教中心）始建于 1984 年，前身为清苑农技校，是 1996 年国家教委首批确立、2004 年教育部重新认定的国家级重点中等职业学校。校园占地面积 94840.17 平方米，建筑面积 35600 平方米，教职工 265 人（专任教师 230 人，硕士学历 8 人，本科学历 237 人，“双师型”教师 97 人），在校生 2952 人。现开办计算机应用、计算机网络技术、绘画、汽车运用与维修、会计事务、数控技术与应用、作物生产技术、畜禽生产技术、戏曲表演（哈哈腔班）9 个专业，其中计算机应用专业为省级骨干专业，戏曲表演专业（哈哈腔班）为学校的特色专业。

强化规范管理，改变精神面貌。学校加强对学生的习惯养成教育，出台管理细则，督促学生做到养成求规范，规范促发展。专项治理学生违纪行为，加强宿舍管理。杜绝学生违法犯罪事件发生，学生违纪现象与上年相比下降 33%。

开展特色活动，丰富学生生活。先后组织“雷锋精神进校园”志愿者服务活动、清明节扫墓、“劳动美”社会实践活动、迎“七一”师生书画展、青年大学习标兵选树等活动，极大地调动了学生参与学校建设、构建和谐校园的积极性。区职教中心戏曲表演专业（哈哈腔班）先后被《保定日报》、《人民日报》、《光明日报》、河北新闻网、“学习强国”学习平台等平台特别报道。《光明日报》在客户端刊发了《一技在手 就业无忧》一文，对学校产教融合实习、多举措就业人才培养模式进行宣传报道。

加强教学过程管理，规范教育教学行为。坚持巡课制度，强化课堂常规管理，提高课堂效率。严格执行各项规章制度。2022 年，区职教中心升入高一级学校学生占毕业生总数 65%。其中，单招考试计算机网络技术专业韩宇航以 664 高分获河北省第三名，会计电算化专业宋思影 549 分获河北省第 82 名。

加强师资培训，促进教师业务成长。开展有针对性的业务学习，强化专业教师技能培训，切实有效地加强提高教师技能水平和实训水平。2

名教师参加河北省信息技术应用能力提升骨干专业教师培训，6名教师被选拔评定为区级骨干教师，6名信息技术教师参加北京理工出版社举办的信息技术线上培训，13名思政课教师参加保定市教育科学研究所举办的思政课线上培训，1名教师参加河北省职业教育研究所“教师教学技能比赛”线上培训。

招生实习就业取得新突破。2022年，招生735人，在校生2952人。与天津市第一轻工业学校合作，联办计算机网络技术专业。与唐山职业技术学院、冀中职业学院、河北软件职业技术学院开展联合办学，对学生进行“3+2”中高职贯通培养；与河北鑫晨英硕图文设计有限公司、长城汽车股份有限公司、清苑信业汽车修理厂等单位合作，建立了长效合作机制，促进了产教融合。组织计算机应用专业51人到河北鑫晨英硕图文设计有限公司、数控技术应用13人到河北腾航航空零部件制造有限公司、汽车运用与维修专业71人到保定长城汽车股份有限公司参加实习。长城汽车股份有限公司相关领导到区职教中心就推动校企合作进行深度会谈，并授予“师严道尊出匠才，校企合作谱新篇”的锦旗。

努力改善办学条件。实施区职教中心新建综合楼、宿舍楼及运动场改造提升工程项目，总投资9500万元。2022年，宿舍楼及运动场已完成竣工验收；综合楼主体封顶。投资28万元购置汽修专业实训设备；投资50万元更新学生计算机126台；投资70万元建设职业启蒙教育基地；投资150万元建设智慧校园，购买智慧校园管理平台系统1套。

2022年，区职教中心连续三年被河北省教育厅评为“河北省中等职业教育质量提升工程项目名牌学校（120校）”，获“河北省体育传统特色学校”，清苑区教学工作先进单位，清苑区职业与成人教育工作先进单位，清苑区高考、中考优秀考点等荣誉称号，计算机应用专业被评定为省级骨干专业。

【清苑区特殊教育中心】 清苑区特殊教育中心（原清苑县特教学校）创办于1996年，是清苑唯一一所对残疾儿童少年实施九年义务教育的全日制特殊教育学校。占地面积4349.89平方米，建筑面积1870平方米。在校生59人，设1个聋班、6个培智班，全部享受国家“两免一补”优惠政策；有教职工15人，教师学历达标率为100%。

特教中心以教师队伍建设为中心，努力提高教师的现代化教学水平。2022年5月，在清苑区教育和体育局教玩具评比中，2名教师获一等奖；2022年6月，在保定市教研所的优质课评选活动中，2名教师获一等奖；2022年9月，在清苑区“喜迎二十大·妙笔颂中华”优秀书画、摄影作品征集活动中，3名教师获一等奖、1名教师获三等奖。2022年，获保定市清苑区教学工作先进单位称号。

【保定市清苑区教师进修学校】 保定市清苑区教师进修学校，位于清苑教育城。校园占地15亩，建筑面积7000平方米，由校本部办公楼、附属小学和教育教学实践基地组成，内设办公室、教务处、语委办、总务处等科室，承担着全区教师继续教育培训管理工作和全区语言文字工作。

加强校园文化阵地建设，增强教师职业道德。开展“喜迎党的二十大”摄影书画展、党史知识竞赛、《歌唱祖国》红歌小合唱、“圆梦群众微心愿 服务群众党旗红”、河北省第13届师德师风论坛征文暨师德风采演讲、全国第四届中华经典诵读大赛等活动。撰写的《那三十九座坟茔》收入区委教育工委编印的《清苑红色记忆》校本教材，部分教师参与省市级教育科研课题研究，完成《校史资料》第七卷、校本研修资料《古代诗词选读》《古代散文选读》《现代散文选读》等编辑工作。

坚持聚焦教育教学主责主业，攻坚教师专业化成长重要任务。依托线上展开中小学教师信息化应用水平与信息技术素养提升培训——互动式课件制作初级课程线上培训352人；通过国家智慧教育平台开展教师暑期教师研修学习，5554人参训，学习率达99.77%；统筹全区教师专业化成长均衡发展，选拔110名中小学教师及管理人员、22名幼儿园教师及管理人员参加“国培计划”各种项目培训；选拔7名高中教师参加省级骨干教师项目培训，158人参加市级骨干教师培训，12名小学教师参加市硬笔书法培训，2人参加国培示范性项目《信息技术与教师培训融合》培训，完成40名市级名师工作室主持人及成员遴选，组织督导全区5604名中小学幼儿园教师参加全员信息技术应用能力提升2.0培训；推荐中小学、幼儿教师参加省级、市级、县级骨干教师评选，7名被评定为省级骨干教师，64名被评定为市级骨干教师，135人被评为县级骨干教师。圆满完成“国培计划”县级骨干教师工作坊培训工作，160名小学数学教师完成线上培训及线下研修活动任务，合格率100%；中小学教师资格证定期注册215人。聘请优秀讲师对新入职教师、后备教育干部开展定期培训活动。

开展“中小学教师硬笔书法优质课”评比活动，选收优质课例56个，选拔上报市级38个。开展第四届中华经典诵写讲大赛，汉字书写选收优秀作品169个，选拔上报市级91个；诵读作品选收108个，选拔上报市级12个，获奖率75%。

【清苑中学】　河北省保定市清苑区清苑中学创建于1953年，2003年被评为省级示范性高中。2022年，收回高三校区后，分本部和高三两个校区。本部校区位于保定市清苑区光泽路235号，占地面积71.2亩；高三校区位于保定市清苑区新华中路289号，占地面积40.4亩。学校共有教学班54个，在校生3368人；教职工267人，其中正高级职称教师2人，副高级职称教师70人，中级职称教师119人。学历达标率100%，其中研究生14人。

高考学校强基线以上共计415人；全校强基上线率39.30%，本科上线率为70.60%，600分以上23人。2名学生被中国人民解放军空军航空大学录取，学校被空军招飞局北京选拔中心命名为“2022年度空军招飞优质生源基地”。

2022年，学校获保定市教育局批准成立2个名师工作室：翟建东地理名师工作室和马彦琛数学名师工作室，学校有5位教师成为名师工作室研修员。借助名师工作室的相关活动，带动并促进相关学科教师的专业发展和整体核心素养的提高。开展“青蓝工程”，组织校内9个学科的14位学科带头人、优秀骨干教师作为导师，与23位青年教师开展师徒结对，指导帮助青年教师快速成长。

教师专业持续发展。继续开展与南开中学的线上对接工作，各学科通过收看视频会议、线上讲座、优质课观摩等形式，积极学习南开中学先进的办学理念和教学模式。组织全体教师认真学习《中国高考评价体系》和《中国高考评价体系说明》，深刻理解“为什么考、考什么、怎么考”的考试本源性问题。5月，组织一线教师参加保定市线上大教研活动。6月，参加清苑区高中教师专业素养大赛，举行市级课题观摩课和研讨答辩活动。3人获评保定市骨干教师，1人获评保定市最美教师，3人获评清苑区骨干教师。

推动德育队伍建设，落实立德树人根本任务。新招聘教师21名，举行教师入职仪式，开展教师职业教育。2022年度1人获评“河北省师德标兵”，1人获评保定市优秀班主任、保定市先进德育工作者，2人被清苑区委宣传部授予“未成年人思想道德建设工作先进个人”荣誉称号，2名教师被评为清苑区优秀班主任，1人被评为清苑区优秀德育工作者。

学校积极改善办学条件。为学生床铺增加床垫，在宿舍添置8人柜一个。男生宿舍一楼增设洗浴间，改造洗浴楼。改造物、化、生三个实验室，增设一个录播室、一个音乐教室、一个美术教室，对微机室的电脑进行全面更新升级。为每个备课组长配备手提电脑。处室办公室安装

空调。

2022年，被保定市教育局授予“2022年度保定市体育传统特色学校”称号；被区教体局授予“教学工作先进单位”“书香校园”“2022年度高考、中考优秀组织单位”“2022年度高考、中考优秀考点”荣誉称号；被保定市总工会授予“女职工工作先进集体”荣誉称号。在清苑区中小学首届班级合唱活动中获优秀组织奖，在区第二届中学生男子篮球赛中获亚军。

【清苑一中】　保定市清苑区第一中学坐落于清苑区东北，其前身为清苑中学东校区。学校占地面积约12公顷，校舍建筑面积近5万平方米。现有办公楼1座，教学楼4座（含多媒体教室76个），艺术楼1座，科技楼1座（含理化生实验室22个、通用技术实验室2个），综合楼1座（含微机室3个、微机200多台），学生宿舍楼5座，餐厅2个（其中一个为多功能厅），网络中心1个。

2022年，清苑一中在校生3795人，共59个教学班。在编教职工295人，新调进教师17人，现有副高级职称79人、中级职称128人，有研究生15人。2022年8月，完成高一招生工作，招收新生1286人，设置20个教学班。共1229人参加高考，强基上线人数484人。其中物理组合891人，强基上线人数356人；历史组合338人，强基上线人数127人。

积极推进校园环境建设。完成地面活动场地改造；体育馆（含冰雪运动）通过验收；投资2000万元建成的学生食堂及餐厅投入使用。购置56台微机投入使用。对行政楼、4号宿舍楼、教师办公室进行部分改造装修。完成3个会议室的装修及设施配备。对考试监考中心进行改造升级。

坚持立德树人的根本任务不放松，坚持做到活动育人、导师育人、环境育人。加强学生理想信念教育，通过“国旗下的讲话”进行励志、明理、成人成才教育，举办主题班会对学生进行心理疏导和安全教育。通过“经典诵读活动”“争当优秀团员”“五四——我们的节日”“清明祭扫英烈传承沂蒙精神”“寒暑假社会实践”“学雷锋青年志愿者活动”等系列活动，提升学生的文化素养、实践能力和社会使命感。学校提出“让每一个学生全面发展、身心和谐”的办学理念和课程理念。关注学生身心健康发展，重视学生体能训练。成立心理咨询室，及时对有心理问题的学生进行疏导；根据不同年级学生的心理发展特点，针对性地开展心理健康教育活动，掌握学生心理趋向，积极地寻找合适的途径，当好学生健康成长的指导者和引路人。

2022年，共发放国家助学金352人，共计37.5万元；建档立卡等三免生161人，减免金额共计182097.17元；204人获校内奖学金，共计50400元；112人获助学金，共计103300元。

清苑一中获评“保定市清苑区教学工作先进单位”“保定市体育传统特色学校”。

【清苑二中】　保定市清苑区第二中学是区教育局直属初级中学。位于清苑区迎宾西街212号，建于1988年，占地面积38325平方米，校舍建筑面积17897平方米。有39个教学班，在校生2103人；教职工214人，专任教师196人。2022年，共招收17个教学班，914名新生。

清苑二中积极开展教育主题系列活动，保证学生“德智体美劳”全面发展，认真抓好学生行为习惯和学习习惯的养成，树立“四级榜样”，激励学生向上成长。9月组织新生军训，11月召开学校运会，组织拔河比赛、篮球赛。12月举办“宪法是国家根本大法”教育活动，召开“法制教育大会”。

继续加强教师学习培训，促进教师专业化提升，规范教学常规，实行集体备课制度。开展教师“优质课”大赛，组织公开课、示范课，开展教学研讨，进行精品课、优质课评比活动。持续开展线上线下教学教研活动。1名教师被评为“保定市最美教师”，1名教师评为“保定市师德标兵”，2名教师被评为“清苑区名师”，3名教师被评为清苑区师德标兵，6名教师被评为“清苑区教育先进工作者”。

2022年，清苑二中获评“保定市体育传统特色学校”“清苑区教育教学先进单位”“清苑区教体系统民生实事工作先进集体”“清苑区巩固教育脱贫攻坚成果先进集体”。中考各项指标列全区第一。

【李庄中学】 清苑区李庄中学始建于1946年，前身是清苑师范，1954年改制为初级中学，1958年招收高中，现为清苑区一所普通高中。学校占地面积60亩，建筑面积11600平方米。学校为8轨制，共计24个教学班。有在校生1636人，教职工116人，其中专任教师98人，研究生学历6人，本科学历110人。

李庄中学秉承特色办学思想，树立了3～5年大幅提升本科率，实现艺术升学提质增效的明确目标。进行特色专业培训，积极搭建平台、拓宽学生发展道路。学校与天津市南开中学全学科携手对接，培树学校先进办学理念，共享优质教学资源。2022年高考，李庄中学取得本科上线29人的优异成绩，其中本一上线2人，在本科上线数量和质量上取得双突破。

2022年3月，李庄中学被评为“清苑区教育系统安全稳定先进单位”；5月被共青团清苑区委员会授予“2022年清苑区五四红旗团委”称号；7月在清苑区中学生男子篮球赛中，获高中组第四名；7月被清苑区教体局评为“中考优秀考点”，并获“2022年中考优秀组织单位”称号。

【臧村中学】 臧村中学始建于1956年，是一所完全中学。学校占地46亩，建筑面积近2万平方米。有在校学生1800人，教职工124人。

2022年，取得优异成绩，高中本科上线12人，40名学生考入清中，70名学生考入普通高中。在清苑区举办的高中男子篮球赛中臧村中学获第一名。

2022年，建设260米环形塑胶跑道，添置乒乓球台4个、高低杠4组，新建200平方米厕所。购置学生电脑60台、理化生实验台72个。开展并组织了联盟体的“说题活动”和学生团体活动展示以及书画展示专项活动。继续加强与天津南开中学对接，组织全体教师与南开中学展开线上教研15次，共计45人次参与网上教学研讨观摩活动。开展安全教育活动及学生心理建设活动，增加心理教育特色教学。

【清苑小学】 清苑小学位于清苑主城区育红路27号，其前身是清苑县子弟小学。学校占地20余亩。

清苑小学保证学生德智体美劳全面发展。继续完善晨会、主题班会、晨诵、练场、写字、阅读、写作等校本课程建设，开展专长课堂学习活动，培养学生兴趣爱好，训练专场技能，落实国家双减政策，让学习回归校园，实现足球进校园；继续开展每月一事主题活动，继续通过每周“清小好班级”的量化评选，加强学生日常行为规范，促进行为养成；通过多元评价设立优秀少先队员、优秀学生、进步学生、学习优秀、学科优胜、艺术小达人、科学小达人、最美朗读者、清小好声音、运动小健将、最美志愿者等荣誉奖项，肯定和激励学生成长。

注重提高教师质量。继续推进“我的课堂”项目建设，教师教学课例获市区级奖励二十多人次，在课堂教学评价活动中吴丽红的数学课和孙俊颖的心理课获第一名，王牧的信息课获第二名，刘晓岩的语文课获第四名。继续对接优秀教育资源。语文对接吉春亚工作室，数学加入陈昱工作室，清苑小学成为区教研室项目化学习实验校。学校成立任海丽市级语文名师工作室、李艳伟区级数学名师工作室。

清苑小学的4位老师被评为保定市学科骨干教师，1位教师被评为保定市名师，1位教师被评为保定市师德标兵，1位教师被评为河北省优秀班主任，清苑小学被评为清苑区教学教研先进单位、体育传统特色校；获河北省“优创未来”人工智能大赛优秀奖，保定市第一届科技体育竞赛速拧魔方二等奖、四轴无人机一等奖、橡筋动力飞机一等奖。清苑小学少先大队被授予“保定市优秀少先队集体”称号。

【第二小学】　保定市清苑区第二小学建于1990年，学校占地10549平方米，校舍建筑面积5142.5平方米，现有26个教学班、学生1422人，有教职工90人，全部专科及以上学历，学历合格率100%。

开足课程，保障学生全面发展。构建“承红色基因，育红色少年”课程、“信息技术巧应用，人工智能新融合”未来学校课程、“每天一节体育课，每天锻炼一小时”阳光体育课程、“玩耍—兴趣—技能—创造”四位一体的序列化艺术教育课程，并推动“职业体验、志愿服务、实践创造”为主线的知行合一课程的构建。结合“五一”劳动节、“六一”儿童节、国庆节等重大节日，开展文艺会演、百米长卷绘中华、儿童友好运动会、喜迎二十大书画展等特色活动；举行新生开笔启智入学仪式、六年级毕业典礼等；结合学生值周设立红领巾创先争优岗，进行雏鹰争章多元评价，通过集星、争章、获得梦想奖杯的形式全方位规范学生习惯养成，加强品德修养。

打造良好育人环境。创建走廊文化，宣传优秀传统文化，普及法律知识；建立躬耕园，传承农耕文化；开设国防教育课，并将千字文融入军旅操；推行最美古诗词项目，开发校本课程、研讨古诗词课堂教学、开展古诗词活动，将传统文化与学科教学、兴趣培养融合。

推行“1+4”备课督查，优化课堂教学。清苑区第二小学多次参加新课标和有关作业设计的培训；参加新课标任务群落地课堂的集中培训，为新课标任务群教学打好了基础。

创建集团联动，谋求协作发展。与涞水北秋兰小学结对帮扶，依托名师工作室，推进集团内教学教研的对话与合作，发挥区直学校辐射、带动、引领作用。

2022年，清苑二小被区教体局评为高考“优秀组织单位”“奔跑吧·少年”河北省小学生课间操线上比赛“优秀推广实施单位”、保定市体育传统特色学校、保定市“护苗·法律知识进校园先进单位”、清苑区教学工作“先进单位”；“千字文”武术操获省级优秀奖；省级法制示范校通过市级初审，代表保定市参加省级验收。

【第三小学】　清苑区第三小学始建于1995年5月。学校占地面积20646平方米，建筑面积10138平方米。学校有39个教学班，学生2078人。专职教师103人，教师学历达标率100%。

积极落实“立德树人”的教育理念。开设了体育节、读书节、艺术节、合唱节、语言节、英语节、教学节等文化课程。立足体系，以1+N课程体系提效课后服务。开设空竹、舞蹈、哈哈腔、围棋、轮滑、武术、跆拳道、乒乓球、机器人、无人机、国学、文学社、书法社、朗诵社、手工制香、中医等30项丰富多彩的课程。积极打造“生长”课程，让师生向上生长，积极推进“学教评一体化”学讲课堂模式的探索与实践，坚持把时间还给学生，构建了“自主学习、小组讨论、交流展示、释疑提升、验标反思”五环节的学讲课堂模式。通过骨干教师示范课，双师同上一节课、集团学校公开课等6种形式，提高教学质量。10位教师在省、市教学大比武中获得奖励。3名教师获得省市级骨干教师称号。

2022年度，清苑区第三小学获“保定市安全稳定先进集体”、“保定市冰雪运动会儿童绘画优秀组织奖”、“河北省课间操优秀推广单位”、“保定市体育传统特色学校”、获清苑区合唱比赛一等奖、清苑区航模比赛优秀组织奖等荣誉。

【第一幼儿园】　清苑区第一幼儿园，始建于1981年。坐落于清苑区育红路9号，占地面积为

2977.18平方米，总建筑面积为2756.9平方米，户外活动面积1210平方米。1997年被评为省级一类园，2021年被评为省级示范性幼儿园。有前后2栋教学楼，分别为启智楼和启慧楼，12个教学班，在园幼儿490人，教职工60人。

清苑区第一幼儿园坚持依法治校，规范办学行为。全面贯彻执行党和国家的教育方针，认真开展学法、护法、守法活动，大力提高师幼员工的法制观念和法律素质。幼儿园领导班子成员对各年级组分包，进行分层管理，各项工作思路清晰、管理精细。

持续推荐师德师风建设，制定教师业务学习计划，推进教科研兴园。幼儿园成立师德建设工作领导小组，制定师德师风建设实施方案，完善师德考核制度、奖惩制度。学期初组织开展“修师德，树师风”师德师风教师教育活动。教师节开展“立德树人奋进担当”师德师风教育系列活动。成立园级名师工作室，发挥骨干教师的引领作用。规范教研活动，重点开展户外游戏、区域活动研讨交流活动。积极申报市级课题、区级课题。充分发挥引领示范作用，对张登幼儿园、北王力幼儿园通过课程共建、资源共享等形式，促进集团化办园水平提升。

关注幼儿发展。清苑一幼开展儿童友好运动会、庆六一文艺会演和幼小衔接“走进小学”活动、开学迎新活动、“喜迎元旦，线上联欢”活动，丰富学生课余生活。利用清明节、端午节、冬至、中秋节等传统节日开展爱国主义教育活动。

2022年，清苑一幼获市级“安全稳定先进集体”、区级“教育教学先进单位”等荣誉称号。

【第二幼儿园】 保定市清苑区第二幼儿园是一所隶属于区教体局的省级示范园所，坐落于清苑城区东侧富强北路253号，2005年建园，占地面积为9000多平方米，建筑面积4770平方米，共有教学班13个，幼儿500余人。该园秉承“忠诚践责、塑性启智、弘德明心、崇礼育人”的育人理念，以“爱心开启生命灵动、为孩子幸福成长奠基”为办园宗旨，勇于探索与实践，形成办园特色。

坚持以立德树人为根本。学习和贯彻保定市教育创新发展大会精神，多措并举提高教师素质，提高教育质量。开展师德师风培训，利用教师节对优秀教师进行表彰，开展评优评模活动，提高教师的工作热情，开展教师专业培训，鼓励教师参加各项活动和比赛，在学习和实践中提高教学水平。

丰富户外活动场地和活动器械。在原有教育理念基础上大力加强体育教育，先后购置多套运动器材，同时开展优秀民间游戏运动、幼儿体能训练等丰富多彩的体育运动。

利用各种节日开展丰富的教育活动。清明节期间，孩子们了解清明节的传统文化和风俗，通过开展活动追念革命烈士。开展端午、中秋、腊八等节日活动，传承中华文化，增强了幼儿的民族自尊心和自豪感。在三八妇女节、教师节、重阳节开展感恩教育，让孩子拥有感恩之心，做善良有爱的人。利用读书日，开展教师幼儿读书活动，在一日生活中渗透幼儿良好习惯教育，教育幼儿珍惜粮食、爱护环境、垃圾分类、节约水电、绿色出行、节约能源等，增强幼儿文明教育。在“六一”儿童节、国庆节等开展系列活动，让幼儿体验和感受节日氛围，培养幼儿健康成长。疫情防控期间，全园进行疫情防控演练，向全体家长及幼儿普及防疫知识，幼儿园教师志愿者先后两次到社区开展服务活动，受到社会的高度认可。

2022年6月，与区教体局签订集团化办学协议书，对大庄和温仁进行帮扶。多次接待帮扶园的参观交流活动，将本园的优势和成果推广到更多的园所，共促共建，共同成长，提高办园质量。

始终将安全工作放在首位，开展多种形式的安全教育，如消防演练、疫情防控演练、国旗下讲话等，使教师和幼儿真切地感受到安全的重要性，提高安全防范意识。

2022 年，先后被区教体局评为“巩固教育脱贫攻坚成果先进集体”“清苑区教学工作先进单位”，获“师德师风先锋旗”“育人环境先锋旗”等荣誉。

【第三幼儿园】 清苑区第三幼儿园是直属区教体局的一所日托制公办幼儿园。建于 2009 年，位于中心西街，2010 年 9 月正式开园，占地面积 5400 平方米，建筑面积为 3856.52 平方米，户外活动面积 3951 平方米，绿化面积 1250.26 平方米。幼儿园现有教职工 58 人，专任教师 49 人，任职资格符合率和学历达标率均为 100%。有 12 个教学班，幼儿 508 人。

2022 年，清苑三幼开辟大型积木搭建区域；购置钻爬、攀登大型玩教具；改造幼儿足球场；组织教师从主题墙面、区角环境等方面进行班级环境创设。加强教科研活动，邀请专家到园进行蒙氏与绘本专业知识、保健知识等培训；更新教师理念，编写园本美术课程。

保障安全的同时举行多项幼儿活动。坚持做好晨、午检工作；做好传染病预防工作；邀请保健副校长给老师和幼儿讲解爱牙、护眼等知识；定期检查室内外设施；通过消防演练、日常教育提高师幼安全意识。清苑三幼依托清明节、端午节、儿童节等节日开展主题教育；注重健康教育，严格每天两小时户外活动时间，开设体能课、轮滑课，并组织了春季、秋季运动会、绘本故事表演、跳蚤市场、参观小学等活动。

2022 年，是集团化办园的起始年，闸板口幼儿园和东闾幼儿园成为三幼集团的成员。清苑三幼在 4 月和 5 月两次到闸板口幼儿园指导帮扶；多次到东闾幼儿园指导活动；清苑三幼为分园教师进行新入职教师培训。

2022 年，清苑三幼获区级“教育教学工作先进单位”“巩固教育脱贫攻坚成果先进集体”等荣誉称号。

（撰稿：张忠良、刘帅）

社会生活

◎民　政

◎社会保障

◎医疗保障

◎卫生健康

◎民族宗教事务

社会生活

民　政

【概况】　区民政局为区政府工作部门，机构规格正科级，内设办公室、社会救助股、基层政权建设和社区治理股、社会事务股。事业单位：民间组织服务中心、婚姻登记中心、社会福利有奖募捐服务中心、社会福利企业生产服务中心（低保家庭经济状况核查认定中心）、地名服务中心、光荣院、民政事业服务中心、殡葬服务中心。

【社会救助】　加强兜底保障，严格城乡低保、特困管理，实现动态管理下的应保尽保。1—12月新增城乡低保336户550人，城乡特困人员132人，取消城乡低保700户969人，城乡特困人员215人。2022年，全区共有城乡低保6735户9532人，累计发放低保金2913.45万元；城乡特困人员2576人，累计发放保障金（包含护理补贴、丧葬费）2206.11万元；发放临时价格补贴103.2万元、一次性生活补贴168.4万元。对临时因遭遇突发事件、意外伤害、罹患重病或其他特殊原因导致基本生活陷入困境的困难群众按政策实施临时救助。1—12月，共实施临时救助1705人次，发放临时救助金69.9万元，其中临时救助脱贫户289人次，发放临时救助金5.14万元。防致贫巡查。对农村低保对象和农村分散供养特困人员及低保边缘家庭实施防贫致贫监测，指导各乡镇按季度巡查，2022年，各乡镇累计巡查低保户25546户次、特困户9482户次、低保边缘家庭1942户次，未发现需要预警人员。

【社会事务】　残疾人两项补贴工作。加大数据比对审核和政策宣传力度，坚持应补尽补、应退尽退。2022年，共发放两项补贴728.2626万元。其中生活补贴3708人303.4746万元；护理补贴5985人424.788万元。动态变更共新增重度残疾人护理补贴720人，取消441人；新增困难残疾人生活补贴256人，取消485人。流浪乞讨人员救助工作。做好流浪乞讨人员寻亲、落户安置、接送返乡等工作，对滞留人员及时安置，站内救助人员基本生活得到保障。2022年，共救助流浪乞讨人员27人。通过多种渠道为无法表述身份信息的流浪乞讨人员7人寻亲成功；护送无自主行为能力流浪乞讨人员14人回家。依法开展婚姻登记，全年共办理结婚登记2358对，离婚登记685对，补领结婚登记971对，补领离婚登记105对。实施婚姻登记“市内通办”“省内通办”，办理“省内通办”6对、“市内通办”13对，进一步优化了婚姻登记服务。

【养老服务】 承担的民生工程完成情况。年内承担的民生工程为养老服务提质增能工程，为特殊困难老年人家庭实施适老化改造。根据省、市安排，对散居特困户、建档立卡户中的高龄、失能、残疾老年人家庭实施适老化改造，改造任务40户。按照“一户一策”确定了改造方案，并经第三方评估明确具体改造项目，共投入资金7.8万元逐户实施改造，全区40户改造任务已全部完成。养老机构建设工作。实施公办养老机构改造提升，全区公办养老机构2家（民政事业服务中心、光荣院）床位数共400张，2022年，新增护理型床位30张，总护理床位220张，护理型床位占比达到55%；区光荣院、区民政事业服务中心、保定市凯阳老年公寓3家养老机构通过2022年国家标准等级评定（二星级）。养老服务体系资金发放情况。2022年，为3家社会办养老机构发放省级运营补贴共计70.2万元；发放5家养老机构责任险2万元；为全区80周岁以上老年人发放高龄津贴439.66万元，为百岁以上老年人发放补贴20.8万元，为经济困难高龄失能老人发放补贴85.5万元。

【儿童福利】 强化生活保障，维护两类儿童基本权益。2022年，全区社会散居孤儿基本生活最低养育标准调整为每人每月1300元，事实无人抚养儿童基本生活补贴标准调整为每人每月1300元。2022年，全区共有社会散居孤儿15人、事实无人抚养儿童87人，共发放孤儿和事实无人抚养儿童生活补贴134.67万元。开展“福彩圆梦·孤儿助学工程”，为7名成年在校就读孤儿发放助学金3.75万元，实现应助尽助。逐户逐人排查，精准建档立卡。以季度为单位，对农村留困儿童进行摸底，对排查出来的农村留守儿童及时签订《农村留守儿童委托监护责任确认书》，对排查出来的困境儿童进行针对性的评估帮扶，落实关爱保护措施。2022年，全区共有农村留守儿童31人、困境儿童1197人，做到了底数清、情况明。严格程序，依法办理收养登记3例。

【社会组织管理】 继续引导鼓励社会组织参与乡村振兴“千社助万户”专项社会组织帮扶工作，共有16家社会组织、68名志愿者对18个乡镇长期救助的58户共78位孤残老人及贫困户进行入户慰问活动。送去爱心物资和慰问品等，价值1.76万元。筹措爱心资金1000元，通过涞水县民政局联系帮扶贫困家庭。会同区发改局、市场监管局联合制定《关于开展行业协会商会乱收费专项清理整治“回头看”工作的实施方案》，通过对全区登记注册的社会团体自查自纠和重点检查，未发现强制或变相强制入会并收取会费等行为。

【基层政权和社区治理】 督促指导各乡镇（城区）推进完成基层群众自治“五位一体”配套组织和城市社区“六位一体”组织。2022年，全区265个行政村中依法选举产生村民代表6807名、村代会成员972名、村监会成员859名以及其他配套组织；11个城市社区居委会依法选举产生居民代表335名、居代会成员36名、居监会成员33名。“五位一体”组织体系和城市社区“六位一体”统筹协调机制进一步得到巩固和完善。指导村（居）委员会成立公共卫生委员会，265个行政村、11个社区居委会均已成立公共卫生委员会。充分发挥党组织领导下的村民委员会作用，建立健全自治、德治、法治相结合的基层治理体系，真正达到基层群众自我管理、自我服务、自我约束的目的，指导各村（居）完成修订《村规民约》《居民公约》工作。

【慈善事业促进和谐社会】 推进社工站示范站点建设。通过政府购买服务形式，在城区建立社工站示范项目，打造“五社联动”社区治理新模式，为全面推进乡镇（城区）社工站建设工作探索路径和新方法。按“六有”标准稳步推进乡镇（城区）社工站建设。2022年，乡镇社工站全部建设完成，实现100%全覆盖。通过政府购买

服务的形式，委托第三方保定市善和社会工作发展中心，负责清苑区社会工作指导中心的建设，支持和指导清苑区各社工站完善站点建设，建立社会工作人才培养平台，提升服务能力。开展“福彩助学”活动，资助贫困学生20名，每人5000元补助金。开展“福彩暖冬”活动，资助农村分散供养特困人员44名，每人1000元补助金。

【地名管理】　推进实施撤乡设镇工作。以建设“经济强区、美丽清苑”为目标，推进石桥、白团、何桥撤乡设镇。经过区、乡两级共同努力，拟设镇三乡积极推进公共设施建设、村容村貌整改，做了大量基础工作，7月5日全部通过省民政厅验收。7月15日区政府向市政府提交正式申报文件。12月7日河北省民政厅发文批复，省政府已批准区划调整方案，同意撤销白团乡、石桥乡、何桥乡，分别设立白团镇、石桥镇、何桥镇。设置城区楼门牌。于2021年招标并启动城区地名标志设置工作，2022年进行收尾，全年设置户牌18942个、单元牌574个、门牌575个，城区街路牌、楼门牌安装项目全部完成。设置东闾镇地名标牌。按照东闾设镇要求，进行公开招标，积极推进有关工作，全镇设置地名标志包括二维码门牌19020个、街巷牌1199个。推进标准地址管理服务。城区范围内标准地址信息全部纳入数据库管理，协助不动产登记、户籍管理、工商注册等窗口单位进行地址规范化整改，提供“标准地址”查询服务2500件次。2022年6月，在全省区划地名工作推进会上进行典型发言，介绍了《融入现代信息技术、加强地名地址管理》的做法。完成国家地名信息库数据更新和质量建设工作任务，并受省民政厅区划地名处邀请，参与省级地名信息库数据质量审核工作，圆满完成上级交办任务。完成县界联检。按照全市统一部署，牵头负责清苑—徐水界线联合检查，经外业踏勘、文件起草，与有关县区联络对接，联检材料已按时按要求完成上报。

局　长：辛凯亮（2022.07 离任）
樊文志（2022.07—　）

（撰稿：赵凯超）

社会保障

【概况】　清苑区人力资源和社会保障局综合管理全区的人力资源和社会保障工作。内设7个职能股室，下设4个直属事业单位。2022年，区人社局全面贯彻落实区委三届三次全会和区政府安排部署，扎实推进稳就业、社会保障、人事人才、劳动监察等重点工作，全面落实积极就业政策，提升社会保障能力，进一步构建和谐劳动关系。各项工作目标顺利完成。

【就业工作】　加强就业服务，促进重点群体就业。开展“春风行动”送岗下乡专场招聘会，全力促进人岗对接。共举办“送岗下乡”线下招聘会5场，参与企业40余家，提供就业岗位1000余个；积极开展网络招聘活动，创新“直播带岗”新模式。累计召开线上招聘会56场，直播带岗6场，线上招聘会点击35771人次，建立起更加快捷、完善、多样的就业新通道。全年完成城镇新增就业人数3620人，占任务的100.56%。城镇登记失业率控制在4.5%以内。

拓宽高校毕业生就业渠道，扩大就业见习规模，2022年，安置就业见习人员243人。强化创业带动就业，2家就业创业孵化基地共入驻企业104家，带动就业280人。全年共为11户创业者发放创业担保贷款220万元，带动就业51人。推进职业技能提升行动，完善就业技能培训与岗位需求对接机制。累计开展职业技能培训3113人次，完成任务的103.7%。结合其他相关部门开展政府补贴性培训401人次。巩固拓展脱贫攻坚成果，已实现脱困劳动力人员务工475人。对低收入监测对象有劳动能力的合理安排公益岗，共设置公益性岗位人员63名。增加收入，防止返贫。

【社会保障】 全力推进社会保险扩面工作。成立工作专班，与区税务局协调联动加大扩面工作力度。企业养老新增参保职工2142人，完成率125.2%；工伤保险新增参保职工1691人，完成率394.4%，提前完成全年扩面任务目标，并在全市扩面调度会上进行典型经验单位交流发言。失业保险新增参保人数4922人，完成率133.13%。城乡居民基本养老保险新增人员缴费15081人，完成续费189048人，续费率91%，圆满完成续费率90%的市核任务。

做好社会保险征缴和发放工作。企业养老保险。参保职工人数（含灵活就业人员）22920人，新制度机关事业养老保险参保人数12915人，全区社保管理的离退休人员养老金按时足额发放，8月底完成退休人员基本养老金调整并发放到位。工伤保险。参保人数32341人，确保享受伤残待遇及工亡人员待遇拨付。失业保险。失业保险新增参保人数4922人。延续实施阶段性降低失业保险费率为1%政策至2023年4月30日。按时足额发放失业人员失业保险金。城乡居民养老保险。按照上级下达文件要求完成提标工作，城乡居民基础养老金增长了10元，惠及全区12.3万城乡居民。对符合城居保参保条件的特殊人员进行参保登记、代缴，做到了特殊人群参保率、代缴率、发放率三个100%。做好被征地农民社会保障工作。

全面做好社保基金监督工作。按照人社系统统一部署，制定印发《保定市清苑区社会保险基金管理提升年实施方案》，成立领导小组，召开了专题会议动员部署，强化举措，进一步堵塞漏洞，确保社保基金安全。积极开展社会保险基金安全警示教育月活动。向党员干部、职工、社保协办人员发放500份“家庭助廉倡议书”，开展家庭助廉文化建设，筑牢拒腐防变的坚固长堤。

推进人社一体化公共服务平台。按照河北省人社厅《关于加快全省人社一体化公共服务平台建设应用的实施意见》文件要求，研究制定了《保定市清苑区推进乡村两级人力资源社会保障公共服务平台建设应用的实施意见》，下发到各乡镇贯彻执行。全力推动人社基层公共服务平台建设。

改造升级综合业务大厅，设置综合业务分厅，规划咨询服务岛台、综合业务窗口、自助办理区、等候休息区、业务审单室、政策宣传栏等。人社进厅业务已实现进一门，一窗办，前台综合受理，后台分类审核，综合窗口出件的经办模式。

【重点业务工作】 人事工资福利。完成全区2021年度政府系统事业单位工作人员和机关工勤人员的考核及奖励工作。完成全区事业单位2022年度奖励性绩效工资审批工作。

局　长：史经利

（撰稿：唐丽伟）

医疗保障

【概况】 清苑区医疗保障局综合管理全区医疗保障工作，设办公室、基金监管股、基本医疗保险服务中心。2022年，清苑区医疗保障局坚持人民至上发展理念和稳中求进工作总基调，不断完善医保待遇保障机制，聚焦医保参保，医保民生，基金监管药品带量采购，巩固拓展医保脱贫攻坚，疫情防控等工作。持续推进医保重点领域改革，全面加强医保系统行风建设，各项工作取得扎实成效，人民群众获得感、幸福感进一步提升。

【医保参保工作】 积极谋划、周密部署、主动作为，扎实推进全民参保工作。2022年，城乡居民基本医疗保险参保人员567547人，职工医保参保人员41040人，参保率达到97.61%。其中，建档立卡贫困人口参保率100%，参加城乡居民医保个人缴费部分，财政给予全额资助。

【医保民生工程】 如期实现城镇职工基本医疗保险市级统筹。自2022年1月1日起，城镇职工基本医保实现统收统支模式的市级统筹。进一步完善医疗救助政策。已实现除因病致贫重病患者外的全部特殊困难群体“一站式”结算。调整门诊慢（特）病有关政策。2022年1月1日起，将原建档立卡贫困人口“18+4”门诊慢特病病种和进一步扩大的12种儿童血液病恶性肿瘤全部纳入门诊慢（特）病病种范围；将银屑病、强直性脊柱炎、哮喘、多发性硬化（含视神经脊髓炎）、阿尔茨海默病、甲状腺功能减退症等六种疾病纳入门诊慢性病病种范围。同时规范了城乡居民恶性肿瘤管理模式。调整城乡居民医保有关政策。提高门诊统筹、门诊慢特病、省外异地住院等待遇水平，进一步增强城乡居民基本医疗保险保障功能。规范生育保险有关政策。为全面落实国家有关积极生育支持的措施，第一时间跟进保定市医疗保障局政策，对全区职工生育保险待遇享受政策进行调整。

【医保基金监管】 2022年，清苑区医疗保障局在加强日常监管的同时，集中组织对194家定点医药机构检查，约谈112家，责令整改72家，1家定点零售药店解除医保服务协议，31家定点医疗机构涉及违规，追回违规医保基金共计111.2419万元，行政罚款0.7867万元。

【药品带量采购工作】 清苑区医疗保障局严格按照上级集采方案要求，积极参与药品、医用耗材集中带量采购工作，共开展集中带量采购药品10个批次、耗材13个批次，共覆盖300多种药品以及40多种医用耗材。

【巩固拓展医保脱贫成果】 防贫和防返贫工作情况。建立防贫监测对象台账，对医疗费用达到预警线的患者和新增医疗救助受助对象信息，适时推送至相关部门。参保情况。建档立卡脱贫人口813户，参保率100%。省域内“一站式”结算情况。建档立卡脱贫人口省域内享受“基本医保+大病保障+医疗救助”“一站式”结算，兑现一站式服务、一窗口办理、一单制报销。

【疫情防控工作】 保证防治药品供应。维护药品招采平台正常运行，对清苑区卫生健康局确定的治疗方案中的重点药品，未挂网的及时挂网，已经挂网的加强维护。将国家卫生健康委《新型冠状病毒感染的肺炎诊疗方案》（试行第三版）覆盖的药品和医疗服务项目，全部临时纳入医保基金支付范围。新冠疫苗费用和接种费用由医保基金和财政共同负担。积极支持特殊疾病门诊用药“长处方”。疫情防控期间，实施“长处方”报销政策，支持医疗机构根据患者实际情况，合理增加单次处方用药量，减少病人到医疗机构就诊配药次数。购置医用防护口罩可由个人账户资金支付。新冠疫苗费用和注射服务费用由医保滚存基金和财政共同负担。

局　长：马艳莲（女）

（撰稿：王皓月）

卫生健康

【概况】 清苑区卫健局设办公室（信访室）、规划发展与信息化股、财务股、医改办、防保股、医政股（老龄健康办公室）、综合监督股、人口监测与家庭发展股、中医股等9个职能股室。2022年，区卫健局认真落实上级各项决策部署，在全力抓好疫情防控工作的同时，扎实有序推进各项重大民生实事的落实，全力维护全区广大人民群众身体健康。

【疫情防控工作】 2022年，是清苑区疫情防控最为关键的一年，卫健系统充分发挥疫情防控主力军作用，全力维护人民群众生命健康接连战胜多轮疫情。严格落实各项防控措施。充分发挥医疗机构监测哨点作用。强化新冠分级分类救治工作，对二级医疗机构发热门诊进行扩容，7家二级医疗机构发热门诊应设尽设，应开尽开；18家乡镇卫生院均设置发热诊室，配备了指脉氧、呼吸气囊、心电监护等设施设备。逐级开展新冠诊疗方案（试行第十版）培训，扎实掌握诊疗要求，指导各医疗卫生单位规范诊治。开展重症患者救治工作，设置11张重症床位及10张重症转换床位。利用线上线下相结合的方式，进行多轮次疫情防控措施的培训、解读，及时掌握最新的防控政策，及时调整防控管理措施。

【重点民生事项】 扎实推进康复中心服务能力提质工程。已建康复中心全部投入使用，完成率100%。全区康复医疗专家库通过前期遴选全区康复医疗专业专家，已经组建完成，完成率100%。大力开展中医康复适宜技术培训，有计划分层次开展理论授课、实践操作等业务培训，提升医养结合康复中心服务质量。2022年9月21日，根据省、市文件精神，完成区县级康复中心验收。有效落实托幼机构建设。全区共有托位2310个，每千人托位数达到3.69个。雪语彤馨幼儿园、望亭镇智慧树幼儿园正在申报省级试点，按照3岁以下婴幼儿照护服务机构质量评价标准完善软硬件设施。孕妇无创产前基因免费筛查和耳聋基因筛查工作。孕妇无创产前基因免费筛查3036人（唐筛14人），筛查率95%；耳聋基因筛查3131人，筛查率98%，对符合条件的孕妇在知情同意原则下做到了应筛尽筛。家庭医生签约服务。逐步扩大服务面，加强对慢性病人群的管理服务力度，提高对高血压、糖尿病、结核病、严重精神障碍等十类重点人群的履约服务质量。对辖区19个乡镇卫生院和社区进行家庭医生签约服务培训，通过9月、10月开展的“家庭医生签约服务活动月”活动，提升全区签约率，提高服务质量，并指导基层医疗机构依托自身医疗服务能力开展个性化签约，为辖区居民提供更便利、更有效的健康服务。清苑区被省卫健委确定为健康县区试点。成立了以政府区长为组长的健康县区领导小组，出台《保定市清苑区创建省级健康县区实施方案》，大力开展健康知识宣传，健康场所建设，开展多种形式的健康促进与健康教育活动，全面提高全区居民的健康素养和生活品质。

【创卫工作】 创建国家卫生城工作取得显著成效。创卫宣传工作氛围浓厚，打造了健康教育一条街和健康主题公园。农贸市场（万琪便民市场）提升效果明显，市场环境整治成效显著，城市基础设施管理迅速提升，公共场所“七小”行业管理规范，病媒生物防治全面开展。积极创建省级卫生乡镇、卫生村，共创建2个卫生乡镇、7个卫生村。

【中医工作】 组织学校开展中医文化进校园相关活动，结合学校在校内建设中医药文化角、中药材种植园，并对学校师生开展普及中医文化讲座。加快推进2022年国医堂建设工作，对2022年申报的5所（李庄、东闾、望亭、孙村卫生院、城区服务中心）国医堂项目单位进行实地规划设置，并对项目单位人员资质进行摸底，5所国医堂项目单位已初步建成。规范医疗机构中医医疗技术名称加强中医医疗技术临床应用管理，各医疗机构对本单位开展中医医疗技术自查并上报开展项目。

【项目建设】 区人民医院新院区一期主体结构全部完成，新院区二期行政科研楼部分地下室主体基本完成，门诊医技楼地上一层钢结构主体开始安装，住院楼部分地下一层主体开始施工。传染楼建设项目主体钢结构部分全部完成，二次结构墙板开始安装。妇幼保健院新建住院病房楼和妇孺国医堂项目主体结构已封顶。清苑区中医院新建项目（一期）已完成项目可研批复、初设批复、建设用地规划许可证。清苑区疾病预防控制中心实验综合楼新建项目已完成立项批复、可研批复和初设等前期手续。

【职业健康】　大力开展职业卫生宣传工作，有力促进了企业和劳动者对职业病防治的重视程度。确定了职业病危害专项治理企业340家，对建设项目“三同时”、危害申报、现场警示标识、检测评价、个体防护、职业健康检查、培训等环节作为监督检查重点，督促企业做好落实。按照河北省双随机监督抽查工作要求，2022年，全区线下任务为32家，建材和化工类企业全覆盖，已完成36家，立案8起，完成率112.5%，立案率22.22%。积极开展创建职业健康企业和争做健康达人活动，确定了25人参与争做“职业健康达人”活动。在2022年职业健康工作综合考评中取得全市第二名的好成绩。

【获奖工作】　清苑区“万步有约”活动获国家和省奖励。以区政府名义制定下发《保定市清苑区全国第七届“万步有约”健走激励大赛实施方案》，清苑区在全国各（县、区）之间、各省之间、省内各（县、区）之间、（县、区）内各小队之间，开展4个维度、为期100天的团队健走竞赛。全区42个机关企事业单位、521名机关企事业单位职工，组成51个代表队参加比赛。12月5日，中疾控慢便函公布获奖名单，清苑区获全国赛（县、区）铜牌健走示范区奖项和省内优秀健走奖、体重管理奖、积极工作者奖和健康血压奖。

局　长：王　琴（女）

（撰稿：王海波）

民族宗教事务

【概况】　清苑区民族宗教事务局（简称区民族宗教局）为区政府工作部门，机构规格正科级，归口区委统战部领导。区民族宗教局有机关行政编制6名，股级领导职数2名。2022年，认真学习贯彻习近平总书记关于民族宗教问题和宗教工作的重要论述，全面贯彻落实中央、省、市系列决策部署，全力做好管理服务、教育引导、阵地建设等各项工作，按照要求，提前谋划、强化举措，有力维护了全区民族宗教领域的和谐。

【宗教工作】　印制《关于停办“三月三”国公营庙会的通告》3000份，在全区广泛张贴。通过广播喇叭、悬挂条幅等有效形式，利用电视台、微信、公众号等主流媒体，加大宣传频次，利用城区内LED屏循环播放相关内容。以阎庄乡为中心，扩大到周边乡镇，辐射到保定市主城区、徐水、高阳、安新、蠡县等周边县（市、区），让广大人民群众应知尽知。

【民族工作】　对辖区内清真生产企业、饭店、饮食摊点等进行定期检查。5月3日是开斋节，区委统战部、区民族宗教局、区政保大队和清苑镇等相关单位领导及人员，到中冉清真寺代表区委、区政府表示节日的慰问和诚挚的祝福，送去慰问金共2万元。1月14日和1月18日利用节前时间到清苑公园、望亭镇御城村和清苑镇中冉村开展送温暖活动，体现党和政府对少数民族的关心和爱护，为少数民族群众送去台历、购物袋等物品，两次共计发放台历1300余本、宣传袋1500余个。积极争取少数民族发展资金。区民族宗教局积极争取2022年度河北省少数民族发展资金32万元，用于御城村修建道路。6月1日，区民宗局局长冉红星带领班子成员到御城村进行实地调研督导查看，明确要因地制宜推进，狠抓质量保证，项目已竣工，投入使用。2022年，争取到2023年度河北省少数民族发展资金44万元用于御城村修建道路。

1月21日，区民宗局组织相关部门对辖区清真食品开展市场检查

【深化“双创四进”活动】 打造精品亮点。在实现宗教活动场所“双创四进”活动全覆盖的基础上，将国公营观音寺、东闾天主教堂、中冉清真寺3个较大的场所列入重点打造对象，区乡结合，加强指导，场所为主，扎实推进，达到创建标准。6月20日，区民族宗教局组织各乡镇人大主席、宗教专干、宗教界人士共计60余人到3处场所现场观摩并学习新《河北省宗教事务条例》。创办“借阅书角”，在东闾天主堂、国公营观音寺、中冉清真寺等7处宗教活动场所设置“借阅书角”，添置书柜8个、书桌8张，购置书籍5000余本（套）。在7处宗教活动场所增设更新宣传栏和展板28块。增强场所安保力量，为4处宗教活动场所安装了监控设备，保证宗教场所安全。清苑区道教协会会长赵宗源撰写的《学“四史”感党恩，始终保持与党同心同向同行》文章被收录在保定市民族宗教事务局出版的《保定市宗教界“三爱”“四史”主题解经优秀作品选编》。

【宗教活动场所联合检查督导】 各宗教场所安全隐患排查。为了宗教场所安全保障，区统战、民宗、住建、公安、供电、消防等部门成立联合检查督导组，重点对宗教场所自建房、电力线路、燃气安全、安全设施、防汛安全、食品安全等方面进行检查。为宗教活动场所购置米面油等食用物资。自河北省召开全省宗教会议后，区民族宗教局立即传达学习，召开会议，专门研究部署。根据各个场所实际情况，为辖区7处宗教活动场所购置了价值8000余元的生活物资，全部发放到位。

局　长：冉红星（女）

（撰稿：王建政）

乡镇 办事处

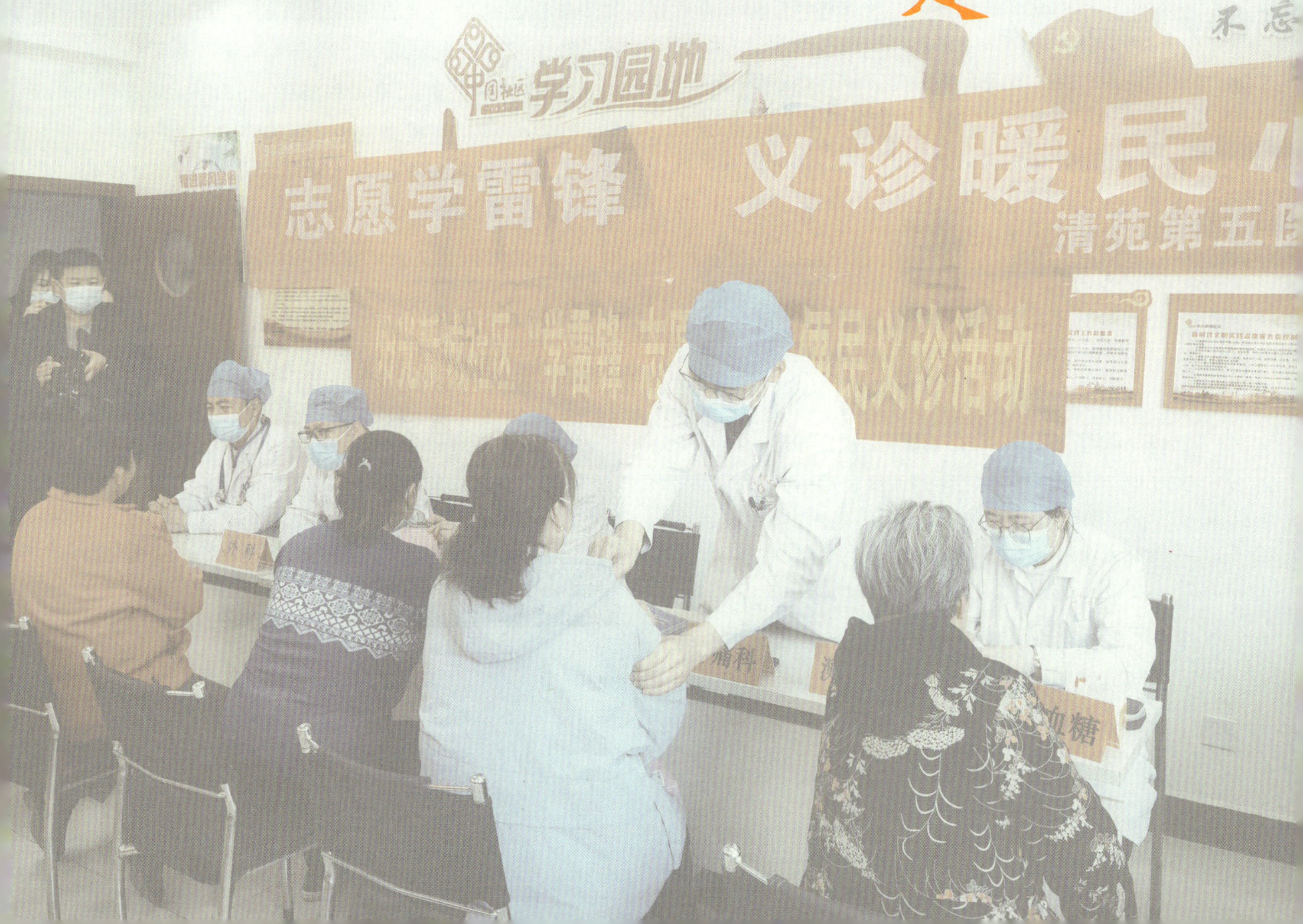

乡镇　办事处

清苑镇

【概况】　清苑镇位于清苑区北部，北面毗邻保定市，四面环绕清苑城区，地理位置优越，区位优势明显。道路四通八达，京港澳高速公路、保沧高速公路、省道保衡公路、京石高铁、保清公路、均从清苑镇穿越，交通顺畅便捷。总面积46.9平方千米，总人口43281人。有市级人大代表1人、区级人大代表15人、镇级人大代表67人，区级政协委员12人。辖15个行政村，34个党支部（机关党支部2个、村党支部15个、非公企业支部3个、工商支部1个、老干部支部1个、大学生支部2个、联合支部8个、企业中心支部1个、卫生支部1个）。耕地面积27288.5亩。2022年，人均收入21701元，固定资产投资完成23.1335亿元，规上工业总产值44.2亿元。主要产业为种植、建筑、商业、饮食服务业。全镇共有中学2所（清苑镇中学、中冉中学）、小学5所（清苑四小、清苑区实验小学、中冉小学、滕庄小学、东顾庄小学）、公立幼儿园6所（清苑四幼、北大冉幼儿园、郎庄幼儿园、中冉幼儿园、南大冉幼儿园），卫生院1所（清苑镇卫生院）。

【基层党建】　强化组织引领，筑牢“硬堡垒”。紧紧围绕学习教育常态化长效化的工作要求，认真学习贯彻上级关于意识形态的决策部署及指示精神，建立意识形态工作机制。定期组织全体领导干部集中学习习近平系列讲话，以习近平新时代中国特色社会主义思想武装头脑、指导工作，打造政治坚定的党委班子。以个人自学、集体学习、领导干部上党课等多种形式，开展学习教育。2022年，共开展理论中心组学习16次，专题学习20次，科级干部及支部书记讲党课30余次，不断提升全体党员干部的政治站位和理论水平，进一步增强党员干部党性意识，不断提高党支部的战斗力、凝聚力和向心力。

1月17日，清苑镇组织召开党史学习教育专题民主生活会

强化人才引领，充实“活水源”。严格发展

党员。从农村青年、各类乡贤等优秀人才中培养发展党员，解决了南大冉一村、中冉村三年以上不发展党员问题。发展党员 18 名，转正预备党员 6 名，双推积极分子 17 名。夯实“万人助万企”。清苑镇 35 名包联干部，均已加入“万人助万企”平台，共包联企业 88 家。经包联干部多次联系，实地走访，均已加入“万人助万企”平台。

强化工作引领，争创“好业绩”。壮大集体经济。以盘活农村集体资源为出发点，以清理规范村级集体经济合同为切入点，不断激发乡村振兴内生动力。全镇集体经济收入达到 790 万元，集体收入百万元以上的村 3 个，占比 20%，集体经济收入 5 万元以下的村全部清零，在全区率先完成省定目标任务。2022 年，全镇共清理规范农村集体经济合同 231 个，已完成清理规范 226 个，5 个合同正在履行法律程序，鉴证交易 155 个；85 个合同实现增收，共增收 65.96 万元。开展好组织生活。16 个远程电教站点设备升级全部完成，组织各支部严格按照“三会一课”要求过好组织生活；加强“学习强国”学习平台的推广和应用；举行“光荣在党 50 年”纪念章颁发仪式，在“广场微党课”中致敬“光荣在党 50 年”党员。办好每季一件实事。围绕发展壮大集体经济、化解矛盾纠纷、关心服务群众、建设美丽乡村等方面，辖区 15 个村办好民生实事 60 件。

全面从严治党，营造“好风气”。坚持全面从严管党治党，不断优化政治生态。锤炼绝对忠诚的政治品格，打造忠诚干净担当实干的干部队伍。对全镇 1656 名党员进行精细化管理，建立党员纪实表和诚信档案；对 1357 名农村党员建立积分台账，对党员进行分级评定。多次召开纪律整顿会议，亮职责、明身份，坚定不移加强制度建设。不断规范党员干部施政行为，持续强化党员干部“四个意识”。2022 年上半年，共查结问题线索 5 个，给予开除党籍 3 人，党内警告处分 2 人。

【城市建设】 整治路域环境。对清苑南街南大冉路段、清苑北街北大冉路段、朝阳大街中冉段及长城大街两侧违建进行联合执法，加大对在建房屋监管、违规门头牌匾拆除力度，切实提升道路环境秩序。全年共拆除违规牌匾广告 92 块，面积 780 平方米，拆除彩钢棚、屏风等违规违建 25 处，面积 315 平方米。

打造绿色景观亮点。流转土地 71.64 亩，征地 84.5 亩，新建 8 个口袋公园，有效改善道路生态环境，打造景观优美、空间丰富、文化深厚、生态多样的城市风景大道。

保障施工环境。坚持多方协调，镇村两级干部齐心协力，积极打通中梗阻，全力抓好项目保障工程；坚决落实“施工零干扰、行政零收费、服务零距离、拿地即开工”原则，营造稳定、公平、透明的施工环境，逐步优化营商环境。迎宾西路南侧中冉段首期征迁工作。夯实责任、完善机制、干部齐心、紧密配合，涉及 81 户征迁户，其中 77 户已完成签约，剩余 4 户正在积极协调中。签约首日所涉及 73 户宅基地，全部签订补偿安置协议，刷新了清苑“征迁速度”。保定市职教园区征地项目。全国地级市中首个职教改革试点，举全市之力打造职业教育改革保定样板的重要项目，涉及 412 户，626 亩征地，仅用 8 天时间，成功签约 410 户。长城南大街北延项目。长城南大街北延新修道路涉及北大冉村，所需征地面积 14.71 亩。打通长城南大街北延至小堤路的道路，缓解清苑区通往保定市区的通行压力，解决莲池南大街行车拥堵问题。锦绣名门二期项目。涉及征地 53.09 亩，涉及 54 户，已全部签约。第五医院及裕东医院两个健康驿站项目。共需征地 78.67 亩，其中第五医院健康驿站 23.67 亩，裕东医院健康驿站 55 亩。已完成征地，第五医院健康驿站正在施工建设中。中医院和疾控中心新建项目。中医院征地面积 40.1 亩，疾控中心征地面积 7.5 亩。友谊路北延项目。2022 年完成征地 18.5 亩。

【乡村振兴】　扎实做好脱贫攻坚与乡村振兴有效衔接。以巩固拓展脱贫攻坚成果为统领，以做好防返贫为重点，组织包村干部、村“两委”干部、村级网格片长、网格员等200余人在全镇范围内开展防止返贫监测帮扶集中排查和“三强化、一提升”行动，对监测户明确了帮扶责任人，落实低保、教育等相关帮扶政策；组织各村对照九类重点人员标准，逐户逐人梳理建立工作台账；常态化开展预警信息排查。

开展人居环境整治提升行动。提升绿化面积6000余平方米，硬化道路1500余平方米。绿化种植金叶榆、紫叶李、海棠、水蜡、卫矛等8500余棵，粉刷墙面500多块。西福村楼体亮化、大福村主要街道亮化、建筑亮化、北大冉新民居亮化等一大批亮化工程完工，擦亮乡村振兴底色。此外，大福村投资200万元建设党建文化综合公园，丰富居民娱乐活动，提升村民生活幸福感。印发《清苑镇环境卫生综合整治管理办法》，进一步明确了镇、村、环卫公司各方职责，形成有机闭环的责任链条。

落实问题厕所排查整改。落实问题厕所排查整改，摸清底数，健全台账全面排查，彻底整改，健全台账。15个村已全部完成农村公厕6座建设任务，南大冉二村、中冉村、西福村、中冉屯现已完成选址，完成566座农村户厕改造。

【生态环境】　大气污染防治攻坚，持续优化生态环境。清苑镇持续落实大气污染防治措施，强化生态环保责任机制、禁烧“人防+技防”结合、“散乱污”企业防反弹及扬尘整治，加强对二中国控站点周边环境巡查，精准施策，进一步完善环保长效管理机制，有效提升清苑镇空气环境质量。

开展垃圾清理整治专项行动。彻底整治辖村主次干道、背街小巷、房前屋后的乱堆乱放、坑塘沟渠、墙体的小广告、空中悬挂的漂浮物及高铁、高速两侧等各类有碍观瞻的垃圾，发动人员300余人，动用机械20余台次，清理垃圾、杂草、乱堆乱放物品等1000余立方米。

持续巩固河道、坑塘整治清理成果。严格贯彻落实河长制，坚持两级河长动态巡查唐河、清水河、金线河，实时巡查、实时监管；对全镇坑塘全部设立围挡，出动钩机、铲车等机械200余台次，动用人力500余人次，全镇坑塘面貌焕然一新，逐一明确镇村两级责任人并制作公示牌，加强与环卫公司对接，探索建立坑塘保护长效机制。

【和谐稳定】　全面防范化解各类风险隐患，不断完善网格化管理体系，织密全镇共治、服务群众一张网，充分发挥15名村网格长、65名基层网格长、262名基础网格员作用，把基层党建的组织优势有效转化为社会治理的工作优势，确保全镇经济社会大局整体稳定。

同时做好安全生产。结合安全生产专项整治三年行动要求，开展了多项专项整治行动。燃气（液化石油气）和气代煤方面。对气代煤9个村（5414户），电代煤5个村（3442户），建立风险隐患台账，加强燃气安全宣传引导，对辖区内餐饮等用户开展全方位检查，登记造册，对发现的问题立行立改。不间断对非法加油站（点）进行检查，镇应急办联合执法队、派出所成立专门队伍，严厉打击非法生产、销售、运输、罐装液化石油气行为。消防安全。对环绕主城区的南大冉、中冉地区，重点防范中小企业、家庭作坊、临街门店、“九小场所”、经营性自建房火灾隐患，突出其他村村内防火力度，同时结合福瑞康、新奥、滨海燃气三家单位，对村内燃气管道进行入户检查，村级燃气安全员在巡查过程中要着重注意燃气管道周围是否有杂物堆积以及倾倒的现象。危险化学品安全。加强对17家危化经营企业的日常巡查和重点盯防相结合，除日常巡查外，督导企业制定完善自查制度。人员密集场所安全。对辖区范围内各类门店665家人员密集场所。应急管理办公室结合区消防大队对人员聚集场所存在的消防安全等隐患，责令其停业整顿，不达标的不允许营业，查处问题全部整改完成。以极端负责的态度和求真务实的作风，全力防范化解重大安全风险。

全面做好社会管理。深入开展“八五”普法。全面加强法治建设，构建齐抓共管普法格局。结合全镇签约律师针对农村干部开设了法律知识培训班，对在农村工作中涉及最多的土地、房屋、遗产继承等相关法律进行培训，引导群众知法、懂法、守法。深入开展禁种铲毒工作。强化组织领导，加强踏勘巡查，采用无人机等手段对无人院落、房前屋后等场所拉网式排查，确保不留死角、没有盲点；与村民签订禁毒责任书，深化全民禁毒氛围，把禁毒工作不断推向深入。深入开展反诈宣传。通过张贴宣传海报、发放宣传页、喇叭广播等方式，不断提高群众反诈意识，大力引导群众下载国家反诈中心 App。持续筑牢食药安全防线。深入开展食药安全协管员培训，指导其开展好隐患排查、信息上报、协助执法、安全教育等工作，确保全镇食药安全。

党委书记：徐文斌

政府镇长：樊小光

（撰稿：于曼丽）

冉庄镇

【概况】 冉庄镇位于保定市清苑区西南部，距清苑城区 15 千米，是著名的地道战遗址保护区所在地。辖区内有省级公路——蠡野路（清苑段）东西横贯，县级旅游路纵穿，交通较便利。东临张登镇、北店乡，西临阳城镇，南连李庄乡，北接白团镇、魏村镇。全镇总面积 6440 公顷，辖 16 个行政村。

2022 年，冉庄镇共有 9593 户 39312 人，耕地总面积 3812 公顷，粮食产量 45189 吨，全镇蔬菜产量约 31613.07 吨，瓜果产量约 33672.35 吨，全年猪存栏 19421 头，出栏 21024 头，羊存栏 102650 只，出栏 8376 只，肉类总产量 4889 吨，禽蛋总产量 3964 吨，人均纯收入 18970 元。全镇有中学 1 所，小学 9 所，幼儿园 10 所，在校生 3949 人。

【党的建设】 严要求抓好党员干部队伍教育管理。充分发挥乡镇领导干部示范表率作用，深入一线为党员群众宣讲党的好方针好政策，同时依托党员干部远程教育平台，定期组织辖区内党员集中学习，切实提高了全镇党员的政治意识及业务能力。丰富活动载体，组织各支部开展“党员活动日”“圆梦群众微心愿，品质服务党旗红”“防疫一线党旗红”等活动，在清明节、“七一”等时间节点，组织党员开展烈士陵园祭扫、重温入党誓词等活动，进一步提升了全体党员干部的使命感、责任感，在一线淬炼了党员队伍。抓好党员发展工作，2022 年，初制定年度发展党员计划，严格发展程序，发展党员 12 名，转正 15 名。

2 月 14 日，冉庄镇召开 2022 年度党建述职评议会全体重温入党誓词活动

高强度推进清理规范集体经济工作。自全区开展农村集体经济合同清理规范专项行动以来，多次召开镇党委会议，酝酿研究，充分讨论，制定《冉庄镇深化清理规范农村集体经济合同工作的实施方案》，成立冉庄镇清理规范领导小组，召开镇村两级干部动员部署暨培训会议，管好用好村党组织书记，压实乡村两级责任，形成全面增收工作合力。集中力量清查。由各村党组织牵头，对各村家底进行全面摸排，建档立卡，形成

工作台账。共清查出合同333份，涉资源类330份、资产类3份。有序推进审核认定。由镇党委牵头，结合法律顾问，针对上报的333份合同严格认定，认定结果公示7天，接受群众监督。2022年，共规范发包2块村集体土地，增收达189万元。

高站位推进党风廉政建设。始终把党风廉政建设工作作为“一把手”工程，摆在突出位置，充分发挥镇纪委“监督执纪问责”利器作用。2022年，围绕群众身边腐败和作风问题专项整治，组织纪检队伍查找问题线索30条，落实党纪处分5人，批评教育2人，进一步提升了镇村干部的纪律规矩意识。

【旅游发展】 第五届保定市文化和旅游产业发展大会圆满收官。冉庄村作为第五届保定市文化和旅游产业发展大会重要观摩地之一，在区委、区政府组织下开展了冉庄村改造提升工程。为保障工程顺利推进，全镇动员党员干部群众同工人们一道，战高温、斗酷暑，抢时间、赶进度，同时加强现场交底和检验，严守进度关和质量口，及时解决施工中出现的各种问题，使各工序间实现无缝链接，确保了工期按期完成。2022年9月8日，冉庄镇以全新的面貌、高昂的姿态迎接各级领导参观指导。

8月16日，旅游路大张庄沿线彩绘、装饰施工现场

持续推进文旅小镇建设。坚定不移把小镇建设作为全镇的重点项目，严格落实属地责任，积极营造良好的施工环境，保证了小镇建设的有序推进。2022年，红薯文化博物馆、实弹射击馆、户外拓展训练基地、马文化主题园、游客服务中心、停车场、民俗文化街等建设内容全部完成，部分商铺已经入驻并试营业。

【民生工程】 持续推进民生工程。积极推进投资80余万元的羊庄村、张马庄村、北马庄村道路硬化和靳庄村、蒋庄村、小张庄村安装路灯、修建村民活动广场等“一事一议”项目。2022年，完成道路硬化1140米、安装太阳能路灯140盏、修建村民活动广场1个，人民群众出行、生活条件不断改善。结合冉庄镇总校，扎实推进投资30余万元的大张庄幼儿园、北马庄小学地面硬化工程，进一步改善了辖区办学条件。共改厕总任务650座，已全部完成改造任务，全镇16个村已完成公厕建设15座，群众生活更加方便。

持续巩固脱贫攻坚成果。全镇共有建档立卡脱贫户68户156人，其中一般脱贫户14户24人，低保脱贫户49户110人，特困脱贫户21户22人，所有建档立卡脱贫户实现“两不愁、三保障”。冉庄镇共申请衔接资金项目4项合计92万元，其中，为冉庄村、西辛庄、小张庄申请太阳能路灯资金33万元，为姜庄村申请农副产品便民交易中心建设资金59万元。办理新增低保12户21人，办理残疾人护理补贴24人、生活补贴17人，发放残疾人辅具47件，为7名贫困家庭学生申请享受“雨露计划”，为82名困难群众申请发放临时救助金4.67万元，建档立卡户资产收益分红共计发放156人311400万元，有效防止了返贫现象的发生。

持续推进农村自建房排查整治。冉庄镇组织辖区16个村97名排查员连续开展了2次全员培训，对全镇16973处自建房进行两轮全面排查，未发现安全隐患，确保了群众的生命财产安全。

【环境保护】 深入推进大气污染综合整治。强化餐饮油烟治理。坚决取缔露天烧烤及露天煎炒烹炸摊点，辖区49家餐饮业已全部安装油烟净化器，同时镇执法队不定期检测油烟排放标准。

严禁室外喷漆、粉刷、切割、等作业。强化运输车辆管控。建筑垃圾和渣土运输车、砂石运输车辆禁止上路行驶，禁止大型物流运输车辆进入辖区。强化空气站点周边精细化管控。以冉庄镇中学监测站为圆心，周边3千米范围内，加强施工扬尘治理，督促施工企业在施工围挡加装喷淋设施，严格落实湿法作业，严禁施工车辆带泥上路。加强道路扬尘治理，对主干道实施机械化清扫、洗扫，加强洒水抑尘等保洁作业，全面提高保洁质量。

深入推进纳污坑塘综合治理。建立纳污坑塘巡查检查机制，对排查出的纳污坑塘整改情况及时复查，防止纳污坑塘污染死灰复燃。经排查，全镇共有纳污坑塘19个，已全部完成整治工作。

深入推进禁烧、禁炮、禁煤。加大执法力度，充分利用禁烧平台、无人机巡查等方式，及时发现查处焚烧秸秆、散煤、燃放烟花爆竹等行为，从严从快处置，切实起到震慑、警示作用。共查处火点3个，处罚4000元，累计悬挂条幅50余条，出动宣传车75辆次，发放明白纸1000余张。

深入推进河道综合整治。多次开展河道清理“红马甲行动”，组织镇、村两级河长、巡河员、志愿者进行河道集中清理，旨在提高日常巡河的实效性，引导群众发现“五乱”问题并及时处理、及时上报。2022年，多次对辖区内涉及的河段和村落进行拉网式排查，累计共出动挖掘机36辆次、铲车37辆次、翻斗车63辆次、人工160余人次，设置防洪堆土方4处600余立方米，清理河道垃圾700余立方米，组织拆除河道乱占乱建2处。

【基层治理】 抓紧抓实矛盾源头预防化解。严格落实排查机制。建立矛盾纠纷排查化解机制，二十大期间实行“日排查、日汇总、日研判、日汇报”工作机制。2022年，排查各类信访隐患36件，并分别建立了台账，落实了领导包联，有效预防和减少了信访问题的产生。强化接访约访。每天书记镇长在镇接访、镇领导干部入村约访、村“两委”干部入户走访。热心接待来访群众，对群众提出的信访诉求查明事实、分清责任，及时高效办理，并有针对性地做好政策解释、思想疏导等工作，做到件件有着落、事事有回音。

攻坚克难化解信访突出问题。开展“百日攻坚行动”。6—9月，按照区信访联系办要求，开展了集中治理信访突出问题和重复信访、化解信访积案“百日攻坚”行动。对市级交办信访案件5件、区级交办信访案件16件进行集中整治，确保实现事心双解、案结事了。

紧抓安全生产，守牢安全底线。全镇共有6家网格化监管企业。2022年，镇党委、政府认真贯彻落实省委主要领导在9月8日关于安全稳定批示和安全生产批示精神、全面学习贯彻9月18日省委全省安全生产会议精神，加强领导、强化宣传、缜密部署、坚决落实。突出完善依靠网格化监管、组织执法检查、隐患排查工作机制，使安全生产整体形势得到加强。组织执法队出动200余人次，共检查出问题15个，已督促企业全部完成整改。

强化联合整治，共建平安镇村。发动村“两委”干部、网格员、大学生志愿者入户开展全民反诈宣传活动，挨家挨户指导群众下载反诈App，在每个核酸检测现场安排2名志愿者负责反诈App下载工作，切实提升人民群众对反诈App的知晓率和满意率。同时聚焦老年人、留守妇女、退休职工、务工人员、学生等易受骗群体，采用线上线下相结合的宣传方式，统筹开展工作。建立了镇村两级反诈微信工作群，利用微信群对人民群众进行反复宣传，使反诈意识深入民心，促进了反诈工作的开展。2022年，全镇共下载并注册反诈App 1.6万人次，电信诈骗案件明显减少。

2022年，完成对全镇退役军人优抚对象的身份确认和优待证申领工作，为退役军人家庭更换光荣牌，走访慰问退役军人和烈士遗属81人，免费为退役军人体检。八一期间，召开退役军人座谈会，邀请全镇退役军人代表到镇政府建言献策，宣扬退役军人退伍不褪色的光荣传统。

【乡村振兴】 红色村组织振兴试点项目取得新进展。会同区委组织部，确定《清苑区冉庄镇冉庄村红色美丽村庄试点项目实施方案》，于10月同中标公司签订合同，确定了项目建设内容。发展壮大村级集体经济工程。依托地展馆停车场建设充电桩，收益归冉庄村集体所有，提高党组织为民服务能力。红色支部组织史展馆建设工程。收集冉庄及周边村党支部在抗日战争、解放战争及中华人民共和国成立后带领群众艰苦战斗、奋发图强的有关资料，对原地道战纪念馆的抗战食堂进行改造升级，重新布展，建成红色支部组织史展馆，让本村及来村参观的党员和群众感受党的历史，不忘初心、牢记使命，坚定理想信念。改善村容村貌工程。通过打造红色主题文化街、硬化村内道路等项目，进一步提升村民的满意度和获得感。

6月21日，秸秆垃圾统一清理回收现场

人居环境展现新面貌。围绕市区“绽放新颜值，跑出加速度”工作要求，以旅游路、张望路沿线为重点，坚持一村一策，制定整治标准，坚决把点位整改工作抓实抓细抓到位。为充分发挥示范带动作用，在冉庄镇东西片区分别打造陈吴庄、西辛庄两个示范村，推动以点带面、连线成片，示范引领，整体提升。全镇累计出动镇村干部800余人次、机械60余台次，清理道路生活、建筑垃圾60余处、1200余立方米，拆除违章建筑6处，清理各类墙体广告300处，全镇人居环境明显改善。

服务群众打造新模式。结合保定市“万人助万企”行动，助力清苑区旅游发展大会顺利召开，于8月19日举办“政策找人、服务上门”活动。为冉庄文旅特色小镇内小摊点商户及涉及营业执照和小餐饮经营许可证的商户进行上门政策宣传、集中办证服务，现场为工商户办理营业执照1个。10月，结合区社保局安排支付宝客服团队深入村街边、田间和村民家中，向村民宣传电子社保卡用途、电子社保卡申领流程，手把手帮助群众快速学会认证、激活、支付等各项功能，分3次到16个村服务群众1200人。此项行动共组织活动宣讲3次、培训4次，上门服务18次，办成事项1684件，受惠群众3000余人。

江水置换项目取得新成效。镇党委、政府高度重视此项目并多次召开专题会议进行研究部署，确保项目稳步有序推进。镇村明确专人负责，主动担当作为，积极与施工方、村民协调沟通，确保施工进度顺畅。同时，组织各村加大宣传力度，积极配合设计方做好江水置换的调度工作。2022年，江水置换一期除穿越335省道120米外，其余工程量已全部完工。二期工程6个村已完成。

党委书记： 王立恒（2022.7离任）
党　浩（2022.7—　）
政府镇长： 丁　静（女，2022.7离任）
孟　辉（2022.7—　）

（撰稿：李潇）

阳城镇

【概况】 阳城镇位于清苑城区西南方向33千米处，东临冉庄镇，东南邻李庄乡，西邻望都县，西北临满城区和顺平县，东北临魏村镇。面积

67.9 平方千米，耕地面积 64728 亩，辖 20 个行政村，全镇总户数 12177 户，人口 38665 人，耕地 64728 亩，粮食播种面积 118685 亩，产量 50125 吨，人均纯收入 17825 元，猪存栏 8560 头，牛存栏 3535 头，羊存栏 3020 只，家禽 278500 只，肉类猪肉 720 吨，牛肉 252 吨，羊肉 30 吨，禽蛋 3700 吨，牛奶 12520 吨。蔬菜播种面积 2765 亩，总产量 14285 吨。全镇有初中 1 所、小学 12 所、幼儿园 12 所。

【基层党建】 坚持政治站位，切实增强基层党组织政治功能和组织力。强化党的创新理论武装学习教育，以习近平新时代中国特色社会主义思想为中心内容，组织各村开展集中性教育，确保各村“两委”干部每月至少学习一次。精心组织迎接中共二十大召开系列活动。组织召开“七一”表彰暨党建述职大会，深入开展“每季一件事”活动，为中共二十大胜利召开营造良好氛围。严肃党内政治生活。定期组织村“两委”干部召开“三会一课”、民主生活会、半年及年度考核，并定于每月 15 日开展“党员活动日”，充分发挥基层党组织的战斗堡垒作用和党员先锋模范作用。

10 月 24 日，阳城镇组织开展中共二十大报告专题学习交流研讨会

夯实基层党组织建设基础，不断提升抓党建促乡村振兴质量。全面加强农村党组织书记队伍建设。组织支部书记由党委书记进行一对一警示谈话 1 次、集体谈话 2 次，实行支部书记任期和年度目标考核制度。深入开展农村基层干部培训。参加省委组织部依托河北干部网络学院直播课堂举办的“基层干部大讲堂”7 次；先后 3 批次，共计 12 名支部书记参加市委组织部到山东寿光实地学习的“都市农业千人示范培训”；参加区委组织部以视频会议形式组织的专题培训会议 2 次；镇党委、各支部通过集中培训、集体学习专题网班等形式加大培训力度，提升能力本领。

提升党员管理水平，着力打造过硬党员队伍。规范党员发展工作。建立各支部申请人员“月报制”以及“双推”积极分子前置联审制。2022 年，共发展党员 25 人，转正 12 人，“双推”积极分子 33 名，解决三年以上不发展党员村问题。加强党员教育管理。推广完善党员积分管理，推动党员诚信档案建设，加强流动党员管理，特别是大学生返乡支部中的流动党员，通过提供工作和社保证明，排查实际情况，做到应转必转、应接必接、转接有序。同时，做好“光荣在党 50 年”纪念章发放工作。深入开展党员志愿服务。积极组织党员干部、社会组织、爱心企业关心关爱弱势群体，帮扶困难群众，进一步彰显支部力量。把握新时代党的建设总要求，统筹推进各领域党建工作。2022 年 6 月，成立保定双丰牧业有限公司党支部，是阳城镇首个非公企党组织，显示出党建引领企业发展的坚实脚步。

【民生改善】 扎实有序做好巩固脱贫成果后评估工作。建立健全组织机构，成立由镇党委书记、镇长任组长，主管领导为副组长，其他班子成员和各村支部书记为成员的工作领导小组。严格落实层级责任，镇党委书记为第一责任人，包片领导为各村的直接责任人，各村党支部书记及各包村干部为具体责任人，形成“一把手”亲自抓、分管领导具体抓、一级抓一级、层层抓落实的工作格局。切实加强组织领导，强化组织保障，严格责任落实，规范工作程序，确保脱贫攻坚工作和乡村振兴工作有效衔接。打好农村问题厕所“歼灭战”，实现人居环境整治效果“大提升”。高度重视农村厕所改造工作，坚持科学施策、因地制宜，有序推进“厕所革命”，使农村人居环境稳步得到改善。2021 年、2022 年，阳城镇新建改厕任务户数为 430 户，已全部完成，完成率 100%。在农村生活水源江水置换工作中走在前，作表率。农村生活水源江水置换是关乎千家万户饮水安全的重要民生工程，长期全力落实此项工作，全力配合施工工程，优化施工环境，加快施工建设，确保施工进度。江水置换工作共涉及全镇 20 个行政村，一期工程总量 58594 米，134 个工作井；二期工程总量 64586 米，共需要安装水表 11995 块。2022 年底，一期工程村外管道除贯穿省道张望路一段顶管（466 米）外，已全部完善手续进场施工。二期工程总量 64586 米，已完成现场勘查，整村改造的村有高台、西孙庄东街 2 个，已全部施工完成。

【环境保护】 深入推进环保治理工作。充实完善镇大气污染防治工作领导小组，进一步细化准则、压实责任。通过发放条幅、宣传彩页、大喇叭广播等多种宣传形式，强化群众环保意识，组织专门力量对辖区内进行巡查宣传，发现问题及时处理。全面筑牢禁烧工作安全网。印发宣传资料 10000 份，张贴条幅 1000 条、公告 1000 张，营造浓厚禁烧氛围；各村成立领导小组，严格按照网格化管理要求，责任落实到人；镇、村分别成立专门巡查队，24 小时不间断巡逻。

【社会治理】 严格落实党政同责、一岗双责，以“减存量、控增量”为目标，坚持分类指导、多措并举、综合施策，力促“老案归零”“新案随清”，巩固乡村和谐稳定良好局面，当好首都政治“护城河”。2022 年，共接访 87 起、511 人次；坚持矛盾纠纷月排查，排查 36 起；办结上级交办信访件 16 件。

【其他工作】 安全生产形势良好。开展自建房屋安全隐患排查，完成图斑录入总计 25556 处，经营性自建房图斑 295 处，其他自建房屋排查 18474 处（其他如老旧房屋等 6787 处未列入排查范围）。强化燃气安全工作督导检查。阳城镇下辖 20 个行政村，500 户以上的村配备 4 名安全员，500 户以下村配备 2 名安全员，共 60 名燃气安全协管员。以燃气领域各项安全措施落实情况为主要内容，对燃气企业、气代煤用户及燃气管线进行日常安全巡查，并联合保定中燃保南能源有限公司进行入户安检，完成入户安检 12965 户，剩余 126 户由于家中无人无法入户安检，共发现隐患数量 206 个，其中，经营环节排查隐患数量 11 个，使用环节排查隐患数量 195 个，均已整改完成。

党委书记：党　浩（2022.7 离任）
　　　　　郝　伟（2022.7—　）
政府镇长：郝　伟（2022.7 离任）
　　　　　刘昆仑（2022.7—　）

（撰稿：张晴阳）

魏村镇

【概况】 魏村镇地处清苑区西部 15 千米处，东临白团镇，南邻阳城镇，西邻满城区方顺桥镇，北临满城区于家庄镇，镇人民政府驻王罗侯村。辖区东西最大距离 8.4 千米，南北最大距离 8.2 千米，总面积 41 平方千米，耕地面积 44836，共辖 22 个行政村、4 个自然村，总户数 13367，总人口 41520 人，农民人均纯收入 19341 元。全镇有初中 1 所、小学 7 所、幼儿园 6 所，有卫生院 2 所。

【基层党建】 始终把基层党建工作记在心上、抓在手上、落实在行动上。强化制度，助推组织建设再提升。实行党建工作月研究制度，以党建带全面，落实镇党委理论学习中心组学习和“三会一课”、党员活动日等制度，深入学习习近平新时代中国特色社会主义思想和中共二十大精神，组织班子成员结合分管工作入村讲党课，提升镇村干部整体政治素质。真抓实干，助推重点工作强落实。发展壮大村级集体经济。2022 年，马罗侯、玉皇庄、抄纸屯、魏村南街、李罗侯、魏村西街、魏村北街、谢上、武罗侯、田庄、魏村东街、西洪义等 12 个村集体经济收入达到 10 万元以上，占比 54.5%；其他 10 个村集体经济收入保持在 5 万～10 万元，无白点村。认真抓好农村基层党员干部教育培训。开展“一对一”警示谈话，通报一批村干部违法违纪案件，以案释法、举一反三。组织学习警示教育《五十例》和观看《严守底线筑基石》专题片，作为加强换届后农村“两委”干部党风廉政建设的重要路径，以反面典型为鉴，教育引导农村基层干部受警醒、明底线、知敬畏，增强党性观念，树牢为民意识。同时，组织 11 个村党支部书记分批次参加市“都市农业”千人示范培训，村干部业务水平得到有效提升。推进村级组织活动场所规范提升；魏村西街、东洪义、王罗侯村完成大队部扩建和装修，村级活动场所整体水平不断提升，积极打造魏村北街、魏村西街、孙罗侯、李罗侯、西洪义等魏村路党建示范带，大幅度提升了村级组织的形象面貌。稳扎稳打，持续推进意识形态阵地建设。高度重视意识形态工作，认真落实党委意识形态工作制度，实行由党委书记负总责，分管领导具体抓，把意识形态工作纳入党建工作责任制，与其他工作同部署、同落实、同检查、同考核，并纳入年终绩效考核。持续推进中共二十大精神宣传学习，以党委理论学习中心组为载体，以科级以上领导干部为重点，以学习中共二十大精神为重点内容，制定学习计划，列出专题研讨，撰写心得体会，领导干部带头深入企业、农村开展互动化宣讲，把中共二十大精神讲清楚、讲明白，让老百姓听得懂、能领会、可落实。

10 月 28 日，魏村镇组织开展中共二十大报告宣讲会

【民生改善】 提升农业基础设施建设。完成马罗侯、李罗侯、新史庄、西洪义四个村高标准农田项目建设，为 12 个村申请了高标准农田改造项目。大力开展农业种植技术推广，发放科技书籍 1000 余册、明白纸 2000 余张。扎实开展涉农土地矛盾纠纷化解，解决玉皇庄、魏村北街、齐贤庄南街涉农纠纷案件 5 起。

稳步推进江水置换。魏村镇野外管网完成施工，二期工程涉及管网改造 8 个村，全部进场施工，6 个村全部完成改造任务。

规范抓好为民工作。全面优化营商环境，2022 年，共办理证件 474 个，其中准生证办理 131 个，个体营业执照新增、延续、变更 306 个；食品小作坊小餐饮登记证 15 个；食品经营许可证新增、延续、变更 20 个，办理城乡规划证 2 个。2022 年，城乡居民基本养老保险新增 337 人，续费 12870 人，续费率达到 95%，全年发放养老待遇 527 人，均按月足额发放待遇，续费率、代缴率、发放率均达 100%。2022 年，城乡养老保险认证工作圆满完成，认证通过 8178 人，完成率达到 100%。缴纳 2023 年度城乡医疗保险人数达到 30313 人，参保率达到 80.38%，做到应保尽保。

扎实巩固脱贫攻坚成果。建立并完善防止返贫动态监测机制，对符合条件的困难人群纳入监测范围，实行网格化管理。2022 年，申请衔接资金项目 2 项合计 76 万元，为东洪义村申请修路资金 29 万元，为魏村西街村申请农副产品便民交易中心建设资金 47 万元。办理新增低保、特困 36 户 57 人，为 1 名贫困家庭学生申请享受“雨露计划”，办理残疾人护理补贴 66 人、生活补贴 11 人，发放残疾人辅具 144 件，对贫困建档立卡户资产收益分红 48 人，共计发放 12000 元。

全面推进农村自建房排查整治。深刻吸取湖南长沙自建房安全事故教训，全力组织人员对农村自建房进行第二轮全面排查。对魏村镇 22 行政村 97 名排查员连续开展了 2 次全员培训，对全镇 12158 处自建房进行入户排查。

严格劣质散煤管控和防火禁烧禁炮。加大综合执法力度，加强日常巡查检查，对农村农户、农业大棚、畜牧养殖场、沿街商户等重点区域监督检查，严防散煤复燃。坚持人防技防相结合，充分利用露天焚烧视频监控和红外报警系统，对推送的“冒烟”点位信息进行现场核查，利用无人机定期进行飞行巡检。通过农村高音喇叭宣传播放、悬挂横幅、发放禁烧明白纸、出动宣传车、微信群转发等各种形式对严禁焚烧秸秆和禁炮进行宣传，累计发放禁烧明白纸 1 万余份，悬挂横幅 120 余条。综合行政执法队对各村婚丧嫁娶、满月、开业庆典等事宜进行常态化摸排，重点摸排超市、花圈店、殡葬用品店等可能非法储存、销售烟花爆竹的场所，在全镇范围内不间断地开展禁放烟花爆竹巡逻查控。

做好乱占耕地摸排整顿工作。严查细核，深入开展违法违规占地行为大排查行动，召开支部书记会议，传达相关会议精神，各村深入排查违规违法占用耕地建房行为。同时乡镇组织力量对各项占地行为进行排查，发现苗头及时制止，确保将违法违规占地行为遏制在源头。2022 年度魏村镇共拆除存量违建 4 处，存量建设用地共处罚 16 块，共计 46.24 亩，罚没金额共计 638565.6 元。

【环境保护】 认真搞好宣传发动。通过村高音喇叭广播、入户发放明白纸、微信群宣传等形式，在群众中宣传美丽乡村建设和农村厕所革命，营造浓厚氛围。全面改善村容村貌。狠抓环境整治。按照“疏堵结合、集中治理、准入把关”的原则，开展农村环境大整治活动，对魏村路两侧边沟垃圾进行彻底清理。同时，包村干部下沉到村，重点督导检查，并教育引导沿街门店认真落实“门前三包”。全年共出动机械车辆 80 辆次、人员 160 余人次，清运垃圾 3000 余立方米。完成公厕建设 20 座，户厕改造 270 座，将农村厕所改造情况录入河北省农村厕所改造数据管理平台，实现省市对乡村厕所改造情况的动态管理。持续打造美丽乡村建设。创建省级美丽乡村西洪义村、市级美丽乡村田庄村。2022 年，西洪义村街道重新安装路灯，修缮村内道路 1 条。西洪义、田庄积极推进农村户厕改革，全力提升村内整体环境。大力开展河道整治。组织督促各村巡河员按照工作要求，每天上堤巡河，建立了镇村两级河长和巡河员工作群，每日反馈巡河信息。对存在的问题能够做到日查日清，共发现和整改问题 20 余个，更新公示牌 3 个，保证了河道干净整洁。2022 年下半年，配合区政府对 8000 米龙泉河道进行清淤。严厉整治“散乱污”企业。在前期“散乱污”企业整治工作的基础上，加大排查力度，巩固整治成果，确保动态清零。充分利用环保举报、环境信访等举报线索，利用无人机飞检、电量数据等手段做好“散乱污”企业排查。2022 年，取缔“散乱污”小作坊 3 家；魏村镇空气污染指数和 $PM_{2.5}$ 数值均位居各乡镇前列。

【社会治理】 把化解矛盾作为治理信访隐患的根本，建立领导干部接访制度和周五党委书记接访日制度，化解各类信访案件，合理安排镇村干部、党员下沉到全镇 22 个村中，设置 22 名网格长、603 名网格员，确保治保、调解、平安巡防等方面人员配备到各网格中，实现小事不出村、大事不出镇、矛盾不上交。解决 2 起多年积案，化解矛盾纠纷、信访案件 10 余起。全年共处置

纠纷案件200余起，其中立刑事案件5起，破获刑事案件5起，刑事拘留4人，抓获在逃人员3人，破获各类案件49件。

认真落实安全生产责任制。认真开展安全生产专项整治三年行动和“双控”机制建设。定期检查企业安全生产责任制落实情况和重点行业隐患排查情况，针对安全生产突出问题和薄弱环节开展安全生产大检查行动。2022年，企业自查及执法人员检查共发现安全隐患50多起，已经全部整改到位。组织燃气公司对“气代煤”村庄燃气协管员及村干部进行安全生产培训3次。组织100余人逐村逐户检查燃气设备是否正常、报警器是否悬挂到位、困难群众是否取安全取暖。通过集中攻坚，确保人民群众安全温暖过冬。

积极推进打击养老诈骗和反诈骗工作。充分利用宣传标语、横幅、村喇叭、微信群等深入广泛宣传，通过发放张贴各种宣传明白纸20000余份，悬挂宣传标语100余条，由村民微信群统一推送，在辖区范围内大力营造了全覆盖、无死角、高频率、深辐射的宣传氛围。综合“线上+线下”，充分发挥网格化治理优势，村两委干部、党员、村民代表、大学生志愿者等地毯式入户走访、上门安装，以面对面、零距离的方式，切实教会群众安装、使用反诈App，当好反诈App安装的“服务员”。

党委书记： 刘　帅（2022.1离任）

王红岭（2022.1—　）

政府镇长： 王红岭（2022.1离任）

王建伟（2022.1—　）

（撰稿：张瑶）

温仁镇

【概况】 温仁镇位于清苑城区向南18千米，南邻博野县、安国市，东与蠡县接壤。保衡路、温蠡路、温博路三条公路在此交会，是保定城区通往南部县市的咽喉要道，地理位置优越，交通便利。温仁镇辖区总面积67平方千米，耕地面积61676亩，下辖17个行政村（半壁店、蔡家营、大柳树、大兴庄、傅庄、良寨、罗家营、南邓村、南段庄、南和庄、南李庄、南孟庄、南杨庄、王盘、温仁、西南佐、延福桥），总户数13412户，总人口50421人。2022年，温仁镇固定资产投资完成895万元，农民人均纯收入18535元。全镇有中学2所、小学10所、幼儿园10所，卫生院3所。

【基层党建】 以加强党在基层的执政能力和系统性建设为主线，以“千分制考核”为抓手，定期对村党组织和村“两委”干部工作进行量化考核，定档排位，全力提升党建引领基层治理能力，17个村党支部的凝聚力和战斗力进一步增强。加强教育管理，提升工作“凝聚力”。抓制度建设，对所辖17个村严格落实“三会一课”“党员活动日”“四议两公开”“村干部坐班值班”“千分制考核”等各项制度，以制度强支部，增强各村党组织办事能力。抓队伍素质提升，全年组织镇村干部进行乡村振兴、组织建设、安全生产、各级会议精神专题宣讲培训8次，加强对村“两委”干部结构、比例、素质等各方面进行综合考评，进一步提高村“两委”干部和党员的理论水平和业务素质。注重工作实绩，提高干部“执行力”。盯紧末端落实，以开展“再造新保定、奋进党旗红”活动为主线，狠抓党组织“年度职责目标”“每季一件实事”等工作任务完成情况及在各项重点工作中发挥作用情况，要求各村运用好网格员、保洁员、巡逻员这个“大网格”，把各项与百姓息息相关的工作，融入网格，落实到人头，切实提高村干部干事创业的积极性和为民办事的服务理念。注重组织建设。制定党员发展计划，建立2022年党员、积极分子、入党申请人三个台账，针对农村党员特点，加强对老党员、大学生党员、流动党员的服务管理，不断优化党员队伍结构，解决了南和庄、南杨庄和西南佐村3年不发展党员问题。强化阵地建设，夯实堡垒“战斗力”。一方面，深入开展党群服务中心建设“回头看”专项行动，持续推进两室阵地标准化、规范化，投资40余万元，按照“功能齐全、整洁美观、方便实用”的原则，重点将大兴庄、南杨庄、蔡家营、南李庄4个村打造成实用型服务阵地。王盘村投资40余万元，建设一处红色文化广场，利用王盘革命红色文化资源，大力弘扬红色文化基因，培养和增强村民爱国主义精神。另一方面，积极壮大村集体经济收入，通过规范清理集体经济合同，共梳理规范合同392份，增收106.2万元，经济收入5万元以上的村8个，5万~10万元以上的村9个，达到预期目标。

【经济建设】　抓好农业提质增效，着力打造实力“新田”围绕绿色农业、设施农业、高效农业做文章，重点打造南和庄、大兴庄、王盘、大柳树4个村的一村一品建设，加快形成特色农业示范区；积极申报高标准农田项目，延福桥、蔡家营、大柳树村高标准农田项目抓紧推进；认真落实旱作雨养项目，温仁、良寨、罗家营、付庄四个村完成共计2519亩种植项目，圆满完成任务目标；积极推广新品种新技术，王盘村积极引进“阳光玫瑰”葡萄新品种，推动葡萄品种更新换代，为打造新品牌、增加农民收入发挥了表率作用。以守好粮食安全为底线，稳定粮食面积和产量。坚持和加强党对“三农”工作的全面领导，严格落实粮食安全责任制和基本农田保护制度，将保护工作开展情况纳入各村年终目标考核，镇执法队不定期对各村履职情况开展巡查，禁止村民违规建房和私搭乱建；对全镇17个村开展农村乱占耕地“非粮化、非农化”综合整治，全年共清理完成56块违规违建点位，坚决不发生一起新的违法占地；积极推广节水灌溉模式。大力宣传农田节水灌溉知识，积极引导村民发展滴灌、喷灌节水模式，发展节水灌溉亩数约6210亩。

【民生改善】　认真落实“政策找人、服务上门”活动，在各村综合服务站安装“裕农通”，累计办理服务事项共400余件，进一步为广大村民办理业务提供便捷。巩固提升17个村的新时代文明实践站建设，厚植爱国情怀，以“红色文化”引领文明实践，积极培育时代新人。大力推进农村公路建设，助力乡村振兴跑出“加速度”。做好保衡路、温蠡路温仁段路域环境整治提升，道路两侧种植了国槐、杜仲、海棠、金叶槐等十余个品种，绿化面积50000平方米，硬化道路18000平方米，新建排水沟6000米，道路两侧安装路灯共计296盏；对温蠡路136个沿街摊点侵街占道、乱堆乱放行为进行规范。积极开展公厕和农村户厕建设，罗家营、温仁、南段庄等10个村新建10座公厕，圆满完成任务目标。户厕方面，对问题厕所开展全面摸排，完善相关台账和资料，171个问题厕所全部完成整改，完成10171个农村厕所信息统计录入，新建户厕504座。按照“五清三建一改”要求，对垃圾实行分类处理，全年共清理各类垃圾8700余吨。

【环境保护】　聚力污染防治，坚决打好蓝天、碧水、净土保卫战。以纳污坑塘整治、扬尘治理、秸秆禁烧、散乱污摊点整治等工作为重点，积极构建环保网格化体系，加强社会面源防治。成立17支巡逻队，60名网格员深入田间地头开展防火巡查。成立禁烧工作督察组，对查实的火点进行顶格处罚。重拳整治“散乱污”摊点，保持打击环境违法行为的高压态势。积极开展烟花爆竹“打非”及危化品排查整治行动。开展人员密集场所、“三合一”场所、消防车道消防安全专项宣传，加大消防隐患查处力度。

【社会稳定】　全面排查矛盾纠纷，以网格员为抓手，加强对重点行业、重点领域涉稳风险排查治理，密切关注涉众涉房、涉金融、非法集资、养老诈骗等领域，对邻里纠纷、土地纠纷、情感纠纷等及时发现迅速解决。定期召开联席会议，分析信访形势，依法解决各类信访问题。加强思想引导，持续做好扫黑除恶和宗教治理工作。持续深化“双创四进”活动，确保宗教基层治理工作有序推进、落实到位。持续开展扫黑除恶斗争和专项行动，切实做到依法保障人民群众生命财产安全。

【其他工作】 扎实做好安全生产工作。组织各村、企业签订了安全生产责任书，落实安全生产责任。2022年，共组织安全生产培训会议6次，组织工作队每月全覆盖巡查企业300余次；为确保燃气安全，召集新奥、中燃两个燃气公司协调会，配备燃气安全普查员，发放燃气安全使用手册1万本。强化服务职能，做好便民服务工作。

党委书记：冯纪伟

政府镇长：贾　玥（2022.9离任）

张冬青（2022.9—　）

（撰稿：王跃武）

张登镇

【概况】 张登镇位于清苑区南部，镇政府驻地张登村，位于清苑城区正南13.3千米处。张登镇东邻东闾镇，南邻温仁镇，西邻冉庄镇，北邻北店乡。张登镇辖区面积55.6平方千米，耕地50160亩。辖12个行政村，2022年，全镇户数10027户，人口38053人。2022年，全镇各项经济指标运行良好，生产总值84336万元，农民人均纯收入17096元。辖区有中学1所、小学6所、幼儿园16所，公立卫生院1所。

【基层党建】 教育管理，淬炼党性，党员素质稳步提高。扎实推进党史学习教育，落实“三会一课”制度，借助远程电教、“学习强国”学习平台、村微信群等新媒介，教育管理好党员。突出抓好党员活动日、讲党课等活动，结合重点工作，先后开展了“助力脱贫攻坚”“温暖清洁过冬”等党日活动，党员积极参与，存在感和荣誉感明显提升。以点带面、整体推进，阵地建设上档升级。清凉城村投入30万元，对村级活动场所进行翻新重建，购买了新的办公设施。通过“抓点带面”，西王庄、河北李庄按照“六有”标准对村级活动场所进行规范，更新了宣传橱窗，完善制度、门牌，阵地面貌焕然一新。积极协调、优化结构，集体经济不断壮大。把握方向，深入分析，全面掌握各村现状及问题；主要领导亲自协调，统筹谋划，逐村制定发展措施。2022年，张登店、清凉城村集体门脸已稳定出租，吕家屯、谢庄、张登屯集体门脸已出租。通过清理规范村级集体经济合同，全镇实现集体经济增收60万元，2022年，12个村均实现5万元目标。

【经济建设】 张登镇耕地面积3344公顷，主要种植瓜果蔬菜，瓜菜种植面积达45000亩，形成了“两市场四基地”新型发展格局，“两市场”即张登冀中瓜果蔬菜批发市场、张登店瓜菜批发市场；“四基地”即以吕家屯、北和庄为中心的西瓜基地，以张登店为中心的甜瓜基地，以清凉城、谢庄为中心的蔬菜基地，以河北王庄为中心的麻山药种植基地。

加强市场建设，优化农产品销路。引导市场规范发展。以保衡路、张望路路域环境综合整治为契机，优化张登店甜瓜市场、谢庄蔬菜市场周边环境，市场经营规范有序，辐射区域不断扩大，瓜菜交易量逐年上升。

加强政策扶持，做好农业保障。推广农业保险。加大农业保险宣传力度，西瓜保险投保10731亩，小麦保险投保14785亩，投保率超过80%，投保面积持续增加。6月初，张登镇连续遭遇冰雹灾害和大风天气，西瓜绝收，小麦倒伏，西瓜保险赔付1602.65万元，小麦保险赔付

1273.9万元，切实增强了农业抵御风险能力。落实惠农政策。推广旱作雨养项目4680亩，促进了农业种植结构调整和农户增收，促进地下水环境补偿修复，实现多方共赢。申请补贴资金，240亩经济作物、1685亩粮食作物推广滴灌、喷灌等节水农业灌溉技术，提高灌溉效率，节约水资源。为符合条件家庭农场、农业合作社申请政策补贴，促进相关产业发展。

【民生改善】 开展基础设施建设。2022年，申请上级资金300万元对张登村进行省级示范村建设，建设600平方米集体经济门脸，完成村内多条道路硬化，安装太阳能路灯150盏，完成公共停车场建设。投资120万元对全昆村进行革命老区道路建设，硬化道路10695平方米。投资20.8万元硬化西王庄村道路2009平方米，投资10.4万元硬化河北王庄道路435平方米，修建排水设施310米。申请乡村振兴衔接资金29万元，硬化谢庄村道路2900平方米。河北李庄村投资7万元安装路灯70盏。北和庄投资21.5万元安装路灯108盏，北郑村投资15.6万元安装路灯。

开展路域环境整治。按照全区统一部署，对保衡路、全昆道、张望路开展路域环境整治行动。建立主要领导总负责，主管领导牵头，包村领导分段负责，村干部全程参与的工作机制。定期召开调度会，分析施工问题，积极沟通协调施工单位，全力保障施工环境。保衡路两侧违建点位67处全部完成整改，修建绿化设施，统一安装路灯，绿化设施定期进行养护，并对张望路、全昆路路面进行翻新，辖区保衡路、全昆路、张望路路域环境得到极大提升，得到群众一致认可。

开展江水置换工程。2021年下半年，开展农村生活水源江水置换工程。一期工程为野外作业，2021年完成野外管道铺设，2022年继续进行阀门井施工，已完成10个村。二期工程为村内施工，清凉城村、张登屯村2村进行全村整体改造，清凉城村已完成。其余10村利用现有供水管网，挖井更换计量水表，已全部完成。

开展人居环境整治。集中处理农业垃圾。张登镇为农业大镇，秸秆垃圾数量大。2022年，镇政府支持各村设立农业垃圾暂存点，将农业垃圾暂存晾干后由三丰牧草公司进行回收，减少了农业垃圾数量，改变农村农业垃圾乱堆乱放情况。辖区12个村24个垃圾暂存点已投入运营。

推进农村厕所革命。2022年，完成改厕350户，超额完成上级任务。辖区总户数9319户，累计改造卫生厕所3043户，改厕率为全区领先水平。建立厕所维修、清掏长效机制，确保改厕成果长效保持。在已建6座公厕基础上，新建公共卫生厕所8座，实现辖区12个村公共厕所全覆盖。公共厕所安排保洁人员，确保正常使用、环境整洁。

做好民生保障工作。为230家企业办理营业执照、设立、变更、注销等业务；为退役军人发放全国统一退役军人优待证，发放率100%；为144名群众办理生育登记卡业务，31名群众办理独生子女高考加分业务，新办理计生奖特扶48户；农村居民养老保险续费9357人，达到任务数9650人的96.96%，位列清苑区第3名，电子社保卡申领率达50%，超额完成扩面任务，为438名到达退休年龄群众办理手续。

扎实做好防返贫工作。发放扶贫小额信贷2人，与2021年发放情况持平。提供扶贫公益性岗位，清凉城村李龙海、李建祖，吕家屯村吕军起、吕小乐等4人聘用为扶贫公益岗，按时足额发放工资，维持稳定收入。脱贫人口收入稳定增长，脱贫户收入均高于7300元，增长幅度均超过9%，其中脱贫户收入高于12000元的有44人，占全部脱贫户总人数的51.2%。

【环境保护】 清理积存非法占地。耕地建房国家图斑（卫星监测图片）26块，1块为住宅无法拆除，其余25块已整改到位，全部达到复耕条件。耕地流出国家图斑13块，已整改到位，全部达到复耕条件。

严防违法占地新增。大力宣传土地保护政策，引导群众形成用地审批的意识。严格按照“区九条”政策要求，明确支部书记、包村领导、主管领导、主要负责人责任，层层压实责任，确保压力传导到位。

加强大气污染环境治理。加强宣传引导。通过大喇叭播放、微信群宣传、巡逻车巡播、悬挂条幅、入户走访等多种方式持续开展环保知识宣传，引导群众不焚烧秸秆、不烧柴做饭、不用散煤取暖，自觉维护大气环境。加强秸秆禁烧。镇政府成立4支巡逻队伍，各村加强禁烧工作力量，巡逻队、网格员每天开展防火禁烧巡逻，发现火情及时处置。加强降尘、抑尘措施。组织2辆洒水车，安排专门工作人员，在主要道路及空气监测站周边持续开展洒水作业，保持道路湿润，防止产生扬尘。加强散煤管控。加强散煤存储、运输、销售、使用过程管控，重点对夜间运输、销售散煤、养殖场、大棚燃烧散煤取暖等情况进行巡察，发现违法行为，依法严肃处理。

【社会治理】 加强日常信访隐患排查。深入开展信访工作百日攻坚行动，各村加大风险隐患、矛盾纠纷排查力度，对发现的信访隐患和交办案件即时化解。防止小事变大、民转刑等情况发生，将风险隐患消除在萌芽状态，争取做到“小事不出村，大事不出镇”。源头化解消除隐患。从问题源头入手，积极采取各种措施，解决问题难点，彻底消除隐患。2022年，推动解决群众反映强烈的保衡路排水、安满线占地等民生问题。相关领导与村党支部书记亲自上门帮助异地人员协调解决实际问题。

持续做好宗教管理服务。管理好民间信仰场所。5个保留的民间信仰场所，在疫情防控期间严格落实防疫措施。切实强化宗教政策宣传。采取多种形式加强宣传教育。

做好暑期汛期安全。加强物资准备。沿唐河6村，储备沙土、编织袋、木桩、大锤、铁丝等防汛物资，备齐救生衣、救生圈、救援绳索、强光手电等应急救援物资，遇突发情况可随时使用。镇政府准备2艘橡皮艇，视情况可随时投入使用。完善警示标识。在辖区漫水路、漫水桥、纳污坑塘等设置警戒带，设立警示标识，标明危险点位位置，提醒群众注意安全。加强宣传引导。通过悬挂条幅、微信群转发、大喇叭广播等多种方式并结合学校共同加强宣传，禁止在河道内游泳、钓鱼、戏水等，引导群众远离河道，不在水边玩耍。加强巡逻管控。各村巡河员队伍加强巡逻，发现有游泳、钓鱼、戏水等情况立即劝离。镇政府抽调专门人员成立河道安全巡逻队2支，持续对水坑、漫水路等河道重点地段开展巡查，切实防止涉水事故发生。

抓实安全生产工作。开展安全培训。组织辖区企业、包企领导、燃气公司、燃气安全协管员、餐饮经营户召开安全生产与燃气安全、消防安全培训会共12次。传达上级精神，对安全生产大排查大整治行动进行全面动员部署。入企逐个排查。包企干部入企走访，检查企业生产情况，深入排查风险隐患。要求企业高度重视安全生产工作，认真排查风险隐患，做好工作人员培训，落实各项安全生产举措。多种方式宣传。采用微信公众号宣传、悬挂条幅、LED屏播放等多种形式宣传安全生产大排查大整治行动，使群众广泛知晓，主动参与。

党委书记： 任新建（2022.7离任）
刘昱昊（2022.7— ）

政府镇长： 刘昱昊（2022.7离任）
吴宪颖（2022.8— ）

（撰稿：张赛）

大庄镇

【概况】 大庄镇位于清苑区东南方向20千米处，东接高阳县，南邻蠡县，西与东闾镇接壤，北与何桥镇相连。下辖草桥、史庄、庞庄、东王庄、小庄、大庄、石屯、段庄、南杨桥、孙庄、张良庄、徐庄、东孟庄、黎沟、蒲洼、杨庄、解庄17个行政村，全镇总面积27.57平方千米，耕地28810亩。全镇人口9044户27003人，汉族人口占99%以上。2022年，全镇工农业总产值112351万元，农民人均可支配收入19072元。有中学1所、小学4所、幼儿园9所，中心卫生院1所。

【基层党建】 持之以恒抓党建。将党建工作细化、量化，定期听取党支部工作汇报，更好发挥党委总揽全局、协调各方的领导核心作用。围绕高质量党建推动高质量发展的目标导向，深入打造史庄、段庄、南杨桥等党建示范村，稳步开展集体经济合同清理规范工作，共完成清理规范92份，为集体增收171万元。严格党员教育管理和培养发展，开展党员谈心谈话50人次，发展正式党员19名、预备党员12名，培养入党积极分子20名，丰富创新“党日活动日”内容，组织“爱国爱党爱华诞，牢记使命再出发”“小小网格员、精准传帮带”等12次活动。严格落实“三会一课”、民主评议党员等制度，不断增强党员自我净化、自我完善、自我革新、自我提高的能力素质，更好发挥了党组织在疫情防控、乡村振兴等工作中的战斗堡垒作用。坚定不移守底线。认真履行党风廉政主体责任，将力戒形式主义、官僚主义融入日常，深入开展“纠四风和作风纪律专项整治”“作风大整顿”等活动，党委书记带头部署廉政工作，带头开展廉政谈话，带头讲廉政党课。班子成员认真落实“一岗双责”，对分管领域、分管人员常提醒、常教育、常管理。镇纪委综合运用“四种形态”，加强监督执纪问责，全年处置问题线索10件，立案5件，给予党纪处分5人，进行批评教育8人次。围绕疫情防控、中央八项规定精神执行落实等情况，持续加强常态化政治监督、工作监督，探索推进廉政谈心谈话常态化制度化，进一步压紧压实管党治党政治责任，切实营造良好党风政风民风。

【经济发展】 培育壮大主导产业。全镇初步建成种植、存储、加工、销售麻山药全产业链条，有冷库150余个，最大存储量1.9万吨，鑫丰等7个合作社完成无公害产地认定和产品认证，“农把头”等品牌在全国多地设有固定门店，切片、干、粉等初加工产品深受市场喜爱。纺织品借势电商、直播等营销模式持续畅销，年销售额3亿元以上。严守粮食安全底线。保质保量完成粮食播种任务，认真落实小麦病虫害等惠农政策，完成无人机喷防农药9386.3亩，积极发挥农业保险稳定器作用，小麦投保7757亩，赔付亩数1550亩，玉米投保18131亩，赔付300亩。继续实施旱作雨养项目，完成9个村7052.55亩的目标任务，完成量在全区拔得头筹。全力推进民生工程和重大项目建设。加强研判调度，保障施工环境，紧抓项目进度，农村生活水源江水置换工程一期完成90%以上，徐庄、南杨桥村完成二期管网整村施工。稳步推进“厕所革命”，完成户厕改造270余户，新建农村公厕8座，深入开展问题厕所“歼灭战”，对2019年至2022年底改造的各类农村厕所立查立改，顺利通过省级检查验收。

【民生改善】 及时回应群众呼声。遵循“接、访、办、审、回”原则，进一步压实干部责任，规范办理程序，“12345”政务服务热线办结率100%，“接诉即办”考评成绩在全区名列前茅，群众满意度不断提升。深入开展“坚持人民至上”活动，党政班子成员带头每人每月解决2件以上热点难点问题，对人居环境、产业发展、民生工程等重要事项主动担当作为，为乡村全面振兴提供强大助力。扎实做好后评估工作。健全巩固脱贫攻坚成果长效机制，持续加强防止返贫致贫动态监测和帮扶机制，抓好产业帮扶、就业帮扶、消费帮扶，对新增2户7人防贫监测户开展针对性帮扶，对46户83人脱贫户实施网格化精准管理，强化实时跟踪、常态监测、及时预警，结合实际落实兜底保障、医疗保障、收益分红等措施。精准落实民生政策。因时随势优化执行疫情防控政策，加强对重点人群的健康指导检测，针对性做好家庭巡诊、分级有序诊疗、物资保障等工作。足额足量做好生活保障，新增低保9户10人、特困4户4人，累计发放低保救济金86.63万元，特困供养补贴83万元。基本养老保险续缴9471人，新入保359人，医疗保险参保人员22892人，实现应保尽保。持续开展征兵拥军活动。春节、“八一”期间开展多种形式的走访、座谈活动，清明、烈士纪念日在大庄烈士陵园举行公祭扫墓活动。为退役军人办理优待证，为烈士子女、60周岁退役、参战、伤残等军人合计发放补助150余万元。

【环境保护】　乡村面貌焕然一新。融合统战、党建等元素对统战示范路实施立面改造，新修沥青路面1300米、修整路肩1500米，清理广告、违建50余处，粉刷围墙1500平方米，设立宣传牌10处，新装太阳能路灯99座，采取新造、补植等措施将道路两侧绿化缺失全面整治到位。深入开展人居环境整治。积极开展省级卫生城镇创建，史庄村完成省级乡村生态振兴示范村创建，累计发动5000余人次开展清理行动40余次，清理坑塘沟渠15处、广告牌200余块，乱堆乱放28处、垃圾4000余吨。严格落实环保制度。全面推进河长制、林长制，按网格化管理将禁烧、禁放任务细化到地块、责任落实到人，深入开展“散乱污”企业排查回头看和水体漂浮、岸边积存垃圾专项清理行动，持续开展扬尘污染、建筑垃圾、渣土等专项执法检查50余轮次。坚持疏堵结合，“零容忍”查处打击违规违法占地行为，完成图斑整改1处，督促补办手续1处，制止违规行为4起，退林还耕3处13.6亩，确保天更蓝、水更清、地更绿。

【社会治理】　着力提升法治水平。始终坚持运用法治思维推动经济社会平稳发展，建立健全“大法治”领导体系和工作机制，成立依法治镇委员会，严格落实法律列席顾问制度，为17个村配齐配强“法律明白人”，在全区率先为执法队定制了统一服装，着装规范开展执法，展示了良好的依法执政形象。全面推进平安建设。扎实开展夏季治安打击整治“百日行动”、枪支危爆排查清理行动等行动，常态化推动“扫黑除恶”专项斗争，强化网络空间治理，深入开展电信网络诈骗整治，“国家反诈中心”App推广率在全区名列第一，全力开展禁种铲毒工作，辖区内实现零种植目标，有力维护了群众安全和社会安宁。积极化解信访矛盾。坚持把信访作为第一责任扛在肩上，记在心上，抓在手上，落实在行动上，初信初访、重要信访事项化解、解决类信访积案化解率均为100%，圆满完成重大活动期间信访工作。

【其他工作】　安全生产警钟长鸣。深入开展安全生产大排查大整治活动，集中开展工贸企业、消防、燃气、自建房等领域安全隐患专项排查整治，辖区4家重点作业场所实现视频监控全覆盖，累计开展日常巡查检查共计200家次，对发现的各类隐患立查立改，全部整改到位。修订完善防汛防台应急预案，提前分析研判汛期形势，扎实开展物资储备、隐患排查、应急保障、防溺水巡查宣传等工作，做到早部署、早预警、早行动，全力保障群众生命财产安全。加强食品药品和地产农产品安全监管，全年未发生食品安全事故。

7月6日，大庄镇组织辖区民兵开展汛期防汛综合演练

牢牢把握意识形态工作的领导主动权。引导广大党员干部进一步坚定理想信念，形成责任明确、领导有力、运转有序、保障到位的工作机制。将新时代文明实践作为加强意识形态领导和文化宣传工作的重要抓手，年内本单位官方公众号发布信息130篇，开展广场舞会演、戏曲班、全民读书等群众喜闻乐见的文化娱乐和志愿活动30余次，新建文化广场3处，改造提升“农家书屋”4个，将社会主义核心价值观、党史以及相关制度充实到各村实践场所，广泛开展“文明家庭”“清苑好人”评选活动，下村入户进行移风易俗宣讲，营造乡风文明新风尚。着力提升法治水平。

党委书记：付增祥

政府镇长：申伟东

（撰稿：刘康）

臧村镇

【概况】 臧村镇位于清苑区东北部，东邻雄安新区，东南与望亭镇接壤，西与孙村乡、阎庄乡相连，北与徐水区大因镇毗邻，南通保新路，保定市连接雄安新区的白洋淀景观大道贯穿全镇。臧村镇区域面积40.7平方千米，辖17个行政村，户籍人口36120人。2022年，全镇耕地3.6万亩。农村居民年人均纯收入1.7万元，臧村镇有义务教育阶段学校8所，其中小学7所、中学1所。

【基层组织建设】 “动态管理”、稳步推进班子建设。村“两委”换届以来，针对班子存在的问题和工作需要，共调整支部书记2人、支部副书记2人、村委会副主任1人，高效完成西于庄支部书记、中臧村支部书记兼村委会主任、闸板口党支部副书记和东臧村村委会副主任、马庄村党支部副书记的调整工作。

推进村级组织活动场所规范提升。西臧村完成大队部内外硬化与村口党建示范牌建造、党员活动室与“妇女示范之家”“代表之家”建设等。东庄村完成大队部扩建和装修，村级活动场所整体提升。下一步将充分利用紧临白洋淀大道的地理优势，打造由臧村镇政府、西木枕庄、沙堤营、郭庄、崔庄、白庙、西臧村、中臧村等8个示范点组成的白洋淀大道党建示范带。

排查整顿农村党员发展违规违纪问题工作。移交档案146份，组织部反馈问题党员共3批，25人。

认真抓好农村基层干部警示教育、党员干部教育培训等工作。党委书记与村党支部书记开展“一对一”警示谈话，通报一批村干部违法违纪案件，以案释法、举一反三，警示教育村干部。组织学习警示教育《五十例》和观看《严守底线筑基石》专题片，作为加强换届后农村“两委”干部党风廉政建设的重要路径，以反面典型为鉴，教育引导农村基层干部受警醒、明底线、知敬畏，增强党性观念，树牢为民意识。

发展壮大村级集体经济。2022年，9个村目标收入拟提升到10万元（西木枕庄、郭庄、西臧、打油庄、东臧、应庄、刘庄、詹庄、马庄村），占总数的52%，1个村目标收入由5万元以下提升到5万元（东庄），7个村集体经济收入继续保持在5万~10万元（白庙、中臧、闸板口、崔庄、东于庄、西于庄、沙堤营），无白点村。

着力解决农村发展党员突出问题。2022年，发展党员23名，转正9名，双推积极分子25名，共解决三年以上不发展党员村4个，沙堤营、东于庄、白庙、应庄。2022年，还有三年以上不发展党员村3个，打油庄、崔庄、西于庄。坚持成熟一个发展一个，严格把关，坚决杜绝带病入党情况的发生。

【项目建设】 硬件项目建设工作。2022年，完成刘庄革命老区项目建设，村庄道路硬化1900米。西臧村争取资金34万元，安装太阳能路灯165盏。詹庄路灯项目投资11.2万元，安装太阳能路灯60盏。东庄修路项目投资19万元，水泥路面硬化面积1723平方米。抓好京石邯燃气管线协调工作。京石邯燃气管线涉及马庄、西于庄和东于庄三个村，全长约4千米，作业带宽36米，涉及200多户的补偿和拆迁工作，通过耐心测量、积极协调，已顺利完成施工。抓好地下水压水项目。在2021年实施旱作雨养1742.25亩基础上，2022年，新增3122.08亩，达到4864.33亩，新关停机井67眼，实现节水59万立方米。实施喷灌项目500亩，节水3万立方米。北三环东延工程（S524省道）征迁工作。涉及西于庄、马庄、刘庄、闸板口、崔庄5个村共计395.649亩。利用8天时间完成整体征迁工作，完成前期组卷报批所有程序。马庄村与75户拆迁户签订草签协议任务，签约率100%。刘庄村与76户拆迁户签订了草签协议任务，签约率97.4%。8月8日签订正式《北三环东延安置补偿协议书》，并依据“先签约先选房”的原则确定了各户选房顺序号。8月9—15日，拆迁户进行自拆搬家并腾退房屋。

6月28日，召开北三环东延项目调度会

【民生事业】 新建厕所工作，两年共计任务数430座，年内改厕完成371座，完成86.28%。农村问题厕所歼灭战，排查全覆盖。农村公厕新建工作，17个村已经完成建设。结合第三方环卫公司，协调好村“两委”，全力抓好村内环境卫生。2022年，完成2023年医疗保险缴费28947人，全镇参合率95%以上。2022年，养老保险续费完成11376人，续费率101%，新增完成769人，居全区第二。

【环境保护】 成立了镇大气污染防治工作领导小组，进一步细化准则、压实责任。通过发放条幅、宣传彩页、大喇叭广播等多种宣传形式，强化群众环保意识，组织专门力量对辖区内进行巡查宣传，发现问题及时处理。严格按照空气监测“五个一”（即“一个站点、一位县级领导分包、一套治理方案、一支常态化巡查队伍、一张污染源作战图表、一套巡查整改问题台账”）要求，对辖区硬化道路进一步加强卫生整治力度，冲洗到位，做好重点时段洒水降尘工作，并加强对固体废物、秸秆、生活垃圾等焚烧污染的防治，持续改善全镇空气环境质量。

党委书记： 申凤伟

政府镇长： 王建伟（2022.1离任）

柴红旗（2022.1— ）

（撰稿：李海洋）

望亭镇

【概况】 望亭镇位于清苑区东北25千米处，距保定市区14千米，东临雄安新区，北接徐水。镇政府所在地小望亭村，西距保定高铁站10千米，东距白洋淀景区35千米。辖区面积4678公顷，耕地面积2113公顷，辖东安、御城、大望亭、小望亭、前米阳、后米阳、固上、臧庄、东木欠庄、南刘口、北刘口、贾辛庄、孟庄、东邵庄14个行政村。2022年，全镇人口共14390户，43029人。工业企业产值5.29亿元，农业总产值2.81亿元。共有中学2所、小学8所、公立幼儿园2所、私立幼儿园17所，卫生院2所。

【基层党建】 2022年，理论中心组集体学习35次，召开党建专题会议21次，开展形式多样的中共二十大精神宣讲活动53次。成功解决南刘口村、东木欠庄村、东邵庄村三年不发展党员问题；在排查整顿农村违规违纪发展党员问题工作中，共问责14名党员；对照“六有标准”，完成南刘口村“两室”升级改造，解决了活动阵地狭小、陈旧的问题；2022年，望亭镇共清理规范集体经济合同122份，增加集体收益24.95万元。举行“光荣在党五十年”纪念章颁发仪式，共颁发33枚纪念章，向中国共产党成立101周年献礼。全面贯彻从严治党，严格落实“一岗双责”，深入开展党风廉政建设及“作风大整顿”，坚决查处基层干部的不正之风和腐败问题。以“千分制”考核标准约束村“两委”班子行为，营造比学赶超良好氛围。

【经济建设】　望亭镇共有中小企业437家，重点民营企业20余家，其中规上企业9家、高新技术企业8家、“专精特新”企业4家、科小企业认证20余家。2022年，实现民营经济总产值32.52亿元，个体经济总产值4380万元。

【民生改善】　基础设施建设。申请资金70.2万元完成修路、路灯建设等多个“一事一议”项目，投资43万元完成南刘口、大望亭、孟庄3个村的共4300平方米的道路硬化，投资300余万元完成北刘口湿地公园项目，积极推进大望亭省级美丽示范村建设。江水置换工程一期主管网工程已铺设完毕，二期单户水表井工程总体进度超80%。巩固拓展脱贫攻坚成果。望亭镇2022年有脱贫户30户65人，有劳动能力的均能通过正常工作获得收入，剩余符合条件的无劳动能力人员中，42人纳入低保，8人纳入特困供养，全部通过政策兜底得到保障。保障社会民生。2022年，全镇低保304户417人，符合条件的低保边缘户10户31人；特困供养89户89人；实施救助3人次，发放临时救助款5000元；享受高龄补贴527人；常态化监测困境儿童80人；发放辅具残疾辅助器械26件，上门办理残疾人证6人。通过“12345”“接诉即办”平台共解决399件群众关切的难点问题。“圆梦微心愿、奋进党旗红”活动，帮助82名残疾人和孤寡老人点亮微心愿；年度“每季一件实事”，共计完成56件民生实事。持续推进“厕所革命”，按照省农村问题厕所“歼灭战”行动方案要求，扎实开展农村问题厕所摸排整改工作，共排查出问题厕所62户，其中60户已完成整改；2户列入“十四五”计划。完成12个村公厕建设任务。

【环境保护】　通过“人防＋技防”，切实做好农村垃圾和秸秆禁烧、扬尘治理、禁炮等工作，禁烧监控室昼夜全域监控，同时实行网格化管理，全镇共46名网格员昼夜巡逻，取缔处罚环保违规行为20余起。2022年，中央、省、市环保“回头看”，望亭镇20余家企业全部达标，并通过验收。从“散乱污”动态清零、扬尘精细化管控、秸秆垃圾禁烧、烟花爆竹禁放入手，狠抓环保工作，打赢蓝天保卫战。强化农业面源污染治理，河道两侧15米内严禁施用化肥农药。

【社会治理】　充分发挥村“两委”、调解员、网格员的作用，成功化解矛盾纠纷55件，解决网上投诉12件。通过大喇叭、微信群、悬挂条幅、电子屏等多种方式进行反诈宣传，大力推广国家反诈App注册，筑牢人民群众人身财产安全防线。

【疫情防控工作】　全面贯彻落实党中央、国务院决策部署，按照区委、区政府的工作要求，充分把握重大政策调整，加强力量统筹，完善应对准备，平稳有序实施各项措施，确保疫情防控平稳转段。2022年8月13日，河北省有限空间安全管理现场观摩会在望亭镇河北长发铝业股份有限公司和天硕有色金属有限公司举行，通过本次现场观摩，提升了安全管理水平和事故防范能力，在全省范围内起到良好的典型示范作用。

8月13日，河北省有限空间作业安全管理现场观摩会

党委书记：司宪忠（2022.7离任）
郐占稳（2022.7— ）
政府镇长：易 磊（女）

（撰稿：杨浩天）

石桥镇

【概况】 石桥镇位于清苑城区东北8千米处，紧靠保定市东南郊，距保定市区3千米，域内流经河流6条，唐河、清水河、金线河、南环堤河、府河、黄花沟，涉及村庄11个，河流总长度28千米。交通便利，保沧公路自西北向东南穿镇而过。镇政府西距京港澳高速公路保定南出口1千米，北有保新公路，直通保定市区和雄安新区。2022年12月27日，经河北省人民政府批准由石桥乡改为石桥镇。地域面积67平方千米，耕地59220亩，下辖13个行政村，2022年，共有村民12980户，人口4.6万人，农民人均纯收入1.92万元。全镇共有义务教育阶段学校12所，其中中学2所、小学10所、中心幼儿园5所，卫生院2所。

【基层党建】 深入学习贯彻落实中共二十大精神。将学习宣传贯彻中共二十大精神列入重要议事日程，多次召开党委会，专题学习中共二十大报告，认真研究部署，扎实组织推动，科学制定计划，确保取得实效。以质保量，严格党员发展。石桥镇始终坚持把政治标准放在首位，严格程序，重视质量，以“为党的事业培养人才”为目标，逐步实现村级党组织新老融合、长远发展。坚决担起党员发展的第一责任，彻底消除三年以上不发展党员的问题。2022年，共发展党员11人，转正17人，双推积极分子59人。完善细化，规范村财乡管。开展覆盖全镇各村的“清理规范农村集体经济合同工作”，共梳理出农村集体经济合同314份，清理违规合同295份，收缴资金122万元，清理比例高达99%。同时，镇政府结合法律顾问，制定了《石桥镇农村“三资”委托代理监督的管理办法》，进一步完善细化了全镇村财乡管制度。正风肃纪，强化党风廉政。石桥镇坚持以制度管人、以制度管事，严格落实“四议两公开”“三会一课”等工作制度，不断提高党务村务运行水平。严格落实党委的主体责任、纪委的监督责任，严格落实“党政同责”“一岗双责”，在全镇范围扎实开展思想作风大整顿行动，推进全镇从严治党工作向纵深发展。聚焦土地、环保、专项资金使用、中央八项规定精神等方面，严查违法违纪行为。2022年，共处置问题线索10件，诫勉2人次，批评教育党员干部1人，立案查处5起，处分党员5人（其中党内警告4人、党内严重警告1人）。

【经济建设】 发挥优势，完成撤乡设镇。2022年，石桥镇不断发挥自身区位优势、资源优势和产业优势，积极发展特色工业、现代农业和社会事业，不断壮大经济规模，积极完善基础设施建设，综合实力显著增强，对周边区域辐射带动作用日益明显。为进一步发挥城镇集聚效应，推进城乡融合发展，于7月提交《撤销石桥乡设立石桥镇行政区划调整的请示》，并在12月正式收到《河北省民政厅关于同意保定市清苑区撤销石桥乡设立石桥镇的批复》，撤乡设镇工作圆满完成，在石桥历史上具有划时代的意义。顺利开展唐河治理工程（东石桥村段）征迁安置工作。石桥镇坚持“人民至上、积极稳妥、好事办好”的原则，提高政治站位，锚定目标，明确节点，克服一切困难，经过前期勘测、调研，结合东石桥村实际，确定了征迁区和征迁安置区具体位置，完成安置区总体规划设计、户型设计、造价预算等工作。2022 年底，筑堤工程顺利启动，东石桥村的洪灾隐患将彻底解决。包含 3 栋多层住宅楼、1 栋 9 班幼儿园及 1 栋村民服务中心的东石桥村安置小区项目已开工建设，真正做到了让老百姓搬得出、住得稳。顺利完成雄忻高铁征地项目。雄忻高铁是我国《中长期铁路网规划》中“八纵八横”京昆通道的重要组成部分，对保定市落实京津冀协同发展战略，打造京津冀世界级城市群中的现代化品质之城具有重要意义。镇村两级细心研读政策，提前做通群众工作，有效保障了雄忻高铁征地顺利开展。2022 年，征地工作已 100% 完成。稳步推进复产复工，经济指标平稳运行。多次组织学习中央经济会议精神及省、市、区委经济工作会议精神，大力开展“万人助万企”包联行动，将辖区内所有企业分包至全体公职人员，实地宣传惠企政策，解决企业复工难题，有序推进复工复产。

【民生改善】 有效衔接巩固脱贫成果与乡村振兴。全力抓好巩固脱贫攻坚成果同乡村振兴有效衔接工作，持续做好防贫监测，依程序办理特困、低保，关心关爱留守儿童、残疾人等特殊群体，坚持为群众办实事、办好事，不断增进民生福祉。2022 年，新增低保申请 33 户 39 人，特困 1 户 1 人，共发放临时救助 87 人 43600 元，进一步兜牢社会保障底线。用心用情用力解决人民群众实际问题。始终坚持由党政一把手每月至少解决 5 件、其他领导班子成员每月至少解决 2 件民生问题制度，共解决问题 456 件。同时，积极做好“微改革”工作，通过多部门结合，不断拓宽人民群众反映渠道，建立长效机制，坚持人民至上理念，用心用情用力解决人民群众关心的实际问题。

各项民生工程进展顺利。新增旱作雨养项目 566.79 亩，共计种植 3951.64 亩。江水置换一期、二期工程有序推进，百家、纳贤革命老区项目，南侯、北石桥“一事一议”项目均已圆满完成。仙人桥、西石桥、平陵、北石桥农村生活污水治理项目即将全面完工。平陵、西石桥、黄陀、张村湿地公园项目前期工程已顺利完工。110 千伏高压输变电项目稳步推进。为全镇产业发展打下坚实基础。

【环境保护】 持续打好大气污染防治攻坚战。严查散煤、烟花爆竹和散乱污企业，开展夜间环保专项检查，始终营造高压态势，有力打击了散乱污企业。下大力开展防火禁烧工作，秋收期间，全镇共清理秸秆垃圾 3000 余吨，进一步降低了农作物垃圾着火隐患。2022 年，共行政处罚焚烧秸秆 10 人，全部顶格罚款到位，形成依法打击非法氛围。持续开展人居环境整治行动。深入推进“厕所革命”，大力开展农村问题厕所摸排整改工作，自活动开展以来，问题厕所全部清零，进一步提升了村民的生活质量。同时，石桥镇坚持开展人居环境整治工作，各村“两委”干部保持高度的干事激情，持续不断地往深入细致里打造，村庄环境获得了极大改观，群众生活幸福感得到显著提升。持续推进河道整治专项行动。强力开展河道“清四乱”专项行动，下大力清理整治河道垃圾，多方筹措资金安装沿河防护网，防止垃圾入河入淀。扎实做好唐河生态补水工作，清理疏浚主河槽，整治非法排污口。河长制工作顺利开展。共清理河道垃圾 4000 余吨，开展巡查 1340 余次，查处非法倾倒垃圾渣土车 50 余辆。动员唐河沿线各村全力以赴，做好生态补水安全巡查，各村干部、沿线学校教师、公安民警共同上岗执勤，有力保障了人民群众的生命财产安全。

【综合治理】 强化意识，全力保障中共二十大安保。坚持依法就地解决群众合理诉求，注重源头预防，开展信访积案“清零”和领导信访案件包联化解工作。通过“八一”座谈、“双节”走访慰问等方式沟通联络感情，让战友情成为推进村内工作的关键纽带。中共二十大召开期间，成立专门的领导小组和应急工作队伍，并多次做出安排部署，进一步提高政治站位。开展扫黑除恶。强化社会治安综合治理，持续推进扫黑除恶专项斗争，全面开展清查非法枪爆物品专项行动，严厉打击刑事犯罪，确保了辖区的治安稳定，社会治安环境得到极大改善。党委、政府和石桥镇派出所紧密结合，坚持人民至上，积极探索工作模式，创新工作思路，拓宽工作路径，成立“石桥义警”中队，充分发挥“人”的因素，调动社会力量，“化民为警”，聚焦最基层，深抓最小事，盯住最末端，确保风险隐患及早发现，动态清零。牢守底线，抓好安全生产。深入学习“全省安全生产工作会议精神”，全面开展安全生产大排查大整治行动。全体镇领导对所包联企业尤其是重点领域加强监管，全天候深入安全生产一线，加大安全防范工作指导和宣传力度，组织全体企业签订安全生产责任状，全面排查整改薄弱环节和风险漏洞，坚决彻底消除各类风险隐患，真正确保问题隐患解决在萌芽之时、化解在成灾之前，真正做好“全覆盖”排查、“零容忍”整治、“全留痕”把关。多次召开安全生产防范会，对各村食品安全协管员进行培训，对饭店、流动餐厅、药店进行严抓严管，进一步保障了食品安全环境。全力推进作业场所视频监控全覆盖，加强企业远程监管，加大对燃气安全隐患的排查整治力度，消除消防隐患，杜绝小火亡人事故发生。

党委书记：王航洲

政府镇长：李　龙

（撰稿：贾云煊）

白团镇

【概况】 白团镇位于清苑县城西7千米处，京港澳高速京石段、京石高铁、乡级公路魏村路横贯东西。东与清苑镇、北店乡，南邻冉庄镇、西与魏村镇、北与莲池区交界。镇政府所在地白团东街。2022年12月27日，经河北省人民政府批准由白团乡改为白团镇。全镇总面积50.51平方千米，辖22个行政村。2022年，全镇10309户，共37503人。耕地面积3269公顷，农作物总产量39080万斤。全年农民人均纯收入18410元。白团镇有中学1所、小学6所，教学班91个，在校学生3096人；有幼儿园12所，其中公办园5所，民办园7所，教学班69个，在园幼儿1247人；全镇教职员工共计330人，九年义务教育普及率100%。设有镇卫生院1所、分院1所，共设床位20张、医务人员36人。有村卫生室40个，纳入乡村一体化管理村医30人。

【基层党建】 加强党员教育。精心推进远教站点建设。完善基础设施建设，对23个远程电教设备升级，确保22个行政村站点全覆盖。利用远教设备对党员干部进行强化培训。对机关党员和村干部开展以基层党建、乡村振兴、从严治党、规范财务等工作业务为主的强化培训。组织入村党史宣讲活动。党史学习教育小组成员下沉到村开展党史学习教育宣讲活动，共开展100余场次，受益人数3010余人。利用干部网络学院，对公务员干部加强培训。利用干部网络学院，组织公务员学习了基层干部乡村振兴、中共十九届六中全会精神、国家安全工作专题网班，进一步增强了公务员的理论水平。

强化党员队伍建设。深入开展农村基层党建攻坚月行动，调整优化农村党支部人员构成，补齐党建工作短板弱项，充分发挥农村党支部战斗堡垒作用。实行党员分类积分管理，以周期内累计得分作为考评党员发挥先锋模范作用的重要依据，实现党员日常管理的规范化、科学化、精细化。年初制定发展党员工作计划，严格发展党员程序。2022年，共计发展新党员21人，转正党员17人，“双推”积极分子47人。

发展壮大村集体经济。梳理村集体资源，盘活集体资产，增强村级自身“造血”功能，增加村集体经济收入。西白城、白团中街通过出租土地，集体经济收入达到了5万元以上，22个村集体经济收入全部达到了5万元以上，村集体经济收入10万元以上的达到了14个村。开展清理规范村集体经济合同工作，208份合同经过镇初审、县终审，需强制收回的共计16份，需要规范的192份。

【经济建设】 启动雄忻高铁征地工作，全力做好土地征迁、手续办理等各类要素和服务保障，集中两天时间高标准完成151户土地征收补偿签字，干出了项目征地的“白团速度”；积极配合南三环、西三环南延项目建设各项工作，确保省、市、区重点工程在白团落地落实。

【民生改善】 脱贫攻坚成果同乡村振兴有效衔接。认真履行巩固拓展脱贫攻坚主体责任。明确镇党委书记作为全任务、压实乡脱贫攻坚工作第一责任人，各村党支部书记是本村脱贫攻坚工作第一责任人，指标和任务层层分解。对全镇范围内住房安全、教育、医疗保障以及饮水安全进行详细检查，同时对各项预警数据进行排查。2022年，白团镇建档立卡脱贫户102户251人，全镇低保人口568人，其中建档立卡户129人。全镇特困人口144人，其中建档立卡户中17人。积极争取扶贫产业衔接资金40万元，用于道路硬化提升村内基础设施建设，提高村民生活质量；投入340万元产业项目资金建造软体大棚10栋扶贫产业。2022年，为16户27人办理了低保，为9人办理了特困，为45户临时困难家庭申请了临时救助，总补助金额4.08万元。

新农保完成60岁以上7300余人，城乡居民养老保险完成养老新增缴费1520人。辖区内城乡医疗保险缴费参保率达到95%以上。利用多种形式加强宣传，并深入辖区各村进行政策、流程指导，圆满完成各年度的城镇医疗保险缴费工作。

审批服务趋于规范化。坚持“马上就办、办就办好”原则，建立一个“主动发现机制”，编制一张“政策服务事项清单”，重塑一套“业务办理流程”，实施一项“就近办、网上办、自助办民生工程”，梳理村级综合服务站办理事项清单，实现群众办事最多跑一次。2022年，市场准入办理266件，卫生健康办理260件，民生保障办理1271件，涉军事务办理1167件，进驻窗口办理2420件。

【环境保护】 2022年9月，面对环保指标落后的不利局面，白团镇提振精神、奋起直追，深入开展大气污染综合治理专项行动，持续打好蓝天、碧水、净土保卫战。抓监测站点。对白团中学站点周边道路进行大规模清洗，对周边4处企业院落进行整治，外围地表采取苫盖及硬化等措施。坚持每天定人、定点、定时多频次洒水抑尘。严格落实削高值“五个一”工作制度，针对推送空气高值深入站点周边进行全方位巡查。对全镇范围内的废品收购站进行彻底清查，用7天时间查封取缔了2家废品收购站。抓秸秆禁烧。充分发挥村级环保网格员作用，加强对秸秆、垃圾禁烧工作的监管，划定责任网格，确保责任到人。强化散煤污染治理，实现清洁取暖。加强全镇“散乱污”企业日常环境巡查和长效管理。强化对纳污坑塘的监管，综合治理，保证效果。2022年底，白团镇监测站点综合指数退出倒三。

【人居环境】 借助第五届保定市文化和旅游产业发展大会的机遇，旅游路沿途各村提前谋划，及早介入，高标准完成旅游路环境整治提升，特别是2022年9月，在全镇22个村实施“点亮白团·擦亮荣誉之星”行动，在各村主要道路修建路等，提升群众生活的幸福感、安全感。扎实推进厕所革命和农村面源污染治理，镇村整体环境得到进一步提升。

【安全生产】 认真贯彻落实上级文件会议精神，突出完善依靠网格化监管、组织执法检查、隐患排查工作机制，使安全生产整体形势得到加强，保障了全镇安全生产和社会稳定。与22个村、28家企业签订《2022年度安全生产目标管理责任书》，明确了各村、各行业2022年度安全生产工作目标任务。28家企业实行领导干部包联实现包联责任全覆盖。22个村及28家企业分别制定安全生产大排查大整治方案及隐患排查台账，组织精干力量和村网格员，逐户、逐企、逐店开展“网格化”“拉网式”排查。扎实推进安全风险集中治理，充分发挥应急办作用，推动燃气、自建房、建筑施工、道路交通、人员密集场所、消防等行业领域安全整治。组织全镇56名干部、燃气公司员工、村燃气安全员分16组对各村燃气安全进行逐户排查，建立风险隐患台账，加强燃气安全宣传引导。对辖区内38家餐饮等用户开展全方位检查，对可燃气体报警装置、熄火保护装置、不锈钢波纹软管等要点逐户检查，登记造册，对发现的问题立行立改。排查醇基燃料使用门店2家，已全部停用更换安全燃料。

【江水置换】 一期任务量41534米，其中村外30515米，村内11019米，涉及18个村，工程已基本完工。二期工程22个村其中5个村涉及村内管网改造，2022年11个村已完工，剩余11个村进度超90%以上。

【自然资源】 落实最严格的耕地保护制度，加强永久基本农田保护和管理。国家级耕地流出卫片47处坚持立行立改。强化卫片执法。严格落实动态巡查工作责任制，及时发现、制止和查处自然资源违法行为，2022年，补录土地卫片16处已经全部整改完成，未出现新增违法占地行为。做好绿化工作。高标准完成两高廊道和旅游路春季绿化补栽工作。

【干部队伍】 认真贯彻落实区委、区政府关于党风廉政建设主体责任工作的部署要求，将党风廉政建设工作纳入镇党委、镇政府议事日程，做到了党委统一领导，党政齐抓共管，纪委组织协调，部门各负其责。狠抓党风廉政建设。切实贯彻落实中央八项规定精神及中央省市区纪委各项规定，把党员干部作风建设融入“党史学习教育”活动中，把加强反腐倡廉、改进工作作风作为“党史学习教育”活动的重要内容之一，强力推进反腐倡廉、改进工作作风，正三观，聚能量，党风廉政建设有抓手、有实效。强化一岗双责，落实党风廉政建设责任制，推动党委切实履行实党风廉政建设主体责任，领导干部按照“一岗双责”的要求，做到管人与管事相结合，管业务与管党风廉政建设相结合，让红脸出汗成为常态。加强廉政教育，综合运用主题党日、警示教育、微信公众号等平台，开展理想信念宗旨教育、党章党规党纪教育和形势政策法规教育。加强村党支部书记廉洁教育。围绕乡村换届、党代表选举、离任审计等，突出对各村党支部书记进行讲政治、讲廉洁的教育，未病先防、小病早治，不立于危墙之下。突出重点，抓好日常监督，针对优化营商环境、中央八项规定、微腐败等早安排、早部署、早提醒，强化责任落实。

党委书记：王国峰（2022.9 离任）

贺　强（2022.9—　）

政府镇长：郭　盼

（撰稿：刘欣欣）

北店乡

【概况】 北店乡，位于清苑主城区南8千米处，东与石桥镇、张登镇接壤，南与冉庄镇为邻，西连白团镇，北接清苑镇，保衡路、旅游路、朝阳路南延贯穿全境，毗邻京石高速进出站口，交通便利。辖西顾庄、田各庄屯、林水屯、东林水、牛庄、北辛店、南辛店、冉河头、黄信庄、李八庄、田各庄14个行政村。全乡总面积45.02平方千米，有7566户，人口28421人。全乡耕地面积2515公顷，以小麦、玉米等传统农作物种植为主。2022年，全乡实现农业总产值2.93亿元，人均纯收入19762元，较上年提高了6.0%。全乡共有中学1所、小学9所、公办幼儿园4所、民办幼儿园2所，卫生院1所。

【基层党建】 提高站位，狠抓党建重点工作落实。强力推进村级阵地建设水平提升。投资约15万元对西林水、北辛店、南辛店等村硬件设施进行改造提升，更换制度展牌。尤其是西林水村对党建长廊、门厅东西墙重新规划设计，营造浓厚的党建“红色”氛围。发展壮大农村集体经济。扶持2个发展壮大集体经济项目，牛庄村戏楼改建项目已通过验收，准备发包；李八庄村商业门脸房建设项目主体工程建造已基本完成。14个村共摸排农村集体经济合同407个，通过清理规范，实现增收87.94万元，促进农村集体经济健康发展。全乡集体经济年收入在5万元以上的村达100%，10万元以上的村达到50%，无空壳村，达到上级目标要求。扎实推进“万人助万企”活动。乡机关包联人利用电话微信问询、入企走访等方式，向包联企业负责人，发放明白纸，宣传惠企政策，了解企业经营状况，主动帮助解决困难问题，引导注册“助万企”行动服务平台，做企业复工复产的坚强后盾，助推助企活动向纵深开展。

强基固本，加强党员队伍教育管理。整顿党员队伍，提高发展党员质量。严格党员发展工作，新发展党员9名，转正2名，解决2个村三年不发展党员问题。深入开展排查整顿农村发展党员违规违纪问题工作，发现“四类问题”党员16人。落实精细化管理，推行党员积分制管理。建立诚信档案，提升党员责任感和服务群众的意识。接受红色教育，汲取奋进力量。北辛店、田各庄屯、东林水等村党支部组织党员到狼牙山、白洋淀雁翎队纪念馆等红色教育基地参观实践，提振了党员精气神，有效增强了基层党组织凝聚力和战斗力。持续推进领头羊工程，助力乡村振兴。乡党委先后选派7名党支部书记赴山东寿光参加市级乡村振兴培训班，切实提高村党组织书记推动乡村振兴的能力。加强村干部教育培训，提升业务水平。组织村“两委”干部利用现代远程教育平台观看4期“万人示范网班”课程，村干部业务素质水平进一步提升。激励先进，激发干事创业热情。2022年，田各庄屯党支部书记被评选为市“乡村振兴担当作为好支书”。

正风肃纪，持续深化党风廉政建设。领导班子始终牢固树立“立党为公、执政为民”的思想，真正做到权为民所用，利为民所谋。领导班子成员带头遵守中央八项规定精神，坚决抵制“四风”，认真学习《中国共产党党内监督条例》和《中国共产党纪律处分条例》，教育引导党员干部廉洁自律，勤政廉政。2022年，北店乡领导班子成员无违法违纪现象。抓好日常教育监管，讲规矩严纪律做到警钟长鸣。坚持把查办案件作为惩治腐败的重要手段，始终保持查办违纪违法案件的强劲势头。全乡共立案2件，其中给予1人党内严重警告处分，1人开除党籍处分，监督执纪“四种形态”第一种形态处置1人。

【经济建设】 发挥资源优势，推进产业振兴。北店乡以“富民兴乡”为目标，全面实施“旅游抓项目、农业抓龙头”的发展思路，努力实现农业农村现代化。利用冉庄地道战辐射带动区位优势，优化延伸乡村生态产业链条。着力打造好梦林水微度假体验区，先后承办千人徒步大会、国庆七天乐、农民丰收节、第五届保定市文化和旅游产业发展大会等主题活动，提升知名度，打响品牌效应。景区进一步改造升级，投资7000余万元新建综合活动中心，占地5.9亩，致力于打造开放式、通透式、一体化的服务平台，进一步提升“吃游购娱行”标准化、规范化、品质化水平。以西林水经济产业发展带动林水片区，进而辐射全乡经济产业升级。2022年，好梦林水微度假体验区被评为河北省第三批省级中小学生劳动与研学实践教育基地、市级精品园区。

发展设施农业，促进农民增收。大力发展设施农业，引导农民因地制宜发展特色采摘和蔬菜大棚种植。建成以林水片、李八庄为中心的470亩特色农业采摘基地，主要采摘桑葚、油桃、葡萄、水晶梨；以牛庄、冉河头为中心万亩无公害蔬菜种植基地，盛产优质甘蓝、花生、朝天椒、洋白菜等蔬菜；南辛店300余亩书娟家庭农场，盛产莜麦菜、芹菜、小白菜等无公害蔬菜。

重点项目工作稳步推进。保定市殡仪馆改扩建项目，已顺利完成殡仪馆改扩建二期工程项目129.531亩、殡仪馆至保衡路新修建堤底路28.566亩土地征收工作。同时积极协调配合殡仪馆项目建设，排查解决纠纷矛盾，营造良好施工环境。保定市六全中央厨房项目，是在“好梦林水”都市农业项目的依托下打造的现代化食品生产加工企业。六全央厨产业园规划建设用地180亩地，已投入1.2亿元建成5600平方米生产车间及1000平方米动力区、1000平方米办公区，已投入使用。

【民生改善】 加速推进江水置换工程。江水置换一期工程全乡主管道29999米，阀门井106座，涉及3个施工公司，已完成。二期工程涉及北店乡14个村，全村整体改造2个村（田各庄屯、冉河头）已完工；其余12个村为部分改造，南林水、黄信庄2个村已完工，其他村已协调对接。

稳步推进李八庄村“美丽乡村”建设工作。“美丽乡村”李八庄村建设工作卓有成效，完成村内电力低压改造，组立电杆229基，架设线路21千米；全村道路硬化面积约10万平方米，主街道硬化率100%，巷道硬化率达98%；街道公共场所路灯安装率达到100%，实现全面亮化；墙体喷白12万平方米；厕所改造110户，新建公厕2座；村出入口设置特色李八庄标识，整体村容村貌焕然一新。

不折不扣推进落实，巩固脱贫成果。扎实开展防返贫工作，确保脱贫攻坚成果。2022年，全乡发放产业分红款共计218200元，覆盖全部脱贫户56户116人。发放自主发展奖补款共计18050元，涉及5个村、6户脱贫户。雨露计划现有2人在读，1人已参加工作，已按要求发放补助，确保应补尽补。严格落实“四个不摘”，健全防止返贫动态监测和帮扶机制，组织各村按期入户走访，发现风险及时反馈。2022年，新识别脱贫户低保1户1人，新识别特困户1人。现有建档立卡脱贫户56户120人，无返贫致贫现象，巩固成效明显。

精心做好行政综合服务中心工作。2022年，总计办理营业执照登记248个，变更80个，注销153个；办理小摊点、小餐饮、小作坊执照总计55个，食品经营许可登记27个；农药经营许可证3个，城乡建设规划许可证5个；林木采伐许可证1件。办理适龄儿童、少年因身体状况需要延缓入学或者休学批准适龄儿童、少年因身体状况需要延缓入学或者休学批准1件；卫生健康窗口办理生育登记136个、独生子女证53个；完成2023年度独生子女及双女户奖扶、特扶申请总计57人。

全力推进城乡居民医疗保险。2022年度缴费人数达25996，居民参保率105.15%。城乡居民养老保险，养老保险缴费任务数8850人，应续费人数9801，已申报8596人，任务完成率97.13%。新参保人数录入475人。为5392人发放养老保险待遇，新增转待遇308人，办理因死亡注销保险业务188人，完成特殊人员代缴240人，办理社保卡377张。

持续办好民生实事。坚持人民至上，为民办实事247件，真正抒民忧为群众解难题。投资2061万元，硬化道路55600平方米，维修太阳能路灯80盏，修补牛庄大堤400米，整修保衡路西侧田各庄屯段排水管道，治理绿化红旗渠，粉刷西林水19栋居民楼，绿化、亮化、硬化村内道路，村居面貌焕然一新。开展第二期、第三期“圆梦群众微心愿，品质服务党旗红”活动，乡村两级干部帮扶困难群众，实现微心愿90个，书写“难有所帮、困有所助、弱有众扶”的北店篇章。

【环境保护】　下大力做好大气污染防治。加强降尘抑尘措施，保持防火禁烧高压态势。悬挂宣传条幅90余条，发放禁烧明白纸5000余份。依托辖区内网络监控平台，形成网格员监管巡查，村宣传值守的全覆盖格局，坚决杜绝焚烧秸秆、垃圾现象的发生。加强“散乱污”监管。持续做好“散乱污”动态排查工作，确保无新增。做好“散乱污”治理“回头看”，严防取缔“散乱污”死灰复燃。大力进行坑塘治理。完成全乡15个纳污坑塘整治工作，明确监管责任人，强化坑塘监管人员日常巡查。妥善处置上级交办问题。解决中央环保督察组巡查移交关于李八庄钢筋加工厂噪声问题，执法局协办案件西林水建筑垃圾填埋场扬尘污染问题。核查省厅交办卫星遥感田各庄屯村北坑塘水质，不认定为纳污坑塘、黑臭水体。

【安全生产】　大力开展安全生产专项整治三年行动、居民自建房安全专项整治等系列活动，通过“大排查、大整治”专项行动共排查安全隐患44处，全部跟踪落实整改。按照省、市、区安排，协调区联通公司对全乡19家企业完成视频作业全覆盖。做好新上任村级食品药品协管员业务培训工作，加大对农村超市、商店、农村红白事大型聚餐监督检查力度。全乡全年实现无安全生产燃气事故和食物中毒事件。

违法占地拆违工作强力推进。2022年，北店乡耕地流出问题涉及国家级图斑41块、202.58亩，已整改23块、112.8亩。省级图斑192块、924.44亩，已整改3块、24.33亩。乡执法队共巡查72次，共查处案件5件，均为违法占地案件。

【河道管理工作】　严格贯彻落实河道治理工作要求，强举措、重实效。坚持“河长主导、部门联动、分级负责、社会参与”的工作机制，加强河长、巡河员巡河。做好生态补水保障，持续对河道内、大堤两侧秸秆、垃圾等进行清理。严厉打击非法采砂行为。大力整治河道内乱搭乱建问题，拆除简易房4处，拆除育苗大棚1处，拆除蚯蚓大棚1处，保障行洪安全，维护河道健康发展。

【人居环境整治】　全力做好路域环境整治提升工作，促进道路综合服务水平。辖区内保衡路、旅游路是整治重点，组织人员彻底清理道路两侧违建、积存垃圾、杂草等，改善路容路貌，提升服务保障品质，守护道路安全畅通。经整治，保衡路清理私搭乱建100余处，约2000平方米；旅游路重架线杆40余处，道路两侧全部安装路灯，达到了美化、绿化、亮化的效果，进一步提高了辖区内主要干道的综合服务水平。保衡路北店乡被评为“四好农村路”省级示范乡，旅游路成为红色旅游的“门面”担当。农村改厕工作稳步开展，问题厕所实现动态清零。年内农村户厕改厕300座任务基本完成，新建农村公厕5座。扎实开展农村问题厕所排查整改工作，全乡共排查出问题户厕255座，其中能够立行立改的问题厕所86座，已全部整改到位；列入2023年改厕计划39座；因群众确实无意愿整改，经农户签字按手印书面声明，短期内不再整改问题户厕130座，实现动态清零。开展村庄清理整治行动，扮靓农村新颜值。北店乡与荣尚公司联合清理生活垃圾，实现垃圾一体化处理，深入开展村庄清洁行动。2022年，清理历史积存垃圾堆放点50余处，清理农村生活垃圾12000余吨，清理村内塘沟4处，清理畜牧养殖粪污等农业生产废弃物2000余立方米，拆除大广告立牌1块、小广告牌100余块，出动机械500台次，发动2000余人次，扮靓了农村新颜值，提升了群众幸福感、满意度。

6月16日，组织人员对村内垃圾进行清理

【社会治理】 坚定捍卫政治安全，依法防范打击邪教及非法宗教。坚持“思想上绝不大意、政策上绝不含糊、措施上绝不手软”的总原则，深化落实“稳内控外盯骨干”七字总方针。持续保持高压态势，确保重大时期的安全稳定。严厉打击邪教组织，落实管理措施。严防宗教渗透，乡村两级对辖区内反宣品不间断巡查，一经发现立即取证并清理。

全面提升信访工作水平，确保全乡大局和谐稳定。定期召开信访工作联席会议，逐案逐人分析研判情况。及时调整化解方案，一事一专班，做到信防隐患不化解工作专班不撤、人员不散、措施不松、力度不减。2022年，共化解信访案件13件、纠纷69起。顺利完成第五届保定市文化和旅游产业发展大会安保工作。乡党委为第五届保定市文化和旅游产业发展大会制定安保方案，全乡机关干部全员上岗，连日奋战，确保第五届保定市文化和旅游产业发展大会成功举办。

落实落细网格化服务管理，提升基层社会治理效能。压实网格化管理责任，以网格为载体全面承接基层社会治理、服务党员群众职能。全乡设立总网格长1名、村级网格长14名、基层网格长82名、网格员223名，形成了“纵向到底、横向到边”的管理体系。网格员履行基础信息采集员、社情民意调查员、安全隐患巡查员、婚丧嫁娶管事员、矛盾纠纷调解员、政策法规宣传员、协商民主议事员、公共服务代办员等“八大员”职责，通过自下而上反映民情民意，自上而下解决民需民困，化解矛盾纠纷，真正实现“人在网中走，事在格中办、情在户中结”。在市委政法委检查工作期间，网格化服务管理工作，受到市委政法委领导表扬。

党委书记： 冉占永（2022.7离任）

任新建（2022.7— ）

政府乡长： 高云建

（撰稿：翟培）

北王力乡

【概况】 北王力乡位于清苑主城区西南，与望都、博野、安国、定州四县市相邻，辖北王力、东王力、西王力、大李各庄、武安、顾家营、刘村共7个行政村。辖区总面积44.99平方千米。2022年，全乡共7403户、27611人。苗木花卉是北王力乡主导产业，人均可支配收入17463元。

【聚焦乡村振兴工作】 加快经济建设。2022年，党委、政府统筹疫情防控与经济社会发展，全力以赴稳增长、调结构、促发展，经济社会发展呈现良好态势。认真落实国家关于耕地发展的政策方针，积极发挥政府的引领作用，促进苗木业转型升级。形成“一支柱、多领域”发展格局。“一支柱”：通过加强对外宣传、聘请专家讲课、强化市场监管等多项措施，扶持华秀、柳青等龙头企业，充分发挥政府引导、服务、监管等职能，辐射作用日趋明显，带动了苗木产业的健康发展；“多领域”：发展麻山药种植、肉鸡、鸵鸟养殖等，农民收入逐年增加。加强环境整治。秸秆垃圾禁烧。坚持“十个到位”，扎实做好秸秆垃圾禁烧工作。河道清理看护到位、生物秸秆利用到位、生活垃圾清理到位、禁烧宣传到位、群防群治人员到位、电子监控监管到位、健全制度奖惩到位、明确职责责任到位、加大投入设备到位、责任追究处罚到位。渣土运输车辆管控。设置专门队伍，以进乡主干道出入口为重点，采取定期检查和不定时巡查的方式，对辖区内运行的渣土车辆进行检查管理。重点对渣土车辆运输是否100%密闭和运输过程中是否造成泄漏遗撒进行检查，确保行车无明显扬尘。人居环境整治。在保证日常清理精细化的同时，根据实际确定每月1日、15日为人居环境日，组织机械和人员，对道路两侧的垃圾、边沟和侵街占道广告牌开展集中清理，村容村貌得到明显改善，教育引导群众改变不良的生活习惯。同时继续推进改厕工作，北王力乡高标准完成问题厕所大排查，对所有问题厕所清仓见底，完成整改，并完成541户户厕的改造。

【打造平安和谐环境】 保障社会稳定。快速处置新发案件，各村实行网格化划分，乡干部包村、村干部包户，做到排查化解分区负责，责任到人，高效化解各类风险隐患。果断处置突发事件，建立健全协调联动机制，区综治、公安、司法等多方联动，及时沟通，第一时间对突发事件缜密研判，妥善处置。加大排查力度，落实“四明确”要求。加强积案化解，2022年，共排查信访苗头隐患案件116起，其中信访积案5起，其他信访案件29件29人，着力化解积案难案。确保安全度汛。在唐河补水期间，乡村干部广泛宣传、昼夜坚守、疏通河道，发放防汛警示旗49个、警戒带20盘、警示牌60个、救生衣10件、条幅10条。汛期乡村干部坚守岗位、昼夜巡查、备足物料、组织排涝，在水坑、水塘等处竖立警示牌，走访低保、五保、建档立卡户及鳏寡孤独等弱势群体，严防危险发生。

【巩固拓展脱贫攻坚成果】 坚持贯彻落实习近平总书记重要讲话精神，牢记总书记殷切嘱托，不断巩固拓展脱贫攻坚成果，健全防返贫动态监测和帮扶机制。严格落实“四个不摘”，先后召开5次培训会，对脱贫后评估工作进行系统培训，强化动态监测，积极深入贫困户家中，积极帮助贫困户解决生产生活困难。建立健全了易返贫监测和帮扶长效机制，依托网格化明确了196人的防返贫动态监测网格队，对全乡5898户农户，入户走访，开展了防返贫监测帮扶工作的大排查，易返贫致贫户和突发困难户的识别、纳入等动态管理工作。持续开展筛查预警，强化救助帮扶，对上级推送反馈的389人预警信息，及时入户排查，了解情况，对符合条件的6人申请了防贫险，纳入防贫检测2户8人。北王力乡脱贫户共22户43人。扎实推进“后评估”工作，乡村两级干部开展月走访服务，每月至少探视慰问脱贫户1次；压实防返贫网格化成员责任，加强日常监测预警，进一步谋划脱贫户增收新思路，高质量完成巩固拓展脱贫攻坚成果与乡村振兴有效衔接任务。完善社会保障，兜牢兜实民生底线。本着应保尽保，应救尽救的方针，对鳏寡孤独、老弱病残等弱势群众开展定期走访，对困难群众及时纳入保障范围。2022年，新增低保28户45人，特困13户13人，孤儿照顾1人，高龄补贴95人。通过阳光行动慰问38人，根据全区精准助残服务工程会议要求，对全体残疾人需求进行摸排并上报；每月不定时发送招聘信息，促进残疾人就业。全年共计发放83个残疾人证，重度残疾人护理补贴 72 人，重度残疾人生活补贴 25 人。

【强化民生保障】 加强基础设施建设。结合实际情况，实施财政奖补项目，使农村基建设施、村容村貌进一步改善，促进了社会主义新农村建设。道路整修工程。武安村一事一议修路工程 10 月份顺利完工，总长度 760 米，投资 25 万元，西王力一事一议工程结合江水置换工作共计修路 750 米，投资 22 万元，顾家营村自筹资金 20 余万元，完成进村主干道的硬化。村庄亮化工程。刘村争取上级资金 20 万元完成主干路的路灯安装工作，北王力村利用“一事一议”资金 15 万元，完成路灯安装 100 盏，大大方便了村民晚上的出行。建设活动场所。在西王力村建设活动广场，栽种绿植，并上新了部分健身设施，打造成了文娱小广场。成了村民休闲娱乐好去处。收缴养老保险。切实加大政策宣传力度以及对村干部及工作人员的培训力度，实行动态排名，对进度较慢的村进行调度。新增参保 1014 人，社保卡办理 199 人，60 周岁转待遇领取人员 265 人，变更 25 人，注销 168 人。

9 月 22 日，工作人员检查江水置换工程情况

【加强基层党建工作】 筑牢党建根基。北王力乡党委以党的政治建设为统领，项目化、清单化推进基层党建工作。壮大党员队伍。严格“三会一课”、主题党日等制度的常态落实，提升班子成员的思想素质。严格发展党员程序，2022 年，确定入党积极分子 35 名，接收预备党员 9 名，开办“两委”干部集中培训班，规范村干部日常行为，强化村干部制度化管理。加强思想学习。2022 年，围绕中共十九届六中全会精神、中共二十大精神、意识形态工作、作风建设等内容，共开展理论中心组学习 33 次，教育引导全体党员在学、思、践、悟中不断增强“四个意识”、坚定“四个自信”，切实做到“两个维护”。开展新形式活动。组织开展建党 101 周年、“七一表彰”、“光荣在党 50 年”、“老党员讲党课”、“建国前老党员帮扶慰问”等活动，大力激发党员建设新农村的激情和活力。提升阵地建设。2022 年 3 月，顾家营村对大队办公设施进行更换，对破损的屋顶、门窗进行维修。2022 年底，大李各庄村两室门窗整体换新，屋内粉刷，各项制度完善上墙。壮大集体经济。北王力乡各村发展落后，主要原因是村集体经济薄弱，各村缺乏最主要的经济来源。2022 年，以农村集体经济合同清理为契机，对收缴上来的 289 份合同，分类梳理，逐村研判，7 个村分别以重新发包、规范年限、补交承包费等形式制定了规范方案并开展工作。2022 年，全年各村集体经济增长 201.67 万元。强化责任意识。加大对习近平新时代中国特色社会主义思想等红色文化的宣传力度，定期组织召开意识形态工作专题会议，引导广大党员干部进一步坚定理想信念，强化责任意识和担当意识，创新探索意识形态工作的新思路、好举措，形成责任明确、领导有力、运转有序、保障到位的工作机制。高度重视网络安全，做到对重大事件及突发性问题提前介入，防患于未然。抓实人民至上。坚持把学习教育与履职尽责相结合，与解决实际问题相结合，注重把学习收获转化为工作动力，党委牵头，各支部积极响应，齐抓共管、密切配合，确保各项任务落实到人、到岗。扎实开展“坚持人民至上”活动，共处理了邻里纠纷、道路硬化、公厕改造等 255 件民生实事。

党委书记：邹占稳（2022.7 免）

丁　静（女，2022.7—　）

政府乡长：邬强东

（撰稿：孟健）

李庄乡

【概况】　李庄乡位于清苑区西南30千米处，乡政府驻地李庄村。李庄乡西临望都县，东接温仁镇，南部隔唐河与北王力乡相望，北部是红色旅游胜地冉庄乡。全乡行政面积37平方千米，辖13个行政村，总户数8088户，总人口26158人。耕地面积40080亩，粮食播种面积36350亩，粮食总产量5.3万吨。全乡实现生产总值2.68亿元，其中一、二、三产分别为1.87亿元、0.63亿元、0.18亿元，同比增长2.1%、1%、1%。粮食总产量4万余吨，农民年均纯收入14874元。职工年均工资56000元。有高中1所、初中1所、小学8所、幼儿园8所。

【加强干部队伍政治建设】　坚持率先垂范，履行党建职责。始终把党建工作作为第一要务，坚持每月组织召开专题会议研究党建工作，重点聚焦党史学习教育、深入推进村班子建设、阵地建设提升、党员干部队伍管理、农村违规违纪党员排查整顿等工作。加强意识形态工作，2022年，共召开理论中心组学习11次、专题研讨2次，带领班子成员讲党课11次。持续提升阵地建设。按照“六有”建设标准，打造精品典型，形成一批特色明显的基层党建示范点，充分发挥典型示范引领作用。重点对刘王力、南辛力、小营村3个村进行改造提升，解决房屋破旧、办公设施不足、上墙制度陈旧等问题；郝王力村完成党员活动室的扩建提升。2个村正在对大队部进行装修。全力开展“每季一件实事”活动。重点聚焦在老百姓最急迫、最关心的实际问题，全乡共制定52件民生实事，其中，北辛力主干道安装太阳能路灯30盏，小营村硬化学校门口的路面77米，寺上村整修胡同道路1600米，及时化解群众困难，进一步提升人民群众获得感、幸福感、安全感。

【社会治理】　瞄准盾排查整治，坚持体系化社会治理。完善矛盾隐患排查整治指挥体系，乡级成立了领导小组，细化分工，明确责任。同时各村也相应成立领导小组，乡村两级做到提早布局、指挥灵活、反馈及时。坚持抓事前防范、抓早抓小、源头治理，做到隐患早发现、矛盾早化解、问题早解决，充分发挥村“两委”干部第一道防线作用，使大量矛盾在村得到有效处置。实行网格化管理，发挥社会资源队伍作用。请村内能人、离退休老干部、乡贤等担任网格长、网格员，及时掌握信访苗头，定期化解矛盾。完善乡级干部接访制和群众投诉举报制度。2022年度乡级干部累计入村接访、乡内约访96次，收到实名、匿名问题举报信12封，解决群众各类“急难愁盼”的问题58件。同时通过不断对群众答疑解惑、解读政策，以为民服务之诚得人民群众之信，使干群关系更加和谐，全乡和谐稳定的局面更加向好。

瞄准安全隐患“末梢”，工作做实做细。开展四大行业领域专项整治，进一步巩固扫黑除恶斗争成果。通过广播、微信、海报等多种方式，积极开展防电信诈骗活动，李庄乡群众防诈意识不断提高，防诈成果明显。扎实开展“防风险、除隐患、促安全”安全生产专项大排查、大整治行动，统筹经济发展和生产安全。开展禁枪、禁毒排查整治行动，持续净化我乡和谐稳定土壤。

瞄准普法短板，多元化开展普法宣传行动。突出宣传宪法及社会主义法律体系。制定了法治宣传活动方案，充分利用悬挂条幅、村内广播和微信公众平台等多元化的载体进行普法宣传。2022年，普法宣传进农村共计开展26次，普及全乡13个村，进企业2次，进学校2次，针对不同人群制定不同宣传内容，形成了崇法、守法的良好氛围。

【心系民生事业建设】 聚焦服务便民，打造新高地。对综合服务中心进行规范提升，完善硬件设施建设，完善相关制度，配齐配强工作人员，加强业务培训，积极承接上级办事事项。2022年，共承接办理事项96项，其中审批服务类61项、公共服务类35项。各村也认真做好综合服务站建设，各村的综合服务站面积都在20平方米以上，配备了电脑、打印机、复印机、高拍仪、档案柜等办公设备，设置开放式办公桌椅，实现网上办公。为村民办事提供更多便利，做到了群众办事“只跑一趟”。

聚焦基建发展，开展新事业。2022年，一批涉及群众生产生活的民生工程扎实推进。配合有关部门完成对冉庄至耿庄路段、耿庄至张望路路段等多个重要路段的修整，方便了居民出行。江水置换工程有序推进，第一阶段施工已经完成。加强对村内路灯、健身器械等便民设施的修缮和更新，使群众文娱体验更好。

【突出经济发展特色】 李庄乡远离主城区，污染较少且土地资源丰富，拥有耕地43336亩，在此优势的基础上李庄乡积极推动发展辖区特色农业。充分发挥龙头企业的带动作用，李庄乡的宏泽园区、润园农业因其经营理念先进、追求绿色农业、积极探索采摘园模式而经营良好，李庄乡推广其经营模式，使更多农民投身特色农业之路。充分借助农民丰收节平台推广特色农产品，2022年，奶油草莓、沙地西瓜、鸵鸟蛋、红辣椒等特色农产品参展清苑区农民丰收节，产品获得了社会各界一致好评，提高了社会知名度，促进农民增收。

【强化生态宜居措施】 积极构建环保网格化体系，加强社会面源防治，以纳污坑塘整治、扬尘防治、秸秆禁烧、散乱污企业整治等工作为重点，坚决打赢蓝天保卫战。深化坑塘排查整治，对排查出的4个纳污坑塘严格按照治理标准进行整治，对坑塘内及周边合计1500余立方米垃圾进行清理，并设置围挡和警示牌并加强日常巡查管护。严抓防火禁烧工作，通过网格员。同时成立禁烧工作督察组，并对各村巡逻队，网格员巡逻情况明察暗访。对查实的火点依法进行处罚。组织各村对主干道两侧，垃圾堆放点等秸秆垃圾进行清理，共清理垃圾秸秆2000多吨，从源头消除着火隐患。持续开展“散乱污”企业动态清零行动。严格按照“两断三清”标准，严防“死灰复燃”。乡执法队定期开展排查行动，重点对老房、旧址、偏房等容易藏污纳垢的地方进行排查，确保不给“散乱污”企业容身之所。有效落实河长制，加强对唐河流域的治理。全面压实河长巡河、护河、治河责任，保证河道垃圾专人专管，实现对垃圾管控、清理常态化，打造出水清、水美、水活的清洁水系。扎实开展美丽乡村建设。结合人居环境整治、美丽庭院建设，组织各村对所有道路、庭院开展大扫除，同时鼓励村民自建小菜园小果园提升村容村貌。重点针对涉水、涉土、涉气三方面环境污染问题进行排查整改，人居生活环境得到明显改善。

党委书记： 冯树岭

政府乡长： 吴　静（女）

（撰稿：张楠）

东闾镇

【概况】 东闾镇位于保定市清苑区东南15千米，东接大庄镇、蠡县桑园镇，南邻温仁镇，西连张登镇，北靠石桥镇，总面积59.1平方千米，辖东闾村、翟庄村、北宋村、南宋村、南蛮营、南王庄、田蒿村、南营头、北营头、韦各庄10个村民委员会，总户数11983户，总人口48222人。2022年，全镇耕地面积4105公顷，工业总产值32.89亿元，农民人均纯收入17301元。东闫镇共有中学2所、小学9所，教学班116个，在校学生3984人；共有幼儿园15所，其中公办园8所、民办园7所，教学班66个，在园幼儿1523人；全镇教职员工共计272人，九年义务教育普及率100%，远程教育网络入村率100%。设有乡镇卫生院1所，共设床位15张，有医务人员23人。有村卫生室10家，纳入乡村一体化管理村医15人。

【全面加强党的建设】　聚焦村级班子建设、党员作用发挥等工作，全面谋划，总体把握，深入推进。抓干部队伍，打破惯性思维，主动工作，努力打造“心齐、气顺、劲足”的领导班子。完善学习制度，提升东闾镇党员的政治素质，以开展党史学习教育为抓手，深入学习中国共产党第二十次全国代表大会、省委十届二次全会、市委十届三次全会精神和中央、省市区系列重要会议精神，不断深化主题教育实效。强化责任意识，培养敢于担当的基层党建队伍。设立东闾镇疫情防控专项考核办法，开展村组织及“两委”干部千分制考核分档管理，扎实开展“每季一件实事”活动，进一步建立“5+3+N”村级配套组织，全面落实“四议两公开”村务运行机制，深入推进农村干部任期目标管理制度，完善党务、村务公开制度。严格落实“三会一课”、主题党日、民主生活会、组织生活会、民主评议党员、谈心谈话等制度，增强抓落实的责任，增进班子团结，树立“一盘棋”理念。精心做好“迎庆中共二十大”系列活动，召开专题党课，充分发挥党员先锋模范作用，为老党员开展志愿活动。严格落实党风廉政建设，严把发展党员“入口关”，提高党员发展质量，2022年发展党员15人。

【维护社会和谐】　弘扬社会正气，敢于责任担当，全力做好信访工作。坚持正确导向，对于合理诉求积极谋划解决措施，全年东闾镇成功处置化解矛盾92件，维护了稳定和谐的社会环境。

稳定社会形势，依法对“散乱污”企业进行治理。大力开展企业环保督导检查，查出污染摊点8家，全部落实“两断三清”，其中行政拘留3人；查处违规生产企业12家，罚款27万元，保持了散乱污治理高压态势，实现动态清零。

【特色产业工作】　加快推进东闾轻型起重机械小镇产业布局和国土空间规划，推动产业上档升级。2022年，全镇有6家企业完成入统，总投资11.67亿元的河北神力索具集团、颐鼎升科技有限公司、河北怀鸽起重集团智能起重项目入驻清苑经济开发区，建设智能起重产业园。大力开展“万人助万企”活动，全镇29名干部包联93家企业，深入企业调查研究，全力帮助解决企业生产中遇到的问题，企业服务质量进一步提升。

以依托南王庄西瓜等农业生产基地，积极做大做强西瓜产业。以南王庄为中心的西瓜园地已达到15万亩，成功承办清苑区第五届西瓜文化节，2022年，清苑西瓜被评为“全国名特优新农产品”，东闾农产品知名度、美誉度不断提升，东闾镇南农北工两大产业发展态势越来越好。2022年，东闾镇年均集体收入5万元以上的村有10个，5万元以上的村达到了100%。

4月24日，东闾镇组织召开清苑区西瓜销售管理服务专班工作会议

【民生建设】　巩固拓展脱贫攻坚成果，建档立卡人口医保参保率和资助率达100%；“先诊疗后付费”、“一站式、一票制、一窗口”即时结算、

医疗“三重保障”政策全面落实；全年两轮防返贫动态监测集中排查全部完成，防止返贫动态监测和帮扶机制进一步完善。自主发展奖补项目、“雨露计划”职业教育、公益性岗位人员补贴全部发放到位。坚持人民至上，大力开展我为群众办实事等民生专项行动，解决群众反映问题314件，群众获得感、幸福感不断增强。

加大项目建设力度。工程总量2万余米的江水置换一期工程全部完工，二期稳步推进；全镇300户改厕任务、1万余户厕所排查任务如期完成，所有问题厕所清仓见底；投资2000万元的统战路项目建设完成；投资1000万元的东闾村、翟庄村农田整治项目建设完成；投资300万元的东闾村农村综合改革示范村项目顺利竣工；投资100万元的“一事一议”项目建设完工；投资30万元的韦各庄、北营头道路照明项目建设完工。补贴100万元涉及6000余亩的高效节水项目铺设完成，实现节水38万立方米；大力推广设施农业建设，完成设施大棚面积3万余亩；发放耕地地力保护补贴、种粮一次性补贴5万余亩500余万元。

开展违建整治行动，成立东闾村整治工作专班，落实最严格的土地保护政策，坚决消存量，控增量，加大宣传巡察执法力度，形成强大执法震慑。扩充执法队伍力量，配置9名工作人员加入执法队以及巡逻车辆2辆。上级交办图斑中，已经整改完成13块，立案34块，刑拘4人。加强日常巡察执法。2022年，组织集中拆违7次21家，拆除违建83亩。

紧抓疫情防控救治工作不放松。结合防控形势，不断优化一办十组配置，聚焦关键环节，推进疫情常态化管理，确保了西瓜、麻山药等农产品正常销售，实现“疫情要防住、经济要稳住、发展要安全”的工作要求。

党委书记： 王志峰

政府镇长： 张　超

（撰稿：房琦）

何桥镇

【概况】　何桥镇位于清苑区正东，距离清苑城区11.8千米，东与雄安新区安新县芦庄乡、高阳县晋庄乡接壤，南与大庄镇为邻，西连石桥镇，北接孙村乡、望亭镇，总面积39.38平方千米。2022年12月27日，经河北省人民政府批准由何桥乡改为何桥镇。下辖18个行政村（石头桥村、后铺村、前铺村、玉皇庙村、耿桥村、许家洼村、北李庄村、北杨庄村、蔡桥村、何桥村、苑桥村、史家桥村、李胡桥村、范郭桥村、杨村、良庙村、郭村、张桥村），有23党支部，1229名党员，其中正式党员1185人、预备党员44人，积极分子103人。全镇总户数6929户3万余人，人年均收入22326元。域内流经河流1条（唐河），涉及村庄7个（何桥村、苑桥村、史家桥村、范郭桥村、杨村、良庙村、郭村），河流总长度6.3千米。耕地面积36886亩，粮食作物以玉米、小麦等传统农作物种植为主，小麦播种面积33350亩，年产量约14920吨，玉米播种面积36170亩，年产量约16639吨。

全镇共有正规企69家，其中规上企业9家：奥琦圣新型金属、晟隆镀锌、皆诚锌业、增旺化工、宏达金属、福世特防腐科技、光耀金属制品、安吉铜业、腾达金属、合利金属，主要涉及冶金业、化工业，2022年，工业总产值15.9亿元。

【基层党建】　始终坚持党建工作统领全局，把党建工作作为基础性、规范性、纲领性工作常抓不懈，不断强化作风转变，全面落实从严治党要求。

抓好党员干部队伍的建设。按照“控制总量、优化结构、提高质量、发挥作用”的总要求，注重源头储备，加强培养教育，严格把握程序。镇党委全年共双推积极分子25名，发展党员17名，预备党员转正19名。依托党日活动和党内实践，在各支部开展教育培训活动200多次。

推动党建阵地提标。在2021年“六有”建设的基础上，持续推动党建阵地提升。杨村支出5.5万元对党群服务中心进行重新粉刷修葺，村两室面貌焕然一新；石头桥村投入29万元，建设党群服务中心文化广场；各村老旧制度标语均实现更新，党群服务中心定期清扫，党组织活动阵地真正成为坚强的党组织堡垒和温馨的党员之家。

强化政治纪律落实。多次召开党风廉政建设和纪律整顿会议，亮职责、明身份，坚定不移加强制度建设，落实“一岗双责”。不断规范党员干部施政行为。坚持“严管就是厚爱”，持续强化党员干部“四个意识”，明确基层干部“八条禁令”，划出红线，从严管理。制定和印发的《何桥乡机关制度汇编》自2023年起正式推行，村“两委”干部带头签署《农村基层干部严守“八项禁令”承诺书》，2022年，镇纪委共查结问题线索11个，给予开除党籍3人，党内警告处分2人，免除党内职务1人。

促进基层治理增效。全面建立精细化管理体系，健全全镇网格化管理架构，切实抓好网格员队伍的育管用等关键环节，充分发挥网格员队伍在基层治理中的作用。全镇共选配网格员384名，建立了“全域覆盖、四通八达”的网格微信体系，建立健全网格员常态化学习制度，每月15日对网格员进行定期集中业务培训，统一定制网格员服装，制定了网格员队伍管理办法，网格体系和网格员工作职责清单上墙公示，在全区率先规范完成网格化管理工作。

做好“每季一件实事”。写好“两委”换届“开门一件事”续篇，何桥镇扎实开展“每季一件实事”，坚持党建先行，找准切入点，各村通过拉清单、列重点、写进展、谋计划，有力解决了一批群众“急难愁盼”问题，助推“每季一件事”走深走实，携手群众共画幸福新生活的“最大同心圆”。2022年，全镇18个村按时保质完成每季实事共计72件。

发展壮大村级集体经济。以企业投资、发展特色优势农业、规范开展租赁经营带动壮大集体经济，持续加大农村集体经济合同清理规范工作力度，镇党委成立领导小组，严格把握程序，培训指导业务，党组织带头察民意、定方案，深入摸家底、建台账，有序推认定、促增收。充分利用农村产权交易平台提高土地流转率和流转价格，规范集体土地经营，年均集体收入10万元以上的村9个，集体经济收入5万元以下的村全部清零。共清查出不合理合同222份，全部严格依法认定，接受群众监督，完成交易鉴证合同22份，增收达90万元。

【民生工作】 完善基础设施建设。推进省级美丽乡村范郭桥村建设提升工作，争取革命老区项目支持资金100万元对范郭桥村5条道路共计6700平方米进行硬化；利用乡村振兴衔接资金投资基础设施建设，玉皇庙村投资30万元，硬化道路758米，共计2751.5平方米；统筹推进农村生活水源江水置换工程建设，村外开挖管道已全部完成，村内管线已完成总长8704米，完成井室安装71个。

高质量完成改厕任务。何桥镇18个村已全部完成农村公厕建设。2022年8月，问题厕所歼灭战以来，何桥镇共排查6803户，做到应排尽排，共计完成户厕改厕636座，圆满完成2021—2022年农村改厕任务。

全面开展人居环境整治。出资与荣尚环境进行合作，通过开展“爱国卫生运动”等专题活动，推动村庄清洁工作。全镇共配备保洁员89名，设置垃圾箱86个，建成垃圾转运站1处，全年共组织村庄集中清洁行动7次，发动党员、志愿者、保洁员等4170人次，出动机械800多辆次，清理庭院6700多户，清运各类垃圾1.6万吨，治理坑塘30余处。镇政府拿出专项资金助力各村开展冬季人居环境整治提升行动，镇政府统一验收后，对清理标准高，整治提升效果好的村进行额外奖补，带动各村干事热情。

聚焦路域环境整治提升。重点围绕大庄路、高保路、何蠡路开展路域环境整治。区委高度重视高保路整治提升，区人大分包领导多次视察和指导工作，何桥镇履行属地责任，协助开展拆违建、清垃圾、修边沟、安路灯，净化、绿化、亮化、美化道路。全年共出动镇村干部100余人次、机械车辆40余台次，清理垃圾160余吨。拆除违规广告牌30余块，与各商铺签订门前三包责任书，路域环境显著提升。

坚决巩固脱贫攻坚成果。严格落实防返贫监测和帮扶机制，充分宣传和利用防返贫动态监测平台等，及时核实上级部门推送的数据，开展摸排监测，做到应纳尽纳。关心关爱困难群众，组织干部走访摸排，及时入户核实情况，确保老弱病残、鳏寡孤独和留守儿童等特殊群体的冬季取暖和住房安全，及时给予救助，保证平安度过特殊时期。在义务教育、基本医疗、住房安全、饮水安全、兜底保障、产业就业帮扶六大方面严格落实防返贫政策。2022年，全镇共有27户70人作为长期监测对象纳入防贫监测保险机制，新增监测对象2户5人，切实做到了对返贫致贫苗头早发现、早干预、早帮扶，坚决守住不发生规模性返贫的底线。

扎实有效巩固河长制。广泛宣传河长制工作，增强对河长工作的认同感；建立河长评优机制，树立工作典型；制作设立各类公示牌70余块、水深危险警示牌近千块。加强河道治理，保护和改善生态环境。坚持政府主导，部门联合执法，整治河道乱象，对河道垃圾做到早发现、早清理，共出动人员800余人、车辆400余台，清理河道“四乱”70余处。统筹开展防汛补水防溺水，确保沿河居民生命财产安全。组织沿河各村提前梳理河道，开挖泄洪沟，防止水漫过堤防造成农田受损，面对汛期水量加大，果断开挖苑桥、范郭桥、史家桥3条漫水路，留出泄洪口，保障了沿河农业生产和村民生活安全。

5月18日，何桥镇组织工作人员开展汛前检查

坚决保障粮食安全。落实最严格的耕地保护制度，大力整治违法占用耕地，坚决遏制耕地“非农化”、防止“非粮化”，年前计划完成128块土地整理还耕，牢牢守住了耕地保护红线。统筹做好“三夏”生产。建立全覆盖的机收工作联系机制，合理配置农机资源，强化后勤维修保障，确保“麦熟有机收，机到有活干”，做好应急代收代种，重点做好河道涉洪区域粮食抢收工作，全乡粮食收获3.3万亩，实现持续增长。同时统筹抓好夏种夏管，做好生产要素和市场监测，坚持防汛抗旱两手抓，引导村民抢时早播，边收边种，积极开展秋粮作物管理工作，为秋粮丰收打下了坚实基础。

“万人助万企”持续开展。“万人助万企”行动是助推中央、省、市、区关于稳经济的一揽子政策措施落地见效的重要举措。何桥镇党委、政府高度重视，全镇24名公务员全部参与包联，依托保定市“万人助万企”行动服务平台和清苑区企业之家平台，落实落细企业包联制度，深入企业生产经营一线，了解掌握企业面临的困难问题，倾听诉求建议，摸清根源症结，主动帮助企业读政策解难题，助力企业复工复产和做大做强，助推各项助企活动走深走实。

石油开采进展顺利。积极响应国家能源战略，对接华北油田公司，配合做好对土地整理、征迁补偿和矿产资源保护相关工作。位于何桥村占地17.751亩的保清1井（原高76 X井）于8月23日顺利上钻，油气显示良好，在同一平台上已完钻3口井，第四口井进入施工。位于何桥镇后铺村村东占地约15.88亩的高77—20X井平台也已完成踏勘，并在区发改局、何桥镇政府及后铺村委会的共同努力下，完成临时占地及补偿协议的签订和土地整理，办理了相关占地手续。

【环境整治】 深入开展抑尘、控车行动。强化国控站点周边环境专项治理，积极协调交管、环卫等部门落实每日洒水，及时清理积尘垃圾，苫盖大堆裸土，加强交通疏导力度，降低尾气排放，精准解决“高值”问题，空气质量排名稳步提升。

深入开展环保风暴行动。按照“两断三清”标准，严厉打击，彻底取缔，强化监察，严防反弹。组织区环保、工商、电力、派出所等力量开展联合执法统一行动4次，确保“散乱污”关停到位。

加大全域禁烧力度。落实主要领导包片，机关干部包村，村干部包户的责任制，共计发放条幅200余条、明白纸6000余份，每天2次广播宣传禁烧政策。镇环保和执法队昼夜巡逻，一旦发现着火点及时制止、扑灭，并立即上报，对责任不落实、禁烧工作不力的村干部和禁烧网格员，依法依纪依规进行问责处罚，确保“不燃一把火，不冒一股烟”。

部门联合进行散煤排查，共排查企业60家、餐饮企业摊点40余家、规模以上养殖场10家，散煤复燃排查200余户。共排查发现问题1个，已整改到位。

继续加大禁放工作的宣传力度，引导广大群众不信谣、不传谣，由镇执法队结合派出所，继续加强对违法违规生产售卖燃放烟花爆竹的排查和处罚力度，保障村民安全文明过冬。

【社会治理】 抓排查除隐患，安全生产形势持续平稳。何桥镇工业较为发达，始终坚持主动服务，扎实开展安全生产工作，严格落实“党政同责、一岗双责”工作机制。不断强化宣传，开展安全生产教育培训。聘请专业人员为辖区内各个企业、商铺、个体经营摊主进行安全生产专业知识讲座，共组织4期专业培训，共计悬挂条幅150余条，发放宣传资料5000多张。“一张清单到底”，开展全面安全检查。制定安全生产检查清单，集中开展“安全生产月”，食品药品、危险化学药品、易燃易爆品、消防安全检查等专项活动，结合日常安全隐患自查工作，做到对照清单查问题，发现问题立行立改。压实主体责任，同时通过与各村委会、各企业负责人签订安全生产责任书，严格落实“三定一表、一会一卡”制度，11家重点企业实行镇领导干部包联实现包联责任全覆盖，压实安全生产和监管责任。2022年，对全镇企事业单位结合安全生产“大排查、大整治”活动，共开展检查162次，排查隐患102处，整改102处，检查覆盖率和整改率实现双百，彻底排除重大安全隐患。

抓好信访工作，维护社会和谐。充分利用网格体系，聚焦重点领域，加大风险隐患的排查力度。注重源头治理，尽快发现和化解矛盾，信访百日攻坚取得显著成效。坚持人民立场，依法依规、公平公正解决好群众合理诉求。

【疫情防控】 坚持不懈做好疫情防控。何桥镇、村两级干部上下一心，坚定不移落实国家各项防控策略。何桥镇迅速行动，周密安排，以最小的代价守住了全乡人民的生命安全底线，接连战胜了多轮疫情。坚持人民至上、生命至上，做到关口前移、主动服务、工作到家，做到药品物资、医疗救治保供到位。对聚集疫情“早发现、早识别、早干预、早转诊”，全力“保健康、防重症”，确保疫情尽量延峰、有效削峰、平稳度峰。最大限度保障人民生命安全和身体健康，最大限度减少疫情对经济社会发展的影响。

【法制建设】 严打电信诈骗，持续推进反诈宣传。充分发动党员志愿者、网格员入户开展全民反诈宣传，把握村里集会、全员核酸等时机指导反诈App下载注册，聚焦老年人、留守妇女、学

生等易受骗群体，建立镇村两级反诈微信工作群，采用线上线下相结合的宣传方式，提高群众反诈意识，推动反诈工作顺利开展，全镇共下载并注册反诈 App 1.1 万个，电信诈骗案件明显减少。引以为戒，防微杜渐开展缉枪治爆行动。坚持宣传打击两手抓，加大缉枪治爆宣传力度，引导群众主动上交非法枪支弹药，积极举报相关线索，营造“缉枪治爆、人人有责”的浓厚氛围。同时开展定期巡查，与各村签订缉枪治爆入户保证书，全力消除枪爆隐患，维护辖区社会治安大局持续稳定。

党委书记：李　兴

政府镇长：高榛英（女）

（撰稿：吴天放）

阎庄乡

【概况】　阎庄乡位于清苑城区东北 25 千米、保定市城区以东 2 千米处，东部连接臧村镇，西部接壤保定市莲池区，北部毗邻徐水区，属近郊型乡镇，乡政府所在地为中阎庄村。保定高铁站位于该乡前营村，京石高速、京石高铁贯穿全乡，南有白洋淀大道直通雄安新区。阎庄乡区域面积为 18.9 平方千米，辖中阎庄、北阎庄、南阎庄、王庄、高庄、梁庄、前营、钟家营、侯郎营、国公营、大吕庄、小吕庄 12 个行政村，总户数 5292 户，人口 2.26 万人。

2022 年，全乡耕地 2.44 万亩。以种植小麦、玉米等传统农作物为主。全乡固定资产投资 2000 万元，农村居民人均可支配收入 2.02 万元。经济总体呈现稳中有进、稳中向好的发展态势。全乡共有初中 1 所、小学 4 所、幼儿园 5 所。

【加强党的建设】　宣传教育有广度有精度。制定学习计划，结合党委理论中心组、支部党课、远程教育等定期集中学习，推动学习贯彻党的理论政策特别是中共二十大精神走深走实。利用“七一”“十一”等重要时间节点，开展讲党课、升国旗、放红歌、重温入党誓词等活动。严格落实意识形态工作责任制，将意识形态工作纳入重要议事日程。党员管理有力度有温度。严格规范“三会一课”、组织生活会和民主评议党员制度，落实“四议两公开”制度，落实党员精细化管理。严把党员“入口”关，发展党员 14 名，解决 4 个三年不发展党员村问题。开展老党员、困难党员走访慰问活动，发放“在党 50 年”荣誉奖章。干部队伍增活力敢担当。开展“两委”干部培训，帮助其练好基层党建、环境保护、安全生产等“基本功”，提升履职能力。发挥党委举旗定向作用，优化村“两委”班子人员结构，充分调动村“两委”班子敢当担、善作为、争先进的积极性，促进“两委”干部团结协作，战斗力、凝聚力显著增强，各项工作呈现良好局面。加强机关阵地建设，改善工作条件，新建多功能会议室，提高干事服务热情。从严治党敲警钟促实干。以及时发现、立行立改为出发点，全面落实党委主体责任和纪委监督责任。2022 年，接待群众来信来访 6 件，协助上级查办案件 2 件，处理自查和交办案件 18 件，给予乡村干部处分一类形态 5 人，党纪处分 3 人，查否 6 件，重复案件回复 4 件。

【改善农村环境】　做好人居环境整治。从大处着眼、小处着手，下足“绣花功夫”，结合环卫公司强化垃圾日产日清，同时对坑塘、杂草、大片垃圾定期清理。2022 年，共清理生活垃圾 8000 吨。不定期暗访各村环境卫生，对发现的问题及时反馈督办，全力以赴将人居环境整治行动向纵深推进。做好改厕工作，新建卫生公厕 5 座，户厕改造累计完成 563 户。多措并举治理大气污染。做好禁烧工作，严格执行网格化管理，盯紧重点部位，消除村内杂草、杂物等着火隐患，禁烧平台 24 小时值班值守。做好三禁工作，严禁燃烧散煤、劈柴。做好抑尘工作，清理积尘、苫盖裸土，加强洒水，组织执法队重点打击渣土车违法违规运输。做好黑臭水体治理。重点加强对纳污坑塘的排查和治理力度，高标准整治国公营水坑，组织人员12人、钩机1辆、垃圾清运车2辆、木船1条，彻底清理到位并设立栏杆、围挡、警示牌。做好土地管控。严守土地红线，按照“一条红线、两级分工、三项制度”的工作方法，加大对基本农田违建执法力度，全力推进土地卫片整改、土地流出整改以及存量村集体建设用地办证工作。

【聚力乡村振兴】 加强道路建设。新修王庄通国公营柏油路，长1.9千米，新修阎庄中学到白洋淀大道柏油路，长1.2千米，极大方便了群众生产生活。以连接北三环至白洋淀大道道路为重点，进行路域环境综合整治，发动企业捐资20多万元，新设太阳能路灯147盏，点亮阎庄新路标。做好征迁工作。北三环东延阎庄乡房屋拆迁涉及30户。征用土地约248亩，严格把握政策标准，依法依规、阳光征收，做好群众工作，用两个半天时间完成征地和拆迁签约工作，刷新阎庄速度。雄忻高铁涉及阎庄乡8个村，需征用土地548亩，拆迁房屋148户（其中红线外96户），此次征地涉及范围广、遗留问题多，阎庄乡超前谋划，平稳高效推动该项工作，2022年，征地任务已完成。社会事业高效发展。全面提升村综合服务站场地硬件环境，2个村综合服务站达到示范型，打造“麻雀虽小，五脏俱全”服务站，打通为民服务“最后一公里”。开展“政策找人、服务上门”活动9次。积极开展“万人助万企”活动，营造良好营商环境。守牢粮食安全底线。统筹疫情防控和“三夏”生产，确保夏粮颗粒归仓，秋粮种足种好。累计投入39台小麦收割机，收获小麦16715亩，投入玉米播种机46台，播种玉米16715亩。减少地下水开采，巩固旱作雨养面积766亩，新增40亩，江水置换一期已基本完成，二期水表安装和连接水源井正稳步推进中。

【增进民生福祉】 完善救助帮扶和兜底保障机制。巩固脱贫攻坚成果，扎实做好防返贫动态监测和帮扶工作。2022年，新增低保户16户19人，五保户2户2人，临时救助户11户31人；多次排查特殊群体的取暖问题，有困难的及时给予临时救助、发放取暖设施，保障所有农户温暖过冬。做好防汛工作。牢固树立“防范胜于救灾”理念，组建乡村两级抢险队伍，准备编织袋、抽水机等防汛物资，并在汛期来临前对全辖区内电线杆、广告牌、涵洞等存在安全隐患地点进行全面排查，重点关注孤寡老人、困难群体，保证阎庄乡无一人受灾。做好安全生产工作。针对企业安全，深入企业车间实地检查，发现隐患督促企业立即整改。针对消防安全，开展消防安全集中攻坚年行动，对消防安全隐患全面排查整治，重点排查“三合一”场所、租住房屋、屋内电线私搭乱接等，共排查各类经营性场所200多家、企业11家，发现问题200多条，已全部整改完成。针对燃气安全，逐户走访排查，引导村民更换设施，消除安全隐患。组织燃气安全培训4场，发放宣传纸1000多份，入户发放宣传手册5000余份。认真开展自建房安全隐患大排查和自建房安全专项整治百日攻坚行动，全乡共排查房屋4528户，无安全隐患。

9月17日，阎庄乡组织召开安全生产工作部署会

【优化乡村治理】 做好信访工作。按照区委提出的“打造信访工作示范乡镇”工作思路，坚决落实信访工作“四明确”，做好重要节点的安保工作。信访案件百日攻坚中化解5件，阳光信访

平台中化解信访案件5件。做好矛盾纠纷排查化解。对于矛盾纠纷隐患坚持早排查、早发现、早化解，始终铭记“疾在腠理，不治将恐深”的事物发展规律，将风险隐患化解在萌芽状态，完善工作机制，提高矛盾纠纷排查化解能力，梳理汇总矛盾纠纷线索228条。做好网格化管理工作。建立完备的网格化管理体系，共有网格员207名，推动需求在网格发现、信息在网格收集、问题在网格解决，形成了衔接有序、运转高效的网格化工作机制。做好“三月三”国公营庙会停办工作。采取“广播+通告+网络”的方式，广泛宣传造势，悬挂条幅120条，张贴通告100份。做好禁种铲毒。采取“宣传+入户+航拍”的立体工作方法，悬挂条幅40条，张贴禁毒知识海报50张，签订禁毒铲毒明白纸4000份，采用无人机全域航拍，未发现有区域种植。

党委书记：李彤念

政府乡长：杜妍妍（女）

（撰稿：陈冲）

孙村乡

【概况】 孙村乡属于城郊型乡镇，毗邻保定市区，地处保定与雄安新区交界处，京石高速公路、高速铁路，保新路东西横穿全境，区位优势明显，交通便利。辖区面积22平方千米，辖7个行政村。全乡辖区面积22平方千米，耕地面积1182公顷，下辖7个行政村，2022年，有6862户、20180人，农村人均纯收入17123元；有初中1所、小学3所、幼儿园9所。

【加强基层治理】 深化党员教育。在党员教育上以迎接、学习、宣传、贯彻中共二十大为主线，组织各个基层党组织学习培训，强化党员的素质教育，组织8次专题党课，学深悟透中共十九大及十九届历次全会精神和中共二十大及二十届一次全会精神。制定了具体的学习贯彻实施方案，把历次会议作出的重大决定和习近平总书记在会上的重要讲话精神作为必学内容，并要求各村党员逐字逐句学原文，把握报告真义，深学细悟，一体领会，党委书记带头学，撰写心得体会，开展专题集中研讨，做到学有所思，同时丰富各类活动载体，开展多种形式的组织活动，党员党性修养进一步提高，党员队伍整体素质进一步提升。

提升村级管理。持续开展规范村级阵地建设专项行动，农村活动场所和综合服务站持续优化。狠抓干部教育管理，加大督导检查力度，严格执行干部坐班值班制度。充分运用党员积分管理制度，激励引导广大党员自觉履行党员义务，带头执行党的各项方针政策。大力开展党员活动日，在联系服务群众、参与基层治理、推动乡村振兴战略实施等方面发挥先锋模范作用。丰富各类活动载体，开展多种形式的组织活动，党员党性修养进一步提高，党员队伍整体素质进一步提升。在发展党员上，坚持“控制总量、优化结构、提高质量、发挥作用”十六字方针，严把入口关，2022年，孙村乡共转正党员9名，新发展党员12名，双推积极分子7名，发展党员工作进入良性循环。

发展壮大集体经济。梳理村集体资源，盘活集体资产，增强村级自身“造血”功能，增加村集体经济收入。全乡7个村全部实现村村有集体收入，其中年收入5万元以上村占比达100%。开展清理规范村集体经济合同工作，孙村乡总计清理规范集体经济合同152份，其中不需要规范的合同5份，需要规范的合同147份，已完成规范合同47份。需要完成交易鉴证合同57份，已完成交易鉴证合同18份，通过合同清理规范增收39.504万元，已收缴入账34.9万元。

【着力解决群众诉求】 紧密结合“以人民为中心”的发展思想，持续开展群众各类诉求化解。全面落实“接诉即办”，“12345”市长热线共受理群众诉求207件，以群众满意为核心原则，坚持第一时间处置协调，各类问题均得到有效解决。全年共汇总需要解决的民生事项324件，乡村两级干部下功夫“啃骨头”均全部予以解决。特别是2022年汛期前，全乡各村克服财力不足，积极谋划，实事求是积极治理村内积水点，解决群众一到雨季出行难的问题。大侯村疏通村南下水管道、重新铺设村西低洼道路，南孙村学校附近坑塘新修排水泵站，戎官营重修至小侯村的公路，能够保证在暴雨后一小时内可以通行，得到群众一致认可。

【安全生产工作】 积极贯彻落实党和国家关于安全生产的重大决策及会议精神，梳理完善安全生产方面的管理制度，切实做好重大敏感时期安全防范工作，抓好安全生产专项整治三年行动最后一年的“巩固提升”阶段工作。始终坚持企业自排查与乡应急办高频次排查相结合，由领导干部包联并每月进行至少一次的隐患巡查，2022年以来，共出动人员159人次、车辆83车次，发现各类安全隐患21处，已全部整改完成。深入开展燃气安全整治工作。做好燃气安全大走访大排查，共检查5621户，对检查出的问题已全部整改到位。2022年，未发生一起安全生产事故，特别是中共二十大之前，孙村乡迎接省、市、区多轮安全生产检查，均得到上级认可。

【持续推进江水置换】 农村生活水源置换工程涉及大侯村、小侯村、戎官营。自2021年11月份工程启动以来，积极和设计、施工单位沟通，根据实际情况对路线进行优化调整，对不理解的农户积极做好思想解释工作，取得占地农户的理解和支持，确保了工程顺利推进。其中一期工程管道铺设总任务量8095米，阀门井36眼，已全部完成。二期工程涉及大侯村村内三个水井之间管道连接和三个村的水表井4948块，2022年已完成70%。

【乡村振兴】 持续在巩固拓展脱贫攻坚成果和乡村振兴的有效衔接上下功夫，2022年，全乡建档立卡脱贫户33户52人无一返贫，定期走访防贫对象，对上级下发的预警信息认真入户排查，对低保户、五保户、残疾人、孤寡老人等特殊群体进行常态化、动态化排查管理，进一步巩固脱贫攻坚成果，2022年，办理低保人数2人，特困人数1人，特殊群体得到有效保障。争取扶贫衔接资金75万元，完善小侯村路网280平方米，新建南孙村便民服务中心一座。同时小侯村通过“一事一议”争取财政资金20万元，修建道路600余米，戎官营村通过“一事一议”争取财政资金30万元修建村内路灯，乡村基础设施进一步完善。

【生态环保】 持续打击“散乱污”，在全乡范围内集中开展整治“散乱污”企业排查专项整治行动，持续保持高压态势，确保全年动态清零；做好大气污染防治工作，加强精细化管理、加强道路冲洗清扫、严格落实“黑转白”，下大力度对辖区内扬尘企业、砂石料场等进行专项整治，做好大气污染防治工作。持续做好“三禁”（禁烧、禁煤、禁炮）工作，开展常态化督导检查，坚持常宣传、常排查、早发现、早制止，施行发现一起，追责到底的问责机制，确保工作实效，禁烧工作排名全区前列。人居环境再提升。2022年，经过近半年发展，孙村乡形成了党员队伍与志愿者队伍相结合，党员活动日和新时代文明实践站志愿者活动日相衔接的活动模式，累计开展党员活动日10次、新时代文明实践站志愿者活动日10次。对村内环境卫生进行地毯式自查开展拉网式清理，每村打造完成村内1条示范主街，累计出动车次36辆，出动120余人次，清理垃圾70余吨。2022年，戎官营争取坑塘治理资金150万元，完成水上公园建设，南孙村原有的1个小游园进行翻修并在村南人员活动较多点位新建小游园1个，小侯村建设体育活动场所1处，全乡村民室外活动场所进一步丰富，助力推动建成干净、整洁的魅力新孙村。

5 月 30 日，孙村乡戎官营村新时代文明实践站志愿者活动日

抓好河道治理工作。时刻把白洋淀上游流域整治工作当作重点，全面落实河长巡河制度，利用河长云对河长巡查工作进行在线督导；做好巡河员规范化管理，切实发挥巡河员作用，做到随时发现问题，随时解决问题，并不断提高河道“四乱”整治标准，推进河道治理常态化，真正实现河道问题动态清零。整治提升河道环境，清理平整覆土黄花沟西孙村段北堤、南孙村桥头两侧，进一步美化河道周边环境。

【重点项目】　坚决保障雄忻高铁项目建设。雄忻高铁项目于 12 月份开始启动，占地涉及北孙村、西孙村、南孙村，全程 3 千米。乡党委、政府高度重视，成立由党委书记、乡长任组长的领导小组，设置雄忻高铁项目工作专班，按时发布征地预告。召开专题会议研究布置每阶段工作任务，召开村干部调度会，及时了解涉及村及村民思想动态，随时把握村情舆情。坚持一把尺子量到底，取得群众支持和理解，在一周内基本完成 3 个村征地任务，145 户已完成签约。坚决保障大堤口安置区项目建设。大堤口安置区是高铁片区重要民生项目，经过多方努力，解决了诸多遗留问题，大堤口安置区项目于 4 月 25 日进场搭建临建，9 月开始开槽。乡村两级与项目施工单位全力以赴，加快工程进度，尽快完成安置区建设，让村民早日回迁。

【信访工作】　构建五级网格治理体系。高度重视网格化建设，构建五级网格治理体系，全乡 7 个村共配备网格员 157 名，在多个方面发挥了主力军作用。完善矛盾纠纷源头化解机制。坚持和发展新时代“枫桥经验”，强化人民调解在基层治理工作中的作用，严防“民转刑”案件发生。会同辖区派出所，共排查调解涉婚恋家庭、邻里纠纷、宅基纠纷等矛盾纠纷 37 起，全年未发生一起重大刑事案件。严格落实领导干部包联化解信访矛盾制度。坚持关口前移、重心下移，高度重视初信初访案件化解，避免形成新的重复信访和信访积案。2022 年，共接收国家、省、市、县交办初信初访案件 13 件，已全部化解。

党委书记：徐金位

政府乡长：马立杰

（撰稿：闫伟帅）

城区办事处

【概况】　城区党委隶属区委领导，办事处为区政府派出机构，实行党委负责制，为乡镇建制。管辖京深高速公路以西以北，保定市朝阳路南延线以东，金线河以南区域内的建成区。辖区总面积 4.3 平方千米，2.9 万户 6.2 万人。人均年可支配收入 40141 元，增速 4.6%。城区分设东城、西城、红星、新兴、兴苑、永春、阳光新城、旭升华庭、和谐、尚层名筑、阳光国际 11 个社区居委会，下辖 45 个党支部，在册党员 1195 名。辖区有生产经营企业 8 家。

【基层党建】　基层阵地进一步夯实。实施红星、旭升华庭两个社区老旧社区党群服务中心改造，进一步提升社区便民利民服务。通过租赁，进一步提升了东社社区的办公面积。基层组织进一步优化。设置卓苑社区和协作社区 2 个城市社区，延伸了社区治理触角。组建保定市惠佳物业管理有限公司党支部，填补红色物业空白。完成6个非公企业党组织的换届选举。成立新兴等5个社区基层委员会、1个返乡大学生基层委员会。干部队伍进一步壮大。36人按规定程序纳入社区工作者职业体系，落实了薪酬待遇。组织社区“两委”干部参加省委组织部“基层干部大讲堂”的培训4次。党员教育管理进一步规范。发展党员8名，按期转正36名，新确定积极分子8名。实施党员精细化管理，构建起社区网络化管理机构。结合主题党日，组织开展了“庆七一 喜迎二十大”系列活动10多次。组织了第二期、第三期“圆梦群众微心愿 品质服务党旗红”活动。通过远程教育网先后开展万人示范专题网课学习四期。

【宣传思想文化】 理论学习进一步强化。严格按照“三清单四机制”要求，强化意识形态责任制，将意识形态纳入党委理论学习中心组学习的重要内容。2022年，城区理论学习中心组共开展学习16次。

6月29日，尚层名筑社区开展“强国复兴有我 喜迎二十大”文艺汇演

党史学习教育进一步深入。积极开展习近平新时代中国特色社会主义思想“六进”和党史学习教育、中共二十大精神宣讲工作。2022年，共开展各类宣讲活动300余次，悬挂条幅30余条，开展红色主题教育、童心向党等系列活动12次。文明创建进一步拓展。投资5万余元，打造1个城区新时代文明实践所、11个社区新时代文明实践站，发放宣传明白纸2万余张，举办丰富多彩的文艺文化活动40余次，制作新增各类公益广告牌400余块。依托社区新时代文明实践站，加强社区志愿者队伍建设，开展文明创建、扶贫帮困、卫生环保等志愿服务活动60余次，引导居民积极参与志愿服务活动。2022年，志愿者注册人数达到常住人口的10%，形成楼院—小区—社区—城区的志愿者管理体系。文化环境进一步净化。进一步推进“扫黄打非”基层站点建设工作，积极开展世界版权日宣传、“童心向党”“护苗”行动等系列活动，同时通过LED屏、业主微信群、宣传栏、明白纸、公布举报电话等形式，开展线上线下全方位宣传，提高居民拒绝“黄”和“非”的自觉性和坚定性。结合社区综治工作，加大对“扫黄打非”的排查力度，尤其在重要时间节点，增加排查频次，确保社会和谐。

7月1日，和谐社区在社区活动室开展“同心向党，喜迎七一”主题活动

【民生改善】 试点先行，探索专业化社会工作服务。将专业社工服务引进社区，为社区贫困、残障等弱势群体提供1000余人次的身心健康、关系调试、生活娱乐等方面的专业化、个性化服务。通过公益创投，培育、扶持发展了仁济养老、清苑区老干部京剧会社、清苑区心理学会、清苑区向日葵心理咨询中心、阳光新城社区老调剧社5个优秀社会组织，以不同的形式普惠居民。认真谋划，实现无物业小区托底管理。结合

区住建局重点对147个无物业的小区进行托底管理，其中以和谐佳园、阳光锦绣城小区为代表的业主自管小区7个，以网通宿舍、国税小区等为代表的单位代管小区10个，其他130个小区为业主交环卫费、代清垃圾，水、电、暖、生活垃圾清运由专业机构负责，网格化责任单位联合居民共同维护日常环境卫生，居委会负责协调其他事项。真办实事，重点民生工作有序开展。对303人低保实行代缴社保，为564户853人发放城镇居民最低生活保障金，为44户困难居民发放临时救助25600元，为559人发放高龄补贴，为37名重度残疾人和经济困难的残疾人申领残疾人生活补贴和护理补贴，为77户无房困难家庭申请了政府保障房。

【社会治理】 化解隐患，大力推进平安建设。与矛盾纠纷大排查大调处活动相结合，积极开展矛盾纠纷化解、教育管理帮扶等工作，最大限度地的将矛盾化解在当地，解决在初始阶段。2022年，排查化解矛盾纠纷1000余件。深入排查，开展宗教领域问题治理。联合区民宗局、城关派出所干警一起进行联合执法行动，取缔1处宗教非法活动场所，并组织回头看，安排专人定期到点巡逻，落实“三包一”，巩固了治理成果，防止发生反弹。科学研判，突出信访事项攻坚行动，做到科学分析、准确把握、处置果断。健全机制，物业服务方式进一步理顺。成立了城区和社区两级物委会，设立了办公室，组建了城区、社区两级物委会领导小组，制定了两级物委会工作制度。年内解决了关于小区照明、排污管道破损、电动车飞线充电、垃圾堆放等60个相关问题。并在城区181个小区楼院张贴公示了社区物委会工作职责及联系方式，公示率达100%。未雨绸缪，开展安全隐患大排查。完成第一次全国自然灾害综合风险普查，城区范围内2576块图斑均已调查上报。完成对初判有安全隐患的11户自建房屋进行整改。配合滨海燃气公司对辖区内25900户燃气用房入户安检，共安检15000户，为18642户安装自闭阀及不锈钢波纹管，完成对212处安全隐患的整改。做好燃气安全宣传，发放了《居民燃气安全防护手册》30000余册，切实提高居民燃气安全防护意识，保护居民安全。常抓不懈，抓好安全生产大排查大整治。对辖区8家企业共入企检查96次，排查企业隐患14起，均立即整改。对易发生火灾的河北古城香业、保定瑞香包装公司、中石化城关加油站、中石油第27加油站等4家企业重点督导检查，及时提醒企业负责人做好火灾预防工作。同时以安全生产月活动为契机，积极开展安全生产事故警示教育主题实践活动，组织企业员工参加网上应急知识答题，下发《居民用电、用气和防火常识》《安全生产事故警示案例》等资料5000多份。

6月8日，阳光国际社区发放养老诈骗指南

【其他工作】 加强退役军人服务管理。完成新增全国优抚系统信息采集工作，悬挂光荣牌、办理优待证。组织联系城区重点优抚对象在清苑第五医院体检37人，重点优抚对象发放慰问品128人，为部队征集新兵，送达立功嘉奖喜报。

党委书记：崔良永

（撰稿：冯堂、卢丹丹、张韶华）

人物荣誉

◎2022年度“保定好人”

◎2022年度“清苑好人”

◎2021—2022年“清苑区道德模范”人选事迹

◎2018—2022年度清苑区市级劳动模范、先进集体

◎2022年度清苑区“文明市民”名单

◎2022年度河北省学雷锋志愿服务优秀志愿者

◎2022年度保定市学雷锋志愿服务先进典型

◎2022年度清苑区学雷锋志愿服务先进典型

◎保定市清苑区2022年度经济发展优秀企业、先进集体和优秀青年企业家名单

◎2022年清苑区“保定工匠”

◎2022年清苑区“清苑工匠”名单

◎中共保定市清苑区委　保定市清苑区人民政府关于2022年度区委管理的领导班子和领导干部考核结果的通报

人物　荣誉

2022年度“保定好人”

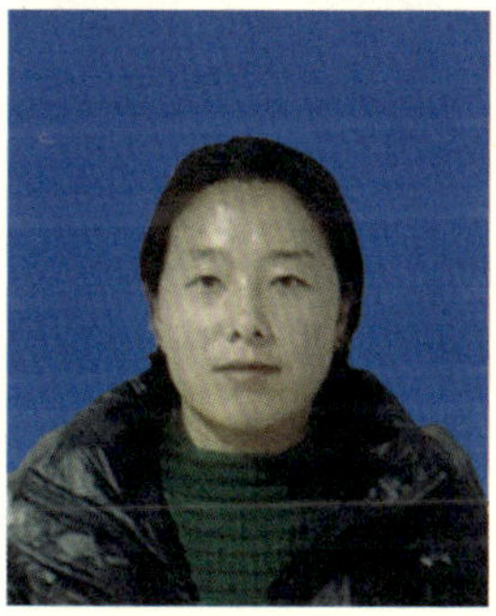

刘影

刘影，女，1983年11月出生，东闾镇南王庄村人。刘影第一次献血后，工作人员问她要不要捐献造血干细胞，说可以挽救一个人的生命，而且捐献对身体没有任何伤害。当时她就想起了得肺癌去世的父亲，因为身边的案例和她自己的亲身经历让她深刻体会到了有病因为条件不够无法医治的痛苦。她觉得如果她的小小举动能够还救一个生命，是不是会给一个家庭带来希望，就毫不犹豫地答应了，成为一名志愿者。

2020年12月，刘影接到省红十字会的电话，说她的骨髓和一名白血病患者的初配完全吻合，问她是否愿意捐献，当时她也很迷茫，问了很多捐献问题，再次确认是否捐献干细胞对身体有危害。工作人员解答后，让她跟家属商量一下。几天后，市红十字会的工作人员再次跟她联系，向她确认捐献情况和家属意见。其实，她是在体检前一天才告诉家属她要捐献造血干细胞，她老公坚决反对，经过她耐心解释爱人才同意。通过检查各项指标都合格。就在工作人员通知她定好日期时，家里传来不好的消息，她婆婆住院了，检查出乳腺癌。她婆婆是个十分朴实的人，待她如同亲生女儿，老人心里也感到很矛盾。已经定好3月3日到石家庄进行造血干细胞捐献，这时候正赶上她们这里西瓜定植，一年的吃吃喝喝全指望地里这点收入，老公又在医院陪护，她走了两个孩子没人照顾，孩子的爷爷在几年前做过心脏支架，身体也不好，在这种情况下老公依然没反对她，并支持鼓励她。她很关心患者术后的情况，2022年经过询问，得知患者恢复很好。刘影心里悬着的石头终于也落地了。

刘影有一次在保定市火车站的电梯上，发现一位六十多岁的老奶奶要往后摔倒，她立刻从身后扶住老人，及时化解了危险。

史京生，男，48岁，河北清苑人，中共党员，大学本科学历，1995年8月参加工作，现任保定市清苑区农村信用联社股份有限公司改制办主任。参加工作以来，该同志始终铭记自己“共产党员”的身份，对待工作认真负责，经常主动替其他员工分担工作，被同事笑称“好人老史”。新冠疫情以来，他参加疫情防控志愿服务工作，

史京生

以高度负责的精神和无私奉献的品质，感染身边人，传递“正能量”。

2022 年 1 月 15 日星期六下午三点半左右，史京生正带着儿子和侄女在竞秀公园玩耍。三人走到公园湖边，突然听见不远处传来呼救声“有人落水啦”“快来人呀”……史京生循着呼救声望去，一个十二三岁的小孩儿正在湖面的冰窟窿挣扎，岸边围满了焦急的群众。原来是湖面冰面坍塌，在冰面玩耍的孩子落水了。史京生立刻跑上前，边跑边喊“快救人，快救人!”

周围的群众赶忙闪开，史京生向冰面跑去，在他的感染下，另外两名群众也加入了救人的行列。三人想齐心协力把孩子拽上来，可是距离太远够不着，于是一个人去寻找木棍，史京生则和另外一个名群众留在原地守护孩子，孩子因为害怕，在水里拼命挣扎，他们站在旁边，冰面受力加大，支撑不住，坍塌面积进一步扩大，他俩也一起掉进了冰窟窿。所幸水不太深，刚到腰间的位置。但寒冬腊月，冰水刺骨，水中干枯的芦苇秆将老史的手划伤了，冰水刺痛着伤口，但他顾不上疼痛，看着体力逐渐不支的孩子，坚持给孩子加油打气。几分钟后，找木棍的群众回来，一起把落水的孩子救了上来。

虽然浑身湿漉漉的，冻得瑟瑟发抖，但他的心是暖洋洋的；虽然刚买了一个月的新手机和车的遥控钥匙都被水泡了，但孩子得救了就是史京生最大的心愿。

刘鹏飞，男，汉族，1977 年生人，中共党员。大庄镇综合行政执法队队长。

2021 年 7 月 15 日上午，刘鹏飞到保定购物，在茂业百货停车时发现一个驾驶本，等候多时，也未等到失主回来认领，于是就打开发现里面有驾驶证、行车证、夹着身份证和一张银行卡，东西不多但补办很麻烦，他根据失主住址等信息发动关系请了很多人进行寻找，多方询问无果后又将信息告诉大庄镇派出所工作人员寻求帮助，最终在 7 月 17 日联系上了失主。两人约好在石桥乡政府见面，最终将失物交还给了失主。

刘鹏飞

李鹏，男，1988 年生人，预备党员。清苑区广播电视台副台长。

李鹏

他在《清苑新闻》栏目中策划、开设了“在习近平新时代中国特色社会主义思想指引下——新时代新作为新篇章”“榜样的力量”“奋斗正当时”“坚持人民至上”等系列主题专栏近百个。多年来圆满完成“两会”、“党代会”、创城、白洋淀大道和工业园区拆违、“环保风暴”“疫情防控”等重大事件的新闻报道。

他参与策划、采访、编辑的新闻作品《关于白血病患者张孟伟的连续报道》《西林水村：特色小镇让农民收获幸福感》等多篇作品获保定市新闻奖一、二、三等奖；《我在农村挺好的》获河北省新闻奖三等奖。上送作品多次被央视、人民网、河北电视台、保定电视台采用，为讲好清苑故事、传播清苑好声音贡献了媒体人力量。

他还参与策划组织了舞动清苑广场舞大赛、道德的力量历届好人颁奖晚会、新中国成立 70 周年歌咏大会、庆祝中国共产党成立 100 周年歌咏大会、清苑区历届西（甜）瓜节、历届中国农民丰收节等多项大型活动。2010、2011、2013、2017、2018 年度被区政府授予嘉奖奖励，2012、2020 年度授予记功奖励。

2022 年度“清苑好人”

助人为乐好人

白亚林，男，汉族，1993 年 1 月出生，东城社区居民，光泽路大众包子王店主。

白亚林

每天早上不到 7 点，在光泽路大众包子王店铺内，都会出现温暖感人的一幕：附近数十名上早班的环卫工人在这里吃起了热腾腾的免费早点。谈起这“暖心”的早餐，每个环卫工人都竖起大拇指，这让他们在寒冷的天气里倍感社会的温暖。

开店之初，起床做包子的白亚林发现有一位环卫工人正在自己的店铺门口打扫卫生。看到环卫工人如此辛苦，白亚林便邀请这位环卫工人来自己的店里取暖，顺便吃个包子，喝点热乎乎的粥。白亚林心想：环卫工人这么辛苦，天气这么冷，要不把附近的环卫工人全部叫来免费吃早餐。有了这样的想法，他立刻行动起来，最开始来吃的人很少，也就两三个人，大家都不相信有这样的好事。后来，在环卫工人的宣传下，越来越多的环卫工人开始来到他的爱心包子铺吃早餐。白亚林还怕别的环卫工人不知道这个消息，特意在自家店铺挂了一个条幅，上面写着“环卫工人早餐免费供应”，直到如今。他说“让环卫工人吃饱吃好，每天都暖暖和和的，这就是自己坚持干下去的动力。”

白亚林一直热心公益事业，早在疫情防控期间，他就率先给区里隔离点免费送餐，从来没间断过。他免费给西壁阳城提供馒头、包子、方便面、矿泉水等物资共计两货车。他还经常给山区一些困难群众捐赠生活用品。

徐尧，男，汉族，1986 年 8 月出生，中共党员，清苑区司法局法律援助工作管理股股长。

徐尧

让法律援助惠及更多困难群众一直是徐尧的心愿，尤其注重对农民工、残疾人、未成年人、妇女儿童等弱势群体的法律援助。近 5 年来累计援助农民工 130 余人次，帮助追回薪资 170 余万元。例如：2018 年望亭镇贾辛庄村 14 名农民工煤改气施工讨薪案，涉案欠薪金额 30 余万元，通过讨薪绿色通道快速受理，徐尧同志带领律师多次下乡入户，帮助当事人收集证据，扎实细致办案，开庭据理力争，该农民工群体与某公司当庭达成调解协议且履行到位；2022 年度为 12 名残疾人（其中 3 名聋哑人）的代理劳动仲裁案件，办案过程经过数次耐心谈话沟通，悉心指导搜集固定证据，以及认真开庭代理，最终成功维护了受援人的合法权益。

近 5 年来，徐尧开展了大量的法律宣传咨询进社区、入乡镇活动，累计参加各类咨询普法活动 100 余场，取得良好效果。徐尧累计为经济困难行动不便的受援人提供上门服务 40 余次，真正帮助困难群众解决燃眉之急。

刘绍信，男，汉族，群众，1969 年 6 月出生，清苑区北王力乡顾家营村村民。

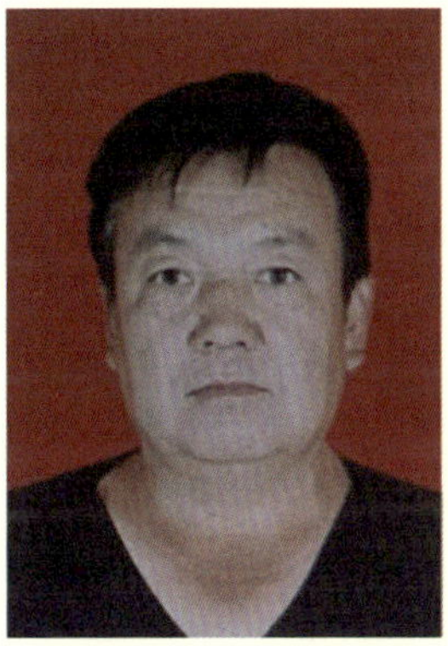

刘绍信

每每提起刘绍信，村里的老百姓总会竖起大拇指：老刘可是个实实在在的好人，他经常主动帮助村内残疾人家庭、困难家庭，谁家有困难、有需要，他总会及时的出现。多年来，他多次无偿为残疾人、困难家庭提供经济帮助和生活帮助，用实际行动践行着内心无私的爱，用无言大爱温暖着每一个需要帮助的人。疫情防控期间，刘绍信更是用自己的实际行动谱写了“大爱无言”的感人篇章，多次捐款捐物，慷慨助力村内疫情防控；他不遗余力坚守岗位，带领全家齐上阵，用“爱心饭菜”让一线人员感受家一样的温暖。

田美丽，女，汉族，群众，1968 年 5 月出生，清苑区城区阳光新城社区居民，新城自选超市店主。

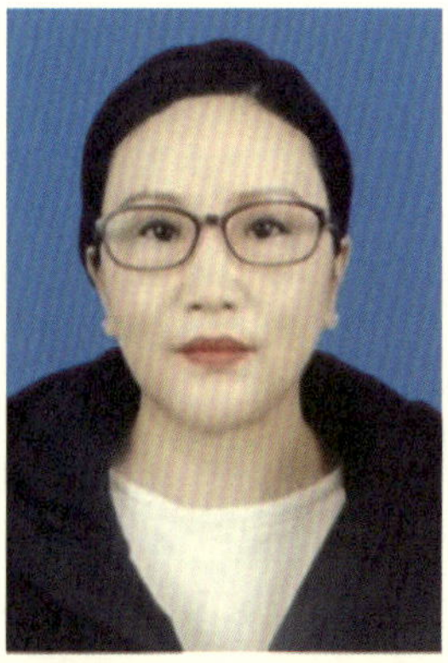
田美丽

疫情期间，田美丽得知社区工作人员和医务人员取消休假，实行 24 小时值班制度，一忙就是一整天，没时间吃饭是常有的事儿，田美丽就送来水果、牛奶、面包让大家充饥，累计为阳光新城社区捐赠防疫物资、手提照明灯、面包、矿泉水、水果等价值几千元。当得知社区防疫工作压力较大，人员不足，正招募志愿者的消息时，田美丽让儿子第一时间就报了名，并立即投入社区疫情防控工作中。她说：能在这样关键的时刻，贡献自己的一份力量，感到无比自豪。

刘攀浩，男，汉族，中共党员，1984 年 6 月出生，2017 年由部队转业到保定市清苑区发展和改革局工作。今为发改局能源管理股股长。

刘攀浩

刘攀浩回到地方工作后，始终秉承“退伍不褪色”的理念，用军人作风严格要求自己，扎实完成好每一项工作，2018 年、2019 年连续两年获得区政府嘉奖，2022 年被评为优秀共产党员，2023 年 1 月评为“12345”政务服务便民热线优秀个人。

2021 年以来，热心关注部队建设发展，积极了解驻地部队需求，协调拥军企业为驻清部队解决营门卫兵值班室、营区路灯等方面的实际问题。多次联系热心拥军的单位和个人，向部队赠送西瓜、防暑降温物资等慰问品，受到了驻地部队的欢迎。特地向清苑区政府和区发展和改革局发来感谢信。

贾宁，女，汉族，中共党员，1994 年 2 月出生，清苑区医疗保障局一级科员。

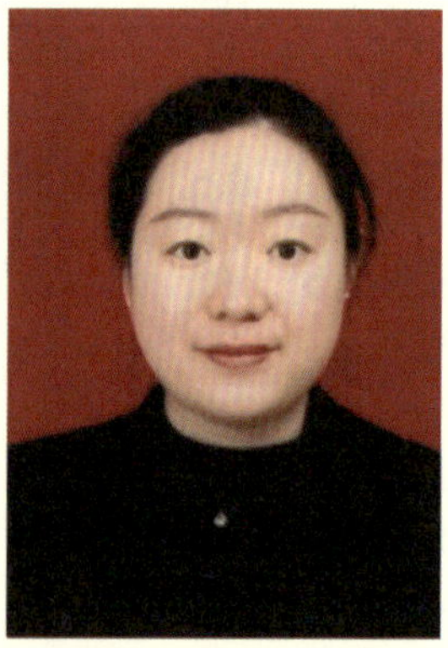
贾宁

2022 年，为方便城乡居民基本医疗保险参保缴费，贾宁主动咨询学习制作视频方法，制作了居民自主缴费视频、居民自主登记视频，加深了居民群众对网上缴费业务的理解，也方便了操作，得到群众的一致认可。

贾宁扎实践行为民服务理念，一心为群众排忧解难。2022 年为一名群众办理转移接续业务时，遇到了疑难问题迟迟不能解决，她不厌其烦地反复与工程师、其他区县及本人沟通，最终圆满解决。办理过程中还发现该群众的个人账户没有清理，如果置之不理，后续会出很多问题，贾宁赶紧主动向群众提出，并顺利为该群众办理多项业务，该群众想用现金表示感谢，被贾宁婉拒了。不久后，该群众送来一面锦旗表示感谢，锦旗上“真心为民办事、倾心为民解忧”几个字一直激励着她继续践行初心使命，真心为群众排忧解难。

刘改新，女，汉族，中共党员，1976 年 5 月出生，清苑区魏村镇张庄幼儿园园长。

刘改新从教 25 年来，她将青春奉献教育，用爱心哺育桃李，积极进取、努力创新，2021 年获德育先进工作者。

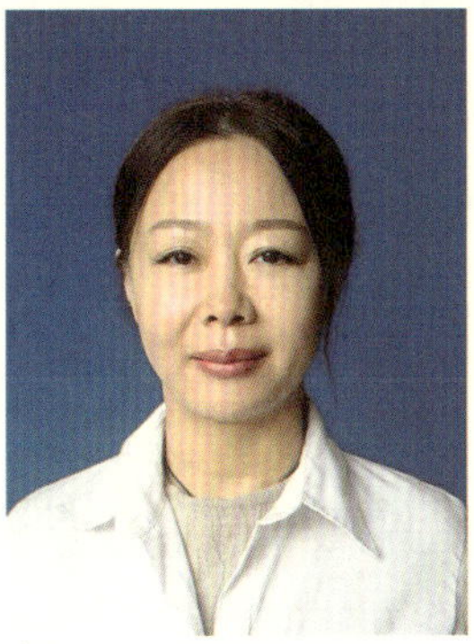
刘孜新

她疫情面前显担当，志愿服务驻一线。2022年11月27日，她以志愿者的身份入驻中汽零方舱医院，成为一名抗疫志愿者。她以一丝不苟的态度协助医护人员，她用细心和耐心为病人送饭，鼻梁上晶莹的水泡、护目镜上朦胧的水雾，无一不诉说着“战疫”的艰辛。她承担着物资搬运工作，用双手托举起“战疫”生命线，她对待每一个环节，一次又一次地全面消毒，脱下手套，双手早已没了血色，发白、蜕皮……尽管与风险困难同行，可能一不小心就会被病毒感染，她也绝不后退，她始终相信：众志成城渡难关，疫情无情人有情。在隔离区里，她既是“消毒员”，也是“协调员”和“服务员”，哪里需要，她就出现在哪里，生动诠释了志愿者职责和担当，做到“隔离”不“隔爱”。

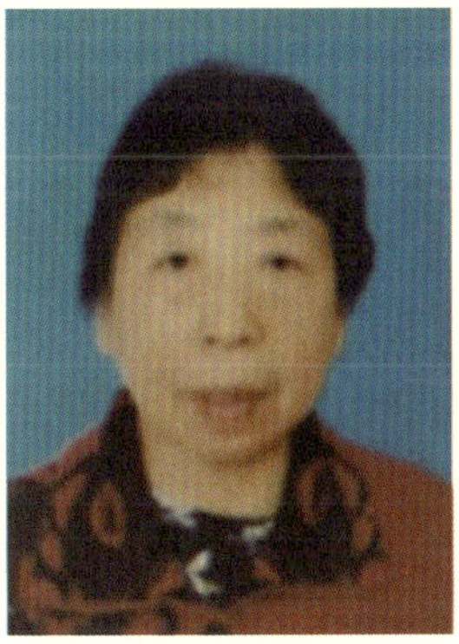
高淑霞

高淑霞，女，汉族，群众，1953年8月出生，清苑区望亭镇东邵庄村村民，退休教师。

高淑霞乐于助人、关爱老人、无私奉献、不求回报。她常说：国家给我的钱我要节约下来奉献给社会，报答党恩，她是这样说的，也是这样做的。

2020年她给付志春、贾永祥、武素平等老人买鸡蛋共200元。2021年10月，她又给李秀茹、贾度尔、吕占领、王秀兰、王占群、武素平等老人五保户买鱼买肉。她还将自己的衣服送给困难户，将自己院子种的蔬菜分给乡亲们，村民们因其善举和奉献精神而感动。

2021年新冠疫情袭来，全体村干部、党员和积极分子义务执勤，高淑霞主动捐款700元表示慰问，村修路又捐款5000元，她还动员在外地工作的两个儿子儿媳捐款3000元。在修路期间，她自己买的红糖大枣给修路人员烧开水煮枣茶，大家心里热乎乎的，连修路都加快了进度。

刘红娟，女，汉族，群众，1975年6月出生，清苑区白团镇总校教师。

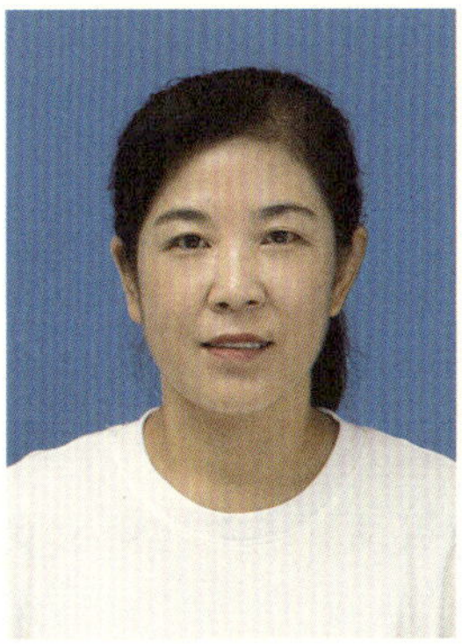
刘红娟

2019年10月17日，刘红娟和清苑区扶贫办、清苑区读书协会及白团乡政府的扶贫工作者及志愿者们，自购了棉被、大米、食用油、抻面、纯奶等各种生活物资，分别到胡杨庄村、北魏村和东壁阳城几个村的建档立卡学生家里送温暖、献爱心。

刘红娟热心公益，无私奉献，她积极参加各种公益活动。疫情防控期间，她多次爱心捐助，参加清苑区妇联组织的“献爱心捐助”活动；支援清苑区蓝天救援队购置消毒物资；为国家疫情重灾区捐款；2021年3月和7月，分别参加清苑区蓝天救援队和清苑区团委组织的“戴口罩做文明清苑人”志愿服务活动；2022年8月加入保定市爱心协会，积极参加协会组织的各种活动。

见义勇为好人

史京生（参见本书表彰 奖励2022年度“保定好人”）

崔劭勋，男，汉族，共青团员，2001年11月出生，家住清苑区和谐园小区。2020年9月1日入伍，2022年9月1日退伍复学，现就读于河北省燕京理工学院护理专业。

2022年10月3日下午，天空下着淅淅沥沥的小雨，崔劭勋驾驶私家车与家人在回家的途中，行驶到清苑区庞大汽贸附近路口等待红绿

崔劭勋

灯，突然一辆白色小型箱货车在路口处因为雨天路滑，“咣当”一声发生了侧翻，当时的车身与地面摩擦冒出了大量白烟，车内人员的状况也不为人知。在这危急时刻，他没有过多的考虑，急忙先将自己驾驶的机动车停到了安全地带，随后跳上了侧翻的当事车辆，立即对车内人员展开施救。当打开驾驶室门时发现司机并无大碍，就首先拉出司机，为避免二次伤害，崔劭勋及时将车辆熄火，此时副驾驶位还有一位女乘客被压在下面伤情不明，再加上受到惊吓已经无法自行挪动。围观群众也及时拨打120急救电话。崔劭勋见状屈身进到车内进行营救，脱下外套披在了伤员的头部，手脚并用和外面的群众一起配合，破除了货车前挡风玻璃，顺利地救出了第二位伤员，与医务人员一起将女乘客抬上担架，并将当时的一些情况通告给医护人员后，崔劭勋便和家人悄悄地离开了。

崔劭勋说这些都是举手之劳，以后再遇到这种事情，肯定还会伸出援助之手。

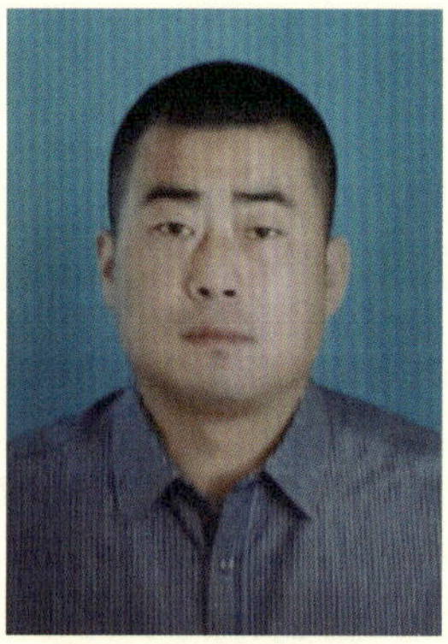
李帅

李帅，男，汉族，中共党员，1986年2月出生，清苑区何桥镇李胡桥村村委会委员。

2022年9月5日，在去乡里开会的路上，遇到一位老大爷被电动三轮车压住了左腿动弹不得，李帅正好行驶在离老大爷后方的十几米远的地方，这时李帅赶紧下车跑到老大爷身边，把老大爷从电动三轮车下边救了出来，先是问老大爷的身体情况，又赶紧联系他的家人，然后把老大爷扶上了自己的车送去乡医院做检查，等到老大爷的家人来了，李帅才赶紧去办自己的事，事后也没有跟周围人提起过。后来老大爷的家人找到了他当面感谢，很多人才知道了这件事。有人问他你就不怕被讹？他说“生命至上，人民至上”。

工作期间他心系群众、助人为乐、无私奉献、以满腔的热情、高度的责任心和求真务实的工作作风化解了一个又一个矛盾，李帅赢得了信赖和称赞，是我们学习借鉴的好榜样。

雨夜水坑救人三人组（清苑区第三幼儿园主任刘坤、清苑区职教中心副校长田志刚、北店乡人民政府科员李占军）。

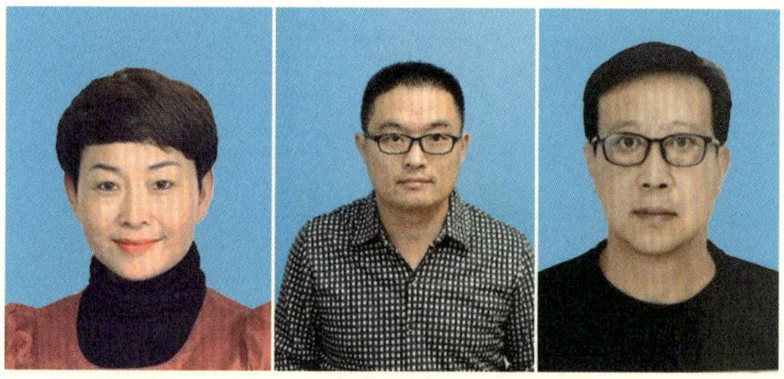
刘坤　田志刚　李占军

雨夜水坑救人三人组

2022年6月11日晚9时，清苑遇强降雨。刘坤驾车回家，进入小区听到不远处传来“扑通”一声，她立即踩下刹车循着声音望去，只看见前面有个水坑，她转念一想“不好，是不是有人掉进水坑里了”，想到这里她下车飞速向水坑跑去，看到落水者正在用全力将胳膊伸出水面奋力向上挣扎。来不及多想，和闻讯赶来的田志刚、李占军齐心配合，赶紧共同施救落水者，最终落水者被救下了，救完人，三人已全身都是泥水。他们随即询问落水者身体情况，并拨打了落水者家人的电话。经医院检查，落水者身体无大碍。随后三位施救者没有留下姓名便默默离开了。

诚实守信好人

历丹，女，满族，1982年4月出生，河北千方医药连锁有限公司总经理。

历丹自2002年3月创办第1家康源大药房开

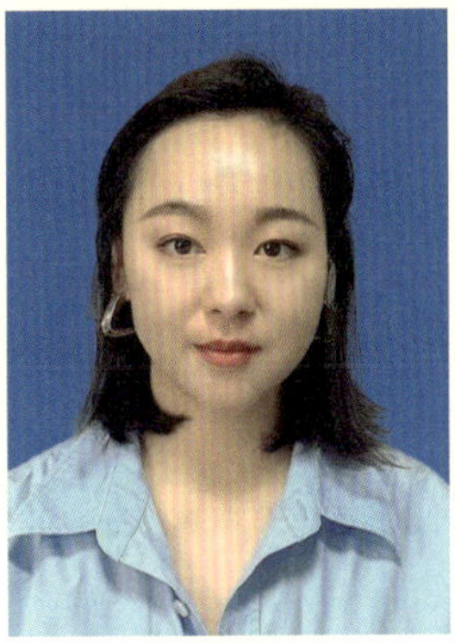
历丹

始，经过21年的发展，从40平方米的一个小门店老板，成长为拥有近80家医药连锁店的总经理。二十多年来，她一直秉承质量为本、诚实守信、服务周到的经营理念，严把质量关、严控进销渠道，把让老百姓吃上放心药、良心药放在首位，成为清苑区首家具有品牌影响力的医药连锁企业，在企业不断发展壮大的过程中，解决300余人的就业问题。她牢记企业肩负的社会责任，逢年过节，历丹都会看望生活困难的孤寡老人，捐助特殊教育学校，资助贫困学生。疫情防控期间累计捐赠防疫物资80多万元，体现了一名公司负责人应有的担当。

疫情防控期间，为保障老百姓的用药，历丹积极协调各个供货商寻找短缺药品，不哄抬物价，诚信经营。疫情三年从未拖欠和克扣员工工资，保证员工日常生活稳定。

多年来，历丹始终坚持依法经营、依法纳税、严守信用，为企业赢得了良好的社会声誉，2013年被清苑区市场监管局评选为诚信示范店。

郎朝阳，男，汉族，团员，1994年7月出生，河北华秀生态建设有限公司总经理。

郎朝阳

郎朝阳2017年大学毕业参加工作，2018年至今先后参与管理华秀生态建设有限公司承建的“河北省首届第五届保定市文化和旅游产业发展大会涞源会场绿化提升项目”“第五届保定市文化和旅游产业发展大会清苑会场路域整治项目”等省市区重点项目。在项目管理过程中，他以身作则，带领公司人员诚实守信，并严格监督各环节的落实情况，按合同约定支付材料供应商款项，支付农民工工资等，从不拖欠。多年来，郎朝阳坚持“诚实守信”的原则，并将“诚信”融入公司文化，影响每一个员工的思想，规范每个人的行为，得到合作企业、社会各界的认可，并多次获奖。2019—2022年获“守合同重信用企业”，2019—2021获“诚实守信建设工程招投标单位”，2020—2022年获“河北省城市园林绿化行业诚信企业5A级称号”，2022年选评为“保定市诚信企业、河北省诚信共建企业”。

2021年他当选清苑区政协委员，积极献言献策，并在2022年度获“优秀政协委员”证书。多次参与协会“慰问孤寡老人”“帮扶贫困学生”等公益活动。

敬业奉献好人

王丽

王丽，女，汉族，中共党员，1979年2月出生，清苑区城市管理综合行政执法局办公室副主任。

王丽始终坚持爱岗敬业，是本单位水平过硬的“笔杆子”。疫情防控期间，王丽全力以赴投入执法局疫情防控宣传报道，以自己多年在电视台工作的经验和新闻人特有的敏锐洞察力，与执法局基层干部职工并肩战斗在防疫工作最前沿，用镜头记录下广大一线工作者立足岗位、无私奉献的精彩时刻。

王丽坚持用文字发声、用图片传情，只要有报道需求，她都会携带相机，骑着自行车穿梭于城区的大街小巷，及时了解把握一线执法人员生活、工作、开展专项活动以及应对处理突发事件的情况，宣传报道基层最新战果和先进事迹，好人好事。为做好对外宣传工作，她积极联系市、区各家媒体，确定宣传主题和报道方向，提供

"夜间巡查常态化管控""洗路洁城'净'添春色"等多篇有价值、有温度的新闻信息，保定日报、清苑融媒等多家市、区级媒体先后进行刊发。王丽的工作得到领导和同事的一致认可，2019 年至 2021 年连续三年获得区政府嘉奖，2021 年获得市三八红旗手荣誉称号。

姚斌，男，汉族，中共党员，1989 年 3 月出生，清苑区城区西城社区党支部书记兼居委会主任。

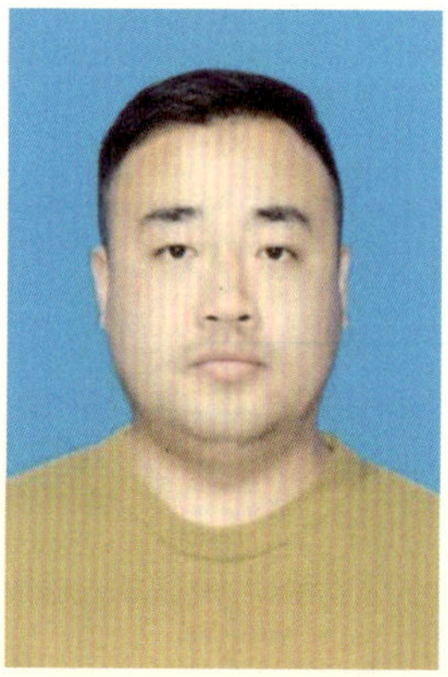
姚斌

姚斌始终践行"我为群众办实事"的原则。社区居民董浩岩妻子已去世，孩子上大学，他因癌症手术花费较大，急需帮助和关心，姚斌了解情况后，第一时间对接区直单位为其提供 500 元的实物补助，同时协调城区社会事务办及民政部门为其办理了低保。农林局宿舍和工商局宿舍小区属于老旧小区，居住人员复杂，多为老年群体，在改造施工过程中，业主与施工方产生分歧，姚斌主动介入，倾听业主诉求，多次协调，双方达成共识，现已基本完成改造，提升了小区居民的获得感、幸福感。2022 年，姚斌从夏季暴雨防汛期间深入小区与居民一道清理下水道积水，到为行动不便人员上门办理高龄补贴认证，为西乐园居民申请冬季电价补贴取暖等，共为群众办实事解难事达 50 多件。

姚斌还积极协调组织西城社区成立了舞蹈队、大鼓队、文明宣传队、京剧票友会、乒乓球队等多支文体团队，并充分发挥综合文化服务站的优势开展社区文娱活动，得到群众好评。

杨雪莲，女，汉族，中共党员，1984 年 12 月出生，保定市清苑区第一幼儿园教师。

杨雪莲以满腔热情，让每一株幼苗都茁壮成长。对班里那名特殊幼儿，她用爱诠释教师的职责：午休哭闹时，抱着他，安抚他；课上教学时，想尽各种办法细心引导他；户外游戏时，积极鼓励他团结合作、融入集体；业余时间，主动与家长交流幼儿在园身心发展情况，提出合理化的建议等，孩子的进步，让家长感动不已，赠送锦旗表达对老师的感谢之情。

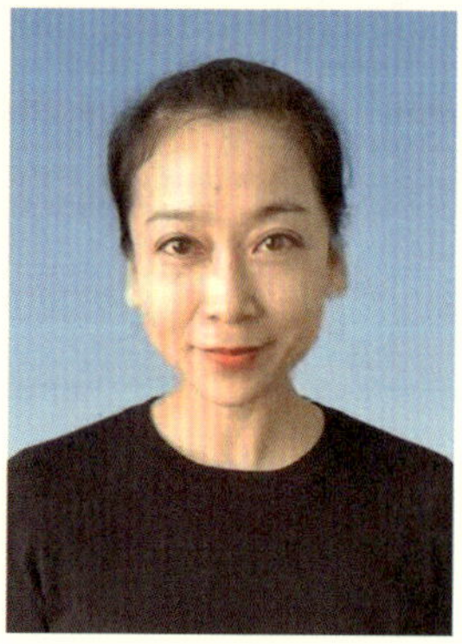
杨雪莲

单位在省级示范园验收时，杨雪莲担起讲示范课的重任。白天，利用课余时间积极备课、研究教案、请教同事；晚上，回家查阅资料、对着老公和女儿一遍遍试讲，一字一句，仔细斟酌。她也曾担心讲不好，影响到幼儿园省级验收，压力大到放声哭泣、整晚失眠也没有放弃。终于，她的《快乐的运动会》一课得到省、市领导的一致好评，为幼儿园赢得了荣誉。

她爱岗敬业、无私奉献的工作态度得到学校和社会的肯定，获得市、区级骨干教师、优秀教师、区政府嘉奖等荣誉称号，多项教育活动评比获奖 30 多次。

冯金素，女，汉族，群众，1961 年 6 月出生，清苑区东闾镇北营头村村民，清苑区白氏西河大鼓传承人，清苑区曲艺家协会主席。

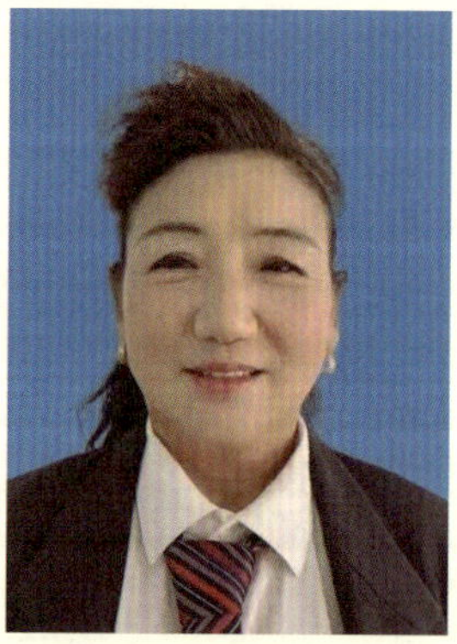
冯金素

她积极参加文化惠民演出活动，2021 年 5 月，参与"庆祝建党百周年 文化助力夜经济"演出活动 5 场；参加"学党史 感恩党 跟党走"红色文化惠民西河大鼓演出活动 41 场；2021 和 2022 年春节，在清苑区电视台举办的云上春晚演唱《长寿村》《蒸年糕》《观花》等节目。她热心公益事业，自2021年9月起，她带领文艺志愿者走进南宋村中学，利用每周三下午2个小时的时间，向学生们传授市级非物质文化遗产——清苑区白氏西河大鼓，进行发音、吐字、抓韵调、舞台表演等教学，为清苑区西河大鼓非遗文化的传承贡献自己力量。今年北营头村文化小广场建成，她组织村里文化爱好者积极开展文化活动，丰富群众文化生活。

樊玲格，女，汉族，群众，1968年8月出生，清苑区东闾镇南蛮营小学教师。

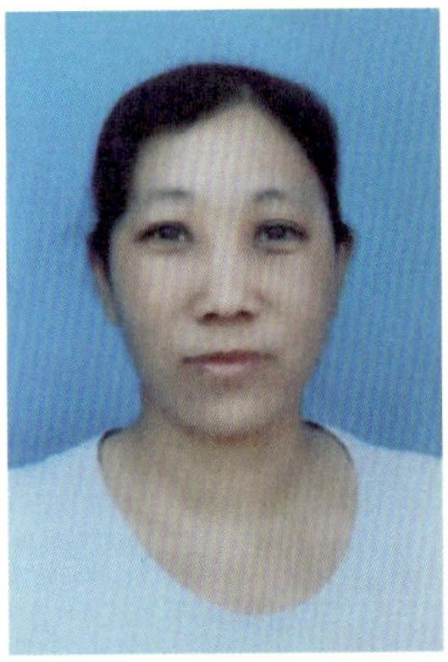

樊玲格

樊玲格1989年10月参加工作，从那以后，三尺讲台便是她耕耘的热土。她因小时候得过小儿麻痹症，右腿走路不便，但无论刮风下雨，还是雪天路滑，她总是按时到校，几十年如一日，从未因为自己身体原因影响教学，也没有要求学校特殊关照。由于南蛮营村比较偏僻，教师少，教学负担重，她曾任教一个班的语文、数学、英语三科兼班主任，一直从三年级带到毕业。即使明年就要退休了，可她始终工作在第一线，担任六年级语文、科学两个考试科目的教学兼班主任。她注重学生的思想品德教育，利用班会、道德与法治课，有针对性开展多种形式、生动活泼的教育活动，提高学生的思想品德素质。她主动关心学生，对班级里的后进生、贫困生的学习和生活关怀备至，尤其注重关爱那些有问题的孩子，用爱去感化他们的心灵，用心去塑造他们健全的人格和良好的品质。她潜心研究教学，教学成绩一直都名列前茅。获得区级先进德育工作者、区级优秀教师等多项荣誉称号，并获得区政府嘉奖。

王岩岩，女，汉族，群众，1986年11月生，清苑区妇幼保健院护士。

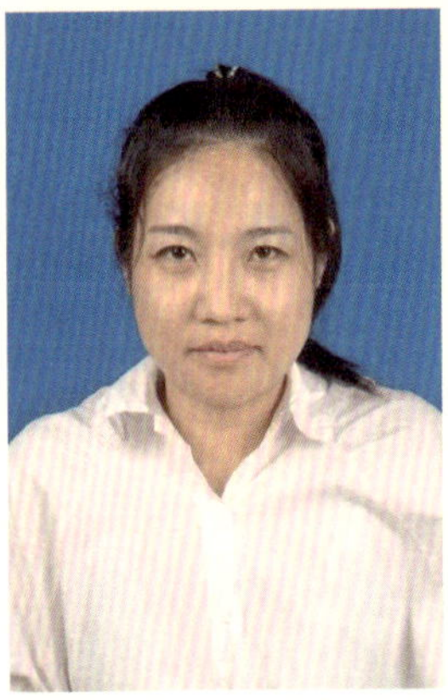

王岩岩

疫情防控期间，王岩岩身为一名医护人员，深知责任重大，主动放弃休假，背起行囊逆行而上，奔赴防疫第一线。为坚守防疫岗位顾不上吃饭、睡觉，有时候每天只休息两三个小时，累了困了就躺在座椅上休息片刻，连身上的防护服都舍不得脱，有时连续12小时不喝水不上厕所。为彻底排查疫情隐患，她们挨家挨户进行采样排查。除了奋战一线，她还积极为患者搞好医护服务和心理疏导，当孕妇因害怕流泪时，她会用温柔的话语安慰她："我们一直陪着你，别害怕，你是最伟大的妈妈"，让产妇无比安心。在临床护理中，有一位产妇第一天入院，活动不方便，想要去厕所，正巧家属出去了，王岩岩主动搀扶帮助。王岩岩的工作得到同事和领导的认可，2021年5月12日被医院评为优秀护士。

冯晓云，女，汉族，群众，1973年8月出生，清苑区特殊教育中心教师。

冯晓云

冯晓云从邯郸特殊教育师范学校毕业后，扎根到清苑区特殊教育中心，用自己的青春年华，守护着那些"折翼的天使"。25年来，满怀赤诚之心，用心、用情、用爱书写着奉献之歌。

以爱育爱，助残开花。为了教失聪的孩子发音说话，课堂上一遍遍地重复着一个个汉语拼音，尽管枯燥乏味，嗓子发哑了，两腮酸疼了仍不放弃，只为把那五彩缤纷的知识海洋引向无声的世界。自编教材，按需定教。培智学生的类型越来越多，个体差异大，冯晓云和同事们一起研究、编写、修改、打磨校本教材，根据每个年级学生的实际情况开设不同的校本课，使低学段学生生活能自理，让中学段学生的居家生活能力和高学段学生的劳动技能得到提高。细心呵护，宛如父母。在特教学校工作常常需要值夜班，经常细心地给学生盖好踢掉的被子，轻声地叫醒年纪小的学生上厕所。一天上课时，冯晓云老师看到一个学生周围的同学反应异常，都捂住了自己的鼻子，就赶紧走到他身边，发现他把大便拉在了裤子里，于是赶快安排好其他学生，领着他来到厕所，为他清理身上的粪便，换上干净的衣物，并把裤子洗干净，将“老师”和“母亲”的职责合二为一。参加工作25年来，在冯晓云的精心施教下，先后有5名存在听力障碍的学生考上大学，20多名智障学生找到工作。

冯晓云的工作成绩得到社会认可和家长肯定，多次被评为“德育先进工作者”“优秀班主任”“最美教师”等，先进事迹被清苑电视台宣传报道。

杨潇，女，汉族，中共党员，1988年2月出生，清苑区阳城镇石庄村党支部书记。

杨潇

杨潇读大学期间成绩优异，并被评为2009年度省级优秀高校毕业生，为了爱情嫁到阳城镇石庄村，从繁华都市走到田野乡村，看到这个小村子的发展现状，她决心为村民做点事，作为一名女大学生，有知识、有文化、有闯劲儿，她和爱人创办的小有规模的企业极大地带动了村民们致富，在2021年春换届选举时，众望所归当选为村党支部书记。凭着一股子不怕输、勇于追梦的劲儿，杨潇扛起责任，没有辜负百姓的期待。作为年轻的支部书记，又是外来的媳妇儿，杨潇克服重重阻力，夜以继日，走进过每一户村民的家门儿，踩遍了村里每一块儿土地，向村民解释过每一条党的政策。在江水置换、高标准农田建设、户厕改革、人居环境整治等各项工作中，干在前、做表率，真正把百姓的事放心上。在刚担任村党支部书记的第一年，杨潇了解到村里很多孤寡老人都是靠速冻饺子过年，想到这些，她的心里很不是滋味，于是，每年年三十的下午，杨潇便组织“两委”干部和志愿者们在村委会为孤寡老人和五保户们包饺子。

杨潇积极推进水果玉米种植产业发展，现已初见规模，老百姓腰包鼓起来，脸上有了笑容，石庄村党支部被评为了优秀基层党组织，杨潇本人也当选了区人大代表，先后获阳城镇优秀共产党员和区三八红旗手等称号。

王宇辉，男，汉族，中共党员，1986年12月出生，清苑区供电公司营销部用电检查高级工。

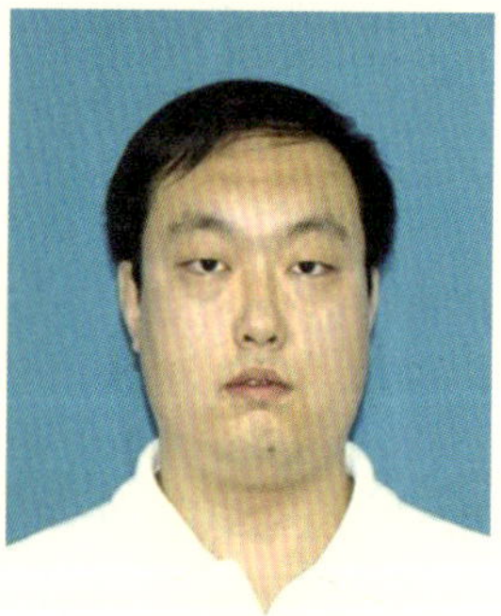
王宇辉

王宇辉自2010年参加工作以来，他勤奋刻苦，严谨求实，在营配贯通、线损等领域创新探索新时代电力工作新方法、新思路，积极为公司提质增效贡献力量。2016年初，省公司新设营配贯通专业，因指标排名垫底，王宇辉临危受命。面对一项全新的工作，毫无经验可言，更无头绪可寻，他二话不说，开启了“连夜作战”模式，摸着石头过河，一个人埋头梳理出8万余条异常问题，寻找各种解决办法，在2018年综合评价中获得全省第13名。2018年，他再次勇挑重担，同时兼任营配贯通和线损两项工作。为了高质量完成各项工作，他始终保持着严谨认真的工作态度和一丝不苟的工作作风，加班加点几乎是常态，“离家近、不着家”，成为日常工作的写照。正是这份夜以继日的坚守和付出，成功探索总结出电量比对、七四异常、损率相关性等创新专业工作方式，2019年带队参加市公司QC评比，经过现场调研，制定措施，“对症抓药”获得了2019年度优秀QC成果奖。经过4年辛勤努力，公司台区（台区：配电管理单位）线损率由2018年的5.24%降到2022年的3.13%，为公司提质增效做出了贡献。2022年，王宇辉获公司特殊贡献奖和市公司总经理嘉奖。

杜海超，女，汉族，中共党员，1985年7月出生，清苑区人民检察院第四检察部副主任，一级检察官。

杜海超

杜海超从走上检察岗位开始，便一直坚守在检察一线，始终保持着检察为民的初心。她是案管能手，游刃于繁杂之间。她深耕案件管理业务将近十年，案管大厅每天人来人往，受理、流转案件、公安人员送卷、电子卷宗制作、光盘刻录、律师阅卷、赃证物出入库、案件质量评查等一系列工作。虽然繁杂、重复，但在她手中总能游刃有余，各个事项总能有条不紊地捋顺，既准确、高效地完成受案等主要工作，又厘清了数据信息，成为大家公认的案管“代言人”。

她所办案件多次得到上级肯定，2022年，她深挖国有财产保护线索，为国家挽回环保税及滞纳金等损失50余万元。从检12年来，她始终兢兢业业、默默坚守，被清苑区人民检察院先后评为2020年度先进个人、2022年度优秀公务员。

张竹平，女，汉族，群众，1991年3月出生，清苑区人民检察院第一检察部检察官助理。

张竹平参加工作以来，共参与办理刑事案件300余起，其中疑难复杂的流窜、团伙案件几十起，接触双方当事人近千名，办案量在单位位居前列。所撰写的案件信息多次在保定检察、河北法制报上发表。

张竹平

张竹平业务能力强，吃苦耐劳，晚上十点打卷，周末加班都是家常便饭。张竹平曾参与办理的一起团伙入户盗窃空气能案，三名犯罪嫌疑人疯狂作案次数28起，涉案金额30多万元，案情之复杂，证据之零碎是常人难以想象的，其中案卷材料就五六本，足足一尺厚，最终三名犯罪嫌疑人被提起公诉，并得到法律的严惩。2021年夏天，科室曾一周内收到审查批捕案件4件23人，那一周连周末晚上孩子睡着了都还在看卷，终于功夫不负有心人，最终保质保量完成工作，创下了部门一周办理案件数量之最。张竹平还曾半天为8名犯罪嫌疑人办理了认罪认罚，由于一直在给当事人做工作并录音录像，到最后嗓子哑得说不出话来。这些例子仅仅是她日常工作中的一个缩影。同时，她从没有为办案而办案，积极做了大量的调解工作，取得良好的法律效果和社会效果。

贺鹏龙，男，汉族，群众，1985年9月出生，保定荣畅公共交通有限公司公交车驾驶员、102线路长。

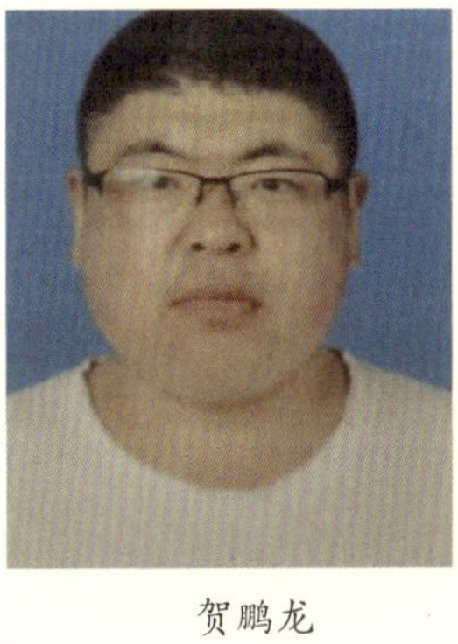

贺鹏龙

荣畅公交有这样一位司机，活跃在深夜，随时待命，贺鹏龙就是奔波在疫情防控一线上的“大白”——转运人，“闻令而动、有令必行”，只为每一次的使命必达。转运阳性病人是一项与时间赛跑、与新冠病毒的正面交锋的工作。面对病毒他不惧危险、冲锋在前，面临随时被感染的风险他无怨无悔。贺鹏龙自从参与转运工作后便没有了昼夜，而只剩了 24 小时的概念。他戴着严密的口罩、护目镜，穿着密不透风的防护服，在负压车上跨过了一个又一个“23 点到 1 点”。他始终坚持“人民至上、生命至上”理念，面对复杂繁重的工作任务，通过优化分工、合理安排任务的方式确保了阳性患者转运工作的顺利进行，将病毒传播概几率降到最低。由于转运工作经常会接触到密接、次密接人员，驾车过程中需要身穿全套防护服，防护服密闭、不透气，每一趟转运后都是疲惫不堪。

经过这样无数次“逆行”转运，贺鹏龙手里紧握的是“生命”的方向盘，不仅是为了某一个人的平安，更是为了千万家庭的幸福。

杨霞，女，汉族，中共党员，1983 年 1 月出生，保定市清苑区第一中学教师。

杨霞

防疫期间，杨霞奋战在抗击疫情和“停课不停学”两条战线上。上课时循循善诱、尽职尽责，站好三尺讲台；课余时间积极配合学校主动承担学生宿舍、教室检查消杀工作和核酸检测工作；假期积极要求去学校值班，处处起到模范带头作用，用实际行动诠释着教师的使命与担当。

她潜心研究教学，持之以恒的主动学习教改理论，认真钻研新课程标准和教材，不断创新教学模式，善于创设学习情境，努力激发学生的学习兴趣；她认真教育每一位学生，时刻关注学生的思维活动及学习情况，及时解决他们学习中的困难，鼓励学生不断努力，让所有学生共同进步；她关心学生的心理健康，注重德育教育，让每一位学生健康成长。2022 年，获得市级“骨干教师”、区级“骨干教师”、区级“先进德育工作者”等荣誉称号。

胡海燕，女，汉族，1990 年 11 月出生，中共党员，保定市清苑区税务局第一税务分局副局长。

胡海燕

自 2013 年从事税务工作以来，她十年如一日，严格执法、文明服务，以实际行动诠释了税务工作者的职业素质，赢得了广大纳税人、缴费人的称赞。

2022 年初，接到上级退税指令时正值区疫情防控期间，封控在家的纳税人大批量的发起留抵退税申请，作为当时第一税务分局临时负责人的她恰巧膝盖骨磕伤缝了 7 针，医生建议少走路，避免伤口不易愈合，但她顾不得医生的叮嘱，不仅第一时间返回了工作岗位，还连续三天坚守在远程帮办中心，启动应急预案，利用电话、微信、远程辅导等形式同纳税人沟通细节数据，及时进行受理审批，当月累计留抵退税高达 9000 余万元，顺利完成工作任务。为了提升纳税人缴费满意度，胡海燕不断强化组织培训、创新工作举措。她要求窗口工作人员必须严格执行纳税服务规范，简化业务流程，落实“最多跑一次”清单，积极配合区政务服务中心做好集成套餐服务，让群众少跑冤枉路。她让广大纳税人感受到了清苑税务服务的专业和贴心。

米飞龙，男，汉族，中共党员，1988 年 10 月出生，清苑供电公司运检部职工。

米飞龙

米飞龙同志负责清苑区内 10 千伏电网运行工作。2022 年 6 月，清苑区遭遇四轮强对流灾害天气，尤其在“6·14”

期间，大风天气造成了上百个村，八万余户用户停电，米飞龙和同事带领三百多人的抢修队伍经过30多个小时持续抢修，保障了受灾区域的正常供电。2022年11月，新冠疫情卷土重来，全区实行居家防疫，居民用电负荷较以往大幅攀升，10千伏故障、变压器过载等问题凸显，对保暖保供产生了极大威胁，米飞龙主动请缨，把好这重要一关，他以办公室为家，白天组织线路巡视、测温，晚上进行统计分析、制定方案，不但解决了南常堡频繁停电、路灯519线路过载等“老大难”问题，还提前发现并处理了区医院重要保供线路北外环587线夹发热问题，确保辖区设备安全稳定运行。米飞龙的工作得到领导和同事的普遍认可，多次获得公司先进工作者、保定公司“青年岗位能手”“青年先锋”荣誉称号。

刘丽敏，女，汉族，群众，1979年11月出生，清苑区清苑镇中冉小学教师。

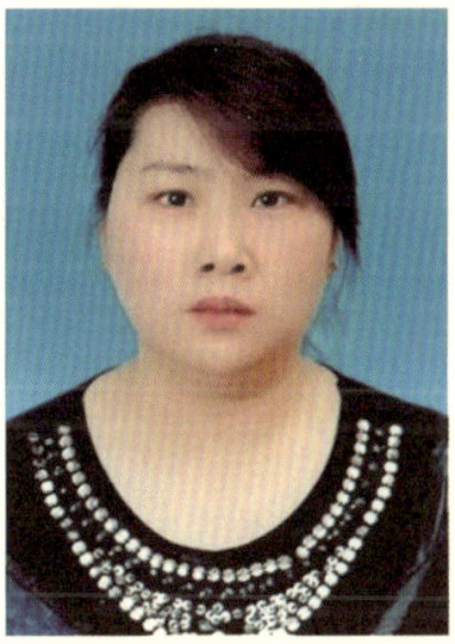
刘丽敏

刘丽敏从事教育事业二十年来，兢兢业业，踏实肯干。2021年9月带着领导的嘱托和使命，离开了家人，努力践行着最初的誓言——到最艰苦的地方去，为阜平山区的教育事业注入一股清泉。刘丽敏这样说过，也这样做到了。在支教中，刘丽敏摒弃浮躁，沉心静气为自己定位：服务学校，充实自我，带动教师，教好学生。一分耕耘一分收获，学生的德、智、体、美、劳都有明显进步，艺术节她辅导学生朗诵的节目获得了学区优胜奖。刘丽敏还联系各种爱心团队给山区学校捐赠衣服、学习用品等，尽自己绵薄之力亲自买一些奖品给孩子们，自己利用回家的时间收集一些旧衣服捐赠给村民，这一切受到了上级领导的肯定和表彰，被阜平县评为最美优秀教师和保定市优秀支教教师。

王珊，女，汉族，群众，1981年4月出生，清苑区第三小学教师。

王珊

王珊在工作中严格要求自己，不断学习，积极进取。她对待学生从不以成绩定优劣，始终坚信，唯有爱才是教育的良药，“问题学生”更需要教育的“春风化雨”。她尊重每一个孩子，耐心观察发现连他们自己都感知不到的闪光点，激励学生成长。她刻苦钻研，勇于创新，课堂中采用学、教、评一体化模式，让学生由被动学习转为主动学习，提高了学生学习的积极性。她认为，语文教学是思想与思想的碰撞，是心灵与心灵的交流；于是，她开启了与学生一起阅读的美好时光，她告诉学生，读书是为了成为一个有温度、懂情趣、会思考的人。在城乡结对帮扶活动中，她作为教研组长，用自己的真情及专业，带动和指导年轻教师多次参加各级各类比赛课、实验课，并取得优异成绩。王珊被评为市级优秀班主任，清苑区骨干教师、优秀教师，教学教研先进个人，区政府嘉奖六次，三次获省级优秀辅导教师奖，所讲授的公开课多次在市、区级比赛中获一等奖。

何晶晶，女，汉族，1997年9月出生，群众，保定市公安局清苑区分局清苑镇派出所辅警。

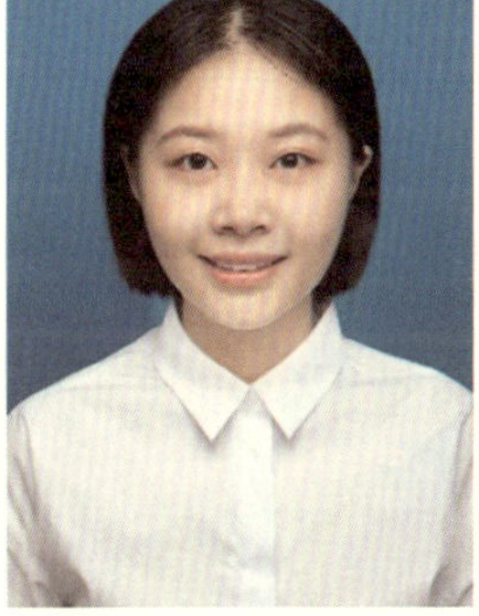
何晶晶

何晶晶具有较强的事业心和责任感，她多次加班加点，毫无怨言，扎实完成派出所内勤工作。派出所内勤工作涉及面广、内容繁杂，她在充分吃透文件精神的基础上，结合实际开展工作，逐步提高了组织协调能力。她穿梭于各个科室与派出所之间，对文件的上传下达做到及时、准确、无误。对于日常工作汇报、数据报表这种常规性的工作，她从不消极等待，总是主动着手、提前准备。对档案资料细心分类存档、装订成册、入档归柜，方便日后查找。认真做好后勤服务保障工作，收集各项信息资料，为领导决策提供参考。领导交办的每一项工作，分清轻重缓急，科学安排好时间，都能按时按质完成任务。她在平凡的岗位上，用实际行动描绘着奋斗的青春。

步新影，女，汉族，中共党员，1982年8月出生，清苑区石桥镇人大副主席。

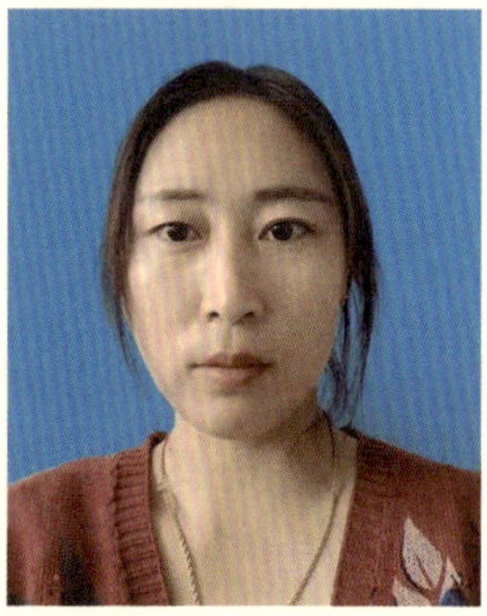
步新影

2022年，步新影分管疫情防控、统计、妇联等工作，并协助人大主席抓信访。在高标准完成统计报表等分管工作的同时，她始终坚守疫情防控第一线，在工作中不分昼夜、不辞辛苦，带头开展疫情防控宣传、返乡人员摸排、核酸检测和追阳等工作，及时把握中高风险区来返人员情况；定期查看居家隔离人员的管控情况，安排定期采集核酸；督促各村严格落实防疫防控措施，对外来人员和车辆严格把关，进行测温、扫码等，保障了人民群众的身体健康和生命安全。

步志新，女，汉族，群众，1980年3月出生，清苑区石桥镇石桥中学教师。

步志新24年来，一直在农村中学任教，同时担任班主任及教研组长、清苑区道德与法治名师工作室主持人，工作勤勤恳恳，爱岗敬业。他一直致力于“凝心铸班风 立德树新人”，采取班会课、与学生谈心交流、组织学生参加各种活动等有效措施，积极创建文明守纪、团结互助、勤学上进，有强大凝聚力的班集体。他用爱感染学生，关心关爱每一位学生，及时送生病的学生去

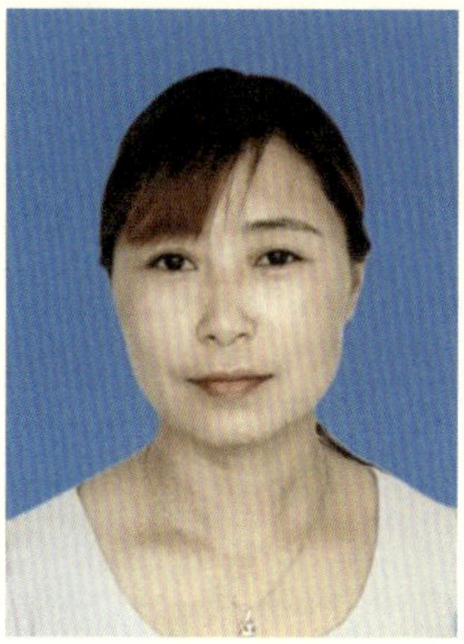
步志新

医院，对学习成绩退步的学生进行谈心、辅导。他注重抓学生学习习惯的养成，使学生逐步养成“入室即静，入座即学”，做事有条理的好习惯。他所带的班级曾获得县级、市级“优秀班集体”称号，得到学生、家长及各级领导一致认可。2020年以来，步志新先后获得区优秀教师、区名师工作室先进个人、区政府嘉奖、区教育教学先进个人、保定市师德标兵、未成年人思想道德建设先进个人、区级骨干教师、市级骨干教师等荣誉称号，多项教育教学成果比赛获奖。

潘永永，男，汉族，群众，1984年6月出生，清苑区市场监督管理局食保化所执法人员。

潘永永深知食品安全无小事，他始终认真履行一名食品安全监管人员的职责和使命。2022年冬奥会，潘永永作为保定市市场监管系统6名保障人员之一，按计划奔赴张家口崇礼赛区，为此次全球关注的特殊赛事做好食品安全保障工作。殊不知，家里还有重病的母亲和幼小的孩子，都需要他的贴身照顾。此时，必须舍小家顾大家，作为市场监管工作的工作人员，他毅然决然地奔赴张家口赛区。期间，他努力适应严寒天气、忍受胃病带来的疼痛、坚持白加黑的上岗模式，从采购、检测到加工、留样，每一个细节都做到严格把控。每一项工作他都保持高度的警惕和责任，为此次赛事食品安全保障工作贡献了力量。潘永永受到了保定市市场监督管理局通报表扬，获得省政府食安委北京冬奥会和冬残奥会（张家口赛区）食品安全保障优秀个人荣誉。在日常工作中，潘永永

潘永永

严格履职尽责，监管过程中从细处和深处查、看、检，确保餐饮从业人员对食品安全工作做到位，得到百姓的认可，受到领导和同志们的一致好评。

陈玉坡，男，汉族，中共党员，1972 年 1 月出生，清苑区望亭镇东安村党支部书记。

陈玉坡

近两年，陈玉坡带领东安村“两委”干部大力推进村内惠民基础建设。在镇党委、政府的大力支持下，东安村自筹资金 2 万多元，争取上级补助资金 10 万元，硬化了北片村东至村西道路，解决了村北住户出行难的问题。同时东安村自筹资金 1.5 万元，争取上级补助资金 8000 元，积极清理了三个大型垃圾点，修建了两处坑池防护网，保障了村内安全环保卫生。该村还自筹资金 1 万多元，为水井安装压力罐、变频器，增加供水量，还做到了水井 24 小时不间断供水，解决了村民饮用水紧张的问题。同时，积极推进人居环境整治，建立健全了村庄保洁长效机制，清理多年积存垃圾坑 3 个，平整复耕土地 4 块，村容村貌明显改善。

王杰，女，汉族，群众，1979 年 5 月出生，清苑区臧村中学教师。

王杰

王杰从 1998 年至今一直奋斗在教育第一线，并担任班主任。班主任工作繁重而复杂，王杰每天 6 点和学生同步起床，带领住宿生跑步，陪着他们上早自习，午觉都是在教室里和学生们一起，趴着桌子睡。王杰不放弃任何一个学生，想尽一切办法引导他们，利用午自习和晚自习的时间对学生进行心理疏导，鼓励学生努力学习。王杰用班费给每一名学生买了一个绿色的小本，在每天的晚自习之前写出计划，每完成一项就标记出来，一个晚自习下来，大家都有收获。为了学生，王杰总是丢下自己的孩子，孩子哭闹时说的最多的话就是“妈妈别走，我不要妈妈进教室。”想到这些她心里总是酸酸的，王杰觉得，也许自己勤快些，就会使一些学生的前途不一样。

王杰一开始就习惯与家长面对面交流，2022 年暑假，她几乎走遍了自己班所有学生的家，从来不间断的家访使她转变了很多学困生。寒假里她把学生就近分成学习小组，联系学科老师，进行不同层次的分组教学，学生取得优异成绩，得到领导的肯定和家长的好评，2020 年、2021 年、2022 年均获区政府嘉奖，2020 年被评为区级优秀教师，2022 年被评为市级优秀班主任。

杜琳燕，女，汉族，群众，1975 年 10 月出生，清苑区中医医院护理部主任。

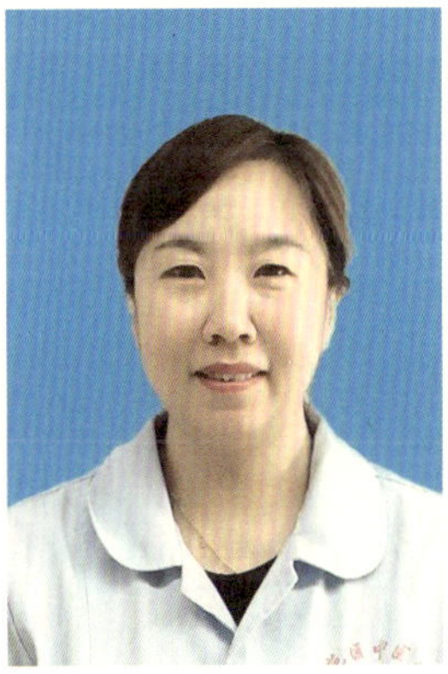

杜琳燕

杜琳燕从事临床护理工作及护理管理工作 20 余年，始终把追求社会效益，构建和谐护患关系放在第一位，不断提高病人满意度。她积极提倡人性化服务，从服务对象的特点和个性出发，开展优质护理服务：即一张笑脸、一句问候、一张舒适床位、一个清洁环境、一个详细入院介绍等，协助病人做好生活护理。在搞好本职工作的同时，积极参加医院组织的各项免费健康查体活动，为群众健康保驾护航。

杜琳燕坚持把改善护理服务质量作为护理部工作方向，采取组织护士学习培训，与科室同事共同探讨护理工作的思路及发展方向，组织各种活动增强队伍的战斗力和凝聚力等有效措施，不断提高服务质量，得到患者一致好评。

王红，女，汉族，中共党员，1971 年 9 月出生，清苑区中医医院眼科主任、工会主席、妇联主席、门诊部主任。

王红

作为一名医生，王红是大家口中的“工作狂”，在眼科工作中，她们科病人多、医护少，每次眼科收治病人多的时候，都是吃住在医院，有些老人手术紧张、担心手术并发症、术后恢复不好等问题，她都会耐心讲解、细心沟通，慢慢缓解老人的忧虑。住院患者家属不在身边时，王红就在身边照顾他们的生活起居，自己掏钱为他们买饭，让患者感觉到有陪伴、不孤单。

实际工作中仍会出现一些小矛盾、小纠纷，解决患者与医生的误会也是王红日常工作的重中之重，她用热情与正义让患者满意，用守则与制度让职工信服；以理服人，以情感人，得到职工和患者的信任与赞扬。

马会娟，女，汉族，群众，1974 年 8 月出生，清苑小学教师。

马会娟

在马会娟眼里，每一块“顽石”都能雕琢成一块晶莹剔透的美玉，每个孩子身上都有闪光点，都值得去欣赏和呵护。她们班有一名学生，父母长期在外打工，孩子从小缺乏家庭的温暖，性格有些自卑孤僻，不爱与同学交流，学习无人过问。对这样家庭的孩子马会娟更是倾注爱心，不但经常找他谈心，问寒问暖，还让班上的小朋友下课和他交流玩耍，课下时间辅导他的功课，还经常给他买午饭和学习用品。特别是星期天，马会娟会把孩子接到家中，让他感受到妈妈般的爱，同时不定期的和家长沟通孩子的情况。在她的细心呵护下，这个孩子的性格开朗了许多，学习也有明显进步。马会娟教育教学及班级管理工作得到领导和家长的认可，2021 年 5 月被评为省级优秀班主任。

2021 年暑假，又一次出现疫情，马会娟和女儿看到团区委发布的志愿者招募令，第一时间报了名，上街劝导行人佩戴口罩，发放口罩，提醒市民遵守交通规则，看到有聚集人群，上前劝导不要聚集，每天不停地宣传防疫安全知识。母女二人的志愿服务精神得到市民群众的赞扬和团区委的肯定，在团区委推荐下参加了区电视台“上阵母女兵，志愿显担当”节目录制，并在清苑新闻频道播出。2022 年马会娟被区委宣传部、区文明办评为学雷锋志愿服务优秀志愿者。

陈鸣，女，汉族，群众，1987 年 8 月出生，清苑区妇幼保健院护士。

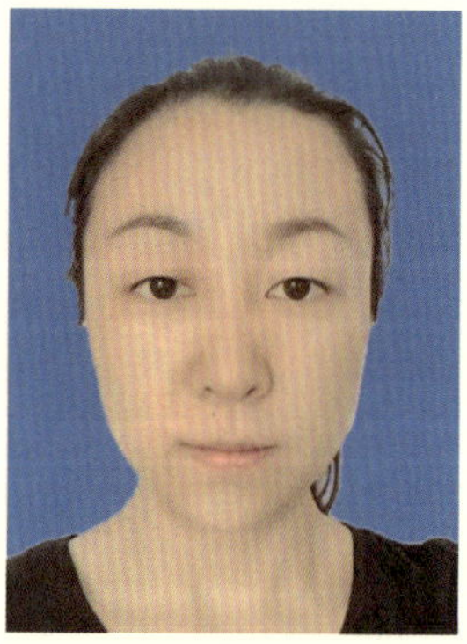
陈鸣

陈鸣是一名普通的妇产科护士，在平凡而神圣的岗位上，每日做着繁杂而又辛劳的护理工作，工作 15 年以来，一直在临床一线，积极主动、任劳任怨，始终以病人为中心，以提高服务质量为目的，用娴熟的技术、良好的态度为病人提供优质的护理服务。工作中，陈鸣总是步履匆匆，穿梭在各个病房之间，服务于每一个患者，将专业、耐心和真诚融入工作中的每一个细节，一步步赢得了患者们的信任。

疫情面前，陈鸣是无畏无惧的“逆行者”，陈鸣不计个人得失、不顾个人安危，义无反顾地投入疫情一线工作中，积极参与各项疫情防控工作，用实际行动扛起抗疫使命担当。抗疫工作虽然很累，但是当听到人们那一句句："你们辛苦了！"瞬间感觉心里无比的温暖，陈鸣感到所有的付出都是值得的。在那段艰难的时期，陈鸣奉献出了自己虽然微小但那是她的全部的力量。

2017 年、2021 年、2022 年陈鸣先后获县级卫生系统颁发的"优秀护士"荣誉称号，并在 2017 年区卫计系统组织的"孕妇学校教师授课技能竞赛活动"中取得三等奖。

崔鹏飞，男，汉族，中共党员，1991 年 12 月出生，清苑区人民医院心内科主治医师。

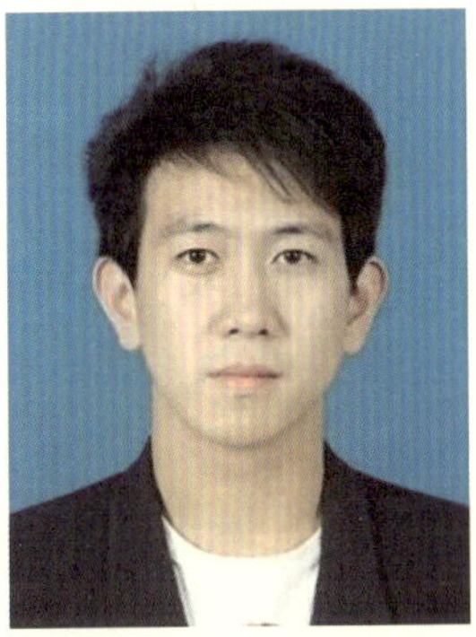

崔鹏飞

面对新冠疫情，崔鹏飞主动请战，于 2022 年在清苑区人民医院东院区积极参与新冠疫情防控救治工作，并担任医疗队长，他以医院为家，废寝忘食，每日接诊发热患者近百人，他熟练使用无创呼吸机、高流量呼吸湿化治疗仪，将多名危重患者的生命从病魔手中夺回。同时还利用休息时间为住院患者及家属提供日常生活的帮助与物资保障，把满腔热情与汗水泼洒在抗击疫情的战线上。

崔鹏飞在八年的临床工作中始终不忘温故知新，积极参加住院医师规范化培训、介入培训班及相关课程学习，将所学技能联系实际工作，夯实业务基础，不断提升救死扶伤工作能力。

作为 90 后年轻医生，他始终牢记"以病人为中心"，视病人为亲人，与同事们一起克服工作中遇到的各种困难，每年救治急性心肌梗死、急性心衰等危重患者数百名，为清苑区人民心脏健康保驾护航。

王贤，女，汉族，群众，1980 年 1 月出生，清苑区李庄乡耿庄小学教师。

王贤参加工作以来，一直坚守在农村，如今在耿庄小学担任数学、语文教学工作，并担任班主任。从教十余年来，她认真贯彻党的教育方针，忠于职守，以强烈的事业心和高度的责任感使本职工作不断跨上新台阶。在教育教学工作中，她始终坚持以高标准严格要求自己，勤勤恳恳、兢兢业业，得到领导、同事、家长的好评。"打铁还需自身硬"，作为一名教师，她始终学习新理念、不断地创新教学方法、经常反思提升自己，勇于做学校课改创新的领路人。历年来，她出色地完成各项教学任务，教学成绩优秀。多次承担校、乡、县、市级的教学评优及教学研讨课，取得不少收获。2017、2019、2020 年度 3 次获清苑区政府嘉奖奖励；2022 年在线上助学微课堂评比中取得二等奖，并获"课改创新星"荣誉称号；2022 年获保定市清苑区中小学和幼儿园骨干教师称号。

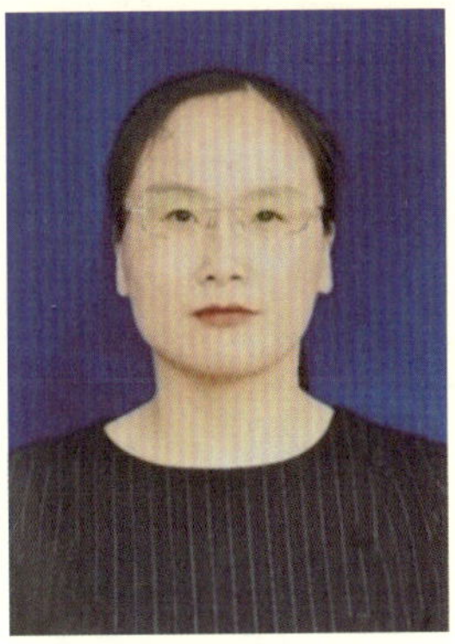

王贤

刘娟，女，汉族，群众，1980 年 11 月出生，清苑区清苑小学教师。

刘娟从事教育工作二十多年来，每年都担任班主任，她以一种敬业、乐业、奉献的精神默默耕耘。无论在任何岗位，她都以高度的责任感和事业心将全部的热情投入工作中，切实履行教书育人的职责，受到学生的喜爱、家长的尊重、同事的赞许、领导的信任。

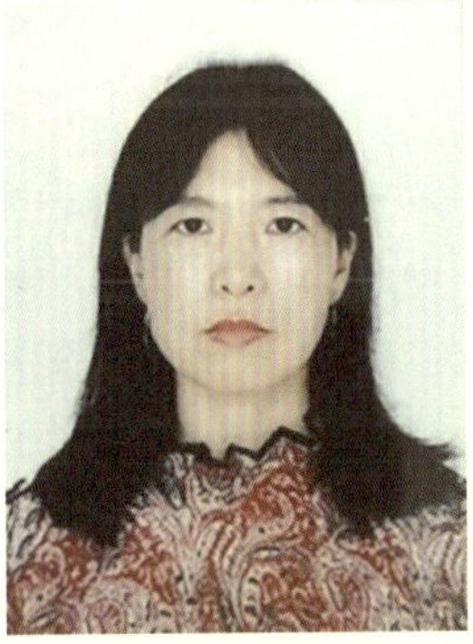

刘娟

有耕耘就有收获，凭借扎实的工作作风，严谨的治学态度和不懈的努力，她在思想道德、教学科研和班级管理等方面都取得突出成绩，成为教学中的骨干力量。2016—2022 年，连续七年获得政府嘉奖；2021 年评为清苑区师德标兵，2022

年被评为保定市师德标兵；2019 年评为学科名师，保定市骨干教师；2020 年评为“优秀教师”；2021 年评为教学教研先进个人；2022 年获“师德楷模星”。

范彦双，男，汉族，群众，1987 年 11 月出生，清苑区李庄乡卫生院医师。

范彦双

范彦双 2021 年担任李庄乡李庄幼儿园卫生健康副园长，多次为小朋友、教师们宣传医疗卫生的重要性。范彦双每次下乡体检，都是早上凌晨五六点起来负责抽血采样，晚上又加班化验，连续几个月下来，虽然很累，但学会了很多，能更好地服务患者。

在三年的疫情防控工作中，范彦双累计多次参加了社区医疗保障工作，坐诊发热门诊，炎热的夏天穿着密不透风的防护服，为村民及居家隔离人员采集核酸，还担任辖区内密接、次密接及阳性病例的转运工作。转运工作不分黑夜和白天，有时半夜出车，有时凌晨出车。2022 年 3 月清苑区突然出现阳性病例，他们的转运任务异常紧张，各个宾馆隔离点都有他忙碌的踪迹。紧接着周边安国、博野疫情暴发，他又开始前去支援。为了让他放心工作，作为医务人员的妻子都是自己骑车 1 小时上班参加核酸采集工作，儿子也是跟着姥姥在家上网课。范彦双凭着对医务工作的热爱和无私的付出，先后获得安国、博野最美逆行者的荣誉证书，并被评为 2022 年度保定市优秀医师。

王刚，男，汉族，中共党员，1979 年 8 月出生，大庄镇中心卫生院副院长。

2022 年 3 月 31 日晚上，王刚刚刚休息，突然接到上级紧急归队通知，来不及与家人详述病毒之险，第一时间赶往集结地点，带着各级领导

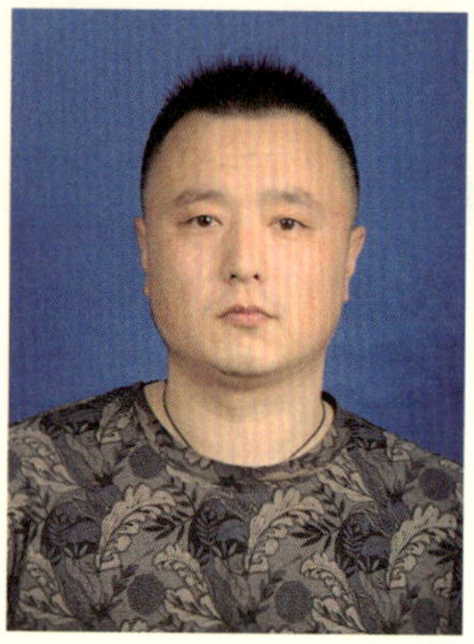

王刚

的叮咛和嘱托出发，前往安国市进行支援。王刚连夜进入采集点进行核酸采集工作，从晚上一直到第二天早上九点多，由于气温高，身穿防护服的他浑身跟被水洗过一样，他脱下手套，双手已发白，卸下防护口罩，脸上是深深的印痕。为了提高工作效率不能喝水、上厕所。每天穿脱防护服、消毒、采集等严格按照要求来执行，每天除了对采集点普通居民进行样本采集工作外，同时还要肩负着对一些居家隔离人员上门采集工作，每天爬楼下楼成为了一种常态，虽然累，但作为一名党员和医务人员，他无怨无悔。20 多天下来经王刚采集的人员达 2 万人次。

王刚作为领队，还需要给小组成员开展核酸采样、穿脱防护服、消毒等专业技能强化培训，他用实际行动践行着一名党员医务工作者的真正使命。

李静，女，汉族，中共党员，1982 年 3 月出生，清苑区疾控中心副主任。

李静

疫情防控期间，李静身先士卒，带领流调消杀组成员迎难而上，高效地完成一项又一项流调任务，为护佑全区人民安康筑起疫情防控的“生命线”。她们 2 小时到达流调现场，4 小时完成流行病学核心信息报告，不放过任何蛛丝马迹，24 小时内完成感染者具体情况调查，生成完整书面报告，为防控决策提供科学依据。

2021 年 8 月，傍晚 7 点接到疫情专班紧急电话，称某冷库涉疫海产品流入清苑区某海产品

店，李静立即与同事穿上防护服赶往该海产品门店的冷库，她带领队员展开长达6小时的外环境及海产品采样，她们需要自行搬动每一样海产品，工作量繁重而紧张，中途需要多次到冷库外面记录数据，骤冷骤热交替工作，她当时感觉到四肢都麻木了，李静工作4小时后觉得头疼明显，但又忍痛坚持2小时完成最后的采样任务，采样工作结束后已经到了第二天的凌晨1点，她忘记了饥饿、忘记了时间，认真核对每组数据准确后才脱下防护服，拖着累弯了的身躯上车，上车后感觉到太阳穴剧烈的疼痛，她甚至觉得生命就这样停止了。

2022年，李静携手应急队员们科学分析全区疫情形势，精心谋划防控工作，制定可操作性强的防控方案，保证全区新冠疫情防控优质、高效运行。

张永博，女，汉族，群众，1981年5月出生，清苑区清苑镇卫生院医生。

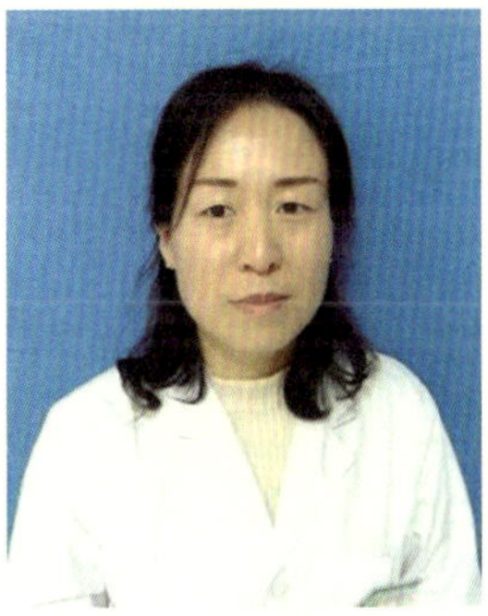
张永博

2022年9月29日，当张永博接到领导通知：“到河北大学支援，你能不能去！”张永博一句简单的话“没问题！”彰显了“战疫”的决心！进入河北大学后，上级安排她为带队组长，张永博除了参加分配的抗疫工作外，还主动承担了区域内的消杀工作。为了避免交叉感染，每次给隔离人员发放口罩时，都监督指导他们正确佩戴，科学处理废弃口罩，科学洗手、消毒。张永博穿戴着密不透风的防护服，很多时候都是一连几小时不吃不喝，奔波在隔离区内，衣服湿了被体温焐干、干了又湿，汗水顺着脸颊往下流，脱下防护服的那一刻，勒红的耳朵、额头，脸颊上深深的凹痕、干裂的嘴唇……都让人心疼。她原本身体就不太好，担心自己出现低血糖的症状，口袋里面一直准备几颗糖，以便及时补充能量，避免影响工作。张永博自信而坚定的眼神，化成隔离区内里最亮丽的风景。

王平，女，汉族，中共党员，1980年2月出生，清苑区疾病预防控制中心支部委员、副主任。

王平

2020年的除夕令人终生难忘，王平从早晨8点在工作岗位坚守了整整一天，下午六点还没来得及吃晚饭，又陆续接到了5个外地返乡发热病人的流调任务。她带领5名应急队员迅速穿好防护服，前往区医院发热门诊对病人进行现场流调，凌晨十二点流调结束后，又兵分两路，一路调查员回单位撰写流调报告，另一路检验员第一时间将发热病人咽拭子样品送往市疾控中心进行核酸检测。凌晨一点多，5份流调报告完成上报，转送样品的检验员也刚刚回到单位。王平和应急队员们终于吃上了终生难忘的年夜饭——速冻饺子。

2022年1月25日，王平接到上级要求，紧急驰援涞水县疫情一线防控工作，她加入保定市疾控中心应急队，马不停蹄的赶赴涞水县开展现场流行病学调查，不辱使命完成当地的流调任务。2022年3月4日，清苑区发现1名省外来清人员新冠病毒检测阳性，经专家组诊断为新冠确诊病例（轻型）。接到区防控办推送信息后，由于工作任务重，工作量大，王平以最快的速度冲在疫情防控最前沿，全力以赴，坚守岗位。

孝老爱亲好人

薛立涛，男，汉族，群众，1977年4月出生，清苑区石桥镇石桥中学副校长。

百善孝为先。薛立涛的奶奶自从摔了一跤后，失去了行动能力，薛立涛和他父母每天变着花样给老人做爱吃的饭菜，洗脸洗脚，翻身擦洗

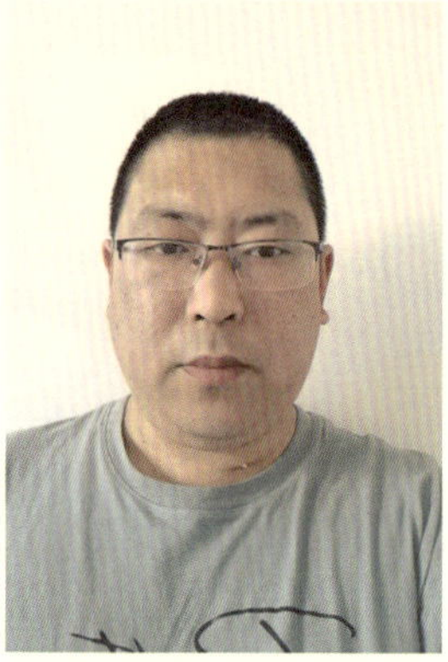
薛立涛

身体，处理大小便，让老人始终健健康康、干干净净的。2014 年，薛立涛的母亲又因意外导致左腿股骨头坏死，只能做手术更换。因母亲害怕手术，薛立涛四处打听周围人的成功案例并讲给她听，坚定母亲做手术的信心。住院后，更是悉心照顾，不断陪母亲聊天，缓解她紧张心情。回家静养期间，他把饭菜端到母亲的床前，打来温水给她早晨洗脸、晚上洗脚，平常给她按摩腿，舒筋活血，帮助她做一些简单动作，使母亲尽快恢复了健康。直到如今，薛立涛三天两头到父母家打扫卫生，每次回家时都为父母买些水果、蔬菜。母亲胃不好，薛立涛会把主食尽量做软，多熬小米粥给她养胃。薛立涛用平凡的行动演绎着动人的亲情故事。

闫红志，男，汉族，中共党员，1968 年 3 月出生，清苑区冉庄镇北马庄村党支部副书记。

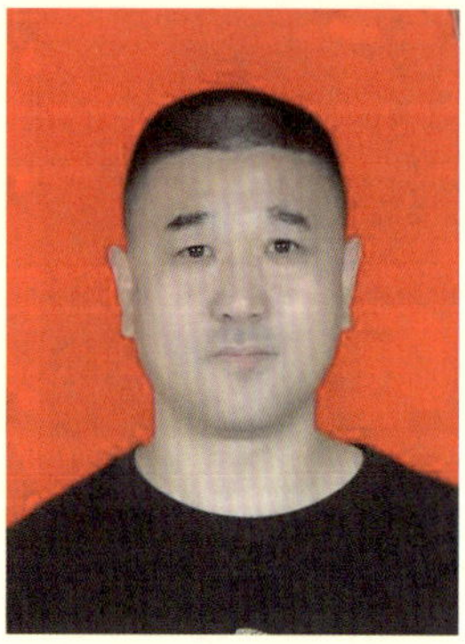
闫红志

前些年他父亲行动不便，基础病也很多，闫红志细心帮父亲调理身体，一日三餐精心搭配，并且隔一段时间就要住院调理，他更是没日没夜在病床前伺候父亲。2015 年一场大病，他父亲离开了，他化悲伤为动力，将所有的精力投入到母亲身上，母亲瘫痪在床已经十几年，自母亲患病以来他就在床前悉心照料，换洗衣服，端屎端尿，推着轮椅带母亲出去散心。后来病情恶化，母亲患上了阿尔茨海默病，不会说话，谁也不认识，大小便也失禁，他每晚都睡不了一个完整觉，晚上要给母亲换尿不湿，早上起床要把母亲抱起来洗漱，梳头、按摩。2021 年春节前母亲感染了新冠，情况一度恶化，高烧 40 多度，上吐下泻，他两天时间没有离开母亲半步，采取急救措施抢救之后，给母亲输液、喂药，直至退烧，终于在他的精心治疗下，母亲转危为安。十几年如一日，闫红志用实际行动诠释了孝道的含义。

刘思化，女，汉族，群众，1992 年 12 月出生，清苑区北王力乡东王力村村民。

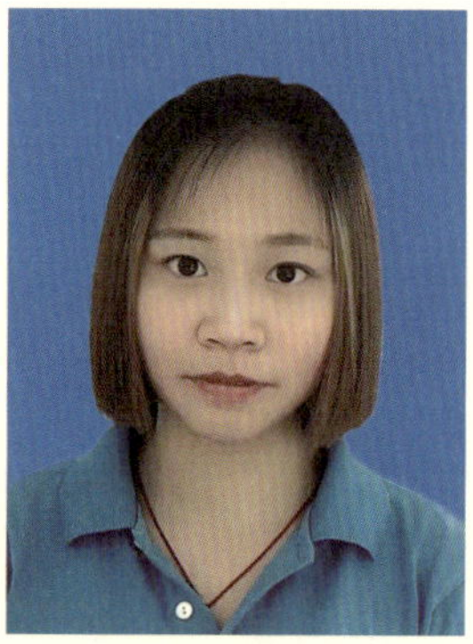
刘思化

刘思化一家在邻居眼里是人人羡慕的幸福之家，全家共六口人，女主人刘思化是一位年轻的“90 后”，家庭氛围互敬互爱，尊老爱幼。孝亲敬老是家庭幸福的基石，刘思化把婆婆当成自己的母亲来孝敬，主动关心其温暖，时刻关心其健康，主动分担其忧愁，充分理解其絮叨。疫情防控期间婆婆发高烧，她一直守在床边照顾。节假日的时候陪老人聊聊天，讲讲社会发生的一些趣事。带婆婆洗澡，给婆婆修指甲，婆婆的衣服从里到外都是她买，婆婆经常和邻居说：“儿媳平时不舍得给她自己买衣服，只要一提给我买衣服没有不愿意的时候，我心中真是感动啊!”邻居的大爷大妈都夸她是一个孝顺的儿媳妇。

霍力卯，男，汉族，群众，1963 年 1 月出生，清苑区北王力村村民。

霍力卯在邻居眼中是一个大孝子，好丈夫。他在家里排行老三，因与家中老人一起住，他就自己负担起了老人的衣食住行。老父亲 80 多岁时，因走路滑倒在地，把胯骨摔裂致使瘫痪在床，但他从没麻烦两位哥哥，独自伺候老父亲，因长期卧床不运动，导致老父亲大便不能排出，他就用手一点一点地往外抠，为了解决排便困难，还每天坚持喂老人喝蜂蜜水，一直伺候到老

霍力卯

人去世。

前年冬天，霍力卯的爱人因脑出血住院，霍力卯跑前跑后，在医院无微不至的照顾了爱人整半月，又端屎又端尿，又打水又打饭，有时整夜不睡，直到爱人出院，他两眼都布满了红血丝，但是他从来没有说过半句抱怨的话。霍力卯用实际行动演绎着亲情孝道。

2021—2022年“清苑区道德模范”人选事迹

助人为乐道德模范

刘影（参见本书表彰 奖励2022年度“保定好人”）

白亚林（参见本书表彰 奖励2022年度“清苑好人”，助人为乐好人）

史永峰，男，汉族，1971年生人，中共党员。大庄镇史庄村党支部书记兼村委会主任。

史永峰

他带头带动村干部们捐资共计6万元，改造1000平方米的坑地，打造文化主题娱乐广场。自己动手制作文化墙，将核心价值观、精神文明融入其中。打破传统陋习，白事简办，宴席四凉四热，不准舞狮子、歌舞等大型演出进村，百姓拍手称快。发动党员、群众出义务工千余人次，对该村主要道路进行返修，建设文化牌楼一座，铺设下水管道400多米，栽种3000余棵景观树、果木树。

2019年10月，他为村内44户党员家庭悬挂了党员家庭户标识牌。为全村3户贫困户，安排村干部、党员、企业家精准帮扶。

2021年5月，占地147.22亩，投资3.1亿元的温泉养老项目落户史庄，项目建成后可为该村提供200个就业岗位。他带领企业家组织成立纺织行业协会，通过更新设备，改进品种，由原来的单一品种改成了现在的尿布、口水巾、豆腐布、洗碗巾等多种产品，产品畅销全国，还出口东南亚国家。

他捐助村里自来水电费，出资修建村内公共设施，疫情发生后捐款捐物，防疫期间，该村出现密接人员，他连续奋战60多小时不休息，督导、管控、协调、服务，实现全村人民“零接触”“零感染”。

陈永战，男，1979年生人，预备党员。社区诊所医生。

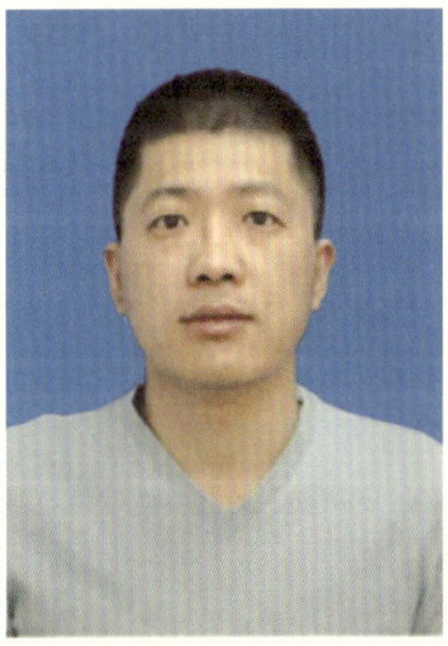

陈永战

2019年4月，陈永战受邀参加中央电视台《加油！好医生》节目录制，并颁发荣誉证书。

2020年1月新冠疫情以来，他积极筹措医疗物资，2020年1月28日和29日分两次向武汉市中心医院呼吸内科捐助紧缺药品（阿比多尔胶囊），还分别向北店乡田各庄屯村和阳光新城小区捐赠消杀物资等，总计价值数万元。他还充分发挥专业优势，积极参与到社区的疫情防控工作中，积极做好卫生专业指导、义务执勤、义务消毒、入户排查等。

从医近20年来，陈永战积极参与社区义诊和各项公益活动，经常为社区居民义务咨询、专业指导，对行动不方便的患者都是免费出诊、上门服务，对困难业主经常减免医药费，对小磕小碰、小外伤等热心处理，不收取任何费用。

陈永战热心公益、乐于助人，得到社区居委会和广大社区居民的认可，被城区党委、城区办事处授予“最美居民”荣誉称号。

刘攀浩（参见本书表彰 奖励2022年度“清苑好人”，助人为乐好人）

高淑霞（参见本书表彰 奖励2022年度“清苑好人”，助人为乐好人）

见义勇为道德模范

史京生（参见本书表彰 奖励2022年度“保定好人”）

崔劭勋（参见本书表彰 奖励2022年度“清苑好人”助人为乐好人）

雨夜水坑救人三人组（参见本书表彰 奖励2022年度“清苑好人”见义勇为好人）

耿海立，男，1979年4月，中共党员。清苑区何桥乡张桥村村民。

耿海立

2021年12月21日，耿海立像往常一样，接了上学的儿子一起回家。当他开车行驶至保定市五四路和永华大街交叉口时，突然看到马路中间站着一名2岁多的幼儿，身边也没有家长陪同，路上都是来来往往的车辆，情况十分危险。耿海立果断把车停在路边，迅速跑到马路中间，一把将孩子抱起，躲着车辆，来到安全地带。

这时，三名学生从停车场里跑了出来。报警后，耿海立等人也开始寻找孩子家人，这时耿海立的儿子听到小孩子说“我想玩滑梯”，就赶紧到路口这家店铺询问。正好遇到了正在寻找孩子的王先生。

事后得知，保定市的王先生带着2岁多的孩子到路口附近一家店里的二楼玩滑梯，没有带手机的王先生到一楼公用电话联系家人订餐时，孩子从二楼跑到了外面的停车场。正好三名学生发现这名幼儿后，赶紧跑过去围成一个小圈，将孩子贴身护住。没想到孩子个儿小，从护栏钻了出去，跑到了马路中央，险些遭遇危险。正在危急时刻，耿海立父子恰好出现，及时将孩子抱起，避免了一场事故的发生。《保定晚报》创建文明城市专栏进行报道。

诚实守信道德模范

刘鹏飞（参见本书表彰 奖励2022年度“保定好人”）

历丹（参见本书表彰 奖励2022年度“清苑好人”诚实守信好人）

敬业奉献道德模范

清苑区卫健系统支援石家庄抗疫群体（党军、李志轩、王占川、宋世阳、常帅、吕航、王少华、王松、崔伟、苏建章、郭胖子、刘畅、胡艺钟、薛宾杰、商亚静、臧涛、徐颖娟、杜伟娟、贾海涛、陈国全，共20人）。2021年石家庄部分县（市区）发生新冠疫情，当接到支援辛集市、晋州市的通知后，他们拿起早已准备好的行李紧急到宾馆集合，经过多小时的高速行驶到达指定地点，仅仅短暂休息2个小时就接到了第一个转送任务：去疫情最严重的村。他们迅速出发接上隔离人员，送到异地隔离地点，经过一上午的奔波才回到休整点。消杀完成后，刚想休息下，吃点泡面垫下肚子，结果又接到转运通知，立即放下筷子出发。有的人因为饮食不规律，胃病犯了都没有申请休息。

转运的医务人员需要长时间穿着密不通风的防护服，在保证安全的同时，备受煎熬，不能喝水，不能上厕所，而且在驾驶座狭小的空间里，

2021 年 7 月，清苑区卫健系统支援石家庄抗疫群体合影

也不能大幅度活动。更具挑战的是护目镜和防护面罩容易受鼻孔潮气的影响而起雾，特别是晚上驾驶车辆过程中容易看不清道路，这些都给他们的心理造成了一定的压力，但他们最终凭借丰富的驾驶经验一一化解了。在辛集市、晋州市、深泽市工作的时间里，他们 24 小时待命，转运通知就是冲锋号，一声令下，随时准备出发，无论白天还是黑夜，毫无怨言地为责任和使命及时出“战”！

从疫情一线回来后，他们放弃本该有的休息，再次冲上清苑区疫情防控第一线。他们严格按照疫情防控工作要求，落实 24 小时值班值守的工作制度，恰值春节来临，他们有的人身兼多职，是“高速路口执勤员”“核酸检测运送员”“物资配送员”，服务点条件有限，累了只能和衣而卧，饮食只有简单快餐和方便食品，条件虽苦，但初心不变！

李影，女，1985 年生人，中共党员。新兴社区党支部书记、居委会主任。

李影

新兴社区是一个拥有 3753 户、8000 多人口的大型社区，老旧小区多，下岗失业人员多，硬件建设不足。她十年如一日扎根社区，把 31 个小区、三个大网格、8000 多居民绘制成一张地图，铭记在心。把一个老旧社区打造成清苑区“优秀基层党组织”、清苑区“三八红旗集体”、清苑区“平安社区”。

仅 2021 年以来，李影在新兴社区共解决矛盾纠纷 123 起，自己单独调查办理 48 起。育德胡同有一户租给了养鸡户，气味和鸡叫影响到居民生活，李影带领工作人员多次入户，最后成功将鸡圈撤离。育民胡同居住人员复杂，多为老年群体，老旧小区改造施工过程中，业主与施工方产生分歧，她主动介入，多次协调达成共识，历经 6 个月全面完成改造。此外，单元楼断水、商铺和业主发生矛盾、下水道淤堵、危墙拆除并重新修建、排查小偷……大大小小的小区问题，李影都尽快协调，进行有效解决。

李影还帮助社区组建了敬欣舞蹈健身队、秋雨舞蹈队、老调戏曲表演队、空竹表演队等文艺团体。各队多次参加省市比赛，空竹队连续 12 次代表清苑区参加中国保定空竹艺术节，创造上海吉尼斯规模最大抖空竹活动世界记录，有 2 人被评为空竹达人。舞蹈队多次参加市比赛，两次获得二等奖。在市老年人运动会上，新兴社区代表队获得三等奖。

李影当选为清苑区第三届党代会党代表，获清苑区优秀共产党员、清苑区三八红旗手、清苑区巾帼建功标兵、共青团保定市委“新时代保定好青年”等荣誉称号。

王宇辉（参见本书表彰 奖励 2022 年度“保定好人”敬业奉献好人）

李鹏（参见本书表彰 奖励 2022 年度“保定好人”）

于小改，女，1976 年生人，群众。清苑区臧村中学教师。

她做了 25 年的班主任，全国优秀教师，河北省先进德育工作者，河北省基础教育专家，保定市专家人才，被编入《保定名校名师》。曾代表保定市参加河北省宣传部组织的“中国梦·赶考行”大型宣传活动，到多县作巡回报告。

于小孜

她奉献，用关爱成就每一位学生。为贫困生小宇、小祥等多次捐款捐物，从生活和学习上给予帮助；她研修心理学知识，帮助突患心理疾病的小航、已经确诊并多次住院的小轩、多项残疾多次自杀未遂的小根，以及小宇同学患有间歇精神分裂症的母亲战胜病魔，热情的投入生活。

她清贫，却拒绝有偿家教，经常免费辅导学生和出资组织学生参加社会实践活动。

她忙碌，愧对自己和家庭。母亲生病不能尽孝，孩子陪伴不能尽心，身患多种职业病仍不忍休养，一拖再拖，养病为患。

她勇敢，为了保护受暴力侵袭的学生，遍体鳞伤，学生毫发未损。为了解救因见网友被困的学生，她驱车数百里到邢台，倾囊相助。

她无私，毫无保留的帮扶青年教师迅速成长，让学校的教学水平年年创新高。

杨雪莲（参见本书表彰 奖励2022年度“清苑好人”敬业奉献好人）

冯晓云（参见本书表彰 奖励2022年度“清苑好人”敬业奉献好人）

孝老爱亲道德模范

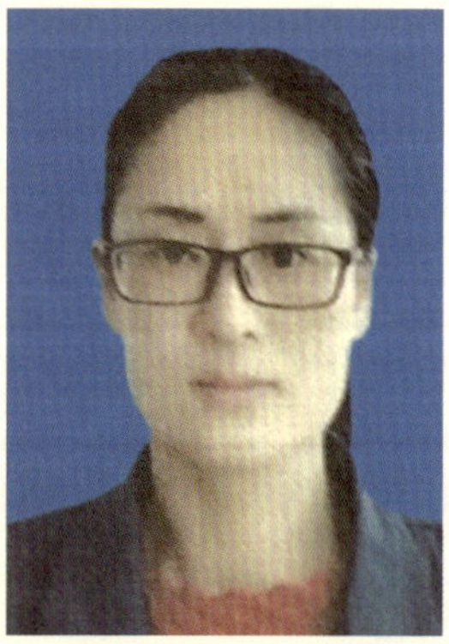
杨华

杨华，女，1983年生人，中共党员。清苑区张登中学教师。

在公公重病期间，她奔跑于学校和医院之间，医生宣布不用继续治疗，甚至婆婆都认为无药可救，杨华仍然坚持继续救治。她每天除了完成学校的教学任务外，下午四点赶到医院的重症监护室，进去探望，除了为老人洗脸、擦拭身体、按摩外，最重要的是与老人进行语言沟通交流，给他播放孩子跳舞的视频，鼓励他配合治疗，并告诉他孩子们都很想爷爷，都在等待爷爷回家……尽管当时老人仍处于昏迷状态，但杨华坚信老人一定能够听得见。在交流的过程中，老人的眼角流下了眼泪。功夫不负有心人，老人坚持了20天的重症监护后，神奇地脱离了生命危险，转入了普通病房。

杨华身为寄宿制学校的班主任老师，工作认真负责的同时，还承担着三个孩子的教育任务。杨华悉心培养孩子成才，重视对孩子人生观、价值观的思想教育，身体力行，以身示范，做孩子心中的榜样，将自身的优秀品质融入家庭教育中来，潜移默化地影响孩子。

霍力卯（参见本书表彰 奖励2022年度“清苑好人”孝老爱亲好人）

2018—2022年度清苑区市级劳动模范、先进集体

一、劳动模范

杨子超，男，1991年8月出生。现为保定市绿生环境科技有限公司董事长。他投资3.8亿元建成的绿生环境科技有限公司，为解决城市垃圾围城、垃圾围村问题闯出了一条新路。他热心公益事业，出资约500万元为西洪义村修建一条高等级乡村公路。先后为贫困学生、贫困户、退役军人捐款15万余元，为清苑区抗疫捐款20万元，被推选为保定市第十六届人民代表大会代表，2022年度被评为“保定市清苑区优秀青年企业家”称号。2021年度被评为“保定市清苑区五四先进个人”。同年，入选河北省新时代“冀青之星”典型人物。

许红艳，女，中国共产党员，1988年走上幼

教的工作岗位，在清苑幼教的沃土上辛勤耕耘、无私奉献。凭着对教育事业的无比热爱和矢志不渝的坚定信念，34 年的历程写满了执着、求实、拼搏、创新。立足本职、爱岗敬业、雷厉风行，是幼教热土上的辛勤园丁；乐于助人、甘于奉献、帮扶解困、服务社会，是公益事业上的一颗闪亮之星。曾获河北省特级教师、河北省骨干教师等称号。

康振国，男，自 2016 年 6 月加入百威（保定）啤酒有限公司，一直秉承工艺做优、质量做强的理念。他在包装材料工艺上有着突出的技能。在 2022 年这个全球碳排放超标，大气环境污染严重的局势中，利用自身专业技能，完成包装材料优化项目 13 个。提高包装材料的环保增质。降低碳排放。作为包装材料技术专家，应在包装材料领域不断创新，开发潜能，让回收再利用成为包装材料的主要使用方法。减少碳排放，节约能源，保护环境是为之不懈努力的目标。2022 年被清苑区委、区政府命名为清苑工匠。

栾秋冬，男，1980 年生，保定市东利机械制造股份有限公司高级技师；获高级工、机电工程师等证书；从事数控车床加工、加工中心加工等二十一载。先后获得发明专利 1 项，进入公示的发明专利 1 项，进入实审的发明专利 1 项，实用新型专利 3 项，为多项产品的量产解决了关键性问题。用多年的专业经验编制了加工切削参数库，将自己的经验、技能与同事分享，共同进步，争做技术型、创新型的新时代工人。2022 年被市委、市政府命名为“保定工匠”。

王炜，男，2004 年参加工作，现任立中四通轻合金集团股份有限公司车间主任。参与调试了国内第一条 AlSr10 线材的铸挤生产线，在经过 1 个月的摸索试验后，终于实现批量连续生产，填补了国内不能生产 AlSr10 卷材的空白。在车间管理上除按计划完成生产任务外，积极学习车间标准化及 TPM 等先进的管理知识。同时身为集团内训师，组织车间员工培训学习，提升员工的操作技能和素养培养了一批优秀的一线操作工人。在包头工厂建成后从车间内抽调多名生产员工去工作，现已成为新厂生产的中坚力量。2022 年被清苑区委区政府命名为清苑工匠。

二、先进集体

保定市清苑区人民医院急诊医学科 保定市清苑区人民医院急诊医学科承担着清苑区 120 急救出诊任务，配置有 120 呼入系统通信设备，拥有高级生命支持功能的救护车，可满足各种急救需要，相继开通了急性胸痛、急性脑卒中、急性创伤等绿色通道，对急危重病人实行无条件优先抢救、优先检查、优先住院，最大限度地保障了急危重症患者的救治。2022 年，已经形成“院前急救 + 院内急诊 + 急危重症监护 + 综合病房”四位一体的现代化救治体系，具备辖区内一流的救治水平。自新冠疫情暴发以来，急诊医学科全体医护主动请缨，参与疫情救治，在我科自身医护人员紧缺的情况下，仍派出三名护士驰援武汉。新冠疫情救治期间，急诊医学科无条件服从医院安排，派出 1 名护士支援新疆库尔勒疫情救治、6 名医护支援石家庄疫情救治、1 名护士支援涞水疫情救治等，全体医护积极参与隔离点、高速路口、发热门诊等疫情防控救治、新冠疫苗接种保障、核酸采集、院内急诊患者救治等工作，为战胜疫情贡献了自己的力量。

风帆有限责任公司清苑分公司极板车间铸板班组 风帆清苑分公司极板车间板班组成立于 2003 年，担负风帆清苑分公司极板车间铸板生产任务，班组成员 108 人，年产板栅 17895.29 万片，产值 11157.52 万元；在车间带领下自成立至今始终秉承“安全生产，关注细节，保持高质量发展”理念，连续多年被评为车间先进班组、质量信得过班组，2021 年度获全国“安康杯”竞赛优胜班组。2022 年，获中船重工“质量信得过班组称号。

保定市荣清国控集团有限公司 荣清国控集团作为清苑区国有企业，坚持党建引领，已发展成涵盖水务、旅游、公交、环卫等领域，总资产达 20 余亿元的集团化企业。不断开拓创新，首次以市场化思路解决原迈创商厦群体性上访并实现千余人就业，首次完成清苑区全民所有制改制为有限责任公司并在石家庄股权交易所孵化板挂牌上市，首次在清苑区实施城区公交一体化并在河北省区域率先实现城区公交全年免费。立足乡村振兴战略，高质量开展城乡环卫一体化，高标准打造冉庄文旅特色小镇和好梦林水微度假体验区，并圆满承办第五届保定市文化和旅游产业发展大会。战疫情、创文明城、稳生产、保民生，充分彰显社会责任。被评为2018—2020年度保定市文明单位荣誉称号。

2022年度清苑区“文明市民”名单

杜海超	区人民检察院
刘孟灿	区人民检察院
张竹平	区人民检察院
刘攀浩	区发展和改革局
何晶晶	区公安分局清苑镇派出所
马硕阳	区公安分局清苑镇派出所
于　阳	区交通管理大队车辆管理所
赵莎莎	区交通管理大队车辆管理所
米飞龙	区供电公司
王宇辉	区供电公司
杨培培	区政务服务中心
靳　超	区交通运输分局
史国新	区交通运输分局
潘永永	区市场监督管理局
胡海燕	区税务局
徐　尧	区司法局
张　鹏	区地道战遗址文物保护中心
崔劭勋	退役军人、城区和谐社区居民
贾　宁	区医疗保障局
冉进祥	区医疗保障局
王　丽	区城市管理综合行政执法局
仝月华	区城市管理综合行政执法局
陈　鸣	区妇幼保健院
王岩岩	区妇幼保健院
王　红	区中医医院
杜琳燕	区中医医院
杨　霞	清苑区第一中学
马会娟	清苑区第一小学
刘　娟	清苑区第一小学
王　珊	清苑区第三小学
杨雪莲	清苑区第一幼儿园
刘　坤	清苑区第三幼儿园
刘红杰	白团镇白团中学
刘红娟	白团镇总校
步志新	石桥镇石桥中学
崔玉芹	冉庄镇冉庄中学
樊玲格	东闾镇南蛮营小学
孟立芳	东闾镇南蛮营小学
陈　梅	李庄乡付家营小学
崔立娜	李庄乡耿庄小学
范玉会	李庄乡耿庄小学
王　贤	李庄乡耿庄小学
王　杰	臧村镇臧村中学
刘丽敏	清苑镇中冉小学
冯晓云	清苑区特殊教育中心
田志刚	清苑区职教中心
刘改新	魏村镇张庄幼儿园
薛立涛	石桥镇石桥中学
雷士宁	阳城镇刘指挥小学
徐丽涛	阳城镇刘指挥小学
李　蕊	阳城镇正各庄小学
张　雪	臧村镇东臧小学
张春芳	臧村镇臧村中学
张彦凯	张登镇北和庄小学
张建华	东闾镇东闾小学
贺鹏龙	保定荣畅公共交通有限公司
武天宇	保定荣畅公共交通有限公司
王桂成	保定荣尚环境科技有限公司
刘　浩	保定市农业产业有限公司
史京生	区农村信用联社股份有限公司

李皓月　邢农商村镇银行股份有限公司
马彦飞　邢农商村镇银行石桥支行
吴　晔　邢农商村镇银行
白亚林　城区东城社区居民
姚　斌　城区西城社区
冉秀改　城区阳光国际小区
田美丽　城区阳光新城社区
贾　飞　白团镇人民政府
李占军　北店乡人民政府
陈金龙　北王力乡大李各庄村
霍力卯　北王力乡北王力村
霍秋栓　北王力乡北王力村
霍长福　北王力乡北王力村
刘　涛　北王力乡北王力村
刘绍信　北王力乡顾家营村
刘思化　北王力乡东王力村
史金成　大庄镇史庄村
冯金素　东闾镇北营头村
闫　勇　东闾镇田蒿村
翟东升　东闾镇翟庄村
李　帅　何桥镇李胡桥村
杨香梅　何桥镇苑桥村
王　志　李庄乡义和庄村
贾延刚　清苑镇南大冉一村
齐红强　清苑镇南大冉三村
刘志广　清苑镇东顾庄村
张秋菊　清苑镇南大冉四村
闫红志　冉庄镇北马庄村
吴新国　冉庄镇陈吴庄村
步新影　石桥镇人民政府
王继辉　石桥镇东石桥村
王　敏　孙村乡大侯村
陈玉坡　望亭镇东安村
高淑霞　望亭镇东邵庄村
冉秀娟　魏村镇孙罗侯村委会
王　恒　温仁镇傅庄村
张　星　温仁镇南孟庄村
肖建雄　温仁镇半壁店村
李　岩　温仁镇良寨村
庞　磊　阎庄乡钟家营
杨　潇　阳城镇石庄村
刘建军　张登镇张登店村
刘剑中　张登镇张登店村
刘兰九　张登镇张登店村

2022 年度河北省学雷锋志愿服务优秀志愿者

邬红英，女，1977 年 12 月出生，北店乡田各庄屯幼儿园教师、保定市蓝天救援队预备队员、城区秋雨舞蹈队队员。作为一名蓝天救援队的志愿者，坚守“同在蓝天下，携手为公益”的核心理念。2017 年至 2018 年 3 次到武罗侯光荣院慰问军烈属孤寡老人。2019 年 5 月为保定市的“防风险，除隐患，遏事故”活动做义务宣传，10 月为区政府“庆祝建国 70 周年歌咏大会”做安保工作。2020 年新冠疫情防控期间，为全区各小区、行政村及中小学幼儿园进行防疫消杀作业 36 次，做防震减灾宣传、为创城执勤站岗、在社区对群众进行安全知识培训，参加区妇联组织的“凝聚她力量，关爱妇女儿童”活动，为 60 岁以上老人免费发放黄手环 3 次，宣传关爱老人，预防阿尔茨海默病。2021 年出队共计 45 次，为全区防疫消杀尽绵薄之力，往返里程达 1800 千米，受益人数 13 万人，并 5 次走进校园为师生做防灾减灾宣讲和演练，在清苑公园为群众提供急救、防震减灾、火灾逃生等培训，披星戴月寻找走失老人，为区政府大型活动做安保。2022 年，19 次协助区政府应急局深入一线疫区做义务消杀，北河庄、温仁镇、臧村镇、城区各单位，南大冉四村等她都是迎着朝阳出发，披星戴月而归。也曾为南宋村中学、李八庄小学、望亭镇几所学校做防溺水宣传，为三中封控师生做心理疏导，参加志愿服务进夜市活动 2 次，协助区妇联除夕慰问支援冬奥会医护人员家属，2次上街义务为群众发放口罩，等等。

加入秋雨舞蹈队后，多次参加公益演出。2018年为保定市志愿者表彰大会带去精彩节目，为西瓜节公益演出2次，为远离非法集资活动做义务宣传。2019年在“庆祝建国70周年新春大联欢”活动中义务演出，为祖国70华诞献礼。2020年为区政府举办的《保定市清苑区文艺工作者进基层》活动义务宣传。2021为保定市妇联的《绣红旗》活动演出3场，为建党100周年参加多场演出。

2022年度保定市学雷锋志愿服务先进典型

一、优秀志愿者

李建军　清苑区法院
高淑芬　中国人民银行清苑支行
吴志英　清苑中学
许彦杰　清苑二中
刘静怡　旭升华庭社区
邢玉金　西石桥村
苑　琛　清苑区委老干部局
任敬辉　东城社区
常亚倩　南侯村
史旭超　保定市蓝天救援队清苑组成员
张　娜　清苑宾馆

二、优秀志愿服务组织

国家税务总局保定市清苑区税务局志愿服务队
保定银行清苑支行志愿服务队
国家电网河北电力清苑共产党员服务队

三、优秀志愿服务创新项目

春雨无偿献血志愿服务分队

四、优秀志愿服务社区（站点）

旭升华庭社区志愿服务站
保定市清苑区城区办兴苑社区

2022年度清苑区学雷锋志愿服务先进典型

一、优秀志愿者（74名）

高淑芬　中国人民银行清苑支行
曹　宇　中国人民银行清苑支行
樊　慢　保定银行股份有限公司清苑支行
屈丽娟　国网保定市清苑区供电公司
张胜利　区行政审批局
吴艳玲　区市场监督管理局
王　华　区税务局
李　瀚　区邢农商村镇银行
霍邵京　区公安分局
贾欢欢　区公安分局交通管理大队车辆管理所
齐营营　区公安分局交通管理大队车辆管理所
安亚昊　区公安分局清苑镇派出所
高凯清　区公安分局清苑镇派出所
秦微微　区公安分局禁毒大队
杨　柳　区公安分局
马　欢　区公安分局禁毒大队
苑　琛　清苑区委老干部局
李建军　保定市蓝天救援队清苑组成员
齐文乐　保定市蓝天救援队清苑组成员
刘　红　保定市蓝天救援队清苑组成员
张显通　保定市蓝天救援队清苑组成员
史旭超　保定市蓝天救援队清苑组成员
张　娜　清苑宾馆
刘丽红　清苑宾馆
安颖娜　清苑宾馆
吴志英　清苑中学
许彦杰　清苑二中
王　飒　清苑区青少年活动中心
崔莉丽　清苑区第一小学
崔玉芹　冉庄镇冉庄中学
常　利　清苑区第三小学
高　健　清苑区第二小学
刘丽红　清苑区第二幼儿园

田建朋 清苑区职教中心
张子豪 清苑区第一中学
许梦涵 魏村镇魏村北街
刘静怡 城区旭升华庭社区
姚　斌 城区西城社区
李　影 城区新兴社区
于洪海 城区阳光国际社区
任敬辉 城区东城社区
贾　旭 城区兴苑社区
杨　昆 城区东城社区
刘　曼 城区和谐社区
李　青 城区永春社区
邢玉金 石桥镇西石桥村
常亚倩 石桥镇南侯村
冯雨晴 石桥镇胡指挥村
刘佳美 石桥镇行政综合服务中心
王秀山 石桥镇仙人桥村
宋海江 石桥镇申庄村
刘新增 石桥镇百家村
王　尚 石桥镇平陵村
张雨梦 石桥镇政府
刘　影 东闾镇南王庄村
葛笑同 东闾镇政府
李　超 孙村乡慈济中医医院
张　璞 臧村镇打油庄村
贾　飞 白团镇政府
李靓琦 白团镇政府
冯胜军 清苑镇北大冉村
冯晓银 清苑镇大福村
朱东霞 清苑镇大福村
贾宸溪 清苑镇东顾庄村
王　赛 清苑镇东顾庄村
李栩光 清苑镇南大冉二村
王　雷 清苑镇南大冉二村
宋　健 清苑镇南大冉四村
李明月 李庄乡
王泽宇 李庄乡付家营村
刘兰琴 张登镇张登村
张　宁 张登镇张登村
莫亚娟 阎庄乡梁庄村
吕　腾 阎庄乡大吕庄村

二、先进志愿服务组织（8个）

中国人民银行清苑支行志愿服务队
国家税务总局保定市清苑区税务局志愿服务队
国家电网河北电力清苑共产党员服务队
区行政审批局志愿服务队
清苑邢农商村镇银行志愿者服务队
保定银行清苑支行志愿服务队
石桥镇仙庭物业志愿服务队
清苑镇大福村巾帼志愿队

三、志愿服务创新项目（1个）

清苑春雨志愿服务队义务献血项目

四、志愿服务示范社区（站点）（6个）

城区旭升华庭社区
城区兴苑社区
石桥镇纳贤村志愿服务站
冉庄镇陈吴庄村志愿服务站
阎庄乡钟家营村志愿服务站
张登镇张登村志愿服务站

保定市清苑区2022年度经济发展优秀企业、先进集体和优秀青年企业家名单

一、经济社会突出贡献企业奖

（一）税收贡献千万元以上企业
风帆有限责任公司清苑分公司
百威（保定）啤酒有限公司
立中四通轻合金集团股份有限公司
中节能（保定）环保能源有限公司
河北骏图建筑工程有限公司
保定长城报废汽车回收拆解有限公司
河北锦悦科技发展有限公司
保定伊和生物科技有限责任公司
河北顺泽医药有限公司

河北泽筑辰宇建筑工程有限公司
（二）民生保障作出贡献企业
保定富瑞康天然气有限公司
保定奥嘉能源有限公司
大唐清苑热电有限公司
河北巨达商贸有限公司
保定建国商贸有限公司
河北宏泽食品有限公司
河北水润佳禾现代农业科技股份有限公司
保定伟昌饲料加工有限公司
河北京东信成供应链科技有限公司
河北尚锋物流有限公司
保定市荣投水务有限公司

二、优秀成长型企业奖

河北新立中有色金属集团有限公司
保定立中东安轻合金部件制造有限公司
保定市金桥纺机配件制造有限公司
保定华岳汽车零部件制造有限公司
保定冀中生物科技有限公司
清苑宏达金属有限公司
河北长发铝业股份有限公司
保定成聚模具冲压有限公司
清苑金南纸业有限公司
辰力集团有限公司
保定市博远电气制造有限公司
保定市金水湾纸业有限公司
保定联想铸造有限公司
河北神力索具集团有限公司
保定莱盛打印机配件有限公司
保定鑫日电线电缆有限公司

三、金融服务经济发展先进单位奖

保定市清苑区农村信用联社股份有限公司
中国工商银行股份有限公司清苑支行
中国农业发展银行保定市清苑区支行
保定清苑区邢农商村镇银行股份有限公司
河北银行股份有限公司清苑支行
保定银行股份有限公司清苑支行

四、文旅大会突出贡献企业奖

保定市荣汇文化旅游管理有限公司
保定市荣之旅文化旅游管理有限公司
河北正迪旅游房地产开发有限公司
河北交建集团有限公司
河北华秀生态建设有限公司
河北新港建筑工程有限责任公司
天津创世生态景观建设股份有限公司
保定荣畅公共交通有限公司

五、新上市企业奖

保定市东利机械制造股份有限公司

六、优秀青年企业家奖

臧永兴 立中四通轻合金集团股份有限公司董事长
于跃龙 河北泽龙投资集团有限公司副总经理
臧永奕 河北立中清新再生资源利用有限公司总经理
卢坤鹏 保定奥琦圣新型金属材料制造有限公司总经理
冉　存 河北英泰电气线缆有限公司总经理
杨雪明 河北古城香业集团股份有限公司董事长
李　洋 保定市五星电气有限公司总经理
吴　超 河北澳瑞环保科技有限公司总经理
裴振华 保定中士包装科技有限公司总经理
杨子超 保定市绿生环境科技有限公司总经理
张　丹 保定立元铜件制造有限公司董事长
刘向阳 保定市福世特防腐科技有限公司总经理
王　超 保定市博远电气制造有限公司总经理
谷力强 冀昌电气集团有限公司总经理
王永刚 保定华威汽车部件制造有限公司总经理
于子轩 保定市大韩玻璃有限公司总经理
苏世忠 河北怀鸽起重机械集团有限公司总经理
王　超 河北杰能电气设备有限公司总经理

2022年清苑区“保定工匠”

堵建钢，男，1978年出生，汉，中共党员，现就职于辰力集团有限公司。自参加工作以来，凭着自己对工作的热爱、对专业的钻研，始终以兢兢业业的态度，求真务实、勤奋进取、勇于奉献的工作作风履行岗位职责。努力学习科学知识，在工作之余通过自学获得了二级建造师机电专业，二级建造师市政专业和高级 BIM 工程师证书。结合公司生产实际，积极投身于科技创新，提高公司的技术改革，新产品研发等一系列工作，参与实施完成多项科技成果。在日常工作中以高标准要求自己，刻苦钻研业务技术专业知识，注重理论联系实际，不断学习新的理论知识，提高专业技术水平，提高科技创新能力。积极推广使用新技术、新装备，参与开展工控自动化工程技术改造。在组织主导编织设备的整体升级期间，加入了产品的不良品在线全自动检测，数据收集等一系列的自动工控系统，将原来由人工观察发现不合格品升级到由工控设施自动检测并将信息实时收集汇总到工控平台，不但大大提高了合格品率而且通过数据的收集分析出设备的故障点和以后整改的方向。积极做好技术创新等方面的综合管理工作，利用技术创新，引进高科技产品，提高了企业核心竞争力。

栾秋冬，男，1980 年出生，就职于保定市东利机械制造股份有限公司，2002 年参加工作，从事数控机械加工 20 年。开发加工石油开采零件 API—6A 标准 BX 与 R 系列端面密封槽双刃铣削方法宏程序。传统的成型立铣刀铣削方法，不仅加工效率低而且需要定制成型刀具，刀具价值也高。经过改进使用双刃传统 VNMG160408 刀片利用专用刀体使用宏程序铣削方法提高加工效率 40%，刀具成本降低 70%，提升了企业竞争力。2022 年，主导河北省汽车发动机轮环零件精密制造技术创新中心精密加工研究室钢质轮环类深槽加工技术研究。2021 年 5 月个人开发并申获发明专利《一种深槽粗车削加工工艺》（专利号 2019113625117）。有效解决加工汽车零部件轻量化深槽特点的难题。2022 年 6 月，发明专利《一种无阀片活塞配合单层管小孔阻尼器的变阻尼装置》进入初审，专利号 2022103876657。

徐红斌，男，汉族，1975 年出生，2004 年 4 月进入保定莱盛打印机配件有限公司制膜车间工作。凭着满腔的工作热情，在技术上刻苦钻研，设计制造了树脂定影膜制备装置，告别了传统的操作方法，由手工涂抹改为机械化提升机浇注法，成功解决了定影膜厚度不均匀，成品合格率低及费时费工的问题。并于 2014 年 2 月 26 日获得国家知识产权局的实用新型专利证书（专利号 ZL 2013 2 0528765.3）。2015 年公司成立了以徐红斌命名的创新工作室，2016 年被保定市清苑区总工会评为区级创新工作室，2017 年又被保定市总工会评为市级创新工作室。徐红斌依托创新工作室，敢于创新，大胆尝试，在长期的一线工作中，积累了丰富的经验，为制膜车间培养出一大批优秀的技术工人，历年来获公司优秀干部奖、设备创新奖、设备改进奖等；2016 年获保定市科学技术和知识产权局的“科技进步奖奖励证书”，2016 年同时获河北省科学技术厅颁发的“河北省科学技术成果证书”，2017 年获保定市清苑区总工会“金牌工人”荣誉称号，2019 年获河北清苑经济开发区“金牌工人”荣誉称号。创新工作室在 2017 年至 2022 年累计申报成功实用新型专利 4 项、发明专利 3 项，为企业发展作出了突出贡献。

杨雪艳，女，1977 年出生，现就职于河北古城香业集团股份有限公司。参加工作二十多年，在工作中不断加强业务技能的学习，将学到的知识和技能用于了企业创新和文化传承。每年开发新产品上百个，获得多项省级科研成果和奖励、7 项国家发明专利，4 项外观专利；作为主要起草人参与了 6 项国家标准和行业标准的制定修订；在科技创新的同时，针对所从事的香文化产业，不断地学习香文化知识，挖掘历史传承资料，建立了清苑传统制香技艺河北省非物质文化遗产传承基地，开发了香文化培训体系，积极推动中华优秀传统香文化的传承与复兴。先后赴日本、泰国、意大利等多国传播中华优秀传统香文化，在大学中学小学开展香文化课程，全国范围内培育出百名香文化创新创业人才；为企业和社会发展做出了突出贡献。2019 年参与修订中国轻工业联合会行业标准 QB/T 1692.4—2010《卫生香》，为主要起草人；2017 年参与起草中国轻工业联合会行业标准《天然植物材料熏香本草香》；2017 年参与研究的河北省科技计划项目《燃香混配工序扬尘抑制技术开发》通过省级科技成果鉴定，并获得河北省科技成果完成者证书；2017 年参与起草中国轻工业联合会行业标准 QB/T 5254—2018《天然植物材料熏香檀香》，为主要起草人；2016 年参与制定中华人民共和国国家标准 GB/T 33274—2016《燃香类产品分类及术语》，为主要起草人；2020 年《全自动制香机》项目获中国轻工业联合会科学技术进步三等奖，第三完成人；2019 年参与研发的《燃香混配工序扬尘抑制技术开发项目》获中国轻工业联合会科学技术进步三等奖；2015 年参与研发的《全自动制香机新技术研究》项目获保定市科技进步三等奖。

2022 年清苑区“清苑工匠”名单

董琳琳　国网河北省电力有限公司保定市清苑区供电分公司
郝东永　国网河北省电力有限公司保定市清苑区供电分公司
刘　佳　国网河北省电力有限公司保定市清苑区供电分公司
李红跃　保定冀中生物科技有限公司
刘敬娜　保定市清苑区乐帮家政服务部
徐红斌　保定莱盛办公设备有限公司
尤美芳　保定市彤心雨虹餐饮有限公司
杨雪艳　河北古城香业集团股份有限公司
王　炜　立中四通轻合金集团股份有限公司
栾秋冬　保定市东利机械制造股份有限公司
张　雯　百威（保定）啤酒有限公司
高慧阳　保定市博远电气制造有限公司
堵建钢　辰力集团有限公司
陈　龙　保定市荣投水务公司
庞　鹏　河北英泰电气线缆有限公司
孙立坡　保定市绿生环境科技有限公司
李丽琴　保定市伍发棉织有限公司
康振国　百威（保定）啤酒有限公司
赵　坤　辰力集团有限公司
许彰衡　河北德耐驰精密模具制造有限公司
张维伟　风帆有限责任公司清苑分公司
马凯博　风帆有限责任公司清苑分公司
张　仙　国网河北省电力有限公司保定市清苑区供电分公司
杨洁晶　保定富瑞康天然气有限公司
李勇博　河北顺泽医药有限公司
郑　永　保定味群食品科技股份有限公司
朱立保　河北水润佳禾现代农业科技有限公司
李小冬　保定市彤心雨虹餐饮有限公司
张美荣　保定英特盛鬃刷制造有限公司
杨　杰　保定华威汽车部件制造有限公司
高　磊　保定市博远电气制造有限公司
康奇志　保定市博远电气制造有限公司
王腾达　河北建设集团钢结构工程有限公司
司占国　河北建设集团钢结构工程有限公司
周彩莲　保定冀中生物科技有限公司
王永尚　保定冀中生物科技有限公司
于富兴　立中四通轻合金集团股份有限公司
金　环　立中四通轻合金集团股份有限公司
付朝红　河北新立中有色金属集团有限公司
张　宇　河北新立中有色金属集团有限公司

中共保定市清苑区委 保定市清苑区人民政府 关于2022年度区委管理的领导班子和领导干部考核结果的通报

各乡镇党委、政府，开发区管委会，区直各单位，各人民团体，人武部政工科：

按照年度考核有关规定和评价标准，区委组织实施了对乡镇、区直单位领导班子和领导干部2022年度考核工作，定档结果已经区委常委会研究通过，现通报如下：

一、领导班子考核结果

1. 优秀等次领导班子（32个）

清苑镇、东闾镇、北店乡、臧村镇、大庄镇、冉庄镇、区委办、区政府办、区人大办、区纪委监委、区委宣传部、区政协办、区委统战部、区信访局、区财政局、区发改局、区水利局、河北清苑经济开发区、区法院、区检察院、区市场监督管理局、区综合行政执法局、区应急管理局、区教育和体育局、区卫生健康局、区行政审批局、区住建局、区统计局、区融媒体中心、区医院、区公安分局、区税务局

2. 良好等次领导班子（77个）

何桥乡、望亭镇、孙村乡、白团乡、石桥乡、张登镇、温仁镇、魏村镇、阎庄乡、阳城镇、北王力乡、李庄乡、城区办、区委组织部、区委政法委、区委巡察办、区委编办、区委网信办、区直工委、区商务局、区工信局、区农业农村局、区司法局、区审计局、区人力资源和社会保障局、区退役军人事务局、区文化广电和旅游局、区民政局、区医疗保障局、区委老干部局、区民宗局、团区委、区妇联、区残联、区委非公经济组织和社会组织委员会、区基层组织建设服务中心、区市场建设服务中心、区荣清公司、区科协、区妇幼保健院、区地道战遗址文物保护中心、区委党校、清苑一中、区招待处、清苑中学、区总工会、区职教中心、区进修学校、区文联、区档案馆、区中医医院、区工商联、区供销社、区生态环境分局、农发行、农行、区自然资源和规划分局、工行、电信公司、区交通分局、邮储银行、区供电公司、气象局、财险、建行、中行、广电网络公司、联通公司、移动公司、保定银保监分局清苑监管组、联社、人行、寿险、石油公司、烟草公司、铁塔公司、邮政公司

3. 一般、较差等次领导班子（无）

二、领导干部考核结果

1. 优秀领导干部（222人）

樊小光、杨博玉、王喜旺、刘　刚、邓　佳、王志峰、张　超、赵一帆、张骥川、常会龙、任新建、高云建、张　程、陈　钊、陈　贺、申凤伟、柴红旗、杨　宁、王　洁、王梦阳、付增祥、申伟东、张肃利、焦　会、李建波、党　浩、孟　辉、崔宏生、任中生、褚立青、李　根、苏杏便、翟孟臣、蔡松柏、谷士涛、吴永新、陈　浩、冯妍妍、王　宁、刘　川、史　璠、张　墨、韩　磊、石　威、赵红娜、崔亚男、刘　超、王大蕊、杨大水、步新影、马向飞、周　丹、张明元、张　帅、李成龙、何晓雯、王国清、李丽莎、胡　猛、李云丽、白月影、张　瑶、詹红梅、王笑铮、边　芳、霍　乾、韩素青、申　肖、王晓明、王路璐、韩世伟、冯丹华、杨月颖、李天宇、黄颖哲、屈海洋、武海争、祁占房、李勇谋、宋语嫣、张建广、王立恒、刘　旭、常志欣、张彦青、贺　强、臧旭东、王志远、张孝广、陈建辉、段　蕾、苏新江、常志超、刘晓阳、马　腾、翟　思、冉同顺、边继红、李顺启、黄　柳、魏红翠、张　斌、刘　磊、刘红江、刘晓君、刘红伟、潘　洁、任新刚、杨小丰、张　琼、任新军、刘慧贤、崔启正、徐丙杰、侯志新、申庆林、马瑞军、李常永、吴宏伟、谭运涛、段建永、刘立会、郐小松、高雁成、史春友、冯银霞、王新发、张国占、赵木强、王亮晶、高永超、李大龙、段杏娟、郭　新、张　培、

马路刚、王文渊、崔新立、黄俊峰、丁红彬、徐　凯、武全乐、邢振峰、张文利、冉占永、王松坡、王　琴、曹洪生、马新军、李艳芹、王鹏飞、董海涛、张宏伟、安卫峰、杨铁勇、王志芬、樊树旺、冯艳光、刘新记、刘海斌、郭　磊、刘国玉、李新位、王福禄、安　磊、刘红厂、李红伟、韩永利、陈松鹤、冉喻方、王少武、安梦楠、平力蒙、刘记兵、陈　忠、朱文豪、任占龙、胡乾幸、贾　彬、翟明星、王鹏飞、郭　涛、李永利、郝亚群、丁海峰、刘春志、张同海、刘朝辉、刘秋成、冉志忠、赵爱玲、范彦永、赵宝忠、史小东、肖　东、王　鹏、王庆宇、王利军、刘春晓、李兰生、张　伟、殷宏伟、樊建民、王向伟、张立会、赵迎春、刘显龙、薛保龙、赵惠娟、孟　健、耿记永、王　姗、刘　越、李锐锋、胡文良、李奇良、李桂燕、杨建新、张　军、张广军、刘红召、赵　彬

2. 称职领导干部（658人），名单略

3. 不定等次领导干部（9人），名单略

4. 没有基本称职和不称职等次领导干部

三、表彰与奖励

区委、区政府决定，对评为优秀的领导班子和领导干部予以通报表彰。对年度考核结果为优秀等次的领导班子，授予“实绩突出领导班子”荣誉称号。对年度考核结果为优秀等次的领导干部，按照规定给予奖励；年度考核结果为称职及以上等次的领导干部，按照有关规定享受年度考核奖金、晋升工资级别和级别工资档次。干部年度综合考核评价结果是对领导班子和领导干部的总体评价，各单位领导班子和领导干部要正确对待考核结果，通过考核总结经验，查找不足，明确方向，争取更大成绩。

区委、区政府希望，被评为优秀的领导班子和领导干部要珍惜荣誉、发扬成绩、再接再厉、再创佳绩，力争各项工作在全市、全省有名有位，提升清苑对保定整体工作的贡献度。没有受到表彰的领导班子和领导干部要对标先进、查找不足、自我加压、奋起直追，努力营造干事创业、争先创优的浓厚氛围。

区委、区政府号召，全区各单位和广大干部群众要以受通报表彰的单位和个人为榜样，在区委、区政府的坚强领导下，以习近平新时代中国特色社会主义思想为指导，深入学习宣传贯彻中共二十大精神，紧紧围绕中央和省、市、区决策部署，牢牢把握团结奋斗的时代要求，弘扬“激情实干、好学创造、务实担当”的新时代保定干部鲜明特质，抢抓机遇、主动作为，全力打造中国式现代化7个清苑场景，为奋力推动保定现代化品质生活之城加快高质量发展、实现高效能治理，为建设经济强省、美丽河北贡献清苑力量。

附录

附　录

保定市清苑区2022年国民经济和社会发展统计公报

清苑区统计局

2023年3月7日

2022年，区委、区政府坚持以习近平新时代中国特色主义思想为指导，以迎接、学习、宣传、贯彻中共二十大为主线，坚决落实党中央“疫情要防住、经济要稳定、发展要安全”重要要求，以解放思想盘活工作全局，以奋进进取对冲疫情影响，盯紧末端抓落实，较好地完成年初确定的任务目标，各项事业发展呈现良好态势。

一、综合

初步核算，全区生产总值完成170亿元，比上年增长4.6%。其中，第一产业增加值39亿元，比上年增长1.5%；第二产业增加值53.6亿元，比上年增长7.6%；第三产业增加值77.4亿元，比上年增长4.4%。三次产业比例由上年的22.3∶31.5∶46.2，调整为23∶31.5∶45.5。全区人均地区生产总值27266元，比上年增长4.7%。

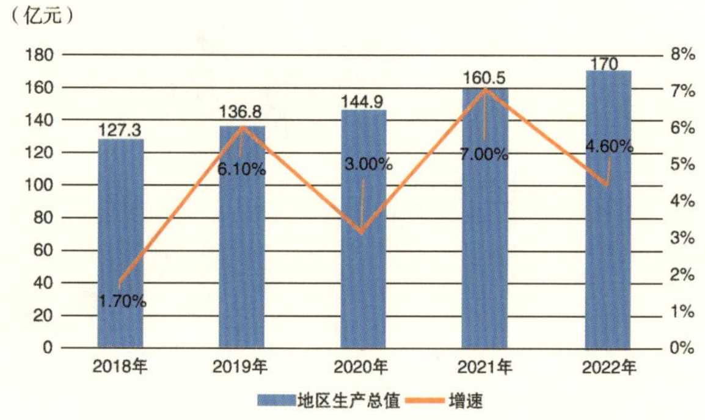

图1　2018—2022年地区生产总值及其增长速度示意图

全区民营经济增加值完成1019308万元，同比增长3.7%，占地区生产总值比重为60%；民营经济实缴税金100330万元，同比下降13.8%，占全部财政收入的47.5%。民营企业共计2805户，民营个体共计10027户，从业人员97198人，民营经济从业人员占全区二、三产业从业人员的54.1%。

二、农业

全区农林牧渔业总产值完成639649万元，可比价增速1.5%。其中，农业产值465567万元，可比价增速1.1%；林业产值320万元，可比价增速-45.5%；牧业产值155018万元，可比价增速1.4%；农林牧渔服务业产值18744万元，可比价增速16.1%。

全区粮食播种面积1053493亩，比上年增加

3236 亩。粮食总产量 482629 吨，比上年增加 7082 吨，同比增长 1.5%。其中，夏粮总产 213736 吨，同比增长 0.7%；秋粮总产 268893 吨，同比增长 2.2%。油料作物面积 20558 亩，同比下降 7.6%，油料产量 5612 吨，同比下降 7.6%。

全区蔬菜瓜类播种面积 143221 亩，比上年增长 10.1%。蔬菜瓜类产量 1013526 吨，比 2021 年下降 6%。

全区肉类总产量 29255 吨，同比下降 3.2%。禽蛋产量 45864 吨，同比增长 2.9%。奶产量 87162 吨，同比增长 9.5%。年末生猪存栏 10.9 万头，牛存栏 3.4 万头，羊存栏 5.1 万只。

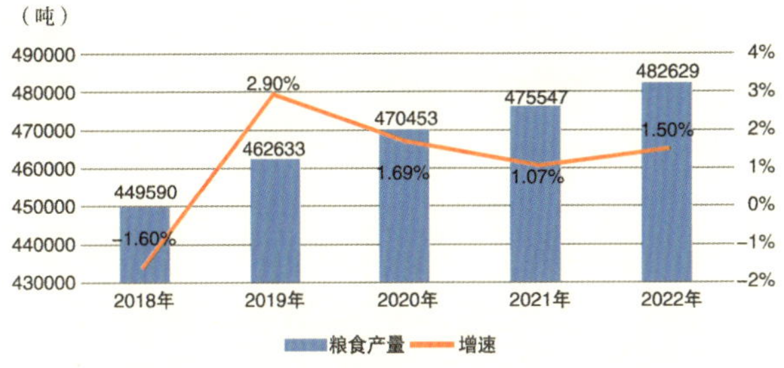

图 2　2018—2022 年粮食产量及其增长速度示意图

三、工业和建筑业

全区规模以上工业总产值 130.3 亿元，同比增长 3.9%。全部工业实现增加值 41.7 亿元，同比增长 4.9%。其中，规模以上工业实现增加值 30 亿元，同比增长 5.2%，实现主营业务收入 145.7 亿元，同比增长 8.5%，实现利润总额 6.9 亿元，同比增长 56.4%，实现利税 9.7 亿元，同比增长 46.1%；规模以下工业实现增加值 11.7 亿元，同比增长 5.4%。

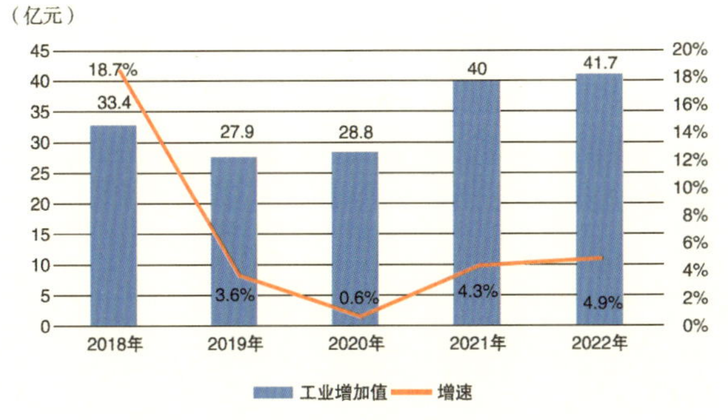

图 3　2018—2022 年工业增加值及其增长速度示意图

规模以上工业中，装备制造业增加值完成 5.8 亿元，同比增长 31.7%，占规模以上工业增加值的比重为 19.3%；高新技术产业增加值完成 10.9 亿元，同比增长 5.1%，占规模以上工业增加值的比重为 36.6%。

规模以上工业中，电力、热力生产和供应业实现产值 152257 万元，同比增长 21.3%；农副食品加工业实现产值 80811 万元，同比下降 5.2%；有色金属延压加工业实现产值 481801 万元，同比增长 12.2%；通用设备制造业实现产值 47903 万元，同比下降 42.3%；纺织业实现产值 20346 万元，同比下降 13.7%；造纸及纸制品业实现产值 54180 万元，同比增长 1.8%。

建筑业总产值完成 41.44 亿元，同比增长 22.9%，建筑业实现增加值 119646 万元，同比增长 15.9%。

四、固定资产投资

全社会固定资产投资完成 56.5 亿元，同比增长 12.1%。

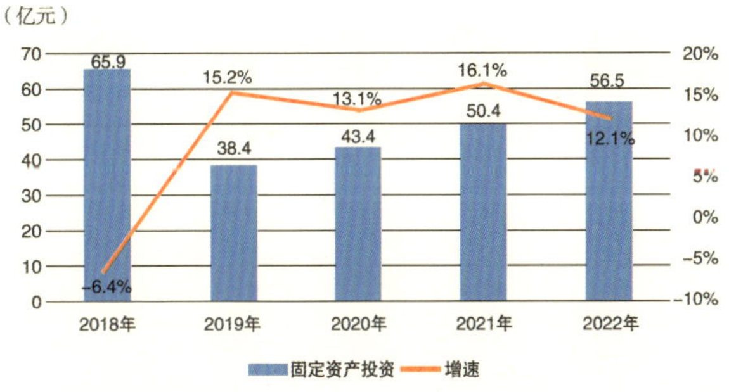

图 4　2018—2022 年全社会固定资产投资及其增长速度示意图

建设项目完成投资 39.2 亿元，同比增长 27.1%。施工项目 60 个，其中新开工项目 20 个。房地产完成投资 17.4 亿元，同比下降 11.4%，施工面积 406740 平方米，比上年减少 105713 平方米。

五、国内贸易

2022 全年实现社会消费品零售总额 58 亿元，同比增长 1.1%。其中，限额以上企业实现消费品零售额 21.4 亿元，同比增长 7.1%。

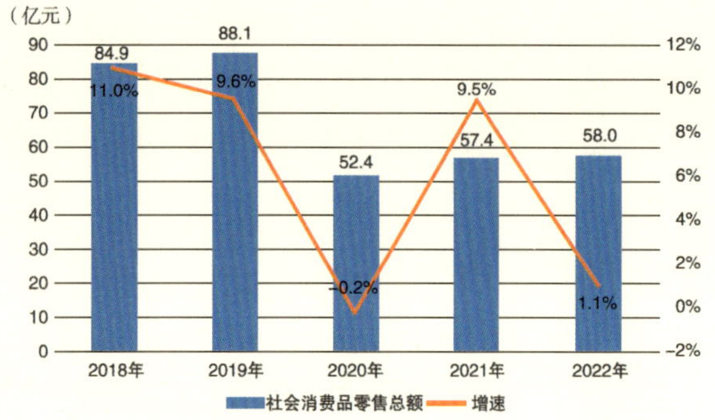

图5　2018—2022年全社会消费品零售总额及其增长速度示意图

从区域看，城镇消费品零售额完成50亿元，同比增长1.6%；乡村消费品零售额为7.9亿元，同比下降1%。

在限额以上批发零售企业商品零售额中，汽车类同比增长0.7%，中西药品类同比增长10.3%。

六、对外经济

全年进出口总值完成22.3亿元，同比增长21.8%。其中，出口总值17.2亿元，同比增长16.6%。

七、财政、金融

全年完成全部财政收入211307万元，同比增长34.4%。其中：一般公共预算收入160794万元（2022年完成收入中包括一次性大额收入共计9.46亿元，占一般公共预算收入的58.8%），同比增长72.2%。财政支出415552万元，同比增长21%。

年末金融机构各项存款余额4403739万元，同比增长19%，其中居民储蓄存款余额3659189万元，同比增长18.9%。年末金融机构各项贷款余额1631193万元，同比增长31.2%。

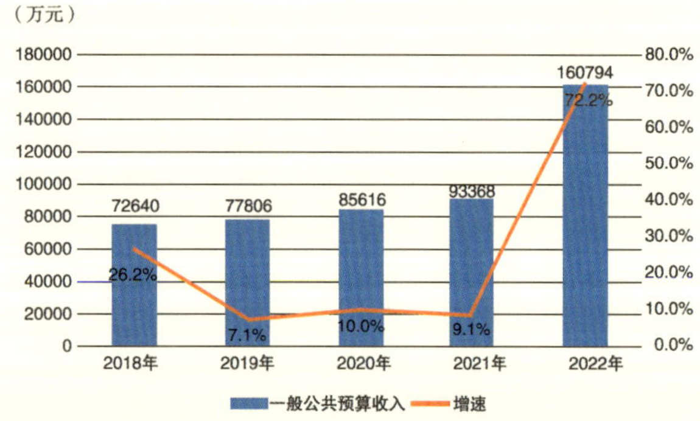

图6　2018—2022年一般公共预算收入及其增长速度示意图

八、交通、邮电

全区境内高速、国省干线公路共计151.8千米，其中高速公路2条共计58.2千米、国道2条共计38.4千米、省级公路6条共计55.2千米。农村公路县、乡、村共计1154千米，其中县道2条16.6千米，乡道381.4千米，村道756千米。总计公路里程1305.8千米。

全区邮政基本服务收入3130万元，移动电话用户43万户，其中5G移动用户15万户，4G移动用户21万户，互联网接入用户7.9万户。

九、文化、教育、卫生

冉庄地道战遗址是全国首批重点文物保护单位、全国青少年教育基地、全国首批爱国主义教育示范基地、全国红色旅游经典景区、国家首批国防教育示范基地。据统计，2022年，景区共成功接待游客13.5万人次。开展线上线下相结合的义务演出14余场，受众约2.5万余人次。

全区总计各级各类学校400所，其中公办276所，民办124所。其中公办高中4所，民办高中3所；公办初中24所，民办初中2所；公办小学127所；公办幼儿园112所，民办幼儿园118所；公办教学点6所，职教中心2所，教师进修学校1所，特殊教育学校1所。

学校在校生总数为118539人，高中阶段学生16767人，初中生27507人，小学生53335人，幼儿20869人，特教学校学生61人。全区幼儿、小学、初高中、特教阶段在职在编专职教师分别为960人、2944人、2440人、15人，共有6359人。

重点高中清苑中学、清苑第一中学普通高考参考人数2299人。据不完全统计，本一上线（强基计划控制线）896人，本一上线率39%；本科上线1622人，上线率70.6%。高考总分600分以上37人；理科最高分652分，文科最高分624分。

全区共有公立医疗卫生机构22个，其中区级医疗机构3个，疾控中心、监督所各1个，乡镇卫生院18个，城区社区卫生服务中心1所。

公立医疗机构实有床位1236张。各类卫生技术人员1775人，其中执业医师和执业助理医师848人，注册护士653人。

十、人口、人民生活、社会保障

年末全区总户数226398户，总人口691052人，常住人口62.34万人，城镇化率44.6%。2022年，出生3606人，出生率为5.2‰；死亡2051人，死亡率为3‰；自增人数1555人，自然增长率为2.2‰。

2022年，城镇居民人均可支配收入40141元，比上年增长4.6%，农村居民人均可支配收入24345元，比上年增长5.2%。

2022年，参加基本养老保险单位2649个（企业2222个，机关、事业单位427个），参保职工35806人（企业22920人，机关、事业单位12886人）。企业基本养老保险扩面新增2367人；参加基本养老保险的离退休人员11860人（企业6017人，机关、事业单位5843人），发放基本养老金60422.3万元（企业22191.9万元，机关、事业单位38230.4万元，确保了参加基本养老保险的离退休人员基本养老金按时足额发放。参加工伤保险单位2289个，参保职工32341人，征缴工伤保险费1301.7万元。

2022年，累计新增城镇就业3620人，城镇登记失业率控制在4.5%以内。全区享受最低生活保障的人员9532人，其中农村低保对象8897人，全年发放最低生活保障金2613.9万元；城镇低保对象635人，全年发放最低生活保障金299.6万元。城乡特困户2576人，其中分散供养2370人，发放特困供养金（包括护理补贴）1993万元，集中供养206人，发放特困供养金（包括护理补贴）189.4万元。

十一、环保、能源

城市人均公园绿地面积14.9平方米，城市建成区绿地率达39.5%。城市污水集中处理率98.1%；城市生活垃圾无害化处理率达100%，城市空气质量达到优良天数249天，全年$PM_{2.5}$浓度为46微克/立方米。

2022年，能源消费总量139万吨标准煤，同比下降1%。煤炭消费量170.9万吨，同比增长2.5%；天然气消费量17943万立方米，同比下降4.9%；电力消费量232418.8万千瓦时，同比增长4.8%，其中工业用电消费量104467万千瓦时，同比下降0.6%。单位万元生产总值能源消耗量0.8吨标煤/万元，同比下降2.9%。

注释：

1. 本公报2022年部分数据为快报数。

2. 公报中生产总值、各产业、各行业增加值绝对数按现行价格计算，增长速度按不变价格计算。

3. 公报中出生人数、出生率、死亡人数、死亡率均为人社局提供。

4. 公报中部分数据由于单位取舍不同而产生的计算误差，未作机械调整。

重要文件目录

2022 年清苑区委重要文件一览表

表 1

文号	名称	发文单位	发文日期
清发			
清发〔2022〕1 号	关于印发《保定市清苑区法治社会建设实施方案（2021—2025 年）》的通知	中共保定市清苑区委	2022 年 1 月 10 日
清发〔2022〕2 号	关于印发《法治清苑建设规划（2021—2025 年）》的通知	中共保定市清苑区委	2022 年 1 月 10 日
清发〔2022〕3 号	关于开展“三统筹三扩大四创建”活动迎接中共二十大胜利召开的实施意见	中共保定市清苑区委 保定市清苑区人民政府	2022 年 3 月 9 日
清发〔2022〕4 号	关于做好 2022 年全面推进乡村振兴重点工作的实施意见	中共保定市清苑区委 保定市清苑区人民政府	2022 年 4 月 20 日
清发〔2022〕5 号	关于印发《奋力推动现代化品质生活之城绽放新颜值跑出加速度 2022 年行动计划》的通知	中共保定市清苑区委 保定市清苑区人民政府	2022 年 5 月 23 日
清发〔2022〕6 号	关于印发《在全区开展党史学习教育总结报告》的通知	中共保定市清苑区委	2022 年 6 月 16 日
清发〔2022〕7 号	印发《关于加强和改进新时代人才工作的若干措施》的通知	中共保定市清苑区委 保定市清苑区人民政府	2022 年 9 月 28 日
清发〔2022〕8 号	关于认真学习宣传贯彻中共二十大精神的实施意见	中共保定市清苑区委	2022 年 11 月 16 日
清字			
清字〔2022〕1 号	关于表彰 2021 年度清苑区中心工作先进集体和先进个人的决定	中共保定市清苑区委 保定市清苑区人民政府	2022 年 1 月 26 日
清字〔2022〕2 号	关于开展“再造新保定、奋进党旗红”活动的实施意见	中共保定市清苑区委	2022 年 2 月 14 日
清字〔2022〕3 号	关于印发《保定市清苑区关于落实〈保定市国家职业教育改革试点建设三年行动计划（2022—2024 年）〉实施方案》的通知	中共保定市清苑区委 保定市清苑区人民政府	2022 年 3 月 1 日
清字〔2022〕4 号	关于印发《2022 年落实全面从严治党主体责任工作安排》的通知	中共保定市清苑区委	2022 年 3 月 29 日

续表 1

文号	名称	发文单位	发文日期
清字〔2022〕5 号	关于印发《关于市委对清苑区 2021 年度落实全面从严治党主体责任和党风廉政建设责任制专项检查反馈意见的整改工作方案》的通知	中共保定市清苑区委	2022 年 4 月 1 日
清字〔2022〕6 号	关于给予王顺强同志党内警告处分的决定	中共保定市清苑区委	2022 年 4 月 11 日
清字〔2022〕7 号	关于印发《中共保定市清苑区委常委会议事决策规则》的通知	中共保定市清苑区委	2022 年 5 月 12 日
清字〔2022〕8 号	关于 2021 年度区委管理的领导班子和领导干部考核结果的通报	中共保定市清苑区委 保定市清苑区人民政府	2022 年 6 月 15 日
清字〔2022〕9 号	关于进一步加强和改进新时代政治监督的实施意见	中共保定市清苑区委	2022 年 7 月 8 日
清字〔2022〕10 号	关于同意撤销白团乡设立白团镇行政区划调整方案的意见	中国共产党保定市清苑区委员会	2022 年 7 月 12 日
清字〔2022〕11 号	关于同意撤销石桥乡设立石桥镇行政区划调整方案的意见	中国共产党保定市清苑区委员会	2022 年 7 月 12 日
清字〔2022〕12 号	关于同意撤销何桥乡设立何桥镇行政区划调整方案的意见	中国共产党保定市清苑区委员会	2022 年 7 月 12 日
清字〔2022〕13 号	关于调整区委常委工作分工的通知	中共保定市清苑区委	2022 年 8 月 15 日
清字〔2022〕14 号	关于印发《保定市清苑区“数字清苑”建设方案》的通知	中共保定市清苑区委 保定市清苑区人民政府	2022 年 10 月 25 日
清办发			
清办发〔2022〕1 号	关于印发《保定市清苑区推动城乡建设绿色发展的实施方案》的通知	中共保定市清苑区委办公室 保定市清苑区人民政府办公室	2022 年 3 月 28 日
清办发〔2022〕2 号	关于转发《中共保定市清苑区委宣传部 2022 年宣传思想工作要点》的通知	中共保定市清苑区委办公室	2022 年 3 月 28 日
清办发〔2022〕3 号	关于印发《保定市清苑区事业单位管理岗位职员等级晋升制度工作实施方案》的通知	中共保定市清苑区委办公室 保定市清苑区人民政府办公室	2022 年 4 月 19 日
清办发〔2022〕4 号	关于印发《中共保定市清苑区委巡察工作规划（2021—2025 年）》的通知	中共保定市清苑区委办公室	2022 年 5 月 7 日
清办发〔2022〕5 号	关于印发《关于加强和改进新时代区政协工作的落实措施》的通知	中共保定市清苑区委办公室	2022 年 5 月 7 日
清办发〔2022〕6 号	关于印发《保定市清苑区清理规范村级集体经济合同实施方案》的通知	中共保定市清苑区委办公室 保定市清苑区人民政府办公室	2022 年 5 月 27 日
清办发〔2022〕7 号	印发《关于进一步加强人民政协协商民主建设的工作措施》的通知	中共保定市清苑区委办公室	2022 年 6 月 7 日

续表 1

文号	名称	发文单位	发文日期
清办发〔2022〕8 号	印发《关于当前全区意识形态领域形势的通报》的通知	中共保定市清苑区委办公室	2022 年 7 月 19 日
清办发〔2022〕9 号	关于开展“清苑工匠”命名活动的通知	中共保定市清苑区委办公室 保定市清苑区人民政府办公室	2022 年 11 月 21 日
清办字			
清办字〔2022〕1 号	关于印发《保定市清苑区科学技术协会机关职能配置、内设机构和人员编制规定》的通知	保定市清苑区委办公室	2022 年 4 月 20 日
清办字〔2022〕2 号	关于印发《保定市清苑区计划生育协会机关职能配置、内设机构和人员编制规定》的通知	保定市清苑区委办公室	2022 年 4 月 20 日
清办字〔2022〕3 号	关于印发《保定市清苑区文学艺术界联合会机关职能配置、内设机构和人员编制规定》的通知	保定市清苑区委办公室	2022 年 4 月 20 日
清办字〔2022〕4 号	关于印发《区级层面整治形式主义为基层减负专项工作机制 2022 年工作要点》的通知	中共保定市清苑区委办公室	2022 年 5 月 11 日
清办字〔2022〕5 号	关于印发《关于组建医疗卫生集团推进紧密型医共体建设的实施方案（试行）》的通知	中共保定市清苑区委办公室 保定市清苑区人民政府办公室	2022 年 8 月 11 日
清办字〔2022〕6 号	关于申请拨付维修经费的请示	中共保定市清苑区委办公室	2022 年 12 月 28 日
办公室通报			
第 1 期	闫向阳同志在区委三届三次全体会议上的报告、讲话和结束时的讲话	中共保定市清苑区委办公室	2022 年 1 月 21 日
第 2 期	闫向阳同志在党史学习教育总结会议上的讲话	中共保定市清苑区委办公室	2022 年 1 月 26 日
第 3 期	闫向阳、陈栋同志在区纪委三届二次全会上的讲话	中共保定市清苑区委办公室	2022 年 3 月 1 日
第 4 期	闫向阳同志在全区基层党建工作述职评议暨组织工作会议上的讲话	中共保定市清苑区委办公室	2022 年 3 月 1 日
第 5 期	闫向阳同志在全区防汛抗旱工作会议上的讲话	中共保定市清苑区委办公室	2022 年 5 月 20 日
第 6 期	闫向阳在第五届保定市文化和旅游产业发展大会推进会上的发言	中共保定市清苑区委办公室	2022 年 9 月 10 日
第 7 期	闫向阳在重点工作推进会上的发言	中共保定市清苑区委办公室	2022 年 9 月 14 日

续表 1

文号	名称	发文单位	发文日期
第 8 期	闫向阳、赵永建、俎刚、李嘉明、刘洪刚同志在全区作风大整顿及重点工作推进会上的讲话	中共保定市清苑区委办公室	2022 年 10 月 15 日
第 9 期	闫向阳同志在在三届区委第三轮巡察工作动员部署会上的讲话	中共保定市清苑区委办公室	2022 年 11 月 10 日
第 10 期	闫向阳同志在区委三届四次全体会议上的报告、讲话	中共保定市清苑区委办公室	2022 年 11 月 15 日

2022 年清苑区人民政府文件一览表

表 2

文号	标题	日期
清政办〔2022〕2 号	关于调整保定市清苑区全面推进依法行政工作领导小组组成人员的通知	1 月 19 日
清政办〔2022〕3 号	关于调整区政府领导工作分工的通知	1 月 20 日
清政办〔2022〕4 号	关于印发《保定市清苑区“书院之城”建设三年行动计划（2022—2024 年)》的通知	1 月 25 日
清政办〔2022〕7 号	关于印发《保定市清苑区迎宾西路南侧中冉段首期征迁补偿安置工作的实施方案》的通知	2 月 23 日
清政办〔2022〕8 号	关于印发《保定市清苑迎宾西路南侧中冉段首期征迁补偿安置方案》的通知	2 月 23 日
清政办〔2022〕9 号	关于印发《保定市清苑区迎宾西路南侧中冉段首期宅基地认定指导意见》的通知	2 月 23 日
清政办〔2022〕9 号	关于印发《保定市清苑区洁净城市创建活动实施方案》的通知	2 月 25 日
清政办〔2022〕10 号	关于印发《保定市清苑区 2022 年中央财政提前批资金支持农业生产社会化服务项目实施方案》的通知	2 月 28 日
清政办〔2022〕11 号	关于 2021 年各银行业金融机构存贷款情况的通报	3 月 1 日
清政办〔2022〕12 号	关于 2021 年度行政事业性国有资产情况的报告	3 月 2 日
清政办〔2022〕13 号	关于报送 2022 年新增政府专项债券常态化储备项目需求的请示	3 月 8 日
清政办〔2022〕14 号	关于进一步落实企事业单位安全生产监管责任的通知	3 月 10 日
清政办〔2022〕15 号	关于印发《保定市清苑区关于开展中央环保督查“回头看”地热整改工作实施方案》的通知	3 月 11 日
清政办〔2022〕16 号	关于调整保定市清苑区被征地农民参加基本养老保险实施方案和实施细则相关内容的通知	3 月 14 日
清政〔2022〕25 号	唐河北青断面水质达标保障（提升）方案	3 月 21 日

续表 2

文号	标题	日期
清政〔2022〕26 号	漕河马庄断面水质达标保障（提升）方案	3 月 21 日
清政〔2022〕27 号	府河膳马庙断面水质达标保障（提升）方案	3 月 21 日
清政办〔2022〕17 号	关于成立保定市清苑区规范停车场建设管理工作领导小组的通知	3 月 22 日
清政办〔2022〕18 号	关于调整“双基”共建农村信用工程领导小组的通知	3 月 30 日
清政办〔2022〕19 号	关于印发《保定市清苑区开展“大干一百天”专项行动的实施方案》的通知	3 月 31 日
清政〔2022〕40 号	关于东闾乡撤乡设镇完成变更情况的报告	4 月 7 日
清政〔2022〕41 号	关于石桥乡东石桥村防洪整治工作进展情况的报告	4 月 12 日
清政办〔2022〕20 号	关于调整 2021 年度部分债券项目的请示	4 月 18
清政办〔2022〕21 号	关于印发保定市清苑区全面开展全区隐性债务风险防范化解工作“回头看”的通知	4 月 24 日
清政〔2022〕46 号	关于申请注册“清苑西瓜”地理标志证明商标的函	4 月 26 日
清政办〔2022〕22 号	关于印发《2022 年保定市清苑区金融领域风险排查工作方案》的通知	4 月 29 日
清政办〔2022〕23 号	关于进一步落实企事业单位安全生产监管责任的通知	5 月 6 日
清政办〔2022〕24 号	关于印发《唐河治理工程（东石桥村段）征地及地面附着物补偿方案》的通知	5 月 6 日
清政办〔2022〕25 号	关于印发《保定市清苑区 2021—2022 年度农村生活水源江水置换项目涉气施工安全管理工作方案》的通知	5 月 9 日
清政办〔2022〕26 号	关于印发《保定市清苑区 2022 年城区防汛应急预案》的通知	5 月 13 日
清政办〔2022〕27 号	关于印发《保定市清苑区属国有企业实物资产转让管理办法（试行）》的通知	5 月 16 日
清政办〔2022〕28 号	关于印发《保定市清苑区属国有企业违规经营投资责任追究办法（试行）》的通知	5 月 16 日
清政办〔2022〕29 号	关于印发《保定市清苑区唐河治理工程（东石桥村段）实施方案》的通知	5 月 17 日
清政办〔2022〕30 号	关于印发《唐河治理工程（东石桥村段）征迁补偿安置方案》的通知	5 月 17 日
清政办〔2022〕31 号	关于印发《唐河治理工程（东石桥村段）征迁宅基地认定指导意见》的通知	5 月 17 日
清政办〔2022〕32 号	关于成立农业科技园区建设领导小组的通知	5 月 23 日
清政办〔2022〕33 号	关于成立农业科技园区领导管理委员会的通知	5 月 23 日
清政办〔2022〕34 号	关于进一步精简公文数量提升公文办理质量的工作措施	6 月 7 日

续表 2

文号	标题	日期
清政办〔2022〕35 号	关于印发《保定市清苑区人民政府政协保定市清苑区委员会联席协商会议工作制度》的通知	6 月 9 日
清政办〔2022〕36 号	关于印发《保定市清苑区属国有企业国有资产租赁行为的实施意见（试行）》的通知	6 月 20 日
清政办〔2022〕37 号	关于确定区县级治安保卫重点单位的通知	6 月 23 日
清政办〔2022〕38 号	关于印发《保定市清苑区全国第七届“万步有约”健走激励大赛实施方案》的通知	6 月 23 日
清政办〔2022〕39 号	关于部分区政府领导同志工作分工的通知	6 月 26 日
清政办〔2022〕40 号	关于赴邯郸市永年区考察学习的函	6 月 30 日
清政办〔2022〕41 号	关于赴河南省长垣市考察学习的函	6 月 30 日
清政办〔2022〕42 号	关于开展行政规范性文件清理工作的通知	7 月 11 日
清政办〔2022〕43 号	关于印发《2022 年保定市清苑区“粮改饲”工作实施方案》的通知	7 月 11 日
〔2022〕35 号	关于印发《保定市清苑区全民健身实施计划（2021—2025 年）》的通知	7 月 12 日
〔2022〕36 号	关于印发《保定市清苑区省道 S524 新区至保定（北三环东延）征地拆迁补偿标准》的通知	7 月 13 日
清政办〔2022〕44 号	关于调整保定市清苑区根治拖欠农民工工资工作领导小组的通知	7 月 14 日
清政〔2022〕77 号	关于撤销何桥乡设立何桥镇行政区划调整的请示	7 月 15 日
清政〔2022〕78 号	关于撤销白团乡设立白团镇行政区划调整的请示	7 月 15 日
清政〔2022〕79 号	关于撤销石桥乡设立石桥镇行政区划调整的请示	7 月 15 日
清政办〔2022〕45 号	关于报送 2022 年第三批次政府专项债券项目需求的请示	7 月 18 日
〔2022〕38 号	关于印发《保定市清苑区 2022 年防汛抗旱应急预案》（评估修订版）的通知	7 月 22 日
清政办〔2022〕46 号	关于印发《S524 新区至保定公路（北三环东延）清苑段征迁安置项目资金管理暂行办法》的通知	7 月 25 日
清政办〔2022〕47 号	关于印发《S524 新区至保定公路（北三环东延）清苑段征迁宅基地认定指导意见》的通知	7 月 25 日
清政办〔2022〕48 号	关于印发《S524 新区至保定公路（北三环东延）清苑段征迁补偿安置方案》的通知	7 月 25 日
清政办〔2022〕49 号	关于印发《S524 新区至保定公路（北三环东延）清苑段征迁补偿安置工作实施方案》的通知	7 月 25 日
清政办〔2022〕50 号	关于印发《保定市清苑区扎实稳住全区经济运行的一揽子政策和落实措施及配套政策》的通知	7 月 27 日
清政办〔2022〕51 号	关于赴河南省长垣市考察学习的函	7 月 28 日
〔2022〕41 号	关于对 2021 年度政府机关事业单位工作人员进行考核奖励的通报	8 月 9 日

续表 2

文号	标题	日期
〔2022〕42 号	关于印发《保定市清苑区招商引资优惠政策（试行）》的通知	8 月 10 日
清政办〔2022〕52 号	关于印发《保定市清苑区“12345”热线“接诉即办”工作考评办法（试行）》的通知	8 月 12 日
〔2022〕45 号	关于印发《保定市清苑区“十四五”残疾人保障和发展规划》的通知	8 月 26 日
清政办〔2022〕54 号	关于印发《保定市清苑区迎宾西路南侧中冉段二期征收补偿安置工作实施方案》的通知	9 月 2 日
清政办〔2022〕55 号	关于印发《保定市清苑区迎宾西路南侧中冉段二期集体土地征收补偿安置方案》的通知	9 月 2 日
清政办〔2022〕56 号	关于印发《保定市清苑区迎宾西路南侧中冉段二期国有土地上房屋征收补偿安置方案》的通知	9 月 2 日
清政办〔2022〕57 号	关于印发《保定市清苑区迎宾西路南侧中冉段二期征收项目资金管理暂行办法》的通知	9 月 2 日
清政办〔2022〕58 号	关于印发《保定市清苑区迎宾西路南侧中冉段二期宅基地认定指导意见》的通知	9 月 2 日
清政办〔2022〕59 号	关于印发《保定市清苑区 2022 年乡村振兴衔接资金收益分配方案》的通知	9 月 6 日
清政办〔2022〕60 号	关于印发《保定市清苑区“交地即交证”“交房即交证”的工作方案》的通知	9 月 9 日
清政办〔2022〕61 号	印发关于健全重特大疾病医疗保险和救助制度实施方案的通知	9 月 16 日
清政办〔2022〕62 号	关于进一步做好 2022 年农业保险工作的通知	9 月 20 日
清政办〔2022〕63 号	关于印发《保定市清苑区河长制巡河员管理办法》的通知	9 月 28 日
清政办〔2022〕65 号	关于印发《保定市清苑区房地一体农村不动产登记发证工作方案》的通知	9 月 29 日
清政办〔2022〕67 号	关于印发《关于在全区政府系统开展“盯紧末端抓落实 消风险保安全促发展为二十大作贡献”活动的工作方案》的通知	10 月 8 日
清政办〔2022〕69 号	关于印发《保定市清苑区创建省级健康县区实施方案》的通知	10 月 10 日
清政办〔2022〕70 号	关于规范屋顶分布式光伏发电市场的通知	10 月 10 日
清政办〔2022〕71 号	关于成立保定市清苑区人民政府行政复议委员会的通知	10 月 14 日
清政办〔2022〕72 号	关于印发《保定市清苑区欠薪性突发事件应急处置预案》的通知	10 月 14 日
〔2022〕57 号	关于印发《保定市清苑区 2022—2025 年度创建国家节水型城市工作实施方案》的通知	11 月 1 日
清政办〔2022〕74 号	关于赴浙江省余姚市考察学习的函	11 月 4 日
清政办〔2022〕76 号	关于印发《保定市清苑区持续深化供销合作社综合改革助力全面推进乡村振兴的措施》的通知	11 月 7 日

续表 2

文号	标题	日期
〔2022〕61 号	关于印发《关于进一步提高政府监管效能推动高质量发展工作方案》的请示	11 月 23 日
清政办〔2022〕78 号	印发关于进一步巩固全区经济回升向好势头的十八条措施的通知	12 月 1 日
清政办〔2022〕79 号	关于成立保定市清苑区整区域推进高标准农田建设试点工作领导小组的通知	12 月 6 日
〔2022〕63 号	关于印发《保定市清苑区 2022 年度采暖季天然气应急保供资金的使用方案》的通知	12 月 12 日
清政办〔2022〕80 号	关于印发《关于促进残疾人就业三年行动的实施方案（2022—2024 年）》的通知	12 月 20 日
清政办〔2022〕81 号	关于印发《保定市清苑区规范农村宅基地审批管理指导意见（试行）》的通知	12 月 21 日
清政办〔2022〕82 号	关于印发《保定市清苑区禁止燃放烟花爆竹工作集中攻坚专项行动实施方案》的通知	12 月 23 日
清政办〔2022〕83 号	关于印发《保定市清苑区加快解决棚户区改造项目遗留问题的实施方案》的通知	12 月 26 日
〔2022〕69 号	关于撤乡设镇行政区划调整的通知	12 月 30 日

内部明电

标题	日期
关于调整保定市清苑区未成年人保护工作领导小组成员的通知	1 月 5 日
关于成立国际智能制造产业园项目工作领导小组及工作专班的通知	1 月 5 日
关于成立保定市清苑区被动式超低能耗建筑产业发展领导小组的通知	1 月 7 日
关于印发《保定市清苑区理顺物业管理体制机制暨物业服务提升实施意见》的通知	1 月 7 日
关于印发《保定市清苑区迎宾路拓宽征地攻坚行动工作方案》的通知	1 月 17 日
关于成立《保定市清苑区新颜值建设推进领导小组》的通知	1 月 18 日
关于印发《2021 年第三、四季度生活垃圾分类工作情况的通报》的通知	1 月 26 日
关于成立保定市清苑区职教园区建设工作领导小组的通知	1 月 26 日
关于印发《2022 春节、全国两会和北京冬奥会、冬残奥会期间河道采砂管理工作预案》的通知	1 月 28 日
关于调整保定市清苑区政务公开工作领导小组的通知	1 月 29 日
关于印发《保定市清苑区企业信用分级分类监管工作方案》的通知	2 月 8 日
关于成立 2022 年清苑区停车设施建设工作专班领导小组的通知	2 月 8 日
关于印发《保定市清苑区报废机动车回收拆解专项整治行动方案》的通知	2 月 8 日
关于成立保定市清苑区创建节水型城市工作领导小组的通知	2 月 17 日
关于切实做好 2022 年开发区重点项目手续办理包联工作的通知	2 月 17 日

续表 2

标题	日期
关于成立保定市清苑区节约用水工作领导小组的通知	2 月 17 日
关于印发《保定市清苑区关于持续整治规范房地产市场秩序专项行动方案》的通知	2 月 21 日
关于印发《保定市清苑区 2021 年中央农业生产救灾资金使用方案》的通知	2 月 21 日
关于印发《保定市清苑区 2021 年省级配套农业生产和水利救灾资金使用方案》的通知	2 月 21 日
关于调整保定市清苑区困难群众基本生活保障工作协调机制领导小组成员的通知	2 月 23 日
关于印发《保定市清苑区洁净城市创建活动实施方案》的通知	2 月 25 日
关于调整保定市清苑区社区矫正委员会成员的通知	2 月 28 日
关于加快推进省市重点项目前期手续办理情况的通知	3 月 4 日
关于做好 2022 年农业保险工作的通知	3 月 7 日
关于印发《保定市清苑区金融知识暨防范非法集资宣传教育活动方案》的通知	3 月 8 日
关于印发《保定市清苑区 2022 年工伤预防五年行动计划促进行动实施方案》的通知	3 月 10 日
关于印发《保定市清苑区推进乡村两级人力资源社会保障公共服务平台建设应用的实施意见》的通知	3 月 14 日
关于对《〈政府工作报告〉2022 年工作落实方案》实行立项督查的通知	3 月 14 日
关于对保定市 2022 年 20 件民生实事涉及我区事项进行立项督办的通知	3 月 14 日
关于印发《保定市清苑区 2022 年优化营商环境重点工作实施方案》的通知	3 月 15 日
关于印发《保定市清苑区 2022 年打击违法违规用地“春雷行动”专项整治工作方案》的通知	3 月 16 日
关于进一步做好机关事业单位食堂食品安全管理工作的通知	3 月 16 日
关于印发《保定市清苑区“住改商”专项整治工作方案》的通知	3 月 16 日
关于印发《保定市清苑区 2022 年创建省级森林城市暨造林绿化工作实施方案》的通知	3 月 18 日
印发《关于调整农业种植结构加快设施农业发展的实施意见》的通知	3 月 21 日
关于印发《保定市清苑区移动政务服务应用与省一体化政务服务平台移动端对接工作方案》的通知	3 月 25 日
关于成立保定市清苑区新颜值建设工作领导小组的通知	3 月 30 日
关于成立保定市清苑区新华西路消防救援站项目建设领导小组的通知	3 月 31 日
关于印发《保定市清苑区建筑垃圾资源化利用实施方案》的通知	4 月 6 日
关于成立保定市清苑区工业强区建设领导小组的通知	4 月 8 日
关于印发《保定市清苑区加快推进城市居民小区卫生站设置全覆盖的实施方案》的通知	4 月 12 日
关于认真做好 2022 年人大代表建议政协提案办理工作的通知	4 月 12 日
关于印发《2022 年度城乡居民基本养老保险费征缴工作实施方案》的通知	4 月 14 日
关于印发《2022 年度保定市清苑区政府学法计划》的通知	4 月 19 日
关于调整保定市清苑区农业水价综合改革领导小组成员的通知	4 月 19 日
关于印发《保定市清苑区 2022 年中央财政下达第一批农业生产救灾资金使用方案》的通知	4 月 19 日

续表 2

标题	日期
关于印发《保定市清苑区 2022 年大豆玉米带状复合种植实施方案》的通知	4 月 20 日
关于印发《保定市清苑区 2022 年农村厕所改造提升工程工作方案》的通知	4 月 21 日
关于印发《保定市清苑区重点项目建设提质提效行动方案》的通知	4 月 21 日
关于建立我区全面实施市场准入负面清单制度联席会议制度的通知	4 月 21 日
关于印发《保定市清苑区关于加强电动自行车管理工作实施方案》的通知	4 月 22 日
关于调整保定市清苑区道路交通安全委员会的通知	4 月 24 日
关于印发《保定市清苑区 2021—2022 年取暖季“双代”用户气电价补贴方案》的通知	4 月 24 日
关于印发《保定市清苑区进一步推进农村产权流转交易市场发展实施方案》的通知	4 月 29 日
关于印发《保定市清苑区违法违规占用耕地问题排查整治工作方案》的通知	4 月 29 日
关于印发《保定市清苑区推行耕地保护“田长制”实施方案》的通知	4 月 29 日
关于印发《保定市清苑区 2022 年停车设施建设实施方案》的通知	5 月 6 日
关于印发《保定市清苑区规范停车设施建设管理工作实施方案》的通知	5 月 7 日
关于印发《保定市清苑区市场主体增量提质工作推进方案》的通知	5 月 7 日
关于印发《关于进一步深化开展 2022 年度“百行联千企 2.0”活动的方案》的通知	5 月 9 日
关于印发《保定市清苑区关于加快农村寄递物流体系建设的实施方案》的通知	5 月 12 日
关于印发《保定市清苑区地下水超采综合治理 2022 年度实施计划》的通知	5 月 16 日
关于印发《关于规范居民住宅屋顶户用光伏推广应用管理工作的通知》的通知	5 月 16 日
关于印发《保定市清苑区 2022 年中央财政下达第二批农业生产救灾资金使用方案》的通知	5 月 17 日
关于印发《保定市清苑区 2022 年度集中式饮用水水源环境保护工作方案》的通知	5 月 18 日
关于严查各类毁麦问题的紧急通知	5 月 19 日
关于印发《保定市清苑区自建房安全隐患排查整治工作实施方案》的通知	5 月 19 日
关于印发《保定市清苑区 2022 年高考工作实施方案》的通知	5 月 30 日
关于印发《保定市清苑区 2022 年度旱作雨养种植项目实施方案》的通知	5 月 31 日
关于印发《保定市清苑区国家级农产品质量安全县标准提升创建工作方案》的通知	6 月 7 日
关于印发《保定市清苑区自建房安全专项整治百日攻坚行动实施方案》的通知	6 月 7 日
关于成立保定市清苑区第三次全国土壤普查工作领导小组的通知	6 月 8 日
关于印发《保定市清苑区推进企业信用分级分类监管工作实施方案》的通知	6 月 9 日
关于印发《保定市清苑区“十四五”节能减排综合落实方案》的通知	6 月 13 日
关于印发保定市清苑区推进全国新型城镇化与城乡统筹示范区建设 2022 年工作要点的通知	6 月 14 日
关于印发《保定市清苑区 2022 年优化营商 环境工作要点》的通知	6 月 15 日
关于成立“三区三线”划定工作专班的通知	6 月 16 日
关于 2022 年 1—5 月份各银行业金融机构存贷款情况的通报	6 月 20 日
关于印发《保定市清苑区农药兽药包装废弃物押金制回收处置实施方案》的通知	6 月 27 日
关于印发《关于金融支持实体经济发展工作要点》的通知	6 月 30 日

续表 2

标题	日期
关于印发《保定市清苑区 2022 年节能削煤工作要点》的通知	7 月 19 日
关于印发《保定市清苑区 2022 年度财政衔接推进乡村振兴补助资金项目计划实施方案》的通知	7 月 27 日
关于调整保定市清苑区农民工工作领导小组成员的通知	8 月 1 日
关于印发《保定市清苑区 2021 年清苑区耕地流出问题排查整改工作方案》的通知	7 月 8 日
关于成立清苑区邮政业市场发展和维护市场秩序领导小组的通知	8 月 1 日
关于调整清苑区消防安全委员会成员单位及组成人员的通知	8 月 1 日
关于印发《保定市清苑区 2022 年政务公开工作要点及分工方案》的通知	8 月 1 日
关于建立保定市清苑区治理公路超限超载联席会议制度的通知	8 月 3 日
关于印发《保定市清苑区 2022 年中央财政下达第三批农业生产和水利救灾资金使用方案》的通知	8 月 19 日
关于成立保障性租赁住房工作领导小组的通知	8 月 19 日
关于进一步深化“一区三边”违法建设整治工作的通知	8 月 23 日
关于印发《保定市清苑区外商投诉服务办公室办事指南》的通知	8 月 24 日
关于印发《保定市清苑区外商投资企业投诉工作办法》的通知	8 月 24 日
关于印发《保定市清苑区畜牧兽医行业“十四五”发展规划》的通知	8 月 26 日
关于开展江水置换涉气工程安全督导检查工作的通知	8 月 30 日
关于切实抓好上级各项考核体系和重点工作衔接落实的紧急通知	8 月 30 日
关于印发《保定市清苑区“博物馆之城”建设发展规划》的通知	9 月 6 日
关于调整保定市清苑区国家基本公共卫生服务项目领导小组成员的通知	9 月 9 日
关于印发《保定市清苑区 2022 年农业高效节水灌溉项目实施方案》的通知	9 月 14 日
关于印发《保定市清苑区 2022 年清苑区耕地流出问题排查整改工作方案》的通知	9 月 19 日
关于印发《保定市清苑区开展燃气安全督导检查的实施方案》的通知	9 月 22 日
关于印发《保定市清苑区 2022 年强化大气污染防治工作攻坚方案》的通知	9 月 22 日
关于全区城乡居民养老保险参保覆盖率暨电子社保卡激活签发情况的通报	9 月 23 日
关于印发《保定市清苑区 2022 年营商环境优化提升行动方案》的通知	9 月 26 日
关于印发《保定市清苑区人民政府 2022 年度重大行政决策公众参与事项目录（拟定）》的通知	9 月 26 日
关于印发《保定市清苑区农机安全生产大排查大整治活动实施方案》的通知	9 月 27 日
关于印发《关于做好“三秋”生产工作的若干措施》的通知	9 月 27 日
关于印发《保定市清苑区 2022 年农机深松项目实施方案》的通知	9 月 29 日
关于进一步规范数字保定区级项目统筹建设审批工作的通知	10 月 8 日
关于成立保定市清苑区教材委员会的通知	10 月 14 日
关于全面实行行政许可事项清单管理的通知	10 月 15 日

续表 2

标题	日期
关于 2022 年 1—9 月份政务新媒体监测情况的通报	10 月 24 日
关于成立保定市清苑区加快推进后奥运经济发展工作领导小组的通知	10 月 25 日
关于进一步做好地热资源管理工作的通知	10 月 28 日
关于调整保定市清苑区未成年人保护工作领导小组成员的通知	10 月 31 日
关于印发《保定市清苑区 2023 年度城乡居民基本医疗保险参保缴费工作实施方案》的通知	11 月 4 日
关于印发《保定市清苑区 2023 年度城乡居民基本医疗保险参保资助范围及标准》的通知	11 月 4 日
关于印发《保定市清苑区学习贯彻〈保定市接诉即办工作条例〉的工作方案》的通知	11 月 4 日
关于进一步做好节能削煤工作措施的通知	11 月 11 日
关于印发《关于转发保定市文化广电和旅游局〈关于开展 2022 年全市乡镇（街道）综合文化站评估定级工作的通知〉的通知》的通知	11 月 13 日
关于印发《保定市清苑区地热井排查整治工作方案》的通知	11 月 14 日
关于调整《保定市清苑区创建节水型城市工作领导小组》的通知	11 月 17 日
关于印发《锦郑成品油管道清苑段迁改工程征地拆迁工作实施方案》的通知	11 月 18 日
关于印发《保定市清苑区燃气安全关键共性问题攻坚行动实施方案》的通知	11 月 22 日
关于调整区抗震救灾指挥部成员单位成员的通知	11 月 24 日
关于成立保定市清苑区基础设施项目谋划和推进工作专班的通知	12 月 1 日
关于印发《保定市清苑区节约用水工作协调机制》的通知	12 月 23 日
关于印发《关于加快推进政务服务标准化规范化便利化若干措施》的通知	12 月 26 日
关于印发深化行政许可告知承诺制改革工作方案的通知	12 月 29 日
关于调整保定市清苑区森林草原防灭火指挥部成员的通知	12 月 31 日
关于切实做好 2022 年度国土变更调查和耕地流出问题排查整改工作的通知	12 月 31 日

索引

◎主题索引

索 引

主题索引

本索引以地名、机构名称、活动名称、事件（事物）名称为主题词。主要选自本年鉴正文部分，专文、大事记、区情概览、人物 荣誉、附录以及图片不在索引范围内。

本索引按主题词汉语拼音字母顺序排列，主题词后面的数字表示所在页码位置，主题词后有多个页码的，表示该主题词均在这些位置出现。

B

C

D

F

G

H

K

L

M

N

P

Q

R

S

T

W

X

Y

Z